DICTIONNAIRE

des

CANADIANISMES

Larousse

DICTIONNAIRE

des

CANADIANISMES

Gaston Dulong

Données de catalogage avant publication (Canada)

Dulong, Gaston
Dictionnaire des canadianismes

ISBN 2-920318-07-1

1. Français (Langue) — Canada — Idiotismes — Dictionnaires. 2. Français (Langue) — Canada — Mots et locutions. 3. Français (Langue) — Régionalismes — Canada — Dictionnaires. I. Titre.

PC3637.D84 1989   447'.971'03   C90-090000-8

Direction : Pierre Auger, professeur à l'Université Laval
              Denis Vaugeois, éditeur au Septentrion

Coordination : Ginette Girouard, éditrice aux Éditions françaises

Révision linguistique : Jude Des Chênes
                         Solange Deschênes

Révision technique : Annie Bourret

Saisie du texte : Michelle Archambault
                    Clémence Michaud
                    Micheline Gauthier

Photocomposition : Graphiti inc., Sainte-Marie-de-Beauce

Maquette de la couverture : Marc Senécal

©Septentrion 1989
 ISBN-2-921114-32-1

© Larousse Canada 1989, pour l'édition du présent ouvrage
 ISBN-2-920318-07-1
 Dépôt légal : 4e trimestre 1989
 Bibliothèque nationale du Québec

PRÉSENTATION

Le présent dictionnaire est en gestation depuis la fin des années quarante. C'est le résultat de notes de lectures (livres, journaux, revues), d'une trentaine d'enquêtes dialectologiques faites à partir du début des années cinquante et davantage de la grande enquête que j'ai dirigée sur l'ensemble du territoire du Québec ainsi qu'auprès de la diaspora francophone du Nouveau-Brunswick, de la Nouvelle-Écosse, de l'Île-du-Prince-Édouard et de l'Ontario de 1969 à 1973.

C'est à partir de cette documentation ou manuscrite ou publiée que j'ai décidé de préparer le *Dictionnaire des canadianismes*. Le choix des mots retenus est strictement personnel. On remarquera cependant que ce dictionnaire incorpore des mots normalisés par l'Office de la langue française (OLF), un certain nombre de gentilés (appellations des habitants d'une ville, d'une région ou d'une province), beaucoup de mots du blason populaire (appellations ironiques des habitants d'un village, d'une paroisse, d'une ville ou d'un peuple).

La langue rurale traditionnelle figure en bonne place dans ce dictionnaire, mais aussi le vocabulaire du milieu géographique dans lequel nous vivons, celui de la faune, de la flore, des poissons et des insectes, celui de nos institutions politiques, administratives, religieuses et scolaires, celui de nos croyances et de nos superstitions, celui de nos sports préférés. On y trouvera aussi un certain argot qui a commencé à se développer ici il y a belle lurette, ainsi qu'un certain vocabulaire de la drogue.

Ont été volontairement exclus de ce dictionnaire les *jurons* et les *sacres* dont est encore friande une certaine partie de nos compatriotes qui en fait par ailleurs une surconsommation ainsi que les variantes phonétiques de mots par ailleurs français. C'est le cas pour le mot *vilebrequin* par exemple qui possède une vingtaine de prononciations différentes.

Notre société, autrefois majoritairement agricole, est devenue majoritairement citadine suite à une industrialisation faite par des Anglais puis par des Américains. Cela a eu pour conséquence une invasion massive de mots techniques anglais contre laquelle nous avons été longtemps impuissants. Cependant, depuis le début des années soixante s'est amorcée une décolonisation linguistique dont les effets bénéfiques sont déjà visibles. D'ores et déjà, beaucoup de mots anglais que l'on croyait indéracinables sont disparus et beaucoup d'autres sont en perte de vitesse. C'est pour contribuer à cette décolonisation linguistique que le *Dictionnaire des canadianismes* renferme un certain nombre d'anglicismes dont la disparition éventuelle serait loin d'être une perte.

C'est dire que ce dictionnaire, avant tout descriptif de l'usage, se veut aussi correctif. C'est cet aspect correctif qui est la raison d'être de la présentation de fautes graves de morphologie et de syntaxe ainsi que de graphies comme *bouleaunière* et *trait-carré* préférées à *boulonnière* et *trécarré*.

Pour l'observateur attentif, le français d'ici est d'une richesse extraordinaire. Pensons seulement aux cent façons d'exprimer le superlatif et au vocabulaire précis et imagé pour décrire nos hivers qui n'en finissent plus.

D'une part, cette langue relativement uniforme permet à des locuteurs habitant des endroits très éloignés de se comprendre et de se reconnaître, mais, d'autre part, des centaines et des centaines de mots anciens ou récents ne se retrouvent que dans une région bien déterminée. Le *Dictionnaire des canadianismes* indique la localisation précise d'un grand nombre de mots propres à telle ou telle région. C'est le cas pour *pieu, lisse* et *boulin* qui désignent une perche de clôture et pour *running shoes, shoeclaques* et *sneakers* qui désignent des souliers de gymnastique.

Enfin, je souhaite aux lecteurs autant de plaisir à consulter ce *Dictionnaire des canadianismes* que j'en ai eu à le préparer.

Gaston Dulong

PRÉFACE

Être francophone en 1990 ne doit pas être considéré comme un vague concept d'appartenance à un grand groupe linguistique constitué par l'espace du français. Cela veut d'abord dire savoir vivre la différence linguistique pleinement, posséder une aptitude à reconnaître cette différence comme étant quelque chose d'enrichissant et de valorisant pour la communauté internationale. En effet, c'est à travers la variation linguistique et la reconnaissance des parlers légitimes que peut et que doit se développer cette francophonie d'aujourd'hui. Si la notion de groupe linguistique dominant ou dominé chère aux sociolinguistes ne peut être ignorée dans les faits, elle tend aujourd'hui à se neutraliser sous l'étiquette englobante de francophonie. Être francophone à Dakar, à Tunis, à Port-au-Prince, à Genève, à Bruxelles, à Montréal ou à Paris, confirme des situations linguistiques bien différentes, des attitudes et des parlers aussi différents qu'il faut tenter de rallier à un objectif commun : continuer à parler et vivre dans une langue dont l'espace et le statut sont susceptibles de se renforcer encore.

Gaston Dulong a passé sa vie à observer cette langue que parlent et écrivent les Québécois. Professeur à l'Université Laval où il a passé la majeure partie de sa carrière, M. Dulong a pu au cours de toutes ces années d'enseignement et de recherche inculquer à des milliers d'étudiants une connaissance de leur parler maternel et de l'histoire du français en terre d'Amérique. En linguiste engagé, il a su éveiller chez des générations d'étudiants la fierté de leur langue, malgré les anathèmes prononcés par les puristes et redresseurs de la langue qui n'ont pas manqué durant toutes ces années de la Révolution tranquille.

Après avoir beaucoup réfléchi et écrit sur le français au Canada, surtout celui du Québec et de l'Acadie, Gaston Dulong entreprenait en 1969 une vaste enquête linguistique sur notre parler, menée d'après la méthodologie des atlas régionaux des parlers de France. Durant quatre années, de 1969 à 1973, Gaston Dulong a dirigé ses enquêteurs dans son vaste voyage à travers le Québec et l'Acadie, interrogeant des témoins à l'aide de questionnaires volumineux. Après six années de patientes compilations des données, est paru un magistral ouvrage : *Le*

Parler populaire du Québec et de ses régions voisines, ou *Atlas linguistique de l'Est du Canada*, signé par Gaston Dulong et Gaston Bergeron. L'ALEC a été publié en 1980 par la Documentation québécoise (Ministère des Communications, Gouvernement du Québec) en coproduction avec l'Office de la langue française. L'ouvrage comportait 10 volumes qui ont rassemblé quelque 5 000 pages de texte.

Le dictionnaire que nous publions aujourd'hui tire en grande partie ses racines de l'ALEC. L'auteur a extrait de cet ouvrage scientifique destiné à des spécialistes les faits linguistiques les plus intéressants, les commentant au passage et les illustrant d'exemples. Il est allé bien au-delà de l'ALEC qui présentait avant tout la langue rurale de chez nous, ajoutant au dictionnaire d'autres usages patiemment récoltés au fil des ans et inscrits à l'immense fichier qu'il a constitué à l'Université Laval, fichier baptisé « Fichier Dulong » par ses collègues linguistes. Ces ajouts ont trait surtout à la vie urbaine, aux réalités nouvelles, aux formes populaires attestées dans les villes, aux terminologies institutionnelles et politiques, au vocabulaire de la vie moderne en Amérique, au parler des jeunes, etc. Ces ajouts ont permis de donner à l'ouvrage son allure de dictionnaire général qui rend compte de la situation linguistique particulière aux gens de chez nous et de la multiplicité de leurs usages linguistiques.

Aussi le lecteur ne devra pas s'étonner de retrouver des formes qui s'écartent de ce qu'on appelle communément le bon usage, comme des anglicismes, des mots français déformés, des adaptations sémantiques de vocables français, des formes françaises ayant changé de genre, etc. Le dictionnaire qui est ici présenté n'est pas un dictionnaire du français standard, mais un dictionnaire qui présente les usages québécois sous leurs multiples facettes langagières. Le dictionnaire est là pour illustrer l'usage, l'orienter ou le corriger dans certains cas. Le lecteur sera ravi du traitement qui a été consenti aux rapports analogiques et synonymiques entre les mots faisant partie de la nomenclature.

De façon systématique, l'auteur s'est patiemment acquitté de sa tâche de rendre compte comme lexicographe des rapports qu'entretiennent les mots entre eux et ainsi de la vie du langage au sein d'une communauté linguistique. Ici, le lexicographe a été doublé de l'homme de terrain pour qui les faits linguistiques s'observent d'abord parmi les gens qui font vivre la langue.

Pierre Auger
Université Laval
Sainte-Foy (Québec)

GUIDE D'UTILISATION

De tout temps, le rôle des dictionnaires a été de consigner les usages linguistiques des peuples, d'enregistrer en quelque sorte des fragments de leur mémoire collective sous la forme de mots-entrées suffisamment explicites et représentatifs à cet égard. Le *Dictionnaire des canadianismes* a repris cette mission à son compte pour les francophones de l'Acadie et du Québec. Aussi, parmi les quelque 8 000 articles de ce dictionnaire, le lecteur trouvera-t-il de nombreux usages oraux qui n'appartiennent qu'à des locuteurs québécois ou acadiens et qui relèvent de divers états du français qu'on peut rattacher au vieux fonds de la langue, aux dialectes de l'Ouest de la France aujourd'hui disparus, ou enfin aux français régionaux, pour ne nommer que ceux-là. Ces mots, témoins d'un héritage français particulier au Québec et à l'Acadie, ont tendance à disparaître rapidement, emportés par le tourbillon du modernisme qui a créé des contextes langagiers différents, le plus souvent spécialisés et peu propices à l'expression des réalités d'autrefois.

Pour bien comprendre l'urgence de répertorier ces nombreux usages issus des terroirs acadien et québécois, il suffit de se rappeler que beaucoup d'entre eux disparaissent en même temps que les locuteurs qui les ont utilisés. C'est le cas de nombreux vocables illustrant la vie rurale d'autrefois, les gestes et le milieu de vie de ces femmes et de ces hommes attachés au travail de la terre et de la mer, et qui ont davantage parlé qu'ils n'ont écrit. Le lecteur ne devra donc pas s'étonner de trouver dans ce dictionnaire un nombre important de mots qui relèvent exclusivement du registre oral. Ce sont ceux qui représentent la vie, la culture et les réalités québécoises et acadiennes et qui constituent la mémoire d'une bonne partie de l'Amérique française.

À cet égard, le *Dictionnaire des canadianismes* fait œuvre ethnographique, consignant les réalités propres aux gens du Québec et de l'Acadie. Des mots tels **aboiteau, agriculturisme, boubou-macoute, cran, duplessisme, lac-à-l'Épaule, loi Lacombe, séraphin** et **vigneaux** en sont autant de témoins.

La présentation d'un article

La structure générale

Les entrées sont présentées sous leur forme non marquée, soit l'infinitif pour les verbes et le masculin singulier pour les noms et les adjectifs. Pour ces deux derniers, la forme féminine correspondante apparaît immédiatement à la suite de l'entrée.

Chaque entrée est suivie d'un indicatif de grammaire (nom, adjectif, préposition, etc.) puis, le cas échéant, de notes sur l'usage ou la prononciation, sur l'origine du mot (amérindienne, anglaise...), ou sur son emploi (anglicisme à proscrire, sens fautif ou forme utilisée seulement en langue orale).

La définition figure en sous-entrée. Beaucoup de formes fautives ou de canadianismes sont suivis de leur équivalent en français standard. Enfin, de nombreux exemples, placés à la suite de la définition, permettent de clarifier un usage, de donner une image de l'emploi d'une entrée. Les divers sens ou emplois d'un même terme sont présentés en sous-entrée et indiqués par des chiffres. À l'entrée **main**, par exemple, on retrouve huit sens différents, numérotés de 1 à 8.

Il existe trois types de renvois, signalés en fin de définition par **Voir**, **Syn.**, ou **Syn., voir**.

Le premier renvoi, **Voir**, dirige le lecteur à l'entrée qui comporte la définition. Par exemple, à l'entrée **booze**, on trouvera **Voir : bagosse (sens 1)**, terme auquel il faut se rapporter pour lire la définition de **booze**.

Le deuxième renvoi, **Syn.**, présenté à la suite d'une définition, renvoie à un ou plusieurs synonymes. Ainsi, la définition consacrée à **bagosse** est suivie de la liste de tous ses synonymes, présentée ainsi : **Syn. : baboche, booze, boucane, caribou**, etc.

L'abréviation **Syn., voir** renvoie à une entrée principale comprenant une définition et la liste des synonymes de l'entrée. **Caribou (sens 4)**, suivi de **Syn., voir : bagosse**, renvoie le lecteur à la définition de **bagosse** et à la liste de ses synonymes.

Les données terminologiques

Les anglicismes

L'origine anglaise d'un terme est marquée au moyen de l'abréviation **angl.**, suivie du terme anglais correspondant ; c'est le cas de **drave**, suivi de **(angl. drive)**. L'indication de l'origine anglaise peut être suivie du signe ⊘ , destiné à mettre les utilisateurs en garde contre l'usage d'un vocable pour lequel il existe déjà un équivalent français, par exemple **faker, féquer (angl. to fake)** ⊘ , qui signifie simuler, feindre, faire semblant.

Les amérindianismes

L'abréviation **amér.**, placée immédiatement après les indications grammaticales, indique l'origine amérindienne d'une forme, par exemple **babiche** et **ouaouaron**, ou même **cométique** qui nous vient des Inuit mais qui a été transmise par les Amérindiens.

Les marques d'usage

Les marques de niveau de langue sont : **vieux, régional, dialectal, littéraire, rare, figuré, familier, argotique** et **vulgaire**.

La normalisation

NOLF indique qu'il s'agit d'un terme normalisé par l'Office de la langue française, tandis que **ROLF** signifie que le terme a fait l'objet d'une recommandation par le même organisme.

La marque d'emploi particulier

Le signe [#] permet de souligner qu'il s'agit d'un terme à déconseiller, parce qu'il est attesté surtout sous forme orale (**chu, su**) ou parce que son emploi est fautif (**aiguise-crayon** employé pour **taille-crayon**; **bossuse** pour **bossue**; **comment** pour **combien**; **crute** pour **crue**).

La localisation des emplois

À la fin de plusieurs articles, des symboles graphiques indiquent que l'entrée est employée : a) partout au Québec [+++]; b) presque partout au Québec [++]; et c) ici et là au Québec [+].

D'autres entrées comportent une indication de l'aire d'usage; notons entre autres les régions ou localités suivantes : **Côte-Nord, Lanaudière, Beauce** et **Charsalac** (de Charlevoix, Saguenay, Lac-Saint-Jean).

Les mots acadiens identifiés par l'abréviation **acad.** renvoient à une forme qu'on retrouve dans le parler des populations acadiennes ou d'origine acadienne installées dans les **Maritimes**, ainsi qu'au **Québec** (Côte-Nord, Îles-de-la-Madeleine, sud de la Gaspésie).

D'autres indications d'usage, celles-là tirées de l'*Atlas linguistique de l'Est du Canada* (ALEC), permettent de situer plus précisément sur la carte du début la zone géographique de présence d'un mot.

Trois cas sont possibles :

Tête-de-femme (O 25-117), sens 9 de **TÊTE**

TÊTE n. f.
9. *Tête-de-femme* : dans les baissières, butte de terre qui se forme par la décomposition de touffes de rouche et sur laquelle continuent de pousser de nouvelles herbes. (O 25-117)

O signifie à l'ouest de
25 signifie Saint-Augustin (Portneuf)
117 signifie Saint-Nicolas (Lévis)

Donc, le terme s'emploie à l'ouest de Saint-Augustin et de Saint-Nicolas, de part et d'autre du fleuve Saint-Laurent, cette dernière information étant précisée par le trait d'union.

Brousse (E 132, 129)

> **BROUSSE** n. f.
> Sous-bois, broussailles. (E 132, 129)
> Syn., voir : **branchages**.

E signifie à l'est de
132 signifie Rivière-du-Loup (Rivière-du-Loup)
129 signifie Saint-Éleuthère (Kamouraska)

Ce terme s'emploie à l'est de Rivière-du-Loup et de Saint-Éleuthère, situés du même côté du fleuve Saint-Laurent, comme l'indique la virgule qui les sépare.

Clairons (entre 36-86 et 8-134), sens 3 de **CLAIRON**

> **CLAIRON** n. m.
> 3. Au pl. Aurore boréale. Il y avait des *clairons* dans le ciel la nuit dernière. (entre 36-86 et 8-134)
> Syn., voir : **marionnettes**.

36 signifie Saint-Barthélémy (Berthier)
86 signifie Sainte-Anne-de-Sorel (Richelieu)
8 signifie Les Escoumins (Sagnenay)
134 signifie Trois-Pistoles (Rivière-du-Loup)

« Entre » indique que le terme est employé au centre du Québec, dans la zone délimitée par Saint-Barthélémy et Sainte-Anne-de-Sorel d'un côté du fleuve Saint-Laurent et par Les Escoumins et Trois-Pistoles de l'autre côté.

Annie Bourret
Jude Des Chênes

SYMBOLES

[+]   employé ici et là au Québec
[++]   employé presque partout au Québec
[+++] employé partout au Québec
⊘   à proscrire
[#]   à déconseiller

ABRÉVIATIONS

acad.	acadianisme	O	Ouest
adj.	adjectif	OLF	Office de la langue française
adv.	adverbe		
amér.	amérindianisme	p.	participe
angl.	anglais	p. adj.	participe adjectival
arg. scol.	argot scolaire	p. prés.	participe présent
argot.	argotique	p. passé	participe passé
conj.	conjonction	péjor.	péjoratif
dial. en fr.	dialectal en français	pl.	pluriel
E	Est	pop. en fr.	populaire en français
exclam.	exclamation	pr.	propre
f.	féminin	prés.	présent
fam.	familier	pron. rel.	pronom relatif
fam. en fr.	familier en français	rare en fr.	rare en français
fig.	figuré	rég. en fr.	régional en français
fr.	français	ROLF	recommandé par l'Office de la langue française
interj.	interjection		
inv.	invariable	scol.	scolaire
litt.	littéraire	surt.	surtout
loc.	locution	syn.	synonyme
loc. adv.	locution adverbiale	tech.	technique
loc. conj.	locution conjonctive	v.	verbe
loc. verb.	locution verbale	v. impers.	verbe impersonnel
m.	masculin	v. intr.	verbe intransitif
mar.	terme de marine	v. pron.	verbe pronominal
n.	nom	v. tr.	verbe transitif
NOLF	normalisé par l'Office de la langue française	vulg.	vulgaire
		vx en fr.	vieux en français
num.	numéral		

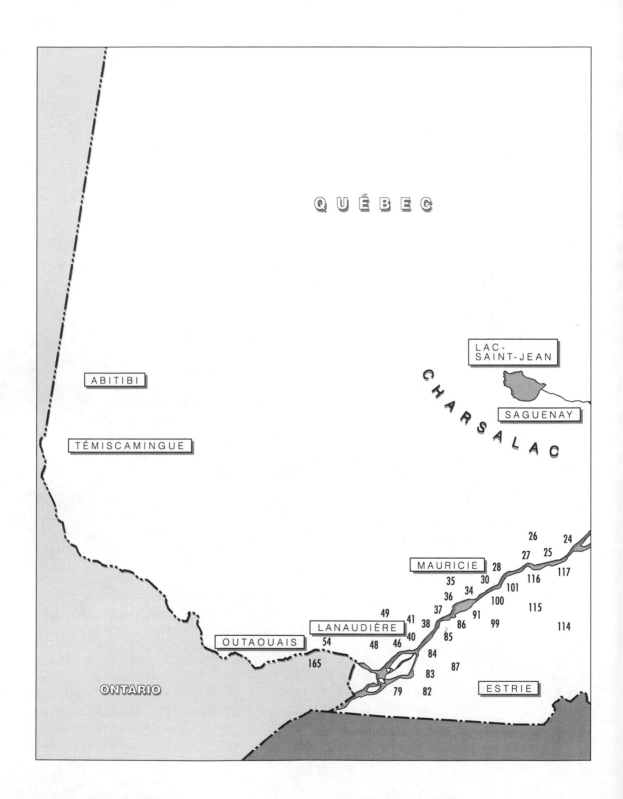

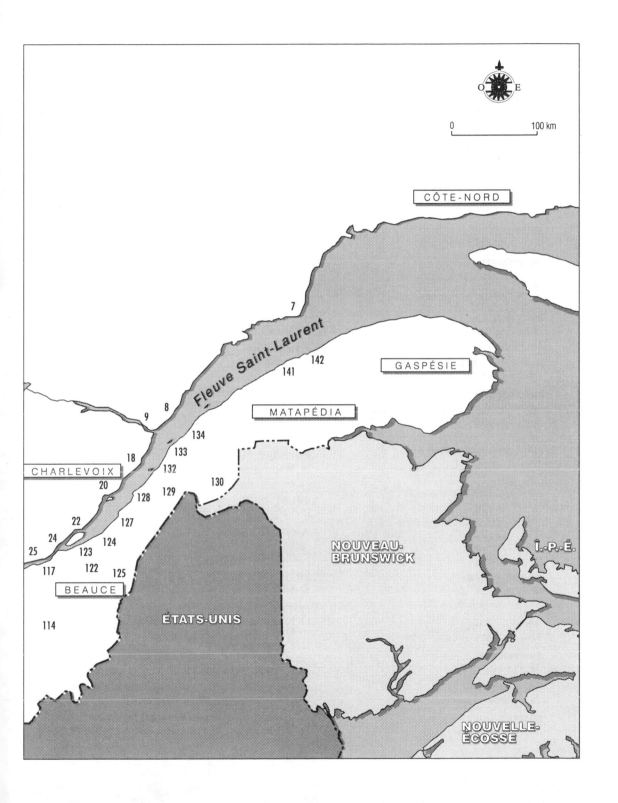

CÔTE-NORD

Fleuve Saint-Laurent

7

142

141

GASPÉSIE

MATAPÉDIA

8

9

134

133

132

18

CHARLEVOIX

20

130

128

129

127

22

124

24

123

25

117

122

125

BEAUCE

114

NOUVEAU-
BRUNSWICK

ÉTATS-UNIS

Î.-P.-É.

NOUVELLE-
ÉCOSSE

0   100 km

O   E

LÉGENDE DE LA CARTE

SAGUENAY
7 Baie-Trinité
8 Les Escoumins
9 Sacré-Cœur-de-Jésus

CHARLEVOIX
18 Saint-Fidèle
20 Baie-Saint-Paul

MONTMORENCY
22 Saint-Féréol

QUÉBEC
24 Saint-Sauveur

PORTNEUF
25 Saint-Augustin
26 Saint-Raymond
27 Deschambault

CHAMPLAIN
28 Sainte-Anne-de-la-Pérade
30 Champlain

SAINT-MAURICE
34 Yamachiche

MASKINONGÉ
35 Saint-Alexis-des-Monts

BERTHIER
36 Saint-Barthélémy
37 Berthierville
38 Lavaltrie

JOLIETTE
39 Saint-Félix-de-Valois

L'ASSOMPTION
40 Lachenaie

MONTCALM
41 Saint-Esprit

TERREBONNE
46 Saint-Janvier
49 Saint-Sauveur

ARGENTEUIL
48 Lachute et Saint-Hermas

PAPINEAU
54 Papineauville

LA PRAIRIE
79 Saint-Isidore

IBERVILLE
82 Saint-Grégoire

VERCHÈRES
83 Belœil
84 Verchères

RICHELIEU
85 Saint-Ours
86 Sainte-Anne-de-Sorel

SAINT-HYACINTHE
87 Saint-Hyacinthe

YAMASKA
91 Baieville

NICOLET
99 Saint-Léonard
100 Bécancour
101 Les Becquets

MÉGANTIC
114 Saint-Pierre-de-Broughton
115 Sainte-Anastasie

LOTBINIÈRE
116 Sainte-Croix

LÉVIS
117 Saint-Nicolas

BELLECHASSE
122 Saint-Damien
123 Saint-Michel

MONTMAGNY
124 Montmagny
125 Saint-Fabien-de-Panet

L'ISLET
127 Saint-Jean-Port-Joli

KAMOURASKA
128 Saint-Denis
129 Saint-Éleuthère

TÉMISCOUATA
130 Sainte-Rose-du-Dégelis

RIVIÈRE-DU-LOUP
132 Rivière-du-Loup
133 L'Isle-Verte
134 Trois-Pistoles

MATANE
141 Matane
142 Les Méchins

PRESCOTT (ONTARIO)
165 Alfred

À prép.
  À matin, à soir : ce matin, ce soir.

ABANDÉ, ÉE n. et adj.
  Voir : **accoté**.

ABANDER (S') v. pron.
  Se mettre en concubinage. Les
  jeunes d'aujourd'hui *s'abandent*
  volontiers avant de se marier.
  Syn., voir : **accoter**.

ABAT n. m.
  1. Vx en fr. *Abat d'eau, abat de
     pluie* : averse, pluie d'abat. On a
     eu un de ces *abats d'eau*, la rivière
     débordait ! [+]
     Syn. : **coup d'eau**.
  2. *Abat de neige* : forte chute de
     neige.
  3. *D'abat* : beaucoup. Il neige *d'abat*.

ABATTAGES n. m. pl.
  Parties accessoires d'animaux tués
  pour la consommation, abats.
  (entre 38-84 et 8-133)

ABATTIS n. m.
  1. Bois abattu, branches, souches
     mis en tas à brûler. [+++]
  2. Terrain plus ou moins défriché
     qui, après essouchage, sera mis
     en culture.
  3. *Faire de l'abattis* : abattre les
     arbres en vue de la mise en
     culture. [+++]

ABAT-VENT n. m.
  Appentis construit devant la porte
  de l'étable comme protection contre
  le vent, le froid ou la neige. C'est
  l'équivalent du *tambour* des
  maisons. (Charsalac)

ABEAUDIR (S') v. pron.
  Devenir beau, en parlant du temps.
  Le temps commence à *s'abeaudir*.

ABÉNAQUIS, ISE n. et adj.
  Amérindien d'une nation autochtone
  du Québec, qui compte plus de 800
  personnes dont plus du tiers habite

deux villages de la région de Sorel ;
relatif aux Amérindiens de cette
nation. La graphie *abénaki* est à
proscrire et, contrairement à
l'adjectif, le nom prend une
majuscule.

ABERRÉ, ÉE adj.
Stupéfait, surpris. Être *aberré*
devant l'ignorance de beaucoup de
gens en histoire et en géographie.

ABITIBIANITÉ n. f.
Ensemble des caractères, des
manières de penser, de sentir,
propres aux habitants de l'Abitibi.

ABITIBIEN, IENNE n. et adj.
Natif ou habitant de l'Abitibi ; de
l'Abitibi.

ABOITEAU n. m.
Barrage muni de vannes disposées
de façon qu'elles se ferment
automatiquement quand la marée
monte et qu'elles laissent s'écouler
l'eau quand la marée baisse. Les
Acadiens sont les spécialistes des
aboiteaux. (acad.)

ABONDANCE n. f.
À l'abondance : beaucoup. Il y a du
foin *à l'abondance* cette année.

ABORD n. m.
1. Époque où les érables coulent le
   plus. Depuis deux jours, c'est
   l'*abord* et ça coule jour et nuit.
   (Lanaudière)
2. *Aux abords de* : près de, à peu
   près. Il y a *aux abords de* deux
   semaines qu'il pleut.
3. *D'abord que* : puisque. *D'abord
   que* tu y vas, ses frères aussi
   iront.
4. *D'abord que* : pourvu que. *D'abord
   que* tu ne feras pas de bruit, tu
   peux rester.

ABOUETTE n. f.
Bouette, boëte ou appât qu'utilisent
les pêcheurs.
Syn. : **empât**.

ABOUETTER v. tr.
Bouetter, boëter, c'est-à-dire garnir
un hameçon d'appât, appâter.
Syn., voir : **empâter**.

ABOUT n. m.
Aux deux extrémités d'une pièce de
terre, endroit où peut tourner la
charrue, chaintre. (E 34-91)
Syn. : **cintre**.

ABOUTER v. intr.
Aboutir, toucher par un bout. Cette
terre *aboute* à la nôtre.

ABOUTIR v. intr.
Achever, finir. Puis, ce travail,
quand va-t-il *aboutir* ?

ABREUVOIR n. m.
Distributeur d'eau potable et fraîche
installé dans des endroits très
fréquentés (édifices à bureaux,
maisons d'éducation, terrains de
jeux, etc.) et appelé fontaine en
français, l'abreuvoir étant destiné
aux animaux.

ABRIER v. tr. et pron.
1. Couvrir, se couvrir. *Abrier* un
   enfant dans son lit, *s'abrier* pour
   bien dormir. [+++]
   Syn. : **cacher**.
2. Recouvrir de terre. *Abrier* ce
   qu'on vient de semer en utilisant
   la herse. [+++]
3. S'habiller chaudement pour
   affronter le froid.
4. Fig. Défendre, justifier, excuser.
   C'est un ami, mais personne ne
   pourra *l'abrier*.

ACADÉMIQUE adj. (angl. academic) ◙
Relatif à l'enseignement. Sa

formation *académique* laisse à désirer.

ACADIANISER v. tr.
Rendre acadien. Au Nouveau-Brunswick, on a commencé à *acadianiser* les écoles.

ACADIANISME n. m.
Mot, expression propre au français des Acadiens. Le mot *coquemar* est un acadianisme.

ACADIEN, IENNE n. et adj.
1. Habitant de l'ancienne Acadie, colonie française de peuplement cédée à l'Angleterre en 1713 et qui comprenait la Nouvelle-Écosse, l'Île-du-Prince-Édouard et le Nouveau-Brunswick ; relatif à l'Acadie ou à ses habitants.
2. Descendant des habitants de l'Acadie déportés en 1755 (voir *dérangement*) mais qui retournèrent dans leur ancienne région sur tout le pourtour du golfe Saint-Laurent ; relatif à ces descendants d'Acadiens.
3. Variété de français parlé par les Acadiens d'aujourd'hui.

ACAGNARDI, IE adj.
1. Acagnardé, las, fatigué, cagnard, sans force, sans énergie.
2. Fig. Bourru, renfrogné, d'humeur difficile.

ACARÊMER (S') v. pron.
Entreprendre le carême, se mettre à jeûner.

ACAYA n. f.
Exagération. Dire ou faire des *acayas*. (acad.)

ACCAPARER (S') v. pron.
Rég. en fr. Accaparer. *S'accaparer* une chose qui appartient à autrui.

ACCESSOIRE ÉLECTRIQUE n. m.
Tout appareil électro-ménager (grille-pain, fer à repasser, percolateur, etc.).

ACCLAMATION n. f
Par acclamation (angl. by acclamation) ⊘ : sans concurrent. Le maire de la ville a été élu *par acclamation*.

ACCOINTER v. tr. [#]
Voir : **cointer**.

ACCOMMODATION n. f. (angl. accomodation) ⊘
Épicerie de dépannage, *dépanneur* (NOLF). Ce mot, propre à l'Est du Québec, est en perte de vitesse. Voir : **dépanneur**.

ACCOMMODEMENT n. m.
Commodités. Terrain de camping avec *accommodements*, c'est-à-dire avec eau courante, douches, toilettes, possibilités de cuisine.

ACCOMMODER v. tr.
Rendre service, répondre aux besoins de quelqu'un. Il m'a *accommodé* en me prêtant sa voiture.

ACCONNAÎTRE v. tr.
Connaître, reconnaître, découvrir. Faire *acconnaître* une nouvelle à quelqu'un.

ACCORDAILLES n. f. pl.
Vx ou rég. en fr. Fiançailles. Il y a eu des *accordailles* chez nos voisins. Syn. : **accords**.

ACCORDÉ, ÉE n. et adj.
Voir : **accoté**.

ACCORDÉONEUX, EUSE n.
Accordéoniste de village.

ACCORDS n. m. pl.
Voir : **accordailles**.

ACCOTAGE n. m.
Concubinage. L'*accotage* était
difficile autrefois. (part)

ACCOTÉ, ÉE n. et adj.
Concubin. Il y a des *accotés* dans
l'immeuble. [+++]
Syn. : **abandé, accordé, accouplé,
adopté, appuyé.**

ACCOTER v. tr. et pron.
1. Appuyer. Regarde bien où *accote*
   le haut de l'échelle. [+++]
2. Se mettre en concubinage. Les
   jeunes d'aujourd'hui *s'accotent*
   plus qu'autrefois. [+++]
Syn. : **abander, adopter, appuyer.**

ACCOUPLÉ, ÉE n. et adj.
Voir : **accoté.**

ACCOURCI n. m.
Raccourci ou chemin plus court que
le chemin ordinaire. Prendre un
accourci pour rentrer chez soi.

ACCOUVER (S') v. pron.
Fig. S'accroupir, s'asseoir le dos
arrondi, sans bouger. *S'accouver*
dans un fauteuil.
Syn. : **agrouer (s').**

ACCROCHER v. tr.
1. Heurter, toucher plus ou moins
   rudement, mais involontairement
   un obstacle (auto, arbre, animal).
   Il roulait de nuit en camion et il a
   accroché un chevreuil.
2. *Accrocher ses patins, ses gants,
   ses bottines, sa plume* :
   abandonner le hockey, la boxe, la
   lutte, cesser d'écrire.
3. Fig. *Accrocher ses patins, sa
   tuque* : cesser une activité, quelle
   qu'elle soit. À 65 ans, il a décidé
   d'*accrocher ses patins* et il a
   vendu son commerce.

ACCROCHETER v. tr.
Accrocher, suspendre. *Accrocheter*
ses vêtements.

ACCULOIRE n. m. ou f.
Avaloire du harnais permettant au
cheval de freiner ou de faire reculer
le véhicule. [+++]
Syn. : **breeching, racculoire.**

ACÉRICOLE adj.
Qui concerne la culture et le soin des
érables à sucre.

ACÉRICULTEUR, TRICE n.
Personne qui exploite une *érablière*,
souvent d'une façon industrielle, par
opposition aux *sucriers* d'autrefois
pour qui l'érablière était une
exploitation artisanale et familiale.

ACÉRICULTURE n. f.
Exploitation industrielle des
érablières. L'*acériculture* s'est
beaucoup développée au cours des
dernières années.

ACHALAGE n. m.
1. Action d'importuner, de déranger.
   Tu sais que ton père n'aime pas
   d'*achalage* pendant qu'il fait sa
   sieste.
2. Cajolerie. Arrête ton *achalage*, ta
   mère est fatiguée.

ACHALANT, ANTE adj. et n.
Importun, agaçant, fatigant. Il est
achalant comme ce n'est pas permis.
Quel *achalant* ! [+++]
Syn., voir : **tache, tache de
graisse, tache d'huile.**

ACHALÉ, ÉE adj.
Pas achalé : pas timide, déluré,
fonceur. La Julie, je te dis qu'elle
n'est *pas achalée*.

ACHALER v. tr.
1. Agacer, importuner, taquiner. Il
   est de mauvaise humeur, ce n'est

pas le moment de l'*achaler*. [+++]
Syn., voir : **attiner**.

2. Tisonner. *Achaler* le feu pour
l'aviver. [+]
Syn., voir : **pigouiller**.

ACHET, ANCHET n. m. [#]
Lombric communément appelé ver
de terre et servant à appâter un
hameçon, èche, esche, aiche.
(E 26-115)
Syn. : **lachet, laiche, lanchet**.

ACHETÉ, ÉE adj.
1. Qui a été acheté, par opposition à
ce qui a été fait ou fabriqué à la
maison. Du pain *acheté*, une robe
achetée.
2. Artificiel. De quelqu'un qui a un
dentier, on dit qu'il a des dents
achetées.
Syn. : **de magasin**.

ACHETER v. tr. et intr.
Donner naissance à un enfant.
Notre voisine est à la veille
d'*acheter*. [+++]

ACHEVALER v. tr. et pron.
1. Éviter. On peut *achevaler* un trou
d'eau en marchant un pied de
chaque côté et avec une auto en
faisant passer les roues de part et
d'autre.
2. Se mettre à cheval, à
califourchon. Il *s'est achevalé* sur
la clôture.
Syn. : **s'affourcher**.

ACHEVÉ adv.
Très, beaucoup. Cette peinture est
belle *achevé*.

ACHIGAN n. m. (amér.)
1. Variété de perche de la famille
des Microptéridés appelée *bass* en
anglais. [+++]
2. *Achigan de roche* : nom vulgaire
du crapet de roche.

ACOYAU, ACOUYAU n. m.
Coyau ou pièce de bois qui prolonge
la base des chevrons au-delà de
l'angle du mur de manière à former
l'avance de l'égout du toit.

ACQUIS n. m.
Prendre pour acquis (angl. to take
for granted) ⊠ : admettre au départ,
sans discussion. *Prendre pour
acquis* qu'un diplômé d'université a
un minimum de culture et parle à
peu près convenablement sa langue.

ACRE n. f.
Mesure agraire valant 4840 *verges*
carrées, soit 40,47 ares ou 4047
mètres carrés.

ACTER v. tr. (angl. to act) ⊠
Jouer, représenter (une pièce), tenir
(un rôle). *Acter* le rôle d'Harpagon.

À C'T'HEURE, ASTHEURE adv. [#]
À cette heure, à présent,
maintenant. Parlons d'autre chose *à
c't'heure*.

ACTION DE GRÂCES n. f. (angl.
Thanksgiving Day)
Jour férié aux États-Unis (le 4e jeudi
de novembre) et au Canada (le 2e
lundi d'octobre).

ADON n. m.
1. Chance, coïncidence, heureux
hasard. S'il a réussi ses examens,
c'est un *adon*. [+++]
2. Habileté, tour de main, talent.
Avoir de l'*adon* avec les enfants
en classe.
3. *D'adon* : aisé, facile, familier,
sympathique, ayant bon
caractère.
Un voisin *d'adon*.

ADONNER v. intr. et pron.
1. Convenir. La couleur de la porte
adonne bien avec le reste. Est-ce

que ça t'*adonne* de venir demain ?
[+++]

2. Se convenir, aller bien ensemble, s'accorder mutuellement, bien s'entendre. Bien *s'adonner* avec ses voisins. [+++]

3. *Ça s'adonne* ! : mais oui ! certainement ! [+++]

ADOPTÉ, ÉE n. et adj.
Concubin. Il y a des *adoptés* dans l'immeuble. [+++]
Syn., voir : **accoté**.

ADOPTER (S') v. pron.
Se mettre en concubinage. Ils se sont *adoptés* dès leur première rencontre.
Syn., voir : **accoter**.

ADOUCIR v. tr.
Sucrer. *Adoucissez* donc votre thé, il sera bien meilleur. (acad.)

AFFAÎTER v. tr.
Rendre comble, enfaîter. *Affaîter* une manne de pommes.

AFFIDAVIT n. m. (angl. affidavit) ⊘
Sommation. Il a reçu son *affidavit* d'avoir à se présenter à la cour.

AFFILE-CRAYON n. m.
Taille-crayon.
Syn. : **affiloir**, **aiguise-crayon**, **aiguisoir**.

AFFILER v. tr.
Tailler. *Affiler* un crayon. [+++]

AFFILOIR, AFFILOIR À CRAYONS n. m.
Taille-crayon.
Syn., voir : **affile-crayon**.

AFFOURCHER (S') v. pron.
Vx en fr. Se mettre à califourchon, à cheval. *S'affourcher* sur une clôture.
Syn. : **achevaler**.

AFFRANCHI, IE n. et p. passé
Animal châtré. Les bœufs et les chevaux qu'on attelle sont des *affranchis*.

AFFRANCHIR v. tr.
Châtrer. *Affranchir* un taureau, un bélier, un cheval. [+++]
Syn. : **arranger**, **couper**, mettre les **bois**, les **fers**, les **serres**, **tourner**.

AFFRONTER v. tr.
Insulter, faire affront à. Je ne permets pas qu'on vienne m'*affronter* chez moi.

AFFÛTEAUX, AFFÛQUOTS n. m. pl.
Affûtiaux, menus objets, affiquets, objets de toilette. [+]
Syn : **artifailles**, **attifaux**, **attifiaux**.

AGACE, AGACE-PISSETTE n. f.
1. Vulg. Femme qui par ses manières, son regard, semble promettre ses faveurs, allumeuse.
2. Vulg. Petit poisson qui mord à l'appât et qui ne se laisse pas ferrer facilement.

AGACEUR, AGACEUX, EUSE n. et adj.
Vx en fr. Personne qui harcèle par ses taquineries incessantes, taquin. [+++]

AGANTER v. tr.
Attirer. Pour *aganter* les enfants, rien de tel que des friandises.

ÂGE n. m.
1. Cerne ou cercle de croissance d'un arbre. Compter les *âges* d'un arbre qu'on vient d'abattre. [+++]
2. *Être en âge* : être majeur (autrefois, avoir vingt et un ans, aujourd'hui, avoir dix-huit ans). [+++]

AGÈRE adj. f. [#]
Âgée. Une femme *agère*.

AGIR v. intr.
Accomplir de menus travaux de ménage, se déplacer tout seul. Elle a été très malade, a gardé le lit de

longs mois, mais depuis quelque temps elle peut *agir*.

AGONER, RAGONER v. tr.
Maltraiter, rudoyer. *Agoner* un cheval, un chien. (O 28-101)
Syn.: **bourrasser, gourdiner, harrer, hartiner, maganer, marâtrer, ouarer, ramoner**.

AGONISER v. tr.
Fam. en fr. Injurier, insulter, agonir. Il n'aime pas se faire *agoniser*.

AGOTTER (S') v. pron.
Voir: **engotter**.

AGOUCER v. tr. [#]
Agacer, taquiner. *Agoucer* un chien; *agoucer* son petit frère.
Syn, voir: **attiner**.

AGRAFER v. tr. et pron.
1. Attraper, saisir à la main. *Agrafer* un bâton pour se défendre.
   Syn.: **agriffer**.
2. S'accrocher, se cramponner. *S'agrafer* à un canot pour ne pas se noyer.

AGRAINS n. m. pl.
Criblures, vannures, grains de rebut. [+++]
Syn.: **drosses, revannes**.

AGRÉMENT n. m.
Plaisir, contentement. Nous sommes allés pique-niquer au bord d'un lac avec des amis et nous avons eu beaucoup d'*agrément*.

AGRÈS n. m.
1. *Agrès, agrès de terre*: outillage de ferme, machines aratoires. (surtout O 28-101)
   Syn.: **roulant, gréement**.
2. Équipement de chasse, de pêche, de ski. [++]
   Syn.: **attirail**.

3. Fig. et péjor. Personne très laide ou qui ne semble pas particulièrement brillante. Mais, comment peut-on vivre avec un *agrès* comme ça ? [+++]
   Syn., voir: **amanchure** (sens 2).

AGRICULTURISME n. m.
Conception de la vie qui idéalise l'agriculture, la vie à la campagne, et rejette l'industrialisation.

AGRICULTURISTE n. et adj.
Relatif à l'*agriculturisme*; partisan de l'*agriculturisme*.

AGRIFFER v. tr. et pron.
Vx ou rég. en fr. Saisir, prendre avec les mains. Quand il est revenu à la surface de l'eau, le sauveteur l'a *agriffé* par un bras et l'a tiré hors de l'eau.
Syn.: **agrafer**.

AGRONOME n. et adj.
Être agronome: être bien renseigné, avoir de la compétence. Lui, il n'est pas plus *agronome* en politique qu'en industrie laitière.

AGROUER (S') v. pron.
S'accroupir, s'asseoir le dos arrondi, sans bouger.
Syn.: **accouver**.

AIGREFIN n. m.
Personne malingre, de faible constitution. C'est un *aigrefin* de la ville.

AIGRETTE n. f.
1. Épinglier du rouet à filer.
   Syn.: **ailette**.
2. Aiguille de conifères. [+++]
3. Fétu de lin ou de chanvre.

AIGUAIL, ÉGAIL n. m.
Rég. en fr. Rosée. (acad.)

AIGUILLE n. f.
Pièce de bois fixée à l'avant d'une

voiture et de chaque côté de laquelle est attelée une bête de trait, timon. (acad.)
Syn. : **pole, tongue**.

AIGUILLETTE n. f.
Bûchette tenant lieu d'allumette.
Syn. : **allume, caliquette, clisse**.

AIGUISE-CRAYON n. m. [#]
Taille-crayon très petit et que l'on tourne manuellement.
Syn., voir : **affile-crayon**.

AIGUISOIR n. m. [#]
Taille-crayon mécanique fixé au mur dans les classes et les bureaux.
Syn., voir : **affile-crayon**.

AIL n. m.
1. *Ail des bois*, *ail sauvage* : ail trilobé qui pousse à l'état sauvage en forêt.
2. *Ail doux* : érythrone d'Amérique.
Syn. : **oignon doux**.

AILE n. f.
1. Disamare de certains arbres. S'emploie surtout au pluriel.
Syn., voir : **avion**.
2. *Aile-au-vent* : partie du toit qui dépasse de trente à cinquante centimètres le lambris du pignon d'une grange. (E 117, 118)
3. *Aile-de-charrue*.
Voir : **oreille-de-charrue**.

AILETTE n. f.
Épinglier du rouet à filer. [+++]
Syn. : **aigrette**.

AINSI adj. inv. [#]
Ordinaire, sans prétention. C'est une femme tout *ainsi* mais elle est supérieurement intelligente. [+++]

AIR n. m.
1. *Avoir de l'air de* : avoir l'air de, ressembler à. Lui, il *a de l'air de* son grand-père.

2. [#] Au pl. Êtres ou aîtres, disposition des lieux. Connaître les *airs* d'une maison.
Syn. : **ajets** (sens 2).

AISE n. f.
Être à l'aise : être dans l'aisance, ne pas avoir de soucis pécuniaires.

AISE adj.
Vx ou litt. en fr. Content, heureux. Être bien *aise* de revoir sa famille, être mal *aise* de rencontrer son ex-femme.

AISÉ, ÉE adj.
1. Vx en fr. D'humeur facile, de caractère heureux. Son grand-père n'était pas d'humeur facile dans sa jeunesse ; c'est l'âge qui l'a rendu *aisé*.
2. Litt. en fr. Facile à faire. La critique est *aisée*, mais faire quelque chose ne l'est pas.

AISÉ adv.
Facilement, aisément. Ce travail, on a pu le finir *aisé* en moins de deux jours.

AJETS n. m. pl.
1. Les douze jours après Noël qui, dans la croyance populaire, préfigurent le temps qu'il fera au cours de chacun des douze mois de la nouvelle année. D'après les *ajets*, le mois d'avril sera pluvieux. (O 28-101)
Syn. : **journaux**.
2. Êtres, aîtres d'une maison. Fais comme chez toi, tu connais les *ajets* de la maison.
Syn. : **airs** (sens 2).

ALASKAS n. f. pl.
Raquettes à neige longues et étroites, à laçage fin et à l'avant arrondi, utilisées en terrain

découvert et sur la neige épaisse. Voir : **raquette** (sens 1).

ALBERTAIN, AINE n. et adj.
Habitant de l'Alberta ; de l'Alberta.

ALCOOL À FRICTION n. m. (angl. rubbing alcohol) ⊘
Alcool dénaturé servant à des fins médicales ou paramédicales et que boivent nos *robineux*.

ALÈGE, ALLÈGE adj.
Lège, sans charge, à vide. Le camion est parti chargé, mais il est revenu *alège*. [+++]

ALÊNE n. f.
Anneau de fil de fer qu'on passe dans le groin d'un cochon pour l'empêcher de fouir.
Syn., voir : **anneau**.

ALÉNER v. tr. et intr.
1. Anneler un porc pour l'empêcher de fouir. (O 28-101)
Syn. : **boucler**, **brocher**, **enclaver**, **ferrer**, **ringner**.
2. Agneler. La brebis a *aléné* ce matin. [+]
Syn. : **moutonner**.

À L'ENTOUR DE loc. prép.
Voir : **entour de**.

ALENTOURS n. m. pl.
Vx ou litt. en fr. *Dans les alentours de* : environ, autour de. Nous étions *aux alentours de* cinquante à la réunion.

ALEVETTE n. f.
Godet attaché à une courroie sans fin et qui sert à transporter des grains, de la farine ou de l'eau à un niveau supérieur.

ALEXANDRE n. f.
Variété de pommes à couteau.

ALFALFA n. f. (angl. alfalfa) ⊘
Luzerne. Un champ d'*alfalfa*.

ALGIQUE adj. (amér.)
Famille linguistique comprenant plusieurs tribus amérindiennes dont les Abénaquis, Algonquins, Attikameks, Cris, Illinois, Malécites, Micmacs, Outaouais et Sauteux.

ALGONQUIN, INE n. et adj.
Amérindien d'un nation autochtone du Québec qui compte plus de 4 000 personnes dont plus de 80 % habitent neuf villages de la vallée de l'Outaouais ; relatif aux Amérindiens de cette nation.

ALIS, E adj.
Compact, mal levé. Pain *alis*, galette *alise*. [+]
Syn. : **gras-cuit**, **pesant**, **plat**.

ALISE n. f.
Fruit de l'*alisier*. (O 36-86)

ALISIER n. m.
Nom vulgaire de la viorne cassinoïde qui produit des *alises* dont raffolent les merles. (O 36-86)
Syn. : **bleuets sains**, **bourdaine**.

ALITRÉ, ÉE adj.
Échauffé, irrité, gercé. Un bébé qu'on ne change pas assez souvent risque d'avoir les fesses (ou mieux le siège) *alitrées*.

ALLÉE n. f. (angl. alley) ⊘
Voir : **alley**.

ALLÈGE adj.
Voir : **alège**.

ALLÉGHANIEN, IENNE adj.
Relatif aux Alléghanys, montagnes faisant partie de la chaîne des Appalaches qui couvrent l'Estrie (autrefois les *Cantons-de-l'Est*).

ALLÉGIR v. tr. et intr.
Vx et rég. en fr. Alléger, rendre moins lourd, plus léger.

Avec ce vent, le foin coupé va
allégir. (acad.)

ALLEY, ALLÉE n. f. (angl. alley) ⊘
Grosse bille de verre à jouer, calot.
[+++]

ALLIGATOR n. m.
Bateau de *drave* à fond plat et à
moteur. Marque de fabrique.

ALLOCHTONE n. et adj.
D'une origine différente de celle de
la population autochtone, allogène.
Pour les autochtones du Québec,
nous sommes des *allochtones*.

ALLONGE n. f.
Appentis adossé à une grange et
servant de hangar, de remise pour
les instruments aratoires.
Syn., voir : **appent**.

ALLOPHONE n. et adj.
Qui parle une langue autre que les
langues officielles (anglais et
français) ou autochtones.
Néologisme employé en statistique
démographique.

ALLUME n. f.
Vx en fr. Bûchette tenant lieu
d'allumette.
Syn., voir : **aiguillette**.

ALLUMER v. tr. et intr.
1. Mettre le contact à un appareil de
   radio, de télévision, pour les faire
   fonctionner ; fonctionner en
   parlant de ces mêmes appareils.
   Allumer la radio, laisser la
   télévision *allumée*.
2. Se reposer, causer, prolonger la
   soirée. À quelqu'un qui manifeste
   l'intention de rentrer chez lui
   après une bonne causette, on dira
   allume, allume, il n'y a pas le feu.
   Syn. : **fumer**.

ALLUMETTES EN PEIGNE n. f. pl.
Voir : **carton d'allumettes**.

ALLUMEUR n. m.
1. Pièce de fer dont on se servait
   pour tirer du feu d'un caillou.
   Syn., voir : **batte-feu**.
2. Briquet à essence. [+]
   Syn., voir : **feuseu**.

ALLURE n. f.
Avoir de l'allure : avoir du bon sens,
en parlant des personnes.

ALMANACH, ARMANACH n. m.
Histoire invraisemblable, chose
exagérée, manière prétentieuse.
Faire ou dire des *almanachs*. (acad.)
Syn., voir : **chouenne**.

ALMATOIS, OISE n. et adj.
Natif ou habitant d'Alma ; d'Alma.

ALOSE D'AMÉRIQUE n. f.
Alose savoureuse (NOLF).

ALOUETTE n. f.
Maubèche branle-queue.

ALSIKE n. m.
Voir : **trèfle alsique**.

ALUMELLE, LUMELLE n. f.
Vx en fr. Lame de couteau.

AMANCHÉ, ÉE adj. et p. passé
1. Affublé, accoutré, mal habillé. On
   n'a pas idée d'aller à un mariage
   ainsi *amanché*. [+++]
   Syn. : **atriqué**.
2. Fig. Mal marié. Plaindre une
   femme *amanchée* pour la vie avec
   un ivrogne.

AMANCHER v. tr. [#]
1. Faire, réparer, mettre en place.
   Amancher une machine à coudre.
2. Fig. Tromper, rouler quelqu'un
   dans un marché, dans une
   transaction.
3. Fig. et vulg. *Se faire amancher* :
   devenir enceinte en parlant d'une

jeune fille.
Syn., voir: **attraper.**

AMANCHURE, EMMANCHURE n. f.
1. Chose insolite, arrangement bizarre. Qu'est-ce que c'est cette *amanchure*?
2. Fig. et péjor. Personne remarquablement laide, mal habillée ou demeurée. Je n'irais pas au coin de la rue avec cette *amanchure.*
   Syn.: **agrès, gréement.**

AMANT, ANTE n.
Vx ou litt. en fr. Bon ami, amoureux, fiancé, promis (En tout bien tout honneur). (surtout acad.)
Syn., voir: **cavalier.**

AMARINAGES n. f. pl. [#]
Voir: **marinades.**

AMARRE n. f.
1. Câble, chaîne servant à attacher une bête dans l'étable. (E 36-86)
2. Mèche de chandelle de fabrication domestique.
3. Lacet de chaussures.
   Syn.: **cordon**(sens 1).

AMARRER v. tr.
1. Lier une gerbe de céréales, attacher ses souliers. (E 36-86)
   Syn.: **noucler.**
2. Ficeler. *Amarrer* un paquet. (E 36-86)
3. Attacher. *Amarrer* les bêtes à l'étable. (E 36-86)
4. Placer les mèches dans le moule à chandelles.

AMAUTI n. m. (mot inuit)
Manteau traditionnel féminin des Inuit se prolongeant à l'avant et à l'arrière et dont une extension de l'encolure permet le transport au chaud d'un enfant.

AMBINE n. f. (Beauce)
Voir: **amblette.**

AMBITIONNER v. intr.
1. Exagérer. Il *ambitionne* vraiment quand il dit qu'il a tout fait seul.
2. Fig. *Ambitionner sur le pain béni*: abuser d'une chose, d'une situation, de quelqu'un. Depuis que le patron est en vacances, Paul *ambitionne sur le pain béni*: la moitié du temps, il ne vient pas travailler.

AMBLETTE n. f.
Lien ou hart tordue servant à maintenir fermée une barrière ou à relier deux à deux des piquets de clôture, les bâtons d'un *suisse* ou d'une *traîne à bâtons.* (entre 37-85 et 23-123)
Syn.: **ambine, harrière, lambine.**

AMBOURI n. m.
Voir: **nambouri.**

AMBRER v. intr. [#]
Ambler, aller l'amble.

AMBREUR n. et adj. [#]
Ambleur, qui va l'amble.

AMEILLER, AMEUILLER v. intr.
Mettre bas, en parlant d'une vache, amouiller. (pass. E 27-116)
Syn., voir: **amener.**

AMENER, RAMENER v. intr.
Mettre bas, vêler, pouliner, cochonner. (entre 38-84 et 25-117)
Syn.: **ameiller, ameuiller, rameiller, rameuiller, rapporter, renouveler.**

AMÉRICAIN, AINE adj.
1. *Faire un stop américain*: ralentir à un stop et accélérer au lieu de stopper.

2. *Tournevis américain* : marteau utilisé pour enfoncer une vis parce que c'est plus rapide.

AMÉRINDIANISATION n. f.
Action d'*amérindianiser*.

AMÉRINDIANISER v. tr.
Dans le domaine de l'enseignement surtout, adapter, rendre conforme à l'histoire, aux coutumes, aux comportements des *Amérindiens*.

AMÉRINDIANISME n. m.
Emprunt lexical aux langues *amérindiennes*. Le mot *babiche* est un *amérindianisme*.

AMÉRINDIEN, IENNE n. et adj.
Appellation de plus en plus fréquente et somme toute beaucoup plus juste des peuples autochtones de l'Amérique du Nord (à l'exception des Inuit) longtemps appelés *Indiens* ou *Sauvages*.

AMET n. m. [#]
Amer. Les pêcheurs qui rentrent au port prennent leurs *amets*.

AMEUILLER v. intr.
Voir : **amener**.

AMIANTOSE n. f.
Inflammation pulmonaire causée par la poussière d'amiante, asbestose. L'*amiantose* est une maladie industrielle.

AMIANTOSÉ, ÉE n.
Personne qui souffre de l'*amiantose*.

AMIEUTER (S') v. pron.
Se mettre au beau. Le temps commence à s'*amieuter*.

AMITIÉ n. f.
Faire l'amitié : conter fleurette, faire la cour. Aussitôt qu'il l'a vue, il a commencé à lui *faire l'amitié*.
Syn. : chanter la **pomme**, faire l'**amour**.

AMITIEUX, AMIQUIEUX, EUSE adj.
Rég. en fr. Affectueux, tendre, câlin.

AMONT prép.
Vx ou rég. en fr. En haut de. Il habite *amont* la côte.

AMORPHOSER v. tr.
Flatter, leurrer, enjôler. Il a *amorphosé* son père pour toucher seul l'héritage. [+]
Syn., voir : **emmiauler**.

AMORTIR v. tr.
Vx ou rég. en fr. *Amortir la lampe* : baisser la mèche d'une lampe à pétrole pour qu'elle éclaire moins ; *amortir un feu* : en diminuer l'intensité.

AMOSSOIS, OISE ; AMOSSAIS, AISE n. et adj.
Natif ou habitant d'Amos ; d'Amos.

AMOUNETTER v. tr.
Calmer, apaiser un enfant qui pleure. (acad.)

AMOUR n. m.
1. Vx en fr. *Faire l'amour* : conter fleurette, faire la cour en tout bien tout honneur. (acad.)
Syn., voir : **amitié**.
2. *Être en amour* (angl. to be in love) : être amoureux. [+++]
3. *Tomber en amour* (angl. to fall in love) ◙ : devenir amoureux. [+++]

AMOURETTES n. f.
1. Testicules de certains animaux, surtout du bélier.
2. Vulg. Testicules de l'homme.
Syn., voir : **gosse**.

AMOUREUX n. m.
Bardane, plante et capitules. (acad.)
Syn., voir : **grakia**.

AMPAS n. m. [#]
Lampas ou gonflement de la muqueuse du palais du cheval.

AMPHIGLACE n. f.
Patinoire à glace entourée de gradins.

AMPOUILLE n. f. [#]
Ampoule. Avoir des *ampouilles* aux mains. (O 30-100)

AMUSARD, ARDE n. et adj.
Qui perd son temps à des bagatelles, à des riens. Quand Jacques va faire une course au village, il peut y passer la journée, c'est un *amusard*.

AMUSARDS n. m. pl.
Vulg. Ironiquement, seins, mamelles de la femme.
Syn., voir : **quenoche**.

ANCHET n. m. [#]
Voir : **achet**.

ANCRE n. f.
1. Fig. *Être à l'ancre* : être chômeur, ne pas partir travailler chaque matin.
2. Fig. et péjor. *Être encore à l'ancre* : se disait d'une jeune femme mariée, non encore enceinte, non *partie pour la famille*.
Syn. : faire la **vilaine**, faire la **chiotte**.

ANCRER v. intr. et pron.
Enfoncer, s'enliser dans la neige, dans la boue, y rester pris.
(O 27-101)
Syn., voir : **embourber**.

ANEILLÈRE adj.
1. Qui n'a pas mis bas dans l'année, en parlant d'une vache et, plus rarement, d'une truie. Avoir des vaches *aneillères* est une calamité. [+++]
2. Fig. Tari, à sec. Le puits est *aneillère*.
Syn., voir : **séché**.

ANFIROUAPER v. tr.
Voir : **enfirouaper**.

ANGE n. m.
1. Papillon. Il y a beaucoup d'*anges* dans le jardin. (O 38-83)
2. *Ange cornu* : papillon de nuit. (O 38-83)

ANGLAIS adj.
Péjor. *Avoir l'air anglais* : avoir l'air excentrique, ridicule.

ANGLO n.
Québécois de langue anglaise, anglophone.

ANGUILLE n. f.
1. *Anguille de roche* : nom vulgaire de la loquette d'Amérique et de la *sigouine de roche*.
2. *Anguille de sable* : nom vulgaire du lançon d'Amérique.
3. Fig. *Mesurer avec de la peau d'anguille* : se dit d'un vantard qui exagère tout, qui inflationne (la peau d'anguille a la propriété de s'étirer).
4. Fig. Dans un toit couvert de bardeaux, défaut résultant de joints superposés et par où l'eau s'infiltre.
5. Fig. Lézarde dans un ouvrage de maçonnerie.

ANIMALERIE n. f.
Magasin spécialisé dans la vente de petits animaux et d'articles les concernant. Mot destiné à remplacer le mot anglais *pet shop* (ROLF).

ANIS n. m.
1. Carvi commun très utilisé dans la médecine populaire.
2. *Anis sauvage* : salsepareille ou aralie à grappes.
Syn. : **chassepareille**.

ANNEAU n. m.
1. Boucle de fil de fer qu'on passe

dans le groin d'un porc pour l'empêcher de fouir.

Syn.: **alène**, **boucle**, **broche**, **crampe**, **ring**.

2. *Anneau de glace*: piste de patinage de vitesse à l'extérieur.

ANNÉE ACADÉMIQUE n. f. (angl. academic year) ⊘

1. Dans un établissement universitaire: année scolaire, année universitaire (NOLF).

2. Dans les établissements non universitaires: année scolaire (NOLF).

ANNÉE LONGUE n. f.
Voir: **longue**.

ANNEXE n. f.
Poêle au mazout servant uniquement au chauffage. Installer une *annexe* dans un logement où il n'y a pas de chauffage central. (rég. de Québec)

ANNONCE n. f.
Réclame, publicité. Aux chaînes privées de télévision, il est impossible de voir un film qui ne soit interrompu par des *annonces* toutes les dix minutes.

ANNONCER v. intr.
Faire de la réclame. Ce magasin *annonce* toutes les semaines.

ANSE DU COU n. f.
Clavicule. Se fracturer l'*anse du cou*.
Syn.: **carcan du cou**, **cercle du cou**, **collier du cou**.

ANTELLES n. f. pl. [#]
Attelles du collier des chevaux.

ANTICOSTIEN, IENNE n. et adj.
Natif ou habitant de l'île d'Anticosti; de l'île d'Anticosti.

ANTIPHLOGISTINE n. f.
Variété de pommade contre le rhumatisme. Marque déposée.

AOUINDRE v. tr. et pron. [#]
Voir: **aveindre**.

APÇON n. m. [#]
Hameçon. Appâter un *apçon*.
Syn.: **croc**, **haim**.

APILOTER v. tr. et pron.

1. Mettre en *pilot*, en pile, en tas. *Apiloter* du bois de chauffage. (acad.)

2. S'accumuler, s'amonceler. C'est au bout de la maison que la neige *s'apilote* le plus. (acad.)

APITCHOU, APITCHOUME n. m.

1. Bruit de l'éternuement. Entendre un *apitchou*.

2. *Faire apitchou, faire apitchoume*: éternuer.
Syn., voir: **apitchoumer**.

APITCHOUMER v. intr.
Éternuer.
Syn.: faire **apitchou**, **apitchoume**, **atchou**, **atchoume**, **atchoumer**.

APLANCHIR v. tr.
Aplanir, rendre plat, uni, *planche*. *Aplanchir* un terrain. [+++]
Syn.: **aplangir**.

APLANGIR v. tr.
Aplanir, rendre uni, plat, *plange*. *Aplangir* un terrain. (acad.)
Syn.: **aplanchir**.

À-PLAT-VENTRISME n. m.
Le fait de s'humilier, de se montrer servile, de faire des courbettes pour obtenir un avantage. Faire de l'*à-plat-ventrisme* devant les politiciens, devant les colonisateurs.

APLOMBER v. tr. et pron.

1. Mettre d'aplomb, caler. *Aplomber* une machine à laver.

2. Se mettre en équilibre stable. Il a épaulé, s'est *aplombé* et a tiré.

APOTHICAIRE n. m.
Armoire à pharmacie.

APPALACHIEN, IENNE adj.
Relatif aux Appalaches (chaîne de montagnes située au sud du fleuve Saint-Laurent).

APPAREILLER v. tr. et pron.
Vx en fr. Préparer, se préparer, s'habiller, faire sa toilette. *Appareiller* le repas pour midi. *Appareille-toi*, on part dans dix minutes. [+++]
Syn., voir : **gréer**.

APPARENCE n. f.
1. Vx en fr. *D'apparence* : selon les apparences, à ce qu'on voit. *D'apparence*, ils sont de bons amis.
2. *Apparence que* : apparemment que. *Apparence que* ton père est malade ?

APPARTEMENT n. m.
1. Vx en fr. Pièce d'une maison, d'un logis. Habiter un logement de quatre *appartements*. Louer un *deux-appartements* : un deux-pièces.
2. Compartiment cloisonné réservé à un cheval dans une écurie, stalle.
Syn., voir : **entredeux**.

APPELANT, PLANT n. m.
Rare en fr. Oiseau dressé à appeler les autres oiseaux et à les attirer dans les filets ou à portée de fusil des chasseurs, appeau.
Syn. : **babouin**.

APPENT n. m.
Bâtiment adossé à une grange et servant de hangar, de remise.
Syn. : **allonge**, **bas-côté**, **chapeau**, **hallier**, **porche**, **portique**, **punch**, **rallonge**, **shed**.

APPERT (forme du verbe apparoir)
Vx en fr. *Il appert que* : il paraît que, le bruit court que. *Il appert qu'*il y aura des élections bientôt.

APPLICATION n. f. (angl. application) ⊘
Demande d'emploi, de bourse ; formulaire de demande d'emploi, de bourse. Depuis qu'il est chômeur, il a fait dix *applications*. [+++]

APPLIQUER v. intr. (angl. to apply) ⊘
Faire une demande d'emploi ou de bourse, poser sa candidature. Michel a fini à l'université cette année et il a *appliqué* sans résultat à une vingtaine d'endroits. [+++]

APPOINT n. m.
1. Moment favorable. Attendre l'*appoint* de la marée ou du vent.
2. Convenance, commodité. Ne pas attendre les *appoints* de tout le monde pour prendre une décision.
3. Avantage, profit. Vos conseils m'ont été d'un grand *appoint*.

APPOINTEMENT n. m. (angl. appointment) ⊘
Rendez-vous. Avoir un *appointement* chez la coiffeuse.

APPRIMER v. tr.
Aiguiser. *Apprimer* une faux pour la rendre coupante, *prime*. [+]
Syn., voir : **enfiler**.

APPUYÉ, ÉE n. et adj.
Concubin. *Appuyé*, mélioratif d'*accoté*, est employé par notre bonne bourgeoisie qui essaie de châtier son langage.
Syn., voir : **accoté**.

APRÈS prép.
1. Le long de, à, à même, contre, sur. Avoir une tache *après* sa chemise.

Monter *après* un arbre. Attacher un animal *après* une clôture.

2. Vx en fr. En train de, à, occupé à (suivis d'un verbe). Il était *après* souper quand la panne d'électricité est survenue. [+++]

APSE n. m. [#]
Asthme.

AQUEDUC, QUEDUC n. m. ou f.
1. Robinet. Fermer l'*aqueduc*. [+++] Syn., voir : **champlure**.
2. Eau courante. Maison d'été à vendre avec *aqueduc* et électricité. [+++]

AQUER v. tr.
Appâter, amorcer. *Aquer* un hameçon. (entre 28-84 et 27-116) Syn., voir : **empâter**.

ARBE n. m. ou f. [#]
Arbre ; herbe.

ARBORITE n. f.
Lamellé décoratif pour comptoir de cuisine, salle de bain, etc. Marque déposée.

ARBRE n. m.
1. Tige. Couper les *arbres* de framboisiers, de maïs.
2. *Arbre de cerises* : cerisier.
3. *Arbre de coudre* : coudrier, noisetier.
4. *Arbre de noisettes* : noisetier, coudrier.
5. *Arbre de Noël* : jeune conifère sur pied en forêt. Dans ce boisé, il y a beaucoup d'*arbres de Noël*.

ARCADE n. f. (angl. arcade)
Salle de jeux électroniques. Plusieurs villes aimeraient pouvoir interdire les *arcades* aux moins de dix-huit ans.

ARCANSON n. m.
Voir : **gemme**.

ARCHE n. f.
Très grande maison. La maison de mes grands-parents, c'est une *arche*. Syn. : **cabane** (sens 6), **presbytère**.

ARÊCHE n. f.
1. [#] Arête de poisson. Enlever les *arêches* du poisson. [++]
2. Dos de la lame de la faux à bras, partie opposée au tranchant.

ARÉNA n. m. ou f. (angl. arena) ◙
1. Établissement où se trouve une patinoire à glace couverte et entourée de gradins. Patinoire (ROLF) a le même sens.
2. *Aréna de poche* : aréna de petite dimension.

ARGENT n. f. ou m.
1. Argent (n. m.). Il a gagné de la belle *argent* à La Grande.
2. *Faire de l'argent comme de l'eau* : gagner facilement de l'argent.
3. *Argent de papier* : papier-monnaie, billet de banque. Transporter cent dollars en *argent de papier* est moins encombrant que transporter le même montant en pièces de monnaie.
4. *Argent dur* : monnaie, pièce de monnaie. Il est commode d'avoir de *l'argent dur* sur soi pour les parcomètres.

ARGENTS n. m. pl. (angl. monies ou moneys) ◙
Fonds, deniers, valeurs. Les *argents* votés pour les autoroutes sont considérables. Argent ne s'emploie jamais au pluriel.

ARIA n. m.
1. Vx en fr. Tracas, embarras. Autrefois, c'était tout un *aria* de faire les travaux avec des chevaux.

2. Vx en fr. Gâchis, désordre. Les enfants laissés sans surveillance pourraient faire tout un *aria*.

3. Attirail. Il est arrivé avec tout son *aria* pour faire de la musique.

ARIDELLE n. f. [#]
Voir : **éridelle**.

ARLÉROSE n. m. (angl. early-rose) ⊘
Voir : **early-rose**.

ARMANACH n. m. [#]
Voir : **almanach**.

ARMÉE DU SALUT n. f. (angl. Salvation Army)
Organisation internationale originaire de l'Angleterre et qui, dans les grandes villes, sollicite des aumônes pour pouvoir offrir gîte et couvert aux plus démunis.

ARMOIRE n. f.

1. *Armoire à balais* : placard réservé au rangement des accessoires ménagers tels que balais, brosses, pelle à poussière, aspirateur, etc.

2. *Armoire à butin* : armoire à vêtements.
Syn. : **armoire à hardes**.

3. *Armoire à couvertes* : armoire à couvertures de lits.

4. *Armoire à hardes* : armoire à vêtements.
Syn. : **armoire à butin**.

ARMOIRETTE n. f.
Armoire de petite dimension.

ARPENT n. m.

1. Mesure de longueur valant 180 *pieds* français ou 191,835 *pieds* anglais, soit 58,47 mètres.

2. Mesure de surface valant 34,20 acres ou 0,342 hectare.

ARRACHE-CLOU n. m.
Fig. Habit de cérémonie, habit.
Syn. : **arrache-broquette**, **coat à**

queue, **dress-suit**, **full-dress**, **prince-albert**, **queue-d'égoïne**, **queue-de-morue**.

ARRACHE-PATATE n. m.
Machine servant à arracher les pommes de terre, arracheur ou arracheuse. [+++]

ARRACHE-PIERRE n. m.
Machine à tirer les pierres du sol, arrachoir.
Syn. : **arrache-roche**.

ARRACHE-POIL n. m.
D'arrache-poil : d'arrache-pied. Travailler *d'arrache-poil* pour pouvoir aller en vacances.

ARRACHER v. tr., intr. et pron.

1. *En arracher* : éprouver beaucoup de difficultés. Aujourd'hui, il vit à l'aise, mais au début de sa carrière il *en a arraché*. [+++]
Syn. : **échiffer**.

2. Réussir, se tirer d'embarras, gagner sa vie. Il ne vit pas en millionnaire, mais il finit par *s'arracher*. [+++]
Syn. : **réchapper sa vie**.

3. Terminer la période d'exploitation d'une *érablière* en enlevant les *chalumeaux* (qu'on *arrache*), les *chaudières* pour les laver et les ranger pour le printemps suivant. C'est le contraire d'*entailler*.
Syn. : **dégréer**, **désentailler**, **détailler**.

ARRACHE-SOUCHE n. m.
Appareil utilisé pour l'arrachage des souches.
Syn. : **essoucheuse**.

ARRACHEUR DE DENTS n. m.

1. Vx en fr. Celui qui arrachait les dents autrefois. Posséder un davier permettait de devenir *arracheur de dents*.

2. *Menteur comme un arracheur de dents, comme un dentiste*: fieffé menteur.

ARRACHIS n. m.
1. Arbre renversé dont les racines sont à nu, chablis. Un vent très fort fait souvent des *arrachis*. [+++]
Syn.: **cul-levé, renversis**.
2. Partie de forêt dont les arbres ont été déracinés par un ouragan, un cyclone. Toute l'érablière est devenue un *arrachis*. [+++]

ARRANGEMENT n. m.
D'arrangement: accommodant, conciliant, avec qui l'on s'accorde aisément.

ARRANGER v. tr.
Vulg. Châtrer un animal. [+++]
Syn., voir: **affranchir**.

ARRIÉ interj.
Cri pour faire reculer un cheval. [+++]
Syn.: **back**.

ARRIÈRE, ARRIÈRE DE BARGE, ARRIÈRE DE CANOT n. m.
Aide du commandant par opposition au *devant* (commandant) et aux *milieux* (rameurs) sur les anciennes embarcations à rames.

ARRIME n. f.
Pile de morues dans l'opération de salage et de séchage. (E 7-142)

ARRIMER v. tr. et pron.
1. Rég. en fr. Placer méthodiquement. *Arrimer* les morceaux de lard dans le saloir.
2. Se préparer. *Arrime-toi*, nous partons à midi. [+]
Syn., voir: **gréer** (sens 2).

ARRIVER v. intr.
1. *Arriver en dessous*: être déficitaire, être perdant dans une affaire. En vendant à ce prix, il *arrive en dessous*.
2. Fig. *Arriver en ville*: s'adapter à son temps, moderniser ses idées. Il serait temps pour lui d'*arriver en ville* et d'admettre l'égalité des salaires entre femmes et hommes.

ARROSOIR À PATATES n. m.
Citerne sur roues servant à répandre sur les plants de pommes de terre un produit chimique qui empoisonne les doryphores.

ARSOURCE n. f. [#]
Voir: **ressource**.

ARTÉCHOL n. m.
Médicament pour le foie. Marque déposée.

ARTICHAUT, ARTICHOU n. m.
Bardane, plante et capitules.
(O 27-101)
Syn., voir: **grakia**.

ARTIFAILLES n. f. pl.
Affiquets, affûtiaux. Cette femme est toujours couverte d'*artifailles*.
(O 37-85)
Syn., voir: **affûteaux**.

ARVIDIEN,IENNE n. et adj.
Natif ou habitant d'Arvida; d'Arvida.

AS n. m.
1. *Aux as*: très, beaucoup. Ce gâteau est bon *aux as*.
2. Voir: **battre quatre as**.
3. Voir: **paqueté aux as**.

ASBESTRIEN,IENNE n. et adj.
Natif ou habitant d'Asbestos en Estrie; d'Asbestos.

ASPERGE, ASPERGÈS n. m.
Goupillon pour asperger d'eau bénite. [+]
Syn.: **bénissoir**.

ASSAILLIR v. tr.
Agresser. Une femme a été *assaillie* par deux jeunes voyous qui lui ont arraché son sac à main.

ASSÉCHÉ, ÉE adj.
Tari, à sec, en parlant d'un puits. Syn, voir : **séché**.

ASSEMBLÉE DE CUISINE n. f.
Au cours des campagnes électorales, petite réunion de voisins, dans une cuisine, pour permettre à un candidat de rencontrer plusieurs électeurs en même temps.

ASSEMBLÉE DE PARTERRE n. f.
Au cours des campagnes électorales, réunion de voisins sur le parterre d'une maison (à condition que le temps soit clément) pour permettre à un candidat de rencontrer plusieurs électeurs en même temps.

ASSERMENTATION n. f.
Prestation de serment, action d'assermenter, de faire prêter serment. L'*assermentation* d'un député.

ASSIETTE n. f.
1. Bout de l'organe de l'étalon. (surtout O 36-86) Syn. : **cap, soucoupe**.
2. *Jeu de l'assiette* : jeu où les joueurs, assis en cercle, font pivoter une assiette et lancent à un joueur un petit objet qu'il doit attraper au vol avant de saisir l'assiette encore en mouvement.
3. *Passer l'assiette* : à l'église, faire la quête. Syn. : **chapeau, panier, quête, tasse**.

ASSIRE v. tr. et pron. [#]
Rég. en fr. Asseoir, s'asseoir. Assire un enfant dans une poussette.

S'assire sur une chaise. [+++] Syn. : **assister**.

ASSISON, ASSISA n. m.
Siège, banc, dans une embarcation de pêche.

ASSISTER (S') v. pron. [#]
Ironiquement, s'asseoir. *Assistez-vous*, vous n'êtes pas pressés. Syn. : **assire**.

ASSURANCE n. f.
1. *But d'assurance* : au hockey, lorsqu'une équipe qui a une avance d'un but sur l'équipe adversaire fait un deuxième but, ce but s'appelle *but d'assurance*.
2. Voir : **tuyau d'assurance**.

ASTHEURE adv. [#]
Voir : **à c't'heure**.

ATACA n. m. [#]
Voir : **atoca**.

ATCHOU, ATCHOUM n. m.
Faire atchou, faire atchoum : éternuer. Syn., voir : **apitchoumer**.

ATCHOUMER v. intr.
Éternuer. Travailler dans la poussière fait *atchoumer*. Syn., voir : **apitchoumer**.

ATIGI n. m. (mot inuit)
Manteau traditionnel masculin des Inuit, fait de peaux et fermé au col par un cordon.

ATOCA, ATACA n. m. (amér.)
Airelle canneberge qui, en mûrissant, devient rouge. Les *atocas* accompagnent la dinde de Noël. [+++] Syn. : **mocauque**.

ATOCATIER n. m.
Arbuste qui produit des *atocas*.

ATOCATIÈRE n. f.
Ferme, plantation produisant des *atocas*. Il y a plusieurs *atocatières* dans la région de Victoriaville.

ATOSSET, WATOSSÉ, WOTOSSÉ n. m. (amér.)
Variété de poisson blanc du Saint-Maurice et du lac Saint-Jean.

ATOUT n. m.
Qualités, ressources, entrain, débrouillardise. Ce jeune homme a de l'*atout*, il ira loin.

ATRICURE n. f.
Péjor. Accoutrement. L'as-tu vue avec son *atricure*?

ATRIQUÉ, ÉE adj.
Péjor. Accoutré, affublé, mal habillé. On n'a pas idée d'aller à un mariage ainsi *atriqué*. [+++]
Syn.: **amanché**.

ATRIQUER (S') v. pron.
Péjor. S'attifer, s'affubler, se fagoter. As-tu vu comment elle s'est *atriquée* pour les noces?

ATTAQUÉ, ÉE adj.
Piqué des vers. Beaucoup de pommes sont *attaquées* cette année.

ATTELAGE n. m.
1. Harnais d'un cheval. (surtout O 25-117)
2. Harnais de raquettes à neige, de skis.
3. *Attelage de promenade, des dimanches*: harnais d'un cheval de voiture, de carrosse.
4. *Attelage de travail*: harnais d'un cheval de trait, de ferme.
5. *Attelage double*: harnais d'un cheval attelé avec un autre cheval.
6. *Attelage simple*: harnais d'un cheval de ferme ou de carrosse attelé seul.

ATTELER v. intr.
1. *Atteler double*: utiliser un attelage de deux chevaux. D'où aller *double* ou *en double*, être *double* ou *en double*.
2. *Atteler simple*: utiliser un seul cheval.

ATTENDRE AVEC UNE BRIQUE ET UN FANAL loc. verb.
Voir: **brique** et **fanal**.

ATTIFAUX, ATTIFIAUX n. m. pl.
Affutiaux, affiquets.
Syn., voir: **affûteaux**.

ATTIKAMEK n. et adj.
Amérindien d'une nation autochtone du Québec qui compte 3 200 personnes dont 90 % habitent trois villages de la Haute-Mauricie; relatif aux Amérindiens de cette nation. Ce mot varie en nombre seulement.

ATTINER v. tr.
Taquiner. Les écoliers aiment *attiner* les petites filles. (acad.)
Syn.: **achaler, agoucer, badrer, chacoter, chamoiser, cranker, écoeurer, endêver, étriver, picocher, picosser, pigouiller,** tirer la **pipe**.

ATTINEUR, ATTINEUX, EUSE n. et adj.
Qui aime *attiner*, taquiner, taquin. Il est *attineur* comme son père. (acad.)

ATTIRAIL n. m.
Vx en fr. Équipement de chasse, de pêche, de ski.
Syn.: **agrès**.

ATTISÉE n. f.
Rég. en fr. Bon feu produit par une quantité de bois mise en une seule fois. Pour chasser l'humidité, il suffirait de faire une *attisée*. [+++]

ATTISONNER v. tr.
Tisonner. *Attisonner* le feu pour l'aviver.
Syn. : **achaler**, **brasser**, **pigouiller**.

ATTRAITS n. m. pl.
Traits, lignes caractéristiques du visage. Cet enfant a les *attraits* de son père.

ATTRAPE n. f.
1. Vx en fr. Piège pour prendre des animaux (ours, lièvres, anguilles, oiseaux). [+++]
Syn. : **trappe**.
2. *Attrape à homards* : casier à homards.
Syn. : **bourre**, **cage à homards**.
3. *Attrape à mouches*, *attrape-mouches* : boîte-piège pour capturer les mouches.
Syn. : **mouchière**, **trappe à mouches**.

ATTRAPER v. tr.
1. Fig. et vulg. *Se faire attraper* : devenir enceinte, en parlant d'une jeune fille. [+]
Syn. : **amancher**, **casser une jambe**, **jumper le manche** à balai, **poigner**, **sauter la clôture**.
2. *Attraper son coup de mort* : prendre dangereusement froid. Rester dans un courant d'air lorsqu'on est en transpiration, c'est risquer d'*attraper son coup de mort*.

AUBAINE n. f.
1. Occasion, solde, rabais. Profiter des *aubaines* de fin de saison.
Syn. : **vente**.
2. *Prix d'aubaine* : prix réduit, avantageux.

AUBELLE n. f.
Aubier de l'arbre. [+]

AUCUN, UNE adj. ind.
Tout, n'importe lequel. Pour cueillir des fraises, on peut utiliser *aucun* récipient.

AUGE n. m.
1. Auge (n. f.). [+++]
2. Dans l'étable, rigole d'écoulement du purin. [+++]
3. Demi-bille de bois creusée en auge dans toute sa longueur et servant à couvrir les camps forestiers d'autrefois, à la façon des tuiles rondes. Couvrir un camp de bois rond avec des *auges*. [+]
Syn. : **cale**, **dalle**.

AUJOURD'HUI POUR DEMAIN loc.
À n'importe quel moment, d'un moment à l'autre. Malade comme il est, il peut mourir *aujourd'hui pour demain*.

AUNAGE n. m.
1. Aune rugueux qui fournit une teinture jaune.
Syn. : **vergne**, **verne**.
2. Aunaie. Aller se couper une aune dans l'*aunage*.
Syn. : **aunière**.
3. Au pl. Peuplement d'aunes, de broussailles.
Syn. : **aunes**, **vernoches**.

AUNE n. m.
Au pl. Broussailles.
Syn. : **aunages**.

AUNIÈRE n. f.
Lieu où poussent des aunes, aunaie.
Syn. : **aunage**.

AURIPIAUX n. m. pl.
Oreillons chez les êtres humains et aussi chez certains animaux dont le porc. [+++]
Syn. : **grenouilles**.

AUTANT COMME AUTANT loc. adv.
1. Souvent, à satiété, tant et plus. On lui a dit *autant comme autant* de regarder avant de traverser la rue.
2. Beaucoup, un grand nombre. À cette assemblée, il y avait du monde *autant comme autant*.

AUTOBUS n. m.
Véhicule automobile destiné au transport interurbain, autocar. Toutes les heures, il y a service d'*autobus* entre Québec et Montréal. Dire une autobus est une faute.

AUTOMATE n. m.
Distributeur automatique de sandwichs, de pâtisseries, de thé, de café, etc., qui fonctionne avec des pièces de monnaie.

AUTONEIGE n. f.
Véhicule à chenilles muni d'une caisse fermée, qui peut se déplacer facilement sur la neige et qui sert à transporter les voyageurs comme dans une automobile.
Syn. : **bombardier**, **snow**, **snowmobile**.

AVALOIR, AVALOIRE n. m. ou f.
Vx en fr. Œsophage de certains animaux. (surtout acad.)

AVANCE n. f.
1. *D'avance* : hâtif, en parlant du blé, des pommes de terre, de l'avoine. Semer de l'avoine *d'avance*.
2. Rapide, vif, alerte. Le nouvel employé est déjà plus *d'avance* que les anciens.

AVANT adj. inv.
Profond. Une fosse *avant*, un puits *avant*.

AVANT-MIDI n. m. ou f. inv.
Rég. en fr. Matinée. Ce médecin passe ses *avant-midi* à l'hôpital et ses après-midi à son bureau.

AVARDE n. et adj. f. [#]
Avare. Une personne *avarde*.

AVARICIEUX, EUSE adj. et n.
Vx en fr. Avare. Il est aussi *avaricieux* que son père. [+++]
Syn. : **baise-la-piastre**, **gratteux**, **grattin**, **juif**, **peigne**, **séraphin**, **séraphino**, **serre-la-piastre**, **serre-la-pogne**, **tord-la-mèche**.

AVEC prép. [#]
1. Celui qu'il est *avec* : celui avec qui il est.
2. Par. Expédier de la marchandise *avec* le bateau ou le train.
3. *Avec pas* : sans. Il est parti *avec pas* un sou en poche.

AVEINDRE, AOUINDRE v. tr. et pron.
1. Vx ou rég. en fr. Aller prendre un objet à l'endroit où il est rangé, atteindre avec effort. *Aveindre* ses vêtements des dimanches. *Aveindre* un veau tombé dans un profond fossé. [+++]
2. Arriver, s'amener. Il était nuit quand ils ont fini par *s'aveindre*.

AVEINDU [#]
P. passé du verbe *aveindre*.

AVÈNE n. f.
Avoine.

AVENIR v. intr.
Convenir, aller bien. Ce chapeau lui *avient* parfaitement. Ça l'*avient* de rester chez lui aujourd'hui. [+]

AVENTS n. m. pl.
Les avents : l'avent, c'est-à-dire la période de quatre semaines précédant Noël.

AVION n. m.
Disamare de certains arbres avec laquelle s'amusent les enfants.

Syn. : **aile, chie-en-culotte 1, culotte, hélicoptère**.

AVISEUR, EUSE n. (angl. advisor) ⊘
Conseiller. *Aviseur légal* (angl. legal advisor) ⊘ : conseiller juridique ; *aviseur* technique ⊘ : conseiller technique.

AVISSE n. f. [#]
Vis. Fixer une planche avec des *avisses*. [+++]

AVOINE n. f.
1. Fig. *Manger de l'avoine* : être supplanté par un rival auprès d'une jeune fille. [+++]
Syn., voir : **portion**.
2. Fig. *Faire manger de l'avoine* : supplanter un rival, en parlant d'un amoureux. [+++]

AVOINE FOLLE n. f.
Voir : **folle avoine**.

AVOIR UN FRONT DE BŒUF, DE BŒUF MAIGRE loc. verb.
Voir : **front de bœuf**.

AYOILLE interj.
Ouille ! (cri de douleur).

AYRSHIRE n. m. ou f.
Race de vache laitière.

B.A. n. m.
1. Baccalauréat ès arts, bachot, qui couronnait les études secondaires d'autrefois et qui permettait de s'inscrire en faculté.
2. Aujourd'hui, diplôme couronnant le premier cycle d'études universitaires.

BABEURRE n. m.
Tech. ou rég. en fr. Lait de beurre.

BABICHE n. f. (amér.).
1. Lanière de peau crue d'anguille utilisée comme fil à coudre.
2. Lanière de peau crue (chevreuil, bœuf, orignal) utilisée comme garniture des raquettes à neige et des sièges de chaises. [+++]
3. Lanière de peau tannée (veau, bœuf, chevreuil) utilisée pour coudre les chaussures et les harnais.

BABICHER v. tr. (amér.).
Garnir de *babiche* une raquette à neige, un siège de chaise.
Syn. : **empailler** (sens 1).

BABILLARD n. m.
Tableau d'affichage dans les usines et les maisons d'éducation. Souvent, le *babillard* disparaît sous les multiples affiches et avis.

BABINE n. f.
Fig. *Faire la babine* : faire la moue. [+]
Syn. : **faire la baboune**.

BABOCHE n. f.
1. Femme qui porte l'enfant présenté au baptême.
Syn., voir : **matrone** (sens 2).
2. Alcool de fabrication domestique. (entre 40-83 et 37-116)
Syn., voir : **bagosse**.

BABOUCHE n. f.
Sandale de plage en caoutchouc.
Syn., voir : **sloune**.

BABOUIN n. m.
Appeau en bois servant à attirer les canards sauvages, les outardes, etc.
Syn. : **appelant**.

BABOUNE n. f.
1. Grosse lèvre. Avoir une de ces paires de *babounes*! [+++]
Syn. : **ballot**.
2. Fig. *Faire la baboune* : faire la moue. [+++]
Syn. : **faire la babine**.
3. Fig. *Avoir la baboune* : être mécontent et faire la moue.

BABY-DOLL n. m. (angl. baby-doll) ⊘
Vêtement de nuit féminin particulièrement affriolant.

BACAGNOLE n. f.
1. Traîneau rudimentaire servant au transport des provisions en forêt. [++]
Syn. : **gabare, jumpeur, menoires traînantes, sleigh de portage, traîneau de portage, travail, travois**.
2. Traîneau d'érablière pour le transport de la sève d'érable.
Syn. : **jack, jumpeur, siffleur, siffleux, suisse, traîne**.

BACAILLÈRE, BÉCAILLÈRE n. f.
1. Variété de canard sauvage. (acad.)
2. Nom d'une variété d'oiseau de petite taille. (acad.)

BACHAT n. m.
Vieille automobile, tacot. (Charsalac)
Syn., voir : **bazou**.

BACHELOR n. m. (angl. bachelor) ⊘
Petit appartement pour une personne seule, garçonnière, studio.

BACK !, BACK UP !, BÈQUE ! interj. (angl. back, back up) ⊘
Cris pour faire reculer un cheval. [++]
Syn. : **arrié**.

BACON, BÉKEUNE n. m.
Fig. *Avoir du bacon* : avoir de l'argent, être riche.
Syn., voir : **motton**.

BACUL n. m.
1. Palonnier aux extrémités duquel on accroche les traits des chevaux. [+++]
Syn. : **courge** (sens 1).
2. Pinces à billes accrochées au centre d'une volée portée par deux hommes et servant à transporter une bille de bois.
Syn., voir : **chienne**.
3. Clenche de loquet de porte.
Syn. : **barre, barrure**.
4. Jambier au moyen duquel on suspend par les jambes les bêtes de boucherie abattues. [+]
Syn., voir : **janvier**.
5. Tige de fer qui, introduite dans un anneau de chaîne, permet d'attacher. Attacher une vache dans l'étable avec une chaîne à *bacul*.
6. Fig. *Ruer dans le bacul* : regimber, protester vivement, ruer dans les brancards. (O 27-116)
Syn. : **menoires** (sens 3).
7. a) *Donner du bacul* (à un cheval) : décentrer la barre du palonnier (*bacul*) d'une paire de chevaux de façon à permettre à l'un d'eux, à cause de sa jeunesse ou de sa vieillesse, de tirer moins que l'autre.
   b) Fig. *Donner du bacul* (à quelqu'un) : lui donner l'occasion de travailler moins fort à cause de son jeune âge ou de son âge avancé.

BADLUCK, BADLOQUE n. f. (angl. bad luck) ⊘
  Malchance, malheur.

BADLUCKY, BADLOQUÉ, ÉE adj. (angl. bad luck) ⊘
  Malchanceux, poursuivi par la guigne. Il n'y a pas plus *badlucky* que lui.

BADMINTONNEUR, EUSE n.
  Joueur de badminton.

BADRAGE n. m.
  Ennui, tracas, souci, dérangement. Préférer travailler dans un bureau fermé pour ne pas avoir de *badrage*.
  Syn.: **badrement, badrerie**.

BADRANT, ANTE n. et adj.
  Ennuyeux, importun, incommodant. Un individu *badrant*, un travail *badrant*.
  Syn., voir: **badreur**.

BADREMENT n. m.
  Voir: **badrage**.

BADRER v. tr.
  Agacer, importuner, ennuyer. Arrête de *badrer* ta mère, tu vois qu'elle est occupée. [+++]
  Syn., voir: **attiner**.

BADRERIE n. f.
  Ennui, tracas, embarras, dérangement. C'est une *badrerie* d'avoir un chien quand on habite un douzième étage.
  Syn., voir: **badrage**.

BADREUR, BADREUX, EUSE n. et adj.
  Ennuyeux, importun. Il est gentil mais bien *badreux*.
  Syn.: **badrant**.

BAD-TRIP n. m. (angl. bad trip) ⊘
  État résultant de l'absorption de substances hallucinogènes.

BAGATELLE n. f.
  Dessert fait de biscuits et de morceaux de gâteau garnis de confiture ou de gelée et recouvert de blanc-manger ou de crème fouettée.

BAGOSSE 1 n. f.
  Alcool de fabrication domestique. (surt. O 36-86)
  Syn.: **baboche, booze, boucane, caribou, charlot, chien, chien rouge, corne-en-cul, flacatoune, goof, Jim-Robert, marlo, miquelon, moonshine, patatia, pistrine, poutine, saint-pierre**.

BAGOSSE 2 n. f.
  a) Tissu solide servant à la confection d'habits de travail pour les hommes.
     Syn.: **overall** (sens 1).
  b) Salopette pour hommes faite du tissu appelé *bagosse*.
     Syn.: **overalls** (sens 2).

BAGOSSER v. intr.
  Aller ici et là, changer souvent d'emploi.

BAGOSSEUR, BAGOSSEUX, EUSE n. et adj.
  Personne instable, qui a la bougeotte, qui change souvent d'emploi.

BAGOULARD n. et adj.
  Bavard. Ne t'y fie pas, c'est un bagoulard.

BAGOULER, BAGUEULER v. intr.
  Parler à tort et à travers. Passer son temps à *bagouler*.

BAGUETTE n. f.
  Planchette mince et étroite qui s'encastre dans les rainures ou parties femelles des planches embouvetées.

BAGUEULER v. intr.
  Voir: **bagouler**.

BAIE-COMOIS, OISE ; BAIE-COMIEN, IENNE n. et adj.

Natif ou habitant de Baie-Comeau, sur la Côte-Nord ; de Baie-Comeau.

BAILLARGE n. f.

Orge. Semer de la *baillarge*. (acad.)
Syn. : **barley**.

BAILLE n. f.

a) Mar. Contenant en bois, demi-tonneau servant à différents usages à la ferme. (acad. et Lanaudière)
Syn. : **tub**.
b) *Baille à laver* : baquet, cuve pour la lessive. (acad.)

BAILLÉE n. f.

Contenu d'une *baille*, d'une cuve. Il reste deux *baillées* d'eau pour les animaux.

BAILLER v. tr.

Vx en fr. Donner, apporter, passer. Peux-tu lui *bailler* la scie qui est accrochée au-dessus de l'établi ?

BAILLI n. m.

Vx en fr. Huissier chargé de porter un ordre à l'intéressé.

BAIN n. m.

Baignoire. Installer un nouveau *bain*. [+++]

BAISE-LA-PIASTRE n.

Avare, individu mesquin. C'est un *baise-la-piastre* comme on n'en voit pas souvent. [++]
Syn., voir : **avaricieux**.

BAISER v. tr.

Vulg. *Baiser la vieille, baiser le cul de la vieille* : revenir bredouille de la chasse, de la pêche, etc.

BAISSANT n. m.

Reflux de la marée. Le *baissant* s'oppose au *montant*.

BAISSEUR n. f.

Terrain bas qui s'égoutte difficilement. (E 37-85)
Syn., voir : **bas-fond**.

BAJOTTE n. f.

1. Joue grosse, ronde, mais non pendante chez les humains. [++]
Syn., voir : **jotte**.
2. Bajoue de porc. [+]

BAJOUE n. f.

Fam. en fr. Chez les êtres humains, joue grosse et ronde.
Syn., voir : **jotte** (sens 1).

BAL n. m.

1. *Bal-à-l'huile* : fête, danse qui dure toute la nuit et où l'on boit abondamment.
2. *Bal de graduation*.
Voir : **graduation**.

BALADEUR n. m.

Mini radiocassette portative munie d'écouteurs. Mot destiné à remplacer *walkman*.

BALAI n. m.

1. Thuya occidental.
Syn. : **cèdre**.
2. *Balai de blé d'Inde* : de feuilles de maïs.
3. *Balai de branches de coudre* : de branches de coudrier.
4. *Balai de cèdre* : de thuya. [+++]
5. *Balai d'épinette* : d'épicéa.
6. *Balai de harts rouges* : de cornouiller.
7. *Balai de varne* : de *vergne* ou aune rugueux.
8. *Balai tillé* : fait à partir d'une billette de bois dont la base est fendue en éclisses multiples.
9. *Balai de toubi* : d'éclisses de frêne.
10. *Balai à rouleaux, à roulettes*, balai mécanique. On utilise encore le *balai à rouleaux* surtout pour les tapis délicats.

(O 22-124)
Syn.: **Bissel**.

BALANCIGNE n. f. (O 27-116)
Voir: **balançoire**.

BALANCIGNER, BALANCINER v. tr. et pron.
Balancer, se balancer sur une *balançoire*.
Syn.: **galancer**, **galanciner**.

BALANCINE n. f.
Voir: **balançoire**.

BALANÇOIRE n. f.
1. Balançoire double, de *galerie* ou de jardin, formée de deux sièges se faisant face et suspendus à un châssis en bois.
   Syn.: **balancine**, **balancigne**, **barlancigne**, **galance**, **galancine**.
2. Balancier d'une horloge.

BALANT n. m.
Voir: **ballant**.

BALAYEUSE, BALAYEUSE ÉLECTRIQUE n. f.
Aspirateur à poussière. Passer la *balayeuse* tous les jours devient monotone.

BALCONVILLE n. m.
Passer ses vacances à balconville: en parlant de citadins pauvres, passer ses vacances d'été chez soi, sur le balcon d'un modeste appartement.

BALDWIN n.
Variété de pommes à couteau.

BALEUR n. m. (angl. boiler) ◙
Voir: **boiler**.

BALIER v. tr. [#]
Balayer, passer le balai. [+++]

BALISAGE n. m.
Action de *baliser* un chemin d'hiver.

BALISE n. f.
Petit arbre coupé, le plus souvent un conifère, piqué l'hiver de chaque côté d'une route enneigée pour en indiquer le tracé.

BALISER v. tr.
1. Indiquer le tracé d'un chemin d'hiver avec de petits arbres coupés, le plus souvent des conifères.
2. Orner les rues pour une fête, avec de petits conifères coupés en forêt. À la Fête-Dieu, on *balisait* les rues par où passait la procession.

BALIURES n. f. pl. [#]
Balayures.
Syn.: **bourrier** (sens 1), **cochonnerie** (sens 2).

BALLANT, BALANT n. m.
1. Défaut d'équilibre, tendance à se balancer. Ça ne tiendra pas, ça a trop de *ballant*.
2. *Être en ballant*:
   a) Ne pas être en équilibre stable, en parlant d'un objet.
   b) Fig. Hésiter, être en balance.

BALLE n. f.
1. Boule de neige. Les enfants aiment lancer des *balles de neige*.
   Syn.: **motte**, **pelote**.
2. Vulg. Testicule chez l'homme et aussi chez certains animaux (bélier, taureau).
   Syn., voir: **gosse**.
3. Fig. *Passer comme une balle, en balle*: très vite.
   Syn., voir: **ripousse**.
4. *Balle molle* (angl. softball): jeu de balle nord-américain ressemblant au baseball mais qui utilise une balle plus grosse et moins dure.

BALLER v. tr. (angl. to bale) ◙
Utiliser une presse à foin, un *balleur*

ou une *balleuse*, pour faire des balles de foin dans les champs.

BALLEUR n. m.; **BALLEUSE** n. f. (angl. baler) ⊘

Presse à foin utilisée dans les champs. (O 37-85)

BALLON n. m.

1. *Ballon-balai* (angl. broomball): variété de hockey sur glace qui se joue sans patins et dont le palet est remplacé par une balle, et les *hockeys* ou crosses par une sorte de balai.
2. *Ballon-panier*: appellation québécoise du basket-ball.

BALLOT n. m.

Grosse lèvre. Il a une de ces paires de *ballots*!
Syn.: **baboune**.

BALLOUNE, BALOUNE n. f. (angl. balloon) ⊘

1. Ballon en caoutchouc très mince servant à amuser les enfants. [+++]
2. Bulle. Faire des *ballounes* avec du savon. [+++]
3. Fig. Cuite. *Prendre, virer* ou *revirer une balloune*: prendre une cuite; *être en balloune, sur la balloune*: être ivre; *partir en balloune, sur une balloune*: s'enivrer. [+++]
Syn., voir: **brosser**.

BALLUCHE n. f.

Balle, enveloppe des graines de céréales. (acad.)

BALONÉ, BALONEY n. m. (angl. Bologna) ⊘

Mortadelle, gros saucisson bon marché qui constitue un élément essentiel de la nourriture des familles démunies.

BALOUNE n. f. (angl. balloon) ⊘
Voir: **balloune**.

BALUSTRE n. f.

1. Balustre (n. m.), balustrade qui dans une église sépare le chœur de la nef. [+++]
2. Voir: **mangeur de balustre, rongeur de balustre**.

BANAL n. m.

Taureau. Du temps des seigneuries, il y avait le moulin banal, mais aussi un taureau banal appelé le *banal*.
Syn.: **bull, monsieur** (sens 3).

BANC n. m.

1. À la campagne, plate-forme pour bidons (de lait ou de crème) installée au bord de la route, à hauteur de plateau du véhicule de ramassage.
Syn., voir: **escabeau**.
2. Bâti de rouet.
3. *Banc à parer*: marotte ou chevalet servant à maintenir à hauteur voulue la pièce de bois qu'on veut dresser.
Syn., voir: **chienne** (sens 3).
4. *Banc de neige*: amas de neige entassée par le vent, congère. Il a fallu sortir par une fenêtre pour aller pelleter le *banc de neige* qui obstruait la porte. [+++]
Syn.: **bank, falaise, houle, lame, roue, rouleau, vague**.
5. *Banc-de-sorcière*: déviation, dans le fût d'un arbre, due au bris de la tête de cet arbre, une branche ayant pris la relève, à la verticale.
6. *Banc des seaux*: banc sur lequel on déposait les deux seaux d'eau qu'on allait puiser au puits à l'époque antérieure à celle de l'eau courante. [+++]
Syn., voir: **chienne** (sens 2).

7. *Banc du quêteux, banc des quêteurs*.
Voir : **banc-lit**.

8. *Banc-lit* : meuble de bois formant caisse souvent placé dans la cuisine pour servir de siège, contenant paillasse et oreillers quand il est fermé et servant de lit pour adultes quand il est ouvert, bancasse. (O 8-123)
Syn. : **banc du quêteux, des quêteurs**.

BANDÉ, ÉE p. adj.
Vulg. *Être bandé sur* : être fortement attiré par une personne du sexe opposé. Depuis que Louise a vu Paul, elle *est bandée sur* lui.

BANDER v. tr.
Embattre, garnir une roue d'un bandage de fer. *Bander* une roue de tombereau.

BANDON n. m.
1. Herbe qui pousse dans une prairie après la fauchaison, regain.
Syn., voir : **lien**.
2. Terrain non cultivé où il est permis de laisser paître les animaux pendant un certain temps.

BANIC, BANIQUE n. f. (angl. bannock) ⊠
Pâte à pain cuite dans une poêle ou enroulée autour d'un bâton : méthode de cuisson pratiquée par les Amérindiens et par les voyageurs en forêt.

BANK n. m. ou f. (angl. bank) ⊠
Amas de neige entassée par le vent, congère. [+]
Syn., voir : **banc de neige**.

BANNEAU n. m.
1. Tombereau de ferme à boîte basculante. (E 30-100)
Syn., voir : **charrette** (sens 1).

2. Voiture d'hiver à deux patins et à boîte basculante servant au transport du fumier, de la neige. (E 30-100)
Syn. : **tombereau**.
3. Voir : **grattoir**.

BANQUE n. f.
1. Argent que l'on peut placer, économie. Travailler occasionnellement le samedi, pour lui c'est de la *banque*.
2. Tirelire. Voici un dollar pour ta *banque*.
Syn. : **cochon** (sens 3).
3. *Bon comme la banque* : d'une solidité à toute épreuve.
4. *Banque de France, banque d'Angleterre* : d'une compagnie, d'une institution qui ne risque pas d'avoir à déposer son bilan, on dira : c'est solide comme la *banque de France*, et plus rarement comme la *banque d'Angleterre*.

BANTAM n.
Race de poules de petite taille et aux plumes de couleurs très vives. [+++]

BAPTISTAIRE n. m.
Extrait de naissance, extrait de baptême. Pour obtenir un passeport, il faut un *baptistaire*.

BAPTISTE n. m.
1. Sobriquet donné aux Canadiens francophones dont le patron est saint Jean-Baptiste.
2. *Paye Baptiste !* : façon désabusée de dire que ce sont toujours les mêmes personnes qui payent.
3. Péjor. *Baptiste-Beaufouette*.
Voir : **Joe-Bloe**.

BAQUAIS n. et adj.
Voir : **baquet, baquesse**.

BAQUET, BAQUESSE n. et adj.
Péjor. Personne grosse et courte. Un homme comme lui n'est pas à plaindre avec une *baquesse* comme ça dans la maison. [+++]

BARACHOIS n. m.
Banc de sable qui s'avance dans la mer à l'embouchure d'une rivière, créant ainsi des baies ou des lagons pouvant servir d'abri à de petites embarcations. (Golfe du Saint-Laurent)

BARAQUE n. f.
Abri dont le toit à quatre pans est monté sur quatre poteaux et que l'on peut monter ou descendre à volonté, ce toit servant à préserver le foin contre les intempéries. (acad.)

BARATTE n. f.
1. Poêle rudimentaire formé d'un bidon d'acier monté sur quatre pieds et utilisé surtout dans les chantiers forestiers.
Syn., voir: **truie** (sens 2).
2. *Baratte à échiffes*: machine ressemblant à une baratte (à beurre) qui servait à baratter la charpie avant de la filer.

BARATTÉE n. f.
Contenu d'une baratte à beurre ou à échiffes.

BARATTEUR, BARATTOIR, BARATTON n. m.
1. Pilon de l'ancienne baratte à beurre conique.
2. Dans une baratte à manivelle, agitateur formé de quatre ailettes.

BARAUDER v. intr.
Aller d'un côté et de l'autre en parlant d'un traîneau qui glisse tantôt à droite, tantôt à gauche dans les pentes des chemins de neige.

[+++]
Syn.: **dériver, sheerer, slider**.

BARBADE n. f. ou m.
Mélasse. Depuis longtemps notre mélasse vient de la Barbade (île des Petites Antilles), d'où cette appellation.
Syn., voir: **sirop de Barbade**.

BARBASSIÈRE n. f.
Terrain humide, marécageux. [+]
Syn., voir: **savane**.

BARBE n. f.
Vx en fr. *Faire la barbe à quelqu'un*: l'emporter sur quelqu'un. Toi, mon garçon, tu n'as pas honte de te faire *faire la barbe* par une fille en classe?

BARBEAU n. m.
Larve d'œstres se développant sous la peau des chevaux et des bêtes à cornes. [+]

BARBECUE n. m. (angl. barbecue) ⊠
Grillade ou poulet préparé au barbecue, c'est-à-dire cuit au charbon de bois.

BARBEUX, EUSE n. et adj.
Importun, qui ennuie, qui barbe, qui rase, barbant.
Syn., voir: **badreur**.

BARBIER n. m.
Vx en fr. Coiffeur pour hommes. Aujourd'hui, les *barbiers* font très rarement la barbe et se valorisent en s'appelant coiffeurs.

BARBILLON n. m.
Barbe d'orge, de blé. Les *barbillons* pris aux vêtements de laine ne s'enlèvent pas facilement. (E 30-99)

BARBOT n. m.
1. Pâté d'encre, tache d'encre. Faire des *barbots* en écrivant. [+++]
Syn.: **barbouillat**.

2. Hanneton souvent utilisé comme appât par le pêcheur. [+++]

BARBOTE n. f.
1. Têtard. *Barbote* deviendra grenouille.
Syn., voir : **queue de poêlon**.
2. Nom vulgaire de la barbote brune et de la barbote des rapides, poissons d'eau douce.
3. Argot. Maison de jeux clandestins. La police a découvert une *barbote* dans cette maison.
4. Argot. *Barbote volante* : organisation de jeux clandestins qui se déplace souvent, pour éviter les agents de police.

BARBOTEUSE n. f.
Piscine très peu profonde, fixe et installée sur un terrain de jeux, ou piscine portative et en plastique installée près d'une demeure pour permettre aux enfants de s'amuser dans l'eau sans danger.
Syn. : **pataugeuse**.

BARBOTIÈRE n. f.
Terrain humide, marécageux.
Syn., voir : **savane**.

BARBOUILLAT n. m.
Pâté d'encre, tache d'encre. Faire des *barbouillats* en écrivant. (Charsalac)
Syn. : **barbot** (sens 1).

BARBUE DE RIVIÈRE n. f.
Barbue d'Amérique (NOLF).

BARDA n. m.
Voir : **berda**.

BARDACHE n. m.
Vx en fr. Homosexuel.
Syn., voir : **fifi**.

BARDASSER v. tr. et intr.
Voir : **berdasser**.

BARDASSIER n. m.
Voir : **berdassier**.

BARDEAU n. m.
1. Planchette de bois (thuya, épicéa, pin de Colombie-Britannique) servant à couvrir les toits ou à recouvrir les murs extérieurs d'une habitation. Lorsque les planchettes proviennent d'une bille de bois fendue à l'aide d'un départoir, on parle alors de *bardeau fendu* par opposition à *bardeau scié*, préparé à la scierie, le premier étant d'une qualité bien supérieure à celle du dernier.
2. *Bardeau à cointer*.
Voir : **cointer**.
3. Fig. *Il lui manque un bardeau* : il a le cerveau dérangé. [+++]
4. *Chapelet en bardeaux* : chapelet que l'on récite très rapidement, le répondant commençant le *Sainte-Marie...* avant que le récitant ait fini le *Je vous salue Marie...*

BARDOISER, BARDOCHER, BARDOLER, BARDOSSER, BARDEAUTER v. tr.
Couvrir de bardeau de bois le toit ou les murs d'une maison. (E 22-123) [+] (O 40-84) (acad.)

BARER v. tr.
Vx en fr. Donner, apporter. *Bare-moi* donc le marteau qui est sur l'établi.

BARGE n. f.
1. Rég. en fr. Meule de foin. (acad.)
Syn., voir : **mule**.
2. Bateau de pêche à moteur mesurant une dizaine de mètres de longueur. (Golfe du Saint-Laurent)
3. *Barge de drave* : embarcation solide à fond plat et utilisée lors du flottage du bois.
Syn., voir : **pine de drave**.

BARGEAU n. m.
Meule de foin moins grosse que la *barge*. (acad.)

BARGÉE n. f.
Contenu de l'embarcation appelée *barge* (sens 2). (acad.)

BARGOU n. m. (amér.).
Bouillie plus ou moins épaisse de flocons d'avoine et que l'on sert surtout le matin au déjeuner, porridge.
Syn., voir : **gruau**.

BARIL n. m.
Chaise faite dans un baril coupé en deux mais dont on a conservé quelques douves devant tenir lieu de dossier.

BARLANCIGNE n. f.
Voir : **balançoire**.

BARLEY n. m. ou f. (angl. barley) ▣
Orge. Soupe au *barley*. (E 36-85)
Syn. : **baillarge**.

BARNUM n. m. (angl. barnum) ▣
Bruit, remue-ménage, publicité. Te rends-tu compte de tout ce *barnum* pour l'inauguration de ce nouveau magasin ?

BAROUCHE n. f. (angl. barouche) ▣
Voiture à quatre roues, le plus souvent à un seul siège fixé sur des planches minces et flexibles posées directement sur les essieux.
(O 27-116)
Syn. : **planche**, **slide**.

BAR-PERCHE n. m.
Baret (NOLF).

BARRABAS n. pr. m.
Être connu comme Barrabas dans la Passion : être connu de tous, comme le loup blanc.

BARRE n. f.
1. Clenche de loquet de porte.
   Syn., voir : **bacul** (sens 3).
2. Tablette (angl. bar) ▣ . Une *barre* de chocolat.
3. *Barre à clou* : pied-de-biche ou levier à une ou à deux têtes fendues servant à arracher des clous.
   Syn. : **crowbar** (sens 2).
4. *Barre de savon* (angl. soap bar) ▣ : pain de savon, savonnette.
5. *Barre du jour* : aube, aurore. Se lever à la *barre du jour*. (E 36-86)

BARRÉ, ÉE adj.
1. Gelé, en parlant d'un cours d'eau, d'un lac ; gelé profondément, en parlant du sol. Habituellement, à la fin de novembre la terre est *barrée* pour l'hiver. (O 27-116)
   Syn. : **condamné**, **fermé**.
2. À pelage rayé. Une vache *barrée*. [+++]
   Syn., voir : **caille**.
3. À qui l'on interdit l'entrée d'un lieu, refusé. Les Amérindiens sont *barrés* dans certains bars.
4. Rayé. Du tissu *barré*.
5. *Ne pas être barré* : aimer s'amuser.
6. Voir : **tag barrée**.

BARREAUTIN n. m.
1. Dans l'écurie, barre de bois séparant deux stalles.
2. Barreau de chaise, d'échelle.

BARRER v. tr., intr. ou pron.
1. Vx ou rég. en fr. Fermer (une porte, une armoire) en utilisant une clef, un cadenas, un verrou. [+++]
2. *Barrer les jambes* : donner un croc-en-jambe.

3. Geler, se prendre de glaces, en parlant des cours d'eau et des lacs. Si le froid intense continue, le fleuve va *barrer* ou *se barrer*.
4. Geler profondément, en parlant du sol.

BARRURE n. f.
1. Clenche de loquet de porte. [+] Syn., voir : **bacul** (sens 3).
2. Stalle. La *barrure* du cheval dans l'écurie. (E 20-127) Syn., voir : **entredeux** (sens 1).
3. Cloison entre deux stalles dans l'écurie. (E 20-127) Syn., voir : **entredeux** (sens 2).

BAS n. m.
1. Chaussette s'arrêtant au niveau du mollet. Les hommes ne portent pas de *bas*.
2. *Bas golf* (angl. golf hose) ⊘ : mi-bas, demi-bas.
3. *Bas au genou* : mi-bas, demi-bas.
4. Partie d'une terre près de la maison.
5. À la campagne, territoire, région en aval. Habiter le *bas* d'une paroisse.
6. *Bas-du-fleuve* : région du Saint-Laurent située en aval de la ville de Québec.
7. Rez-de-chaussée d'un immeuble, d'une maison. Les personnes âgées préfèrent habiter un *bas* plutôt qu'un *haut* lorsqu'il n'y a pas d'ascenseur.
8. *Bas de lit* : jupe du lit d'autrefois.
9. Voir : **plancher de bas, plancher d'en bas**.
10. Voir : **pied de bas**.

BASANE n. f.
Tache de rousseur. Un visage plein de *basanes*. (acad.) Syn., voir : **rouille**.

BASANÉ, ÉE adj.
Dont la peau est marquée de taches de rousseur. (acad.) Syn., voir : **rouillé**.

BAS-CÔTÉ n. m.
1. Appentis pris à la maison, auquel on accède en descendant quelques marches et qu'on peut habiter l'été. (O 34-41) Syn., voir : **cuisine d'été**.
2. Appentis adossé à une grange et servant de hangar, de remise pour les instruments aratoires. (O 34-91) Syn., voir : **appent**.

BASCULE n. f.
1. Jeu où les deux joueurs debout adossés et accrochés par les bras se soulèvent alternativement. Syn. : **cloche** (sens 2).
2. *Donner* ou *recevoir la bascule* : à l'occasion de l'anniversaire de quelqu'un, le saisir par les bras et par les jambes et lui faire heurter le postérieur contre le plancher autant de fois qu'il compte d'années sans oublier d'en ajouter un coup supplémentaire « pour le faire grandir ». [+++]

BAS-FOND n. m.
De chaque côté d'un cours d'eau, terrain bas et très fertile inondé lors des crues et de la fonte des neiges. Syn. : **baisseur**, **platin**.

BASIR v. intr. et tr.
1. Disparaître, mourir. La brebis de Charles est *basie* depuis une huitaine. Le soleil est *basi* dans la mer. (acad.)
2. Cacher, faire disparaître. *Basir* un couteau avec lequel les enfants pourraient se blesser. (acad.)

BAS-LAURENTIEN, IENNE n. et adj.
Natif ou habitant du Bas-Saint-Laurent ; du Bas-Saint-Laurent.

BASSIN, BASSIN À MAINS, BASSIN AUX MAINS n. m.
Bassine placée dans l'évier de la cuisine et dans laquelle on se lavait les mains. (E 36-86)
Syn. : **bol à mains, bol aux mains**.

BASSINETTE n. f. (angl. bassinet) ⊘
Corbeille capitonnée servant de lit de bébé, moïse. Préparer la *bassinette* pour la naissance du bébé. (O 22-124)

BASTORE n. m. (angl. box-stall) ⊘
Voir : **box-stall**.

BASTRINGUE n. f.
1. Attirail, bibelot, objet de peu de valeur, bastringue (n. m.).
2. Variété de danse populaire.

BATCH n. f. (angl. batch) ⊘
Quantité de quelque chose (sucre d'érable, vin, savon...) que l'on fait en une seule fois. (O 37-84)
Syn., voir : **façon**.

BATCH adj. et n. (angl. batch) ⊘
Péjor. Se dit de quelqu'un qui est hétérosexuel et homosexuel.
Syn., voir : **bilingue**.

BATCHER (SE) v. pron. (angl. to batch) ⊘
Faire sa cuisine, sa popote, en parlant d'un homme qui vit seul.

BATEAU n. m.
Fig. *Manquer le bateau* : demeurer vieille fille, rester sur le carreau ; rater une occasion (dans quelque domaine que ce soit).
Syn., voir : manquer la **marée** (sens 3).

BÂTIMENTS CHAUDS n. m. pl.
Étable et écurie dans lesquelles hivernent les animaux.

BATISCANAIS, AISE n. et adj.
Natif ou habitant de Batiscan, en Mauricie ; de Batiscan.

BÂTON adv.
Argot. Complètement. Oui, c'est fini *bâton*.

BÂTON n. m.
1. Argot. Dollar canadien.
   Syn., voir : **douille**.
2. Fig. *Avoir le gros bout du bâton* : être dans une position de force dans une discussion, une négociation.
3. *Bâton d'affection, bâton d'amour, bâton sentimental* : appellations humoristiques du céleri.
4. *Bâton fort* : bâton de sucre d'orge.

BÂTONNER v. tr.
Assommer, tuer avec un bâton. *Bâtonner* cent jeunes phoques dans sa journée.

BATTE n. m. (angl. bat) ⊘
1. Vulg. Organe de copulation de l'homme et de certains animaux.
   Syn., voir : **pine**.
2. Au baseball et à la *balle-molle*, bâton qui sert à frapper la balle.
3. Fig. *Passer au batte* : rosser quelqu'un, lui flanquer une volée.
4. Fig. *Être au batte* : être sur la sellette, avoir à faire un exposé en public.

BATTÉE n. f.
1. Quantité de quelque chose (sucre d'érable, savon, vin...) que l'on fait en une fois.
   Syn., voir : **façon**.
2. *Une battée* : grande quantité, grand nombre. Il y a *une battée* de pommes, de monde.
   Syn., voir : **tralée**.

BATTE-FEU n. m.
1. Vx en fr. Morceau de fer dont on

se sert pour tirer du feu d'un caillou. On peut aussi utiliser deux pierres qu'on frotte l'une contre l'autre.
Syn.: **allumeur, frotteur de pierre**.

2. Briquet à essence. [+++]
Syn., voir: **feuseu**.

3. Fig. Enfant agité, remuant, qui ne reste pas en place.
Syn., voir: **vertigo** (sens 2).

4. Fig. Jeune garçon, d'une quinzaine d'années.

BATTER v. tr. (angl. to bat) ⊘
Au baseball, frapper la balle avec un *batte*.

BATTERIE n. f.
1. Aire de la grange où autrefois on battait les céréales au fléau. [+++]
2. Vx en fr. Échange de coups, rixe, querelle.

BATTEUR, BATTEUX n. m.
1. Homme employé au battage des céréales.
2. Batte du fléau.
Syn.: **battoir**.
3. Batteuse servant à l'égrenage des céréales.
4. Au baseball, frappeur (angl. batter) ⊘ . Joe Bob est un excellent *batteur*.

BATTOIR n. m.
Batte du fléau.
Syn.: **batteur**.

BATTRE v. tr.
1. *Battre un chemin*: ouvrir, tracer un chemin dans la neige l'hiver. [+++]
Syn.: **casser un chemin**.
2. *Battre quatre as*: se dit d'une chose surprenante, qui n'a pas son pareil. Lui, il a gagné le gros lot: **ça bat quatre as!**
Syn.: **biter quatre as**.

BATTU, UE adj.
Être battu de: souffrir de, être attaqué par. *Être battu* du rhumatisme, du mal de tête.

BATTUE n. f.
1. Pistes d'animaux sur la neige.
2. Endroits où herbes et broussailles ont été foulées par les animaux sauvages qui y sont passés ou qui y ont séjourné.
Syn.: **ravage**.

BATTURE n. f.
1. Rég. en fr. Portion du rivage que le jusant (marée descendante) laisse à découvert. La batture est très large sur la côte de Beauport, près de Québec. On dit aussi *les battures*. [+++]
2. Au pl. Glaces échouées sur les rivages où il y a marée. [+++]

BAUCHE n. f.
Unité de temps, de travail. Pour finir ce travail, encore une bauche et ça y est.

BAUCHER v. intr.
1. Courir, jouer à la course. *Baucher* avec son ami pour voir qui arrivera le premier.
2. Aller à toute vitesse, conduire une auto à toute allure. Il est dangereux de *baucher* en auto dans un village.
Syn.: **courser** (sens 2).

BAUDET n. m.
Vx en fr. Lit de sangles, ancêtre du lit pliant moderne. (O 8-133)

BAUME n. m.
Menthe à épis; menthe du Canada.

BAVALOISE, BAVAROISE n. f.
Pont de culotte, de pantalon.

Autrefois, les hommes portaient des culottes à *bavaloise*. (O 9-132)
Syn. : **bavette, chevanne, clapet, panneau**.

BAVASSAGE n. m.
Action de *bavasser*.

BAVASSER v. intr.
1. Fam. en fr. Bavarder, parler beaucoup. [+++]
2. Parler à tort et à travers, commettre des indiscrétions. [++]
Syn. : **placasser** (sens 2).

BAVASSEUR, BAVASSEUX, EUSE n. et adj.
1. Fam. en fr. Personne qui bavarde, qui parle beaucoup. [+++]
2. Personne qui parle à tort et à travers, qui commet des indiscrétions. [++]

BAVELLE n. m. ou f. (angl. bevel) ⊘
En bavelle : en biseau, en sifflet. Tailler une pièce de bois *en bavelle*.

BAVER v. tr.
Fig. Importuner, provoquer par des insultes ou des moqueries. Ne pas souffrir de se faire *baver*.

BAVETTE n. f.
1. Pont de culotte, de pantalon. Porter des culottes à bavette. (O 9-132)
Syn., voir : **bavaloise**.
2. Péjor. Sobriquet donné aux frères à cause du plastron (ou *bavette*) qui se portait dans certaines communautés.
Syn., voir : **corbeau**.

BAVEUR, BAVEUX, EUSE n. et adj. (péjor.)
1. Se dit de quelqu'un qui *bave* les autres, qui importune, qui a des airs méprisants. (O 28-101)

2. Terme d'injure adressé à quelqu'un.

BAVEUSE n. f.
Rouleau monté sur un récipient contenant de l'eau et sur lequel on mouille les timbres à coller sur les enveloppes, langue-de-chat.

BAVOLER v. intr.
1. Planer, en parlant d'un oiseau.
2. Être secoué par le vent, en parlant des vêtements qui sèchent sur la corde à linge.

BAZAR n. m. (angl. bazar ou bazaar) ⊘
Vente de charité au profit d'une église, d'un hôpital.

BAZOU n. m.
1. Vieille auto, guimbarde. Il faudrait des lois pour empêcher les *bazous* de circuler.
Syn. : **bachat, gabare, minoune**.
2. Par antiphrase, auto neuve. Oui, un beau *bazou* que tu t'es acheté !

BEAM, BIME n. m. (angl. beam) ⊘
Poutre, lambourde.

BEAN, BINE n. f. (angl. bean) ⊘
1. Haricot blanc.
2. Au pl. Haricots au lard. [+++]
3. *En criant bean* : en peu de temps, rapidement. Faire un travail *en criant bean*.
Syn. : **ciseau, lapin**.

BEANERIE, BINERIE n. f. (angl. bean) ⊘
1. Restaurant de quartiers populaires où le plat principal était les haricots au lard ou *beans*.
2. Fig. et péjor. Établissement commercial, industrie de très peu d'importance.

BEAUCERON, ONNE, n. et adj.
Natif ou habitant de la Beauce ; de la Beauce.

BEAU DOMMAGE loc. adv.
Certainement, sans doute. *Beau dommage* que Paul viendra, il a été de notre côté.

BEAUHARLINOIS, OISE n. et adj.
Natif ou habitant de Beauharnois, près de Montréal ; de Beauharnois.

BEAUPORT n. pr. m.
1. Nom de l'hôpital psychiatrique de la région de Québec situé à Beauport et qui s'appelle maintenant hôpital Robert-Giffard.
Syn. : **Saint-Michel-Archange**.
2. Péjor. *Un évadé de Beauport, de Saint-Michel* : un fou.

BEAUPORTOIS, OISE n. et adj.
Habitant de la ville de Beauport, près de Québec ; de Beauport.

BEAUTÉ n. f.
Une beauté : une grande quantité, beaucoup. Il y a *une beauté* de pommes cette année.

BÉBÉ n. m. (angl. baby) ◙
Ce qui tient à cœur, œuvre principale, création de quelqu'un. Le cardinal s'occupe toujours de son *bébé* (son hôpital pour lépreux).

BEBELLE n. f.
Jouet, joujou. Cet enfant a beaucoup trop de *bebelles*. [+++]

BÉBITE, BEBITE, BIBITE n. f.
1. Insecte en général. Il y a des *bébites* sur les arbres. [+++]
2. Onglée. Avoir la *bébite* aux doigts. [+++]
Syn. : **ongle**.
3. *En bébite* : beaucoup, très. Il fait froid en *bébite*.
4. *En bébite* : en colère, furieux. Quand il a appris cela, il est devenu *en bébite*.

5. Au pl. Grains de céréales ou mères de vinaigre en mouvement dans un vin en fermentation.
6. *Bébite à patates* : doryphore qui dévore les fanes des pommes de terre. (surt. O 38-84)
Syn. : **bête à patates**, **mouche à patates**.

BEC n. m.
Rég. en fr. Baiser. Va donner un *bec* à ton parrain. [+++]
Syn. : **bis**.

BÉCARD n. m.
Nom vulgaire des vieux saumons mâles qui tentent d'éloigner des autres mâles les femelles de leur choix.
Syn. : **charognard**.

BEC FIN n. m.
Faire le bec fin : faire le difficile, la petite bouche, le dédaigneux. Une mère dira à un de ses enfants : « Arrête de *faire le bec fin*, mange ce qu'il y a sur la table, sinon monte dans ta chambre. »

BÉCHÉ p. adj. [#]
Œuf béché : œuf dont la coquille a été percée par le poussin qui éclot, œuf becqué. [+++]

BÉCHER v. tr. [#]
Percer la coquille de l'œuf avec son bec, en parlant du poussin qui éclot, becquer. [+++]

BÉCOSSES n. f. pl. (angl. backhouse) ◙
Toilettes extérieures, rudimentaires, chiottes d'autrefois. [+++]
Syn., voir : **chiardes**.

BECQUER v. tr.
Rég. en fr. Embrasser, donner un *bec* ou baiser. [++]
Syn. : **bicher**.

BEC-SCIE, BEC-À-SCIE, BETSI n. m.
Harle d'Amérique.

BED n. m. (angl. bed) ⊘
Lit rudimentaire que l'on trouve dans les camps de bûcherons et dans les *cabanes à sucre*. [+++]

BEDAINE n. f.
1. *Bedaine dehors* : nu, ventre à l'air. Se promener *bedaine dehors*, en parlant de jeunes enfants.
2. *En bedaine* : torse nu. Être, se mettre *en bedaine*, en parlant d'un adulte, toujours d'un homme.

BEDAINER v. intr.
Prendre du ventre, en parlant d'un homme.

BEDDER v. tr. (angl. to bed) ⊘
1. Faire une litière pour les animaux dans l'étable ou l'écurie.
2. Faire un lit de branches là où tombera un arbre qu'on abat afin de l'empêcher de se briser.

BEDEAUCHE, BEDOCHE n. f.
Femme du bedeau. La graphie bedoche est à déconseiller. [+]

BEDEAUCHERIE, BEDOCHERIE n. f.
Fonction de bedeau. La graphie bedocherie est à déconseiller. [+]

BÉDOUANE n. f.
Aster à grandes feuilles.

BEE, BI n. m. (angl. bee) ⊘
1. Prestation de travail collective, volontaire et gratuite pour aider quelqu'un en difficulté.
Syn. : **corvée**.
2. Réunion de parents, d'amis et de voisins pour effeuiller le maïs et qui se terminait par des chansons, des jeux et des danses.
Syn. : **épluchette**.

BÉESSE, B.S. n.
1. Voir : **bien-être social**.

2. Péjor. Personne vivant du *bien-être social*. Profitant de ses loisirs, une *béesse* vient de publier son premier roman.

BÉGAYEUR, BÉGAYEUX, EUSE n. et adj.
Rare en fr. Bègue, personne qui bégaie.

BÉGUER v. intr.
Vx et rég. en fr. Bégayer. Il essaie de ne pas *béguer* mais il n'y arrive pas.

BÉGUEUR, BÉGUEUX, EUSE n. m.
Personne qui bégaye ; bègue.

BEIGNE n. m. ou n. f.
1. Pâtisserie ayant la forme d'un anneau et cuite en grande friture. Les *beignes* remplacent quelquefois les rôties le matin au déjeuner. [+++]
Syn. : **beignet**, **tracas**.
2. Jouer aux beignes.
Voir : jouer aux **bines**.
3. *Passer les beignes* : donner des coups, une fessée, à un enfant.

BEIGNERIE n. f.
Établissement de restauration où l'on vend et, généralement, où l'on fabrique des *beignes*, des *beignets* (ROLF).

BEIGNET n. m.
Pâtisserie ayant la forme d'un anneau et cuite en grande friture. [+++]
Syn., voir : **beigne**.

BÉKEUNE n. m. (angl. bacon) ⊘
Voir : **bacon**.

BELETTE n. et adj.
Curieux, indiscret. Il est *belette*, il est curieux comme une *belette*.

BELGOVALOIS, OISE n. et adj.
Natif ou habitant de Bagotville, au Lac-Saint-Jean ; de Bagotville.

BELLE n. f.
1. *Avoir en belle, prendre son en belle* : avoir beau jeu, avoir toutes les chances pour soi, avoir l'occasion favorable, profiter d'une occasion favorable.
2. *Faire la belle* : se mettre debout sur ses pattes arrière, en parlant d'un chien.

BELLE-ANGÉLIQUE n. f.
Acorus roseau, plante très utilisée en médecine populaire.

BELLE-BERGÈRE n. f.
Jouer à belle-bergère : jouer au furet.

BELUET n. m. [#]
Voir : **bleuet**.

BELUETTER v. intr. [#]
Voir : **bleuetter**.

BEN adv. [#]
Bien. C'est *ben* beau ce film-là.

BÉNÉFICE n. m.
Brunch-bénéfice, dîner-bénéfice, repas-bénéfice, concert-bénéfice, soirée-bénéfice : repas, concert, soirée organisés par un parti politique ou par un organisme à but non lucratif dans le but de renflouer la caisse du parti politique ou de recueillir des fonds pour une bonne œuvre (aide aux aveugles, aux handicapés).

BÉNÉRI, BONÉRI n. m.
Plectrophane des neiges ou bruant des neiges. Si les *bénéris* arrivent tôt l'automne, c'est le signe que l'hiver sera rigoureux. (acad.)
Syn., voir : **oiseau blanc**.

BÉNISSOIR n. m.
Goupillon pour asperger d'eau bénite.
Syn. : **asperge, aspergès**.

BENJAMIN n. m.
Fiche électrique double.

BÉOTHUK n. et adj. (amér.)
Amérindien d'une tribu de Terre-Neuve exterminée par les Blancs et dont le dernier membre mourut en 1829 ; de cette tribu.

BER n. m.
1. Vx en fr. Berceau ou petit lit d'enfant. [+++]
2. Partie de la charette à foin entre les ridelles.

BERÇANTE, CHAISE BERÇANTE n. f.
Siège à bascule, chaise ou fauteuil. Par beau temps, on sort les *berçantes* sur la *galerie* et on se berce. [+++]
Syn. : **berceuse, chaise berceuse, chaise à roulettes**.

BERCE n. f.
Arceau d'un siège à bascule. [+++]
Syn. : **berceau, rouloire**.

BERCEAU n. m.
1. Ridelle placée de chaque côté de la charette à foin.
2. Arceau d'un siège à bascule. (O 8-134)
Syn., voir : **berce**.

BERCER (SE) v. pron.
Se balancer dans une chaise (ou un fauteuil) à bascule, berçante ou berceuse.

BERCEUSE, CHAISE BERCEUSE n. f. [+++]
Voir : **berçante**.

BERDA, BARDA, BORDA n. m.
1. Bruit, tapage. Faire du *berda* en soirée risque de réveiller les enfants. (O 36-86)
Syn., voir : **cabas**.
2. Ménage quotidien, travaux domestiques. Tous les matins, nos mères faisaient le *berda* ou *petit berda*.
3. *Grand berda* : grand ménage d'automne ou de printemps par

opposition au *petit berda* qui revient tous les jours.

BERDASSER, BARDASSER, BORDASSER v. tr. et intr.
1. Secouer, produire des secousses. Un chemin de terre *berdasse* quand il est gelé.
2. Faire de menues besognes; perdre son temps. Quand on n'est pas pressé, on *berdasse* dans les hangars. (acad.)
   Syn., voir: **bretter**.
3. Faire du bruit. Qui est-ce qui *berdasse* dans le grenier?
   Syn., voir: **cabasser**.
4. Fig. S'adonner à des activités douteuses.

BERDASSEUX, EUSE adj.
Raboteux, qui a des inégalités, en parlant d'un chemin.
Syn., voir: **cahoteux**.

BERDASSIER, BARDASSIER, BORDASSIER n. m.
Personne aux activités douteuses.

BÉRET n. m.
Fig. Bouse de vache. Le pacage est couvert de *bérets*.

BÉRET-BLANC n. m.
Appellation ironique des membres du *Crédit social*, parti politique dont le recrutement se faisait dans les milieux les moins scolarisés et les plus défavorisés. Le port d'un béret blanc était leur signe de ralliement.

BERGAMAU n. m. (amér.)
Lisière d'écorce de bouleau servant à la confection de tentes ou utilisée comme isolant. (acad.)

BERGAMOTE n. f.
Variété de menthe utilisée en infusion et bien connue en médecine populaire.

BERLANDER v. intr.
S'agiter inutilement, hésiter. Il a passé la semaine à berlander.
Syn.: **branler, limoner, taponner, tataouiner**.

BERLANDEUR, BERLANDEUX, EUSE n. et adj.
Fainéant, indécis. C'est un *berlandeux*: il n'arrive jamais à se décider.
Syn.: **branleux, limoneux, tataouineur**.

BERLICOCO n. m.
1. Cône des conifères.
   Syn., voir: **cocotte**.
2. Buccins (n. m. pl.) (NOLF)
   Syn.: **bigorneau**.
3. Coquillage spiralé, bigorneau. (acad.)

BERLINE n. f.
Traîneau long fait d'une caisse montée sur patins bas avec sièges amovibles. (O 36-86)

BERLOT n. m.
Traîneau relativement court fait d'une caisse montée sur patins pleins et bas, avec sièges amovibles. [+++]

BERNICLES, BORNIQUES n. f. pl.
Lunettes. Il ne peut pas lire sans *bernicles*.
Syn.: **châssis-doubles**.

BERRI n. f. (angl. berry) ⌧
Airelle vigne d'Ida. (acad.)
Syn.: **graines rouges, pommes de terre**.

BERTHELAIS, AISE n. et adj.
1. Natif ou habitant de Berthierville, dans Lanaudière; de Berthierville, anciennement Berthier-en-Haut.

2. Natif ou habitant de Berthier,
   près de Montmagny ; de Berthier-
   en-Bas ou Berthier-sur-Mer.

BESACE n. f.
   1. Sac ample et solide que les
      religieuses portaient sous leur
      costume et qui servait de sac à
      main.
   2. *S'en aller à la besace* : s'en aller à
      la ruine, vers la décrépitude. Un
      bâtiment non entretenu s'en va
      vite *à la besace*.
      Syn., voir : **démence**.

BESEAU n. et adj.
   Niais. Il faut être *beseau* pour rater
   une telle occasion.
   Syn., voir : **épais**.

BESSON, ONNE n.
   Vx ou rég. en fr. Jumeau. Notre
   voisine a eu des *bessons* pour la
   deuxième fois.

BEST n. m. (angl. best) ⊘
   Argot des anciens pensionnats.
   Chouchou.
   Syn. : **chat**.

BESTER v. intr. (angl. to best) ⊘
   Argot des anciens pensionnats.
   Avoir des amitiés particulières.
   Syn. : **chatter**.

BESTEUX, EUSE n. et adj. (angl. best) ⊘
   Argot des anciens pensionnats. Qui
   a des amitiés particulières.
   Syn. : **chatteux**.

BÊTE adj.
   Rester bête : demeurer coi,
   interloqué. Il est *resté bête* quand il
   a appris sa mort.

BÊTE À PATATES n. f.
   Doryphore qui dévore les fanes des
   pommes de terres. [+++]
   Syn., voir : **bébite à patates**.

BÊTE PUANTE n. f.
   Mouffette d'Amérique. Les *bêtes
   puantes* signalent leur présence
   surtout le printemps. [+++]
   Syn. : **enfant-du-diable**.

BÊTISE n. f.
   1. Grivoiserie. Il ne peut s'empêcher
      de dire des *bêtises*. [+++]
   2. Injure. Dire des *bêtises* à
      quelqu'un.
   3. *Chanter des bêtises* : injurier,
      invectiver.

BÊTISER v. intr.
   Dire des grivoiseries, tenir des
   propos grivois. Arrête donc de
   bêtiser devant les enfants ! [+++]

BÊTISEUX, EUSE adj. et n.
   Qui aime dire des grivoiseries, qui
   aime *bêtiser*.

BETÔT adv.
   1. Bientôt, dans peu de temps. Jean
      va arriver *betôt*.
      Syn. : **tantôt** (sens 1).
   2. Il y a un instant, peu de temps.
      Jacques est à Québec, il est venu
      nous saluer *betôt*.
      Syn. : **tantôt** (sens 2).

BETSI n. m. [#]
   Voir : **bec-scie**.

BETTE n. f.
   Abréviation fautive du mot
   betterave, la bette étant un légume
   différent quoique de la même espèce.

BEUGLAGE, BEUGLE n. m.
   Beuglement. Entendre des *beuglages*
   de vaches toute la nuit.

BEURRE n. m.
   1. *Beurre d'érable* : pâte à tartiner
      tirée du sirop d'érable. [+++]
   2. Fig. *Passer dans le beurre* : rater,
      manquer. Trois fois il a essayé de

frapper la balle, mais trois fois *il a passé dans le beurre*. [+++]

3. Fig. *Tourner dans le beurre* : tourner à vide, sans effet (comme des roues d'auto sur la glace).

4. Fig. *Avoir des mains de beurre* : laisser tomber facilement ce qu'on devrait tenir.

5. Fig. *Prendre le beurre à la poignée* (ne s'emploie qu'à l'impératif). *Prends pas le beurre à la poignée* : n'abuse pas, ne fais pas d'extravagances, dit-on à quelqu'un qui a gagné le gros lot, qui est follement amoureux...

BEURRÉE n. f.

1. Vx ou rég. en fr. Tartine de beurre. Une *beurrée de beurre* est une tautologie. [+++]

2. [#] Tartine de confiture, de mélasse, de n'importe quoi. Une *beurrée* de confiture.
Syn. : **beurrette**.

3. Fig. Réprimande. Recevoir une *beurrée* de son patron.
Syn., voir : **call-down**.

4. *Une beurrée* : beaucoup, longtemps, cher. Attendre quelqu'un *une beurrée* ; accident qui coûte *une beurrée*.

BEURRER v. tr.

1. [#] Recouvrir de confiture, de mélasse, etc., une tranche de pain, tartiner. [+++]
Syn. : **graisser**.

2. Fig. Tromper, rouler. Il s'est fait *beurrer* en achetant cette vieille auto.

3. Fig. Flatter, leurrer, enjôler. *Beurrer* sa belle-mère pour lui soutirer de l'argent. (O 25-117)
Syn., voir : **emmiauler**.

BEURRETTE n. f. [#]
Tartine de confiture, de mélasse, de

n'importe quoi. (Lanaudière)
Syn. : **beurrée**.

BEURRIER n. m.
Fabriquant de beurre. Autrefois, à la campagne, il pouvait y avoir plus d'un *beurrier* dans chaque paroisse.

BI n. m. (angl. bee) ⊗
Voir : **bee**.

BIBE n. f.
Orgelet. Avoir une *bibe* à l'œil gauche. (Charsalac)
Syn. : **orgueilleux**.

BIBERETTE n. f.
Voir : **huilier**.

BIBERON n. et adj.

1. Voir : **huilier**.

2. Pop. en fr. Ivrogne. Cet hôtel, c'est le rendez-vous des *biberons*.

BIBITE n. f. [#]
Voir : **bébite**.

BICHER v. tr.
Embrasser. C'est rare un enfant qui n'aime pas se faire *bicher*. [+++]
Syn. : **becquer**.

BICLER v. tr. [#]
Bigler, loucher légèrement.

BICLEUR, BICLEUX n. et adj. [#]
Personne qui louche, bigleux, loucheur.
Syn., voir : **coq-l'œil** (sens 2).

BICOIS, OISE n. et adj.
Natif ou habitant du Bic, dans le Bas-Saint-Laurent ; du Bic.

BICYCLE n. m. (angl. bicycle) ⊗

1. *Bicycle, bicycle à pédales* : bicyclette, vélo. [+++]

2. *Bicycle à gasoline, à gas*, (angl. gasoline) ⊗ : motocyclette, moto.

3. *Bicycle à trois roues* : tricycle.

BIDOUS n. m. pl.
Avoir des bidous : avoir de l'argent,

être riche. [+++]
Syn., voir : **motton** (sens 3).

BIEN n. m.
Terre, propriété. C'est à la mort de son père qu'il a hérité du *bien* familial.

BIEN-AISE adj. (O 22-116 et acad.)
Voir : **aise**.

BIEN-CUIT n. m.
Réunion organisée le plus souvent à l'occasion du départ d'un membre important d'un parti politique et au cours de laquelle ses meilleurs amis en profitent pour le taquiner. Servir un *bien-cuit* à un ancien premier ministre.

BIEN-ÊTRE SOCIAL, BIEN-ÊTRE n. m.
Aide sociale gouvernementale instaurée en 1944 en faveur des invalides, des veuves, des aveugles, et qui s'étend aujourd'hui à toute personne dans le besoin. Être sur le *bien-être* : être à l'assistance publique.

BIEN QUE TROP loc. adv. [#]
Bien trop, trop. Son père a été *bien que trop* bon pour lui. [++]

BIENVENUE exclam. (angl. welcome) ◙
Je vous en prie, de rien, il n'y a pas de quoi. À quelqu'un qui remercie pour un service rendu, on dit : **bienvenue** !

BIÈRE D'ÉPINETTE n. f.
1. Bière domestique très peu alcoolisée fabriquée à partir de rameaux d'*épinettes* noires ou épicéas. [+++]
2. Boisson gazéifiée aromatisée à l'épinette : soda épinette, soda à l'épinette (NOLF).
3. Fig. C'est de la *petite bière* : ce n'est pas important.

BIÉREUX, EUSE adj.
1. *Être biéreux* : aimer boire de la bière.
2. *Bedon biéreux* : bedon dû à une consommation excessive de bière.

BIG BEN n. m. (angl. Big Ben)
Réveille-matin. Marque de fabrique.

BIG BUG n. m. (angl. big bug) ◙
Grosse légume, gros bonnet. Depuis qu'il a gagné à la loterie, il ne sort qu'avec les *big bugs*.
Syn., voir : **big shot**.

BIGORNEAU n. m.
Buccins (n. m. pl.) (NOLF).
Syn. : **berlicoco**.

BIG SHOT n. m. (angl. big shot) ◙
Homme qui a des moyens, qui est riche. Un *big shot* de la ville.
Syn. : **big bug**, **gros casque**.

BILINGUE n. et adj.
Fig. et péjor. Se dit de quelqu'un qui est hétérosexuel et homosexuel.
Syn. : **bardache**, **batch**, **deux** (être aux deux).

BILL n. m. (angl. bill) ◙
1. Billet de banque. Un *bill* de cinquante dollars.
2. Facture que le vendeur remet à l'acheteur.

BILLET PROMISSOIRE n. m. (angl. promissory note) ◙
Billet, billet à ordre.

BILLOCHET n. m.
Petite bille de bois qui supporte la perche inférieure d'une clôture.
Syn. : **boulinier**, **travers**.

BILLOT n. m. [#]
Bille de bois d'une certaine longueur, grume. [+++]

BINDER v. tr. (angl. to bind) ◙
Attacher, garrotter solidement à

l'aide d'un garrot ou *bindeur*.
Syn. : **gatonner**.

BINDEUR n. m. (angl. binder) ⊘
Garrot servant à serrer une chaîne,
un câble. (O 46-82 et acad.)
Syn. : **gaton** (sens 2).

BINE n. f.
1. Binette, visage, tête. Quand je l'ai
   rencontré, il avait une drôle de
   bine.
2. *Jouer aux bines, aux bignes, aux
   beignes* : jeu de garçons
   consistant à donner un coup sec
   du tranchant de la main sur la
   partie extérieure du bras qui va
   du coude à l'épaule, ce qui produit
   instantanément une bosse (*bine,
   bigne, beigne*) qui se résorbe peu à
   peu. Le gagnant est celui qui fait
   naître la plus grosse bosse.
3. *En criant bine.*
   Voir : **criant**.
4. Voir : **bean**.

BINERIE n. f. (angl. bean) ⊘
Voir : **beanerie**.

BINEGINGO n. m.
Mets de pêcheur constitué de
grillades de lard salé cuites dans un
mélange d'eau et de mélasse. (acad.)

BINGO n. m. (angl. bingo)
1. Jeu de hasard qui rappelle le jeu
   de loto. Beaucoup de paroisses
   organisent des *bingos* pour
   éponger leur déficit. Le roi du
   bingo du Québec a pris sa retraite
   en 1983 à l'âge de 73 ans. [+++]
2. Argot. Casse, révolte dans une
   prison. Le dernier *bingo* de
   Bordeaux a duré six heures.

BINGOEUSE n. f. (angl. bingo)
Femme qui a l'habitude, la passion
du *bingo*. La forme masculine de ce
mot n'existe pas encore.

BIORQUE n. m.
Butor d'Amérique. (acad.)

BIS n. m.
Baiser. Un petit *bis*. [+]
Syn. : **bec**.

BISCUIT n. m.
1. Fig. *Donner son biscuit* :
   éconduire, en parlant d'une jeune
   fille qui renvoie un prétendant.
   [+++]
   Syn., voir : donner le **capot**.
2. Fig. *Recevoir, prendre, manger
   son biscuit* : être éconduit, en
   parlant du jeune homme refusé
   par une jeune fille.
3. Fig. *Prendre son biscuit* : subir un
   échec. Il a pris son biscuit à la
   dernière élection.
4. *Biscuit matelot, biscuit de
   matelot* : variété de biscuits de
   forme ronde qui ont la propriété
   de se conserver longtemps et dont
   on faisait provision pour les
   voyages en mer, biscuit de mer.
   Syn. : **roue-de-char**, **roue-de-
   calèche**.
5. *Biscuit soda* : biscuit sec et salé.
6. *Biscuit Village* : biscuit sec, petit-
   beurre. Marque de fabrique.
7. Sports. Au hockey, gant de forme
   rectangulaire, genre bouclier, que
   porte le gardien de buts à la main
   droite pour arrêter, repousser ou
   faire dévier la *rondelle*.

BISE, BISSE, BISQUE n. f.
Garniture de tarte à base de
mélasse, de farine et de raisins secs.
D'où tarte à la *bise*, à la *bisse*, à la
bisque. (entre 30-100 et 25-117)
Syn., voir : **ferlouche**.

BISOUNE n. f.
1. Terme affectif qu'emploient les
   adultes en s'adressant à une

petite fille ou en parlant d'elle.
Syn., voir : **toutoune** (sens 2).
2. Vulg. Verge, pénis. Cache ta *bisoune*, dira-t-on à un petit garçon.
Syn., voir : **pine**.

BISSEL n. m. (angl. Bissel)
Balai mécanique. Marque de fabrique.
Syn. : **balai à rouleaux**.

BITCH, BITCHE n. m. (angl. bitch) ⊘
Tête ou *bitche* : pile ou face ?

BITER v. tr. (angl. to beat) ⊘
Voir : **battre quatre as**.

BITTE n. f.
Vulg. Organe de copulation de l'homme et de certains animaux.
Syn., voir : **pine**.

BIZEAU n. m.
1. Botte de céréales coupées et liées.
2. Moyette formée de quatre à six bottes ou gerbes de céréales.
Syn., voir : **quinteau**.

BLACKJACK n. m. (angl. blackjack)
Variété de poker où l'on joue pour de fortes sommes.

BLACK STRAP n. f. (angl. Black Strap)
Mélasse. Marque de commerce.
Syn., voir : **sirop de Barbade**.

BLAFARD n. m.
Voir : **blanchon**.

BLAGNE n. m. (angl. blind) ⊘
Voir : **blind**.

BLAGUE DE CHAT n. f.
Blague à tabac faite à partir d'une peau de chat dont on a fait tomber les poils en la faisant tremper quelque temps dans une solution d'eau et de cendre de bois franc.

BLAIRET n. m.
Blaireau pour la barbe.
Syn., voir : **savonnette**.

BLANC, BLANCHE adj.
Blanc comme un lièvre : se dit de quelqu'un dont les cheveux sont devenus complètement blancs. Le lièvre devient blanc l'hiver.

BLANC 1, PETIT BLANC n. m.
Alcool courant, blanc, par opposition à ceux qui ne le sont pas. (OO 34-91)

BLANC 2 n. m. (angl. blank) ⊘
1. *Blanc de chèque* : chèque en blanc.
2. *Blanc de mémoire* : oubli partiel et momentané, trou de mémoire.

BLANCHAILLE n. f.
Nom vulgaire de poissons petits et fort communs appelés cyprins.
Syn. : **mené**, **suceur**, **téteux**.

BLANCHISSOIR n. m.
Brosse à blanchir au lait de chaux, queue de morue.

BLANCHON n. m.
Jeune bébé phoque de 3 à 4 ans de couleur blanchâtre. La chasse aux *blanchons* est permise le printemps pendant une période de temps très courte.
Syn. : **blafard**.

BLANC-MANGE n. m. [#]
Blanc-manger.

BLAZE, BLÉZE n. f. (angl. blaze) ⊘
Blanchis que l'on fait aux arbres à abattre ou pour marquer un sentier, une ligne de séparation en forêt. (O 40-82 et acad.)
Syn. : **plaque**.

BLAZER, BLÉZER v. tr. (angl. to blaze) ⊘
Faire des *blazes* ou blanchis à des

arbres en forêt.
Syn. : **plaquer**.

BLÉ D'INDE n. m.
1. Maïs. Le *blé d'Inde* est une graminée originaire d'Amérique. [+++]
2. Épi de maïs. Si les enfants ont encore faim, fais-leur bouillir du *blé d'Inde*.
3. *Blé d'Inde à dents* : variété de maïs destinée à nourrir les bestiaux.
4. *Blé d'Inde à vaches* : variété de maïs destinée à nourrir les bestiaux, plus particulièrement les vaches laitières.
5. *Blé d'Inde sucré* : variété de maïs très appréciée par les êtres humains. [+++]
6. Fig. Semonce, réprimande. Recevoir un *blé d'Inde* parce qu'on est arrivé en retard au travail.
Syn., voir : **call-down**.
7. Fig. Affront, insulte, injure. Pousser un *blé d'Inde* à quelqu'un, l'insulter.
Syn. : **patarafe**.

BLÊMETTE, BLÊMUSSE n. et adj.
Personne blême ; qui est blême.

BLEU, BLEUE n. et adj.
1. Appellation traditionnelle des partis politiques d'orientation conservatrice (*Parti conservateur* devenu *Parti progressiste-conservateur* en 1942 au fédéral et *Union nationale* au Québec vers la même époque).
2. Avis écrit et officiel de mise à pied que reçoit un travailleur. Recevoir un *bleu*.
3. *Froid bleu* : très grand froid.
4. *Glace bleue ou verte* : glace de qualité, idéale pour les glacières

qui ont précédé les *frigidaires*. [+++]
5. *Bleu à laver* : bleu de lessive. [+++]
Syn. : **crapaud**, **indigo**.
6. [#] *Bleu marin* : bleu marine. Un complet *bleu marin*, une jupe *bleu marin*.
7. *Bleu-Blanc-Rouge* n. m.
Voir : **Canadien** (club de hockey)

BLEUET n. m.
1. Espèce d'airelle myrtille qui devient bleue en mûrissant. [+++]
2. Plante qui produit les bleuets. [+++]
3. *Blason populaire*. Habitant du Saguenay— Lac-Saint-Jean.
Syn. : **ventre-bleu**.
4. *Avoir l'air bleuet* : avoir l'air niais. Avec son *air bleuet*, il ne pourra jamais se marier.

BLEUETIÈRE n. f.
Terrain protégé où poussent les bleuets surtout au Saguenay — Lac-Saint-Jean.
Syn. : **bleuetterie** (mot rare).

BLEUETS SAINS n. m. pl.
Viorne cassinoïde. [+]
Syn., voir : **alisier**.

BLEUETTER v. intr.
Cueillir des *bleuets*. (Charsalac)

BLEUETTERIE n. f.
Voir : **bleuetière**.

BLEUETTEUR, BLEUETTEUX, EUSE n.
Cueilleur de *bleuets*. (Charsalac)

BLEUS n. m. pl. (angl. blues) ▣
Avoir les bleus, tomber dans les bleus, être dans les bleus : délirer pour cause d'ivresse ; être dépressif.

BLEUSIR v. tr. [#]
Bleuir. Le froid bleusit les mains.

BLEUVET n. m.
Jeune marsouin de un à deux ans, de couleur bleuâtre.

BLÉZE n. f. (angl. blaze) ⊘
Voir : **blaze**.

BLÉZER v. tr. (angl. blazer) ⊘
Voir : **blazer**.

BLIND, BLAGNE n. m. (angl. blind) ⊘
Store d'intérieur monté sur un rouleau et qu'on descend pour se protéger du soleil ou pour empêcher la lumière de pénétrer.

BLIND PIG n. m. (angl. blind pig) ⊘
Débit de boisson clandestin.

BLOC n. m.
1. Cale placée sous le levier lors de la levée d'un fardeau. [+]
Syn. : **orgueil**.
2. *Bloc à river* : morceau de fer que le forgeron applique sur la tête du clou à river.
3. Fig. Tête. Il a mal au *bloc* parce qu'il a trop bu hier.
Syn., voir : **cabochon**.
4. Fig. *Mal de bloc*.
Voir : mal de **cornes**.

BLOCK n. m. (angl. block) ⊘
1. Pâté de maisons. Faire le tour d'un *block* pour prendre l'air.
2. *Block-appartement* : immeuble d'habitation.

BLODE adj. (angl. blood) ⊘
Voir : **blood**.

BLOKE n. (angl. bloke) ⊘
Péjor. Au Canada, sobriquet que les francophones donnent aux anglophones.
Syn., voir : **tête carrée**.

BLONDE n. f.
Jeune fille courtisée en vue du mariage. Aller voir sa *blonde*. [+++]
Syn. : **prétendue**.

BLOOD, BLODE adj. (angl. blood) ⊘
Généreux, charitable, large, qui n'est pas près de ses sous.

BLOOMERS n. f. pl. (angl. bloomers) ⊘
Culotte bouffante pour femmes et fillettes. [+++]

BLOQUER v. tr.
Argot étudiant. Rater, échouer à. *Bloquer* un examen.
Syn., voir : **flopper**.

BLOUSE n. f.
Veston de complet. (entre 28-101 et 18-128)
Syn., voir : **coat**.

BLOUSER v. tr. et pron.
1. Ennuyer, importuner. Il nous *blouse* avec ses histoires invraisemblables.
2. S'énerver. Arrête de *te blouser*, on n'arrivera pas en retard.

BLUE-NOSE n. m. (angl. Blue-Nose)
Sobriquet donné aux habitants de la Nouvelle-Écosse.

BLUETTE n. f.
Vx en fr. Étincelle. (acad.)
Syn. : **breton**.

BLUETTER, ÉBLUETTER v. intr.
Vx en fr. Faire des étincelles. (acad.)

B.O. n. f. (angl. body odor) ⊘
Sigle. Mauvaise odeur du corps, plus particulièrement de la transpiration. Il ne doit pas se laver souvent, il sent la *B.O.*

BOAT n. m. (angl. boat) ⊘
Générique désignant toutes sortes d'embarcations.

BOB n. m. (angl. bob) ⊘
1. Faux ou poisson en plomb garni d'hameçons dont se servent les pêcheurs de morue.
Syn., voir : **jiggeur**.

2. Traîneau à débusquer les billes de bois, formé de deux patins réunis par un sommier. Le train avant du *bobsleigh* est souvent utilisé pour ce travail. [+]
Syn.: **bobette, bobsleigh, bogan, chienne, crutch, dray, go-devil, scrotch, sleigh, sloop.**
3. Voir: **véloneige traditionnel.**

BOBBY PIN n. f. (angl. bobby pin) ◙
Épingle à cheveux.

BOBER v. tr. (angl. to bob) ◙
1. Débusquer les billes de bois depuis l'endroit où on les a coupées jusqu'à celui où on les empile en utilisant un *bob*, une *bacagnole*, etc. (Estrie)
Syn., voir: **haler.**
2. Couper. *Bober* la queue d'un cheval.
3. Pêcher la morue avec un *bob*, c'est-à-dire un faux (poisson en plomb garni d'hameçons).

BOBETTE n. f. (angl. bob) ◙
1. Petit *bob* servant à débusquer les billes de bois.
Syn., voir: **bob** (sens 2).
2. Au pl. Petite culotte pour femmes. (surtout Charsalac)
Syn.: **step-ins.**

BOBSLEIGH n. m. (angl. bobsleigh) ◙
1. Voiture d'hiver formée de deux trains articulés et servant surtout au transport lourd (bois, grumes, marchandises). [+++]
Syn.: **mocassin-sleigh, team, wagon-sleigh.**
2. Jouet d'enfant qui est le modèle réduit du gros *bobsleigh.*
3. Train avant du *bobsleigh* (souvent abrégé en *bob*) utilisé pour le débusquage des billes de bois.
Syn., voir: **bob.**

BOCAUT n. m.
Voir: **boucaut.**

BOCORNE n. et adj.
Bœuf ou vache dont les cornes n'ont pas poussé. (O 40-80)
Syn., voir: **tocson.**

BOCOUITE n. m. (angl. buckwheat) ◙
Voir: **buckwheat.**

BODY CHECK n. m. (angl. body check) ◙
Mise en échec au hockey.

BŒUF, BŒU n. m.
1. Marotte ou chevalet servant à maintenir à hauteur voulue un morceau de bois à parer.
Syn., voir: **chienne.**
2. Radeau de *drave* équipé d'un cabestan et servant à haler une estacade flottante.
3. Système de frein à contrepoids utilisé dans les descentes abruptes dans le but de ralentir l'allure des traîneaux chargés de bois.
Syn., voir: **chèvre.**
4. Argot. Agent de police, surtout celui qui fait de l'auto-patrouille.
5. *À bœuf*: pour la boucherie. Les cultivateurs élèvent de plus en plus de bêtes *à bœuf.*
6. Fig. *Avoir un front de bœuf.*
Voir: **front de bœuf.**
7. Fig. *Face de bœuf*: en parlant de quelqu'un, gueule d'enterrement, air abruti.
8. Argot. *Sur le bœuf, bœu*: en première vitesse. Pour la descente d'une pente raide, en auto ou en camion, on se met *sur le bœu.*

BŒUF DE HALE n. m.
Bœuf de trait.

BŒUF MAIGRE n. m.

Effronté comme un bœuf maigre : se dit d'un individu très effronté.
Syn. : avoir un **front de bœuf, du front tout le tour de la tête**.

BOGAN n. f. (angl. bogan) ▣
Traîneau rudimentaire, servant au débusquage du bois.
Syn., voir : **bob** (sens 2).

BOILEUR, BALEUR n. m. (angl. boiler) ▣
1. Réservoir à eau chaude incorporé au poêle à bois traditionnel. [+]
Syn. : **bouillotte**.
2. Grande bouilloire servant à l'évaporation de la sève de l'érable dans les *cabanes à sucre*.

BOIRE v. tr.
1. *À boire debout* : beaucoup, à verse. Pleuvoir *à boire debout*.
2. *Boire sa terre* : à la campagne, boire au point d'en arriver à être obligé de vendre sa terre. Équivalent de *boire sa paye* en parlant des ouvriers des villes.

BOIS n. m.
1. *Poigner le bois, prendre le bois* : aller travailler en forêt, s'en aller très loin.
2. *Monter dans le bois* : aller travailler en forêt.
3. *Descendre du bois* : rentrer chez soi après avoir travaillé en forêt.
4. *Le grand bois* : la grande forêt.
5. *Du grand bois* : bois haut, de haute futaie.
6. *Mettre les bois* :
   a) Castrer un étalon, un taureau, en utilisant des baguettes à serres. [+++]
   Syn., voir : **affranchir**.
   b) Fig. En parlant d'une personne, mettre à la raison, réduire au silence.

7. *Bois à sept écorces* : physocarpe à feuilles d'obier.
8. *Bois barré* : érable de Pennsylvanie.
Syn. : **bois d'orignal**.
9. *Bois blanc* : tilleul d'Amérique. [+++]
10. *Bois-buck* (angl. buck) ▣ : viorne à feuilles d'aune. [+++]
11. *Bois carré* : bois équarri par opposition au bois en grume.
12. *Bois debout* : bois sur pied mais destiné à être coupé en vue du défrichement. [+++]
13. *Bois d'échouerie* : bois d'épave échoué sur le rivage.
Syn. : **bois de marée**.
14. *Bois de corde* : bois destiné au chauffage, coupé en longueur de trois à quatre *pieds* et fendu. Lui et son frère ont passé une partie de l'hiver à faire du *bois de corde*.
15. *Bois de fournaise* : bois de chauffage pour *fournaise*.
16. *Bois de marée*.
Voir : **bois d'échouerie**.
17. *Bois de papier* : bois à pâte.
18. *Bois de plomb* : dirca des marais très connu en médecine populaire et par les joueurs de tours. [+++]
19. *Bois de poêle* : bois de chauffage.
20. *Bois d'orignal* : [+++]
   a) Viorne à feuilles d'aune.
   b) Érable de Pennsylvanie.
   Syn. : **bois barré**.
21. *Bois dur* :
   a) Terme générique désignant le bois des arbres à feuilles caduques dont le grain est dur et serré.
   b) Spécialement, ostryer de Virginie ou charme de Caroline souvent utilisés pour

faire des leviers ou des manches d'outils.

22. *Bois foireux*.
   Voir : **foireux**.
23. *Bois franc* : bois d'arbres à feuilles caduques. [+++]
24. *Bois lacé* : bois qui a poussé tordu, croche.
25. *Bois mou* : bois blanc, tendre. [+++]
26. *Bois noir* : céphalanthe occidental, arbuste qui pousse dans les endroits marécageux.
27. *Bois rond* : tronc d'arbre servant au pavage d'un chemin en terrain marécageux ou à la construction de *chalets* d'été.
28. *Bois sent-bon* : variété d'arbuste qui dégage un parfum agréable.
29. *Bois-pourri* : engoulevent bois-pourri. (O 28-100)

BOISÉ n. m.

Boisé de ferme : bois plus ou moins étendu attenant à une exploitation agricole et où le cultivateur trouve bois de chauffage, bois d'œuvre, etc. [+]

BOISÉ, ÉE adj.

1. *Puits boisé* : puits carré à parois de bois par opposition au puits rond à parois maçonnées. On va même jusqu'à parler de *puits boisés* en bois ou en pierre. (O 8-134)
2. *Vitres boisées* : vitres (ou carreaux) sur lesquelles le givre a dessiné des ramifications rappelant une forêt.
   Syn. : **ramage**.

BOISERIE n. f.

Support en bois à usage quelconque, petit poteau, chandelle.
Syn. : **bonhomme**.

BOISSEAU n. m.

Mesure de capacité pour les grains, les matières sèches et qui contient huit *gallons*, soit 36,36 litres.

BOISSON n. f.

1. *Être en boisson* : être ivre, pris de boisson.
   Syn., voir : **chaud**.
2. *Se mettre en boisson* : s'enivrer.
   Syn., voir : *brosser*.

BOÎTAGE n. m.

Au pl. Conserves, nourriture en boîtes. Quand sa femme est absente, il se nourrit de *boîtages*.
Syn. : **cannage**.

BOÎTE n. f.

1. Plate-forme, plateau entouré d'un camion.
2. Bouche. Se fermer la *boîte* : se taire. S'ouvrir la *boîte* : parler.
   Syn., voir : **grelot** (sens 5).
3. Voix. Quand il est ici, on n'entend que sa *boîte*.
4. *Boîte à bois*.
   Voir : **cavreau**.
5. *Boîte à cendre*.
   Voir : **cendrière**.
6. *Boîte à lettres*.
   Voir : **boîte à malle**.
7. *Boîte à lunch* (angl. lunch box) ▣ : gamelle dans laquelle un travailleur transporte son repas sur le lieu de son travail.
8. *Boîte à malle* (angl. mail box) ▣ : à la campagne, boîte aux lettres placée en bordure de la route et servant au facteur pour y prendre ou déposer du courrier depuis sa voiture.
   Syn. : **boîte à lettres**.
9. *Boîte à pain* : moule à pain.
   Syn., voir : **tôle à pain**.
10. *Boîte à portion*.
    Voir : **portion**.

BOL n. f.
1. Tête. Il a glissé sur la glace et il s'est sonné la *bol*.
Syn., voir : **cabochon** (sens 1). [+++]
2. Personne très intelligente, crack. Untel, c'est vraiment une *bol*. [+++]

BOL n. m. ou f.
1. Plat de cuisine.
2. Cuvette qu'on plaçait avec le pot à eau sur la table de toilette d'autrefois. (O 35-100)
3. Abreuvoir automatique pour le bétail.
4. *Bol à lait, bol à écrémer* : grand contenant dans lequel on laissait reposer le lait à écrémer.
5. *Bol à mains, bol aux mains* : bassine placée dans l'évier de la cuisine et dans laquelle on se lavait les mains. (O 28-85)
Syn., voir : **bassin**.
6. *Bol à barbe, bol à savon* : tasse à barbe.
Syn., voir : **mug** (sens 1).
7. *Bol d'écrémeuse* (angl. separator bowl) ◙ : organe principal de l'écrémeuse en forme de bol renversé constitué d'une série d'assiettes coniques tronquées tournant à très grande vitesse et où s'effectue la séparation de la crème.
8. *Bol de toilette* (angl. toilet bowl) ◙ : cuvette de toilette. [+++]

BOLÉ n. m.
Grosse bille à jouer de verre, de terre ou de fer ; boulet.

BOLÉRO n. m.
Cabane flottante habillée de quenouilles où se cache le chasseur de canards.

Syn. : **caboche, chasseuse, gabion**.

BOLO n. m.
Jeu de jocari constitué d'une palette à laquelle est attachée par un élastique une balle de caoutchouc.

BOLT n. f. (angl. bolt) ◙
Boulon dont l'une des extrémités se termine par un pas de vis destiné à recevoir un écrou. [++]
Syn. : **cheville**.

BOLUS, BOULUSSE n. f.
Vx en fr. Pilule. Partir en voyage avec un arsenal de *bolus*.

BOMBARDE n. f.
Instrument de musique rudimentaire, guimbarde. [+++]

BOMBARDIER n. m.
1. Autoneige fabriquée par Bombardier.
Syn., voir : **autoneige**.
2. Petit tracteur à chenilles utilisé en forêt, servant surtout au débusquage des billes de bois et fabriqué par Bombardier.
Syn. : **garette, muskeg** (sens 2).

BOMBE n. f.
1. Bouilloire. Remplis la *bombe* et mets-la sur le poêle, j'aurai besoin d'eau chaude. (E 38-84)
Syn., voir : **canard**.
2. Bombe puante : atomiseur qui vaporise de l'acide butyrique à odeur très désagréable. Les grévistes utilisent les *bombes puantes* pour protester contre l'entrée des non-grévistes dans leurs locaux de travail.

BOMBÉE n. f.
Contenu d'une *bombe* ou bouilloire. Apporter une *bombée* d'eau chaude.

BOME n. m. (angl. boom) ⊘
Voir : **boom**.

BOMER v. tr. (angl. boomer) ⊘
Voir : **boomer**.

BOMME n. m. (angl. bum) ⊘
Voir : **bum**.

BOMMER v. intr. (angl. bum) ⊘
Voir : **bummer**.

BON, BONNE n. et adj.
1. *Comme un bon* : beaucoup.
   Travailler *comme un bon, comme
   une bonne*.
2. Avantage, faveur, réduction de
   prix. Faire du *bon* à un client.
3. *Être bon de* : aimer. *Être bon* des
   femmes, du sucre à la crème.

**BON-À-RIEN, BONNE-À-RIEN, BONNE-À-
RIENNE** n. et adj.
1. Vaurien, propre à rien, personne
   inhabile. [++]
2. Péjor. Femme aux mœurs légères,
   prostituée.
   Syn., voir : **guedoune** (sens 1).

BON-ENTENTISME n. m.
Théorie ou comportement des
Canadiens francophones qui
seraient prêts à tout sacrifier
(langue, personnalité, dignité, etc.)
pour bien s'entendre avec les Anglo-
Canadiens.

BON-ENTENTISTE n.
Partisan du *bon-ententisme*.

BONÉRI n. m.
Voir : **oiseau blanc**.

BONHOMME n. m.
1. Petit poteau servant de support,
   chandelle.
   Syn. : **boiserie**.
2. Poteau fixé aux bouts des
   sommiers des traîneaux
   (*bobsleigh, suisse, traîne...*) et
   servant au transport du bois en

grumes.
Syn., voir : **épée**.
3. Gros taquet sur certaines pièces
   de machinerie, sur des voitures.
4. Levier en bois utilisé par les
   travailleurs en forêt.
   Syn., voir : **rance**.
5. *Aller au bonhomme* : aller chez
   le diable.
6. *Envoyer au bonhomme* : envoyer
   au diable.
7. *Être au bonhomme* (en parlant
   d'un travail, d'un espace de
   temps) : être perdu. Avec cette
   pluie, la journée est *au
   bonhomme*.
8. *Bonhomme Carnaval* :
   personnage costumé, jovial et
   matelassé qui préside aux fêtes
   du Carnaval de Québec.
9. *Bonhomme-cavèche* : marmotte
   du Canada (acad.)
   Syn. : **siffleur**.
10. *Bonhomme de jardin,
    bonhomme de paille, bonhomme*.
    [+++]
    Syn., voir : **épeure-corneilles**.
11. *Bonhomme Sept Heures* :
    personnage imaginaire, espèce
    de marchand de sable, dont on
    menace les enfants qui ne
    veulent pas se coucher ou
    s'endormir. [+++]

BONJOUR interj.
Rég. en fr. Quand nous prenons
congé de quelqu'un, nous disons
bonjour au sens de bonsoir, au
revoir.

BONNE n. f.
Embarcation à fond plat utilisée
pour la *drave*, bachot. [+]
Syn., voir : **pine de drave**.

BONNE À BONNE loc. adv.

À égalité. Être ou se tenir *bonne à bonne.*

BONNEFEMME n. f.

1. Sage-femme.
   Syn., voir : **matrone**.
2. Épouvantail à corneilles.
   Syn., voir : **épeure-corneilles**.

BONNET n. m.

1. *Montrer le bonnet* : se dit d'une vache qui commence à avorter, à vêler, l'enveloppe du veau à naître étant déjà visible.
2. *Bonnet-boudoir, bonnet de boudoir.*
   Voir : **cap-boudoir**.

BONNETTAGE n. m.

Action de *bonnetter.*

BONNETTER v. tr. et intr.

1. Vx en fr. Flatter quelqu'un dans le but d'obtenir une faveur.
2. Perdre son temps, musarder, prolonger indûment le début d'un travail urgent.
   Syn., voir : **bretter**.

BON-RIEN n. m.

Voir : **bon-à-rien**.

BOOKIE n. m. (angl. bookie) ⊠

Personne qui dans les courses de chevaux prend les paris sans autorisation, bookmaker.

BOOM, BOME n. m. (angl. boom) ⊠

Estacade flottante. [+++]

BOOMER, BOMER v. tr. (angl. to boom) ⊠

Retenir le bois flottant sur un lac ou un cours d'eau à l'aide d'un *boom* ou estacade flottante. Si on ne *boomait* pas le bois de flottage, on le perdrait. [+++]

BOOTLEGGER n. m. (angl. bootlegger)

Contrebandier d'alcool entre le Canada et les États-Unis et aussi entre le Québec et les îles Saint-Pierre et Miquelon.

BOOZE n. f. (angl. booze) ⊠

Voir : **bagosse**.

BOQUE n. m. (angl. buck) ⊠

Voir : **buck**.

BOQUÉ, ÉE n. et adj.

Voir : **bouqué**.

BOQUER v. intr. et pron.

Voir : **bouquer**.

BOQUEUX, EUSE adj.

Voir : **bouqueux**.

BORD n. m.

1. *L'autre bord* : outre-Atlantique, l'Europe. Aimer passer ses vacances de *l'autre bord.* [+++]
2. *Partir de l'autre bord* : mourir. Il y a déjà deux ans que le vieux Untel *est parti de l'autre bord.*
3. *Prendre le bord* : se sauver, s'enfuir. Le prisonnier a profité de la panne d'électricité pour *prendre le bord.*
4. *Sur le bord de* : à la veille de, sur le point de. On était *sur le bord de* partir quand le téléphone a sonné.
5. Au pl. Bordures de glace des cours d'eau, des lacs. Les *bords* du lac sont pris.
   Syn., voir : **bordages** (sens 1).

BORDA n. m.

Voir : **berda**.

BORDAGES n. m. pl.

1. Glaces côtières des cours d'eau, des lacs. La glace commence toujours par les *bordages.* (surt. O 2-116)
   Syn. : **bords, débarris**.
2. Entassements de neige de chaque côté d'une route. Plus l'hiver avance, plus les *bordages* de la

route sont hauts. (surt. O 27-116)
Syn. : **remparts** (sens 2).

BORDASSER v. tr. et intr.
Voir : **berdasser**.

BORDASSIER n. et adj.
Voir : **berdassier**.

BORD-DE-L'EAU n. m.
Le port de Montréal. Travailler *au bord-de-l'eau*.

BORDEAUX n. pr.
Prison commune pour la région de Montréal. Il a passé deux ans à Bordeaux.

BORDÉE n. f.
1. *Bordée de neige* : chute de neige. C'est la deuxième *bordée de neige* de l'hiver. Depuis quelques années on nous rebat les oreilles avec les *averses* de neige. [+++]
2. *Bordée des corneilles* : dernière chute ou tempête de neige de l'hiver coïncidant avec le retour des corneilles. [+++]
3. *Bordée des Irlandais*.
Voir : **Irlandais**.
4. *Bordée des jours gras* : forte chute ou tempête de neige qui souvent coïncide avec les jours gras qui précèdent le carême.
Syn. : **tempête des jours gras**.
5. *Bordée des oiseaux, des oiseaux de neige, des oiseaux blancs* : forte chute ou tempête de neige qui coïncide avec le retour des oiseaux et qui marque la fin de l'hiver. [+++]
Syn. : **tempête des sucres**, **tempête des greniers**.

BORDICHE n. f.
Levier servant à déplacer les ronds d'une cuisinière à bois.
Syn., voir : **clef**.

BORGAU, BOURGAU n. m. [#]
Voir : **burgau**.

BORGAUTER, BOURGAUTER v. intr. [#]
Voir : **burgauter**.

BORJOUTER v. intr.
Déborder, en parlant du contenu d'une casserole qui à la cuisson passe par dessus bord.

BORLOT n. m. [#]
Voir : **berlot**.

BORNE-FONTAINE n. f.
Borne d'incendie à laquelle on raccorde les tuyaux en cas d'incendie.
Syn. : **hydrant**.

BORNEUR n. m. (angl. burner) ⊘
Voir : **burner**.

BORNIQUES n. f. pl.
Voir : **bernicles**.

BORNIQUET n.
Loucheur. Dans cette famille, il n'y a que des *borniquets*.
Syn., voir : **coq-l'œil**.

BOSS n. m. (angl. boss) ⊘
Patron, contremaître, directeur, chef. [+++]

BOSSE n. f.
1. *Bosse de gomme* : vésicule de résine de sapin.
Syn., voir : **bouffie**.
2. *Faire sa bosse* : amasser de l'argent. Il a travaillé trois ans à La Grande et c'est là qu'il a *fait sa bosse*.
Syn., voir : **motton** (sens 2).
3. *Bosse de canot* : bosse qui se forme sur la nuque des *portageurs*.

BOSSÉ, ÉE n. et adj. [#]
1. Fig. Bosselé, bossué. Casserole de fer-blanc toute *bossée*. [+++]
Syn. : **cobi**.

2. [#] Bossu. Un *bossé*, un homme *bossé*.
Syn., voir : **cobi** (sens 2).

BOSSER v. tr. et intr. (angl. to boss) ⊘
Agir comme un *boss*, commander, diriger. [+++]

BOSSEUL n. m. (angl. bustle) ⊘
Voir : **bustle**.

BOSSU, UE n. et adj.
Personne à qui la chance sourit ; chanceux. Être *bossu*, chanceux comme un *bossu* qui a retrouvé sa bosse.

BOSSUSE n. et adj. f. [#]
Bossue. Une femme *bossuse*. [+]

BOSTONNAIS, AISE ; BOSTONIEN, IENNE n. et adj.
Américains. Quand l'été arrive, les Bostonnais visitent le Québec.

BOTCH n. m. (angl. butt) ⊘
Mégot de cigare, de cigarette.

BOTCH n. f. (angl. botch) ⊘
À la botch : grossièrement, négligemment, à la diable. Faire un travail *à la botch*.

BOTCHER v. tr. (angl. to botch) ⊘
Bâcler, bousiller, savater. Botcher son travail. [+++]
Syn., voir : **broucheter**.

BOTCHEUR, EUSE n. et adj. (angl. botcher) ⊘
Personne qui bousille son travail.
Syn., voir : **broucheteur**.

BOTTE n. f.
Voir : **butt**.

BOTTE n. et adj.
1. *Être botte* : être habile, chanceux (sports, chasse, pêche).
2. Vulg. *Être botte, être bonne botte* : bien faire l'amour, en parlant d'une femme.

3. Vulg. *Prendre, tirer une botte, sa botte* : faire l'amour.
4. Vulg. *Tirer une botte à l'œil* : se masturber, en parlant d'un homme.
Syn., voir : **crosser**.
5. Voir : **soûl comme la botte**.
6. *Botte de foin* : paquet de foin de quinze *livres* lié par une hart ou par un lien de foin.
7. *Botte accordéon*.
Voir : **botte sauvage**.
8. *Botte à manche*.
Voir : **botte sauvage**.
9. *Botte anglaise* : botte chic avec semelle et talon.
10. *Botte canadienne*.
Syn., voir : **botte sauvage**.
11. *Botte corkée*.
Voir : **corké**.
12. *Bottes de ski* : chaussures de ski.
13. *Botte fourreau, botte à fourreau*.
Voir : **botte sauvage**.
14. *Botte française* : botte chic avec semelle et talon, par opposition aux *bottes sauvages*.
15. *Botte malouine* : botte à l'écuyère, botte d'équitation. [+]
16. *Botte Napoléon* : botte chic avec semelle et talon, par opposition aux *bottes sauvages*. (O 34-91)
17. *Botte sauvage* : botte de fabrication domestique sans semelle ni talon avec jambière retenue sous le genou par un lacet, à l'amérindienne. [+++]
Syn. : **botte accordéon, botte canadienne, botte fourreau, botte à fourreau, botte à manche**.
18. Fig. *En avoir plein ses bottes* : employer toute son énergie à faire un travail, avoir de la difficulté à faire face à ses obligations financières. Avec

une aussi grosse hypothèque, il
en a plein ses bottes pour joindre
les deux bouts.

19. *Tomber en bottes.*
    Voir : **tomber** (sens 5).

BOTTEAU n. m.
Botte de céréales. (Beauce)
Syn. : **bottillon, bottine, stook.**

BOTTER v. tr. (angl. to butt) ⊘
Voir : **butter.**

BOTTERLEAU n. m.
Bottine de travail en cuir épais que
portent les hommes, surtout à la
campagne. (O 28-101)

BOTTEUX, EUSE adj.
Se dit d'un chemin d'hiver lorsque la
neige fondante colle et fait boule
sous les sabots des chevaux. [+++]

BOTTILLON n. m.
Petite botte de céréales.
Syn., voir : **botteau.**

BOTTINE n. f.
1. Botte de céréales qui sort de la
   moissonneuse-lieuse.
   (O 28-100)
   Syn., voir : **botteau.**
2. Voir : **botte de foin.**
3. *Bottine française* : bottine avec
   semelle et talon par opposition
   aux mocassins.
4. Fig. *Avoir les deux pieds dans la
   même bottine* : manquer de
   débrouillardise, avoir les deux
   pieds dans le même sabot. [+++]

BOUBOU-MACOUTE n. m.
Péjor. Mot formé sur le modèle du
mot haïtien tonton-macoute. Sous le
gouvernement Bourassa, inspecteur
chargé de vérifier si les assistés
sociaux répondent vraiment aux
critères prévus par la loi.

BOUCANE n. f. (amér.)
1. Fumée. Il y a de la *boucane*
   quand il y a un incendie. [+++]
2. *Chaudière à boucane* : contenant
   en métal de bonne dimension,
   percé de quelques trous sur les
   côtés et dans lequel on fait brûler
   ce qui peut produire beaucoup de
   fumée pour chasser les
   moustiques.
   Syn., voir : **fumeuse.**
3. *Faire de la boucane.*
   a) Produire de la fumée pour
      chasser les moustiques. Les
      maringouins nous mangent,
      faisons de la boucane avec de
      la sciure de bois.
      (surt. O 27-116)
   b) Fumer. Il ne peut travailler
      sans *faire de la boucane.*
4. Voir : **rouleuse.**
5. Vapeur qui entre dans la maison
   l'hiver lorsqu'on ouvre la porte.
   [+++]
   Syn. : **brume.**
6. Alcool de fabrication domestique.
   [+++]
   Syn., voir : **bagosse.**

BOUCANÉ, ÉE adj.
Brumeux. Le temps est *boucané* ce
matin. [+]
Syn. : **boucaneux.**

BOUCANER v. intr.
1. Faire de la fumée, répandre de la
   fumée, en parlant d'un poêle dont
   les registres ne sont pas
   suffisamment ouverts ou lorsque
   la cheminée tire mal, par exemple
   à la veille d'une pluie. [+++]
2. Produire de la vapeur. Quand il
   commence à faire froid, les lacs
   boucanent.

BOUCANERIE n. f.
Bâtiment où l'on fume la viande ou

le poisson, fumoir.
Syn., voir : **boucanière**.

BOUCANEUSE n. f.
Voir : **fumeuse**.

BOUCANEUX, EUSE adj.
Brumeux. Avec ce temps *boucaneux*,
il vaut mieux rester ici. [+]
Syn. : **boucané**.

BOUCANIÈRE n. f.
Bâtiment où l'on fume la viande, le
poisson, fumoir.
Syn. : **boucanerie**, **jambonnière**.

BOUCAUT, BOCAUT n. m.
Contenant en verre, bocal.

BOUCHE n. f.
Avoir la parole en bouche : parler
facilement, surtout en public. Untel
va faire un bon député, il *a la parole
en bouche.*

BOUCHÉ, ÉE adj.
Bouché des deux bouts : borné, peu
intelligent.

BOUCHÉE n. f.
Prendre une bouchée : manger un
morceau, prendre un repas léger.

BOUCHÉE DES DAMES n. f.
Morceau délicat qu'est le croupion
d'une volaille.
Syn. : **croupignon**, **morceau des
dames**, **troufignon**, **troufion**,
troupignon.

BOUCHER v. tr.
1. Fig. Confondre par une vive
   répartie.
2. Fig. *Se faire boucher* : trouver son
   maître, ne pas pouvoir répondre.

BOUCHERIE n. f.
Faire boucherie : abattre à la ferme
des animaux, surtout des porcs, pour
l'usage de la maison. [+++]

BOUCHETÉE n. f. [#]
Bouchée. Prendre une grosse
bouchetée de viande.

BOUCHURAGE n. m.
Action de faire une *bouchure*, c'est-
à-dire une clôture. (acad.)
Syn. : **clôturage**.

BOUCHURE n. f.
1. Rég en fr. Clôture. Faire une
   bouchure pour garder les
   animaux chez soi. (acad.)
2. *Bouchure d'arrachis.* (acad.)
   Voir : **clôture d'arrachis**.
3. *Bouchure de roches.* (acad.)
   Voir : **clôture de roches**.

BOUCLE n. f.
1. Mousqueton de harnais pour
   chevaux.
   Syn. : **snap** (sens 1).
2. Anneau servant à anneler le porc
   pour l'empêcher de fouir.
   Syn., voir : **anneau**.

BOUCLER v. tr.
Anneler un porc avec une *boucle*
pour l'empêcher de fouir. (Beauce)
Syn., voir : **aléner** (sens 1).

BOUCLIER n. m.
Espèce de grande truelle
rectangulaire utilisée par les
plâtriers, taloche.

BOUCTOUCHE n. f.
Variété d'huîtres provenant des
bancs d'huîtres ou des huîtrières de
Buctouche (Nouveau-Brunswick) et
des environs.

BOUDIN n. m.
Faire du boudin : bouder, en parlant
des enfants. [+++]

BOUETTE n. f.
1. Boue. L'automne, on marche
   souvent dans la *bouette*. [+++]
   Syn., voir : **pigras**.

2. Neige détrempée, névasse. Lors d'un dégel l'hiver, certains automobilistes font gicler la *bouette* sur les piétons. [++] Syn., voir : **slush**.
3. Pâtée servant de nourriture aux vaches, aux cochons. [+++]

BOUETTER v. tr.
Donner de la pâtée aux vaches, aux cochons, etc. Quand l'herbe devient rare dans les pacages, il faut *bouetter* les vaches laitières.

BOUETTEUX, EUSE adj. et n.
1. Boueux, en parlant d'un terrain, d'une route.
Syn., voir : **pigrasseux**.
2. Employé surtout négativement en parlant d'un cultivateur qui économise trop sur la *bouette* ou pâtée à donner aux porcs ou aux vaches. Que les vaches d'Untel donnent peu de lait ne me surprend pas, ce n'est pas un *bouetteux*.

BOUFFANT n. m.
Culotte bouffante pour femmes.

BOUFFIE n. f.
1. Bulle d'air ou de vapeur qui apparaît à la surface des liquides en ébullition (eau, sirop, confitures...).
Syn. : **bouffiole** (sens 1).
2. Bulle de savon.
Syn. : **bouffiole** (sens 2).
3. Cloque. Avoir des *bouffies* aux mains. (O 30-100)
Syn. : **bouffiole** (sens 3).
4. Vésicule de résine de sapin. (O 27-116)
Syn. : **bosse, bouffiole, boule, bourrelet, boursoufle, clairon, cloche, vessie**.

BOUFFIOLE n. f.
1. Bulle d'air ou de vapeur qui apparaît à la surface des liquides en ébullition (eau, confitures, sirop...)
Syn. : **bouffie** (sens 1).
2. Bulle de savon.
Syn. : **bouffie** (sens 2).
3. Cloque. Avoir des *bouffioles* aux mains pour avoir travaillé sans gants.
Syn. : **bouffie** (sens 3).
4. Vésicule de résine du sapin, ampoule résinifère.
Syn., voir : **bouffie** (sens 4).

BOUFFRESSE, BOUFFRAISE n. f. [#]
Bougresse.

BOUGON n. m.
1. Bout de bois, bâton court. Ramasser les *bougons* pour le poêle. [+++]
2. Épi de maïs mal formé, resté petit.
Syn., voir : **piochon**.
3. Pipe dont le tuyau a été cassé. Il ne faut jamais fumer avec un *bougon*.
4. Fig. Homme de petite taille, bout d'homme. [++]
Syn. : **bas-du-cul**.

BOUGRINE n. f.
1. Chaude veste doublée permettant d'affronter les grands froids, canadienne.
2. Manteau d'homme.
3. Veston du complet. (O 37-85)
Syn., voir : **coat**.
4. Vareuse en toile.
5. Vieux manteau.
6. Cape pour femmes.
7. Bonnet de laine.
Syn. : **tuque**.

BOUILLAGE n. m.
Rég. en fr. Action de bouillir. Le *bouillage* du sirop le clarifie.

BOUILLÉE n. f.
1. Touffe d'arbres. Une *bouillée* de sapins. (E 7-141)
Syn. : **bunch, fond, talle.**
2. Banc de poissons. Repérer les *bouillées* de harengs au radar. (E 7-141)
Syn., voir : **ramée.**

BOUILLEUR n. m. ; **BOUILLEUSE** n. f.
Voir : **évaporateur.**

BOUILLI n. m.
Vx en fr. Pot-au-feu. Le *bouilli* est un mets de temps froid.

BOUILLIR v. tr.
1. [#] L'eau *bouille, bouillera, bouillerait* : bout, bouillira, bouillirait.
2. *Faire bouillir* : faire bouillir de la sève d'érable pour en faire du sirop.

BOUILLON n. m.
Sève d'érable réduite, épaissie par l'évaporation et en voie de devenir du sirop.
Syn. : **réduit, petit sirop.**

BOUILLOTTE n. f.
Réservoir à eau chaude incorporé au poêle à bois traditionnel.
Syn. : **boiler.**

BOULANGÉ, ÉE adj.
Voir : **boulant.**

BOULANGEANT, ANTE adj.
Voir : **boulant.**

BOULANGEUSE n. f.
Appareil qu'on accroche à une table et qui sert à pétrir la pâte à pain.

BOULANT, ANTE adj.
Se dit d'un chemin d'hiver lorsque la neige fondante colle et fait boule sous les sabots des chevaux. [+++]
Syn. : **boulangé, boulangeant, bouleux, boulinant, boulineux, moulineux.**

BOULARIÈRE n. f.
1. Peuplement de bouleaux, boulaie.
Syn. : **bouleaunière.**
2. Gélinotte huppée dont la chair est excellente et qui vit dans les bois francs, dans les boulaies.
Syn. : **perdrix des bois francs, perdrix grise.**

BOULE n. f.
1. Vulg. Testicule de l'homme.
Syn., voir : **gosse.**
2. Vésicule de résine du sapin.
Syn., voir : **bouffie** (sens 4).
3. Balle dont on se sert pour jouer. Lancer, frapper, attraper une *boule*. (E 22-123)
Syn. : **pelote** (sens 1).

BOULE n. m. (angl. bulldozer) ⊘
Voir : **bulldozer.**

BOULÉ n. m. (angl. bully) ⊘
Voir : **bully.**

BOULE À MITES n. f. (angl. moth ball) ⊘
Naphtaline, produit antimite.

BOULEAU n. m.
1. *Bouleau à canot* : bouleau à papier dont l'écorce sert à la fabrication des canots d'écorce. [+]
Syn., voir : **bouleau blanc.**
2. *Bouleau à fuseau* : bouleau à papier dont le bois sert à la fabrication de bobines, de fuseaux.
Syn., voir : **bouleau blanc.**
3. *Bouleau blanc* : bouleau à papier. [+]
Syn. : **bouleau à canot, bouleau à fuseau.**

4. *Bouleau rouge*: bouleau à feuilles de peuplier.

BOULEAUNIÈRE, BOULONNIÈRE n. f.
Peuplement de bouleaux, boulaie. La graphie *boulonnière* est à éviter.
Syn.: **boularière** (sens 1).

BOULER v. tr. et intr. (angl. to bull) ⊘
1. Remuer, déplacer de la terre à l'aide d'un *bulldozer*.
2. Faire boule sous les sabots des chevaux, en parlant de la neige fondante. [+++]
Syn., voir: **botter**.
3. Fig. Rudoyer quelqu'un.

BOULETTE n. f.
Boulette du genou: rotule. [+++]
Syn.: **mollette, palette**.

BOULEUX, EUSE adj.
Voir: **boulant**.

BOULIN n. m.
Perche ronde de la clôture de perches. (O 37-84)
Syn.: **lisse, pieu**.

BOULINANT, ANTE adj.
Voir: **boulant**.

BOULINER v. intr.
Faire boule sous les sabots des chevaux, en parlant de la neige fondante.
Syn., voir: **botter**.

BOULINEUX, EUSE adj.
Voir: **boulant**.

BOULINIER n. m.
Morceau de bois sur lequel reposent les *boulins* ou perches des anciennes clôtures de bois.
Syn., voir: **billochet**.

BOULONNIÈRE n. f.
Graphie impropre de *bouleaunière*, plantation de bouleaux.
Voir: **bouleaunière**.

BOUNCEUR n. m. (angl. bouncer) ⊘
Homme fort chargé de maintenir l'ordre dans un cabaret, videur.

BOUQUÉ, BOQUÉ, ÉE n. et adj.
Boudeur, entêté, têtu. N'essaie pas de le faire changer d'idée, c'est un *bouqué*. (O 30-100)
Syn.: **bouqueux**.

BOUQUER, BOQUER v. intr. et pron.
1. S'entêter, bouder, s'obstiner. Souvent cet enfant *bouque*. [+++]
2. Frapper, heurter. Un bélier en colère, ça *bouque*! [+]

BOUQUET n. m.
1. [#] Plante d'intérieur. Dans cette maison, il y a des *bouquets* partout. [+++]
2. Petit sapin qu'on cloue au faîte d'une nouvelle construction.
Syn.: **mai**.
3. Paquet de branches de thuya servant à ramoner une cheminée.
4. *Bouquet bleu*: nom vulgaire de l'aster.
5. *Bouquet jaune*: solidage, verge d'or. (E 25-115)
6. *Bouquet rouge*.
   a) Épilobe à feuilles étroites.
   b) Épervière orangée.
7. Le dernier-né d'une famille.
Syn., voir: **chienculot**.

BOUQUETIÈRE n. f.
Petite fille qui à l'occasion d'un mariage suit les mariés, bouquet à la main, et qu'accompagne souvent un petit garçon appelé *page*. Il peut y avoir plus d'une *bouquetière* ou plus d'un *page*. *Bouquetières* et *pages* sont neveux et nièces des mariés et âgés de quatre à dix ans.

BOUQUEUX, BOQUEUX, EUSE adj.
1. Rétif, capricieux. Un cheval *bouqueux*.

2. Têtu, obstiné. Un enfant
bouqueux.
Syn. : **bouqué.**

BOURASSA n. f.
Variété de pommes à couteau qui
existait déjà ici au début du
XVIIIe siècle.

BOURBIÈRE n. f.
Lieu bas et humide, bourbier.
Syn., voir : **savane.**

BOURDAINE n. f.
Viorne cassinoïde. (E 36-86)
Syn., voir : **alisier.**

BOURDIGNON n. m.
1. Motte de terre ou de neige gelée,
morceau de glace dans les
chemins. Du temps des chemins
de terre, on passait l'automne sur
les *bourdignons.* (E 20-117)
Syn. : **galot, gorlot, grémillon,
grignaude, grignon.**
2. Glaces flottantes qui se déplacent
au gré du vent et des marées et
qui, poussées sur les côtes, se
soudent ensemble.
Syn. : **bouscueil.**

BOURGAILLE n. f.
Mets de pêcheur constitué de petits
morceaux de porc bouillis dans la
mélasse. (acad.)

BOURGAUTER v. tr. [#]
Voir : **burgauter.**

BOURGEONNIER, BOURGEONNEUX n. m.
Gros-bec des pins qui se nourrit de
bourgeons l'hiver.

BOURGOT n. m.
1. Bigorneau (NOLF).
2. Buccins (n. m. pl.) (NOLF).

BOURGUIGNON DE PAIN n. m.
Gros morceau de pain, quignon.
Syn., voir : **chignon de pain.**

BOURNE n. f.
1. Nasse servant à la capture des
anguilles. (acad.)
Syn. : **bourolle, coffre, nijagan,
pêche, trappe.**
2. Cage à homards.
Syn., voir : **attrape à homards.**

BOUROLLE n. f.
Nasse à anguilles. [+]
Syn., voir : **bourne** (sens 1).

BOURRASSER v. tr.
Rudoyer, bousculer, malmener.
Bourrasser des enfants, des
animaux. (surt. O 27-116)
Syn., voir : **agoner.**

BOURRASSEUR, BOURRASSEUX, EUSE
n. et adj.
Qui fait l'action de *bourrasser.*

BOURRÉE n. f.
1. Espace de temps, intervalle.
Travailler par *bourrées.*
2. *Une bourrée* : beaucoup, grande
quantité. Il y a une *bourrée* de
monde à l'assemblée.
Syn., voir : **tralée.**

BOURRELET n. m.
Vésicule de résine de conifères, de
sapin surtout.
Syn., voir : **bouffie** (sens 4).

BOURRER v. tr.
1. Empailler. *Bourrer* des oiseaux
qu'on veut mettre en montre dans
un musée.
2. Farcir. *Bourrer* une volaille avec
de la farce.
3. Fig. Duper, tromper. Ne pas
aimer *se faire bourrer* par des
démarcheurs.

BOURRIER n. m.
1. Poussières, balayures. Utiliser la
pelle à poussière pour ramasser
les *bourriers.* (acad. et pass.)
Syn., voir : **baliures.**

2. Chutes de bois et bran de scie dans une scierie.

3. Grain de poussière. Avoir un *bourrier* dans l'œil.
   Syn., voir : **cochonnerie** (sens 1).

BOURRIQUE n. f.
Nombril. Cacher sa *bourrique*.
Syn., voir : **nambouri**.

BOURSOUFLE n. f.
Vésicule de résine du sapin.
Syn., voir : **bouffie** (sens 4).

BOUSCAUD n. et adj. m. ; **BOUSCOTTE** n. et adj. f.
Bœuf ou vache dont les cornes n'ont pas poussé. (E 27-116)
Syn., voir : **tocson**.

BOUSCUEIL n. m.
Bousculade des glaces qui se produit sous l'effet du vent, du courant et de la marée. (acad.)
Syn. : **bourdignon** (sens 2).

BOUSILLER v. tr.
Boucher avec de la bouse de vache les trous, les fentes par lesquels le froid risque de s'introduire dans l'étable l'hiver. [+++]

BOUT n. m.
Au bout [#] :
a) Dans le vent, formidable, extraordinaire, épatant. Elle aime sortir avec Jacques parce qu'il est *au bout*.
b) Beaucoup, très. Ton sucre à la crème est bon *au bout*.

BOUTEILLE n. f.
Jeu de la bouteille : jeu consistant à faire asseoir les joueurs en cercle, puis à faire pivoter une bouteille couchée qui, en s'immobilisant pointe de son goulot celui qui devra donner un gage.

BOUTON n. m.
1. Moyeu. Le *bouton* de cette roue est en acier. (acad.)
2. Fig. *Casser ou manger son bouton* : en parlant d'un *lacordaire* ou d'une *jeanne-d'Arc*, manquer à sa promesse de ne plus boire de boissons alcooliques, un bouton spécial étant le signe extérieur que le porteur a fait cette promesse.

BOUTONNU, UE adj.
Couvert de boutons, boutonneux. Un adolescent au visage *boutonnu*. (Charsalac)
Syn. : **puronné**.

BOVRIL n. m.
Bouillon de bœuf. Marque de commerce.

BOWL TANK n. f. (angl. bulk tank) ⊘
Réservoir servant à réfrigérer le lait après la traite.

BOX-STALL, BASTORE n. m. (angl. box-stall) ⊘
Parc dans l'écurie ou l'étable où un animal est laissé en liberté. (O 27-116)
Syn. : **clos, por**.

BOXSTOVE n. m. (angl. boxstove) ⊘
Poêle à bois, de forme rectangulaire, à un étage. (O 34-91)

BOYARDER v. tr.
Transporter à bras sur un *boyart*, bard ou bayart.

BOYART n. m.
Bayart, bard dont on se sert pour transporter des fardeaux ou sur lequel on place le porc qu'on vient d'abattre pour le laver et l'époiler.

BOZO n. et adj.
Simple d'esprit, arriéré mental.
Syn., voir : **épais**.

BRAÇAGE, BRÉÇAGE n. m. (angl. to brace) ⊘
1. Action de *bracer*, de poser des contre-fiches. [+++]
2. Contrefiche oblique dans une charpente.
Syn., voir : **gousset**.

BRACE, BRÉCE n. f. (angl. brace) ⊘
Contre-fiche oblique tenant lieu de lien d'angle dans une charpente. [+++]
Syn., voir : **gousset**.

BRACELET n. m.
Trait court reliant la cheville d'attelage au collier du cheval. (E 28-101)
Syn. : **couplet, tirant, tire, tirette**.

BRACER, BRÉCER v. tr. (angl. to brace) ⊘
Poser des contre-fiches à une charpente.

BRACKET n. f. (angl. bracket) ⊘
Potence de cheminée, support d'une console.

BRAILLADE n. f.
Pleurs abondants. La *braillade* a cessé vers minuit. (O 37-85)
Syn. : **braillage, braille, braillement**.

BRAILLAGE n. m.
Pleurs abondants. Ne plus pouvoir supporter les *braillages*.
Syn., voir : **braillade**.

BRAILLARD n. m.
Nom vulgaire du pluvier. [+]

BRAILLE n. f.
Pleurs abondants et prolongés. Le bébé a fait toute une *braille* au milieu de la nuit. (E 40-84)
Syn., voir : **braillade**.

BRAILLEMENT n. m.
Pleurs abondants. Le braillement a cessé vers minuit.
Syn., voir : **braillade**.

BRAILLER v. intr.
Pleurer, en parlant des personnes même adultes. [+++]

BRAILLEUR, EUSE n. et adj.
Pleurard, qui pleure pour des riens, en parlant d'un enfant. [+]

BRAKE-CHAIN n. f. (angl. brake chain) ⊘
Chaîne servant au freinage des traîneaux. (entre 36-86 et 8-134)

BRALEUR n. m. (angl. broiler) ⊘
Voir : **broiler**.

BRANCARD n. m.
1. Plateau du chariot à foin, de la fourragère. (O 27-116)
2. Support en bois d'une cheminée de briques.

BRANCHAGES n. m. pl.
1. Broussailles. Couper les *branchages* le long des fossés.
Syn. : **branchailles, branches, brousse, fardoches**.
2. Sous-bois dans une forêt.
Syn. : **branchailles, branches, brousse, fardoches**.

BRANCHAILLES n. f. pl.
1. Broussailles qui poussent le long des fossés, des clôtures. (O 27-116)
Syn., voir : **branchages** (sens 1).
2. Sous-bois dans une forêt.
Syn., voir : **branchages** (sens 2).

BRANCHE n. f.
1. *Branche d'affection* : appellation humoristique du céleri.
2. *Branche d'amour* : appellation humoristique du céleri.
3. *À travers les branches* : par ouï-dire. Apprendre ou entendre dire *à travers les branches* qu'Untel allait se marier.

4. Au pl.
   a) Broussailles qui poussent près
   des fossés, des clôtures. [+]
   Syn., voir : **branchages**
   (sens 1).
   b) Sous-bois dans une forêt.
   Syn., voir : **branchages**
   (sens 2).

BRANCHÉ, ÉE p. adj.
1. Se dit d'un arbre coupé qui reste
   accroché à d'autres arbres au lieu
   de tomber sur le sol. Un arbre
   branché est très dangereux.
2. *Être branché sur le 220* : être très
   nerveux, être un paquet de nerfs.
   Syn. : **gros nerf**.

BRANCHER (SE) v. pron.
Fig. Se décider, faire un choix.
Plusieurs électeurs ne sont pas
encore *branchés*, ils ne savent pas
pour qui ils voteront.
Syn. : s'**enlumiérer**.

BRANCHU, CANARD BRANCHU n. m.
Canard huppé, qui doit son nom de
branchu à son habitude de se
percher sur les arbres.

BRANCO n. m.
Voir : **bronco**.

BRANDY n. m. (angl. brandy)
1. Eau-de-vie de vin provenant de
   nombreux pays et dont la qualité
   et le prix sont inférieurs à ceux du
   cognac.
2. Variété de danse ancienne.

BRANLANT n. m.
1. Partie brune de la graisse de rôti.
   Syn. : **brun, grouillant,
   minoune**.
2. Appellation humoristique du *jello*.
   Syn. : **jello**.

BRANLE-CUL n. m.
1. Voir : **véloneige traditionnel**.

2. *Branle-cul, branle-queue* :
   maubèche branle-queue.

BRANLER v. tr., intr. et pron.
1. Vx en fr. Remuer, bouger, se
   dandiner. Il n'arrête pas de
   branler la tête. Même assis sur
   une chaise, il *se branle* sans arrêt.
2. Fig. *Branler dans le manche,
   branler* : hésiter, ne pas arriver à
   prendre une décision ferme.
   Syn., voir : **berlander**.

BRANLEUX, EUSE adj. et n.
1. Qui marche en branlant la tête
   sans arrêt. [++]
2. Fig. Hésitant, indécis, lent à
   démarrer. [++]
   Syn., voir : **berlandeur**.

BRAOULE n. f.
1. Sorte de pelle-cuiller à long
   manche utilisée pour la vidange
   des puisards. (O 37-85)
2. Louche en bois ou tout genre de
   cuiller de fortune servant à
   transvaser. (O 37-85)
   Syn. : **gargouche, micouenne,
   mouvette**.

BRAQUE n. et adj.
Fou, dérangé. Il est *fou braque*, il est
braque. [+++]
Syn., voir : **fou raide**.

BRAQUETTE n. f.
Vx en fr. Pointe, broquette.

BRAS n. m.
1. *Bras d'escalier* :
   a) Rampe qui borde un escalier.
   b) Main courante qui coiffe la
   rampe d'un escalier.
2. *Bras de la faucheuse.*
   Voir : **tournebroche**.
3. *Bras de vitesse* : levier de vitesse
   d'une automobile manuelle.
4. Argot. *Boire sur le bras* : boire
   sans payer, aux frais du

propriétaire d'un bar ; profiter de la tournée de quelqu'un.
5. Argot. *Sur mes bras*! : expression lancée à la cantonade dans une taverne par la personne qui paie une tournée.

BRASSE n. f.
Au jeu de cartes, main. À qui la *brasse* maintenant ?

BRASSE-CAMARADE n. m.
Engueulade, discussion vive. Le parti politique qui vient d'être battu aura une réunion à huis clos : il va y avoir du *brasse-camarade*.

BRASSE-CORPS n. f. [#]
À brasse-corps : à bras-le-corps. Saisir quelqu'un *à brasse-corps*.

BRASSÉE n. f.
Quantité de beurre, de savon, de pain, de sucre, de *tire* que l'on fait en une seule fois ; quantité de linge qu'on lave en une seule fois. [+++]
Syn., voir : **façon**.

BRASSER v. tr.
1. Mêler, battre. *Brasser* les cartes.
2. Tisonner. *Brasser* le feu pour l'aviver. [+++]
Syn. : **achaler, attisonner, pigouiller**.
3. Battre la crème dans une baratte pour en faire du beurre. [+++]

BRASSEUR n. m.
1. Nom vulgaire d'une variété de phoques.
2. Agitateur de la machine à laver le linge.
Syn., voir : **dévidoir** (sens 3).

BRASSIÈRE n. f. (angl. brassiere) ◧
Soutien-gorge. Les femmes modernes ne portent pas de *brassière*. [+++]

BRASSIN n. m.
1. Sève d'érable réduite, épaissie par l'évaporation et en voie de devenir du sirop.
2. Quantité de sucre d'érable, de tire, de savon que l'on fait en une seule fois.
Syn., voir : **façon**.

BRAVE adj.
Être brave de : oser. Je suis sûr que tu n'es pas *brave de* traverser la rivière à la nage.

BRAYER v. tr.
Enduire de brai un fil de lin qu'on tord pour lui donner de la force et le rendre imputrescible.

BRAYET n. m.
1. Caleçon de bain, maillot de bain, maillot. [+++]
Syn. : **habit de bain**.
2. Caleçon court.

BRAYON, ONNE n. et adj.
Blason populaire. Natif ou habitant du Madawaska (nord-ouest du Nouveau-Brunswick) ; du Madawaska.

BRÉÇAGE n. m. (angl. brace) ◧
Voir : **braçage**.

BRÉCE n. f. (angl. brace) ◧
Voir : **brace**.

BRÉCER v. tr. (angl. to brace) ◧
Voir : **bracer**.

BRÈCHE-CUL n. et adj.
Édenté, qui a perdu une ou plusieurs dents.
Syn. : **brèche-dent, dédentelé, ébréché**

BRÈCHE-DENT n. et adj.
Vx en fr.
Voir : **brèche-cul**.

BREDASSER v. tr. et intr.
Voir : **berdasser**.

BREECHES n. m. pl. (angl. breeches) ⊘
Culottes courtes pour jeunes
garçons.

BREECHING n. f. (angl. breeching) ⊘
Avaloire du harnais du cheval.
(O 48, 49 et acad.)
Syn., voir : **acculoire**.

BREEDER, BRIDER v. tr. (angl. to
breed) ⊘
Saillir, couvrir. Faire *breeder* une
jument par un étalon de race.

BRÈME, BROME n. f.
Poisson. Nom vulgaire de la couette.

**BRENCHE-BRENCH, BRINCHE À
BRANCHE** n. m. (angl. leap and run) ⊘
Jeu de cache-cache codé.

BRETON n. m.
Étincelle. Notre cheminée jetait des
bretons.
Syn. : **bluette**.

BRETTAGE n. m.
Action de *bretter*, de faire de menus
travaux, de musarder.

BRETTE n. f.
Céréales, légumes, plantes
industrielles dont le développement
est anormalement déficient et qui
sont souvent laissés sur le champ.
Ce n'est même pas la peine de
couper ce tabac-là, c'est de la *brette*.

BRETTER v. intr.
Musarder, faire de menus travaux,
perdre son temps. Nous *avons bretté*
toute la journée. [++]
Syn. : **berdasser, bonnetter, chef-
d'œuvrer, focailler, foquailler,
foquer** le chien, **fourrer** le chien,
**gaboter, niaiser, nivelasser,
pigrasser,** se **poigner** le cul,
**taponner, vernailler,
vernoucher, vernousser, zigner,
zigouner**.

BRETTEUR, BRETTEUX, EUSE n. et adj.
Lent, lambin. C'est un *bretteur*. [++]

BREUVAGE n. m.
Vx et litt. en fr. Boisson non
alcoolisée, boisson. Au restaurant, la
serveuse d'ici demande quel
breuvage (thé, café, lait) on veut
boire.

BRICOLE n. f.
Bretelle de pantalon. Acheter des
bricoles solides. [+++]
Syn. : **police**.

BRIDER v. tr.
Voir : **breeder**.

BRIMBALLE, BRIMBALE n. f.
1. Cigogne ou perche à bascule
chargée d'un contrepoids et
servant à puiser de l'eau d'un
puits. [+++]
Syn. : **bringueballe, regiboire**.
2. Perche enlevante avec collet
utilisée par le trappeur, piège à
levier.
Syn., voir : **giboire**.
3. Potence de cheminée en fer ou en
bois à laquelle on accroche une
crémaillère.

BRIN n. m.
1. Dent de fourche, de fourchette.
Syn. : **broc** (sens 4).
2. *Brin de neige* : flocon de neige.
Tiens, voici les premiers *brins de
neige* de l'hiver qui tombent.
3. *Brin de pluie* : gouttelette de pluie.

BRINCHE À BRANCHE n. m. (angl. leap
and run) ⊘
Voir : **brenche-brench**.

BRINGUEBALLE n. f.
1. Cigogne ou perche à bascule
chargée d'un contrepoids et
servant à puiser de l'eau d'un
puits.
Syn., voir : **brimbale** (sens 1).

2. Vulg. Organe de l'étalon.
Syn., voir : **pine** (sens 5).

BRIQUADE n. f. (angl. brick yard) ⊘
Briqueterie. Travailler dans une *briquade*.

BRIQUE n. f.
1. *Brique à feu* (angl. fire brick) ⊘ : brique réfractaire pouvant résister à de très hautes températures.
2. *Brique de lard* : gros morceau de lard.
Syn. : **carreau de lard**.
3. *Brique de pain* :
   a) Gros morceau coupé à un grand pain, quignon.
   b) Pain de forme carrée.
4. *Brique de sel* : bloc solide de sel qu'on met à la disposition des bêtes à cornes au pâturage et dont se servent les braconniers pour attirer le chevreuil et l'orignal, pierre à lécher.
5. Fig. *Attendre quelqu'un avec une brique et un fanal* : attendre quelqu'un de pied ferme, prêt à une vive discussion.

BRIQUELER v. tr. [#]
Briqueter, construire en briques. Installer un grand chaudron sur un foyer *briquelé*.

BRIQUELEUR n. m. [#]
Briqueteur, maçon qui pose de la brique.

BRISE-FER n. et adj.
1. Brise-tout, qui casse, qui brise tout. (O 37-85)
2. Qui use rapidement ses vêtements. (O 37-85)
Syn. : **usurier**.

BROC, BROQUE n. m.
1. Fourche à quatre ou cinq fourchons, servant à manier le fumier. (O 27-116 et E 19-128)
Syn. : **fourche à fumier**.
2. Fourche à foin à trois fourchons. (E 26-116)
3. Fourche à bêcher, fourche de jardinier. (O 36-86)
4. Dent, fourchon. Une fourchette, une fourche à quatre *brocs*.
Syn. : **brin** (sens 1).

BROCHE n. f.
1. Fil de fer. Acheter de la *broche* pour faire des réparations temporaires. [+++]
2. Anneau qu'on passe dans le groin d'un porc pour l'empêcher de fouir.
Syn., voir : **anneau**.
3. *Broche à balle* : fil de fer pour balles de foin pressé.
Syn. : **broche à foin, broche à presse**.
4. *Broche à brocher* : aiguille à tricoter. (acad.)
Syn. : **broche à tricoter**.
5. *Broche à clos* : fil de fer pour réparer les clôtures.
6. *Broche à épines* : fil de fer barbelé, barbelé.
Syn. : **broche barbelée, broche piquante**.
7. *Broche à foin* :
   a) Fil de fer pour balles de foin pressé.
   Syn., voir : **broche à balle**.
   b) Fig. *De broche à foin* : non sérieux, mal organisé, mal structuré. Une compagnie, une organisation *de broche à foin*.
8. *Broche à mouches* : toile métallique à treillis très serré, moustiquaire. Une porte de *broche* empêche mouches et moustiques d'entrer.

9. *Broche à presse* : fil de fer pour balles de foin pressé.
Syn., voir : **broche à balle**.

10. Vx et rég. en fr. *Broche à tricoter, à tricotage* : aiguille à tricoter. [+++]
Syn. : **broche à brocher**.

11. *Broche barbelée* : fil de fer barbelé, barbelé.
Syn., voir : **broche à épines**.

12. *Broche carreautée* : grillage à carreaux. [+++]

13. *Broche de téléphone* : fil de téléphone.

14. *Broche piquante* : fil de fer barbelé, barbelé. [+++]
Syn., voir : **broche à épines**.

15. *Broche unie* : fil de fer non barbelé, uni.

BROCHÉE n. f.
1. Poissons enfilés ensemble sur un même *brochet* ou porte-poissons. Une *brochée* de poissons.
Syn. : **brochetée**.

2. *Une brochée* : beaucoup, grande quantité. *Une brochée* de monde.
Syn., voir : **tralée**.

BROCHER v. tr.
1. Tricoter. Passer une soirée à *brocher*. (acad.)
2. Anneler un porc pour l'empêcher de fouir. (E 20-127)
Syn., voir : **alêner**.

BROCHET n. m.
Porte-poissons permettant au pêcheur d'enfiler par les ouïes les poissons qu'il a capturés.

BROCHETÉE n. f.
1. Poissons enfilés ensemble sur un même *brochet* ou porte-poissons. Une *brochetée* de poissons. [+++]
Syn. : **brochée**.

2. *Une brochetée* : beaucoup, grande quantité. *Une brochetée* de

monde.
Syn., voir : **tralée**.

BROCHEUSE n. f.
Agrafeuse. Un secrétaire doit avoir une *brocheuse* à portée de la main.

BROCHURE n. f.
Tricot. Les femmes d'autrefois se déplaçaient toujours avec leur *brochure*. (acad.)
Syn. : **tricotage**.

BROILER, BRALEUR n. m. (angl. broiler) ⬙
Poulet qu'on élève pour le gril. Untel a un gros poulailler et il ne fait que du *broiler*.

BROME n. f.
Voir : **brême**.

BROMO n. m. (angl. Bromo Seltzer)
Marque déposée. Médicament pétillant, effervescent, qui facilite la digestion.

BRONCHES n. f. pl.
Bronchite chronique. Avoir les *bronches*. [+++]

BRONCHITE n. et adj.
Bronchitique, atteint de bronchite. Il est *bronchite*, c'est un *bronchite*. [+++]

BRONCO, BRANCO n. m.
1. Cheval sauvage de l'Ouest du Canada. [+++]
Syn. : **cayousse, cayuse, ouest**.
2. Cheval mal bâti, dégénéré.
3. Vieux cheval.
4. Sobriquet que les Québécois donnent à leurs compatriotes de l'Ouest du Canada.

BROQUE n. m.
Voir : **broc**.

BROQUER v. tr.
Manier le fumier ou le foin

avec un *broc*.
Syn. : **broqueter**.

BROQUETÉE n. f.
Quantité de foin ou de fumier que
l'on prend en une fois avec un *broc*.
(Charsalac)

BROQUETER v. tr.
Manier le fumier ou le foin avec un
broc. (Charsalac)
Syn. : **broquer**.

BROSSE n. f.
1. Blaireau pour la barbe.
   Syn., voir : **savonnette**.
2. *Brosse de blé d'Inde* : bouchon de
   feuilles d'épis de maïs utilisé
   comme brosse à plancher.
3. Cuite. Prendre une *brosse*. [+++]
   Syn., voir : **brosser**.
4. *Être en brosse, sur la brosse* : être
   ivre. [+++]
   Syn., voir : **chaud** (sens 1).
5. *Partir sur la brosse, sur une
   brosse* : s'enivrer. [+++]
   Syn., voir : **brosser**.

BROSSER v. intr.
Boire, prendre une cuite, une *brosse*.
[+++]
Syn. : **balloune**, en **boisson**,
brosse, se **déranger**, **fringuer**,
fripe, se **paqueter**, **gloire**.

BROSSEUX, EUSE n. et adj.
Ivrogne. [+++]

BROUCHETER v. tr.
Bousiller, bâcler, exécuter sans soin
ce qu'on a à faire. *Broucheter* son
travail.
Syn. : **botcher**, **raboudiner**
(sens 1).

BROUCHETEUR, EUSE n. et adj.
Personne qui *brouchète*, qui bousille
un travail.
Syn. : **botcheur**, **gosseur** (sens 3),
raboudineur.

BROUE n. f.
1. Mousse de savon. [+++]
2. Écume qui se forme sur le sirop ou
   les confitures qu'on fait cuire et
   qui contient des saletés, des
   impuretés. [+]
3. Fig. Vantardise, paroles en l'air,
   vent. Tout ce qu'il dit celui-là,
   c'est de la *broue*. [++]
   Voir : **péter de la broue**.

BROUILLARD n. m.
Brouillard de neige : chute légère de
neige. Ce n'est pas une *bordée* qu'on
a eue, c'est un *brouillard* de neige.

BROUSSE n. f.
Sous-bois, broussailles. (E 132,129)
Syn., voir : **branchages**.

BROUTER v. intr.
Afficher un air prétentieux,
dédaigneux.
Syn. : **péter de la broue**.

BROUTEUX, EUSE n. et adj.
Vantard, pédant, prétentieux.
(Beauce)
Syn., voir : **frais**.

BRU n. f.
Vx et rég. en fr. Belle-fille. Il nous a
présenté sa *bru* et son fils. [+++]

BRÛLÉ n. m.
Partie de forêt incendiée, brûlis.
Aller cueillir des baies dans les
brûlés. [+++]

BRÛLEMENT n. m.
Rare en fr. *Brûlement* (d'estomac) :
brûlure.

BRÛLE-POUCE n. m.
Appellation amusante des
allumettes constituées d'un brin de
carton dont le manque de rigidité
oblige, lors de l'allumage, à placer le
pouce tout près de la partie

inflammable, d'où le risque de se brûler le pouce.

BRÛLETTE n. f.
Ail civette. (E 25-117)
Syn., voir : **ciboulette**.

BRÛLOT n. m.
1. Pipe à tuyau très court, brûle-gueule. [+]
2. Insecte de la famille des cératopogonidés dont la piqûre donne la sensation d'une brûlure. Les forêts canadiennes sont infestées de *brûlots*. [+++]

BRÛLOTTE, BRÛLOTTE SAUVAGE n. f.
Ail civette. (E 25-117)
Syn., voir : **ciboulette**.

BRUMASSAGE n. m.
Pluie fine, brumasse. Si le *brumassage* cesse, on va pouvoir aller aux foins.
Syn., voir : **mouillasserie**.

BRUMASSER v. impers. et pron.
Tomber lentement, en parlant d'une pluie fine, bruiner.
Syn., voir : **mouillasser**.

BRUMASSEUX, EUSE adj.
Brumeux. Temps *brumasseux*.

BRUME n. f.
1. Vapeur qui entre dans la maison l'hiver lorsqu'on ouvre la porte. Syn. : **boucane** (sens 5).
2. Bruine. Depuis deux jours, il tombe de la *brume*. Syn., voir : **mouillasserie**.

BRUMÉE n. f.
Mélange de brouillard et de fumée.

BRUMER v. impers.
Rare en fr. Faire de la brume.

BRUN, BRUNE n. et adj.
1. Crépuscule, nuit. Il faisait déjà *brun* quand nous sommes partis. [+++]
2. Partie brune de la graisse de rôti. Syn., voir : **branlant**.
3. Marron. Souliers *bruns*, yeux *bruns*.
4. *Brun à chaussures, à souliers* : cirage brun servant à cirer les chaussures. Syn., voir : **Nugget**.

BRUNANTE n. f.
1. *Brune*, tombée de la nuit. En novembre, la *brunante* arrive vers quatre heures. [+++]
2. *À la brunante* : à la tombée de la nuit. Ils sont arrivés *à la brunante*. [+++]

BRUNCH n. m. (angl. brunch)
1. Dans les restaurants et les hôtels, repas du dimanche midi combinant le petit déjeuner et le déjeuner en un seul repas servi de onze heures à quatorze heures.
2. *Brunch-bénéfice*. Voir : **bénéfice**.

BRUNCHER v. intr. (angl. to brunch)
Prendre un *brunch*.

BRUNIR v. impers.
Commencer à faire nuit, à faire *brun*. Tiens, il n'est que vingt heures et il commence à *brunir*.

B.S.
Sigle.
Voir : **bien-être social**.

BUANDERIE n. f.
Établissement où l'on porte le linge ou les vêtements à laver, nettoyer et repasser, blanchisserie. [+++]

BUANDIER, IÈRE n.
Personne qui tient une *buanderie*, blanchisseur.

BUBUSSE n. m.
Faire bubusse, prendre son bubusse :

boire, faire boire, en langage enfantin.

BÛCHAGE n. m.
Action de *bûcher*, c'est-à-dire d'abattre des arbres, de couper du bois. La saison du *bûchage* est finie. [+++]

BÛCHE n. f.
Ironiquement, chaise. Tire-toi une *bûche*, tu n'es pas pressé, on va causer.

BÛCHER n. m.
Coin de la cour de ferme où l'on range le bois à brûler.

BÛCHER v. tr. et intr.
Abattre des arbres, couper du bois. *Bûcher* toute la journée. [+++]

BÛCHEUR, BÛCHEUX n. m.
Bûcheron. Les *bûcheux* sont partis pour l'hiver. [+++]

BUCK n. m. (angl. buck) ⊘
1. Mâle, en parlant d'un *orignal* ou d'un bélier. [+++]
2. Sobriquet donné autrefois aux frères.
   Syn., voir : **corbeau**.

BUCK-BEAVER n. m. (angl. buck beaver) ⊘
Contremaître d'une équipe d'ouvriers chargée de l'entretien des chemins forestiers l'hiver.

BUCKINOIS, OISE n. et adj.
Natif ou habitant de Buckingham, dans l'Outaouais ; de Buckingham.

BUCK-ORIGNAL, BUCK n. m. (angl. buck) ⊘
Orignal mâle, élan du Canada.

BUCKSAW n. m. (angl. bucksaw) ⊘
Scie à bûches à cadre tubulaire métallique ou à cadre de bois. [+++]
Syn., voir : **sciotte**.

BUCKWHEAT, BOCOUITE n. m. (angl. buckwheat) ⊘
Sarrasin. Faire des crêpes avec de la farine de *buckwheat*. (acad.)

BUFFALO n. m. (angl. buffalo) ⊘
1. Bison.
2. *Peau de buffalo, robe de buffalo* : peau de bison dont on se couvrait l'hiver quand on voyageait en traîneau. [+++]
3. *Poisson.* Nom vulgaire de la couette.

BUIS n. m.
If du Canada. [+++]
Syn. : **sapin traînard**.

BULL, BOULE n. m. (angl. bull) ⊘
1. Taureau. [+]
   Syn., voir : **banal**.
2. Voir : **bulldozer**.

BULL-COOK n. m. (angl. bull cook) ⊘
Aide-cuisinier dans les chantiers forestiers.
Syn., voir : **chore-boy**.

BULLDOZER, BULL, BOULE n. m. (angl. bulldozer) ⊘
1. Bouteur à pneus ou à chenilles.
2. *Terre de boule, de bull* : terre qui a été déplacée, bouleversée par un *bulldozer*, impropre à la culture et utilisée comme terre de remblayage.

BULLY, BOULÉ n. m. (angl. bully) ⊘
Homme fort. Untel, c'était le *bully* du pays.
Syn. : **fort-à-bras**.

BULOVA n. f.
Montre pour hommes. Quand on a quelques moyens, on s'achète une *Bulova*. Marque de fabrique.

BUM, BOMME n. m. (angl. bum) ⊘
1. Voyou, ivrogne. Fréquenter des *bums*. [+++]

2. Faillite, banqueroute. Depuis que le père est dédédé, ce commerce s'en va sur la *bum*.

BUMMER, BOMMER v. tr. et intr. (angl. bum) ◙
1. Quêter, mendier. *Bummer* une cigarette, un verre de bière.
2. Fainéanter, ne pas travailler, bambocher. Il passe ses journées à *bummer*.

BUMPER v. tr. (angl. to bump) ◙
Faire du *bumping*, supplanter. *Bumper* un employé.

BUMPING n. m. (angl. to bump) ◙
Action d'un employé qui, en vertu d'un droit conféré par l'ancienneté, évince de son poste un autre employé qui est alors déplacé, mis en disponibilité ou même licencié suite à des changements technologiques, à la réorganisation, voire à la fermeture de départements ou de services; supplantation.

BUNCH n. f. (angl. bunch) ◙
Touffe d'arbres. Une *bunch* d'érables.
Syn., voir: **bouillée**.

BUNCHER v. tr. (angl. to bunch) ◙
Mettre les billes de bois en petits tas, en *bunchs*.

BUNK n. m. (angl. bunk) ◙
Sommier du *bobsleigh*.

BUNKEUR n. m. (angl. bunker)
Édifice du gouvernement du Québec où se trouve le bureau du premier ministre et dont l'aspect extérieur fait penser à un blockhaus.

BUREAU n. m.
Commode. Beaucoup de gens d'ici appellent *bureau* ce qui est une commode.

BURGAU, BORGOT, BOURGOT n. m.
1. Porte-voix, souvent en écorce de bouleau. (acad.)
2. Cornet de l'ancien téléphone. (acad.)
3. Klaxon d'une automobile. (acad.) Syn.: **criard**.
4. Buccins (n. m. pl.), gros mollusque (NOLF).

BURGAUTER v. intr.
1. Appeler quelqu'un en se servant d'un *burgau* ou porte-voix. (acad.)
2. Klaxonner. (acad.) Syn.: **crier**.

BURNER, BORNEUR n. m. (angl. burner) ◙
Brûleur de la lampe à l'huile d'autrefois.

BUSTLE, BOSSEUL n. m. (angl. bustle) ◙
Vertugadin. La mode de porter des *bustles* sévissait avant la Grande Guerre. [++]
Syn.: **grichignebagne**.

BUTIN n. m.
1. Mobilier, meubles d'une maison. [+++]
Syn., voir: **ménage** (sens 1).
2. Vêtements en général. Ranger son *butin* d'hiver. [+++]
3. *Armoire à butin*: armoire à vêtements.
4. *Coffre à butin*: coffre à vêtements.
5. *Butin de bébé*: vêtements d'enfants.
6. *Butin de corps*: sous-vêtements, linge de corps.
7. *Butin de lit*: literie.
8. *Butin de semaine*: vêtements de travail.
9. Fig. *Du bon butin*: se dit d'une personne, surtout d'une femme qui a toutes les qualités

imaginables. La défunte Roxy,
c'était *du bon butin*.

BUTT, BOTTE n. f. (angl. butt) ⊘
Gros bout d'une bille de bois, d'une
grume.

BUTTAILLEUX, EUSE adj.
Accidenté, montueux, en parlant
d'un terrain.
Syn., voir : **côteux**.

BUTTER, BOTTER v. tr. (angl. to butt) ⊘
Tronçonner, couper le gros bout, la
butt d'une grume.

BUTTEREAU n. m.
Petite colline, monticule. (acad.)
Syn., voir : **button**.

BUTTEUX, EUSE adj.
Accidenté, montueux, couvert de
buttes, de collines. [+]
Syn., voir : **côteux**.

BUTTON n. m.
Petite colline, petit monticule. [+++]
Syn. : **buttereau**, **cabouron**, **dos de
cheval**, **piqueron**.

BUTTONNEUX, EUSE ; BUTTONNU, UE
adj.
Accidenté, montueux, rempli de
buttons, en parlant d'un terrain,
d'une région. [+]
Syn., voir : **côteux**.

BUVERON n. m.
Biberon de nourrisson.

BUVEUR SOCIAL n. m. (angl. social
drinker) ⊘
Voir : **social**.

CABALAGE n. m.

Action de *cabaler*, de faire de la *cabale*.

CABALE n. f.

Propagande politique à domicile pour un candidat ou pour soi-même.

CABALER v. tr. et intr.

En période électorale, faire de la propagande politique à domicile, solliciter le vote de quelqu'un, quelquefois au moyen de promesses, voire de dons.

CABALEUR, CABALEUX, EUSE n.

Personne qui fait de la propagande politique à domicile en temps d'élection.

CABANE n. f.

1. a) *Cabane à sucre*: sucrerie, bâtiment construit dans une *érablière*, et où l'on fabrique les produits de l'érable: sirop, *tire, sucre*. [+++]

b) *Partie de cabane*: partie de plaisir qui se tient à l'érablière le printemps et où l'on déguste *tire* et *sucre* d'érable. [+++] Syn.: fête à la **tire** (sens 6).

c) *Temps de cabane à sucre*: temps doux et ensoleillé où la neige fond le jour et où il gèle la nuit, ce qui favorise la montée de la sève sucrée d'érable.

2. Moyette de quatre à six gerbes. Mettre l'avoine en *cabanes* pour qu'elle continue de mûrir. (acad.) Syn., voir: **quinteau**.

3. Gîte de l'ours pendant l'hiver: arbre creux, caverne, chablis. Syn.: **ouache** (sens 2).

4. Petit abri où le chasseur installe son piège à loutre, à martre ou à vison.

5. Lieux d'aisances à l'extérieur de la maison, autrefois.
Syn., voir : **chiardes**.
6. Par antiphrase, grosse maison d'habitation. As-tu vu la *cabane*?
Syn., voir : **arche**.

CABANEAU n. m.
Endroit sous un escalier où l'on range des vêtements ou du bois de chauffage. (O 25-117)
Syn., voir : **caveau** (sens 4).

CABANER v. tr. et pron.
1. Installer une tente, un campement pour y passer la nuit, surtout lorsqu'on voyage en forêt.
Syn., voir : **tenter**.
2. Entrer en état d'hibernation en parlant de l'ours. L'ours *se cabane* souvent dans un arbre creux.
Syn. : **ouacher** (sens 1).
3. S'enfermer chez soi pour la période de l'hiver. Certaines personnes âgées *se cabanent* chez elles lorsque le froid arrive.
4. Faire des moyettes de quatre à six gerbes. Se hâter de *cabaner* l'avoine lorsque les nuages sont menaçants. (acad.)
Syn. : **stooker**.

CABARET n. m.
Vx en fr. Plateau. Dans les cafétérias, chacun utilise un *cabaret*. [+++]

CABAS n. m.
Bruit, tapage. Les enfants, arrêtez de faire du *cabas* !
Syn. : **berda, carillon, carnage, ravaud, train**.

CABASSÉ, ÉE adj.
Fatigué, abattu. Il a l'air *cabassé*, il couve peut-être une grippe.
Syn. : **caduc**.

CABASSER v. tr. et intr.
1. Fatiguer, ennuyer. Les dix heures d'avion l'ont *cabassé*.
2. Secouer. On se fait *cabasser* au volant d'un tracteur.
3. Faire du bruit, du *cabas*. Qui est-ce qui *cabasse* dans le grenier ?
Syn. : **bredasser, carillonner, ravauder**.

CABESTRAN n. m.
Rég. en fr. Cabestan. [++]

CABICHE n. f.
Argot. Dans les maisons de jeux clandestins, contribution payée au tenancier par un joueur gagnant.

CABINE, CABINE DE TOURISTE n. f.
(angl. cabin)
Maisonnette pour touristes installée le long des routes à grande circulation. Les *cabines* pour touristes ont presque toutes été remplacées par des *motels*.

CABINET FANTÔME n. m.
Voir : **fantôme**.

CÂBLÉ, ÉE n. m.
Abonné à la télédistribution, à la câblodistribution.

CABOCHE n. f.
Embarcation à faible tirant d'eau, surmontée d'une cabane avec meurtrières, ancrée dans les joncs et où prennent place deux ou trois chasseurs de canards. (Îles de Sorel)
Syn. : **boléro, chasseuse, gabion**.

CABOCHER v. tr. et pron.
1. Abattre. Cette vache-là, on va la *cabocher* à l'automne, elle ne donne pas assez de lait.
2. Se frapper. Les deux boxeurs se sont *cabochés* pendant neuf rondes.

CABOCHON n. m.
1. Terme ironique pour tête, caboche. Avoir de la difficulté à se mettre quelque chose dans le *cabochon*. (O 22-114)
Syn.: **bloc**, **bol**, **chignon**, **coco**, **tomate**.
2. Bûche pleine de nœuds, très difficile à fendre. Tous les *cabochons*, on les brûlera à la *sucrerie*.
Syn., voir: **nouasse**.
3. Péjor. Employé, ouvrier incompétent.

CABOURNE adj.
Terrain *cabourne*: bosselé, creusé. Arbre *cabourne*: creux. (acad.)

CABOURON n. m.
Petite colline, monticule. (surt. E 34-91)
Syn., voir: **button**.

CABOURONNEUX, EUSE adj.
Accidenté, montueux, couvert de *cabourons*. (surt. E 34-91)
Syn., voir: **côteux**.

CABROUET n. m.
1. Voiture légère à deux roues, genre cabriolet, servant au transport des personnes. [+]
2. Rég. en fr. Haquet à deux roues servant au transport des tonneaux, des marchandises.

CACAGOUÈCHE n. m. (amér.)
Grand duc de Virginie. (acad.)

CACAILLER v. intr.
Caqueter, en parlant des poules. (E 22-114)
Syn.: **cacasser**, **carcasser**, **gargousser**.

CACAOUETTE n. f.
Véloneige rudimentaire, fait d'une douve de tonneau, pour dévaler les côtes. (acad.)
Syn., voir: **véloneige traditionnel**.

CACAOUI, CACAOUITE n. m. (amér.)
Harelde du Nord, variété de canards de mer. (E 18-132)

CACASSER v. intr.
1. Caqueter, en parlant des poules. [+++]
Syn., voir: **cacailler**.
2. Gazouiller, piailler. Les oiseaux *cacassent*.
Syn., voir: **piaquer**.
3. Fig. Jacasser, cancaner, bavarder d'une manière fatigante. Quand ces deux femmes se rencontrent, elles *cacassent* sans arrêt.

CACHE n. f.
1. Vx en fr. Abri de chasseur fait de roseaux, de branches ou de neige. [++]
Syn.: **gabion**, **ouache**.
2. *Mettre en cache*: en forêt, mettre hors de la vue objets, canots, nourriture que l'on reprendra au retour.
3. Couverture de lit. Quand un enfant est fiévreux, on le couvre d'une *cache* supplémentaire.
4. Enveloppe. Écrire lisiblement l'adresse du destinaire sur une *cache*.

CACHÉ p. adj.
En avoir de caché: avoir de l'argent en réserve, ne pas être à court d'argent. Ne t'en fais pas pour lui, il *en a de caché*.

CACHE-MA-BAGUE, CACHE-PETIT-POT n. m.
Furet, jeu de société. [++]

CACHER v. tr. et pron.
1. Couvrir dans un lit au moyen d'une *cache* ou couverture. Bien

cacher un enfant qui fait de la fièvre. (E 22-124)

2. Se couvrir dans son lit. Je me suis bien *caché*, je n'ai pas eu froid. (E 22-124)

CACHETTE n. f.
1. Cachotterie. Raconter tout ce qui s'est passé, sans *cachette*.
2. *Jouer à la cachette* : jouer à cache-cache. [+++]

CACHIGATE n. f.
Oiseau comestible du golfe du Saint-Laurent et qui serait le plongeon du Nord.

CACHOU n. m. (angl. cashew) ◙
Voir : **cashew**.

CADENAS n. m.
Loi du cadenas (1937-1957) : loi passée sous le régime de Duplessis et qui permettait la fermeture sans procès de tout établissement soupçonné d'être un endroit de propagande communiste. Cette loi fut déclarée *ultra vires*.

CADRÂCHE n. m.
Huart à gorge rousse.

CADRAN n. m.
Réveille-matin. Ce matin je suis en retard, mon *cadran*, que j'avais pourtant monté, n'a pas sonné. [+++]

CADRE n. m.
Tableau. Madame Unetelle s'est acheté un beau *cadre* qu'elle a accroché dans son salon [+++]

CADUC, UQUE adj.
Vx en fr. Triste, abattu, fatigué. Louis est *caduc* ces jours-ci, il doit couver une grippe.
Syn. : **cabassé**.

CAFIÈRE n. f.
Vx en fr. Cafetière.

CAGE n. f.
1. Train de bois composé de plusieurs radeaux, se déplaçant au fil de l'eau ou tiré par un bateau, brelle.
Syn. : **cageur, cageux** (sens 1), **raft**.
2. Bout d'une cordée de bois dont les morceaux sont disposés par rangs alternés.
Syn., voir : **croisée** (sens 1).
(E 22-124)
3. Pile de planches, de madriers disposés en échiquier pour en faciliter le séchage au grand air. (E 40-83)
Syn. : **échiquette** (sens 2).
4. Nasse à anguilles.
Syn., voir : **bourne** (sens 1).
5. Casier à homards.
Syn., voir : **attrape à homards**. [++]

CAGER v. tr.
1. Attacher ensemble des billes de bois pour en faire une *cage*, une brelle.
2. Mettre du bois par rangs alternés au bout d'une cordée de bois.
3. Piler des planches, des madriers en échiquier pour en faciliter le séchage au grand air.
Syn. : **croisailler**.
4. [#] Mettre dans une cage, encager. Cager des poules pour les conduire à l'abattoir.

CAGEUR, CAGEUX n. m.
1. [#] Celui qui met en cage, qui encage. Un *cageur* de poules travaille toujours de nuit car tôt le matin les poules devront être à l'abattoir. [+++]
2. Train de bois se déplaçant au fil de l'eau ou tiré par un bateau, brelle. [+]
Syn. : **cage**.

3. Ouvrier forestier employé au flottage du bois.
Syn., voir : **draveur**.

CAGOU n. et adj.
1. Triste, abattu. Être *cagou*. (acad.)
2. *Avoir le cagou* : avoir le pesant, être triste. (acad.)

CAGOUET, CAGOUETTE, GAGOUET n. m.
Derrière du cou, nuque. Se faire serrer le *cagouet*. (acad.)
Syn., voir : **chignon**.

CAGOULARD n. m.
Bandit masqué qui porte une cagoule.

CAHOT n. m.
Inégalité de la route qui imprime des secousses aux voitures et à leurs occupants. Route pleine de *cahots*. [+++]
Voir : **saquet**.

CAHOTEUX, EUSE adj.
Se dit d'un chemin raboteux, qui a beaucoup de *cahots*, d'inégalités.
Syn. : **berdasseux**, **rabotu**, **saboteux**.

CAILLE n. f.
1. Graphie fautive du *caye* au sens de rocher à fleur d'eau.
2. Voir : **coil**.
3. Au pl. Lait caillé. Manger des *cailles*. (surt. E 30-100)
Syn. : **caillettes**.

CAILLE adj. et n.
1. De couleur pie, à robe noire et blanche, tacheté. Une vache *caille*. [+++]
Syn. : **barré**, **caillet**, **fleuré**, **fleuret**, **fleuri**, **marbré**, **mataché**, **moustaché**, **picoté**, **pivelé**, **piveloté**, **sapiné**, **taché**.
2. Nom que l'on donne souvent à une vache de couleur pie.

CAILLER v. intr.
Fig. Avoir sommeil. Va donc te coucher, tu commences à *cailler*.

CAILLET, ETTE adj. et n.
1. De couleur pie, à robe noire et blanche. Une vache *caillette*, un veau *caillet*.
Syn., voir : **caille**.
2. Nom que l'on donne souvent à une vache de couleur pie.

CAILLETTE n. f.
1. Présure provenant de l'estomac des ruminants. [+]
2. Au pl. Lait caillé. Manger des *caillettes* avec du sucre d'érable. [+]
Syn. : **caille**.

CAILLOT n. m.
Nom vulgaire du garrot commun.

CAILLOUSSE n. m. [#]
Voir : **cayuse**.

CAISSE n. m.
Appareil servant à l'analyse de carottes extraites du sous-sol par les compagnies minières. Du nom de son inventeur.

CALABASH, CALABACHE n. f. (angl. calabash) ▣
Pipe épousant vaguement la forme de la calebasse, fruit du calebassier, pipe croche. [++]

CALANT, ANTE adj.
1. Mouvant, qui a peu de consistance, où l'on enfonce facilement. Une terre, une neige *calante*. [+]
2. Canard, fondrier. Tout bois qui a séjourné longtemps sous l'eau devient *calant*.

CALBRETTE n. m.
Poêle à bois de marque Calbreight. Par extension, tout poêle à bois

utilisé dans les chantiers forestiers et qui ressemble au Calbreight.

CALCULOT n. m.
Macareux arctique.

CALE n. f.
1. Demi-bille de bois creusée en auge dans toute sa longueur et servant à couvrir les camps forestiers d'autrefois, à la façon des tuiles rondes.
Syn., voir : **auge** (sens 3).
2. Bille de bois fendue et dont les extrémités amincies sont destinées à glisser dans les cannelures des poteaux de grange plantés en terre.
3. Vx en fr. Plomb utilisé pour la pêche à la ligne ou pour lester un filet.
Syn. : **pesée**.

CALÈCHE n. f.
1. Voiture à cheval à deux roues, du genre cabriolet, dont la caisse est suspendue sur des soupentes. [++]
2. *Avoir la calèche, mener la calèche* : avoir la diarrhée, aller souvent à la toilette.
Syn., voir : **cliche**.

CALÉCHIER, IÈRE n.
À Québec, propriétaire d'une *calèche* destinée à faire visiter la ville aux touristes.

CALER v. tr. et intr.
1. Enfoncer. *Caler* son chapeau pour que le vent ne l'emporte pas. [+++]
2. Boire rapidement. *Caler* une bouteille de bière, un grand verre d'alcool.
3. Enfoncer dans l'eau, dans la boue, dans la neige. Une pierre qu'on jette à l'eau *cale* au fond. [+++]

4. Donner l'impression de s'enfoncer dans l'eau qu'elle recouvre, en parlant de la glace dont la cohésion se brise à la fin de la période de gel hivernal. Le printemps, les lacs *calent*. [+++]
5. Fig. Devenir chauve. Dans cette famille, les hommes *calent* très jeunes. [+++]

CALICER v. tr.
Abandonner, flanquer, foutre. Mes vieilles bottes, je les ai *calicées* à la rivière.

CALIFOURCHON n. m.
1. Jonction des cuisses et du buste, région du périnée. [++]
2. Fourche. Recoudre le *califourchon* d'un pantalon.
Syn. : **fourcat**.

CÂLINER v. intr.
Fig. Perdre de sa violence, en parlant du vent. (acad.)

CALIN-FILLETTE n. m.
Péjor. Petit garçon qui suit toujours sa mère, qui a des goûts de petite fille. [+++]
Syn., voir : **catiche**.

CALIQUETTE n. f.
Bûchette tenant lieu d'allumette et servant à recueillir et à transmettre la flamme.
Syn., voir : **aiguillette**.

CALL n. m. (angl. call) ⊘
Cri du chasseur pour appeler l'orignal mâle. [+++]

CALL-DOWN n. m. (angl. call-down) ⊘
Réprimande, verte semonce. Il a eu tout un *call-down* parce qu'il est rentré à la maison aux petites heures du matin. [++]
Syn. : **beurrée**, **blé d'Inde**, **chapitre**, **gratte**, **ronde**, **sarabande**.

CALLER v. tr. (angl. to call) ◙
1. Appeler, annoncer, mener les figures d'une danse folklorique. *Caller* une danse.
2. Appeler (au téléphone). Quand tu reviendras, *calle* quelqu'un de la famille.
3. En parlant du chasseur d'orignal, imiter le cri de la femelle pour attirer le mâle. [+++]
4. Fig. *Caller l'orignal*: vomir pour avoir trop bu, écorcher le renard. [+++]
Syn., voir: **plumer son renard**.

CALLEUR n. (angl. caller) ◙
Meneur de danses folkloriques qui appelle les figures.

CALOTTE n. f.
Casquette, coiffure en général. Quand on entre dans une maison, on doit enlever sa *calotte*. (surt. E 27-116)
Syn., voir: **casque** (sens 1).

CALOUETTER v. intr.
Cligner des yeux. (acad.)
Syn.: **ébarouir**.

CALUMET n. m.
Rég. en fr. Toute pipe à long tuyau. [+++]

CALURON n. m.
Chapeau, galurin. Il fait froid, mets ton *caluron* pour aller dehors.
Syn., voir: **casque** (sens 1).

CALVABEC n. m.
Eau-de-vie de pomme, fabriquée au Québec. Mot formé des premières syllabes de *calva*dos et de la dernière de Qué*bec*, marque de commerce.

CALVAIRE n. m.
1. *Bois de calvaire*: au figuré et négativement, se dit de quelqu'un à qui on ne peut se fier. Méfie-toi de lui, ce n'est pas du *bois de calvaire*.
2. Convoyeur servant au transport des déchets d'une mine, d'une scierie.
Syn.: **cochon** (sens 6).
3. Armoire de rangement aménagée entre les supports en bois d'une cheminée de brique.

CALVETTE n. f. (angl. culvert) ◙
Ponceau en général, ponceau de voie ferrée en particulier.

CAMBUSE n. f.
1. Poêle rudimentaire installé sur les embarcations de pêche. (acad.)
2. Mets de pêcheurs à base de pommes de terre ainsi que de têtes et de foies de morue. (acad.)
3. Voir: **cimetière** (sens 1).

CAMILIENNES n. f. pl.
Toilettes publiques à Montréal (du prénom du maire qui les popularisa: Camilien Houde).

CAMP n. m. ou f. (angl. camp) ◙
1. Bâtiment rudimentaire servant d'habitation aux bûcherons dans les chantiers forestiers. Dans ce sens, ce mot se prononce souvent à l'anglaise et est parfois féminin.
Syn.: **chantier**.
2. *Camp d'été, camp*: maison de campagne souvent construite sur pilotis près d'un lac ou d'une rivière et utilisée pendant la belle saison.
Syn.: **chalet**.
3. *Camp de chasse, camp de pêche*: petite maison construite en forêt près d'un ruisseau ou d'un lac à l'usage des chasseurs ou des pêcheurs sportifs.

CAMPEAU n. m.
Petit champ, petite pièce de terre.

CAMPER v. intr. et pron.
1. Préparer un camp forestier en construisant tous les éléments (cuisine, logements, hangars, écuries...) qui devront être prêts pour l'arrivée des bûcherons. Il faut *camper* avant les grandes pluies.
2. Se mettre au lit, se coucher. Tiens, déjà dix heures ! c'est le temps de *se camper*.
Syn. : **se canter**.

CAMPEUR n. m. ; **CAMPEUSE** n. f. (angl. camper)
Camionnette dont la caisse est aménagée en petit logement et utilisée par les vacanciers. L'aménagement de nombreux campings pour roulottes a favorisé l'accroissement du nombre de *campeurs*.

CAMPIVALLENSIEN, IENNE n. et adj.
Natif ou habitant de Salaberry-de-Valleyfield en Montérégie ; de Salaberry-de-Valleyfield.

CAMUS n. m.
Esturgeon jaune (NOLF).

CANACK n. m. (angl. canuck)
Voir : **cannuck**.

CANADIANA n. m. pl.
Documents, manuscrits, correspondance, publications concernant l'histoire globale du Canada.

CANADIANISER v. tr.
Rendre canadien le contrôle d'une compagnie, d'un secteur industriel, par la nationalisation ou par l'achat de la majorité des actions en cours. *Canadianiser* les compagnies pétrolières.

CANADIANISME n. m.
Mot, tournure, image, propres au français parlé et écrit au Canada, plus particulièrement au Québec. *Débarbouillette, être de valeur, ne pas être sorti du bois* sont des *canadianismes*.
Syn. : **québécisme**.

CANADIANITÉ n. f.
Ensemble des caractéristiques propres aux habitants du Canada. La *canadianité* comprendrait le bilinguisme, le multiculturalisme, les régionalismes et plusieurs autres éléments en -isme.

CANADIANITUDE n. f.
Ensemble des caractères, des manières de penser, de sentir, propres aux habitants du Canada.

CANADIEN, IENNE n. et adj.
1. Canadien francophone. Longtemps, les francophones du Québec se sont dits *canadiens* en parlant d'eux-mêmes et c'est ainsi que les appelaient leurs compatriotes non francophones.
2. Variété de fromage fabriqué au Canada.
3. Variété de tabac à pipe cultivée ici, par opposition au tabac jaune ou à cigarettes. Fumer du *canadien*.
4. Au pl. Équipe de hockey professionnel de Montréal. Cette équipe a de multiples appellations.
Syn. : **Bleu-Blanc-Rouge, Glorieux, Habs, Sainte-Flanelle, Tricolore**.
5. Race d'animal (vaches laitières, chevaux) créée ici.
6. Fig. *Se mouiller le canadien* : boire à l'excès, s'enivrer.
Syn., voir : se mouiller la **dalle** (sens 5).
7. Voir : **mange-canadien**.

8. *Canadien pure laine*:
Voir: **laine**.

CANADIEN-FRANÇAIS n. et adj.
Francophone du Canada; de langue française et habitant le Canada. Les *Canadiens français*, mais la littérature *canadienne-française*.
Syn.: **canadien** (sens 1), **franco-canadien**.

CANAL n. m.
1. Fossé. (acad.)
2. Dans l'étable, rigole d'écoulement du purin.

CANAL n. m. (angl. channel) ⬓
Chaîne (de télévision).

CANAOUA n. m.
Péjor. Terme de mépris donné aux Amérindiens par les Blancs.

CANARD n. m.
Bouilloire. Remplis le *canard* et mets-le sur le feu. (O 25-117)
Syn.: **bombe, coquemar**.

CANARD BRANCHU n. m.
Syn.: **branchu**.

CANCANEUX, EUSE n. et adj.
Cancanier, qui rapporte des ragots, des cancans. Attention à ce que tu dis devant lui car il est *cancaneux*!

CANETTE n. f. (angl. can)
Contenant, boîte métallique pour les boissons (bière, jus, boissons gazeuses). Beaucoup de campeurs jettent leurs *canettes* vides ici et là.

CANGRÈNE n. f.
Gangrène.

CANI, IE adj.
Moisi, chanci. Le pain est *cani*, il faut le donner aux poules.
(O 28-100)

CANIR v. tr. et intr.
Moisir, chancir. Un peu d'aération empêche le pain de *canir*.

CANISSE, CANISTRE n. m. ou f. (angl. canister) ⬓
Voir: **canister**.

CANISSURE n. f. [#]
Dérivé de *canir*. Moisissure, chancissure.

CANISTEAU n. m.
Voir: **caristeau**.

CANISTER, CANISSE, CANISTRE n. m. ou f. (angl. canister) ⬓
1. Tout bidon de quelque dimension que ce soit. (O 27-116)
2. Jeu consistant à aller frapper une boîte de conserve vide placée sur un poteau en déjouant la vigilance du gardien. Si le gardien réussit à toucher un attaquant, ce dernier remplace le gardien qui rejoint alors les rangs des attaquants.

CANNAGE n. m. (angl. to can) ⬓
1. Action de *canner*, de mettre en conserve. En août, le *cannage* des tomates bat son plein.
2. Au pl. Boîtes de conserve. Passer l'hiver à manger des *cannages*.
Syn.: **boîtage**.

CANNE n. f.
1. *Canne-de-quêteux*: jambes longues et maigres.
2. *Canne à pommeau d'or*: canne remise chaque année au capitaine du premier navire qui, sans avoir fait escale dans un autre port canadien, entre dans un des ports du Québec (Montréal, Québec, Sept-Îles).

CANNE n. f. (angl. can) ⬓
1. Boîte de conserve en fer-blanc.

2. Contenant en verre pour le lait d'une capacité d'une *pinte*. Acheter cinq *cannes* de lait par jour.

CANNEDOGUE n. m. ou f.
Voir : **cant-dog**.

CANNELIER n. m.
Rouet à filer à très grande roue actionnée à la main.

CANNER v. tr. et intr. (angl. to can) ⊘
Faire des conserves alimentaires. *Canner* des légumes, des fruits.

CANNERIE n. f. (angl. cannery) ⊘
Usine de conserves alimentaires, conserverie.

CANNEUSE n. f. (angl. canning machine) ⊘
Machine servant à fermer les boîtes de conserve en métal, sertisseuse.

CANNUCK, CANACK, CANOQUE, CANNUC n. m. (angl. Canuck)
Sobriquet donné aux Canadiens francophones par leurs compatriotes anglophones et aussi par les Américains.
Syn. : **french pea soup**, **frog**, **pea soup**, **pepsi**, **pissou**.

CANON n. m.
Puits à canon : puits circulaire à parois maçonnées, par opposition au puits carré et *boisé*.

CANOQUE n. m. (angl. Canuck)
Voir : **cannuck**.

CANOT n. m. (amér.)
1. Vx en fr. Canoé canadien de randonnée. L'OLF conseille la graphie canoé au lieu de canoë.
2. *Canot bâtard* : canot d'écorce d'environ 25 *pieds* de longueur.
3. *Canot de maître*.
Voir : **rabaska**.

4. *Canot du nord* : canot d'écorce d'environ trente *pieds* de longueur et qui pouvait transporter environ 3 000 *livres* de marchandises.
5. Navette du métier à tisser dont la forme rappelle celle du *canot*.
6. Argot. *Claque* de caoutchouc protégeant la semelle et le talon de la chaussure, plus basse que la *chaloupe*. (surt. O 27-116)

CANT n. m. [#]
Face étroite d'un objet (madrier, brique...), chant. Placer un madrier sur le *cant*, ou de *cant*. [+++]

CANT-DOG, CANNEDOGUE n. m. ou f. (angl. cant-dog) ⊘
Levier à main muni d'un crochet pointu mobile et servant à tourner et à déplacer les billes de bois ; tourne-billes (à pointe ou à griffes), sapi. (surt. E 38-84)
Syn. : **cant-hook**, **peavy**.

CANTÉ, ÉE adj. [#]
Penché. La clôture est *cantée* à quelques endroits, il faudra la redresser.

CANTER v. tr., intr. et pron. [#]
1. Mettre, poser de chant. *Canter* une planche.
Syn. : **encanter** (sens 2).
2. Pencher, ne pas être droit. Cet arbre *cante* trop sur la maison : il faudra l'abattre.
3. Se reposer, faire sa sieste, se coucher pour la nuit. La journée a été très dure, il faut se *canter* de bonne heure.
Syn. : se **camper**.

CANT-HOOK, CANTOUQUE n. m. (angl. cant-hook) ⊘
Levier à mains muni d'un crochet pointu et qui sert à tourner et à déplacer les billes de bois ; tourne-

billes (à pointe ou à griffes), sapi. (surt. O 25-117)
Syn., voir : **cant-dog**, **peavy**.

CANTINE MOBILE n. f.
Camionnette munie d'une boîte avec glacière et cafetière qui, sur le coup du midi et aux heures de pause-café, parcourt un circuit de distribution dans les milieux de travail (garages, chantiers de construction, etc.) pour y servir café, sandwichs et pâtisseries.

CANTINIER, IÈRE n.
Personne qui exploite une *cantine mobile*.

CANTON n. m.
Division territoriale établie dans les domaines de l'État après 1763. Ces divisions, qui ont approximati-vement cent *milles* de surface, soit 25 888 hectares, étaient appelées autrefois *townships* mais s'appellent *cantons* depuis 1864.

CANTOUQUE n. m. (angl. cant-hook) ⊗
Voir : **cant-hook**.

CANUCK, CANUK n. m. (angl. Canuck)
Voir : **cannuck**.

CAOUTCHOUC n. m.
1. Voir : **rondelle** (de hockey).
2. Au pl. Voir : **claque** (sens 1 et 2).

CAP n. m.
1. Rocher nu à fleur de terre, nunatak. Aller aux *bleuets* dans les *caps*. (Lanaudière)
   Syn., voir : **cran**.
2. Vulg. Bout de l'organe de l'étalon.
   Syn., voir : **assiette**.

CAPABLE adj.
Fort, vigoureux, robuste. Le vieux Untel, c'était un homme bien *capable*. [+++]

CAPACITÉ n. f.
1. Santé physique, robustesse. Je n'ai jamais vu un homme d'une telle *capacité*.
2. *Rempli à capacité, à pleine capacité* (angl. filled to capacity) ⊗ : comble, bondé. La salle était *remplie à capacité* quand le feu s'est déclaré.

CAP-BOUDOIR n. m. (angl. boudoir cap) ⊗
Charlotte ou bonnet d'intérieur que portent les femmes pour protéger une mise en plis.
Syn. : **bonnet boudoir**, **bonnet de boudoir**.

CAP-CHATIEN, IENNE n. et adj.
Natif ou habitant de Cap-Chat, en Gaspésie ; de Cap-Chat.

CAPELIN n. m. [#]
Voir : **caplan**.

CAPINE n. f.
Capuche ou coiffure en forme de capuchon. [+++]

CAPITATION n. f.
Don que chaque catholique fait annuellement à son église. Ce mot malheureux qui jadis désignait une taxe infamante a été choisi par l'épiscopat pour remplacer le mot *dîme* qui depuis longtemps avait perdu son sens originel.

CAPLAN, CAPELIN n. m. [#]
Capelan (NOLF).

CAPOT n. m.
1. Vx en fr. Manteau d'hiver de drap ou de fourrure pour homme. La mode des *capots* de fourrure pour hommes est revenue. [+++]
2. Veston de complet.
   Syn., voir : **coat**.
3. Fig. *En avoir plein son capot* : en avoir assez.

4. Fig. *Virer son capot, virer son capot de bord, changer son capot, changer son capot de bord.*
   Voir : **virer** (sens 1).
5. Fig. *Donner le capot à* : renvoyer, congédier, en parlant d'une jeune fille qui congédie un prétendant (*capot* a alors le sens de manteau).
   Syn. : donner sa **portion**, donner la **pelle**, donner son **biscuit**.

CAPOTÉ, ÉE adj.
Qui vit en dehors de la réalité, souvent après absorption de drogue.

CAPOTER v. intr. et pron.
1. Fig. Devenir fou. S'il continue à travailler sans jamais se reposer, il va finir par *capoter*.
   Syn., voir : perdre la **carte**.
2. Argot de prison. *Se capoter* : se suicider.

CAPOTIN n. m.
Ouverture pratiquée au sommet du toit d'une *cabane à sucre* et permettant l'évacuation de la vapeur, cheminée à vapeur.

CAPUCHE n. f.
Sage-femme.
Syn., voir : **matrone**.

CAPUCIN, CAPUCHON n. m.
Jeune phoque à capuchon, d'une espèce autre que celle des *blanchons*.

CAQUICHE, QUAQUICHE n. f.
Dent de lait, quenotte, en langage enfantin.
Syn., voir : **crique**.

CARAMEL n. m.
Fig. C'est le *caramel* sur la crème glacée.
Voir : **cerise sur le sundae**.

CARAQUET n. f.
Variété d'huîtres provenant de huîtrières ou des bancs d'huîtres de Caraquet, dans le nord-est du Nouveau-Brunswick.

CARCAJOU n. m. (amér.)
1. Nom vulgaire de l'animal très rusé qu'est le glouton. [+]
2. Dentaire à deux feuilles. Les rhizomes du *carcajou* sont comestibles et excellents quand ils sont bien marinés. (Lanaudière et Outaouais)
   Syn. : **snakeroot, snicroute**.

CARCAN n. m.
1. Entrave ou tout élément qu'on attache au cou de certains animaux de ferme (moutons, veaux, vaches et taureaux) pour les empêcher de passer à travers les clôtures ou les haies. (O 27-116)
   Syn. : **talbot**.
2. Collier servant à attacher les bêtes dans l'étable. [+++]
3. *Carcan du cou* : clavicule. Se fracturer le *carcan du cou*.
   Syn., voir : **anse du cou**.

CARCASSER v. intr.
Caqueter, en parlant des poules.
Syn., voir : **cacailler**.

CARGUER (SE) v. pron.
Fig. Se tenir droit. Quand le vieux Untel est arrivé à l'église, il *se carguait*.

CARIBOU n. m. (amér.)
1. Renne du Canada. Les Québécois distinguent le *caribou des plaines* (Nord) et le *caribou des bois* (Gaspésie).
2. Boisson domestique constituée de vin coupé d'alcool. [++]
3. Nom d'une liqueur mise sur le marché en 1976 par la Société des alcools du Québec.

4. Alcool de fabrication domestique.
[++]
Syn., voir: **bagosse**.

CARICHETEAU n. m.
Voir: **caristeau**.

CARILLON n. m.
Vx en fr. Bruit, tapage. Faire du
carillon. [+]
Syn., voir: **cabas**.

CARILLONNER v. intr.
Faire du bruit, du tapage. Je n'ai pas
fermé l'œil, les voisins ont *carillonné*
sans arrêt.
Syn., voir: **cabasser**.

CARISTEAU, CARICHETEAU, CANISTEAU
n. m.
Chaussure de peau verte taillée dans
le jarret d'un orignal, ou d'un bœuf.
(acad.)
Syn.: **gaspin**.

CARLETONITE n. f.
Nom d'un nouveau minéral
découvert au mont Saint-Hilaire.

CARNAGE n. m.
Bruit, tapage. Les enfants ont fait
un de ces *carnages* pendant votre
absence! (O 30-100 et acad.)
Syn., voir: **cabas**.

CARNAVALEUR, CARNAVALEUX,
EUSE n.
Participant à un carnaval. Les
carnavaleux ont envahi la ville de
Québec.

CAROTTE n. f.
1. *Carotte à Moreau*: ciculaire
maculée, poison. (O 25-117)
Syn.: **herbe à Moreau, carotte**
sauvage.
2. *Carotte blanche*: panais sauvage.
3. *Carotte d'orignal, carotte à*
orignal: nénuphar à fleurs
panachées.

4. *Carotte sauvage*: ciculaire
maculée, poison.
Syn., voir: **carotte à Moreau**.
5. Vulg. Organe de copulation de
l'homme et de certains
animaux. [+]
Syn., voir: **pine** (sens 5).

CAROUGEOIS, OISE n. et adj.
Natif ou habitant de Cap-Rouge,
près de Québec; de Cap-Rouge.

CARPE n. f.
1. *Carpe à cochon*: nom vulgaire du
catostome noir et du moxostome à
cochon.
Syn.: **carpe noire**.
2. *Carpe allemande, carpe d'Europe,*
carpe cuir, carpe miroir: carpe
(NOLF).
3. *Carpe noire*: nom vulgaire du
catostome noir.
Syn.: **carpe à cochon**.

CARPICHE n. f.
Prendre une carpiche: faire une
culbute, piquer une tête.
Syn., voir: **fouille**.

CARPON n.
Personne en qui on ne peut avoir
confiance. Ne fréquente pas ce
garçon, c'est un *carpon*.

CARPONNAGE n. m.
Action de *carponner*.

CARPONNER v. tr.
Chasser ou pêcher sans permis ou
avec des engins prohibés, braconner.
Il paraît que l'on *carponne* beaucoup
dans le parc des Laurentides.
Syn.: **poacher**.

CARPONNEUR, CARPONNIER n.
Personne qui *carponne*, qui aime
carponner, braconnier. Les formes
féminines de ces deux mots
n'existent pas encore.
Syn.: **poacheux**.

CARRÉ n. m.
1. Partie de la grange où l'on tasse le foin, les gerbes. (O 27-116 et acad.)
   Syn.: **quartelle, tasserie**.
2. Marelle. Jouer au *carré*.
   Syn.: **carreau, hopscotch, paradis**.
3. (Angl. square) ◨. Place dans une ville. Le *carré* Saint-Louis à Montréal.

CARRÉ adv.
Directement. On place la marmite *carré* sur le feu.

CARREAU n. m.
1. Marelle. Jouer au *carreau*. [++]
   Syn., voir: **carré**.
2. *Carreau de lard*: gros morceau de lard.
   Syn.: **brique de lard**.

CARREAUTÉ adj.
1. À carreaux, en parlant d'un tissu, d'une étoffe. Porter une chemise *carreautée* pour aller à la chasse. [+++]
2. Quadrillé, en parlant d'une feuille de papier, d'un parquet, etc.
3. Voir: **tarte carreautée**.
4. *Broche carreautée*: grillage à carreaux qui, avec le fil de fer barbelé a remplacé petit à petit les anciennes clôtures de perches.

CARRER (SE) v. pron.
Vx en fr. Prendre une attitude de satisfaction, de béatitude. Quand on le voit *se carrer* dans son fauteuil berçant, on le croirait millionnaire ou premier ministre.

CARRIAGE n. m. (angl. carriage) ◨
Voir: **chariot de la fourche mécanique**.

CARRIOLE n. f.
Traîneau d'hiver sur patins bas et pleins, avec sièges fixes dont l'un, genre strapontin, était réservé au conducteur. [+++]

CARROSSE n. m.
Voiture d'enfant à caisse suspendue, landau. [+++]

CARTE n. f.
Vx en fr. *Perdre la carte*: déraisonner, tenir des propos dépourvus de sens, devenir fou. (O 30-100)
Syn.: **capoter, dépelotonner, écarder**, perdre le **nord**.

CARTON n. m.
1. Caisse. Un *carton* de coca-cola (six bouteilles).
2. *Carton d'allumettes*: pochette d'allumettes.
   Syn.: **allumettes en peigne, peigne d'allumettes**.

CARTOON n. m. (angl. cartoon) ◨
Cartouche. Un *cartoon* de cigarettes.

CARVELLE n. f.
1. *Mar.* Gros clou forgé à tige et à tête carrées utilisé autrefois par les charpentiers.
2. Clou carré servant à fixer les rails aux traverses d'une voie ferrée.
   Syn.: **spike**.
3. Dent de herse en fer, quelquefois en bois.

CAS n. m.
[#] *Par cas*: par hasard. Si *par cas* il pleut, nous n'irons pas pique-niquer.

CASHEW, CACHOU n. f. (angl. cashew) ◨
Cajou. Acheter une boîte de *cachous*.

CASIER POSTAL n. m. [#]
Case, boîte postale. En français, un casier est un ensemble de cases.

CASQUE n. m.
1. Terme générique désignant toute espèce de coiffure d'homme. En

entrant dans une maison, on enlève son *casque*. [+++]
Syn.: **calotte, caluron**.

2. *Casque de poil, casque en poil*: toque de fourrure. [+++]
Syn.: **tuque** (sens 2).
3. *Casque de bain*: bonnet de bain.
4. *Casque de joueur de hockey*: masque.
5. Fig. *Gros casque*: personne importante, gros bonnet.
Syn., voir: **big bug**.
6. Fig. *En avoir plein son casque, plein le casque*: en avoir par-dessus la tête, en avoir ras le bol, en avoir assez.
Syn.: **voyage**.

CASSÉ n. m.
Rupture de pente brusque mais de faible dénivellation. La rivière Ouareau a des *cassés* à plusieurs endroits.

CASSÉ, ÉE adj.
1. Sans le sou, démuni, fauché. Untel, il est toujours *cassé*. [+++]
Syn.: **ras**.
2. *Cassé comme un clou*: vraiment sans le sou.

CASSEAU, CASSOT n. m.
1. Emballage à claire-voie en bois ou en plastique servant au transport des fruits (cerises, fraises, framboises, etc.).
2. *Casseau, casseau d'écorce*: contenant d'écorce de bouleau servant autrefois à différents usages dont la cueillette de la sève de l'érable. [+++]
3. Tout contenant de fer-blanc ou même de verre pour liquides.
4. Fig. *Maigre comme un casseau*: très maigre, en parlant d'une personne.

CASSE-CROÛTE n. m.
Restaurant où l'on sert des repas rapides, snack-bar.

CASSE-CUL n. m. [+]
Voir: **véloneige traditionnel**.

CASSE-GUEULE n. m.
1. Mors à gourmette de la bride du cheval. (O 8-134)
2. Casse-nez pour maîtriser un cheval indocile. (O 8-134)
Syn., voir: **mouchettes**.

CASSER v. tr. ou intr.
1. Écorcher, baragouiner une langue. *Casser* (angl. to break 🚫) le français.
2. *Casser un billet* de banque (angl. to break) 🚫 : changer pour de petites tranches ou de la menue monnaie. *Casser* un billet de vingt dollars, un billet de un dollar.
3. Labourer un terrain, une pièce de terre pour la première fois.
4. Cueillir. *Casser* des pommes, des pois, des tomates, du maïs. (E 36-86)
Syn.: **trier**.
5. Moudre grossièrement. Donner de l'avoine *cassée* à un vieux cheval dont les dents sont usées. [+++]
Syn., voir: **rouler**.
6. Cesser de se fréquenter en parlant d'amoureux. Paul et Marie ont *cassé* (angl. to break 🚫) il y a un mois. [+++]
7. *Casser un chemin*: ouvrir, tracer un chemin dans la neige l'hiver.
Syn.: **battre un chemin**.
8. *Casser maison* (angl. to break) 🚫:
a) Cesser de tenir maison. [+++]
Syn.: **fermer maison, lâcher de tenir maison**.

b) Divorcer, se séparer.

9. *Casser son bouton.*
   Voir : **lacordaire** ou **jeanne d'Arc.**

10. *À tout casser* : très, beaucoup. Faire chaud, faire froid *à tout casser.*

11. Fig. *Se casser une jambe* : devenir enceinte, en parlant d'une jeune fille.
    Syn., voir : se faire **attraper.**

CASSEROLE n. f.

1. Grande bassine servant à faire réduire la sève de l'érable.

2. Boîte à cendre placée sous le feu du poêle à bois, cendrier.
   Syn., voir : **cendrière.**

3. Moule à pain. [+++]
   Syn., voir : **tôle.**

4. La Grande Ourse.
   Syn., voir : **Chaudron.**

CASSE-TÊTE, CASSE-TÊTE CHINOIS
n. m.

Jeu de patience composé d'éléments à assembler, appelé puzzle en anglais et en français. [+++]

CASSEUSE n. f.

Charrue employée pour le défoncement des terres, défonceuse.

CASSEVEL, ELLE adj.

1. Délicat, faible de santé, frêle. Un enfant *cassevel.* [+]
   Syn. : **casuel, catéreux.**

2. Cassant, fragile. Un verre de mauvaise qualité est très *cassevel.*

CASSOT n. m. [#]

Voir : **casseau.**

CASTILLE n. f. (angl. cast steel) ⊠
Acier trempé. Les meilleurs marteaux sont en *castille.*

CASTILLON n. m.

Nom vulgaire du saumon mâle âgé de moins de cinq ans.
Syn. : **madelineau.**

CASTONGUETTE n. f.

1. Imprimante servant aux médecins pour la facturation des comptes de l'assurance-maladie. Mot dérivé de Castonguay, ministre qui instaura l'assurance-maladie.

2. Carte d'assurance-maladie en usage au Québec.

CASTOR n. m.

1. Voir : **foin de castor.**

2. Voir : **huile de castor.**

3. Voir : **prairie de castor.**

4. Fig. Élève zélé, appliqué, modèle.

5. Fig. Surnom péjoratif donné autrefois aux *conservateurs* du Québec.

6. Fig. *Être castor* : être effronté, avoir du front.

CASUEL, UELLE adj.

Voir : **cassevel.**

CATALOGNE n. f.

Étoffe faite de retailles de tissus de coton ou de laine de différentes couleurs et dont on faisait des tapis servant à recouvrir les planchers des pièces peu fréquentées comme le salon. Occasionnellement, on en faisait des couvertures ou mieux des couvre-pieds. [+++]

CATAPLASME n. m.

Fig. *C'est un cataplasme sur une jambe de bois* : ce qu'on fait pour remédier à une situation est tout à fait inutile.

CATAU, CATEAU n. f.

1. Péjor. Femme malpropre, négligée, mal habillée. (E 34-91)
   Syn., voir : **souillon.**

2. *Être atriquée, attifée, habillée comme Catau* : être mal mise,

habillée sans goût (toujours en parlant d'une femme).

CATCH n. m. (angl. catch) ⊘
Pièce de fer mobile (loquet, clenchette ou pêne) maintenant une porte fermée ou maintenant en prise un mécanisme.

CATCHER v. intr. (angl. to catch) ⊘
Fig. Comprendre vite. Quand on lui explique quelque chose, il *catche* tout de suite. [++]
Syn.: **clencher** (sens 4).

CATÉCHISME n. m.
Marcher au catéchisme: aller au catéchisme. Jusque vers 1950, le printemps, tous les enfants d'environ 10 ans quittaient l'école pour un mois au cours duquel le curé et le vicaire les préparaient, d'une façon intensive, à leur communion solennelle.

CATÉREUX, EUSE adj.
Maladif, faible, de faible constitution, en parlant d'une personne ou d'un animal.
Syn., voir: **cassevel**.

CATHERINE n. f.
1. À la scierie, scie à refendre. (Beauce)
2. Pot de chambre d'une bonne contenance avec couvercle et anse.
   Syn.: **chaudière, jacqueline, ours**.
3. Voir: **catherinette**.
4. Voir: **sainte-catherine**.

CATHERINETTE n. f.
Ronce pubescente vivace dont le fruit a une certaine ressemblance avec les framboises. [+++]
Syn.: **catherine**.

CATICHE n. m. et adj.
Péjor. Garçon qui a des goûts de petite fille, qui s'amuse aux jeux des petites filles. (O 30-100)
Syn.: **calin-fillette, catinet, catineur, fifi, fillette, garçonnette, Jean-fillette, menette**.

CATIN n. f.
1. Rég. en fr. Poupée. Toutes les petites filles adorent avoir une *catin*. [+++]
2. Doigtier, pansement à un doigt malade. [+++]
   Syn.: **calot, doyon**.
3. Agitateur de la machine à laver le linge.
   Syn., voir: **dévidoir** (sens 3).
4. Foreuse utilisée dans les mines.
5. Poteau fixé aux bouts des sommiers du *bobsleigh* ou de la fourragère.
   Syn., voir: **épée**.

CATINAGE n. m.
Action de *catiner*.

CATINER v. tr. et intr.
1. Dorloter, gâter. Ses parents ont passé leur temps à *catiner* leur unique fils. (surt. O 34-91)
   Syn.: **dodicher**.
2. Jouer à la poupée, en parlant d'une petite fille ou d'un petit garçon.
3. Utiliser une foreuse ou *catin*, en parlant des mineurs.

CATINET, CATINEUR n. m. et adj.
Péjor. Petit garçon qui aime jouer à la poupée, à la *catin*, qui a des goûts de petite fille.
Syn., voir: **catiche**.

CAUCUS n. m. (angl. caucus)
Réunion à huis clos des députés ou de la direction d'un parti politique. Les journalistes sont toujours à

l'affût et cherchent à savoir ce qui a été dit ou décidé lors d'un *caucus*.

CAUSAPSCALIEN, IENNE n. et adj.
Natif ou habitant de Causapscal, dans la Matapédia ; de Causapscal.

CAUSE n. f.
1. [#] *À cause ?*, *d'à cause ?* : pourquoi. Tu n'étais pas là hier ; *à cause ?*
2. Vx en fr. *À cause que* : parce que. Il ne sort pas *à cause qu*'il a un gros rhume.

CAVALIER n. m.
Vx ou rég. en fr. Amoureux, qui fréquente sérieusement une jeune fille. [+++]
Syn. : **amant**, **chum** (sens 2), **faraud**, **galant**.

CAVE n. et adj.
Demeuré, retardé intellectuellement. [+++]

CAVEAU, CAVREAU n. m.
1. Réduit pratiqué sous un escalier d'une habitation.
2. Cave extérieure creusée à flanc de coteau où l'on conserve les légumes.
3. Cave ou partie de la cave d'une maison où l'on conserve les légumes.
4. Dans la maison, endroit où l'on range le bois à brûler pendant un jour ou deux, à proximité du poêle. (E 24-123)
Syn. : **boîte à bois**, **cabaneau**, **coin à bois**, **trou à bois**.

CAVÈCHE n. f.
Voir : **chavèche**.

CAYE n. f.
Rocher à fleur d'eau dangereux pour la navigation. (E 40-84)
Syn. : **couillon**.

CAYEN, ENNE n. et adj.
1. Gentilé. Acadien en général.
2. Gentilé. Natif ou habitant du Havre-Saint-Pierre, sur la Côte-Nord ; du Havre-Saint-Pierre.

CAYOUSSE n. m. (angl. cayuse) ◙
Voir : **cayuse**.

CAYUSE, CAYOUSSE n. m. (angl. cayuse) ◙
1. Cheval dégénéré élevé par les Métis de l'Ouest du Canada.
2. Cheval sauvage de l'Ouest du Canada.
Syn., voir : **bronco**.

CAZAGOT n. m. (amér.)
Porte-bébé ressemblant à un sac à dos et dans lequel les Amérindiennes transportent leur nourrisson.
Syn., voir : **porte-papoose**.

C.B. (angl. citizens' band) ◙
Voir : **cibi**.

CÈDRE n. m.
1. Thuya occidental. Le *cèdre* a un bois odorant et léger, réfractaire à la pourriture. [+++]
Syn. : **balai**.
2. *Cèdre rouge* : genévrier de Virginie. [+++]

CÉDRIÈRE n. f.
Rég. en fr. Terrain où poussent des *cèdres* ou thuyas (ROLF).

CÉDULE n. f. (angl. schedule) ◙
Indicateur, liste, horaire, calendrier, emploi du temps. La *cédule* d'une saison de hockey, c'est le calendrier.

CÉGEP n. m.
Sigle. *Collège d'enseignement général et professionnel*, dont le niveau se situe entre le secondaire et l'université.

CÉGÉPIEN, IENNE n. et adj.
Élève qui fréquente un *cégep*. Les activités *cégépiennes* sont très suivies par les *cégépiens*.

CEINTURE n. f.
Entretoise ou pièce de bois qui, dans une charpente, maintient un écartement fixe entre deux poteaux.
Syn., voir: **filière** (sens 2).

CEINTURE FLÉCHÉE n. f.
Ceinture de laine tressée, longue et large, à fond rouge et à motifs multicolores en forme de flèches, portée l'hiver pour serrer le manteau.
Voir: **fléché**.

CENDRIÈRE n. f.
Boîte à cendre placée sous le feu du poêle à bois, cendrier.
Syn.: **boîte, casserole, gamelle, lèchefrite, pan, plat, tiroir, tôle**.

CENDRILLON, CENDRILLOUX n. et adj.
Vx en fr. Malpropre, surtout en parlant des femmes.
Syn., voir: **souillon**.

CENELLE n. f.
Aubépine commune, l'arbuste lui-même. Arracher ou couper les *cenelles* qui poussent le long des clôtures.
Syn.: **cenellier**.

CENELLIER n. m.
Rég. en fr. Aubépine commune dont le fruit est la cenelle. [+++]
Syn.: **cenelle**.

CENNE, CENT n. f. (angl. cent)
1. Cent ou centième partie du dollar canadien.
Syn.: **centin, sou**.
2. *Ne pas valoir une cenne, cinq cennes*:
a) N'être d'aucune valeur, être de mauvaise qualité, en parlant d'une marchandise.
Syn.: **guedine**.
b) Fig. Être faible, ne pas avoir de résistance, ne pas savoir travailler, en parlant d'une personne.
Syn.: **chique, token, tôle, trente-sous**.
3. *Cenne noire, grosse cenne noire*: allusion aux pièces de cuivre d'un cent, plus grosses que nos 25 cents et remplacées depuis 1922 par les *cents* actuels, beaucoup plus petits.

CENT n. m.
1. *Un cent de farine*: un sac de farine de cent *livres*.
2. *Un cent de poireaux*: une botte de cent poireaux.

CENTER JAM n. f. (angl. jam) ⊘
Voir: **jam**.

CENTIN n. m.
Appellation de plus en plus rare du *cent*, centième partie du dollar.
Syn., voir: **cenne**.

CENTRE COMMERCIAL n. f.
Groupe de magasins de détail, qui peut comprendre généralement un ou plusieurs magasins à grande surface et divers services (poste, banques, etc.), occupant un ensemble de bâtiments donnant sur un stationnement dans une zone urbaine ou à proximité d'une ville (NOLF).
Syn.: **centre d'achats** ⊘ .

CENTRE D'ACHATS n. m. (angl. shopping center) ⊘
Voir: **centre commercial**.

CENTRIFUGE n. m. [#]
Écrémeuse ou machine servant à séparer la matière grasse du lait

pour obtenir la crème. [++]
Syn. : **séparateur**.

CERCLE n. m.
1. Voir : **corbillard**.
2. *Cercle du cou* : clavicule. Se fracturer le *cercle du cou*. Syn., voir : **anse du cou**.
3. *Cercle des fermières* : à la campagne, association de femmes de cultivateurs s'adonnant à certaines activités : filage, tissage, tricot, couture.

CÉRÉMONIE n. f.
Parler en cérémonie.
Voir : parler en **termes**.

CERISE n. f.
1. *Cerises, cerises à grappes* : les fruits du cerisier de Virginie. [+++]
2. *Cerise-à-grappier* : cerisier de Virginie produisant des *cerises* ou *cerises à grappes*. [+++]
3. *Cerise d'automne* : fruit du *cerisier à grappes* tardif.
4. *Cerise d'habitant* : fruit du *cerisier à grappes* ou cerisier de Virginie. Voir : **habitant**.
5. *Cerise de France, cerise de jardin* : cerises par opposition aux cerises indigènes qui sont à grappes.
6. *Cerise de Maskinongé* : variété de cerises à grappes produites par le cerisier de Virginie.
7. *Cerises sauvages* : cerises indigènes à grappes, par opposition aux cerises appelées ici *cerises de France, cerises de jardin*.
8. Fig. *C'est la cerise sur le sundae* : c'est le coup de fion, le cachet final, le détail, l'ornement qui met le point final à quelqu'un, à quelque chose. Par antiphrase :

c'est le bouquet, la gaffe à éviter. Syn. : **caramel**.
9. Fig. et vulg. Virginité.
a) Avoir sa *cerise*, perdre sa *cerise*. Syn. : **fraise**.
b) *Péter, faire perdre la cerise à* : dépuceler. Syn., voir : **dévierger**.

CERISIER n. m.
1. Cerisier de Virginie. Syn. : **cerisier à grappes, cerisier sauvage**.
2. *Cerisier à grappes* : cerisier de Virginie produisant des *cerises* poussant en grappes. Syn. : **cerisier sauvage**.
3. *Cerisier d'automne* : cerisier tardif.
4. *Cerisier de France* : cerisier, par opposition au *cerisier à grappes* qui est indigène. [+++]
5. *Cerisier de Maskinongé* : variété de *cerisier à grappes* créée à Maskinongé au Québec.
6. *Cerisier sauvage* : cerisier de Virginie produisant des *cerises* poussant en grappes. Syn. : **cerisier à grappes**.

CERNE n. m.
Halo solaire.

CERNÉ, ÉE adj.
Se dit d'un arbre dont le pied, sous l'effet du soleil printanier, a été dégagé de la neige. Quand les arbres sont *cernés*, c'est vraiment le printemps.

CERTAIN adv.
Sûrement, certainement. Il est chez lui *certain*, je l'ai vu il y a peu de temps.

CÉSAIN n. m.
1. Morceau de cuir qui constitue le dessus du soulier. (acad.)
2. Fig. *Frotter le césain* : danser. Ils ont *frotté le césain* toute la nuit. (acad.)

CHACOTE n. f.
Dispute, querelle. Avoir une *chacote* avec un voisin. (acad.)
Syn. : **plea**.

CHACOTER v. tr. et pron.
1. Tailler un morceau de bois avec un canif ou un couteau. (acad.)
Syn., voir : **gosser** (sens 1).
2. Fig. Taquiner, agacer. (acad.)

CHACULOT n. m.
Dernier-né d'une famille.
Syn., voir : **chienculot**.

CHACUN, UNE pron. ind.
Vx en fr. *Un chacun, tout un chacun, tout à chacun* : chacun, n'importe qui. On n'ouvre pas sa porte à *un chacun*.

CHADRON n. m. [#]
Chardon des champs. [+++]
Syn. : **chadronnet, chardonnet, chardron, chardronnet, chaudron**.

CHADRONNET n. m. [#]
1. Chardon des champs.
Syn., voir : **chadron**.
2. Oiseau. Chardonneret des pins.

CHAFAUD, ÉCHAFAUD n. m.
Construction sur pilotis, au bord de la mer, où se fait l'habillage de la morue. (E 7-142)
Syn. : **chef-d'œuvre**.

CHAGAGNAC adj.
1. Indécis, menaçant, en parlant du temps. (acad.)

2. Fatigué. Je me sens *chagagnac* aujourd'hui. (acad.)
Syn., voir : **resté**.

CHAGRINER (SE) v. pron.
Se couvrir, en parlant du ciel. Le temps *se chagrine*, il va pleuvoir. [+++]
Syn. : **charger, crotter, encrasser, graisser, morpionner, salir**.

CHAÎNE n. f.
1. *Chaîne de lacs* : chapelet, enfilade de lacs communiquant les uns avec les autres.
2. *Chaîne de roches* : de chaque côté du Saint-Laurent, enfilade de roches déposées par les glaçons de chaque côté du chenal, à peu de profondeur, souvent invisibles à marée haute.
3. *Chaîne du trottoir* : bordure de béton ou de pierre de taille qui marque le dénivellement entre le niveau de la chaussée et celui du trottoir. L'auto a heurté la *chaîne du trottoir*.

CHAÎNER v. tr.
Traîner à l'aide d'une chaîne des billes de bois depuis l'endroit où elles ont été coupées jusqu'à l'endroit où on les empile, débusquer. [+++]
Syn., voir : **haler**.

CHAIN-SAW n. f. (angl. chain saw) ⊘
Tronçonneuse.
Syn. : **perdrix, scie à chaîne**.

CHAIRANT, ANTE adj.
Qui a de l'embonpoint, qui est bien fourni de chair. Préférer une femme *chairante* à une femme maigre.
Syn. : **chairu, chaireux, viandé, viandeux, viandu**.

CHAIREUX, EUSE adj.
1. Gras, en parlant des poissons. De la morue *chaireuse*. (acad.)

2. Qui a de l'embonpoint, en parlant d'une personne.
Syn., voir : **chairant**.

CHAIRU, UE adj.
Voir : **chairant**.

CHAISE n. f.
1. [#] Chaire. Le curé ne monte pas toujours en *chaise* pour faire son sermon. [+]
2. *Chaise à roulettes* : siège à bascule, avec ou sans bras. (acad.)
Syn. : **berçante, berceuse, chaise berçante, chaise berceuse**.
3. *Chaise à trou* : chaise percée d'autrefois.
4. *Chaise berçante* : siège à bascule, avec ou sans bras.
Syn., voir : **chaise à roulettes**.
5. *Chaise berceuse* : siège à bascule, avec ou sans bras.
Syn., voir : **chaise à roulettes**.
6. *Chaise de barbier* (angl. barber chair) ⊘ : éclat de bois qui reste quelquefois sur la souche d'un arbre abattu, faute par le bûcheron de n'avoir pas fait l'entaille assez profonde du côté où l'arbre devait tomber, lardoire. Cet éclat de bois fait penser par sa forme à une *chaise de barbier* ou à une porte cintrée d'église.
Syn. : **porte d'église**.
7. *Chaise de parterre* : chaise de jardin.
8. *Chaise renversée, Chaise* : la Grande Ourse.
Syn., voir : **Chaudron**.
9. *Petite Chaise, Petite Chaise renversée* : la Petite Ourse.
Syn., voir : **Cuiller, Cuiller à pot, Dippeur**.

10. *Chaise roulante* (angl. wheel chair) ⊘ : fauteuil roulant (ce siège ayant toujours des bras).

CHALAND n. m.
Bac de fonte rectangulaire, monté sur un fourneau en pierre et servant à faire bouillir la sève de l'érable. Le *chaland* a succédé au *chaudron* (sens 2) et a été remplacé par l'*évaporateur*. (Lanaudière)

CHÂLE DU PAYS n. m.
Voir : **pays**.

CHALET n. m.
Maison de campagne, souvent construite sur pilotis près d'un lac ou d'une rivière et utilisée pendant la belle saison. [+++]
Syn. : **camp, camp d'été**.

CHALIN n. m. ; **CHALINE** n. f.
Éclair de chaleur. Il y a des *chalins* ou du *chalin*. (acad.)

CHALINER v. impers.
Faire des éclairs de chaleur. Le temps est très humide, il *a chaliné* toute la nuit. (acad.)

CHALOT, OTE adj.
Légèrement ivre.
Syn., voir : **chaudaille**.

CHALOUPE n. f.
1. Embarcation de pêcheur à rames, non pontée et à fond plat, petite barque.
2. Argot. *Claque* de caoutchouc protégeant tout le soulier contre la pluie et l'humidité, plus haute que le *canot*. (O 34-91)

CHALOUPÉ, ÉE p. adj.
Fig. Dérangé, détraqué, dont le cerveau est troublé.
Syn., voir : **écarté**.

CHALOUPEUX, EUSE adj.
Fig. Accidenté, en parlant d'un chemin, d'une route.

CHALOUPIER n. m.
Fabricant de chaloupes.

CHALUMEAU n. m.
1. Tuyau court fixé à l'érable et qui permet à la sève sucrée de couler dans un récipient. Le *chalumeau* a depuis longtemps remplacé les *goudrelles*.
   Syn. : **coin, coulisse, goudrelle, goudrille, gouge.**
2. Lampe du genre bec-de-corbeau, utilisant l'huile de foie de morue comme combustible.
   Syn. : **corneille.**

CHAMBLYEN, ENNE ; CHAMBLYSARD, ARDE n. et adj.
Natif ou habitant de Chambly, en Montérégie ; de Chambly.

CHAMBRANLE n. m.
Maladie du cheval résultant d'une intoxication par la prêle des champs.

CHAMBRANLER v. intr.
Tituber après avoir trop bu, marcher en zigzagant, chanceler. [+]
Syn. : **tricoler.**

CHAMBRE n. f.
Bureau (angl. room) ◙ . La *chambre* du professeur X est au pavillon des Sciences, au numéro 3222.

CHAMBRE n. f.
1. La chambre à coucher réservée aux visiteurs s'appelle : *chambre à visite, chambre blanche, bleue* ou *rose, chambre d'amis, chambre de l'évêque, chambre de loose* (angl. loose ◙), *chambre de relais, chambre de réserve, chambre de visite, chambre des étrangers, chambre des invités,*

chambre des maîtresses d'école, chambre des messieurs, chambre des promeneurs, chambre des visiteurs, chambre du fond, chambre du père (prêtre), *chambre du shérif.*
2. *Grand-chambre* : chambre mieux meublée que les autres et que l'on donne aux visiteurs.
3. *Chambre de bain* (angl. bathroom) ◙ : salle de bain, les toilettes.

CHAMBRÉ, ÉE adj.
1. *Neige chambrée* : neige printanière recouverte d'une mince pellicule de glace et qui fond sous l'effet des rayons du soleil. [+]
2. *Glace chambrée* : glace qui sous l'effet des rayons du soleil se désagrège par l'intérieur. [+]

CHAMBRER 1 v. intr.
Fondre en se désagrégeant de l'intérieur, en parlant de la neige ou de la glace le printemps.

CHAMBRER 2 v. intr.
1. (Angl. to room) ◙ . Occuper une chambre louée chez un particulier. Au lieu d'aller à l'hôtel, il *chambre* près de son travail.
   Syn. : **pensionner.**
2. *Donner à chambrer* (angl. to room) ◙ : offrir en location une chambre garnie, en parlant d'un particulier qui loue des chambres.

CHAMBREUR, EUSE n.
Locataire d'une chambre chez un particulier. Il y a beaucoup de *chambreurs* dans ce quartier du centre-ville.

CHAMOISER v. tr.
Fig. Taquiner, importuner. Arrête

donc de *chamoiser* ta petite sœur.
(acad.)
Syn., voir : **attiner**.

CHAMOISEUX, EUSE n. et adj.
Fig. Taquin, importun. (acad.)

CHAMPAGNE n. m.
Champagne du pauvre : bière
(ironiquement).

CHAMPAGNETTE n. f.
1. Variété de vin blanc aux fruits de
fabrication canadienne.
2. Cidre peu alcoolisé vendu dans
les épiceries.

CHAMP DE MARS n. m.
1. À Montréal, lieu de promenade,
de rencontre qui se veut
l'équivalent de la *terrasse
Dufferin* de Québec.
2. Fig. *Avoir déjà vu le Champ de
Mars* : ne pas être naïf, ne pas être
né de la dernière pluie.
Syn. : avoir déjà vu passer les
chars, les **gros chars**, avoir
navigué.

CHAMPION n. m.
Évaporateur servant à la fabrication
du sirop d'érable. Marque de
fabrique.

**CHAMPLURE, CHAMPLEURE,
CHANTEPLEURE** n. f.
1. Robinet. Fermer, ouvrir la
champlure. [+++]
Syn. : **aqueduc**, **fausset**, **robin**.
2. Fig. Intempérance, l'un des trois
péchés traditionnels, *champlure*
(intempérance) rimant avec
créature (luxure) et *sacrure*
(blasphème).

CHAMPOUNE n. f.
Raclée, volée de coups. Son père lui a
donné une de ces *champounes* !

CHANCER v. intr.
Avoir de la chance, de la veine. On a
pêché toute la journée et on n'a pas
chancé, ça n'a pas mordu.

CHANCEUX, EUSE adj.
Qui porte chance. Ne pas garder ses
vieux parents chez soi n'est pas
chanceux.

CHANCRE n. m.
Crabe. Faire bouillir les *chancres*
comme les homards avant de les
manger. (acad.)

CHANDELEUR n. f.
Voir : **courir la chandeleur**.

CHANDELIER n. m.
Moule à chandelles.

CHANDELLE n. f.
1. Étai placé verticalement pour
soutenir une poutre.
2. Stalactite de glace qui pend des
toits l'hiver. [++]
Syn. : **glaçon**.
3. Morve épaisse. Cet enfant a
toujours des *chandelles* au nez. [+]
4. *En chandelle* : à moitié
désagrégée par l'action du soleil
printanier, en parlant de la neige
ou de la glace. [++]
Syn. : **chambré**.
5. *Chandelle du pays*.
Voir : **pays**.

CHANGE n. m.
1. Vêtement de rechange. Apporter
un *change* pour le cas où l'on se
ferait mouiller.
2. *Change pour change* : troc pour
troc.

CHANGE, PETIT CHANGE n. m (angl.
change) ⊘
1. Monnaie ou petite coupure.
Demander du *change* pour vingt-
cinq cents, pour dix dollars.

2. Fig. *Prendre tout son change,*
prendre tout son petit change :
devoir utiliser toutes ses forces.
Ça lui *prend tout son change* pour
lever cent kilos.
Syn. : Prendre toute sa petite
monnaie.

CHANGER v. tr.
1. *Changer son capot, son capot de*
bord.
Voir : **virer.**
2. Vulg. *Changer d'eau, changer son*
poisson d'eau (loc. verb.) : uriner.
Excusez-le une minute, il va
changer son poisson d'eau.
Syn., voir : **lâcher de l'eau.**

CHANTEAU, CHATEAU n. m.
1. [#] *Chanteau de chaise* : arceau,
patin d'un siège à bascule.
(E 27-116)
Syn., voir : **berce.**
2. Vx ou rég. en fr. *Chanteau de*
pain : gros morceau de pain,
quignon.
Syn., voir : **chignon de pain.**

CHANTECLERC n. f.
Variété de poule.

CHANTEPLEURE n. f.
Voir : **champlure.**

CHANTER v. tr.
1. *Chanter la pomme* : essayer
d'amadouer une femme, lui conter
fleurette, lui faire la cour.
2. *Chanter le coq* : crier victoire.

CHANTEUR DE POMME n. m.
Volage, flirt, en parlant d'un
homme. Les jeunes filles devraient
se méfier des *chanteurs de pomme* ;
la forme féminine n'existe pas
encore.
Syn. : **effaré, joueur de violon.**

CHANTIER n. m.
1. Morceau de fer ou bûche qu'on
utilise en guise de chenêts.
2. Habitation rudimentaire en bois
rond, pour bûcherons et forestiers.
Syn. : **camp** (sens 1).
3. Exploitation forestière. Ouvrier
en *chantier* : en forêt. D'où *ouvrir*
un chantier, faire chantier,
monter aux chantiers, monter
dans les chantiers, aller aux
chantiers, aller dans les
chantiers, partir pour les
chantiers, travailler dans les
chantiers.

CHAOUIN n. m. [#]
Grand-duc de Virginie.
Syn., voir : **chat-huant.**

CHAPEAU n. m.
1. Bâtiment adossé à une grange et
servant de hangar, de remise.
Syn., voir : **appent.**
2. *Faire, réussir le tour du chapeau*
(angl. hat trick) ◙ .
Voir : **tour du chapeau.**
3. *Parler à travers son chapeau*
(angl. to speak through one's
hat) ◙ : parler à tort et à travers,
sans connaissance de cause. [+++]
4. *Passer le chapeau* :
a) Faire la quête à l'église.
b) Dans une assemblée, recueillir
de l'argent.
Syn., voir : **assiette.**

CHAPELET n. m.
Chapelet en bardeau.
Voir : **bardeau** (sens 4).

CHAPITRE n. m.
Réprimande, verte semonce. Il a reçu
un de ces *chapitres* ! [++]
Syn., voir : **call-down.**

CHAR n. m.
1. Wagon de chemin de fer. [+++]

2. Au pl. Le train. Ça faisait trois ans qu'il n'avait pas pris les *chars*. [+++]
3. [#] Automobile.
   Syn. : **machine**.
4. Fig. *Avoir déjà vu passer les chars, les gros chars* : ne pas être naïf, ne pas être né de la dernière pluie.
   Syn., voir : avoir déjà vu le **Champ de Mars**.
5. Fig. *Ne pas être les chars* : ne pas être extraordinaire. Le paletot qu'il s'est acheté, *ce n'est pas les chars* ; cette fille, *ce n'est pas les chars*.
6. *Un char pis une barge* : beaucoup. De la marchandise à vendre, il y en a *un char pis une barge*.
7. Voir : **chariot de la fourche mécanique**.

CHARCOIS, CHARCOT n. m.
   Carcasse de phoque. (acad.)

CHARDON ANGLAIS n. m.
   Chardon rouge.

CHARDONNET, CHARDRON, CHARDRONNET n. m. [#]
   Chardon des champs.
   Syn., voir : **chadron**.

CHARGE n. f.
1. Dans un chapelet de lacs, cours d'eau par lequel un lac reçoit le surplus d'eau d'un autre lac ; la *charge* est opposée à la *décharge* par laquelle s'écoule le surplus d'eau d'un lac.
   Syn. : **recharge**.
2. *À morte charge* : à charge maximale, voire excessive. Le camion était chargé *à morte charge*.

CHARGEANT, ANTE adj.
   Lourd, indigeste. Le rôti de porc, c'est bon mais c'est *chargeant*.

CHARGER v. tr. (angl. to charge) ⊘
1. Porter, inscrire au compte d'un client qui achète à crédit.
2. Demander. Ce médecin *charge* dix dollars par visite.
3. *Charges renversées* : frais virés. Appel téléphonique à *charges renversées*.

CHARGER (SE) v. pron.
   Voir : se **chagriner**.

CHARGEUR n. m. ; **CHARGEUSE** n. f.
   Machine agricole servant à monter dans la fourragère le foin déjà en andains.

CHARIOT n. m.
1. Nom donné par les navigateurs au courant très fort qui passe au milieu du chenal du Saint-Laurent en aval de Tadoussac.
   Syn. : **taureau**.
2. *Chariot de la fourche mécanique* : chariot roulant sur un rail fixé au faîte d'une grange et servant au déchargement du foin, de la voiture à la tasserie. (E 30-99)
   Syn. : **char, truck**.
3. Corbillard. Autrefois, le *chariot* était tiré par des chevaux.

CHARIVARI n. m.
   Vx en fr. Manifestation bruyante faite à l'occasion d'un mariage peu conventionnel (veufs de fraîche date, personnes âgées, couple ayant une grande différence d'âge) ou à l'occasion d'un *enterrement de vie de garçon*. [+++]

CHARLEMAGNE n. m.
   Variété de jeu de cartes.

CHARLOT n. m.
Alcool de fabrication domestique.
Syn., voir : **bagosse**.

CHARNIER n. m. ; **CHARNIÈRE** n. f.
Petite construction le plus souvent
en pierre, sise dans le cimetière, près
de l'entrée et dans laquelle on
rangeait les cercueils pendant
l'hiver lorsque la terre était gelée. Le
printemps venu, on creusait les
fosses et on vidait le charnier. [+++]

CHAROGNARD n. m.
Appellation donnée aux saumons,
devenus maigres et efflanqués après
la période de ponte et qui
redescendent à la mer.
Syn. : **bécard**.

CHARPETTE n. m.
Alcool de fabrication domestique.
Syn., voir : **bagosse**.

CHARRETTE n. f.
1. Tombereau de ferme à boîte
basculante. (acad.)
Syn. : **banneau**.
2. *Charrette, charrette à poches* :
voiture à deux roues servant au
transport des personnes et,
occasionnellement, de
marchandises. [+]

CHARRIAGES, CHARROYAGES n. m. pl.
Action de transporter du bois sur des
traîneaux. Enfin, les *charriages* sont
finis !

CHARRUE n. f.
1. *Charrue à neige* (angl.
snowplow) ⊘ : chasse-neige.
Syn. : **snowplow**.
2. *Charrue à une, deux raies* : à un,
deux versoirs fixes.
3. *Charrue à une, deux oreilles* : à
un, deux versoirs fixes.
4. *Charrue à rouelles* : nom de
l'ancienne charrue ayant un
avant-train avec roues.
5. *Charrue à bascule, charrue
basculante, charrue à vire-oreille,
charrue à tourne-oreille, charrue
tournante, charrue réversible* :
charrue alternative.
6. *Charrue à rigoles*.
Voir : **rigoleuse**.

CHARRUE-SULKY, CHARRUE À SULKY
n. f. (angl. sulky plow) ⊘
Variété de charrue légère avec roues
et munie d'un siège.

CHARTIL n. m.
Plateau du chariot à foin, ridelles
comprises. (acad.)

CHAS n. m.
Voir : **tête de chas**.

CHÂSSE n. f.
1. Bâti d'un métier à tisser.
2. Monture de bois ou de métal d'une
scie à main, d'où *scie à châsse* par
opposition à scie égoïne.
Syn., voir : **sciotte**.

CHASSE-FEMME n. f. [#]
Sage-femme.
Syn., voir : **matrone**.

CHASSE FINE n. f.
Chasse à la trace par opposition à la
chasse avec chien.

CHASSE-GALERIE n. f.
Rég. en fr. Ronde nocturne de
sorciers et de loups-garous qui
transportent des voyageurs dans les
airs en canot d'écorce.

CHASSEPANNE n. f. (angl. saucepan) ⊘
Voir : **saucepan**.

CHASSEPAREILLE n. f. [#]
Salsepareille, aralie à grappes ou
aralie à tige nue, plante très utilisée

en médecine populaire. [+++]
Syn. : **anis** (sens 2).

CHASSEPINTE n. f. [#]
1. Sage-femme.
   Syn., voir : **matrone**.
2. Voir : **saucepan**.
3. La Grande Ourse.
   Syn., voir : **Chaudron**.

CHASSEPINTÉE n. f. (angl. saucepan) ⊘
Contenu d'une *chassepinte* ou
casserole.

CHASSEUSE n. f.
Chaloupe ou radeau camouflé et
immobilisé dans les joncs pour la
chasse au canard.
Syn. : **boléro**, **caboche**, **gabion**.

CHÂSSIS n. m.
1. [#] Fenêtre. On ferme les *châssis*
   quand il fait froid.
2. [#] *Châssis double* : double
   fenêtre. [+++]
3. [#] *Châssis français* : fenêtre à
   deux battants et ouvrant vers
   l'intérieur par opposition à la
   fenêtre à guillotine qui est
   anglaise.
4. Fig. *Regarder par le châssis* :
   s'intéresser aux jeunes filles, en
   parlant des jeunes garçons.
   Syn. : **clôture** (sens 32), **manger**
   (sens 5).
5. Argot. *Châssis-doubles* : lunettes.
   [+++]
   Syn. : **bernicles**.

CHAT n. m.
1. Vx en fr. Espèce de grappin dont
   les pêcheurs se servent pour haler
   leurs filets, pour les *chatter*.
   Syn. : **chatte**.
2. Au pl. *Chats, petits chats* : saule
   discolore ou saule de Bebb dont
   les bourgeons éclatent fin mars ;

les bourgeons eux-mêmes.
Syn. : **chaton**.
3. Nom vulgaire de l'aune grise.
4. Argot des anciens pensionnats.
   Élève qui fait l'objet d'amitiés
   particulières, chouchou.
   Syn. : **best**.
5. *Chat sauvage* [#] :
   a) Raton laveur. Porter un
      manteau de *chat sauvage*.
      (O 8-134)
      Syn. : **machecouèche**,
      racoune.
   b) Lynx roux. (E 34-91)
6. Fig. *Lâcher la queue du chat, de
   la chatte* : être parrain ou
   marraine pour la première fois. À
   cinquante ans, il n'a pas encore
   lâché la queue du chat.
   Variantes : *écraser la queue du
   chat, faire la queue du chat*.

CHATEAU n. m. [#]
Voir : **chanteau**.

CHAT-HUANT n. m.
Grand-duc de Virginie. (O 25-117)
Syn. : **chaouin**, **hibou à cornes**,
hibou tête-de-chat, **tête-de-chat**.

CHAT-MORT n. m.
Fig. Ouvrier qui entretient les
chemins forestiers l'hiver.
Syn., voir : **chickadee**.

CHATON n. m.
Au pl. Saule discolore ou saule de
Bebb dont les bourgeons éclatent fin
mars ; les bourgeons eux-mêmes.
[+++]
Syn. : **chat** (sens 2).

CHATONNER v. intr.
Vx et rare en fr. Chatter, mettre bas,
en parlant d'une chatte.

CHATTE n. f.
Espèce de grappin dont se servent
les pêcheurs pour haler des filets,

pour les *chatter*.
Syn. : **chat** (sens 1).

CHATTER v. tr. et intr.
1. Haler des filets de pêche à l'aide d'une espèce de grappin appelé *chat* ou *chatte*.
2. Argot des anciens pensionnats. Se livrer à des amitiés particulières.
Syn. : **bester**.

CHATTEUX, EUSE n. et adj.
1. Argot des anciens pensionnats. Qui se livre à des amitiés particulières.
Syn. : **besteux**.
2. Fig. *Ne pas être chatteux* : être ordinaire, moyen. La récolte de pommes *n'est pas chatteuse* cette année.
Syn. : **vergeux**.

CHAUD, CHAUDE adj.
1. Rég. en fr. Ivre. Quand il est *chaud*, il ne comprend rien.
Syn. : en **boisson**, en **brosse**, en **fringue**, **gazé**, **gommé**, **paqueté**, **plein**, **rond**.
2. *Lait chaud* : lait qui vient d'être trait, qui sort du pis de la vache.
Syn. : lait **doux**.

CHAUDAILLE adj.
Légèrement ivre.
Syn. : **chalot**, **chaudasse**, **chaudet**, **chautasse**, **éméché**, **fraisé**, **gaillard**, **giddy**, **joyeux**, **réchauffé**.

CHAUDASSE adj.
Légèrement *chaud*, ivre.
Syn., voir : **chaudaille**.

CHAUDET, ETTE adj.
Légèrement *chaud*, ivre.
Syn., voir : **chaudaille**.

CHAUDIÈRE n. f.
1. a) Vx en fr. Récipient de métal servant à faire chauffer, bouillir ou cuire. Les coureurs de bois se déplaçaient avec leur *chaudière*.
b) [#] Tout récipient en bois ou en plastique avec une anse. [+++]
2. [#] *Chaudière à lait* : seau en métal utilisé pour traire les vaches. [+++]
3. [#] *Chaudière-couloir*, chaudière à couloir, chaudière à bec : seau à couler le lait et dont le bec verseur est muni d'un grillage.
Syn. : **couloir**.
4. [#] *Chaudière à sucre* : seau en métal, sans anse, qu'on accroche au *chalumeau* fiché dans le tronc de l'érable pour en recueillir la sève sucrée.
5. [#] *Chaudière à thé* : théière.
6. Contenant de métal de bonne contenance avec couvercle et anse, utilisé comme pot de chambre dans les familles nombreuses.
Syn., voir : **catherine** (sens 2).
7. Fig. *Faire chaudière* : prendre son repas, en parlant du voyageur ou du chasseur en forêt.

CHAUDIERÉE n. f. [#]
Contenu d'une *chaudière*.

CHAUDRON n. m.
1. Marmite de fer ou de fonte, avec couvercle, dans laquelle on fait cuire les aliments sur le poêle ou la cuisinière.
2. Grand récipient de fonte au fond arrondi, sans couvercle, avec anse, dans lequel on faisait bouillir la sève d'érable à grand feu, dans les temps anciens.
3. La Grande Ourse.
Syn. : **Chaise**, **Chaise renversée**, **Chassepinte**, **Dippeur**.

4. Argot des bûcherons. Entrepreneur de peu d'importance.
Syn.: **fourneau** (sens 2).
5. Voir: **chadron**.

CHAUDRONNE n. f. [#]
Marmite, le plus souvent de métal léger (aluminium, tôle émaillée, fer-blanc), dans laquelle on fait cuire les aliments.

CHAUFFER v. tr. et intr.
1. Conduire un véhicule automobile. On a créé des auto-écoles pour apprendre à *chauffer*.
2. Argot étudiant. Étudier sans répit, sous pression. Quand on n'a pas travaillé, on doit *chauffer* la veille d'un examen.
Syn., voir: **rusher**.

CHAUFFERETTE n. f.
1. Dispositif de chauffage d'une voiture automobile.
2. Radiateur électrique portatif.

CHAUFFERIE n. f.
Séchoir où l'on fait sécher le bois. Du bois qui a séché dans une *chaufferie* n'a rien de comparable avec celui qui a séché à l'air pendant de longues années.

CHAUFFEUR, EUSE n.
1. Vx en fr. Tout conducteur d'automobile.
2. *Être chauffeur*!: d'une façon exclamative, être très bon conducteur de véhicule automobile.

CHAULER v. tr.
Faire tremper dans de l'eau de chaux. *Chauler* une peau pour en faire tomber le poil.

CHAUMER v. tr. [#]
Chauler, blanchir à la chaux. *Chaumer* un mur. (surt. acad.)

CHAUSSÉE n. f.
1. Barrage construit par l'homme sur un cours d'eau pour en utiliser la force motrice ou pour avoir un plan d'eau. (O 27-117 et acad.)
Syn., voir: **digue** (sens 1).
2. Barrage construit par les castors pour y aménager leurs quartiers.
Syn., voir: **digue** (sens 1).

CHAUSSER v. tr. [#]
Côcher, couvrir. Tiens, le coq est en train de *chausser* une poule.
Syn.: **renchausser**.

CHAUSSETTE n. f.
1. Pantoufle. En rentrant chez soi, on enlève ses souliers et on met ses *chaussettes*. [+++]
2. Chausson de bébé, de laine tricotée, souvent coulissé à la cheville.
Syn., voir: **patte**.

CHAUSSON n. m.
Voir: **pattes d'ours** (raquettes à neige).

CHAUSSON, ONNE adj. et n.
Péjor. Se dit d'une personne mal dégrossie, sans manières. Quelle *chaussonne* que cette femme-là!
Syn., voir: **épais**.

CHAUTASSE adj.
Légèrement *chaud*, ivre.
Syn., voir: **chaudaille**.

CHAVÈCHE, CAVÈCHE n. f.
Chouette rayée. [+++]

CHAVIRÉ, ÉE adj.
Fig. Devenu fou. Il est *chaviré* à la suite du gros accident qu'il a eu. [+]
Syn., voir: **écarté**.

CHAVIRER v. tr. et intr.
1. Renverser. Il a *chaviré* le seau de lait. (acad.)

2. Fig. Devenir fou. [+]
Syn.: **troubler**.

CHEAP adj. (angl. cheap) ◙
De peu de valeur, de mauvaise
qualité. [+++]
Syn.: **commun** (sens 1).

CHEDDAR n. m.
Variété de fromage fabriqué ici
depuis le début du XIXe siècle. Le
cheddar peut être fort ou doux. [+++]

CHEF-D'ŒUVRE n. m.
1. Chevalet du scieur de bois.
2. Échafaudage. (acad.)
3. Construction sur pilotis au bord
de la mer où les pêcheurs
habillent le poisson. (acad.)
Syn.: **chafaud**.
4. Menu travail d'entretien,
réparation. Passer une matinée à
faire des *chefs-d'œuvre*.

CHEF-D'ŒUVRER v. tr.
1. Inventer, bricoler, construire.
Syn., voir: **grémenter**.
2. Faire de menues besognes; perdre
son temps.
Syn., voir: **bretter**.

CHEF-D'ŒUVREUX, EUSE n. et adj.
Ingénieux, capable de faire des
réparations difficiles, inventif. Ce
garçon-là est *chef-d'œuvreux*.
Syn., voir: **estèqueux**.

CHEFFERIE n. f. [#]
Direction d'un parti politique. Untel
se présente à la *chefferie* du parti
Rhinocéros.

CHEMIN n. m.
1. *Chemin croche*.
Voir: **chemin double**.
2. *Chemin d'érablière*: chemin
rudimentaire utilisé pour le
ramassage de la sève d'érable.
Syn.: **chemin de sucrerie**,
chemin de tournée.

3. *Chemin d'habitant*: chemin
utilisé seulement par les
cultivateurs ou *habitants*.
Voir: **habitant**.
4. *Chemin de barrière*: chemin à
péage d'autrefois.
Syn.: **route** (sens 2).
5. *Chemin de bois*: chemin
rudimentaire construit en forêt
et qui ne sert que pour les
opérations forestières.
6. *Chemin de catalogne*: laize de
catalogne permettant de
traverser une pièce sans
marcher directement sur le
plancher.
7. *Chemin de front, chemin de
frontière*: chemin public établi
sur le travers des terres et
desservant les *habitants* d'un
rang.
8. *Chemin de glace*: chemin *balisé*
sur la glace qui recouvre un
cours d'eau ou un lac. Prendre le
chemin de glace du lac
raccourcit le trajet.
9. *Chemin de pieds*: sentier pour
piétons.
10. *Chemin de portage*.
Voir: **portage**.
11. *Chemin de sucrerie*.
Voir: **chemin d'érablière**.
12. *Chemin de tapis*: laize de tapis
étendue sur le plancher.
13. *Chemin de tournée*.
Voir: **chemin d'érablière**.
14. *Chemin de traverse*: chemin
balisé tracé à travers champs ou
sur la glace qui recouvre un
cours d'eau ou un lac. Prendre le
chemin de traverse raccourcit le
trajet.
15. *Chemin double*: chemin, établi
sur la neige pour des attelages
de front, de façon que les patins

des traîneaux passent dans les traces des chevaux, formant ainsi deux ornières séparées par une butte de neige.
Syn. : **chemin croche**.

16. *Chemin du roi, chemin de roi, chemin royal* : chemin public conduisant d'un village à un autre.

17. *Chemin en corduroy* (angl. corduroy) ⊘.
Voir : **corderoy**.

18. *Chemin simple* : chemin établi sur la neige pour un traîneau tiré par un seul cheval qui marchait entre les deux traces laissées par les patins des traîneaux ; contrairement au *chemin double*, le chemin simple n'a pas de butte de neige en son milieu.

19. Fig. *Être dans le chemin* : être ruiné, sans le sou ; *se faire mettre dans le chemin* : se faire ruiner.

20. *Donner du chemin à une scie* : donner de la voie à une scie lors d'un affûtage, avoyer une scie en utilisant un tourne-à-gauche spécial.

21. Voir : **vieux comme le chemin**.

CHENAILLER v. intr.
Déguerpir, se sauver, courir très vite.
Syn. : **décaniller**.

CHENICOT n. m.
Chose de peu de valeur. Passer son temps à ramasser des *chenicots*.
Syn. : **cossin**.

CHENILLE n. f.
Véhicule à chenilles très utilisé en forêt et aussi en ville pour le déneigement.

CHENILLE-À-POIL n. f.
Personne laide, voire d'une laideur excessive.
Syn. : **chromo**.

CHENOLLE n. f.
1. Vulg. Testicule chez l'homme, plus rarement chez les animaux.
Syn., voir : **gosse**. [+++]

2. Tabac à pipe de mauvaise qualité.
Syn., voir : **vérine**.

3. Toute marchandise, tout objet de mauvaise qualité. N'achète pas ces chaussures, c'est de la *chenolle*.
Syn., voir : **cull** (sens 2).

CHENTIER n. m. [#]
Sentier.

CHENU, UE adj.
Pauvre, misérable. Une maison *chenue* ; avoir l'air *chenu*.

CHÉRANT, ANTE n. et adj.
Se dit d'un marchand qui vend trop cher.

CHESSER v. tr. [#]
Sécher.

CHESTERFIELD n. m.
Divan confortable installé dans le salon. Marque de fabrique.

CHÉTIF, IVE adj.
Méchant, vicieux. Tu as été trop *chétif*, tu n'auras pas de dessert.

CHEVAL n. m.
1. *Cheval de quêteux* : vieux cheval, haridelle.
Syn., voir : **piton**.

2. *Cheval entier, cheval rond* : cheval non castré, étalon.

CHEVALET n. m.
Tréteau. La table des invités reposait sur des *chevalets*. [+]

CHEVALIER DE COLOMB n. m.
Membre de l'Association d'entraide catholique et secrète fondée aux États-Unis en 1882 sur le modèle de

la franc-maçonnerie et établie au Canada en milieu francophone en 1897.

CHEVANNE n. f.

Culotte à chevanne : sorte de pantalon à pont boutonné comme le pantalon des matelots et que les hommes portaient autrefois. Syn., voir : **bavaloise**.

CHEVILLE n. f.
1. Atteloire pénétrant dans les trous du brancard. Atteler à la *cheville* et non aux traits. Syn., voir : **feton**.
2. Boulon. Les *chevilles* sont souvent utilisées à la place des clous. [+++] Syn. : **bolt**.

CHÈVRE n. f.
1. Système de frein à contrepoids utilisé dans la descente des côtes abruptes couvertes de neige. Syn. : **bœuf**, **chienne**, **cochon**, **snub**.
2. Support formé de trois perches d'égale longueur dressées en faisceau, attachées à leur sommet et servant à suspendre le chaudron des trappeurs ou des campeurs.
3. Solide support en bois sur lequel est assise la cheminée de beaucoup de maisons.

CHEVREU n. m. [#]
Automobile de marque Chevrolet.

CHEVREUIL, CHEVREU n. m.
1. Cerf de Virginie. Nos *chevreuils* sont des cerfs.
2. Poêle à bois dont les côtés représentent un chevreuil. Marque de fabrique.

CHIAC, CHIACQUE n. et adj.
1. Sobriquet donné aux Acadiens des Maritimes en général et plus particulièrement à ceux de la région de Moncton et à ceux du Madawaska au Nouveau-Brunswick.
2. Parler populaire des Acadiens. Parler le *chiac*, parler *chiac*.

CHIACQUISATION n. f.
Action de *chiacquiser*.

CHIACQUISER v. intr.
Parler la langue populaire des Acadiens, souvent en exagérant ses particularités.

CHIALER v. intr.
Bougonner, rechigner, se plaindre sans arrêt. [+++]

CHIALEUR, CHIALEUX, EUSE n. et adj.
Plaignard, rechigneux, bougon. [+++]

CHIARD n. m.
1. a) Hachis de restes de viande et de pommes de terre, très à la mode dans les pensionnats d'autrefois et dans les familles nombreuses, salmigondis.
   b) Fig. Assemblage disparate et incohérent là où devrait exister une certaine unité. La dernière émission de variétés de Michel X était un véritable *chiard*.
2. *Chiard de goélette* : plat de pêcheurs dont les deux ingrédients principaux sont des tranches de lard salé et des pommes de terre.
3. *Chiard-de-maringouins* : engoulevent commun. Syn., voir : **chie-maringouins**.

CHIARD adj. et n.
Pleutre, indécis, incapable de prendre une décision au moment opportun. Syn. : **chie-en-culotte 2**.

CHIARDE n. f.
Vieux vêtement, genre vareuse à tout faire. Pour nettoyer la porcherie ou pour aider une vache à vêler, il met sa *chiarde*.
Syn. : **froc**.

CHIARDES n. f. pl.
Toilettes extérieures souvent rudimentaires.
Syn. : **bécosses**, **cabane**, **chioir**, **chiottes**, **closets**, **communs**, **lieux**, **privés**.

CHIBAGNE n. f.
Voir : **shebang**.

CHICANE n. f.
Dans les chantiers forestiers, siège rudimentaire formé d'une rondelle de bois montée sur trois pieds.
Syn. : **chienne**.

CHICHICOIS n. m.
Vessie séchée contenant des osselets, des pois, des grains de plomb, attachée au bout d'un bâton et que les Amérindiens secouent pour faire du bruit à l'occasion d'une fête.

CHICKADEE n. m. (angl. chickadee) ◙
1. Mésange à tête noire. [+]
   Syn., voir : **qui-es-tu**.
2. Travailleur chargé d'entretenir des chemins forestiers, l'hiver, et de ramasser le crottin de cheval, nourriture dont raffolent les *chickadees* (mésanges). (surt. O 28, 29)
   Syn. : **chat-mort**, **diguedi**, **guedi**, **jiguedi**, **siffleur**, **siffleux**.

CHICOT n. m.
1. Chaume, restes de plantes coupées presque au niveau du sol. Marcher sur les *chicots* quand l'avoine est coupée.

2. *Maigre comme un chicot* : très maigre, en parlant d'une personne.

CHICOTER v. tr.
Tracasser, inquiéter, ennuyer. Ce qu'il t'a dit le *chicote* beaucoup.

CHICOUTÉ n. m. et f. (amér.)
Ronce petit-mûrier contenant de la vitamine C anti-scorbutique et dont l'exploitation commerciale a débuté sur la Basse-Côte-Nord en 1985. (E 9)
Syn. : **margot**, **mûre blanche**, **plaquebière**.

CHIÉ, ÉE adj.
Fig. en fr. *Tout chié* : parfaitement ressemblant. Cet enfant, c'est son père *tout chié*.
Syn., voir : **recopié**.

CHIE-EN-CULOTTE 1 n. m.
Disamare de certains arbres avec laquelle les enfants se font un pince-nez.
Syn., voir : **avion**.

CHIE-EN-CULOTTE 2 adj. et n.
Peureux, poltron. Il est *chie-en-culotte* comme il n'est pas permis.
Syn. : **chiard**.

CHIE-MARINGOUINS n. m.
Engoulevent commun. (E 27-116)
Syn. : **chiard-de-maringouins**, **chieur-de-maringouins**, **mange-maringouins**, **mangeur-de-maringouins**.

CHIEN n. m.
1. Argot. Agent de police, surtout celui qui fait de l'auto-patrouille.
   Syn. : **bœuf**.
2. *Froid à couper les chiens en deux* : froid exceptionnel, à pierre fendre.
3. *Avoir du chien dans le corps* : avoir de l'entrain, de l'initiative, de la débrouillardise.

4. *Jeu de chien* : jeu qui risque de dégénérer en rixe. Pas de *jeu de chien* dans la maison, dira-t-on aux enfants.

5. *Son chien est mort* !, voilà ce qu'on dit de quelqu'un qui n'a pas réussi ce qu'il espérait.

6. *Chien de poche* : se dit de quelqu'un qui suit toujours ses camarades. Arrête donc de nous suivre, *chien de poche* !

7. *En chien* : très, beaucoup. Ça fait mal *en chien*.

8. *Chien, chien rouge* : alcool de fabrication domestique.
Syn., voir : **bagosse**.

CHIENCULOT n. m. ; **CHIENCULOTTE** n. f.
Dernier-né d'une famille.
Syn. : **bouquet, chaculot, chouette, dernier, estèque, gratin, nichet, nichouet, niochon.**

CHIENNE n. f.
1. Sarrau, blouse.
2. Banc sur lequel on déposait les seaux d'eau avant l'arrivée de l'eau courante dans les maisons.
Syn. : **banc des seaux**.
3. Marotte ou chevalet servant à maintenir à hauteur voulue un morceau de bois à parer.
Syn. : **banc à parer, bœuf**.
4. Dans les chantiers forestiers, siège rudimentaire formé d'une rondelle de bois montée sur trois pieds. (E 36-86)
Syn. : **chicane**.
5. Poêle rudimentaire formé d'un bidon d'acier horizontal monté sur quatre pieds et utilisé surtout dans les chantiers forestiers.
Syn., voir : **truie**.
6. Système de frein à contrepoids utilisé dans la descente des côtes.
Syn., voir : **chèvre**.
7. Longue et forte chaloupe à fond plat utilisée pour la *drave*. [+]
Syn., voir : **pine de drave**.
8. Traîneau rudimentaire formé de deux patins non ferrés et employé pour le débusquage des billes de bois, travois. [+]
Syn., voir : **bob**.
9. Pinces à grumes accrochées au centre d'une volée portée par deux hommes et servant à transporter une bille de bois.
Syn. : **bacul, chienne, diable** (sens 2), **pattes d'oie**.
10. *Être habillé, atriqué, attelé comme la chienne à Jacques* : être mal mis, porter de vieux vêtements. (O 25-117)

CHIENNE adj. et n.
1. Paresseux. Il n'a jamais vu un homme *chienne* comme ça ; c'est une vraie *chienne*. [++]
Syn., voir : **vache**.
2. Paresse. La *chienne* lui monte, lui grimpe sur le dos. [++]
3. Peur. Quand il a entendu du bruit, la *chienne* l'a pris et il est revenu.

CHIENNER v. tr. et intr.
1. Débusquer des billes de bois à l'aide d'une sorte de *chienne* (sens 8) tirée par un cheval ou à bras d'hommes à l'aide d'une *chienne* (sens 9). [++]
Syn., voir : **haler**.
2. Paresser, ne rien faire. Passer sa journée à *chienner*.
Syn. : **vacher**.

CHIENNETAGE n. m.
Action de *chienneter*.

CHIENNETÉE n. f.
Chiennée, portée d'une chienne.

CHIENNETER v. tr. et intr.
1. Chienner, avoir des petits, en parlant de la chienne.
2. Débusquer des billes de bois avec une *chienne* tirée par un cheval ou à l'aide d'une *chienne* à bras d'hommes.
Syn., voir: **haler**.

CHIENNEUR, CHIENNEUX n. m.
Homme qui traîne des billes de bois à l'aide d'une *chienne* (sens 9).

CHIEUR-DE-MARINGOUINS n. m.
Engoulevent commun.
Syn., voir: **chie-maringouins**.

CHIFFE, CHIFFRE n. m. (angl. shift) ⊘
Voir: **shift**.

CHIGNASSER v. intr.
Pleunicher, *chigner* légèrement.
Syn., voir: **lyrer**.

CHIGNER, RECHIGNER v. intr.
Vx en fr. Pleurnicher sans arrêt, en parlant d'un enfant. [++]
Syn., voir: **lyrer**.

CHIGNEUR, CHIGNEUX, EUSE n. et adj.
Enfant pleurnicheur. [+]

CHIGNOLER v. intr.
Pleurnicher. Un enfant qui *chignole*.
Syn., voir: **lyrer**.

CHIGNON n. m.
1. Tête. Il s'est mis cette idée dans le *chignon* avant même de se marier.
Syn., voir: **cabochon**.
2. Vx en fr. *Chignon du cou*. Derrière du cou, jonction du cou avec le derrière de la tête, nuque. Il s'est fait serrer le *chignon*. [+++]
Syn.: **cagouet, cagouette, fosse, fossette, gagouet**.
3. [#] *Chignon de pain*: quignon, gros morceau de pain. [+++]

Syn.: **bourguignon, chanteau, tapon**.
4. Pâte qui a débordé du moule à pain.
5. Croûton, extrémité d'un pain.

CHINIQUY n. m.
Francophone non catholique. Cette appellation vient du nom d'un prêtre du Québec (1809-1899) devenu ministre protestant au grand scandale de ses contemporains. [++]
Syn.: **reviré, suisse**.

CHIOIR n. m.; **CHIOIRE** n. f.
Toilettes extérieures, souvent rudimentaires.
Syn., voir: **chiardes**.

CHIOTTE n. f.
1. Rare en fr. au sing. Toilette extérieure, souvent rudimentaire. [+++]
Syn., voir: **chiardes**.
2. Fig. et vulg. *Faire la chiotte*: ne pas devenir enceinte, en parlant d'une femme mariée.
Syn.: faire la **vilaine**, être encore à **l'ancre**.

CHIPOTÉE n. f.
Grand nombre, multitude. Il y a une *chipotée* d'enfants dans cette famille; il y avait une *chipotée* de monde à l'assemblée.
Syn., voir: **tralée**.

CHIPS n. f. pl. (angl. chips) ⊘
Voir: **croustilles**.

CHIQUE n. f.
1. Larves d'œstres se développant sous la peau du cheval. Ce cheval a des *chiques*, c'est pour ça qu'il est maigre.
2. Fig. *Ne pas valoir une chique*: être faible, manquer de force. Quand on retourne travailler après une longue maladie, on *ne*

vaut pas une chique.
Syn. : ne pas valoir une **cenne**,
cinq **cennes**, **trente-sous**.

CHIQUE-GUENILLE n.
Voir : **chiqueux de guenille**.

CHIQUER LA GUENILLE loc. verb. (angl.
to chew the rag) ◌
Ronchonner, grommeler, bouder.

**CHIQUEUX DE GUENILLE, CHIQUE-
GUENILLE** n.
Ronchonneur, bougon, rouspéteur.

CHIRE n. f. (angl. sheer) ◌
Voir : **sheer**.

CHIRER v. intr. (angl. to sheer) ◌
Voir : **sheerer**.

CHIRO n. m.
Praticien de la chiropraxie,
chiropraticien. Les médecins
n'aiment pas les *chiros*.

CHIROPRATIQUE n. f.
Chiropraxie.

CHIROUETTE n. f. (angl. sheer) ◌
Voir : **sheerouette**.

CHO-BOY n. m. (angl. chore-boy) ◌
Voir : **chore-boy**.

CHOLÉRA n. m. [#]
Diarrhée chez les êtres humains et
chez les animaux. [++]
Syn., voir : **cliche**.

CHÔMEUR n. m.
Petit chômeur : paquet de cinq
cigarettes seulement, très populaire
pendant la crise des années trente.

CHOPINE n. f.
1. Contenant équivalent à un
   huitième de *gallon*, une demi-
   pinte ou deux *demiards*, soit 0,568
   litre. [+++]
2. *Chopine à eau.* [+++]
   Voir : **grande tasse à eau**.

CHOQUÉ, ÉE adj.
Furieux, de mauvaise humeur, en
colère.

CHOQUER v. tr. et pron.
Faire fâcher quelqu'un, se fâcher, se
mettre en colère, devenir furieux. Les
jeunes s'amusent souvent à faire
choquer certains de leurs
camarades.

CHORE-BOY, CHO-BOY, SHOW-BOY n. m.
(angl. chore-boy) ◌
Aide-cuisinier dans les chantiers
forestiers. [++]
Syn. : **bull-cook**, **cookie**.

CHOU n. m.
1. *Chou de Siam, choutiam* : navet,
   chou-navet. [+++]
2. *Chou gras* : chénopode blanc.
   (O 27-116)
   Syn. : **épinard sauvage**, **herbe
   grasse**, **poule grasse**, **poulette
   grasse**.
3. *Jeter ses choux gras* : jeter des
   choses qui peuvent encore servir,
   ne pas être économe.

CHOU interj.
Voir : **shoo**.

CHOUENNE n. f.
Blague, racontar, histoire
invraisemblable. (Charsalac)
Syn. : **almanach**, **peur**.

CHOUENNER v. intr.
Dire des blagues, des mensonges
plaisants.

CHOUENNEUX, EUSE n. et adj.
Blagueur, farceur.

CHOUETTE n. f.
1. Terme affectif à l'endroit des
   petites filles. Une maman dira :
   « Viens m'embrasser, ma petite
   chouette. »
   Syn., voir : **toutoune**.

2. Dernier-né d'une famille.
Syn., voir : **chienculot**.

CHOUINARD n.
Voir : **Jonas**.

CHOUKSER v. tr.
Voir : **chouler**.

CHOULER v. tr.
Exciter un chien contre quelqu'un ou contre un autre chien.
Syn. : **choukser, chouquer, sikser, siler, siquer, souler, souquer**.

CHOUQUER v. tr.
Voir : **chouler**.

CHOUQUET n. m.
Morceau de bois placé sur une pierre et supportant la sole d'une grange ; pilier de ciment ayant le même usage.

CHOUSSE n. f. [#]
Souche.

CHOUTIAM n. m. [#]
Voir : **chou de Siam**.

CHRISSER, CRISSER v. tr. [#]
1. *Chrisser dehors* : mettre à la porte, congédier. Ce patron a l'habitude de *chrisser dehors* un employé qui ne veut pas travailler.
2. *Chrisser le camp, son camp* : quitter les lieux, déguerpir. Il a enduré son patron pendant deux mois et il a décidé de *chrisser le camp*.

CHRIST, CRISSE n. pr. [#]
Au plus Christ : au plus vite. En apprenant cette nouvelle, il est retourné chez lui *au plus Christ*.
Syn., voir : au plus **coupant**.

CHRISTORAMA n. m.
Ensemble de tableaux représentant la vie du Christ et que visitent les pèlerins de Sainte-Anne-de-Beaupré.

CHROMÉ, ÉE n. et adj.
Fig. Se dit d'une personne qui est d'une élégance criarde, parvenu. Il y avait un groupe de *chromés* dans le cinéma.

CHROMO n. m.
Fig. et péjor. Personne laide. On se demande où elle a pu dénicher le *chromo* qui l'accompagnait.
Syn. : **chenille-à-poil**.

CHUM n. m. et f. (angl. chum) ⊘
1. Ami, camarade, copain. Sortir avec son *chum* ou sa *chum*. [+++]
2. Amoureux, fiancé. Ce soir, Hélène est allée au cinéma avec son *chum*. [+++]

CHUTE n. f.
Chute à déchets (angl. garbage chute) ⊘ : vide-ordures. Les *condos* de plusieurs étages ont tous des *chutes à déchets*.

CHUTON n. m.
Petite chute d'eau. Ce que tu vois ici, ce n'est pas une chute, c'est un *chuton*.

CHUTON, ONNE adj. et n.
Vulgaire et mal éduqué. Une mère dira à sa fille : ne va pas jouer avec Céline, elle est *chutonne*. (Lanaudière)
Syn. : **commun** (sens 2).

CIBI n. m. (angl. C.B. ou citizens' band) ⊘
Appareil de radio récepteur-transmetteur très utilisé par les conducteurs de poids-lourds, poste bande publique, poste BP (ROLF).

CIBIEUR, EUSE n. m. (angl. citizen's band) ⊘
Personne qui possède ou utilise un poste bande publique ou appareil de radio récepteur-transmetteur appelé

C.B. (prononcé à l'anglaise *cibi*), cibiste.

CIBOULETTE n. f.
Ail civette.
Syn.: **brûlette, brûlotte, brûlotte sauvage, cives, cives farouches.**

CIEL n. m.
À plein ciel: beaucoup. Il neige *à plein ciel.* [+++]

CIGAILLER v. tr.
Rudoyer un cheval en tirant sur le mors tantôt à droite, tantôt à gauche. [+]
Syn., voir: **cisailler.**

CIGARE n. m.
Petit pain à hors-d'œuvre dont la forme rappelle celle d'un cigare.

CIGONNER v. tr.
Rudoyer un cheval en tirant sur le mors. [+++]
Syn., voir: **cisailler.**

CIMETIÈRE n. m.
1. Dans les camps forestiers, four à pain improvisé constitué d'un tas de sable sur lequel on fait un bon feu et qui servira à recouvrir le pain à cuire appelé d'ailleurs *pain de cimetière.*
   Syn.: **cambuse.**
2. Voir: **pain de cimetière.**

CINCE n. f.
Voir: **since.**

CINÉ-PARC n. m.
Cinéma de plein air où l'on peut voir un film sur un écran géant tout en restant dans sa voiture (ROLF). La clientèle des *ciné-parcs* augmente alors que celle des salles de cinéma diminue.

CINQ-DIX-QUINZE n. m.
Voir: **quinze-cennes.**

CINQUANTE n. f.
Marque de bière. Boire une *cinquante* pour se désaltérer.

CINQUANTE CENTS n. m.
1. Ancienne pièce de monnaie équivalant à la moitié d'un dollar.
2. *Avoir les yeux grands comme des cinquante cents*: en avoir les yeux écarquillés de surprise, être très surpris.
   Syn.: **piastres** (sens 4).

CINQUANTE-SIX-MÉTIERS n. m.
Voir: **trente-six-métiers.**

CINTRE n. m.
Aux deux extrémités d'une pièce de terre, endroit où peut tourner la charrue, chaintre. (O 27-116)
Syn.: **about.**

CIPAILLE, CIPATE n. m. (angl. sea-pie) ◙
Voir: **sea-pie.**

CIRCUIT n. m.
Terrain en dehors des limites normales d'une terre et qu'un cultivateur a acheté pour agrandir son exploitation agricole. (E 123, 122)

CIRÉ, n. m. [#]
Endroit où le lit d'un cours d'eau se rétrécit et où le courant est plus rapide. (E 27-116)
Syn., voir: **rétréci.**

CIRÉ, ÉE adj.
Paraffiné (NOLF). Utiliser du papier *ciré* pour envelopper un gâteau.

CIROÈNE n. f.
Vx en fr. Mot masculin. Cataplasme fait souvent avec de la résine de conifère (pin ou sapin). Rien ne vaut une *ciroène* pour guérir un rhume d'estomac. [+++]

CISAILLER v. tr.
Rudoyer un cheval en tirant sur le mors.
Syn.: **cigailler, cigonner, tirailler, zigailler, zigonner.**

CISCAOUET, CISCAOUETTE n. m. (amér.)
Poisson de la famille des salmonidés. Cisco de lac.
Syn.: **poisson d'automne.**

CISEAU n. m.
1. *Ciseau à fret, ciseau à froid* : ciseau d'acier servant à couper le fer à froid, ciseau à fer. [+++]
2. *En criant ciseau* : rapidement, en peu de temps. Ce travail-là, on peut le faire *en criant ciseau.* Syn., voir: **criant.**

CITÉ n. f. (angl. city) ⊘
Ville (NOLF).

CITRON n. m. (angl. lemon) ⊘
Automobile qui a des défauts de fabrication, clou. Untel s'est fait vendre un *citron,* il est toujours chez le garagiste.

CIVES, CIVES FAROUCHES n. f. pl.
Ail civette.
Syn., voir: **ciboulette.**

CIVIL, ILE adj.
1. Un employé *civil* (angl. civil) ⊘ : un fonctionnaire (du Québec, du Canada).
2. Les *employés civils* (angl. civil servants) ⊘ : la fonction publique, les fonctionnaires.

CIVIQUE adj.
Hôpital civique (angl. civic) ⊘ : hôpital municipal créé et administré par une ville.

CLABORD n. m. (angl. clapboard) ⊘
Voir: **clapboard.**

CLABORDER v. tr. (angl. to clapboard) ⊘
Voir: **clapboarder.**

CLAIRER v. tr. (angl. to clear) ⊘
1. Faire évacuer. Creuser une rigole pour *clairer* l'eau.
2. Congédier. *Clairer* un employé, du personnel. [+++]
3. Débarrasser. *Clairer* la rue. [+++]
4. Faire un profit. *Clairer* 500 $ dans un marché. [+++]

CLAIREUR n. m. (angl. clearer) ⊘
Dans les chantiers forestiers, ouvrier qui nettoie le terrain où passera un chemin, débroussailleur, layeur.
Syn., voir: **coupeur de chemin, swampeur.**

CLAIRIÈRE n. f.
Éclaircie entre deux ondées.
Syn.: **clairon, embellesie.**

CLAIRON n. m.
1. Vésicule de gomme de pin.
Syn., voir: **bouffie de gomme.**
2. Éclaircie entre deux ondées. Profitons du *clairon* pour rentrer à la maison. (acad.)
Syn., voir: **clairière.**
3. Au pl. Aurore boréale. Il y avait des *clairons* dans le ciel la nuit dernière. (entre 36-86 et 8-134)
Syn., voir: **marionnettes.**

CLAIRTÉ n. f. [#]
Clarté. Dès mars, la *clairté* prend tôt le matin.

CLAJEUX n. m.
Iris versicolore. [+++]
Syn.: **clerjeux, glai.**

CLAM n. f. (angl. clam) ⊘
1. Mye (NOLF).
2. Palourde américaine (NOLF).

CLAM CHOWDER n. m. (angl. clam chowder) ⊘

    Chaudrée de myes, de palourdes.

CLANCHE adj.

    Aux flancs creux, en parlant d'un animal qui n'a pas mangé.
    Syn.: **éclanche**.

CLAPBOARD, CLABORD n. m. (angl. clapboard) ⊘

  1. Planches servant au revêtement extérieur des pans de bâtiments, de maisons et se posant horizontalement; le revêtement lui-même. [++]
    Syn.: **clin**, **déclin**.
  2. *Clapboard canadien*: lambrissage horizontal, à la façon des bordages d'une embarcation, dont les planches se chevauchent l'une l'autre.
  3. *Clapboard américain*: lambrissage horizontal avec des planches moulurées ou embouvetées, la partie mâle de la planche inférieure pénétrant dans la partie femelle ou rainure de la planche supérieure.

CLAPBOARDER, CLABORDER v. tr. (angl. to clapboard) ⊘

    Poser du *clapboard*: poser du clin sur les murs extérieurs d'une maison, recouvrir à clins. [++]
    Syn.: **décliner**.

CLAPET n. m.

    Pont de culotte, de pantalon. Porter des culottes à *clapet* (acad.)
    Syn., voir: **bavaloise**.

CLAPET, CRAPET n. m.

    Hache de bûcheron à joues légèrement rebondies. [+]

CLAQUE n. f.

  1. *Claque, claque des dimanches, petite claque*: chaussure en caoutchouc qui se porte par-dessus les chaussures de ville pour les protéger contre la pluie, l'humidité. La *claque haute* couvre tout le soulier et la *claque basse* ne protège que la semelle et le talon. (O 28-101)
    Syn.: **caoutchouc, rubber**.
  2. *Claque de travail, claque de semaine, grosse claque*: bottine de travail en caoutchouc par opposition à la *claque* qui se porte par-dessus le soulier et qui s'appelle *claque des dimanches* ou *petite claque*. (O 28-101)
    Syn.: **caoutchouc, rubber**.
  3. Argot. *Donnes-y la claque*!: vas-y, il faut essayer!

CLASSIQUE n. m.

    Voir: **cours classique**.

CLAVET n. m.

    Ciseau servant à calfater un bateau.

CLAVISSE n. m. (angl. clevice) ⊘

    Voir: **clevice**.

CLAYON, CLÉON, CLION n. m.

  1. Barrière à barreaux assez longue pour laisser passer les machines aratoires.
  2. Petite barrière à barreaux pour piétons.
  3. Porte intérieure de l'étable dont la partie supérieure est à claire-voie. (acad. et pass. O 37, 38)
    Syn.: **ratelier**.
  4. Collier moderne de la vache dans l'étable, dont l'une des branches est mobile.

CLEF n. f.

  1. Registre. *Clef* du tuyau du poêle à bois.
  2. Levier, poignée pour soulever les rondelles du poêle.

Syn. : **bordiche, marnouche, poignée, queue.**

CLENCHER v. tr. et intr.
1. Fermer correctement une porte de façon que la clenche soit retenue par le mentonnet.
2. Lever la clenche d'un loquet pour ouvrir une porte.
3. Agiter la clenche d'une porte pour signaler sa présence.
4. Fig. Comprendre. Il lui a expliqué, et tout d'un coup il a *clenché*.
Syn. : **catcher.**
5. Argot étudiant. Étudier avec acharnement, piocher, bûcher, surtout la veille d'un examen.
Syn., voir : **rusher.**

CLÉON n. m.
Voir : **clayon.**

CLÉRICAL, ALE, AUX adj.
1. Personnel, travail *clérical* (angl. clerical) ⊠ : de bureau, administratif.
2. Erreur *cléricale* (angl. clerical) ⊠ : faute de frappe, faute ou erreur de copiste.

CLERJEUX n. m.
Iris versicolore.
Syn., voir : **clajeux.**

CLEVICE, CLAVISSE n. m. (angl. clevice) ⊠
1. Manille constituée d'un morceau de fer courbé en U et fermé par une cheville amovible. (surt. O 22-124)
2. Étrier utilisé comme frein autour d'un patin de traîneau.

CLICHE n. f.
Diarrhée, chez les animaux ou les êtres humains. (O 36-86)
Syn. : **calèche, choléra, débâcle,** flux, foire, glissade, va-vite, voiture.

CLIENT n. m.
Faire un client : chez les prostituées, avoir un rapport sexuel avec un client. [++]

CLIN, DÉCLIN n. m.
Revêtement extérieur d'une maison ou d'un hangar dont les planches horizontales chevauchent l'une sur l'autre comme dans les embarcations à clin. [++]
Syn., voir : **clapboard.**

CLION n. m.
Voir : **clayon.**

CLIPPER v. tr. (angl. to clip) ⊠
Couper les cheveux, tondre avec un *clippeur*.

CLIPPEUR n. m. (angl. clipper) ⊠
Tondeuse manuelle ou électrique pour tondre un animal ou pour couper les cheveux. [+++]

CLISSE n. f. [#]
1. Éclisse ou lamelle de bois battu (hêtre, frêne, orme) servant à garnir le fond d'un siège.
Syn. : **toubi.**
2. Bûchette tenant lieu d'allumette.
Syn., voir : **aiguillette.**

CLOAK, CLOQUE n. f. (angl. cloak) ⊠
Manteau d'homme en tissu épais. [+]

CLOCHE n. f.
1. Vésicule de résine de conifères.
Syn., voir : **bouffie.**
2. *Sonner les cloches, sonner la cloche* : jeu où les deux joueurs adossés et accrochés par les bras se soulèvent alternativement, imitant ainsi le mouvement d'une cloche. [+]
Syn. : **bascule** (sens 1).

CLOCHER n. m.
1. Cheminée d'aération d'une étable souvent surmontée d'une girouette représentant un cheval, une vache, etc.
2. Autrefois, grelots ou clochettes disposés en triangle sur la selle des chevaux l'hiver. (O 22-124)
Syn. : **clochette**.

CLOCHER v. intr.
Locher. Ce cheval a un fer qui *cloche*. [+++]
Syn. : **galocher**.

CLOCHETTE n. f.
Au pl. Autrefois, série de petites cloches fixées au harnais ou au brancard des voitures d'hiver.
Syn. : **clocher** (sens 2).

CLOQUE n. f. (angl. cloak)
Voir : **cloak**.

CLORE v. tr.
1. Vx en fr. Faire une clôture, clôturer. *Clore* une érablière pour y faire pacager les animaux. (E 36-86)
Syn. : **closer**.
2. *Clore à l'embarras* : faire une clôture en entassant souches et chablis.

CLOS n. m.
1. Clôture. Réparer un *clos*. (E 36-86)
2. *Clos d'embarras* : clôture faite de souches, de branches et de chablis entassés.
3. Terrain clôturé et servant de pâturage, de pacage. Mettre les vaches dans le *clos*. (E 34-91)
4. Dans une écurie, parc où le cheval est laissé en liberté.
Syn. : **box-stall**.
5. Fig. *Prendre le clos* : perdre le contrôle de son automobile et se retrouver dans un champ, dans un fossé.
Syn. : prendre le **champ**, prendre le **fossé**.
6. *Clos de bois, clos à bois*.
Voir : **cour à bois**.

CLOSER v. tr. [#]
Voir : **clore**.

CLOSETS n. m. (angl. water closets) ⬛
Toilettes. Demander où sont les *closets*. [+++]
Syn., voir : **chiardes**.

CLOSSER v. intr. [#]
Glousser. La poule *closse* pour appeler ses petits. (acad.)
Syn. : **cloucher, clousser**.

CLÔTURAGE n. m.
Action de fermer par une clôture, de faire une clôture, de clôturer. (surt. O 27-116)
Syn. : **bouchurage**.

CLÔTURE n. f.
1. *Clôture à arêches, clôture d'arêches* : clôture constituée de dosses ou de perches plantées obliquement dans le sol.
2. *Clôture à billochets* : clôture dont les *boulins* horizontaux sont maintenus en place par des *billochets* ou billes de bois cochées et superposées.
3. *Clôture à boulins, de boulins* : clôture de perches rondes, de billes de bois.
4. *Clôture à cheval*.
Voir : **clôture à chevalets**.
5. *Clôture à chevalets* : clôture dont les perches sont maintenues en place non par des pieux jumeaux fichés en terre mais par un support en forme de X majuscule. [+++]
Syn. : **clôture à cheval, clôture à croisée, clôture à**

jambettes, **clôture anglaise, clôture en X.**

6. *Clôture à croisée.*
   Voir : **clôture à chevalets.**
7. *Clôture à jambettes.* (Beauce)
   Voir : **clôture à chevalets.**
8. *Clôture anglaise.*
   Voir : **clôture à chevalets.**
9. *Clôture à palissade* : clôture formée de deux lisses horizontales sur lesquelles sont clouées des planchettes verticales. Il s'agit d'une clôture de fantaisie près de la maison.
10. *Clôture bâtarde.*
    Voir : **clôture manchotte.**
11. *Clôture carreautée* : clôture de grillage à carreaux.
    Syn. : **clôture de broche, clôture maillée.**
12. *Clôture d'arrachis* : clôture faite d'arbres arrachés ou abattus, de souches. [++]
13. *Clôture d'embarras* : clôture faite de souches, d'arbres ou de branches d'arbres morts. [+++]
    Syn. : **embarras.**
14. *Clôture de broche.*
    Voir : **clôture carreautée.**
15. *Clôture de broche piquante* : clôture de barbelé.
    Syn. : **clôture piquante.**
16. *Clôture de lisses* : clôture de perches. (acad.)
17. *Clôture de pierres* : clôture formée par l'entassement des pierres dont on a débarrassé un champ cultivé ou à cultiver.
    Syn. : **clôture de roches, haie de roches, mur de roches, wall de roches.**
18. *Clôture de pieux* : clôture de perches. (E 25-117)
19. *Clôture de refente* : clôture qui divise une terre sur sa longueur,

clôture de refend.
Syn. : **clôture du milieu.**

20. *Clôture de roches* : clôture faite de pierres ou roches entassées et disposées sur une ligne. [++]
    Syn., voir : **clôture de pierres.**
21. *Clôture de souches* : clôture faite d'un entassement de souches. [++]
    Syn. : **digue de souches, haie de souches.**
22. *Clôture du milieu* : clôture qui permet de réparer une terre sur sa longueur.
    Syn. : **clôture de refente.**
23. *Clôture en chicane* : clôture de perches dont les *pagées* sont disposées en zigzag au lieu d'être rectilignes.
    Syn. : **clôture en dentelle.**
24. *Clôture en dentelle* : clôture de perches dont les *pagées* sont disposées en zigzag au lieu d'être rectilignes. [+]
    Syn. : **clôture en chicane.**
25. *Clôture en herse, clôture hersée* : clôture à palissade dont les planchettes sont obliques.
26. *Clôture en X.*
    Voir : **clôture à chevalets.**
27. *Clôture maillée.*
    Voir : **clôture carreautée.**
28. *Clôture manchotte* : clôture de trois perches de hauteur et dont l'un de deux pieux dépasse suffisamment l'autre pour qu'on y fixe deux fils de fer barbelé.
    Syn. : **clôture bâtarde.**
29. *Clôture piquante* : clôture de barbelé.
    Syn. : **clôture de broche piquante.**
30. *À pleine clôture* : en grande quantité. Il y a du foin *à pleine clôture.* (surt. O 27-116)

31. Fig. *Sauter la clôture* : devenir enceinte, en parlant d'une jeune fille.
    Syn., voir : **attraper**.
32. Fig. *Regarder par-dessus la clôture* : en parlant des jeunes garçons, s'intéresser aux jeunes filles.
    Syn. : **châssis** (sens 4).

CLOU n. m.
1. *Clou à cheval* : clou de ferrure servant à fixer les fers aux sabots de cheval.
2. *Clou-de-chien* : furoncle, clou. C'est surtout à la fin de l'hiver qu'apparaissent les *clous-de-chiens*.
3. *Clou de juif* : attache ondulée en acier, dont la partie qui pénètre dans le bois est affûtée.
4. *Clou de la semaine*.
   Voir : **semaine**.
5. *Clou du dimanche*.
   Voir : **dimanche**.
6. *Clou tranché* : clou d'autrefois coupé à la tranche par opposition au clou rond qui a été coulé.
7. Voir : **cogner des clous**.
8. *Tomber des clous* : pleuvoir à verse.

CLOUCHER v. intr. [#]
Glousser. La poule *clouche* pour appeler ses petits.
Syn., voir : **closser**.

CLOUSSER v. intr. [#] [+++]
Voir : **closser**.

CLOUTER v. tr. [#]
Fixer à l'aide d'un clou, clouer.
Clouter un chevron sur la sablière.

CLSC n. m.
Sigle. Centre local de services communautaires.

CLUB n. m. (angl. club) ◙ (Le U de ce mot se prononce comme le U de cube)
1. Dans les sports, équipe comprenant un nombre déterminé de joueurs pour disputer des compétitions, des championnats. Un *club* de hockey, de baseball, de *ringuette*.
2. *Club de nuit* (angl. night club) ◙ : boîte de nuit qui présente des attractions et où l'on peut manger et boire.
3. *Club de pêche, de chasse* : association de pêcheurs et de chasseurs sportifs à laquelle l'État loue pour une somme dérisoire le droit exclusif de chasse ou de pêche sur un cours d'eau, un lac, un territoire déterminé.
   Voir : **clubé**, **décluber**.
4. *Club social* (angl. social club) ◙ : organisme à caractère philanthropique et mondain regroupant des personnes ayant des intérêts communs. Les *clubs sociaux* foisonnent en Amérique du Nord.

CLUBÉ, ÉE adj.
Appartenant à un *club* de chasse ou de pêche. Il y a quelques années, plusieurs lacs et rivières du Québec étaient *clubés* et ont été *déclubés* par la suite.

COAT n. m. (angl. coat) ◙
1. Veston de complet. [+++]
   Syn. : **blouse**, **bougrine**, **capot**, **jacket**.
2. *Coat à queue* : habit de cérémonie, habit. [+++]
   Syn., voir : **arrache-clou**.

COBBLER, COBBLEUR n. f.
Variété de pommes de terre.

COBETTE n. f. (angl. cupboard) ⊗
Voir: **cupboard**.

COBI, IE adj.
1. Bosselé. Casserole *cobie*. (acad.)
Syn.: **bossé**.
2. Fig. Voûté, dont le dos est courbé par l'âge. (acad.)
Syn.: **bossé**, **croche**, **crochu**.

COBIR v. tr.
Bosseler. Il conduit prudemment pour ne pas *cobir* son auto. (acad.)

COBOTTES n. f. pl. (angl. caulk ⊗, suivi du mot bottes)
Chaussure de *drave* d'autrefois à semelle épaisse et à crampons qui empêchent de glisser sur les billes de bois humides.
Syn.: bottes **corkées**.

COCHE n. f.
1. Vx et rég. en fr. Entaille de direction faite à un arbre qu'on va abattre.
Syn.: **notch**.
2. Fig. *Être à côté, en dehors de la coche*: se tromper, être dans l'erreur, à côté de la question.
Syn., voir: **track**.

COCHÉ, ÉE adj.
Ondulé. La surface de la planche à laver est en tôle *cochée*.
Syn.: **cossé**.

COCHER v. tr.
Vx en fr. Faire une *coche* ou entaille de direction à un arbre à abattre.

COCHON n. m.
1. Au pl. *Cochons-de-lait*: asclépiade commune.
Syn., voir: **cotonnier**.
2. Au pl. *Cochons, petits cochons*: sarracénie pourpre. (E 37-85)
Syn., voir: **herbe à crapaud**.
3. Tirelire ayant la forme d'un cochon et dans laquelle les enfants introduisent leurs pièces de monnaie.
Syn.: **banque** (sens 2).
4. Système de frein à contrepoids utilisé dans la descente des côtes raides, surtout dans les chemins forestiers l'hiver.
Syn., voir: **chèvre**.
5. Machine à déchiqueter le bois dont on veut faire du papier, déchiqueteuse.
6. Dans une scierie ou une mine, convoyeur servant à transporter des débris de bois, des déchets de minerais.
Syn.: **calvaire**.
7. Pâte mise dans un sachet de coton et cuite dans l'eau bouillante.
8. Fig. *Jouer une patte de cochon* à quelqu'un.
Voir: **patte** (sens 2).

COCHONNE n. f. [#]
Femelle du cochon, truie.
Syn.: **mère-cochon**, **mère-cochonne**, **mère-truie**.

COCHONNER v. intr.
Rare en fr. Mettre bas, en parlant d'une truie. [+++]

COCHONNERIE n. f.
1. Grain de poussière, moucheron, saleté, escarbille. Enlever une *cochonnerie* de l'œil à l'aide d'une graine de lin qu'on glisse sous la paupière.
Syn.: **bourrier**, **saloperie**.
2. Au pl. Balayures. Sortir la pelle à poussière pour ramasser les *cochonneries*. (O 22-124)
Syn., voir: **baliures**.

COCO n. m.
1. Ironiquement, tête. Passer l'hiver le *coco* à l'air. [+++]
Syn., voir: **cabochon**.

2. Chapeau melon, melon. [+]
3. Cône des conifères.
   Syn., voir : **cocotte**.

COCOTTE n. f.
Cône des conifères. [+++]
Syn. : **berlicoco**, **coco**, **quedette**.

COCU n. m.
1. Souci d'eau, à cause de sa couleur jaune.
2. Fig. Sale tour. Jouer un *cocu* à quelqu'un.
   Syn. : **patte de cochon** (sens 4).

CODE MORIN n. m.
Code de procédure régulièrement utilisé dans les assemblées délibérantes et dont la première édition remonte à 1938. Nom donné d'après celui de son auteur, M. Victor Morin.

CODINDE n. m. ou f. [#]
Voir : **coq-d'Inde**.

CŒUR n. m.
1. Marque blanche sur le front de bêtes à cornes, étoile.
   Syn. : **demi-lune**, **feuille d'érable**, **lune**, **rose**, **rosette**.
2. *Cœur marqué* : nom vulgaire d'une variété de phoques.
3. *À cœur de* : à longueur de. Travailler *à cœur de* jour, d'année.
4. Fam. en fr. *Avoir le cœur sur la main* : être serviable, prêt à tout faire pour aider quelqu'un.

CŒURS-SAIGNANTS n. m. pl.
Plante d'ornement appartenant au genre dicentre. [++]

COFFE n. m. (angl. cuff) ⊘
Voir : **cuff**.

COFFRE n. m.
1. Nasse à anguilles. [+]
   Syn., voir : **bourne**.

2. Cercueil. Photographier un mort dans son *coffre*.
   Syn. : **tombe**.
3. *Coffre à butin*.
   Voir : **butin**.
4. *Coffre, coffre à crayons* : plumier en bois dans lequel les écoliers mettent plumes, crayons, stylos, gomme. [+++]
5. *Coffre d'espérance* : coffre contenant le trousseau d'une jeune fille à marier.

COFFRER v. tr. et intr.
1. Gondoler, se déjeter, travailler, en parlant du bois. Une porte faite avec du bois insuffisamment sec risque toujours de *coffrer*.
2. Devenir étanche. Pour faire *coffrer* un baril, il faut l'arroser et le remplir d'eau.

COFFRET DE SÛRETÉ n. m.
Coffre. Louer un *coffret de sûreté* dans une banque.

COGNE-CUL n. m. [+]
Voir : **véloneige traditionnel**.

COGNER v. tr. et intr.
1. Vx en fr. Heurter, frapper. *Cogner* le frigidaire.
2. Fig. *Cogner des clous, des piquets* : sommeiller assis en faisant avec la tête des mouvements de haut en bas et de bas en haut.
   Syn. : **planter des clous**, **planter des piquets**.
3. Palpiter, battre, en parlant du cœur. Quand on voit un accident grave, on sent son cœur *cogner*.

COIFFE n. f.
Saucisse en coiffe : saucisse plate enveloppée d'un morceau de crépine, crépinette.

COIL, CAILLE n. f. (angl. coil) ⬚
Radiateur dans lequel circule l'eau chaude ou la vapeur servant à chauffer une pièce.

COIN n. m.
1. Voir : **chalumeau**.
2. *Coin à bois*.
   Syn., voir : **cavreau**.

COINCÉ, ÉE adj. et n.
Fig. Stressé, rempli de complexes, complexé.
Syn. : **poigné**.

COINTER v. tr. [#]
1. Poser un coin, coincer. *Cointer* le manche d'un outil pour l'affermir.
   Syn. : **accointer**.
2. *Bardeau à cointer* : bardeau de bois dont on se sert pour caler une pièce de bois, la mettre au niveau, la coincer, l'assujettir.

COKE n. m.
Appellation usuelle du coca-cola, boisson gazeuse. Marque déposée.

COL n. m.
1. [#] Faux col détachable de chemise.
   Syn. : **collet** (sens 1).
2. Cravate. (O 28-101)
3. [#] Mousse d'un verre de bière, faux col.
   Syn. : **collet** (sens 3).

COL BLANC n. m. (angl. white collar)
Employé de bureau, technicien, cadre.
Syn. : **collet blanc**.

COL BLEU n. m. (angl. blue collar)
Ouvrier, travailleur manuel, manuel, salarié. Les ordures ménagères s'entassent sur les trottoirs parce que les *cols bleus* sont en grève.

COLEMAN n. m.
Fanal à manchon fonctionnant à l'essence. Marque déposée.

COLISÉE n. pr. m.
À Québec, établissement couvert où se trouve une patinoire à glace entourée de gradins et où ont lieu les matchs de hockey des *Nordiques*.
Syn. : **forum**, **aréna**.

COLLANT n. m.
Collant à mouches : papier tue-mouches spiralé, enduit de colle. (O 34-91)
Syn. : **papier à mouches**, **rubanbelle à mouches**, **tirette à mouches**.

COLLANT, ANTE adj.
1. Se dit d'une neige molle qui se met facilement en boule, en *pelote*. [++]
   Syn., voir : **pelotant**.
2. Se dit d'un chemin d'hiver lorsque la neige fondante colle et fait boule sous les sabots des chevaux.
   Syn., voir : **boulant**.
3. Fig. Importun, qui suit à la trace.
   Syn., voir : **tache**.

COLLE n. f. (angl. cull) ⬚
Voir : **cull**.

COLLÉ part. adj.
En avoir de collé : avoir des moyens, être riche. [+]
Syn., voir : **motton** (sens 2).

COLLER v. tr. (angl. culler) ⬚
Voir : **culler**.

COLLET n. m. [#]
1. Faux col détachable de chemise.
   Syn. : **col** (sens 1).
2. Col non détachable de la chemise d'aujourd'hui ; col de manteau souvent en fourrure.

3. Mousse d'un verre de bière, faux col.
Syn.: **col** (sens 3).

COLLETAILLER (SE) v. pron.
Se colleter, lutter à bras-le-corps. Se *colletailler* avec des voyous.

COLLET BLANC n. m. (angl. white collar)
Voir: **col blanc**.

COLLET BLEU n. m. (angl. blue collar)
Voir: **col bleu**.

COLLEUR n. m. (angl. culler) ◙
Voir: **culleur**.

COLLEUX, EUSE n. et adj.
1. Enfant câlin, affectueux.
2. Adulte qui ne quitte pas d'une semelle la personne aimée, qui ne peut supporter le fait d'être seul de temps à autre.

COLLIER n. m.
1. *Collier à bœuf*: véritable collier de harnais dont la forme épouse celle des épaules du bœuf et qui a souvent remplacé les jougs à cornes ou à garrot. Un collier à cheval bas en haut et haut en bas pouvait être utilisé comme *collier à bœuf*.
2. *Collier canadien, collier français*: collier de harnais dont le coussin est fixé aux attelles.
3. *Collier anglais, collier américain*: collier de harnais dont le coussin n'est pas fixé aux attelles.
4. *Collier de portage, de portageur*: longe de cuir que le *portageur* passe sur son front et aux extrémités de laquelle sont attachés les paquets à transporter dans un *portage*.
5. *Collier du cou*: clavicule. Se fracturer le *collier du cou*.
Syn., voir: **anse du cou**.

COLOMBAGE n. m.
Pièce de bois de construction d'épaisseur, de largeur et de longueur variables, solive.
Syn.: **deux-par-quatre**, **scantling**, **studding**.

COLOMBIEN, IENNE n. et adj.
1. Habitant de la Colombie-Britannique; de la Colombie-Britannique.
2. Membre de l'association des *Chevaliers de Colomb*; relatif à cette association.

COLON n. m.
1. Homme qui va faire du défrichement dans une *colonie* au Québec. Les *colons* de l'Abitibi ont eu la vie très dure dans les années vingt et trente de ce siècle.
2. *Avoir l'air colon*: avoir l'air rustre.
3. Variété de poêle de cuisine rudimentaire.

COLONIE n. f.
Paroisse de colonisation en voie de formation ou de consolidation au Québec.

COMBINE n. f.
1. Sous-vêtement ou survêtement combinant en une seule pièce gilet et caleçon, combinaison.
2. (Angl. combine) ◙. Moisonneuse-batteuse.
3. (Angl. combine) ◙. Dans les sports, passe du ballon, de la *rondelle*, etc., à un coéquipier.

COMBINER v. intr. (angl. to combine) ◙
Dans les sports, faire une passe, passer le disque, le ballon, la *rondelle* à un coéquipier. [+++]

COMBLER v. tr.
1. Rare en fr. Charger par-dessus bord une charrette de foin,

remplir par-dessus les bords un contenant (minot, boisseau).
2. Pourvoir. *Combler* le poste de secrétaire dans une association.

COMÉTIQUE n. m. (mot inuit)
1. Traîneau à chiens d'une dizaine de *pieds* de longueur encore en usage sur la Côte-Nord. (E 20)
2. Traîneau-jouet d'enfant ayant la forme du cométique.

COMFORTABLE n. m. (angl. comfortable)
Couvre-pieds, édredon qui recouvre et orne un lit. [+++]
Syn. : **comforteur**, **confiteur**, **douillette**.

COMFORTEUR n. m. (angl. comforter) (O 25-117 et acad.)
Voir : **comfortable**.

COMIQUES n. m. pl. (angl. comics) ⊘
Bandes dessinées. Les enfants adorent les *comiques* et les comprennent même avant de savoir lire.

COMME DE FAIT loc. adv. [#]
En effet, de fait, en réalité.

COMMENT adv. [#]
Combien. *Comment* d'argent gagnes-tu par semaine ?

COMMENTIÈME adj. et n. [#]
Combientième. C'est la *commentième* cigarette que tu fumes aujourd'hui ?

COMMÈRE n. f.
Vx et rég. en fr. Marraine d'un enfant. [+++]

COMMÉRER v. intr.
Rare en fr. Faire des commérages.

COMMISSAIRE D'ÉCOLE n.
Membre élu d'une *commission scolaire* et dont le rôle est d'administrer les écoles élémentaires et secondaires.

COMMUN, UNE adj.
1. En parlant de choses de qualité inférieure. Quand on achète un complet *commun*, il ne faut pas s'attendre à ce qu'il soit inusable.
Syn. : **cheap**.
2. Vulgaire, mal éduqué. N'amène pas Nicole chez tes parents, elle est trop *commune*.
Syn. : **chuton**.

COMMUNE n. f.
1. Île ou terrain servant de pâturage commun aux animaux de ferme dans une municipalité.
2. Depuis le début de la révolution sexuelle, groupe de garçons et de filles qui vivent ensemble et qui changent volontiers de partenaire.

COMMUNS n. m. pl.
Les communs : les toilettes.
Syn., voir : **chiardes**.

COMPACT n. m. (angl. compact) ⊘
Poudrier de dimension réduite que les femmes transportent dans leur sac à main.

COMPAGNIE DE FINANCE n. f. (angl. finance company) ⊘
Société de prêts. Les *compagnies de finance* font des affaires d'or dans les quartiers populaires.

COMPÉRAGE n. m.
1. Cérémonie du baptême d'un enfant. Assister à un *compérage*.
2. Groupe de personnes qui assistent au baptême d'un enfant. Regarder passer un *compérage* qui se dirige vers l'église.

COMPÈRE n. m.
1. Vx et rég. en fr. Parrain d'un enfant. [+++]

2. *Les compères* : le parrain et la marraine par rapport aux parents.

COMPRENURE n. f.
Compréhension, esprit, intelligence, comprenette. Il est lent de *comprenure*. (surt. O 27-116)

COMPTER v. tr.
1. Sports. *Compter un point* : marquer un point, en parlant d'un joueur.
2. *Compter l'un sans l'autre* : compter en laissant tomber les nombres pairs. Pour créer deux équipes de joueurs, prendre la liste alphabétique des joueurs et *compter l'un sans l'autre*, en sautant le deuxième, le quatrième, etc.

COMPTEUR, EUSE n.
Dans les sports, joueur qui marque des points, marqueur.
Syn. : **pointeur**.

COMPTOIR, COMPTOIR DE CUISINE n. m.
Dans les cuisines modernes, aire ou plan de travail fixe situé à proximité de l'évier.

COMTÉ n. m.
(Angl. county) ⊗ Circonscription électorale. Chaque *comté* élit un député.

CONCERN n. f. (angl. concern) ⊗
Compagnie d'exploitation forestière. Au début du siècle, les *concerns* américaines avaient de grandes concessions forestières au Québec.

CONCERT-BÉNÉFICE n. m.
Voir : **bénéfice**.

CONCESSION n. f.
1. Au sens cadastral, ensemble de lots qui constituent un *rang*.

2. Au pl. Partie d'une municipalité rurale éloignée du village. Habiter dans les *concessions*.
3. Au pl. Territoire ouvert à la colonisation plus récemment que le lieu où habite le sujet parlant.

CONCIERGERIE n. f. [#]
Immeuble d'habitation. Les *conciergeries* poussent comme des champignons dans le centre-ville.

CONCOMBRE n. m.
1. *Concombre grimpant* : échinocystis lobé.
2. *Concombre sauvage* :
   a) Échinocystis lobé.
   b) Médéole de Virginie.
   Syn. : **jarnotte**.

CONCOURS n. m.
1. Examen hebdomadaire, mensuel ou de fin d'année des élèves (au primaire et au secondaire). Autrefois, il y avait régulièrement des *concours* pour chacune des matières.
2. Rassemblement de personnes. Dix minutes après l'accident, il y avait déjà un grand *concours* de curieux.
3. Neuvaine, prière des quarante heures. Dans les *concours*, il vient beaucoup de monde.

CONDAMNÉ, ÉE adj.
Gelé profondément, en parlant du sol. En ce pays-ci la terre est *condamnée* pendant cinq mois. [++]
Syn. : **barré**, **fermé**.

CONDAMNER v. tr.
Condamner une maison : en clore toutes les ouvertures avec des planches, des panneaux, pour la laisser inhabitée.

CONDENSÉ, ÉE adj. (angl. condensed) ⊗
Lait condensé : lait concentré sucré.

CONDO, CONDOMINIUM n. m. (angl. condominium) ◨

Copropriété. La mode des *condos* est très récente au Québec (NOLF).

CONFESSE n. f.

Ne pas être à confesse, au confessionnal : ne pas se sentir obligé, comme le pénitent au confessionnal, de dire en détail tout ce que l'interlocuteur aimerait savoir.

CONFITEUR n. m. (angl. comforter) ◨

Voir : **comfortable**.

CONFRÈRE n. m.

Condisciple, camarade de classe au niveau secondaire. Les *confrères* de classe des anciens collèges classiques aiment beaucoup se revoir.

CONFUSION n. f. [#]

Tomber en confusion, dans les confusions : tomber en convulsions.

CONGRESS n. f. (angl. congress boot) ◨

Bottine à élastique. [+]

CONJONCTION n. f. [#]

Congestion. Attraper une *conjonction* pulmonaire.
(surt. O 25-117)

CONNAISSANT, ANTE n. et adj.

1. Vx en fr. Connaisseur, instruit, compétent, qui sait.
2. *Faire le connaissant* : faire le savant.

CONNAÎTRE v. tr.

Connaître un endroit comme le fond de sa poche, connaître quelqu'un comme si on l'avait tricoté : très bien connaître, connaître à fond.

CONNECTICUT n. m.

Variété de tabac à pipe cultivée ici.

CONSEIL n. m.

Être sur le conseil (angl. to be on the board) ◨ : se dit de chômeurs ou de personnes nécessiteuses qui recevaient une aide financière de leur ville ou de leur municipalité, aide votée par le conseil municipal.

CONSERVATEUR, TRICE n. et adj.

1. *Parti conservateur* : parti politique ayant une aile fédérale, le PCC à Ottawa, et une aile provinciale dans chacune des provinces canadiennes, dont le PCQ au Québec.
2. Adhérent du *Parti conservateur*.

CONSOMMAGE n. m.

1. Action de *consommer*, de *faire consommer*.
2. Débris de viande, suif, graisse que l'on fait bouillir pour en fabriquer du savon de ménage.

CONSOMMER v. intr.

Faire consommer : faire bouillir restes de viande, suif, graisse pour en faire du savon de ménage appelé *savon du pays*.

CONSOMPTIF, IVE adj.

Rare en fr. Phtisique, poitrinaire. Pierre est *consomptif*.
Syn. : **consomption**.

CONSOMPTION adj. [#]

Phtisique, poitrinaire. Pierre est *consomption*. [+++]
Syn. : **consomptif**.

CONTAINER n. m. (angl. container) ◨

L'équivalent français de ce mot anglais est conteneur, dérivé du verbe contenir.

CONTER v. tr.

Vx et rég. en fr. Raconter. Viens me *conter* comment cet accident est arrivé.

CONTER DES PEURS loc. verb.
Raconter des histoires
invraisemblables, des blagues.

CONTINUATIONS n. f. pl.
Terrain, en dehors des limites
normales d'une terre, qu'un
cultivateur achète pour agrandir son
exploitation agricole.
Syn.: **circuit**.

CONTRACTEUR n. m. (angl.
contractor) ▣
Entrepreneur. Joseph, c'est un gros
contracteur en travaux de
terrassement.

CONTRE-PORTE n. f.
Double porte s'ouvrant vers
l'extérieur et destinée à protéger une
habitation contre le froid de l'hiver.
Syn.: **porte d'hiver**, **porte double**.

CONTRÔLE n. m.
Être sous contrôle (angl. under
control) ▣ : être maîtrisé, en parlant
d'un incendie. Une heure après
l'arrivée des pompiers, l'incendie
était sous contrôle.

CONVENTUM n. m.
Réunion d'anciens élèves qui ont
terminé leurs études secondaires la
même année. Le *conventum* des
finissants du collège de Rigaud de
1940 a eu lieu l'an dernier.

CONVERTIBLE n. m. ou f. et adj. (angl.
convertible) ▣
Décapotable. Une *convertible* n'est
pas recommandable en hiver.

CONVOYEUR n. m.
Dans l'étable, nettoyeur
automatique.

COOK n. m. (angl. cook) ▣
Cuisinier dans les chantiers
forestiers et sur les bateaux. [+++]

COOKERY n. f. (angl. cookery) ▣
1. Dans les chantiers forestiers, lieu
où l'on fait la cuisine, cuisine.
Syn.: **cookroom**.
2. *Faire la cookery* : faire la cuisine.

COOKIE, COOKY n. m. (angl. cookie) ▣
Aide-cuisinier dans les chantiers
forestiers.
Syn., voir: **chore-boy**.

COOKROOM n. f. (angl. cookroom) ▣
Dans les chantiers forestiers, lieu où
l'on fait la cuisine, cuisine. (surt. sud
du Saint-Laurent)
Syn.: **cookery**.

COOKY n. m. (angl. cooky) ▣
Voir: **cookie**.

COOL n. et adj. (angl. cool) ▣
Se dit d'un individu serein, détendu,
sans préjugés.

COPIÉ, ÉE adj.
Tout copié : parfaitement
ressemblant. Cet enfant, c'est son
père tout *copié*.
Syn., voir: **recopié**.

COPPE n. f. (angl. copper) ▣
1. Cuivre. Du fil de *coppe*, un toit
recouvert en *coppe*. (O 27-117)
2. Pièce de monnaie de peu de
valeur.
3. *Ne pas avoir une coppe* : ne pas
avoir un sou, être pauvre.
4. *Ne pas devoir une coppe* : ne pas
avoir de dettes.

COQ n. m.
1. Huppe, crête de cheveux à la
Tintin très à la mode dans les
années trente.
2. Girouette servant à indiquer la
direction du vent et qui représente
un coq. (entre 34-91 et 9-130)
Syn., voir: **revire-vent**.
3. Voir: **rognons-de-coq**.

4. *Coq des sœurs* : ironiquement, homme à tout faire dans les couvents de religieuses.

COQ-D'INDE, CODINDE n. m. ou f.
Fig. Personne niaise, imbécile, bête. As-tu vu le *coq-d'Inde* qui n'a même pas réagi ? [+]

COQ-L'ŒIL adj. et n.
1. Borgne. Lui, il est devenu *coq-l'œil* à dix ans.
2. Personne atteinte de strabisme, loucheur. [+++]
   Syn. : **bicheur, borniquet, croche** (sens 5), **yeux-croches**.

COQUE n. f.
1. Mye : palourde américaine (NOLF).
2. Mye des sables, variété de coquillages.

COQUELUCHE n. f.
1. Cosse de haricots, de pois. (acad.)
2. Feuilles enveloppant un épi de maïs. (acad.)
3. Coquille du homard. (acad.)

COQUEMAR n. m.
Vx en fr. Bouilloire. Remplis le *coquemar* et mets-le sur le feu. (acad.)
Syn., voir : **canard**.

COQUERELLE n. f.
Blatte. Les *coquerelles* se trouvent surtout dans les cuisines. [+++]

COQUERON n. m.
1. Espace minuscule situé dans l'avant-toit d'une maison, lieu de rangement exigu.
   Syn. : **ravalements**.
2. Logement, maison plus que modeste. Une famille de cinq personnes habite ce *coqueron*.
   Syn., voir : **giole**.

COQUILLE SAINT-JACQUES n. f.
Pétoncles (n. m. pl.) (NOLF).

CORBEAU n. m.
1. Arbre carbonisé à la suite d'un incendie de forêt.
2. Morceau de charbon de bois insuffisamment carbonisé, fumeron.
3. Péjor. Sobriquet donné aux religieux, surtout aux frères.
   Syn. : **bavette, buck, corneille, crosseur, mets-ta-main**.

CORBIGEAU n. m.
1. Nom vulgaire du courlis. (E 18-132)
2. *Graines à, de corbigeaux* : camarine noire.
   Syn., voir : **goules noires**.

CORBILLARD n. m.
Cerceau placé à la hauteur des genoux, suspendu aux épaules et permettant de transporter jusqu'à quatre seaux d'eau.
Syn. : **cercle**.

CORDE n. f.
1. Fil de canne à pêche.
2. *Corde à butin* : corde à linge. Étendre le linge qu'on vient de laver sur la *corde à butin*.
3. Voir : **coucher sur la corde à linge**.
4. *Corde de bois* : unité de mesure pour le bois de chauffage (quatre *pieds* de hauteur, quatre de largeur et huit de longueur ou cent vingt-huit *pieds* cubes).

CORDEAUX n. m. pl.
1. Rênes, guides du harnais pour le cheval. (E 34-91)
2. Fig. *Tenir les cordeaux* : porter la culotte, en parlant d'une femme qui commande dans un ménage.

CORDÉE, CORDERIE n. f.
Pile de bois d'une dimension
indéterminée.

CORDEROI n. m. (angl. corduroy) ⊘
Voir : **corduroy.**

CORDON n. m.
1. Lacet de chaussure en cuir ou en
coton. Les gens de la campagne
taillent eux-mêmes leurs *cordons*
à chaussures dans des peaux de
cuir tannées. (O 25-117)
Syn. : **amarre** (sens 3).
2. Ligne qui marque l'extrémité
d'une terre défrichée ou à
défricher.
Syn., voir : **trait-carré.** [++]
3. Le quart d'une *corde de bois* de
chauffage. [+++]
4. Fig. *Avoir le cordon du cœur trop
long* : être paresseux.

CORDONNER v. intr.
Exercer le métier de cordonnier,
travailler le cuir.

CORDUROY, CORDEROI n. m. (angl.
corduroy) ⊘
1. Velours côtelé. Pantalon en
corduroy.
2. *Chemin en corduroy* : en terrain
marécageux, chemin dont la
surface a été garnie de rondins, de
troncs d'arbres, de fascines.

CORÉGONE DE LAC n. m.
Nom vulgaire du grand corégone.
Syn., voir : **pointu.**

CORKÉ, ÉE adj. (angl. to calk) ⊘
Bottes corkées : bottes de *drave* à
crampons qui empêchent de glisser
sur les billes de bois humides.
Syn. : **cobottes.**

CORMIER n. m.
Rég. en fr. Sorbier d'Amérique. [+++]
Syn., voir : **mascou.**

**CORMORAILLÈRE, CORMORANDIÈRE,
CORMORANTIÈRE** n. f.
Anfractuosités dans les rochers où
les cormorans font leurs nids. (acad.)

CORNAILLER v. tr. et pron.
Donner des coups de cornes ; se
donner des coups de cornes. [+++]
Syn., voir : **cosser.**

CORNAILLEUR, EUSE n. et adj.
En parlant de bêtes à cornes, qui a
la manie de cosser, de donner des
coups de cornes. Cette vache, c'est
une *cornailleuse.*
Syn. : **corneur.**

CORNE n. f.
Fig. *Mal de cornes* : mal de tête,
gueule de bois au lendemain d'une
soirée de libations.
Syn. : mal de **bloc.**

CORNE-EN-CUL n. m.
Alcool de fabrication domestique.
(Charsalac)
Syn., voir : **bagosse.**

CORNEILLE n. f.
1. Péjor. Sobriquet donné aux frères.
[++]
Syn. : **corbeau.**
2. Péjor. Sobriquet donné aux
religieuses. [+++]
Syn., voir : **pisseuse.**
3. Lampe rudimentaire du genre
bec-de-corbeau, utilisée dans les
chantiers forestiers.
Syn. : **chalumeau.**
4. Voir : **bordée des corneilles,
épinette des corneilles, pin à
corneilles, tempête des
corneilles.**
5. *Corneille de mer* : guillemot noir.

CORNER v. tr. et pron.
Donner des coups de cornes, se
donner des coups de cornes.
Aie l'œil sur cette vache, elle a la

manie de *corner*. [+]
Syn., voir : **cosser**.

CORNETTE n. f.
Péjor. Sobriquet donné aux
religieuses.
Syn., voir : **pisseuse**.

CORNEUR, EUSE n. et adj.
En parlant des bêtes à cornes, qui a
la manie de cosser, de donner des
coups de cornes. Méfie-toi de cette
vache, c'est une *corneuse*.
Syn. : **cornailleur**.

CORNICHE n. f.
Fig. Poitrine féminine plantureuse.
[++]
Syn., voir : **magasin**.

CORONER, CORONAIRE n. (angl.
coroner)
Officier civil chargé des enquêtes
préliminaires, avec l'assistance d'un
jury, dans les cas de mort violente
ou suspecte. [+++]

CORPORENCE n. f.
Corpulence. Cette femme a une
corporence imposante.

CORPS n. m.
1. Camisole d'homme couvrant le
torse et portée sur la peau. [+++]
2. *Aller au corps*, *aller prier au
corps*, *aller prier le bon Dieu au
corps* : aller faire une visite au
défunt exposé autrefois dans les
maisons et, depuis la Deuxième
Guerre mondiale, dans les *salons
mortuaires*.
Voir : **veillée au corps**.

CORPS-MORT n. m.
1. Tronc d'arbre renversé ou abattu
et qui pourrit sur place. Si on veut
passer en traîneau ici l'hiver
prochain, il faut ranger les *corps-
morts*. [+++]
Syn. : **pourrillon**.

2. Bouteille vide dont le contenu
(alcool ou bière) a été bu. On les a
retrouvés ivres morts à côté d'un
tas de *corps-morts*.

CORSÉ, ÉE adj.
En parlant d'une personne ou d'un
cheval, ni gras, ni maigre, sans
bedon ou embonpoint, mince. Les
chevaux de course sont toujours
corsés. C'est un homme grand et
corsé.

CORSON, CORSON SAUVAGE n. m. [#]
Cresson, cresson sauvage.

CORTLAND n. f.
Variété de pommes à couteau.

CORTONS n. m. pl. [#]
Voir : **cretons**.

CORVÉE, COURVÉE n. f.
À la campagne, prestation de travail
collective, volontaire et gratuite,
pour aider quelqu'un qui est en
difficulté. Faire une *corvée* pour
reconstruire une maison détruite par
un incendie.
Syn. : **bee**.

COSSE n. f.
1. Coquille d'œuf. (acad.)
2. Quartier d'orange.

COSSÉ, ÉE adj.
Ondulé. De la tôle *cossée*.
Syn. : **coché**.

COSSER (SE) v. pron.
Vx ou rég. en français. Se heurter de
la tête, en parlant des bêtes à cornes.
Syn. : **cornailler**, **corner**,
encorner.

COSSIN n. m.
1. Tout objet de peu de valeur, vieux
clou, bout de fer, de ficelle, qui
pourrait éventuellement être utile.
(Mauricie)
Syn. : **chenicot**.

2. Au pl. Menus objets, babioles que chérissent les femmes et par lesquelles elles s'identifient. À Montréal, il y a le magasin Les *cossins* d'ailleurs.
3. [#] Coussin d'un collier d'attelage pour cheval.

COSSINEUX n. et adj.
Personne qui ramasse des babioles, des bricoles, des *cossins*.

COSTARDE n. f. (angl. custard) ⊘
Flan ; crème anglaise pâtissière, renversée.

CÔTE n. f.
1. À la campagne, en pays plat, *rang* de cultivateurs. (Lanaudière) Syn., voir : **rang** (sens 1).
2. Fig. *Avoir les côtes sur le long* : être paresseux, lâche.

COTEAU n. m.
Rang plus court que les *rangs* avoisinants. Diminutif de *côte*. (Lanaudière)
Syn., voir : **rang** (sens 1).

CÔTEUX, EUSE adj.
Accidenté, montueux, en parlant d'un terrain, d'une région. [++]
Syn. : **butailleux, butteux, buttonneux, cabouronneux, côtoyeux, houleux, rabotu, vallonneux.**

COTI, IE adj.
1. Pourri, en parlant du bois. Cœur d'arbre *coti*, attaqué par la pourriture sèche. [+++]
2. Gâté, en parlant d'un fruit. Une pomme *cotie*.

COTILLON n. m.
1. Vx en fr. Jupon. [++]
2. Vx en fr. Variété de danse traditionnelle.

COTIR v. intr. et pron.
1. Pourrir, en parlant du bois. Un madrier qui a commencé à *cotir*. [+++]
2. Se gâter, en parlant d'un fruit.

COTON n. m.
1. Fane de pomme de terre.
2. Tige de pois desséchée, pesat.
3. Trognon de chou.
4. Tige de maïs dégarnie de ses épis. [+++]
Syn. : **sucet.**
5. Épi de maïs dégarni de ses grains.
6. *Coton de la queue* (d'un animal) : coccyx. (surt. Charsalac)
7. Fig. *Être au coton, être rendu au coton* : être épuisé, à bout de force. Syn., voir : **resté.**
8. *Coton à fromage* (angl. cheese-cloth) ⊘ : gaze servant à envelopper certaines variétés de fromage, étamine.

COTONNIER n. m.
Asclépiade commune.
Syn. : **cochons-de-lait, petit cochon.**

CÔTOYEUX, EUSE adj.
Accidenté, montueux. Une région *côtoyeuse*.
Syn., voir : **côteux.**

COTTAGE, COTTAGE CHEESE n. m.
(angl. cottage cheese) ⊘
Variété de fromage blanc, fabriqué à partir de lait écrémé.

COUAC n. m.
1. Bihoreau à couronne noire, variété de héron ou butor d'Amérique. [+]
2. Voir : **CWAC.**

COU-BLANC n. m.
Pluvier à collier.

COUCHE n. f.
1. *Avoir la couche aux fesses* : être jeune, manquer d'expérience. Il aimerait avoir des responsabilités mais il a encore *la couche aux fesses*.
2. *Couche chaude* : boîte rectangulaire recouverte d'un châssis, renfermant un terreau placé sur un lit de fumier de cheval en décomposition et dans laquelle on sème, tôt le printemps, ce qui sera repiqué à l'extérieur par la suite. Les serres ont fait disparaître les *couches chaudes*.

COUCHER v. tr., intr. et pron.
1. *Coucher dans la laine* : coucher entre deux draps de laine.
2. Fig. *Coucher sur la corde à linge* : fêter, boire toute la nuit.
3. Fig. *Se coucher tout rond.* Voir : **rond**.

COUCHETTE n. f.
Coucherie, amour physique. Ce vieux-là, il est encore fort sur la *couchette*.

COUCOU n. m. [#]
Oiseau, coulicou.

COUDRE, COUDE n. m.
Vx en fr. Coudrier, noisetier dont les tiges très flexibles peuvent servir de liens. Les sourciers utilisent une fourche de *coudre* pour repérer les cours d'eau souterrains. [+++]

COUDRE v. tr.
Nous *coudons*, vous *coudez* : nous cousons, vous cousez. Je *coudais*... : je cousais... *Coudu* : cousu.

COUENNE n. f.
1. Surface herbeuse du sol.
2. Fig. *Avoir la couenne épaisse* : être endurci à l'épreuve, pouvoir encaisser, ne pas être vulnérable.

COUETTE n. f.
1. Brème d'Amérique (NOLF).
2. Natte de cheveux.

COUETTÉ, ÉE adj.
Ébouriffé. Avoir les cheveux *couettés*.

COUILLON n. m.
Grosses roches, *cayes* que la marée recouvre et qui sont dangereuses pour la navigation sur le Saint-Laurent.
Syn. : **caye**.

COUILLON, ONNE adj. et n.
1. Dangereux. Les *cayes* sont *couillonnes* pour la navigation.
2. Malpropre.

COULANT, ANTE adj.
1. Boueux, où l'on glisse. Chemin *coulant*.
2. Glissant, en parlant d'un chemin d'hiver recouvert d'une neige molle.

COULÉE n. f.
1. Ruisseau qui coule dans un ravin. [+]
2. Quantité de sève fournie par les érables entre deux ramassages.

COULER v. tr. et intr.
1. *Faire couler* : exploiter une érablière le printemps.
2. Fig. *Les érables coulent.* Voir : **érable** (sens 6).

COULEUX, EUSE adj.
1. En parlant des érables, qui produisent beaucoup de sève. Les érables à l'abri du vent sont plus *couleux* que ceux qui y sont exposés.
2. Se dit d'une période de temps (printemps, semaine, jour) au cours de laquelle la production de la sève a été considérable. La

semaine de Pâques a été très *couleuse*.

COULISSE n. f.
1. Gouttière de bois ou de métal conduisant la sève de l'érable au contenant servant à la recueillir.
Syn., voir : **chalumeau**.
2. Dégoulinade, trace que laisse un liquide en coulant sur une surface verticale. La fenêtre étant restée ouverte, la pluie a fait plusieurs *coulisses*.

COULOIR n. m.
1. Vx en fr. Seau à couler le lait dont le bec verseur est muni d'un grillage.
Syn. : **chaudière-couloir**, **chaudière à couloir**.
2. Grand entonnoir qui s'adapte sur un bidon à lait et qui est muni d'un filtre.
Syn. : **passe** (sens 2).

COU-LONG n. m.
Butor d'Amérique.

COUP n. m.
1. *Coup chaud* : boisson chaude à base d'alcool, grog qu'on absorbe quand on est grippé ou quand on rentre du froid.
Syn., voir : **ponce**.
2. *Coup d'eau* : pluie très abondante qui tombe dans un espace de temps relativement court.
Syn. : **abat d'eau**.
3. *En coup de fusil* : très vite. Partir *en coup de fusil*.
Syn., voir : **pinouche**.
4. *Coup de mort*.
Voir : **attraper son coup de mort**.
5. Pop. en fr. *Un coup que* (loc. conj.) : dès que. Il était réticent mais *un coup qu*'il s'est décidé on n'a pas pu l'arrêter.

6. Pop. en fr. *Tout à coup que, tout d'un coup que* (loc. conj.) : si par hasard. *Tout à coup qu*'il le saurait, qu'est-ce qu'on pourrait lui dire ?

COUPANT n. m.
Au plus coupant : rapidement, au plus vite. Va chercher le médecin *au plus coupant*.
Syn. : au plus **Christ**, au plus **sacrant**.

COUPE-BROCHE n. m.
Pinces universelles utilisées pour sectionner de la *broche* ou fil de fer.

COUPE-CORNES n. m.
Variété de ciseaux pour couper les cornes, pour décorner les vaches ou les bœufs.
Syn. : **écorneur**.

COUPE-FOIN n. m.
Longue lame tranchante, arquée et dentelée, servant à couper le foin d'une tasserie pour y pratiquer une tranchée devant servir de passage.
Syn. : **tranche à foin**.

COUPER v. tr.
1. Castrer un animal (goret, cheval, bouvillon). [+++]
Syn., voir : **affranchir**.
2. Fig. *Couper comme un mal de ventre* : se dit d'un instrument tranchant qui ne coupe plus, qui a besoin d'être aiguisé.
3. Recouvrir, faire disparaître. *Couper* les joints des bardeaux d'une couverture pour en assurer l'étanchéité.

COUPEUR, COUPEUX n. m.
1. Hachette qu'on utilise pour couper les plants de tabac arrivés à maturité avant de les faire sécher *enfilés* sur des lattes.

2. *Coupeur de chemin* : layeur qui déboise le tracé d'un futur chemin.
Syn., voir : **swampeur**.

COUPE-VENT n. m. (angl. windbreaker) ⊗
Blouson, sorte de veste de sport ou de ville.

COUPLE n. f.
Vx en fr. Un petit nombre. Untel a habité une *couple* d'années en ville.

COUPLET n. m.
Trait court reliant le collier à l'atteloire qui pénètre dans les prolonges du brancard, mancelle. (O 37-85)
Syn. : **bracelet**, **tirant**, **tire**, **tirette**.

COUR À BOIS n. f.
Endroit où l'on vend du bois de construction prêt à être utilisé et en général tous les matériaux de construction.
Syn. : **clos à bois**, **clos de bois**.

COURAILLAGE n. m.
Action de *courailler*, de courir la prétentaine.

COURAILLER v. tr. et intr.
1. Aller à plusieurs endroits. J'avais cinq courses à faire et j'ai dû *courailler* dans tout le village.
2. *Courailler la galipote*.
Voir : **galipote**.

COURAILLEUR, EUSE n. et adj.
Vx en fr. Personne qui mène une vie légère, qui court la prétentaine, coureur.
Syn., voir : **galopeur**.

COURANT n. m.
Vestige de crème à la surface d'un lait mal écrémé.

Syn. : **écrémillon**, **filet**, **fleurette**, **restant**, **reste**.

COURBE n. m.
Lien d'angle droit ou obtus façonné à partir du coude formé par une branche qui sort d'un tronc d'arbre et épousant exactement l'angle en question. [++]
Syn., voir : **gousset**.

COUREUR, EUSE n.
1. Vx en fr. *Coureur de bois* : chasseur et trappeur.
2. *Coureur de chandeleur* : personne qui *court la chandeleur*.
Voir : **courir la chandeleur**.
3. *Coureur de guignolée* : personne qui court la *guignolée*.
Voir : **guignolée**.
4. *Coureur de mardi gras* : personne qui *court le mardi gras*.
Voir : **courir le mardi gras**.
5. *Coureur de mi-carême* : personne qui *court la mi-carême*.
Voir : **courir la mi-carême**.

COUREUSE n. f.
Lampe électrique munie d'un grillage et d'un long fil permettant de la déplacer, baladeuse.
Syn. : **rallonge**.

COURGE n. f.
1. Palonnier aux extrémités duquel on accroche les traits des chevaux. (acad.)
Syn. : **bacul** (sens 1).
2. Porte-timon. (acad.)
Syn. : **neckyoke**.
3. Joug à épaules servant à transporter deux seaux. (acad.)
Syn., voir : **jouque** (sens 2).

COURGÉE n. f.
Rég. en fr. Charge de deux seaux d'eau transportée à la *courge* ou

joug. (acad.)
Syn., voir: **jouquée**.

COURIR v. tr.
1. Vx en fr. Poursuivre. *Courir* le chevreuil toute une journée et rentrer bredouille.
2. *Courir la chandeleur*: faire une quête pour les pauvres en passant de porte en porte le jour de la chandeleur.
3. *Courir la galipote*. Voir: **galipote**.
4. *Courir la guignolée*. Voir: **guignolée**.
5. *Courir le loup-garou*: courir la prétentaine. Syn., voir: **galipote**.
6. *Courir la mi-carême*: fêter la mi-carême en passant de maison en maison masqué et déguisé.
7. *Courir le mardi gras*: fêter le mardi gras en passant de maison en maison masqué et déguisé.
8. *Courir les érables*: passer d'un érable à un autre pour recueillir la sève sucrée amassée dans les chaudières. (E 34-91) Syn., voir: **tournée**.

COURONNE n. f.
1. Voir: **société de la Couronne, terre de la Couronne**.
2. Fig. *Tricher la Couronne*: en parlant de personnes mariées, faire ce que la morale ne permet pas, tromper son conjoint.

COU-ROUGE n. m.
Huart à gorge rousse.

COURRIÉRISTE PARLEMENTAIRE n. m.
Journaliste attaché à la galerie de la presse à l'Assemblée nationale du Québec ou au parlement du Canada.

COURRIETTE n. f.
Lacet de cuir, courroie étroite.

COURROIE n. f.
Cuir à rasoir.
Syn.: **strop**.

COURS n. m.
1. *Cours classique, classique, grand cours, cours*: études secondaires qui se terminaient par le baccalauréat ès arts qui ouvrait la porte de l'université. Faire son *classique*, son *cours classique*, son *cours*, son *grand cours*.
2. *Cours commercial*: par opposition à *cours classique*, études qui préparaient directement au marché du travail comme commis, vendeur, employé de bureau.

COURSER v. tr. et intr.
1. Poursuivre en courant ou en auto, poursuivre. La police a *coursé* les voleurs et les a rattrapés dans un cul-de-sac.
2. Lutter de vitesse. On a *coursé* pour rentrer à la maison. Syn.: **baucher**.

COURT n. m.
De court de: à court de. Être *de court d'argent*.

COUSIN n. m.
1. Pâtisserie de forme humaine offerte par la marraine à ses filleuls ou filleules à Noël. Syn.: **naulet**.
2. *Petit cousin, petite cousine*: cousin issu de germain, cousine issue de germain.

COUSU, UE p. adj.
Fig. *Être cousu de*: y avoir beaucoup de. Une terre *cousue de* roches, un lac *cousu de* truites.

COUTEAU n. m.
1. Coutre de la charrue. [+++]

2. *Couteau à bardeau*: départoir servant à fendre les billes de bois pour en faire du *bardeau fendu* par opposition au *bardeau scié*.
3. *Couteau à doler*: couteau ressemblant à un gros canif, mais à lame fixe et incurvée, utilisé pour parer les sabots d'un cheval ou pour tailler un morceau de bois. (acad.)
Voir: **doler**.
4. *Couteau à prélart*: couteau à linoléum.
5. *Couteau à ressort*: couteau de poche dont la lame est maintenue ouverte ou fermée par un ressort.
6. *Couteau croche*: lame au bout recourbé fixée à un manche. [+++]
7. Fig. Eau ou boisson gazeuse ajoutée à de l'alcool pour le diluer. Ce whisky est trop fort, il lui faudrait un *couteau*.

COUTELLERIE n. f. (angl. cutlery) ⊠
Service de couverts de table, couteaux, fourchettes, cuillers souvent conservés dans un coffret, ménagère.

COÛTÉMENT n. m.
Coût, dépense. C'est un gros *coûtément* que de marier une de ses filles.

COUTRE À ROULETTE n. m.
Disque tranchant de la charrue utilisé au lieu du coutre droit.

COUVERT n. m. [#]
1. Couvercle (d'un seau, d'un chaudron, d'un puits, d'une malle). [+++]
2. Abaisse qui recouvre un pâté, une tarte. [+]
3. Couverture d'un livre.

COUVERTE n. f.
Vx en fr. Couverture de lit, de voyage, de cheval. [+++]

COUVERTURE À PLANCHES n. f.
Couverture de lit à rayures ou *planches* larges.

COUVRE-CHAUSSURES n. m. pl.
Chaussures imperméables qui se portent surtout l'hiver par-dessus les souliers ou les bottines et qui montent plus haut que la cheville.
Syn.: **overshoes**, **pardessus**.

COUVRE-TOUT n. m.
Tablier-blouse que portent les ménagères.
Syn.: **smock**.

COUYER n. m.
Coffin de la pierre à faux.

COYOTE n. m. (amér.)
Mammifère carnivore apparu dans le sud du Québec dans la décennie de 1940 et qui serait le résultat du croisement du coyote de l'Ouest et du loup de l'Ontario.

C.R.
Sigle. *C*onseiller de la *r*eine ou du *r*oi. Honneur attribué à certains avocats en reconnaissance de leur contribution aux progrès du droit.

CRAB n. f. (angl. crab) ⊠
Fruit du *crabier*. (acad.)

CRABIER n. m. (angl. crab-tree) ⊠
Pommier sauvage. (acad.)

CRAC, CRAQUE n. m.
Substance que les cordonniers mettaient entre les semelles des chaussures de ceux qui tenaient à se faire remarquer et qui, lorsqu'ils marchaient, produisait un craquement.
Syn.: **craqueux**.

CRACHER v. tr.
1. Fig. et vulg. *Cracher à côté* : lors de la copulation, se retirer pour éjaculer à côté.
2. Fig. *Ne pas cracher dedans* : aimer les boissons alcooliques.

CRACHOIR n. m.
Voiture d'hiver, de promenade, chic, haute sur patins, et qui a précédé la *sainte-catherine*. ([+] O 36-85)

CRACKER JACK n. m.
Maïs soufflé et sucré dont on fait une grande consommation dans les salles de cinéma. Marque déposée.

CRADLE n. m. (angl. cradle) ◙
Faux à râteaux, faux armée. (E 128)
Syn., voir : **javelier**.

CRAIGNANT-DIEU n. et adj.
Se dit d'une personne très religieuse. Les jeunes sont moins *craignants-Dieu* que les gens d'autrefois.

CRÂLER v. intr.
Crisser, en parlant de la neige sèche sur laquelle on passe.
Syn. : **craquer**, **crier**, **gricher**.

CRAMPANT, ANTE adj.
Argot. Amusant, drôle, marrant. Les monologues de Deschamps sont *crampants* pour certains.

CRAMPE n. f.
1. Crampillon servant à fixer les fils de fer barbelés aux piquets de clôture, cavalier. [+++]
2. Boucle de fil de fer qu'on passe dans le groin d'un porc pour l'empêcher de fouir.
Syn., voir : **anneau**.

CRAMPER v. tr. et intr.
1. (Angl. to cramp) ◙ . Réparer une plaque de fer fêlée ou brisée à l'aide de crampillons rivés.
2. Tourner les roues d'une voiture à droite ou à gauche, braquer. *Cramper* les roues d'une auto pour faire un créneau.
3. Rendre visite à quelqu'un. *Cramper* chez sa marraine chaque fois qu'on passe devant sa maison en voiture.

CRAN, ÉCRAN n. m.
1. Rocher coupé perpendiculairement, falaise. [+]
2. Rocher nu à fleur de terre, faisant partie d'une veine de roche dans un champ cultivé, nunatak. (E 123-124)
Syn. : **cap**, **rond-de-fesse**.

CRANK, CRINQUE n. m. et f. (angl. crank) ◙
Manivelle. Les premières autos démarraient au *crank*.

CRANKER, CRINQUER v. tr. (angl. to crank) ◙
1. Démarrer une auto à la manivelle.
2. Fig. Taquiner fortement. Paul s'est fait *cranker* toute la soirée et il a bien failli se fâcher.
Syn., voir : **attiner**.

CRAPAUD DE MER n. m.
1. Nom vulgaire du chaboisseau ou chabot à pines courtes.
2. Baudroie (NOLF).
Syn. : **lotte**.
3. Bleu de lessive enveloppé dans un carré de tissu et qu'on fait tremper.
Syn., voir : **bleu à laver**.

CRAPET, CLAPET n. m.
1. Hache de bûcheron à joues légèrement rebondies.
2. *Crapet calicot* : marigane noire (NOLF).

3. *Crapet jaune* : nom vulgaire du crapet-soleil.

CRAPOTE n. m. [#]
Crapaud. On voit beaucoup de *crapotes* la veille d'une pluie. [+]

CRAPOUILLE n. f. [#]
Crapule. Cet homme, c'est une *crapouille*.

CRAQUE n. f. (angl. crack) ⬨
1. Fente, fissure, fêlure, crevasse (dans le bois, la glace, le métal). As-tu vu la *craque* dans la solive ? [+++]
Syn. : **gerce**, **pétassure**, **seam**.
2. Fig. *Avoir une craque* : avoir l'esprit dérangé.
Syn., voir : **écarté**.
3. Voir : **crac**.

CRAQUÉ, ÉE n. et adj. (angl. crack) ⬨
1. Fêlé, fendillé, fendu, crevassé, craquelé. [+++]
2. Fig. Dont le cerveau est dérangé. Il est *craqué* ce jeune-là. [++]
Syn., voir : **écarté**.
3. Plissé. Porter une jupe *craquée*.

CRAQUER v. tr., intr. et pron. (angl. to crack) ⬨
1. Fêler, fendre, fendiller, crevasser, craqueler. Le vent a fait *craquer* la porte. La glace du lac *est craquée*, elle est dangereuse. [+++]
Syn. : **pétasser**.
2. Crisser, en parlant de la neige sur laquelle on passe.
Syn., voir : **crâler**.
3. Produire un craquement, en parlant de chaussures auxquelles les cordonniers avaient mis du *crac* à la demande expresse de ceux qui tenaient à se faire remarquer.
4. Fig. *Riche à craquer* : très riche.

CRAQUEUX n. m.
Voir : **crac**.

CRASSE n. m. ou f. et adj.
1. Canaille, vaurien, malhonnête. Méfie-toi de lui, c'est un *crasse*, il est *crasse*.
2. Câlin, cajoleur, en parlant d'un enfant.
3. Égrillard. Avoir les yeux *crasses*.

CRAVATE n. f.
1. Cache-nez qu'on utilise pour se protéger contre le froid. (surt. acad.)
Syn., voir : **crémone**.
2. Déchirure faite à un canot. Réparer une *cravate*.

CRAVATER v. tr.
Faire accidentellement une déchirure, une *cravate* à un canot.

CRAWFISH n. (angl. crawfish) ⬨
Sobriquet que les francophones donnent à leurs compatriotes anglophones.
Syn., voir : **tête carrée**.

CREAM SODA, CRÈME SODA n. m. (angl. cream soda) ⬨
Soda mousse (NOLF).

CRÉATURE n. f.
1. Femme, personne de sexe féminin. As-tu vu les belles *créatures* qu'il y avait à la messe ? [+++]
Syn. : **femelle**.
2. Luxure, l'un des trois péchés traditionnels rimant avec *sacrure* (blasphème) et *champlure* (intempérance).

CRÉCHARD n. m.
Appellation péjorative des fonctionnaires provinciaux parce qu'ils travaillent à la *crèche*. Ce mot n'a pas encore de féminin.

CRÈCHE n. f.
1. Vx et litt. en fr. Mangeoire pour les bestiaux, les chevaux.
2. Stalle du cheval ou de la vache dans l'étable ou l'écurie.
Syn., voir : **entredeux**.
3. Fig. Appellation péjorative de la fonction publique provinciale. Travailler à la *crèche*.
4. Fig. *Manger à toutes les crèches* : être opportuniste.
5. Fig. *Avoir le derrière à la crèche* : n'être d'accord sur rien, bouder.
6. Établissement où l'on recevait les enfants abandonnés nés hors mariage et où on les gardait jusqu'à ce qu'ils aient une quinzaine, voire une vingtaine d'années. [+++]

CRÉCHER, CRÉCHETER v. tr.
Attacher les vaches ou les chevaux à leur place dans l'étable et l'écurie.

CRÉDITISTE n. et adj.
Membre ou partisan des partis politiques *Crédit social* (Canada) ou *Ralliement des créditistes* (Québec). Les partis *créditistes* étaient en voie de disparition à la fin des années soixante-dix.

CREEK, CRIQUE n. m. ou f. (angl. creek) ⊘
Ruisseau.

CRÉMAILLÈRE n. f.
1. Potence de cheminée munie d'une crémaillère.
2. Tout système tenant lieu de potence au-dessus d'un feu à l'extérieur : chèvre ou support fait de trois ou quatre gaules en faisceau attachées à leur sommet ; perche plantée obliquement dans le sol.

CRÈME À LA GLACE n. f. (angl. ice cream) ⊘
Crème glacée, glace.

CRÉMER v. tr. et intr.
Commencer à geler. La nuit a été très froide, l'eau a commencé à *crémer*. [++]

CRÉMEUR n. m.
1. Voir : **crémeuse**.
2. Voir : **krimmer**.

CRÉMEUSE n. f. [#]
Récipient dans lequel on laissait reposer le lait à écrémer, avec à sa base un robinet pour l'écoulement du lait écrémé, crémoir. [+++]
Syn. : **crémeur**.

CRÉMONE n. f.
Cache-nez dont on s'entoure le cou pour se protéger contre le froid ou le vent. [+++]
Syn. : **cravate**, **nuage**, **paratine**, **scarf**.

CRÊPE n. f.
Crêpe à Séraphin : crêpe faite avec de la farine de sarrasin, mets quotidien de *Séraphin*.
Syn., voir : **galette** (sens 2).

CRÊTE-DE-COQ n. f.
Rég. en fr. Échinocloé, plante de la famille du blé.

CRETONS, CORTONS, GORTONS, GRETONS n. m. pl.
Variété de rillettes ou rillons.

CREUSETTE n. f.
Partie femelle de l'embouveture.

CREUSEUR n. f.
Profondeur d'un labour, d'un fossé. (acad.)

CREUX n. m. [#]
Mar. Profondeur. Puits qui a vingt mètres de *creux*.

CREUX, EUSE adj. [#]
Mar. Profond. Le Saint-Laurent est
très *creux* en face de Québec.

**CREVARD, CREVARD DE BREBIS,
CREVARD DE MOUTONS** n. m.
Kalmia à feuilles étroites. (acad.)

CREVÉ, ÉE n. et adj. [#]
Hernieux, qui est atteint d'une
hernie.

CRÈVE-FAIM n. m.
Homme dans la misère, crève-la-
faim.

CREVER v. tr. et pron.
1. Contracter une hernie. C'est en
soulevant une caisse de livres
qu'il *s'est crevé.*
2. Éteindre. Ne pas oublier de *crever*
la lampe en fin de soirée. (acad.)
Syn. : **tuer.**

**CREVETTE DE MATANE, CREVETTE DE
SEPT-ÎLES, CREVETTE ROSE** n. f.
Variété de crevette du golfe du Saint-
Laurent et de la côte du Labrador, de
petite taille et vivant en eau froide,
crevette nordique (NOLF).

CRÈVE-Z-YEUX n. m.
1. Laiteron des champs. [++]
2. Nom vulgaire de la libellule.

CRI, CRIE n. et adj.
Amérindien d'une nation autochtone
du Québec comptant 8 500 personnes
dont 90 % habitent huit villages de la
région de la Baie-James ; relatif à
ces Amérindiens.

CRIANT p. prés.
*En criant bine, ciseau, couteau,
lapin* : rapidement.

CRIARD n. m.
1. Klaxon d'automobile.
Syn. : **burgau.**
2. Sifflet d'une scierie, d'une
manufacture, marquant le
commencement ou la fin du
travail.

CRIB n. m. (angl. crib) ⊠
Petit radeau de grumes ou de bois
équarri devant faire partie d'un
train de bois.
Syn. : **raft** (sens 2).

CRIBLE n. m.
Tarare servant à vanner.
Syn., voir : **vannoir.**

CRICCRAC, TRICTRAC n. m.
Crécelle du Vendredi Saint. Le
criccrac appelle les fidèles aux
offices lorsque les cloches des églises
sont parties à Rome.
Syn. : **criquet.**

CRICRI n. m.
Voir : **tritri.**

CRIÉE n. f.
Criée pour les âmes : sorte de vente
aux enchères ou d'*encan* qui se
déroulait sur le perron de l'église et
dont les revenus servaient à payer
des messes pour les défunts.

CRIER v. intr.
1. [#] Crisser, en parlant de la neige
sèche sur laquelle on marche.
[+++]
Syn., voir : **crâler.**
2. Klaxonner en actionnant le
criard.
Syn. : **burgauter.**

CRIGNASSE, CRIGNE, CRINE n. f. [#]
Chevelure très fournie, tignasse.
[+++]
Syn. : **crinière.**

CRIGNE n. f. [#]
Crinière d'un cheval. [+++]

CRIN n. m.
Voir : **oreilles dans le crin.**

CRIN-CRIN n. m.
Sittelle à poitrine blanche.

CRINE n. f. [#]
Voir : **crignasse**.

CRINIÈRE n. f.
Chevelure touffue, mal peignée, tignasse.
Syn., voir : **crignasse**.

CRINQUE n. m. (angl. crank) ⊘
Voir : **crank**.

CRINQUER v. tr. (angl. to crank) ⊘
Voir : **cranker**.

CRIQUE n. f.
1. Dent de lait, dent d'enfant en général. Notre bébé a déjà deux *criques*. [+++]
Syn. : **caquiche**, **quaquiche**, **quenotte**.
2. Voir : **creek**.

CRIQUET n. m.
Grillon. L'été dernier, il y a eu une invasion de *criquets*. [+++]

CRISE D'OCTOBRE n. f.
Grave événement politique survenu au Québec en octobre 1970 et marqué par l'enlèvement du diplomate britannique James Cross, libéré par la suite, et aussi par l'enlèvement et le meurtre du ministre Pierre Laporte.

CRISSER v. tr.
Voir : **chrisser**.

CROC, CRO n. m.
Hameçon utilisé pour la pêche à la morue. Appâter les *crocs* avec de l'encornet. (E 8-134)
Syn. : **apçon**, **haim**.

CROCHE n. m.
[#] Détour, tournant d'un chemin. Les *croches* d'une route qui zigzague. [+++]
Syn., voir : **dévirage**.

CROCHE adj.
1. Crochu, qui n'est pas droit, qui n'est pas rectiligne, qui n'est pas perpendiculaire.
2. Voûté, courbé. Avoir le dos *croche*.
Syn., voir : **cobi** (sens 2).
3. Fig. Malhonnête, en parlant d'une personne.
4. Fig. *Avoir la tête croche* : avoir des idées malhonnêtes.
5. Fig. *Avoir un œil croche* : loucher d'un œil.
Syn., voir : **coq-l'œil**.
6. *Pipe croche* : pipe dont la queue est recourbée.
7. *Voiture croche* : voiture d'hiver à brancard décentrable.
8. *Mettre croche* : décentrer le brancard d'une voiture d'hiver.
9. *Travail croche* : brancard décentrable de voiture d'hiver.
10. *Menoires croches* : brancard décentrable de voiture d'hiver.
11. *Chemin croche*.
Voir : **chemin double**.

CROCHET n. m.
Crochet à pitoune : main coudée en crochet pointu, utilisée pour le déplacement, l'empilement ou le chargement manuel du bois à pâte, de la *pitoune*.

CROCHETER v. tr.
1. Accrocher, suspendre. *Crocheter* ses vêtements. [+]
2. Heurter. La voiture était en stationnement quand on l'a *crochetée*.
Syn. : **frapper**.
3. Faucher, en parlant des pois seulement. *Crocheter* des pois. (O 34-91)
4. Faire un tapis au crochet. *Crocheter* des tapis l'hiver. [++]

CROCHETON n. m.
Variété de faux que des pêcheurs

improvisés fabriquaient à l'aide de trois hameçons et qui permettait d'attraper la truite, le brochet. Syn., voir : **jiggeur**.

CROCHIR v. tr.
Rendre crochu, courber. *Crochir* une barre de fer.

CROCHU, UE adj.
Voûté, courbé. Avoir le dos *crochu*. Syn., voir : **cobi** (sens 2).

CROIRE (SE) v. pron.
Avoir de la prétention, avoir trop d'estime pour soi. Depuis que son mari est maire, la mairesse *se croit*.

CROISAILLER v. tr.
Mettre des planches, des madriers en piles ajourées pour les faire sécher. Syn. : **cager**.

CROISÉE n. f.
1. Bout d'une corde de bois dont les morceaux sont disposés en échiquier, par rangs alternés. (entre 34-91 et 22-124) Syn . : **cage** (sens 2), **échiquette**.
2. Carrefour, endroit où se croisent deux chemins. Syn., voir : **quatre-chemins**.
3. Voie latérale dans certains chemins d'hiver, qui permet à une voiture de croiser ou de doubler une autre voiture. [+] Syn., voir : **rencontre**.

CROISSANTERIE n. f.
Établissement de restauration où l'on consomme du prêt-à-manger et surtout des croissants garnis (ROLF).

CROIX n. f.
1. Carrefour, endroit où se croisent deux chemins. Syn., voir : **quatre-chemins**.
2. Personne insupportable, importune.
3. *Faire une croix sur quelque chose* : y renoncer d'une façon définitive.
4. *Ne pas être une croix de Saint-Louis* : se dit de quelqu'un à qui on ne peut trop se fier.

CROQUANT n. m.
Cartilage de l'oreille. Une femme amoureuse peut avoir envie de mordre le *croquant* d'oreille de son homme.

CROQUE n. m. [#]
Outil de jardinage constitué d'une panne et de deux dents, croc (prononcé KRO en français).

CROQUIGNOLE n. f.
Pâtisserie légère cuite dans la friture puis recouverte de sucre. Souvent cette pâtisserie est faite de bâtons de pâte roulés, croisés et même tressés. [+++]

CROSSE n. f.
1. Sport d'équipes qui se pratique avec une balle et un bâton terminé par une sorte de panier. Les Blancs ont emprunté le jeu de *crosse* aux Amérindiens de l'Ouest.
2. Bâton muni d'une sorte de panier pour pratiquer le jeu de *crosse*.
3. Tisonnier. Syn., voir : **pigou**.

CROSSER v. tr. et pron.
Vulg. Masturber, se masturber. Syn. : **botte, gauler, poignet, self-service**.

CROSSETTE n. f.
Vulg. Masturbation rapide.

CROSSEUR, CROSSEUX, EUSE n.
1. Vulg. Personne qui masturbe ou qui se masturbe.

2. Péjor. Sobriquet donné aux frères.
Syn., voir : **corbeau.**

CROSSEUSE n. f.
Carabine de chasse semi-
automatique ainsi nommée à cause
du va-et-vient à imprimer à la
culasse. Il est parti à la chasse avec
sa *crosseuse.*

CROTTE n. f.
Fromage en crottes : fromage en
grains. [++]

CROTTER (SE) v. pron.
Se couvrir, en parlant du ciel. [+]
Syn., voir : **chagriner.**

CROUPIGNON n. m.
1. Morceau délicat qu'est le croupion
d'une volaille. [+]
Syn., voir : **troufignon.**
2. Coccyx. Avoir le *croupignon*
sensible, suite à une chute. [++]

CROUSER v. tr. et intr. (angl.
to cruise) ⊘
Voir : **cruiser.**

CROUSTILLES n. f. pl.
Pommes de terre frites en minces
rondelles. Néologisme créé pour
remplacer le mot anglais *chips.*
Syn. : **chips, patates-chips.**

CROÛTE n. f.
1. Première ou dernière planche
sciée dans une bille de bois et
dont une face conserve son écorce,
dosse. [+++]
Syn. : **slab.**
2. Le croûton, entame d'un pain.
Passe-moi la *croûte*, j'adore ça.
3. *Manger une croûte, prendre une
croûte* : prendre une collation, un
goûter.
4. Surface de la neige durcie,
consistante et capable de porter
un certain poids. Aller à la

cabane à sucre en marchant sur
la *croûte.* [+++]

CROWBAR n. m. et f. (angl. crowbar) ⊘
1. Barre de fer droite utilisée comme
levier, pince. [++]
2. Pied-de-biche, pince-monseigneur.
Syn. : **barre à clou.**

CRSSS n. m. (prononcé CR trois S)
Sigle. *C*entre *r*égional de *s*anté et de
*s*ervice *s*ocial.

CRU, CRUE adj.
1. Froid et humide, en parlant de
l'air, du temps. C'est *cru* dans une
maison qui n'a pas été chauffée
ou aérée pendant longtemps. [+++]
2. (Angl. crude) ⊘ Brut, non raffiné.
De l'huile *crue.*

CRUDITÉ n. f.
État de l'air qui est *cru*, c'est-à-dire
froid et humide. [+++]

CRUISER, CROUSER v. tr. et intr. (angl.
to cruise) ⊘
Fig. Draguer, raccoler. Toutes les
villes ont des quartiers où les âmes
seules vont *cruiser* ou se faire
cruiser.

CRUTCH n. f. (angl. crutch) ⊘
Traîneau rudimentaire servant au
débusquage du bois. [+]
Syn., voir : **bob.**

CRUTE adj. [#]
Forme féminine fautive de l'adjectif
cru, non cuit. Manger des pommes
de terre *crutes.*

CUFF, COFFE n. m. (angl. cuff) ⊘
Repli d'un pantalon, revers.
Syn. : **pagode** (sens 2).

CUILLER n. f.
1. *Cuiller à chaussures* : chausse-
pied de métal ou de corne, servant
à faciliter l'entrée du pied dans la
chaussure. [+++]

Syn.: **langue, palette, talonnette, talonnière.**

2. *Cuiller à Pot*: la Petite Ourse. [+] Syn., voir: **Chaise (Petite Chaise).**
3. *Cuiller à table* (angl. tablespoon) ⊘ : cuiller à soupe.
4. *Cuiller à thé* (angl. teaspoon) ⊘ : cuiller à café. [+++]
5. *Cuiller potagère*: louche, cuiller à pot.

CUIRETTE n. f. (angl. leatherette) ⊘
Simili-cuir, imitation du cuir.

CUISINE n. f.
1. *Cuisine d'été, petite cuisine*: à la campagne, allonge au corps principal d'une maison, utilisée surtout l'été. Exceptionnellement, la *cuisine d'été* ou *petite cuisine* ne fait pas corps avec la maison. (O 8-134) Syn.: **bas-côté, cuisinette, fournil, haut-côté, retirance, salle d'été.**
2. Voir: **assemblée de cuisine.**

CUISINETTE n. f.
Voir: **cuisine d'été.**

CUISSE n. f.
Ironiquement, fenêtre. Il fait froid, ferme les *cuisses*.

CUITE n. f.
Quantité de pain que l'on fait cuire en une seule fois, fournée. Syn., voir: **façon.**

CUL n. m.
1. Péjor. *Bas-du-cul*: homme de petite taille, bout de cul. Syn.: **bougon** (sens 4).
2. Vulg. *Se pogner, se poigner le cul*: ne rien faire, ne pas travailler.
3. *Jouer un cul* (à quelqu'un): rouler, duper quelqu'un.

4. Vulg. *Temps de cul*: mauvais temps. Quand est-ce que ça va finir ce *temps de cul*?

CULBUTON n. m.
Larve de *maringouin*. Syn.: **lève-cul.**

CULL, COLLE n. f. (angl. cull) ⊘
1. Bois de rebut, de mauvaise qualité.
2. Toute marchandise de mauvaise qualité. [+++] Syn.: **chenolle, guenille, pénille, poche, scrap.**

CULLER, COLLER v. tr. (angl. to cull) ⊘
Mesurer du bois scié ou du bois en billes.

CULLEUR, COLLEUR n. m. (angl. culler) ⊘
Celui qui est chargé de mesurer le bois en billes ou le bois scié, mesureur.

CUL-LEVÉ n. m.
Arbre renversé par le vent et dont les racines sont à nu, chablis. (O 36-85) Syn.: **arrachis, renversis.**

CUL-NOIR n. m.
Au pl. Nuages noirs qui annoncent la pluie et l'orage. Syn., voir: **tapon-noir.**

CULOTTE n. f.
1. *Culotte à grandes manches, culottes catholiques*: culotte de femme, à jambes pourvues d'élastiques interdisant tout regard indiscret. [+++]
2. Fig. *Se faire prendre les culottes à terre*: se faire prendre de façon inattendue, sans préparation. [+++]
3. *Culotte du pays*. Voir: **pays.**

4. Disamare de certains arbres avec laquelle s'amusent les enfants.
Syn., voir : **avion**.

CULOTTON n. m.
Vêtement d'hiver pour enfants, d'une seule pièce, fermé par une glissière et avec capuchon tenant ou amovible, esquimau.
Syn., voir : **habit de neige**.

CULTEUX n. m.
Araignée d'eau, hydromètre.
Syn. : **patineur**.

CUNIT n. m. (angl. cunit)
Dans le commerce du bois, unité de mesure équivalant à cent *pieds* cubes.

CUPBOARD, COBETTE n. f. (angl. cupboard) ◙
1. Buffet à vaisselle, vaisselier.
2. Armoire fixe, placard de cuisine où l'on range la vaisselle de tous les jours.
3. Placard où l'on range les provisions destinées à la table. [+++]
4. Placard à tout usage.

CURATEUR n. m. (angl. curator) ◙
Conservateur de musée, de bibliothèque.

CURVE n. f. (angl. curve) ◙
Tournant d'une route.
Syn., voir : **dévirage**.

CUTEX n. m.
Vernis à ongles. Marque déposée.

CUTTEUR n. m. (angl. cutter) ◙
Voiture d'hiver pour la promenade, légère et à deux places. [++]
Syn. : **speedeur**.

CUVETTE n. f.
Baquet pour la lessive.
Syn. : **cuvotte.**

CUVOTTE n. f.
Rég. en fr. Baquet pour la lessive.
Syn. : **cuvette**.

CWAC n. f.
Sigle. Femme dans l'armée canadienne, soldate, au cours de la guerre 1939-1945. Mot formé à partir des premières lettres de *C*anadian *W*omen *A*rmy *C*orps.

CYPRÈS n. m. [#]
Pin de Banks, pin divariqué. [+++]

D

DACTYLO n. m. ou f.

Rég. en fr. Machine à écrire. Utiliser une *dactylo* électrique.

DADO n. m. (angl. dado) ◙

Lambris d'appui. Réparer le *dado* d'une salle à manger.

DAILLE n. f. (angl. die) ◙

Emporte-pièce. On se sert de *dailles* pour découper des semelles dans un morceau de cuir.

DALLE n. f.

1. Vx en fr. Gouttière ou petite auge de bois ou de métal qui borde les toits pour recueillir les eaux et les conduire jusqu'au sol au moyen de tuyaux de descente. [+++]
   Syn. : **dalot, dégouttière, égouttière**.

2. Tuyau de descente de la gouttière.
   Syn. : **dalot, dégouttière, égouttière**.

3. Voir : **auge** (sens 3).

4. Dans l'étable, rigole d'écoulement du purin.
   Syn. : **dalot**.

5. Fig. *Se mouiller la dalle* : boire à l'excès, s'enivrer.
   Syn. : **canadien, dalot, déranger, gau, gorgoton, luette, paqueter, paqueter la fraise, pieds**.

DALOT n. m.

1. Gouttière ou petite auge de bois ou de métal qui borde les toits pour recueillir les eaux et les conduire jusqu'au sol au moyen d'un tuyau de descente. [+]
   Syn., voir : **dalle** (sens 1).

2. Tuyau de descente de la gouttière.
   Syn., voir : **dalle** (sens 2).

3. Dans l'étable, rigole d'écoulement du purin. [++]
   Syn. : **dalle** (sens 4).

4. Fig. *Se mouiller ou se rincer le dalot* : boire à l'excès, se rincer

la dalle.
Syn., voir : **dalle** (sens 5).

5. Doigtier, pansement à un doigt,
poupée. (E 24-124)
Syn. : **catin** (sens 2), **doyon**.

DAM n. f. (angl. dam) ⊘
Barrage sur un cours d'eau,
construit par l'homme ou par le
castor. [++]
Syn., voir : **digue** (sens 1).

DAME n. f.
Femme, épouse. Le maire était à la
soirée avec sa *dame*.

DAMER v. tr. (angl. to dam) ⊘
Construire un barrage, une *dam*, sur
un cours d'eau. Cette rivière pourrait
être *damée* à plusieurs endroits.
Syn. : **harnacher**.

DAMES DE SAINTE-ANNE n. f. pl.
Association paroissiale pieuse
regroupant des femmes mariées.

DAMNÉ, ÉE adj. et n.
1. Variété de juron ; mauvais, de
mauvaise qualité. *Damnée* terre
qui ne produit presque rien !
2. *Travailler comme un damné* :
d'arrache-pied, sans arrêt.

DANS prép.
1. *Dans les* : environ. Avoir *dans les*
vingt ans.
2. Moins. Il est midi *dans* dix.

DANSE n. f.
1. Soirée dansante. Les mariages
sont l'occasion de *danse*.
2. *Danse callée* (angl. called
dance) ⊘ : danse dont les figures
sont annoncées par un meneur.
3. *Danse carrée* (angl. square
dance) ⊘ : danse où les danseurs
se disposent en forme de carré,
comme pour le quadrille, le
lancier, etc.

DANSEUSE n. f.
Danseuse à gogo, danseuse topless
(angl. topless) ⊘
Voir : **gogo-girl**.

DARDER (SE) v. pron.
Rare en fr. Se lancer, se jeter, se
précipiter. Le chien s'est *dardé* sur le
voleur.

DATE n. f. (angl. date) ⊘
1. Rendez-vous. Donner une *date* à
une jeune fille.
2. a) *À date* (angl. to date) ⊘ : à ce
jour, pour le moment, jusqu'à
maintenant. *À date*, les
dépenses sont très élevées.
   b) *Mettre à date* (angl. to date) ⊘ :
mettre à jour. La comptabilité
a été *mise à date*.
   c) *Être à date* (angl. to date) ⊘ :
être à jour.

DÉBÂCLE n. f.
Fig. Diarrhée. Avoir la *débâcle*.
Syn., voir : **cliche**.

DÉBARBOUILLETTE n. f.
Carré de tissu-éponge servant à la
toilette, petite serviette jouant le rôle
du gant de toilette français. [+++]

DÉBARDEAUCHER v. tr.
Enlever les bardeaux de bois qui
couvraient le toit ou les murs d'une
construction. *Débardeaucher* est le
contraire de *bardeaucher*.

DÉBARQUE n. f.
Prendre une débarque :
a) Faire une chute.
   Syn., voir : **fouille**.
b) Fig. Subir une perte importante à
la suite d'une mauvaise
transaction financière.

DÉBARQUER v. tr. et intr.
1. Descendre. *Débarque* de cet arbre,
c'est dangereux ! [+++]
Syn., voir : **dégrimper**.

2. Abattre, tuer. *Débarquer* une grive d'un coup de fusil.

DÉBARRER v. tr.
Vx et rég. en fr. Ouvrir à l'aide d'une clef. *Débarrer* une porte. [+++]

DÉBARRIS n. m.
Glaces adhérant aux rivages de la mer. (acad.)
Syn., voir : **bordages** (sens 1).

DÉBATTEMENT n. m.
Palpitation, battement violent et déréglé du cœur. À la moindre émotion, il a des *débattements* de cœur. [+++]

DÉBATTRE v. intr.
Palpiter, battre de façon déréglée. S'il marche un peu vite, le cœur lui *débat.*

DÉBENTURE n. f.
Obligation non garantie, émise par une société et qui repose uniquement sur le crédit général de cette société (NOLF).

DÉBISCAILLÉ, ÉE adj.
Déformé, bossué, brisé. On s'est assis sur mon chapeau : il est tout *débiscaillé.*

DÉBLOQUER v. tr.
Briser un embâcle de billes de bois de flottage ou de blocs de glace sur un cours d'eau.

DÉBOSSAGE n. m. [#]
Débosselage. Ce garage est spécialisé dans le *débossage.*

DÉBOSSER v. tr. [#]
Faire disparaître les bosses de carrosseries d'automobiles, débosseler. [+++]
Syn. : **décobir.**

DÉBOSSEUR, EUSE n. m. [#]
Tôlier qui répare les bosses d'une carrosserie d'automobile.

DÉBOTTER v. tr.
Enlever des sabots des chevaux la neige molle qui y a fait boule.

DÉBOTTOIR n. m.
Maillet servant à *débotter* les chevaux.

DÉBOUCHE n. f.
1. Fossé dans lequel se déversent des fossés de moindre importance. Syn. : **décharge** (sens 2).
2. Cours d'eau par lequel s'écoule le trop-plein d'un lac. Syn. : **décharge** (sens 1).

DÉBOUGRINER v. pron.
Enlever sa *bougrine*, son veston ou son manteau.
Syn. : **décapoter.**

DÉBOULER v. tr. et intr.
1. Jeter en bas, pousser bas, faire rouler du haut en bas. *Débouler* du foin. [+++]
2. Fig. Faire une fausse couche. Syn. : **revirer, faire une perte.**

DÉBOULIS n. m.
Glissement de terrain, éboulement. La route qui longe le cap est fermée à cause d'un important *déboulis.* [+]

DÉBOUTONNER (SE) v. pron.
Fig. Se montrer généreux, ouvrir grande sa bourse, ne pas faire les choses de façon mesquine. Pour l'enterrement de sa femme, Joseph *s'est déboutonné.*
Syn. : **déculotter.**

DÉBRAYER (SE) v. pron.
Gesticuler fortement, s'agiter, se démener. (Charsalac)

DÉBRÉLÉ, ÉE adj.
En piteux état, en parlant d'un vêtement et aussi de la personne qui porte ce vêtement.

DÉBRETTÉ, ÉE adj.
1. Dérangé, hors d'état de fonctionner. Sa montre a reçu un coup et elle est *débrettée* depuis.
2. Fig. En mauvaise santé, malade. Sa femme est toujours *débrettée*.

DÉBRETTER v. tr. et pron.
Déranger, briser. Ne touche pas au moteur, tu vas le *débretter*. Une lieuse-batteuse, ça se *débrette* souvent.
Syn. : **dérènecher, désettler**.

DEÇÀ prép.
En deçà de : en moins de. On peut finir ce travail *en deçà d'*une semaine.
Syn. : **en dedans de**.

DÉCACHER v. tr. et pron.
1. Découvrir. *Décacher* les rosiers dès que les risques de gel sont passés, *décacher* un bébé qui a trop chaud. (E 22-124)
Syn. : **désabrier**.
2. Se découvrir. *Se décacher* en dormant. (E 22-124)
Syn. : **se désabrier**.

DÉCANILLER v. intr.
Fam. en fr. Déguerpir, déménager, décamper très rapidement. Dès qu'il l'a vu, il a *décanillé*.
Syn. : **chenailler**.

DÉCAPOTER v. tr. et pron.
Déshabiller, ôter les vêtements destinés à être portés dehors (chapeau, *capot* ou manteau, gants, etc.), se déshabiller. *Décapoter* un enfant qui arrive du froid. En rentrant chez soi l'hiver, on se *décapote*. [+++]
Syn. : **débougriner**.

DÉCATCHER v. tr. (angl. to catch) ◙
Faire jouer le *catch*, la clenche ou pièce de fer mobile maintenant une porte fermée ou maintenant en prise un mécanisme.
Syn. : **déclencher**.

DÉCHANGER v. tr. et pron.
1. Annuler un échange. Tu vas aller *déchanger* tes billes.
2. Quitter ses vêtements du dimanche et remettre ses vêtements de la semaine, se changer.

DÉCHARGE n. f.
1. Cours d'eau par lequel s'écoule le trop-plein d'un lac. Ce qui est la *décharge* d'un lac est en même temps la *charge* ou *recharge* d'un autre lac situé en aval. [+++]
Syn. : **débouche** (sens 2).
2. Fossé dans lequel se déversent des fossés de moindre importance.
Syn. : **débouche** (sens 1).
3. (Angl. discharge) ◙ Licenciement, libération, par exemple de l'armée.

DÉCLENCHER v. tr.
Vx en fr. Soulever la clenche maintenant une porte fermée ou maintenant en prise un mécanisme.
Syn. : **décatcher**.

DÉCLIN n. m.
Voir : **clin**.

DÉCLINAGE n. m.
Partie d'un *bardeau* exposée aux intempéries.
Syn., voir : **échantillon**.

DÉCLINER v. tr.
Décliner un mur : le recouvrir de clins.
Syn. : **clapboarder**.

DÉCLORE, DÉCLOSER v. tr.
Défaire une clôture. Il faut entraver cette vache, elle passe son temps à *déclore*.

DÉCLUBAGE n. m.

Action de *décluber*. Le *déclubage* de plus de 1 100 *clubs* de pêche eut lieu en 1978.

DÉCLUBER v. tr.

Rendre accessibles au public des cours d'eau, des lacs, des territoires *clubés* qui étaient réservés aux *clubs* privés de chasse et de pêche.

DÉCLUTCHER, DÉCLOTCHER v. tr. (angl. clutch) ◘

Débrayer. Quand on remorque une automobile, il faut la *déclutcher*. Syn.: **neutre**.

DÉCOBIR v. tr.

Débosseler. *Décobir* un chapeau, une casserole de fer-blanc (acad.) Syn.: **débosser**.

DÉCOLLER v. tr.

Couper la tête de la morue à saler ou à faire sécher.

DÉCOMPTER v. tr.

Dire de quelqu'un que ses jours sont comptés. Le médecin le *décompte*.

DÉCONFORTÉ, ÉE adj.

Vx ou litt. en fr. Découragé. Il est bien *déconforté* depuis qu'il a perdu son fils. (acad.)

DÉCONFORTER v. tr. et pron.

Vx ou litt. en fr. Décourager, se décourager. Ce n'est pas un homme à se *déconforter* pour si peu! (acad.)

DÉCOSTER v. intr.

1. Quitter la côte, le port. La tempête les a empêchés de *décoster*.
2. Fig. Partir, s'en aller. Quand il vient nous voir, il n'arrive plus à *décoster*.

DÉCOUPURE n. f. [#]

Coupure. Coller des *découpures* de journaux dans un cahier.

DÉCOUVER v. intr.

Cesser de couver, en parlant d'une poule. [++]

DÉCOUVERT n. m.

1. Abattis qu'un propriétaire d'une forêt doit faire sur une étendue de quinze *pieds* dans la ligne de séparation entre sa forêt et celle de son voisin.
2. Partie d'un *bardeau* exposée aux intempéries. (E 124, 125) Syn., voir: **échantillon**.
3. Clairière naturelle ou faite par l'homme en forêt. Syn., voir: **éclaircie**.

DÉCROCHAGE n. m.

Fig. Action de *décrocher*, d'abandonner les études avant la fin de la période de l'obligation scolaire (ROLF).

DÉCROCHER v. intr.

Fig. Abandonner l'école avant la fin de la période de l'obligation scolaire (ROLF).

DÉCROCHETER v. tr.

Décrocher ce qui est suspendu à des crochets, ce qui est accroché. *Décrocheter* les rideaux pour les laver.

DÉCROCHEUR, EUSE n.

Fig. Élève qui quitte l'école avant la fin de la période de l'obligation scolaire. Mot destiné à remplacer l'anglicisme *drop-out* (ROLF). Syn.: **drop-out**.

DÉCULOTTER v. tr. et pron.

1. Fig. Tromper, rouler quelqu'un dans un marché.
2. Fig. Ruiner, réduire à la mendicité.
3. Fig. Se montrer généreux, ne pas compter, ne pas faire les choses

mesquinement.
Syn.: se **déboutonner**.

4. Fig. *Déculotter Jacques pour culotter Jean*: c'est du pareil au même. Dans un budget équilibré, ajouter des fonds à un poste en les prélevant d'un autre poste, c'est *déculotter Jacques pour culotter Jean*.

DÉDAIN n. m.
1. Répulsion. Avoir du *dédain* pour la viande chevaline.
2. *Avoir dédain de*: ne pas aimer. *Avoir dédain de* manger dans une assiette sale, de manger de la viande crue.

DEDANS prép.
En dedans de: en moins de. Le facteur fait sa journée *en dedans de* trois heures.
Syn.: **en deçà de**.

DÉDENTELÉ, ÉE adj. et n.
Édenté, brèche-dent. Beaucoup de personnes âgées sont *dédentelées*.
Syn.: **brèche-cul**, **ébréché**.

DÉDOUBLER v. intr.
Commencer à avorter, en parlant d'une vache.
Syn.: **dévelouter**.

DÉFAISURE n. f.
Charpie provenant de tissus qu'on défait pour la filer de nouveau. (surt. acad.)
Syn., voir: **échiffe**.

DÉFAIT n. m.; **DÉFAITE** n. f.
Charpie provenant de tissus qu'on défait pour la filer de nouveau. (E 9-132)
Syn., voir: **échiffe**.

DÉFAITE n. f.
Vx en fr. Prétexte, fausse raison, échappatoire. Il s'est trouvé une *défaite* pour ne pas venir nous aider.

DÉFAUT n. m.
Flanc, versant. Le *défaut* d'une colline, d'une montagne.
Syn.: **dépendant**, **dépent**, **dépente**, **pendant**, **pent**.

DEFFALER (SE) v. pron.
Se découvrir la *fale*, la gorge, se décolleter.
Syn.: **dépoitrailler**, **effaler**.

DEFFILOPÉ, ÉE adj.
Voir: **effilopé**.

DÉFLAILLÉ, ÉE ; DÉFLYÉ, ÉE p. adj. (angl. fly) ⊘
Dont la *fly* ou braguette est ouverte. Se promener dans la rue tout *déflyé*.
Syn., voir: **foin** (sens 9).

DÉFONCÉ, ÉE n. et adj.
Fig. Se dit de quelqu'un qui a un gros appétit, qui est irrassasiable. Manger comme un *défoncé*. [+]

DÉFONCER v. tr.
Fig. *Défoncer la nuit*: se coucher après minuit. Le soir du 31 décembre, beaucoup de personnes aiment *défoncer la nuit* et se coucher aux petites heures.

DÉFRICHER, DÉFRICHETER v. tr.
Fig. *Défricher, défricheter la parenté*: connaître et faire connaître les liens de parenté d'une famille, d'un groupe de familles. [+++]

DÉFRICHETER v. tr. [#]
Défricher. *Défricheter* une terre pour ensuite la mettre en culture. [+]

DÉFRICHETEUR n. m. [#]
1. Défricheur. Les *défricheteurs* de l'Abitibi avaient beaucoup de courage.
2. Fig. *Défricheteur, défricheur de parenté*: personne qui connaît de mémoire les liens de parenté qui unissent les familles.

DÉFUNTISER v. tr.
Détériorer, abîmer, briser. Cet enfant *défuntise* tout ce qui lui tombe sous la main.

DÉGACER v. intr.
Faire un changement pour le mieux, rompre la monotonie. Manger la nourriture de sa mère après six mois de pensionnat, ça *dégace*.

DÉGEANCER v. tr. et pron.
Détruire, se défaire de, se débarrasser de. Réussir à se *dégeancer* du chiendent, des punaises.
Syn.: **dégendrer**, **dépester**, **désembrener**.

DÉGELÉ, DÉGELIS n. m.
Sur un cours d'eau ou sur un lac, endroit où la glace prend à peine ou ne prend pas du tout.
Syn.: **trou chaud**.

DÉGENDRER v. tr. et pron.
Voir: **dégeancer**.

DÉGÊNER v. tr. et pron.
Guérir quelqu'un de sa timidité, perdre sa timidité. Faire partie de notre club l'a *dégêné*.

DÉGOSSER v. intr.
Dégosse!: pars, commence, vas-y!

DÉGOTTER v. tr.
Retirer l'hameçon qui est accroché au *gau* ou estomac de la morue.

DÉGOTTOIR n. m.
1. Bâton pointu que le pêcheur introduit dans la bouche du poisson pour en élargir la gorge et assurer la récupération de l'hameçon accroché au *gau* ou estomac.
2. Crochet pour retirer l'hameçon accroché au *gau*.

DÉGOURDIR v. tr.
Vx en fr. Faire chauffer légèrement pour rendre tiède. Faire *dégourdir* de l'eau pour soigner un animal.

DÉGOUTTIÈRE n. f.
1. Interstice d'un toit par lequel l'eau s'infiltre; gouttes d'eau qui tombent par cet interstice. Il est souvent très difficile de repérer les *dégouttières* d'une toiture.
2. Voir: **dalle** (sens 1).

DÉGRÉER, DÉGREYER v. tr. et pron.
1. Déshabiller, ôter les vêtements (chapeau, manteau, gants, etc.); se déshabiller, ôter ses vêtements. *Dégreyer* les enfants qui rentrent de dehors. [+++]
2. Voir: **arracher** (sens 3).

DÉGRIMONER, GRIMONER v. tr. et pron.
1. Déblatérer, dégoiser, gronder. Cesse donc de *grimoner* et travaille!
2. Se débattre. Il *se dégrimone* comme un diable.

DÉGRIMPER, DÉGRIMPIGNER v. tr. et intr.
Faire descendre, descendre. *Dégrimper* un gamin monté dans un arbre. Veux-tu bien *dégrimper* de là, tu peux te casser le cou. [+]
Syn., voir: **dégrucher**, **déjouquer**, **débarquer**.

DÉGRUCHER v. tr. et pron. (acad.)
Voir: **dégrimper**.

DÉGUEULER v. tr.
Dans les rapides, refouler avec force, en parlant d'un obstacle qui provoque un remous. Un remous *dégueule* l'eau qu'il a fait tourbillonner.

DÉGUISER v. tr.
Enlaidir, défigurer. La cicatrice qu'il a au front le *déguise* beaucoup.

DEHORS adv.
1. [#] *En dehors* : à l'extérieur. Un vrai cultivateur ne travaille que sur sa ferme, jamais *en dehors*.
2. *En dehors de* : hors de, en sus de. Faire de la comptabilité *en dehors de* ses heures de travail.

DÉJEUNER n. m.
Vx et rég. en fr. Repas du matin, petit déjeuner.

DÉJOUALISER (SE) v. pron.
Passer du *joual*, langue bâtarde, à une langue correcte ; c'est le contraire de *joualiser*.

DÉJOUQUER v. tr.
Faire descendre, descendre. *Déjouquer* un gamin monté sur un toit. [+++]
Syn., voir : **dégrimper**.

DÉLABRE n. m. [#]
Délabrement, ruine, état de ce qui est délabré. Maison en *délabre*.
Syn., voir : **démence**.

DÉLICATISÉ, ÉE adj.
Piquée, attendrie, en parlant de viande de boucherie. Les personnes ayant des prothèses dentaires préfèrent le bifteck *délicatisé* à celui qui ne l'est pas.

DÉLIVRE n. m.
Vx en fr. Placenta expulsé après la mise bas. [+++]
Syn. : **suite**.

DÉLIVRER v. tr. et intr.
1. Vx en fr. Expulser le *délivre* ou placenta après la mise bas. La Caillette n'a pas encore *délivré*.
2. (Angl. to deliver) ◙ . Livrer, faire la livraison au domicile de l'acheteur. Ce magasin *délivre* dans un rayon de cent kilomètres.

DÉMANCHER v. tr. et pron.
1. Défaire, démonter. *Démancher* une clôture, un tricot. [+++]
2. Luxer, déboîter. Se *démancher* une épaule. [+++]
3. Fig. Désappointer, déranger. La mort de sa femme l'a bien *démanché*. [+++]

DEMANDANT, ANTE adj.
Exigeant. Ce qu'un enfant gâté peut être *demandant* !

DEMANDE n. f.
1. *Petite demande* : demande en mariage entre les intéressés seulement, privément.
2. *Grande demande* : demande en mariage officielle et solennelle, le garçon et ses parents se rendant chez les parents de la jeune fille.

DEMANDER v. tr. [#]
Poser. *Demander* une question.

DÉMARIÉ, ÉE n.
Séparé par le divorce, divorcé. Il est encore aux études et il vit avec une *démariée*.

DÉMARIER v. tr. et pron.
Vx en fr. Séparer juridiquement les époux ; se séparer, cesser de vivre ensemble, en parlant d'époux. Autrefois, il était très difficile de se *démarier*.

DÉMARRER v. tr.
Désamarrer, détacher. *Démarrer* un cheval qu'on avait *amarré*, attaché.

DÉMATINER (SE) v. pron.
Se *dématiner* : se lever tôt.

DÉMÊLER v. tr.
Délayer, détremper. *Démêler* de la farine avec du lait.

DÉMENCE, DÉMENCHE n. f.
En démence : en ruine, en mauvais

état. Un bâtiment *en démence*.
Syn. : **besace, délabre**.

DEMESHUY adv.
Désormais. Mon fils, *demeshuy* tu
pourras te servir de mon auto.
(acad.)

DEMIARD n. m.
Mesure de capacité des liquides
valant une demi-*chopine*, soit 0,284
litre. [+++]

DEMI-BOUCHE n. f.
À demi-bouche : à voix basse. Quand
on est en groupe, raconter une
histoire grivoise *à demi-bouche* pour
ne pas scandaliser certaines
personnes. (Lanaudière)

DÉMICMAQUER v. tr.
Démêler ce qui est dans un désordre
extrême, s'y retrouver, y voir clair.
Démicmaquer une histoire de
drogue, de vol et de viol.

DEMIE n. f.
Dans le domaine de l'habitation,
pièce qui, par ses dimensions
réduites, compte pour une demi-
pièce. Louer un appartement de deux
pièces et *demie*, un deux et *demie*.

DEMI-LUNE n. f.
1. Marque blanche sur le front de
   bêtes à cornes.
   Syn., voir : **cœur**.
2. Petite table demi-circulaire.

DEMI-MINOT n. m.
1. Mesure de capacité pour les
   grains valant 7,7 kilos. Ce
   contenant se retrouve dans toutes
   les fermes, le *minot* n'existant pas
   parce que trop embarrassant,
   difficilement maniable. [+++]
2. *Avoir la tête comme un demi-
   minot* : avoir une tête très grosse.

DÉMON n. m.
En démon :
a) Très, beaucoup. Le sermon du
   curé était beau *en démon*.
b) En colère, en mauvaise humeur.
   Cette lettre l'a mis *en démon*.

DÉMONE n. f.
Diablesse. Cette femme est une vraie
démone.

DÉMONTÉ, ÉE adj.
Découragé. Il est bien *démonté*
depuis que ses granges et sa maison
ont brûlé. [+++]

DÉMOUSSER v. tr.
En parlant de certains oiseaux,
enlever la mousse servant à
calfeutrer une construction en bois
rond.

DÉMOUSSEUR n. m.
Oiseau qui enlève la mousse servant
à calfeutrer une construction en bois
rond.

DÉNEIGEUSE n. f.
Petite *souffleuse* à neige servant à
déneiger les entrées de maison, de
garage.

DÉNICHETER v. tr. [#]
Dénicher, défaire des nids.
Dénicheter des hirondelles, des
guêpes. [+++]
Syn. : **déniquer**.

DÉNIQUER v. tr. [#] (acad.)
Voir : **dénicheter**.

DENT n. f.
Fig. *Avoir mal aux dents* : se dit de
la chatte en chaleur. On dit alors
qu'elle a besoin d'un davier.

DENT DE L'ŒIL n. f.
Canine.

DENTUROLOGISTE n.
Prothésiste dentaire.

DÉNUAGER v. tr. et pron.
Enlever le *nuage* ou cache-nez.
Dénuager un enfant lorsqu'il revient
à la chaleur.

DÉOFFER v. tr. (angl. to lay off) ⊘
Licencier un travailleur. Quand un
employeur n'a pas suffisamment de
travail à offrir, il lui faut *déoffer* un
certain nombre d'ouvriers.

DÉPANNEUR n. m.
1. Petite épicerie qui peut être
ouverte vingt-quatre heures par
jour et sept jours par semaine
(NOLF). (O 28-101)
Syn. : **accommodation**.
2. Personne qui exploite une épicerie
ouverte tous les jours, même en
soirée. L'exploitante d'un tel
commerce est une *dépanneuse*.
3. Espèce de grille que l'on place
sous les roues motrices d'un
véhicule automobile immobilisé
dans la neige ou sur la glace et
qui permet de repartir.

DÉPAQUETER (SE) v. pron. (angl. to
pack) ⊘
Se dégriser, se dessoûler ; c'est le
contraire de *se paqueter*.

DÉPAREILLÉ, ÉE adj.
Sans pareil, incomparable. Un
homme *dépareillé*.

DÉPAREILLÉ adv.
Sans comparaison. Ce sirop est bon
dépareillé.

DÉPARLER v. intr.
Vx en fr. Divaguer, délirer. À cause
de sa forte fièvre, il a *déparlé* une
partie de la nuit.

DÉPELOTONNER v. intr.
Fig. Tenir des propos incohérents,
dépourvus de sens.
Syn., voir : perdre la **carte**.

**DÉPENDAMMENT QUE, DÉPENDAMMENT
DE** loc. conj. (angl. depending) ⊘
Rare en fr. Selon que, compte tenu
que, advenant que, etc.
Syn. : **dépendant que, dépendant
de**.

DÉPENDANT n. m.
1. Flanc, versant. Le *dépendant*
d'une colline.
Syn., voir : **défaut**.
2. (Angl. dependant) ⊘ Personne à
charge.

DÉPENDANT DE, DÉPENDANT QUE loc.
prép. (angl. depending) ⊘
Selon. Nous louerons une grande
salle ou une petite salle, *dépendant
du* nombre de personnes.
Syn. : **dépendamment**.

DÉPÉNILLER, ÉPÉNILLER v. tr.
Défaire un tissu, le mettre en charpie
ou pénille pour la filer de nouveau,
écharper. (O 35, 36)
Syn., voir : **écharpiller**.

DÉPENSE n. f.
1. Vx et rég. en fr. Dans les maisons
particulières, lieu où l'on range
les provisions destinées à la table.
2. *De dépense* : dépensier, qui aime
dépenser. On prétend que les
femmes sont plus *de dépense* que
les hommes.

DÉPENT n. m. ; **DÉPENTE** n. f.
Versant, flanc d'une colline, d'une
montagne.
Syn., voir : **défaut**.

DÉPESTABLE adj.
Dont on peut se débarrasser, se
dépester, qu'on peut détruire. Le
chiendent, ce n'est pas *dépestable*.

DÉPESTER v. tr. et pron.
Voir : **dégeancer**.

DÉPILER v. tr.
1. Défaire une pile, un empilement, désempiler. *Dépiler* des madriers qu'on a fait sécher au grand air.
2. Fig. Dépenser son argent sans compter. C'est le contraire de *piler* (sens 3).

DÉPIQUER v. intr.
Donner moins d'enture à la charrue en labourant.
Syn., voir : **détremper**.

DÉPISTEUR, EUSE n.
Dans les sports, personne chargée par une équipe professionnelle de découvrir chez les jeunes joueurs ceux dont le comportement laisse deviner un futur champion.

DÉPITER (SE) v. pron.
Se démener, se donner du mal. *Se dépiter* pour se trouver un emploi.

DÉPLET, ÈTE adj.
Vif, expéditif, habile. Un ouvrier *déplet*.

DÉPLUGUER, DÉPLOGUER v. tr. (angl. to plug) ▣
Débrancher. *Dépluguer* le grille-pain après usage.

DÉPOGNER (SE) v. pron.
Se débarrasser de certains complexes psychologiques, se décomplexer, se libérer, s'émanciper, cesser d'être *pogné*. [+++]

DÉPOITRAILLER (SE) v. pron.
Se découvrir le cou, la gorge, se décolleter.
Syn., voir : **effaler**.

DÉPOQUER v. tr.
Faire disparaître les marques, les coups, les *poques*. *Dépoquer* un meuble. [+++]

DÉPÔT n. m. (angl. deposit) ▣
1. Arrhes. Donner un *dépôt* à titre d'acompte.
2. *Dépôt direct* (angl. direct deposit) ▣ : virement automatique (NOLF).

DÉPOTOIR À NEIGE n. m.
Décharge (la neige, même sale, ne pouvant être assimilée aux ordures ménagères).

DÉRAIL n. m.
Graisse attachée aux intestins du porc.

DÉRAILLER v. tr.
Dégraisser. *Dérailler* les boyaux de porc en les grattant pour en retirer le *dérail*, la graisse qui y adhère.

DÉRANGEMENT, GRAND DÉRANGEMENT n. m.
Euphémisme pour désigner la déportation brutale des Acadiens par les Anglais en 1755.

DÉRANGER (SE) v. pron.
S'enivrer. Lui, je ne l'ai jamais vu *se déranger*.
Syn., voir : se mouiller la **dalle**.

DÉRÉNECHER v. tr. (angl. wrench) ▣
Dérégler, briser, démantibuler.
Syn., voir : **débretter**.

DÉRÉVEILLER (SE) v. pron.
Se réveiller, en langage enfantin.

DÉRHUMER (SE) v. pron.
Éclaircir sa voix. *Se dérhumer* avant de parler au micro, avant de commencer un discours.

DÉRIVER, DRIVER v. intr.
Aller de côté et d'autre, en parlant d'un traîneau qui glisse tantôt à droite tantôt à gauche dans les pistes des chemins de neige. [++]
Syn., voir : **barauder**.

DERNIER, IÈRE n.

Dernier-né d'une famille nombreuse.
Syn., voir: **chienculot**.

DÉROCHER v. tr.

Épierrer, débarrasser un terrain des pierres gênantes pour la culture.
Syn.: **érocher**.

DÉROFFER, DÉROUGHER v. tr. (angl. rough) ◙

Planer, faire qu'une pièce de bois ne soit plus *rough*.

DÉROUINE n. f.

En dérouine: en voyage, hors de chez soi. Untel, je me demande quand il peut travailler, il est toujours *en dérouine*.

DERRIÈRE n. m.

Faire noir comme dans le derrière d'un bœuf.
Voir: **noir**.

DÉSABRIER v. tr. et pron.

Découvrir, se découvrir. *Désabrier* un enfant dans son lit lorsqu'il fait très chaud.
Syn.: **décacher**.

DÉSAMAIN adj. inv.

Incommode, désavantageux. Le pacage est loin, c'est *désamain*.
Syn.: **mal à main**.

DÉSÂMER (SE) v. pron.

Se fatiguer à l'extrême, s'épuiser au travail. (O 36-86)
Syn., voir: **effieller**.

DÉSEMBRENER, DÉSEMBORNER v. tr. et pron.

Débarrasser, se débarrasser de. Réussir à se *désembrener* du chiendent.
Syn., voir: **dégeancer**.

DÉSENFARGER v. tr.

Désentraver un animal, lui enlever ses *enfarges* ou entraves.

DÉSENRHUMER (SE) v. pron.

Se débarrasser, se guérir d'un rhume. Parler le moins possible pour se *désenrhumer* plus vite.

DÉSENTAILLER, DÉTAILLER v. tr.

Voir: **arracher** (sens 3).

DÉSERGOTER (SE) v. pron.

Se blesser les orteils en marchant pieds nus.

DÉSERRER v. tr.

Défricher, déboiser, essarter, faire du *désert*. [+]
Syn., voir: **déserter**.

DÉSERT n. m.

1. Clairière naturelle ou faite par l'homme dans une forêt. [+]
   Syn., voir: **éclaircie**.
2. Champ cultivé entouré de forêt, endroit où tous les arbres ont été abattus.
3. *Faire du désert*: abattre les arbres en vue du défrichement, défricher, essarter. [++]
   Syn., voir: **déserter**.

DÉSERTER v. tr.

Défricher, abattre les arbres, déboiser, essarter. [+]
Syn.: **déserrer, faire du désert**.

DÉSESPOIR n. m.

En désespoir: très, beaucoup. Il fait chaud *en désespoir*.

DÉSETTLER v. tr. (angl. to settle) ◙

Dérégler une machine, une montre...
Syn. voir: **débretter**.

DÉSLACKER, DÉSLAQUER v. tr. (angl. to slack) ◙

Desserrer, détendre, donner du mou. *Déslaquer* un boulon, un cordage.
Syn.: **slacker**.

DÉSOUILLER v. intr.

Faire passer le dégoût amené par une satiété causée le plus souvent par des choses sucrées, cesser d'être *ouillé*. C'est le contraire du verbe *ouiller*. (surt. O 27-116)

DESSEIN n. m.
Voir : **sans-dessein**.

DESSOUFFLER v. tr.
Dégonfler. Un pneu de la voiture s'est *dessoufflé* ; il faut le regonfler.

DESSOÛLER v. intr.
Cesser d'être repu, d'avoir l'estomac rempli, en parlant d'un cheval, d'une vache... Il faut laisser *dessoûler* un cheval avant de le remettre au travail.

DESSOUR n. m. [#]
Dessous. Le *dessour* d'un plancher.

DESSUR n. m. [#]
Dessus. Le *dessur* de cette table est abîmé.

DÉTAILLER, DÉSENTAILLER v. tr.
Voir : **arracher** (sens 3).

DÉTAILLER v. intr. (angl. to tie) ▣
Jeter de nouveau les dés, jouer de nouveau quand on est but à but, quand les partenaires sont à égalité.

DÉTARAUDER v. tr.
Desserrer, enlever le *taraud*, l'écrou d'un boulon.

DÉTARGETTER v. tr.
Tirer les targettes (celle du haut et celle du bas) d'un châssis pour ouvrir une fenêtre.

DÉTELER v. tr.
Fig. Désappointer. La nouvelle de sa mise à pied l'a bien *dételé*.

DÉTERRASSER v. tr.
Vx en fr. Le printemps, enlever la paille, le bran de scie qui avait servi à protéger les fondations de la maison pendant la saison froide. (acad.)

DÉTERRER v. tr.
Désenneiger. *Déterrer* les trottoirs après une chute de neige. [+++]

DÉTORDRE v. tr. et pron.
Courber, gauchir, se tordre, en parlant d'une pièce de bois.

DÉTORSE n. f. [#]
Entorse.

DÉTOUR n. m.
1. Vx en fr. Ruse. Je me demande quel *détour* il va imaginer pour se tirer d'affaire.
2. Jour, moment, occasion. Je passerai te voir à quelque *détour*.
3. *Détour de reins* : tour de reins, effort. Attraper un *détour de reins*.

DÉTOURBEUSE n. f. (angl. turf) ▣
Machine conçue pour enlever la *tourbe* ou surface gazonnée d'un terrain et en faire des rouleaux qui seront transportés là où l'on veut *tourber*, gazonner un terrain. Cette machine s'appelle une *dégazonneuse*.

DÉTOUREUR, DÉTOUREUX, EUSE n. et adj.
Rusé, qui imagine facilement des ruses, des *détours* en affaires.
Syn. : **ratoureux**.

DÉTREMPER v. intr.
Donner moins d'enture à la charrue en labourant ; c'est le contraire de *tremper*.
Syn. : **dépiquer**, donner moins de **pique**.

DÉTRIER v. tr.
Sevrer. Il serait temps de *détrier* ce veau-là. (acad.)

DEUX n. m.
1. Billet de deux dollars. Peux-tu me prêter un *deux* ?

2. Péjor. *Être aux deux* : être à la fois hétérosexuel et homosexuel.
Syn., voir : **bilingue**.

DEUX-FESSES n. m. inv.
Voir : **fesse de pain**.

DEUX-PAR-QUATRE n. m. inv.
Pièce de bois de deux *pouces* d'épaisseur sur quatre de largeur.

DÉVALAGE n. m.
Pente raide, dévalement, à-pic.

DEVANT, DEVANT DE BARGE, DEVANT DE CANOT n. m.
Commandant d'une embarcation toujours placé à l'avant, par opposition aux *milieux* (rameurs) et à l'*arrière* (aide du commandant) sur les anciennes embarcations à rames.

DEVANTEAU n. m.
1. Rég. en fr. Tablier que portent les femmes. (acad.)
2. Rég. en fr. Tablier ciré des pêcheurs.

DEVANTURE n. f.
1. Façade d'une maison, d'un bâtiment. [+++]
2. Parterre devant une maison.
3. Fig. Poitrine féminine plantureuse.
Syn., voir : **magasin**.

DÉVARIR, DÉVARISER v. intr.
S'écarter de son chemin, de sa route.

DÉVELOPPEMENT n. m.
(Angl. development) ⊘ Mise en valeur. Commencer le *développement* d'une nouvelle mine de cuivre.

DÉVELOUTER v. intr.
Commencer à vêler et laisser paraître une partie de la matrice.
Syn. : **dédoubler**.

DÉVIANDER (SE) v. pron.
1. Se blesser accidentellement en y laissant de la peau et de la chair. (Lanaudière)
2. Fig. Se fatiguer à l'extrême, se donner beaucoup de mal.
Syn., voir : **effieller**.

DÉVIDANGES n. f. pl. [#]
Voir : **vidanges**.

DÉVIDOIR n. m.
1. Treuil d'un puits où l'on va puiser de l'eau.
Syn. : **guindeau, rouleau, tourillon, tournailleur, mâtereau, virevau, winch**.
2. Abat-grain de la moissonneuse-lieuse.
Syn., voir : **râtelier**.
3. Agitateur de la baratte à manivelle ou de la machine à laver le linge.
Syn., voir : **brasseur** (sens 2), **catin** (sens 3).

DÉVIERGER, DÉVIARGER v. tr.
1. Vulg. Dépuceler, déflorer.
Syn. : **cerise** (sens 2), **fraise**.
2. Fig. Abîmer, en parlant d'une auto lors d'une collision.

DÉVIRAGE n. m. [#]
Tournant d'une route.
Syn. : **croche, curve, dévire, dévirée, déviron, virage**.

DÉVIRE n. f. [#]
1. Tournant d'une route.
Syn., voir : **dévirage**.
2. En forêt, piste tracée autour d'une étendue d'arbres à abattre.
Syn., voir : **revirée**.
3. Girouette placée sur les bâtiments de ferme.
Syn., voir : **vire-vent**.

DÉVIRÉE n. f. [#]
Tournant d'une route.
Syn., voir : **dévirage**.

DÉVIRON n. m. [#]
Tournant d'une route.
Syn., voir : **dévirage**.

DÉVOILER v. tr. (angl. to unveil) ⊘
Inaugurer. On a *dévoilé* le
monument de Duplessis sur la
colline parlementaire.

DEVOIR n. m.
En devoir (angl. on duty) ⊘ : de
service, de garde, de quart. Prière de
s'adresser à l'agent *en devoir*.

DÉVORATION n. f.
Démangeaison très vive. J'ai attrapé
je ne sais quoi, mais c'est une
dévoration.

DÉVORER v. intr. et pron.
1. Démanger. Ces boutons-là, ça
   dévore, je me gratterais !
2. Se gratter maladivement. Avec
   ces boutons-là, on se *dévore*, on se
   gratte au sang.

DÉZONAGE n. m.
Action de *dézoner*.

DÉZONER v. tr.
Décider par une loi qu'un territoire
ou une partie d'un territoire faisant
déjà partie d'une zone déterminée
(agricole, industrielle ou
domiciliaire) passe à une autre zone.

DIABLE n. m.
1. Appareil constitué de deux gros
   crochets pointus et servant à
   essoucher.
2. Pinces à grumes constituées de
   deux crochets mobiles fixés au
   milieu d'une volée et permettant à
   deux hommes de soulever une
   grume.
   Syn., voir : **chienne** (sens 9).
3. Raidisseur de câble.
4. *Diable à rigoles.*
   Voir : **rigoleuse**.

5. *Diable en calèche* : se dit de
   quelqu'un qui est mal habillé, qui
   est mal bâti. Untel, c'est le *diable
   en calèche.*
6. *Être en diable* : être en colère, en
   furie.
7. *Faire noir comme chez le diable.*
   Voir : **noir**.
8. *Le diable est aux vaches* : il y a
   des divisions internes, de la
   bisbille (dans un syndicat, une
   association, un parti politique...)

DIABLÉE n. f.
Une diablée : beaucoup, un très
grand nombre. Il y avait *une diablée*
de monde à la messe.

DIFFICULTÉ n. f.
En difficulté : se dit d'un enfant qui
a besoin de mesures médicales,
sociales, pédagogiques et éducatives
particulières. Dans un tel cas, il ne
s'agit pas d'un enfant exceptionnel
mais *en difficulté* ; un enfant
exceptionnel en français est un
surdoué (NOLF).

DIGUE n. f.
1. Barrage sur un cours d'eau,
   construit par l'homme ou par le
   castor. [+]
   Syn. : **chaussée**, **dam**.
2. Amoncellement de billes de bois
   de flottage formant barrage sur
   un cours d'eau, embâcle. [+]
   Syn. : **jam**, **tapon** (sens 7).
3. Embâcle de glaces sur un cours
   d'eau. Il s'est fait une *digue* près
   d'ici. [+]
   Syn. : **jam**, **tapon** (sens 6).
4. *Digue de roches* : clôture faite
   avec des pierres provenant de
   l'épierrement d'un champ,
   entassées les unes sur les autres
   et disposées sur une ligne.

(E 27-102)
Syn., voir: **clôture de pierres**.

5. *Digue de souches*: clôture faite de souches et de branches entassées.
Syn., voir: **clôture de souches**.

DIGUEDI n. m. (angl. chickadee) ⊘
Voir: **chickadee**.

DIGUER v. intr. et pron.
Former un embâcle, se former en embâcle sur un cours d'eau, en parlant des glaces ou du bois flotté.
Syn.: **jamer**.

DIGUIDOU, TIGUIDOU adv.
Très bien, parfait. En plaçant la table ici, ça va être *diguidou*.
Comment ça va? Ça va *diguidou*.

DIMANCHE n. m.
1. *Clous du dimanche*: ensemble des crochets réservés aux vêtements du dimanche.
2. *Langue des dimanches*: langue soignée.
3. *Vêtements, accoutrement des dimanches, de dimanche*: vêtements qu'on ne porte que le dimanche, vêtements du dimanche.
Syn.: **messe, propre**.
4. *Trou, chemin du dimanche*: de quelqu'un qui a avalé de travers on dira que ce qu'il a bu ou mangé a pris le *trou, le chemin du dimanche*.
5. *Se mettre en dimanche*: mettre ses vêtements du dimanche, s'endimancher.

DÎME n. f.
Ne pas être la dîme de: être très inférieur à, en parlant des personnes ou des choses. Comme charpentier, il *n'est pas la dîme de* son père.

DINDE n. m. ou f.
1. [#] Dindon mâle ou dindon sans référence au fait que c'est un mâle ou une femelle. Éleveur de *dindes*.
2. [#] *Petit dinde, petite dinde*: dindonneau.

DINDONNE n. f.
Dinde, femelle du dindon.

DÎNER n. m.
1. Vx et rég. en fr. Repas du midi, déjeuner.
2. *Dîner d'État* (angl. state dinner) ⊘ : dîner officiel.
3. *Dîner-bénéfice*.
Voir: **bénéfice**.
4. Voir: **salle à dîner**.

DINK n. m. (angl., sigle de *d*ouble *i*ncome, *no k*ids) ⊘
Catégorie de consommateurs mariés, sans enfants, dont mari et femme travaillent et dont le but est de profiter égoïstement de la vie.

DIPPEUR n. m. (angl. dipper) ⊘
1. Contenant de fer-blanc d'une capacité d'environ deux litres, à anse ou à queue et servant à transvaser des liquides.
(O 27-116 et acad.)
Syn., voir: **grande tasse à eau**.
2. Casserole à queue utilisée comme écumoire à la *cabane à sucre*.
(O 27-116)
3. *Grand Dippeur*: la Grande Ourse.
Syn., voir: **Chaudron**.
4. *Petit Dippeur*: la Petite Ourse.
Syn., voir: **Chaise (Petite Chaise)**.

DIRECT adv.
[#] Directement. On lui a lancé un caillou *direct* sur le front.

DIRECTION n. f. (angl. directions) ⊘
Mode d'emploi (accompagnant un produit, un remède).

DISABLE adj. [#]
N'être pas disable: marque de

superlatif. Il était content ce *n'est pas disable.*

DISCO-MOBILE, DISCOTHÈQUE MOBILE n. f.

Organisme privé offrant en location stéréo, son et lumière, animateur et mécanicien compris, pour tout genre de réunions : mariages, soirées dansantes, festival, etc.

DISPENDIEUX, EUSE adj.

[#] Cher à l'achat, coûteux. Acheter une cravate trop dispendieuse.

DISPOSER v. intr. (angl. to dispose of) ⊘

Disposer de : en langage des sports, battre, vaincre, l'emporter sur.

DISQUE n. m. ou f.

Voir : **rondelle** (de hockey).

DISQUER v. tr.

Herser en utilisant une herse à disques dont les pièces travaillantes, en forme d'écuelles, ont un bord tranchant.

Syn. : **rouletter.**

DISTILLER v. intr.

[#] Suppurer, produire du pus. Une plaie qui *distille.*

DIVINITÉ n. m. ou f. (angl. divinity)

Sorte de sucre à la crème.

DIX n. m.

1. Numéro d'un canal de télévision privé de Montréal. Passer la soirée au *dix* ; regarder le *dix.*
2. Billet de dix dollars.

DIX-ONCES n. m. inv.

Bouteille d'alcool de *dix onces* soit 283,49 millilitres.

DIZEAU n. m.

Moyette formée de quatre à six gerbes de céréales.

Syn., voir : **quinteau.**

DJESSER v. intr.

Taller, en parlant de l'avoine, du blé. (acad.)

Voir : **tiger.**

DJO n. m.

[#] Sein, mamelle de la femme. [+++]

Syn. : **quenoche.**

DODICHER v. tr.

Caresser, dorloter, gâter. [++]

Syn. : **catiner** (sens 1).

DOIGT DE DAME n. m. (angl. lady finger) ⊘

Biscuit à la cuiller.

DOLBIEN, IENNE n. et adj.

Natif ou habitant de Dolbeau, au Lac-Saint-Jean ; de Dolbeau.

DOLER v. tr.

1. Dresser, polir avec une plane, une doloire. (E 20-127)
   Voir : **couteau à doler.**
2. Vx en fr. Tailler un morceau de bois avec un canif ou un couteau.
   Syn., voir : **gosser** (sens 1).
3. Dégrossir avec une hache.
4. Tailler. *Doler* les sabots d'un cheval.

DOLLAR n. m.

Depuis 1858, unité monétaire du Canada divisée en 100 cents.

Syn. : **piastre.**

DOMINION n. m.

Évaporateur servant à transformer la sève de l'érable à sucre en sirop. Marque de fabrique.

DOMMAGE n. m.

Beau dommage (locution exclamative) : mais oui, évidemment, certainement !

DOMPE n. f. (angl. dump) ⊘

Voir : **dump.**

DOMPER v. tr. (angl. to dump) ⊘

Voir : **dumper.**

DOMPEUSE n. f. (angl. to dump) ⊘
Voir : **dumpeuse**.

DOMPLÈNE, DOMPLAINE n. f. (angl. dumpling) ⊘
Voir : **dumpling**.

DONALDA n. f.
1. Surnom donné aux premières jeunes filles admises à l'Université McGill en 1884 et formé à partir du prénom de Donald Smith, mécène qui défraya le coût des aménagements nécessités par l'arrivée de cette nouvelle clientèle.
2. Prénom de femme.

DONNACONA n. f.
Panneau de construction souple et fibreux. Marque de fabrique.

DONNAISON n. f.
Autrefois, donation à charge de rente viagère en usage surtout chez les cultivateurs.

DONNER (SE) v. pron.
1. Faire donation de sa terre à quelqu'un, à charge de rente viagère.
2. Se faire. *Se donner* une entorse en tombant.

DORÉ n. m.
1. [#] Embarcation de pêche, doris.
2. *Poisson doré* : poisson à chair succulente de la famille des Percidés, lacustre et fluviatile. Existent le *doré* bleu, le jaune ainsi que le noir. [+++]

DORMANT n. m. (angl. sleeper) ⊘
Traverse de chemin de fer ou longerine sur laquelle sont cloués les rails. [++]
Syn. : **tie**.

DORMIR v. intr.
Fig. *Dormir par sauts et par buttes* : mal dormir, en s'éveillant souvent.

DOS-DE-CHEVAL n. m.
1. Gueule-de-loup installée au sommet d'une cheminée pour en faciliter le tirage.
Syn. : **garde-vent, gueule-de-chien, récollet, revirette, tête-de-coq, virole**.
2. Petite colline, monticule.
Syn., voir : **button**.

DOSSIER n. m. [#]
Dossière du harnais d'un cheval soutenant les brancards.

DOUBLE adj. et adv.
S'applique à toute voiture d'été ou d'hiver, à toute machine aratoire à laquelle on attelle deux chevaux. Un traîneau *double*, un râteau (à foin) *double*.
Voir : **atteler double**.

DOUBLE n. m.
1. Rang, couche. Recouvrir un mur de deux *doubles* de planches.
2. Paire de chevaux attelés côte à côte. Ces deux chevaux font un beau *double*.
Syn., voir : **span**.
3. *Être double, en double* : utiliser un attelage de deux chevaux.

DOUBLE-SLEIGH n. f. (angl. double sleigh) ⊘
Voir : **bobsleigh**.

DOUBLEUR, EUSE n.
Élève qui double ou redouble une classe, redoublant. Les enseignants n'aiment pas beaucoup avoir des *doubleurs* dans leur classe.

DOUCEUR n. f.
1. Friandise, sucrerie. Offrir une *douceur* à un enfant.

2. Sucre. Mettez donc un peu de *douceur* dans votre thé.

DOUCIN n. m.
Écume sortant du bois fraîchement coupé. (acad.)

DOUCINE n. f.
Cuir à rasoir. [+]
Syn. : **strop**.

DOUELLE, TOUELLE n. f. [#]
1. Douve de tonneau, quelle qu'en soit la dimension.
2. *Douelle, douelle de quart.*
   Voir : **véloneige traditionnel**.
3. *Tomber en douelles.*
   Voir : **tomber**.

DOUELLEAU n. m.
Traîneau rudimentaire fait de cinq ou six douves de tonneau liées ensemble. (acad.)

DOUELLON n. m. (acad.)
Voir : **véloneige traditionnel**.

DOUILLE n. f.
Appellation argotique du dollar canadien.
Syn. : **bâton, douleur, fripée, pompier, tomate**.

DOUILLETTE n. f.
Couvre-pieds matelassé de duvet ou de plumes, qui recouvre le lit. [+++]
Syn., voir : **comfortable**.

DOULEUR n. f.
Appellation argotique du dollar canadien. [+]
Syn., voir : **douille**.

DOUX adj.
1. *Lait doux* : lait qui sort du pis de la vache, non encore refroidi.
   Syn. : lait **chaud**.
2. *Doux temps* : période de temps relativement doux qui suit un grand froid. Pendant le Carnaval, on a souvent un *doux temps*.

DOUZE n. m.
Fusil de chasse de calibre 12.
Acheter un *douze* pour la chasse.

DOYON n. m.
Doigtier qui recouvre un pansement à un doigt. (acad.)
Syn. : **catin** (sens 2).

DRAB adj. (angl. drab) ⊘
1. Beige. Un veston *drab*. [+++]
2. Fig. Ordinaire, banal, sans originalité, stéréotypé, en parlant d'un spectacle, d'une peinture, d'une sculpture, etc.

DRÂCHE n. f.
1. Lie, particules solides qui se déposent au fond d'un liquide au repos, drêche, dépôt.
   Syn., voir : **rache**.
2. Résidus de foie de morue dont on a extrait l'huile et qui entrent dans la fabrication d'un savon domestique appelé *savon de drâche*.

DRAFFE n. f. (angl. draught) ⊘
Voir : **draught**.

DRAGCHAIN n. f. (angl. dragchain) ⊘
Chaîne servant au freinage des traîneaux dans les descentes trop abruptes. [++]

DRAGUE n. f.
Pâtée qu'on donne aux cochons. (O 37-85)

DRAPEAU n. m.
Vx en fr. Lange d'enfant, couche. (acad.)

DRAUGHT, DRAFFE n. f. (angl. draught beer) ⊘
Bière en fût ; bière pression, pression. Deux *draughts* S.V.P. !

DRAVAGE n. m. (angl. drive)
Action de *draver*, de faire flotter du bois à billes perdues.

DRAVE n. f. (angl. drive)
Flottage du bois à billes perdues.
[+++]

DRAVER v. tr. (angl. to drive)
Diriger le flottage du bois à billes
perdues.

DRAVEUR n. m. (angl. driver)
1. Ouvrier forestier qui fait la *drave*,
   c'est-à-dire qui dirige le flottage
   du bois à billes perdues, flotteur.
   Syn.: **cageur**, **raftsman**.
2. *Draveur de lait*: en milieu urbain,
   autrefois, laitier qui vendait et
   distribuait le lait de porte à porte.
3. *Draveur de glace*: en milieu
   urbain, autrefois, distributeur de
   blocs de glace chez tous ceux qui
   avaient des glacières.

DRAY n. m. (angl. dray) ◙
Traîneau rudimentaire servant au
débusquage du bois. [+++]
Syn., voir: **bob**.

DRESS-SUIT n. m. (angl. dress-suit) ◙
Voir: **arrache-clou**.

DRIGAIL n. m.
Objets divers, équipement.

DRILLER v. tr. (angl. to drill) ◙
Forer. *Driller* un puits pour avoir de
l'eau potable.

DRIVER v. intr.
Voir: **dériver**.

DROGUE n. f.
Rognons de castor conservés dans
l'alcool et utilisés par les trappeurs
comme appât pour le castor.
Syn., voir: **tondreux**.

DROIT adj. et adv.
1. *Atteler droit*: atteler un cheval à
   une voiture à brancard non
   décentré.
2. *Être droit*: avoir un brancard de
   voiture non décentré.

3. *Mettre droit*: centrer le brancard
   d'une voiture d'hiver.
4. *Travail droit*: brancard de voiture
   d'hiver non décentré.

DRÔLE adj.
C'est encore drôle!: ce n'est pas si
sûr que ça!, dira-t-on pour souligner
son incertitude.

DROP-OUT n. m. (angl. drop out) ◙
Voir: **décrocheur**.

DROSSER v. tr. et intr.
1. Porter sans arrêt, sans
   désemparer. *Drosser* un manteau,
   des souliers.
2. *Manteau à drosser*: manteau à
   porter tous les jours jusqu'à usure.

DROSSES n. f. pl.
Criblures, vannures, grains de rebut.
(acad.)
Syn., voir: **agrains**.

DRUM n. m. (angl. drum) ◙
1. Baril d'acier qui est souvent
   utilisé dans les chantiers
   forestiers ou à la ferme pour la
   fabrication d'un poêle
   rudimentaire. [+++]
2. Écorceuse formée d'un cylindre en
   fer dont l'intérieur est garni de
   pointes.

DUBLEUET n. m.
Apéritif à base de vin de *bleuets*
fabriqué au Québec. Marque de
commerce.

DUCHESSE n. f.
Variété de pommes à couteau.

DUHAIMETTE n. f.
Certificat attestant qu'un chasseur a
subi avec succès l'examen
sanctionnant le cours de sécurité
dans le maniement des armes à feu.
Mot dérivé du nom du ministre
Duhaime qui a imposé cet examen.

DULL adj. (angl. dull) ▣
Ennuyant, monotone. [++]

DUMP, DOMPE n. f. (angl. dump) ▣
1. Dépotoir pour ordures ménagères. [+++]
2. Lieu où l'on jette les déblais, décharge. [+++]

DUMPER, DOMPER v. tr. (angl. to dump) ▣
1. Décharger, déverser, basculer. *Dumper* des déchets au dépotoir, de la neige dans une décharge. [+++]
2. Fig. Plaquer. *Dumper* un fiancé. [+++]

DUMPEUSE, DOMPEUSE n. f. (angl. dumper) ▣
Benne basculante dont sont munis des camions, camion à bascule. [+++]

DUMPLING, DOMPLAINE, DOMPLÈNE n. f. (angl. dumpling) ▣
Pomme enrobée de sirop ou de cassonade puis enveloppée de pâte et cuite au four. [+]

DUPLESSISME n. m.
Période antérieure à 1960, au cours de laquelle Maurice Duplessis, premier ministre du Québec, avait maintenu un régime de *statu quo*.

DUPLEX n. m. (angl. duplex) ▣
1. Immeuble formé de deux maisons semblables séparées par un mur mitoyen.
2. Maison à deux logements : l'un au rez-de-chaussée, l'autre à l'étage.
3. Appartement ayant deux niveaux d'habitation (ROLF).

DUR adj.
Faire dur : en parlant de quelqu'un, qui dit ou fait des sottises, qui est mal habillé. [+++]
Syn. : **faire sec**.

DUSTPAN n. f. (angl. dustpan) ▣
Pelle à poussière. (acad. et Estrie)
Syn., voir : **porte-poussière**.

EARLY ROSE, ARLÉROSE, ORLÉROSE
n. f. (angl. early rose) ⊘
    Pomme de terre hâtive et rose. [+++]

EAU n. f.

1. *Eau d'érable* : sève de l'érable servant à faire du sirop. [+++]
2. *Eau de dalle* : eau de pluie. [+++]
   Syn. : **eau douce**, **eau du ciel**.
3. *Eau de Floride* : eau de toilette parfumée, déjà très populaire à la fin du XIXe siècle. Marque de commerce.
4. *Eau de mai* : eau de pluie ou de neige recueillie le premier jour de mai et qui aurait des effets bénéfiques.
5. *Eau de Pâques.*
   Voir : **Pâques**.
6. *Eau de Pentecôte* : eau recueillie le jour de la Pentecôte et qui aurait des effets bénéfiques.
7. *Eau de sève.*
   Voir : **sève**.
8. *Eau douce* : eau de pluie.
   Syn., voir : **eau de dalle**.
9. *Eau du ciel* : eau de pluie.
   Syn., voir : **eau de dalle**.
10. *Faire de l'argent comme de l'eau* : gagner de l'argent très facilement.
11. *Il y a de l'eau dans la cave, l'eau est haute* : remarques faites à la cantonnade à l'endroit de quelqu'un qui porte un pantalon trop court, comme si le bas de son pantalon avait été relevé pour marcher dans l'eau.
    Syn., voir : la **marée** est haute (sens 2).
12. *Jeter à l'eau* : jeter, se débarrasser de quelque chose qui est brisé, usé, inutile. Cette vieille auto qui démarre quand elle en a envie, mais *jette ça à l'eau* ! [+++]

13. *Être à l'eau* : être devenu impossible. Avec ce vent, le départ de l'avion *est à l'eau*.

14. *S'en aller à l'eau* : s'en aller à la ruine, vers la banqueroute, en parlant d'un commerce, d'une entreprise.

15. *Passer à l'eau* : être inondé, être victime de l'inondation lorsque les cours d'eau débordent. Tous les trois ou quatre ans, les maisons et les granges de ces cultivateurs *passent à l'eau*.

16. *Être dans l'eau bouillante, chaude.* (angl. to be in hot water) ⬛ : être dans de mauvais draps. Le ministre X *est dans l'eau bouillante* depuis qu'un député de l'opposition a mis la main sur un document compromettant.

ÉBAROUI, IE adj.
1. Fig. Gourmand, glouton, qui mange beaucoup.
2. *Feu ébaroui* : feu dont des tisons sont dispersés autour du brasier.

ÉBAROUIR v. tr. et pron.
1. Faire cligner les yeux. Le soleil du midi nous *ébarouissait*.
   Syn. : **calouetter**.
2. Rég. en fr. Se défaire, se disjoindre. Le tonneau va s'*ébarouir* si on le laisse au soleil.

ÉBLUETTER v. intr.
Voir : **bluetter**.

ÉBRANCHER v. tr.
Débroussailler. [+]
Syn., voir : **effardocher**.

ÉBRÉCHÉ, ÉE n. et adj.
Édenté, brèche-dent. [++]
Syn. : **brèche-cul**.

ÉBREILLER, ÉBREUILLER v. tr.
Vx en fr. Vider un poisson de ses

breilles ou *breuilles*, de ses entrailles.
Syn. : **éguiber**.

ÉBROUSSER v. tr.
Débroussailler. Tous les ans, il faut *ébrousser, couper* les *brousses* le long des fossés et des clôtures.
Syn., voir : **effardocher**.

ÉCAILLE n. f.
1. Coquille d'œuf. [+++]
   Syn. : **écale** (sens 3).
2. Écale de noix.

ÉCAILLÉ n. m.
Esturgeon noir (NOLF).

ÉCAILLER v. tr. [#]
Écaler. *Écailler* des noix.

ÉCALE n. f.
1. Vx en fr. Cosse. *Écale* de haricot, de pois.
2. [#] Enveloppe des grains de céréales, glume.
   Syn. : **écorce**.
3. [#] Coquille. Enlever l'*écale* d'un œuf dur. [+++]
   Syn. : **écaille** (sens 1).
4. [#] Écaille. Enlever les *écales* d'un poisson avant de le faire cuire. [+++]

ÉCALER v. tr.
1. Vx en fr. Écosser. *Écaler* des haricots, des pois. [++]
   Syn. : **écoquelucher, écorcer**.
2. [#] Écailler. *Écaler* un poisson.

ÉCALVATRÉ, ÉCALVENTRÉ, ÉE adj.
Décolleté, qui a le cou découvert, dont le haut de la chemise ou du corsage n'est pas boutonné.
Syn., voir : **effalé**.

ÉCARDE n. f. [#]
Carde ou planchette garnie de pointes pour carder.

ÉCARDER v. tr. [#]
1. Carder. *Écarder* de la laine.
2. Fig. Parler de façon incohérente, tenir des propos décousus. Syn., voir : perdre la **carte**.

ÉCARTANT, ANTE adj.
1. Où l'on risque de s'égarer. La forêt, c'est toujours *écartant*.
2. *Herbe écartante* : herbe qui, selon la croyance populaire, fait perdre le chemin à celui qui marche dessus.

ÉCARTÉ, ÉE adj.
Dont le cerveau est dérangé. Le vieux, il est pas mal *écarté*. Syn. : **chaloupé, chaviré, craque, craqué, fêlé, foqué, fou braque, fou raide, sauté**.

ÉCARTER v. tr. et pron.
Rég. en fr. Égarer, perdre ; s'égarer, se perdre. J'ai *écarté* ma montre, je vais m'en acheter une autre.

ÉCARTILLER v. tr. et pron.
1. [#] Écarter. *Écartiller* ou *s'écartiller* les jambes. [++] Syn. : **éjarrer** (sens 1).
2. Fig. S'énerver, perdre la tête. Chaque fois qu'elle prend un verre, elle s'*écartille*.
3. Fig. Dépenser plus que ne le permettent ses moyens. S'il s'*écartille* trop, il va devoir déposer son bilan. Syn. : **éjarrer** (sens 2).

ÉCHAFAUD n. m.
1. Plateforme construite dans un arbre d'où le chasseur fait le guet et où il dépose ses provisions de bouche, hors de portée des prédateurs.
2. Voir : **chafaud (des pêcheurs)**.
3. Vx en fr. Échafaudage.

ÉCHANCRÉ, ÉE p. adj.
Dont la forme normale est brisée par un obstacle naturel : montagne, cours d'eau. Une terre *échancrée*.

ÉCHANTILLON, ÉCHANTILLONNEMENT, ÉCHANTILLONNAGE n. m.
Partie d'un bardeau d'un toit ou d'un mur exposée aux intempéries. [++] Syn. : **déclinage, découvert**.

ÉCHANTILLONNER v. tr.
Échantillonner un bardeau : laisser à l'air, aux intempéries, une partie de bardeau recouvrant un toit, un mur.

ÉCHAPE n. f. [#]
Voir : **écharpe**.

ÉCHAPPER v. tr.
Rég. en fr. Laisser tomber involontairement. *Échapper* ses lunettes sur le parquet. [+++] Syn. : **larguer**.

ÉCHAROGNER v. tr.
Couper maladroitement. *Écharogner* une pièce de tissu, les cheveux d'un enfant.

ÉCHARPE, ÉCHAPE n. f. [#]
Écharde. Porter des gants pour éviter de se planter des *écharpes*, des *échapes*. [+++]

ÉCHARPILLER v. tr. [#]
Défaire un tissu, le mettre en charpie pour le filer de nouveau, écharper. Syn. : **dépéniller, écharpir, échiffer, épéniller**.

ÉCHARPIR v. tr. [#]
Voir : **écharpiller**.

ÉCHASSE n. f.
Fig. Jambes longues et maigres d'une personne.

ÉCHAUDER v. tr.
Infuser. *Échauder* du thé, de la menthe.

ÉCHAUFFAISON n. f.
 Vx en fr. Irritation de la peau par frottement ou par manque d'hygiène. Les bébés qu'on ne change pas assez souvent risquent des *échauffaisons*.

ÉCHELLE n. f.
 Échelette avant ou arrière de la charrette, de la fourragère. [+]
 Syn. : **aridelle**, **échelon**, **échelot**, **éridelle**, **ridelle**.

ÉCHELLE À SAUMONS n. f.
 Voir : **passe migratoire**.

ÉCHELON n. m.
 Échelette avant ou arrière de la charrette, de la fourragère.
 Syn., voir : **échelle**.

ÉCHELOT n. m.
 1. Échelette avant ou arrière de la charrette, de la fourragère. (acad.)
 Syn., voir : **échelle**.
 2. Poteau fixé aux bouts des sommiers du *bobsleigh* ou de la fourragère.
 Syn., voir : **épée**.

ÉCHENOLÉ adj.
 Vulg. Qui a perdu une *chenole* ou même les deux *chenoles* ou testicules suite à un accident ou à une opération.
 Syn. : **égosser**.

ÉCHETONNER v. tr. [#]
 Voir : **édrageonner**.

ÉCHEVIN n. m.
 Conseiller municipal d'une ville.

ÉCHEVINAGE n. m.
 Poste d'*échevin* dans une ville. Être candidat à l'*échevinage*.

ÉCHEVINAL, ALE, AUX adj.
 Relatif au conseil municipal d'une ville. Créer un comité *échevinal* pour étudier le problème du stationnement.

ÉCHIFFE n. f.
 Charpie provenant de tissus qu'on défait pour la filer de nouveau. [+++]
 Syn. : **défaisure**, **défait**, **défaite**, **pénille**.

ÉCHIFFÉ, ÉE adj.
 Déchiré, en parlant d'un vêtement.
 Syn. : **effilopé**, **éralé**.

ÉCHIFFER v. tr.
 1. Déchirer accidentellement un vêtement.
 2. Défaire un tissu, le mettre en charpie pour la filer de nouveau, écharper. [++]
 Syn., voir : **écharpiller**.
 3. Fig. *En échiffer* : éprouver des difficultés, ne pas avoir la vie facile. S'il va défricher une terre en Abitibi, il va *en échiffer*.
 Syn. : **en arracher**.

ÉCHINE n. f.
 Partie du corps humain appelée dos. Avoir mal à l'*échine*.

ÉCHINÉ, ÉE adj.
 Fatigué, exténué, rendu au bout.
 Syn., voir : **resté**.

ÉCHINÉE n. f.
 Partie de la longe du porc, du veau, etc.

ÉCHIQUETTE n. f.
 1. Bout d'une corde de bois dont les morceaux sont disposés en échiquier, par rangs alternés. (O 30-100)
 Syn., voir : **croisée**.
 2. Pile de planches ou de morceaux de bois disposés en échiquier et par carrés alternés pour en faciliter le séchage. (O 30-100)
 Syn. : **cage** (sens 3).

3. Cage de bois remplie de pierres pour fixer un poteau là où le terrain est rocheux ou marécageux.

ÉCHIRAILLÉ, ÉE adj.
Se dit d'un vêtement portant une déchirure en zigzag, déchiré.

ÉCHO adj. inv.
Où il y a de l'écho, propice à la répétition des sons. C'est *écho* ce matin : on va avoir de la pluie.

ÉCHOUERIE n. f.
1. Endroit, plage où, à cause des marées et des vents, se retrouvent des herbes marines, du *bois de marée*, et où les phoques vont se reposer au soleil.
2. Troupe de phoques sur un glaçon ou sur une plage, dans une baie.
3. Voir : **bois d'échouerie**.

ÉCLAIRCIE n. f.
Rare en fr. Clairière naturelle ou faite par l'homme dans une forêt. Installer sa tente dans une *éclaircie*. [++]
Syn. : **découvert, désert**.

ÉCLAIRE n. f.
Rég. en fr. Chélidoine, plante qui aurait la propriété de détruire les verrues.
Syn. : **herbe à verrues, aux verrues**.

ÉCLAIRER v. impers.
Vx et rég. en fr. Faire des éclairs. Il a *éclairé* toute la nuit.

ÉCLANCHE adj. [#]
Voir : **clanche**.

ÉCLAT n. m.
Bûchette tenant lieu d'allumette.
Syn., voir : **aiguillette**.

ÉCLISSE n. f.
1. Lamelle de bois battu (hêtre,

frêne, orme) servant à garnir le fond d'une chaise.
2. Bûchette tenant lieu d'allumette, petit paquet de bûchettes ou de rubans de bois servant à allumer un poêle, à partir un feu.
Syn., voir : **aiguillette**.

ÉCŒURANT, ANTE n. et adj.
1. Se dit d'une personne dont la conduite est répréhensible.
2. *En écœurant* : très, beaucoup. C'est beau, bon *en écœurant*.

ÉCŒURANTERIE n. f.
Parole, action répréhensible, répugnante.

ÉCŒURER v. tr. et pron.
1. Taquiner, piquer, déranger quelqu'un sans arrêt. Il l'a *écœuré* pendant toute la semaine.
Syn., voir : **attiner**.
2. Fig. Se décourager. Il *s'est écœuré* très vite dans un tel milieu.

ÉCOLE n. f.
Dans les collèges et les universités, s'emploie très souvent au sens de cours. En dentisterie et en médecine, on a de l'*école* tous les jours.

ÉCOLE POLYVALENTE n. f.
Voir : **polyvalente**.

ÉCOPEAU n. m. [#]
Copeau. Faire des *écopeaux* avec une hache. [+++]

ÉCOQUELUCHER v. tr.
1. Effeuiller. *Écoquelucher* les épis de maïs avant de les faire cuire. (acad.)
2. Écosser (des haricots, des pois). (acad.)
Syn., voir : **écaler** (sens 1).

ÉCORCE n. f. [#]
Enveloppe des grains de

céréales, glume.
Syn. : **écale** (sens 2).

ÉCORCER v. tr. [#]
Écosser des haricots, des pois.
Syn., voir : **écaler** (sens 1).

ÉCORCHATS n. m. pl.
Voir : **écorchis**.

ÉCORCHEUR n. m.
Nom vulgaire de la pie-grièche.

ÉCORCHIS, ÉCORCHATS n. m. pl.
Rives escarpées rongées par un
cours d'eau, par la mer, par le vent.
[++]

ÉCORE n. m. ; **ÉCORES** n. m. pl.
Escarpement, berge abrupte de la
mer, d'un cours d'eau. À la fonte des
neiges, l'eau de cette rivière monte à
l'*écore*, aux *écores*. [+++]

ÉCORE adj.
Abrupt, escarpé, accore. À Québec,
les berges du Saint-Laurent sont très
écores. [+++]

ÉCORNER v. tr.
Rare en fr. Décorner, couper les
cornes. Autrefois, c'était une
coutume d'*écorner* les taureaux et
aussi certaines vaches. [+++]

ÉCORNEUR n. m.
Variété de ciseaux pour couper les
cornes des bêtes.
Syn. : **coupe-cornes**.

ÉCORNIFLER v. tr. et intr.
Chercher à voir et à entendre ce qui
se passe et ce qui se dit, moucharder.
[+++]
Syn. : **seiner, sentir, sneaker**.

ÉCORNIFLEUR, ÉCORNIFLEUX, EUSE
n. et adj.
Indiscret qui se glisse partout pour
voir et entendre ce que font et ce que
disent les gens. [+++]

Syn. : **seineux, senteur, senteux,
sneakeur**.

ÉCOUENNER v. tr.
Enlever ou détruire la *couenne* ou
surface herbeuse du sol.

ÉCOURTICHÉ, ÉE p. adj.
Vêtu courtement, en parlant des
femmes. Elle devrait avoir honte
d'aller dans la rue aussi *écourtichée* !

ÉCOURTICHER v. tr.
Couper un vêtement trop court. Cette
robe, il fallait la raccourcir un peu
mais non l'*écourticher*.

ÉCRAN n. m.
Voir : **cran**.

ÉCRAN adj. inv.
À pic, abrupt. C'est très *écran* près
du cap ; la rive est *écran*.

ÉCRAPOUTIR v. tr. et pron.
1. Écraser, écrabouiller. *Écrapoutir*
   une guêpe. [+++]
2. S'accroupir, se blottir, se cacher
   pour échapper aux regards.

ÉCRASER v. tr.
Moudre grossièrement. Donner de
l'avoine *écrasée* à un vieux cheval
dont les dents sont usées.
Syn., voir : **rouler**.

ÉCRÉMEUR n. m.
Voir : **crémeuse**.

ÉCRÉMILLON n. m.
Vestige de crème sur le lait écrémé.
Syn., voir : **restant**.

ÉCRÉMOIR n. m.
Voir : **crémeuse**.

ÉCRIANCHER v. tr. et pron.
Disjoindre, disloquer, rendre de
guingois, se disjoindre, se disloquer.
Syn. : **gignoler**.

ÉCRIN n. m.
Dans une malle, un coffre, petit

compartiment où l'on range les objets de valeur.
Syn. : **équipette**.

ÉCRO n. m. [#]
Écrou du boulon.
Syn. : **noix**, **nut**, **taraud**.

ÉCU n. m.
Pièce de monnaie encore très connue dans la première moitié du XXᵉ siècle et valant 50 *cents*.

ÉCUELLE n. f.
Assiette conique tronquée constituant l'âme d'un *bol d'écrémeuse*.

ÉCURAGE n. m.
Vx et dial. en fr. Lavage, nettoyage. Le samedi, c'est la journée de l'*écurage* des planchers.

ÉCURER v. tr.
1. Vx et rég. en fr. Balayer, nettoyer, laver. *Écurer* le plancher de la cuisine. (O 8-134 et acad.)
2. Vx et rég. en fr. Nettoyer, sortir le fumier. L'hiver, il faut *écurer* l'étable deux fois par jour. (O 8-134 et acad.)

EDDY n. f.
Allumettes Eddy : allumettes souffrées fabriquées par la compagnie Eddy. Marque de fabrique. Acheter une boîte d'*Eddy*, allumer sa pipe avec une *Eddy*.

ÉDIFICE n. m.
Tout immeuble ayant une certaine hauteur, mais n'ayant pas nécessairement de valeur architecturale. Depuis qu'on a élargi cette artère, les *édifices* y poussent comme des champignons.

ÉDRAGEONNER v. tr.
Enlever, casser, couper les drageons

des plants de tomate ou de tabac.
Syn. : **échetonner**, **éjetonner**.

EFFACE n. f. [#]
Gomme à effacer, gomme.

EFFALÉ, ÉE adj.
Décolleté, la poitrine non couverte. Aller dehors *effalé* quand il fait froid est un moyen infaillible pour attraper la grippe.
Syn. : **écalvatré**, **écalventré**, **époitraillé**, **fale** (sens 2).

EFFALER (S') v. pron.
Se découvrir la *fale* ou poitrine, se décolleter. Si tu veux attraper une pneumonie, *effale-toi*.
Syn. : **deffaler**, **dépoitrailler**, **époitrailler**.

EFFARDOCHAGE n. m.
Action d'*effardocher*, de débroussailler.

EFFARDOCHER v. tr.
Débroussailler, essarter le long des fossés, des clôtures, couper les *fardoches*. [+++]
Syn. : **ébrancher**, **ébrousser**, **fardocher**, **serper**.

EFFARÉ, ÉE adj. et n.
Volage. Ce jeune garçon semble plutôt *effaré* que sérieux. (acad.)
Syn. : **chanteur de pomme**, **joueur de violon**.

EFFARES n. m. pl.
1. Poissons coupés menu servant de bouette pour attirer le poisson. (acad.)
2. Déchets de poissons, surtout de morue (têtes, entrailles, arêtes), utilisés comme engrais dans les champs. (acad.)

EFFIELLANT, ANTE adj.
Fatigant, épuisant. Faire du

défrichement, c'est *effiellant*.
Syn.: **éralant**.

EFFIELLÉ, ÉE adj.
Fatigué, exténué. En rentrant de son travail, il était *effiellé*.
Syn., voir: **resté**.

EFFIELLER v. tr. et pron.
Fatiguer, se rendre au bout de ses forces. Il *s'est effiellé* en faisant du défrichement.
Syn.: **désâmer, déviander, rester**.

EFFILOPÉ, DEFFILOPÉ, ÉE adj.
Déchiré, en parlant d'un vêtement. (acad.)
Syn., voir: **échiffé**.

EFFOIRÉ, ÉE adj.
Affalé, affaissé, effondré. Quand on est entré, il était *effoiré* dans un fauteuil.

EFFOIRER (S') v. pron.
S'affaisser, s'étaler. *S'effoirer* sur la glace, dans une flaque d'eau. [++]

EFFRAYAMMENT adv.
Beaucoup. Les immigrants travaillent *effrayamment* et ils réussissent à se tirer d'affaire.
Syn.: **effrayant**.

EFFRAYANT adv.; **UNE AFFAIRE EFFRAYANTE** loc. adv.
Beaucoup. Les érables coulent *effrayant* ou *une affaire effrayante*.
Syn.: **effrayamment**.

ÉGAIL n. m.
Voir: **aiguail**.

ÉGAL adv. [#]
Également. Lever *égal* un fardeau.

ÉGALIR v. tr. [#]
Égaliser. *Égalir* un chemin.

ÉGAROUILLÉ, ÉE adj.
Écarquillé, hagard. Regarder

quelqu'un avec des yeux tout *égarouillés*.

ÉGLISE n. f.
Aller à l'église: aller se confesser et communier. Quand nous étions jeunes, nous allions à la messe tous les dimanches, mais nous *allions à l'église* une fois par mois. (Lanaudière)

ÉGOSSÉ adj.
Vulg. Qui a perdu une ou même les deux *gosses* ou testicules à la suite d'une opération ou d'un accident.
Syn.: **échenolé**.

ÉGOSSER v. tr.
Vulg. Perdre ou enlever les *gosses* ou testicules, en parlant d'un homme ou d'un animal.
Syn.: **échenoler**.

ÉGOUSSER v. tr. [#]
Écosser. *Égousser* des haricots, des pois. (O 27-116)

ÉGOUTTIÈRE n. f. [#]
1. Gouttière posée au bas d'un toit.
   Syn.: **dalle, dégouttière**.
2. Tuyau de descente de la gouttière.
   Syn.: **dalle, dégouttière**.

ÉGRAINER v. tr. [#]
Émietter. *Égrainer* du pain. [+++]
Syn.: **égrémiller, égrémir, émier, émiocher, gremiller, grémir**.

ÉGRANDIR v. tr. [#]
Agrandir. *Égrandir* un trou.
Syn.: **égueuler**.

ÉGRÉMILLANT, ANTE adj.
Voir: **grémilleux**.

ÉGRÉMILLER v. tr.
Réduire en miettes, en poudre, écraser, émietter. *Égrémiller* du pain rassis, du verre. (O 37-85 et acad.)
Syn., voir: **égrainer**.

ÉGRÉMILLEUX, EUSE adj.
> Voir : **grémilleux**.

ÉGRÉMIR v. tr.
> Écraser, émietter. *Égrémir* du
> mortier pour les poules pondeuses.
> Syn., voir : **égrainer**.

ÉGRICHÉ adj.
> Voir : **griché**.

ÉGRUGER v. tr.
> Égrener les épis de maïs. (acad.)

ÉGUEULER v. tr.
> Agrandir. *Égueuler* un trou qu'on a
> percé dans une planche.
> Syn. : **égrandir**.

ÉGUIBER v. tr.
> Vider de ses entrailles un poisson,
> plus spécialement la morue. (acad.)
> Syn. : **ébreiller**.

ÉGUIBES n. f. pl.
> Entrailles de poissons, plus
> spécialement de la morue. (acad.)

ÉJARRER (S') v. pron.
> 1. Écarter les jambes, faire le grand
>   écart, tomber les jambes écartées.
>   *S'éjarrer* sur la glace. [+++]
>   Syn. : **écartiller** (sens 1).
> 2. Fig. Dépenser plus que ne le
>   permettent ses moyens. S'il
>   *s'éjarre* trop, il va devoir déposer
>   son bilan.
>   Syn. : **écartiller** (sens 3).
> 3. Fig. Exagérer. Ne *t'éjarre* pas, ta
>   truite pesait exactement un kilo et
>   non cinq ou six.

ÉJETONNER, ÉCHETONNER v. tr.
> Enlever les *jetons* ou drageons de
> tabac, de tomate.
> Syn. : **édrageonner**.

ÉLAN n. m.
> Instant, peu de temps. Attends-le un
> *élan*, il revient. (acad.)

ÉLÉPHANT BLANC n. m. (angl. white
elephant) ⊘
> Construction coûteuse. Le stade
> olympique de Montréal est peut-être
> beau, mais c'est un *éléphant blanc*.

ÉLÉVATEUR n. m. (angl. elevator) ⊘
> 1. Ascenseur (pour les personnes).
> 2. Monte-charge (pour les fardeaux).
> 3. *Élévateur à grains* : silo à
>   céréales, le plus souvent à blé. On
>   trouve des *élévateurs à grains*
>   dans plusieurs ports de mer.

ÉLÈVE n.
> Enfant d'un parent ou d'un voisin
> que l'on élève comme son propre
> enfant sans qu'il y ait d'adoption
> légale, l'enfant gardant son nom.
> *Élève* s'oppose donc à *adopté*. [+++]

ÉLINGUÉ, ÉE adj.
> De taille élevée et mince, grand et
> mince. Un homme *élingué*. [++]
> Syn., voir : **fanal** (sens 2).

ÉLOISE n. f.
> Éclair d'orage. (acad.)

ÉLOISER v. impers.
> Faire des éclairs d'orage. Il a *éloisé*
> une partie de la nuit. (acad.)

ÉLONGER v. tr. et pron.
> Vx en fr. Allonger. Aux Rois, les
> jours *élongent* d'un pas d'oie.
> *S'élonger* sur son lit.

ÉMARMELÉ, ÉE adj.
> Fatigué, usé, dont la santé est
> précaire. Il est bien *émarmelé* depuis
> son opération. (acad.)

EMBARDÉE n. f.
> Fig. Entreprise, décision risquée.
> C'est une *embardée* de prendre la
> route avec ce brouillard.
> Syn. : **émouracherie**, **émourie**.

EMBARDEUX, EUSE adj. et n.
> Qui aime tenter des entreprises

risquées, hasardeuses, faire des *embardées*.

EMBARGER v. tr.
Mettre le foin en *barges* ou meules. (acad.)

EMBARRAS n. m.
Clôture ou haie morte faite de souches, d'arbres abattus, ou de branches d'arbres.
Syn.: **clôture d'embarras**.

EMBARRER v. tr. et pron.
1. Vx en fr. Enfermer. *Embarrer* un chien dans son chenil, *embarrer* les poules dans le poulailler. [+++]
2. Vx en fr. S'enfermer par inadvertance ou volontairement. Un adulte qui ne veut pas être dérangé peut *s'embarrer* dans une pièce; un enfant peut accidentellement *s'embarrer* dans la toilette. [+++]

EMBELLE n. f.
Voir: **belle**.

EMBELLESIE n. f.
Éclaircie entre deux ondées. On a profité d'une *embellesie* pour rentrer à la maison. (acad.)
Syn., voir: **clairière**.

EMBOÎTER v. tr.
Mettre en moule, mouler. *Emboîter* du sucre d'érable et le laisser refroidir.
Syn., voir: **emmouler**.

EMBOUCANÉ, ÉE adj.
1. Enfumé, où il y a de la *boucane* ou fumée. Ouvrons les fenêtres, la pièce est *emboucanée*.
2. Où il y a de la *boucane* ou vapeur.

EMBOUCANER v. tr. et pron.
1. Enfumer, remplir de *boucane* ou fumée, se remplir de fumée.

2. Remplir ou se remplir de *boucane* ou vapeur.

EMBOUDINER v. tr.
Remplir de sang apprêté les boyaux à boudin à l'aide d'une boudinière.
Syn.: **entonner** (sens 2).

EMBOURBER v. tr. et pron.
Enfoncer ou s'enliser dans la neige, y rester pris. Joseph s'est *embourbé* dans un banc de neige avec sa charge de bois. [+++]
Syn.: **ancrer, empanner, encayer, engatter, envaser, stucker**.

EMBRASSER v. tr.
Aller embrasser la médaille: aller voir des gens par obligation, sans que ça plaise.

EMBRAYER v. intr.
À l'impératif: vas-y, pars, dépêche-toi!

EMBRENÉ, EMBORNÉ, ÉE p. adj.
1. Fig. Empesté. Jardin *embrené* de pavots.
2. Empêtré, enterré de travail. Joseph est *embrené* de travail.

ÉMÉCHÉ, ÉE adj.
Fam. en fr. Légèrement ivre.
Syn., voir: **chaudaille**.

ÉMICHER v. tr.
Retirer la mie de l'intérieur d'un pain. Les enfants aiment *émicher* les pains qui sortent du four.

ÉMIER v. tr.
Vx en fr. Émietter. *Émier* du pain.
Syn., voir: **égrainer**.

ÉMILLER v. tr.
Voir: **miller**.

ÉMIOCHER v. tr.
Émietter, écraser du pain.
Syn., voir: **égrainer**.

EMMALICER v. tr. et pron.
Devenir méchant, vicieux. Attention au chien : en vieillissant, il *s'est emmalicé.*

EMMANCHURE n. f.
Voir : **amanchure.**

EMMIAULER v. tr.
Enjôler, embobiner, circonvenir quelqu'un.
Syn. : **amorphoser, beurrer, empigeonner, enchanter, enfirouaper, engourloucher, fourrer.**

EMMICOUENNER v. tr. (amér.)
Remplir un contenant, un moule, à l'aide de la louche appelée *micouenne,* mouler. *Emmicouenner* du sucre d'érable dans des moules. (O 25-117)
Syn., voir : **emmouler.**

EMMILLER v. tr.
Voir : **miller.**

EMMITONNER v. tr. ou pron.
Vx en fr. Emmitoufler. Bien *emmitonner* les enfants qui vont jouer dehors l'hiver.
Syn. : **encapoter, gabionner.**

EMMOULER v. tr.
Vx en fr. Mettre en moule, mouler. *Emmouler* du sucre d'érable et le laisser refroidir. (O 25-117)
Syn. : **emboîter, emmicouenner, entonner.**

EMMULER v. tr.
Charger par-dessus bord une charrette à foin, à la façon d'une *mule* ou meule. (E 37-85)
Syn. : **emmulonner.**

EMMULONNER v. tr.
1. Charger par-dessus bord une charrette de foin à la façon d'un *mulon* ou d'une meule. (O 30-100)
   Syn. : **emmuler.**
2. Combler un contenant de grains, de matières sèches.

EMMURAILLER v. tr.
Entourer d'une maçonnerie. On *emmuraillait* le grand chaudron servant à faire du sucre.

ÉMOURIE, ÉMOURACHERIE n. f.
Impulsion subite qui fait faire des choses inattendues. Quelle *émourie* l'a pris d'acheter cette maison ? (acad.)
Syn. : **embardée.**

ÉMOYER (S') v. pron.
S'informer, prendre des nouvelles de quelqu'un. N'oublie pas de *t'émoyer* de ton parrain. (acad.)

EMPAILLER v. tr.
1. Garnir le fond d'un siège avec l'un des matériaux suivants : paille, ficelle, cuir, *babiche,* lamelles d'orme.
   Syn. : **babicher.**
2. Entourer, couvrir de paille. On *empaille* le cochon abattu pour en faire griller les soies et rendre la couenne dorée.

EMPAILLURE n. f.
Garniture du fond d'un siège même si elle n'est pas de paille.

EMPANNER v. tr. et pron.
S'embourber, rester pris dans une fondrière, dans la boue, dans la neige. (O 27-116)
Syn., voir : **embourber.**

EMPÂT n. m. [#]
Appât pour attirer le poisson.
Syn. : **abouette.**

EMPÂTER v. tr. [#]
Amorcer, appâter. *Empâter* un

hameçon avec un lombric.
Syn.: **abouetter**, **aquer**.

EMPHASE n. f. (angl. emphasis) ⊘
1. Accent. Le gouvernement a décidé de mettre l'*emphase* sur la création d'emplois.
2. *Avec emphase*: avec force, énergie, catégoriquement. Le témoin a nié sa culpabilité avec *emphase*.

EMPIGEONNER v. tr.
1. Tromper, embobiner, enjôler, duper. (E 20-127)
Syn., voir: **emmiauler**.
2. Jeter un sort à quelqu'un. Se faire *empigeonner* par un jeteur de sorts.

EMPILLE n. f. [#]
Empile ou fil reliant un hameçon au maître brin d'une ligne dormante.

EMPILOTER v. tr.
Voir: **apiloter**.

EMPLIR v. tr.
1. Vx ou litt. en fr. Remplir. *Emplir* d'eau un tonneau, une bouteille.
2. Fig. *Emplir*, *remplir*: faire avaler des bourdes à quelqu'un. Gaétan a eu le tour d'*emplir* Paul en un rien de temps.

EMPLISEUR, EUSE n.
Fig. Personne qui fait avaler des bourdes à quelqu'un, emplisseur.

EMPOCHER v. tr.
Mettre en *poche* ou en sac, ensacher. *Empocher* de l'avoine pour aller à la meunerie.

EMPOCHEUR, EMPOCHETEUR n. m.
Lors du battage des céréales, homme préposé aux *poches* ou sacs, ensacheur. [+++]
Syn.: **homme aux poches**.

EMPREMIER adv.
Voir: **enpremier**.

EN prép.
À. Arriver, partir *en* temps.

ENCABANER (S') v. pron.
S'enfermer chez soi. Certaines personnes âgées *s'encabanent* en décembre et ne remettent le nez dehors qu'en avril.

ENCAN n. m.
Vx en fr. Vente aux enchères. Samedi prochain, il y aura un *encan* au village. [+++]

ENCANNELER v. tr. [#]
Faire des cannelures, canneler.

ENCANTER v. tr. et pron.
1. Vendre aux enchères. Tout l'ameublement sera *encanté*. [+++]
2. Mettre, poser de chant. *Encanter* un madrier.
Syn.: **canter** (sens 1).
3. S'asseoir à son aise, prendre une position inclinée dans un fauteuil.

ENCANTEUR, EUSE n.
Vx en fr. Commissaire-priseur dans un *encan*. [+++]

ENCAPOTER v. tr. et pron.
Habiller, s'habiller chaudement pour affronter le froid. Je n'ai pas eu froid, je m'étais bien *encapoté*. [+++]
Syn., voir: **emmitonner**.

ENCARCANER v. tr.
Mettre un *carcan*, c'est-à-dire une entrave, à un animal.
Syn.: **talboter**.

ENCAYER (S') v. pron.
1. En parlant d'un bateau, s'échouer sur une *caye*, sur un récif.
2. S'empêtrer, rester pris dans la neige ou dans la boue, en parlant d'une voiture d'hiver ou d'été.
Syn., voir: **embourber**.

ENCENS n. m.
Résine des conifères. (acad.)
Syn.: **gomme** (sens 1), **rosine**.

ENCHANTER v. tr.
En parlant d'un vendeur, réussir par
ses belles paroles à vendre quelque
chose dont l'acheteur n'a pas besoin,
rouler, enjoler, embobiner.
Syn., voir: **emmiauler**.

ENCLAVER v. tr.
Anneler un porc pour l'empêcher de
fouir. (entre 34-91 et 8-134)
Syn., voir: **alêner**.

ENCLOPE n. f.
Abot qu'on attache au pied d'un
animal (cheval, bœuf) pour le
retenir. (entre 38-84 et 27-116)
Syn.: **enfarge**.

ENCORNER v. tr. et pron.
Cosser, heurter, blesser à coups de
cornes. Les deux taureaux doivent
être séparés l'un de l'autre, ils
risquent trop de *s'encorner*.
Syn., voir: **cosser**.

ENCRASSER (S') v. pron.
Se couvrir, s'ennuager, en parlant
du temps.
Syn., voir: **chagriner**.

ENCRÉCHER v. tr.
Attacher dans l'étable. *Encrécher*
une vache.

ENCRÉMONER v. tr. et pron.
Utiliser une *crémone* ou un cache-
nez pour protéger contre le froid.
Encrémoner un enfant qui va au
froid.

ENDÊVER v. tr.
Vx ou rég. en fr. Taquiner, faire
enrager quelqu'un. (O 36-86)
Syn., voir: **attiner**.

ENDORMIR v. pron.
Avoir sommeil. Je commence à
m'endormir; je vais aller me
coucher.

ENDORMITOIRE n. f.
Envie, besoin de dormir. Il était
tellement fatigué que l'*endormitoire*
l'a pris en sortant de table.

ENDOS n. m.
1. Terre retournée par le versoir de
la charrue.
2. *Faire l'endos*: tracer les deux
premiers sillons dans un champ,
endosser, enrayer.

ENDOSSER v. tr.
Tracer les deux premiers sillons
dans un champ, enrayer.
Syn.: **faire l'endos**.

ENDURER v. intr.
Vx en fr. Souffrir, supporter avec
patience. Ne pas pouvoir *endurer* le
bruit environnant.

ENFALER (S') v. pron. [#]
Avaler de travers, en parlant des
personnes.
Syn.: **engotter**.

ENFANT n. m.
1. *Petits enfants*: petits oignons de
semence.
2. *En enfant de chienne* (angl. son
of a bitch): très, beaucoup. Être
fort *en enfant de chienne*.
3. *Être en enfant de chienne* (angl.
son of a bitch): fâché, en colère. Il
était *en enfant de chienne* dès son
arrivée à la réunion.

ENFANT-DU-DIABLE n. m.
Ancienne appellation de la
mouffette d'Amérique.
Syn.: **bête puante**.

ENFARGE n. f.
Entrave mise aux pattes de certains
animaux pour les gêner. Mettre une

enfarge à un cheval. [+++]
Syn.: **enclope**.

ENFARGEANT, ANTE p. adj.
Gênant, embarrassant. Marcher en
forêt, c'est *enfargeant*. [+++]

ENFARGER v. tr. et pron.
  1. Entraver. Il faut *enfarger* cette
     vache qui saute par-dessus les
     barrières. [+++]
  2. Faire tomber quelqu'un en lui
     donnant un croc-en-jambe.
  3. Se barrer les jambes en
     marchant, donner des jambes
     contre un obstacle et tomber.
     S'*enfarger* sur une racine. [+++]
  4. Fig. Faire un lapsus en parlant.

ENFER n. m.
Dans nos bibliothèques d'avant
1965, local fermé à clef où se
trouvaient les livres à l'index et que
seuls les lecteurs munis d'une
dispense de leur évêque pouvaient
lire.

ENFILER v. tr.
  1. [#] Affiler, rendre tranchant.
     Enfiler une faux.
     Syn.: **apprimer**, **morfiler**.
  2. Voir: **enlatter**.

ENFILEUR n. m.
Voir: **enlatteur**.

ENFIOLER v. tr.
Avaler avidement, engloutir.
Enfioler un repas, un grand verre de
whisky. (Lanaudière)
Syn., voir: **entonner**.

**ENFIROUAPER, ANFIFEROUAPER,
ANFIROUAPER** v. tr. (angl. in fur wrap)
  1. Tromper, attraper dans un
     marché.
  2. Rouler quelqu'un dans une
     discussion.
  3. Avaler, engloutir, lamper.
     Syn., voir: **entonner**.

  4. Enjôler, circonvenir. [+++]
     Syn., voir: **emmiauler**.
  5. Vulg. *Se faire enfirouaper*:
     devenir enceinte
     involontairement, en parlant
     d'une jeune fille. (O 30-100)
     Syn., voir: **attraper**.

ENFIROUAPETTE n. f. (angl. in fur wrap)
Manœuvre habile de politicien pour
éviter de répondre à une question.
Syn.: **patinage**.

ENGAGÉ, HOMME ENGAGÉ n. m.
À la campagne, serviteur,
domestique qui travaille sur une
ferme.

ENGAGÈRE, FILLE ENGAGÈRE n. f.
Servante, domestique, surtout dans
les presbytères. Tiens, le curé qui
passe avec son *engagère*!
Syn.: **ménagère**.

ENGATTER v. tr. et pron.
Embourber, s'embourber, rester pris
dans une *gatte* ou fondrière, dans la
neige. (Charsalac)
Syn., voir: **embourber**.

ENGIN n. f. ou m. (angl. engine) ⊘
  1. Moteur à essence qui a remplacé
     la trépigneuse et qui sera
     remplacé par le tracteur pour
     actionner les batteuses et les scies
     rondes. [+++]
  2. Moteur d'une automobile. [+++]
  3. Locomotive. Les *engins* à vapeur
     ont été remplacés par les
     locomotives à moteur diesel ou
     électriques.

ENGORLICHER v. tr.
Voir: **engourlicher**.

ENGOTTER, AGOTTER (S') v. pron.
  1. Avaler de travers, en parlant des
     personnes.
     Syn.: **enfaler**.

2. En parlant de la morue, avaler goulûment l'appât ainsi que l'hameçon qui le porte, ce dernier s'accrochant alors au *gau* ou estomac de la morue.

ENGOURLICHER, ENGORLICHER v. tr.

1. Tromper, circonvenir. Il a réussi à *engourlicher* sa vieille tante qui lui a légué tout ce qu'elle possédait.
   Syn., voir: **emmiauler**.
2. Au jeu (cartes, billes), faire tous les points, ramasser toutes les billes.

ENGRAINER v. tr. [#]
Voir: **grainer**.

ENGRAIS n. m.

1. Porcherie d'autrefois pour deux ou trois cochons seulement.
   Syn.: **soue, tet à porcs**.
2. Cochon qu'on engraisse pour le vendre ou pour l'abattre à la ferme.
   Syn., voir: **porc frais**.
3. *Engrais de ferme*: fumier par opposition à engrais chimique.

ENGUEULER v. tr.
Dans les rapides, aspirer avec force, en parlant d'un remous provoqué par un obstacle. Un remous *engueule* l'eau qu'il fait tourbillonner pour ensuite la *dégueuler*.

ENJABLER v. tr. [#]
Jabler, faire le jable des douves d'un tonneau.

ENJABLOIR, ENJABLEUR n. m. [#]
Outil du tonnelier servant à jabler, jabloir.

ENLATTER v. tr.
Traverser d'une latte munie d'une *lance* les pieds de tabac à pipe pour en faire une *lattée* qu'on fait sécher dans les séchoirs à tabac. (Lanaudière)
Syn.: **enfiler, lancer**.

ENLATTEUR, ENLATTEUX, EUSE n.
Personne qui *enfile* les pieds de tabac à pipe sur une latte munie d'une *lance*. (Lanaudière)
Syn.: **enfileur, lanceur, latteur**.

ENLUMIÉRER (S') v. pron.
Se décider, faire un choix. Vous ne savez pas encore pour qui voter? mais *enlumiérez*-vous!
Syn.: se **brancher**.

ENNUYANT, ANTE adj.
Vx et rég. en fr. Ennuyeux, importun, qui contrarie. Cette femme, elle est *ennuyante* comme la pluie.

ENNUYER (S') v. pron.
Vx et rég. en fr. Souffrir de l'absence de quelqu'un. Il n'a pu rester au pensionnat: il *s'ennuyait* trop de ses parents.

ENNUYEUX, EUSE adj.
Être enclin à l'ennui, souffrir de l'absence de quelqu'un. Être trop *ennuyeux* pour s'absenter de sa famille.

ENPREMIER adv. et n. m.

1. Jadis, autrefois. *Enpremier*, les vieux travaill*iont* beaucoup et ét*iont* point riches. (acad.)
2. Le temps passé. Dans l'*enpremier*, les gens viv*iont* plus longtemps que maintenant. (acad.)

ENQUÉBÉCOISER, QUÉBÉCOISER v. tr. et pron.
Devenir, rendre québécois, prendre des allures, des façons de parler, de réagir, une contenance, des idées qui seraient propres aux *Québécois*.

ENRÂPER v. tr. et pron.
Ancrer une embarcation à l'aide d'un grappin, d'une *picasse*.

ENRUCHER v. tr.
Mettre un essaim d'abeilles dans une ruche.

ENSELLÉ, ENSLÉ, ÉE adj.
Se dit d'une personne dont le dos se creuse exagérément dans la région lombaire, ce qui fait penser à une selle.

ENSUITE prép.
D'ensuite : suivant. Le dimanche *d'ensuite*, il est revenu nous voir.

ENTAILLAGE n. m.
Rare en fr. Action d'*entailler* les érables le printemps, dans les érablières. L'*entaillage* va commencer avec la prochaine lune.

ENTAILLER v. tr. et intr.
1. Faire une entaille ou un trou de mèche à un érable pour en recueillir la sève sucrée. Autrefois, on pratiquait une entaille réelle, mais aujourd'hui un simple trou de mèche suffit. Il reste cinq cents érables à *entailler*. [+++]
2. Mettre une *érablière* en exploitation. Cette année, notre voisin n'*entaille* pas.

ENTENDU-DIRE n. m.
Ce qu'on connaît, ce qu'on a appris par ouï-dire. Moi, l'*entendu-dire* me laisse indifférent.

ENTERREMENT DE VIE DE GARÇON n. m.
Fête initiatrice réservée au futur marié par ses amis et compagnons et au cours de laquelle le fêté est souvent quelque peu malmené. [+++]

ENTERRER v. tr.
1. Enneiger, faire disparaître sous la neige. La dernière chute de neige a *enterré* les clôtures à beaucoup d'endroits.
2. *Enterrer le mardi gras* : se livrer aux dernières folies du carnaval, fêter la fin du carnaval, enterrer le carnaval.

ENTOME n. f. [#]
Entame d'un pain, d'un gâteau.

ENTOMER v. tr. [#]
Entamer un pain, un gâteau.

ENTONNER v. tr. et intr.
1. Mettre en moule, mouler. *Entonner* du sucre d'érable et le laisser refroidir.
Syn., voir : **emmouler**.
2. Remplir de sang apprêté les boyaux à boudin.
Syn. : **embouiner**.
3. Servir la batteuse, engrener.
Syn. : **feeder**, **soigner**.
4. Manger, boire avidemment. Il a *entonné* son repas en un rien de temps.
Syn. : **enfioler**, **enfirouaper**.

ENTONNEUR n. m.
Homme qui sert la batteuse, engreneur. [++]
Syn. : **feedeur**, **soigneur**.

ENTOUR DE loc. prép. [#]
À l'entour de : autour de, environ, à peu près. Cette année, il a commencé à neiger *à l'entour des* fêtes. Ils étaient *à l'entour de* vingt à l'enterrement.

EN-TOUT-CAS n. m.
Parapluie. Un *en-tout-cas* signifie ombrelle en français et non parapluie. (E 25-117)

ENTRAIDISTE n.
Membre d'une *Caisse d'entraide économique*. Fin 1982, il y avait 175 000 *entraidistes* au Québec.

ENTRAIT n. m.

Fig. *Mettre, être sur les entraits* :
dans un groupe, mettre quelqu'un au
ban ; être au ban d'un groupe
(l'habitude à la campagne étant de
mettre sur les entraits d'un grenier
ce dont on ne sait que faire pour le
moment, mais qu'on ne veut pas
jeter).

ENTRE-CLEF n. m.

Trou d'une serrure.

ENTREDEUX n. m.

1. Stalle. L'*entredeux* du cheval ou
   de la vache dans l'écurie ou
   l'étable. (O 36-86)
   Syn. : **appartement, barrure,
   crèche, paré.**
2. Cloison entre deux stalles dans
   l'écurie ou l'étable.
   Syn. : **barrure, paré,
   séparation.**
3. Guide attachée aux brides d'une
   paire de chevaux afin de garder
   entre eux la même distance.

ÉPAIS, AISSE n. et adj.

1. Niais, imbécile, balourd, pas fûté.
   Syn. : **beseau, bozo, chausson,
   gioleux, habitant, naveau,
   newfie, niaiseux, niochon,
   nono, noune, nounoune,
   quétaine, rang** (sens 3),
   **sans-allure, sans-dessein,
   tapette** (sens 2), **tata, tatais,
   tetais, zarzais.**
2. *Épais, six pouces dans le plus
   mince* : très *épais*, très niais.

ÉPARE-FUMIER n. m.

Épandeur de fumier. (acad.)
Syn. : **étendeur.**

ÉPARER v. tr.

Étendre du linge sur la corde à linge,
épandre du fumier, de l'engrais.
(acad.)

ÉPARGNE n. f.

1. Vx en fr. Économie, ce qu'on ne
   dépense pas et qu'on met de côté.
2. Voir : **épergne.**

ÉPARGNER v. intr.

Vx en fr. Économiser. Profiter des
rabais, des soldes pour *épargner*.

ÉPAROIR n. m.

Étendoir, fait d'une perche supportée
par deux branches fourchues fichées
en terre et sur lequel les pêcheurs
étendent leurs filets pour les faire
sécher. (acad.)
Syn. : **horse.**

ÉPAULES-CARRÉES n. f. pl.

Bouteille de gin de 40 *onces*, soit
1,136 litre, ainsi appelée à cause de
sa forme.

ÉPÉE n. f.

Poteau fixé aux bouts des sommiers
du *bobsleigh*, de la fourragère.
Syn. : **bonhomme, catin, échelot,
piquet, poteau.**

ÉPELAN, ÉPLAN n. m. [#]

Éperlan (NOLF).

ÉPELURE n. f. [#]

Pelure de pomme, de pomme de
terre, épluchure.
Syn. : **épluche.**

ÉPÉNILLER, DÉPÉNILLER v. tr.

Voir : **écharpiller.**

ÉPERGNE, ÉPARGNE n. f. (angl. epergne)

Milieu de table, surtout, pièce
d'orfèvrerie décorative qu'on place
sur une table.

ÉPEURANT, ANTE adj.

Litt. et rare en fr. Qui effraie, qui fait
peur, apeurant. Ce film d'horreur est
on ne peut plus *épeurant*. [++]

**ÉPEURE-CORNEILLES, ÉPEUREUX DE
CORNEILLES** n. m.

Épouvantail à corneilles, à

moineaux, à oiseaux en général, installé dans les jardins, dans les champs, pour effrayer les oiseaux et les empêcher de manger grains et fruits.
Syn.: **bonhomme de jardin, bonhomme de paille, bonnefemme, fantôme, peureux, peureux à corneilles.**

ÉPEURER v. tr.
Vx et litt. en fr. Effrayer, effaroucher, apeurer.

ÉPICERIE n. f.
Faire l'*épicerie, son épicerie, les épiceries, ses épiceries*: faire le marché, son marché. Préférer faire son *épicerie* dans les grandes surfaces.
Syn.: **grocery.**

ÉPINARD SAUVAGE n. m.
Chénopode blanc. (acad.)
Syn., voir: **chou gras.**

ÉPINÉE n. f. [#]
Épine dorsale. L'orignal a été atteint par une balle dans l'*épinée*.

ÉPINETTE n. f.
1. Épicéa. [+++]
   Syn.: **prusse.**
2. *Épinette à corneilles*: épicéa étêté où nichent souvent les corneilles.
3. *Épinette blanche*: épicéa glauque. Ce sont les radicelles de cet arbre qu'utilisaient les Amérindiens pour coudre l'écorce de bouleau de leurs canots et qu'ils appelaient *watap*. [+++]
4. *Épinette noire*: épicéa marial. Cet arbre est à la base de la fabrication de la *bière d'épinette*. [+++]
5. *Épinette rouge*: épicéa rouge.

6. *Épinette rouge*: mélèze laricin.
   Syn.: **hacmatak, tamarac, violon.**
7. Fig. *Passer une épinette.*
   Voir: **passer un Québec.**

ÉPINETTIÈRE n. f.
Peuplement d'*épinettes* ou épicéas. [+++]
Syn.: **prussière.**

ÉPINGLE À COUCHES n. f.
Épingle de nourrice, épingle de sûreté.
Syn.: **épingle à spring.**

ÉPINGLE À LINGE n. f. (angl. clothes pin)
Pince à linge formée de deux leviers articulés et utilisée lorsqu'on étend du linge à sécher sur la corde.

ÉPINGLE À SPRING n. f. (angl. spring pin) ▨
Épingle de sûreté, épingle de nourrice.
Syn.: **épingle à couches.**

ÉPINGLETTE n. f.
1. Épinglier du rouet.
2. Bijou, broche portant une pierre précieuse. [+++]

ÉPIOCHON n. m.
Épi de maïs rabougri, resté petit.
Syn., voir: **piochon.**

ÉPISSOIR n. m.
Avoir le nez comme un épissoir: avoir le nez très pointu.

ÉPIVARDER (S') v. pron.
1. S'éplucher, faire sa toilette, se rouler dans le sable, en parlant des oiseaux, des poules. [+++]
   Syn.: **gravailler, poudrer.**
2. Faire sa toilette, en parlant des personnes. (O 29, 38 et acad.)
   Syn., voir: se **toiletter.**
3. Aller s'aérer, sortir de la maison parce qu'on a fait des vents. Va

t'épivarder dehors, se faisaient dire certains jeunes autrefois.

4. Fig. Se démener, s'agiter, s'amuser follement.

ÉPLAN, ÉPELAN n. m. [#]
Éperlan de lac (NOLF).

ÉPLUCHE n. f. [#]
Épluchure. Des *épluches* de pomme de terre.
Syn. : **épelure**.

ÉPLUCHER v. tr. [#]
Effeuiller. Éplucher les épis de maïs avant de les faire cuire.

ÉPLUCHERIE n. f. (acad.)
Voir : **épluchette**.

ÉPLUCHETTE n. f.
1. Autrefois, réunion de parents, d'amis, de voisins pour effeuiller les épis de maïs, qui se terminait par des danses, des jeux et des chansons.
Syn. : **bee**, **éplucherie**.
2. Aujourd'hui, fête populaire, à la fin de l'été, où l'on déguste des épis de maïs cuits dans l'eau ou à la vapeur et dont les grains mûris à point sont encore très tendres.

ÉPOCHER v. tr.
Vulg. Lors de la castration d'un animal, enlever à la fois les testicules et la bourse. (O 27-116)

ÉPOILER v. tr.
Épiler, arracher les poils. La grande mode chez les femmes, c'est de se faire *époiler* les sourcils.

ÉQUERRE n. f.
1. Endroit où un chemin, un fossé, un cours d'eau tourne à angle droit ; le chemin, le fossé, le cours d'eau lui-même.

2. Fig. *Être d'équerre* : être d'accord, consentant. Il *est d'équerre* pour faire ce travail avec nous.

ÉQUIPÉ, ÉE adj.
Sali, barbouillé. L'automne et le printemps, les enfants rentrent souvent tout *équipés*.

ÉQUIPETTE n. f. [#]
Dans une malle, un coffre, petit compartiment où l'on range les objets de valeur, équipet (n. m.).
(E 27-102)
Syn. : **écrin**.

ÉQUIPOLLENT n. m.
1. Vx en fr. Équivalent. Récolter en pommes de terre l'*équipollent* de cinq fois ce qu'on a semé.
2. *En équipollent à* : en proportion de, pour la même valeur. Être payé *en équipollent au* travail qu'on a fait.

ÉRABLE n. m. Ce mot n'est jamais féminin en français.
1. *Érable bâtard, érable bâtarde* : érable à épis.
2. *Érable blanc, érable blanche* : érable argenté.
3. *Érable franc, érable franche* : érable à sucre.
4. *Érable Giguère, érable à Giguère* : érable négondo. (O 27-116)
5. Fig. *Les érables coulent* : remarque taquine lancée à quelqu'un dont le nez coule. [+++]

ÉRABLIÈRE n. f.
Peuplement d'érables exploité pour la fabrication des produits de l'érable : sirop, *tire*, sucre. Exploiter une *érablière* de trois mille érables.
Syn. : **sucrerie**.

ÉRALANT, ANTE adj.
Fatigant, épuisant. Faire de la

clôture, c'est *éralant*.
Syn.: **effiellant**.

ÉRALÉ, DÉRALÉ, ÉE adj.
1. Déchiré, en parlant d'un
   vêtement. (O 27-116)
   Syn., voir: **échiffé**.
2. Fatigué, exténué.
   Syn., voir: **resté**.

ÉRALER v. tr. et pron.
1. [#] Érailler un tissu, une étoffe.
2. Se fatiguer jusqu'à épuisement.
   Syn., voir: **effieller**.
3. Se blesser légèrement. Il s'est
   éralé le dos sur une branche.
4. Couper la *ralle* ou branche
   maîtresse d'un arbre. *Éraler* un
   arbre.

ÉREINTE n. f.
À toute éreinte: de toute sa force. Il a
couru *à toute éreinte* pour le
rattraper.

ÉRIDELLE, ARIDELLE n. f.
Échelette avant ou arrière de la
charrette, de la fourragère. [+++]
Syn., voir: **échelle**.

ERMITE n. m.
Variété de fromage fabriqué à Saint-
Benoît-du-Lac (Estrie) par les
bénédictins.

ÉROCHER v. tr.
Épierrer, débarrasser un terrain des
pierres qui gênent la culture.
Syn.: **dérocher**.

ERRE n. f.
1. Élan, poussée. Donner de l'*erre* ou
   des *erres* à un enfant placé sur
   une balançoire.
2. *Faire de l'erre*: se déplacer, s'en
   aller. À un importun, on dira: fais
   de l'*erre*!
3. Voir: **roue d'erre**.
4. Fig. *N'avoir plus que le tic-tac et
   l'erre d'aller*: être à bout de force,

être très faible, en parlant de
quelqu'un.

ERSOURCE n. f. [#]
Voir: **ressource**.

ESCABEAU n. m.
Plate-forme pour bidons à lait ou à
crème, installée au bord de la route à
hauteur de plateau du véhicule de
ramassage.
Syn.: **banc**, **plateforme**, **stand**,
table.

ESCALATEUR n. m. (angl. escalator) ⊘
Escalier roulant, escalier mécanique.

ESCALIER À POISSONS n. m.
Voir: **passe migratoire**.

ESCAOUETTE n. f.
Danse de la chandeleur exécutée par
ceux qui font du porte à porte pour
recueillir des dons pour les
nécessiteux. (acad.)

ESCARE n. f.
Action prétentieuse, geste, attitude
de quelqu'un qui veut en imposer.
Syn.: **gibar** (sens 2).

ESCARER (S') v. pron.
1. Faire des choses prétentieuses, se
   donner des airs, se pavaner. [+++]
2. S'asseoir de travers.

ESCAREUR, ESCAREUX, EUSE n. et adj.
1. Prétentieux, personne remplie
   d'elle-même. [+++]
2. Ombrageux, surtout en parlant
   d'un cheval. [+]

ESCARGOT n. m.
1. Nom vulgaire du jeune esturgeon
   noir de moins de cinq kilos.
   Syn.: **maillé**.
2. *Escargot de mer*: buccins (n. m.
   pl.) (NOLF).

ESCLAVE n.
Se dit d'un impotent, d'un infirme,
d'un arriéré mental, de toute

personne quel que soit son âge, à charge des autres. Il y a deux *esclaves* dans cette famille.

ESCLOPÉ, ÉE n. et adj. [#]
Éclopé, qui marche, se déplace péniblement, suite à un accident.

ESCOUSSE n. f. [#]
Voir : **secousse**.

ÉSHERBER v. tr. [#]
Sarcler, désherber. (acad.)

ESPÉRER v. tr.
Rég. en fr. Attendre. Ta mère est contente que tu sois là, elle t'*espérait* depuis deux jours. (acad.)

ESQUIMAU, AUDE n. et adj.
Ancienne appellation servant à désigner un membre de la nation autochtone du nord du Canada. On dit aujourd'hui : une Inuk, un Inuk, des Inuit, la culture inuit, des objets inuit (NOLF).

ESSAYEUR, ESSAYEUX, EUSE adj. et n.
Se dit d'une personne qui n'hésite pas à se lancer dans une première entreprise, puis dans une deuxième et une troisième ; entreprenant.

ESSIVER v. tr. [#]
Voir : **lessiver**.

ESSOUCHEUSE n. f.
Appareil utilisé pour l'arrachage des souches.
Syn. : **arrache-souche**.

ESSUIE-MAINS n. m.
Torchon de toile servant à essuyer la vaisselle. Autrefois on utilisait de la toile de lin nouvellement tissée pour s'essuyer les mains et, lorsque cette toile devenait suffisamment souple et absorbante, elle servait à essuyer la vaisselle. [+++]
Syn. : **serviette à vaisselle**.

ESTÈQUE n. m.
1. Tout procédé ingénieux destiné à faciliter un travail.
   Syn., voir : **patente** (sens 1).
2. (Angl. stakes) ◎ . Dernier-né d'une famille nombreuse.
   Syn., voir : **chienculot**.
3. Aux cartes, la dernière levée.

ESTÉQUEUX, EUSE adj. et n.
Ingénieux, inventif, fertile en expédients, en *estèques*.
Syn. : **chef-d'œuvreux**, **patenteux**.

ESTERLET n. m.
Hirondelle de mer, sterne commune. (E 7-141)
Voir : **isterlet**, **istorlet**, **sterlet**.

ESTOMAC n. m.
Fig. Poitrine féminine généreuse, plantureuse.
Syn., voir : **magasin**.

ESTRIEN, IENNE n. et adj.
Natif ou habitant de l'Estrie ; de l'Estrie. (L'Estrie s'appelait autrefois les Cantons-de-l'Est.)

ESTRIETTE n. f.
Nouvelle de l'Estrie. Ce mot, au pluriel, coiffe des chroniques de journaux diffusés dans cette région.

ESTURGEON n. m.
1. *Esturgeon de lac* : esturgeon jaune (NOLF).
2. *Esturgeon de mer* : esturgeon noir (NOLF).

ÉTAMPER v. tr.
1. Tamponner, estampiller, oblitérer (angl. to stamp) ◎. Cette enveloppe est *étampée* de Trois-Rivières.
2. Marquer au fer rouge. *Étamper* les animaux qui vivent en liberté dans des pâturages communaux.
3. Mettre K.-O., frapper, assommer. Paul s'est levé et l'a *étampé*.

ÉTAMPERCHE n. f.
> Longue perche horizontale fixée à deux poteaux et utilisée comme potence pour accrocher les chaudrons sur le feu ou comme étendoir pour faire sécher les vêtements.

ÉTATS n. pr. m. pl.
> États-Unis d'Amérique. Son parrain a travaillé dix ans aux *États*.

ÉTATSUNIEN, IENNE adj.
> Relatif aux États-Unis, américain. La culture *étatsunienne*.

ÉTÉ DES SAUVAGES, ÉTÉ DES INDIENS n. m.
> Été de la Saint-Martin ou derniers beaux jours de l'arrière-saison avant les premiers froids.

ÉTENDEUR À FUMIER, DE FUMIER n. m. [#]
> Épandeur de fumier. [++]
> Syn. : **épare-fumier**.

ÉTENDRE v. tr.
> 1. Accrocher, pendre. *Étendre* le bas de Noël.
> 2. [#] Tendre. *Étendre* un piège, un collet.

ETHNIQUE n. et adj. (angl. ethnic) ◙
> Membre d'un groupe ethnique minoritaire à l'intérieur d'un pays, d'une province, d'une ville ; relatif à l'un de ces groupes ; allophone. Les *ethniques* habitent majoritairement certains quartiers d'une ville. Le vote *ethnique*.

ÉTOC n. m.
> Étau. L'*étoc* d'autrefois était souvent une presse en bois fixée à un établi et dont on rapprochait les deux parties à l'aide d'une vis en bois, de manière à assujettir solidement l'objet que l'on voulait travailler. (E 36-86)

ÉTOFFE DU PAYS n. f.
> Voir : **pays**.

ÉTOILE n. f.
> 1. *Étoile volante* : étoile filante.
> 2. Fig. *Trois étoiles* : de première qualité. Voir un film *trois étoiles*. Allusion aux étoiles qui figurent sur les étiquettes des bouteilles de whisky : une seule étoile signifie whisky jeune, deux étoiles whisky de qualité moyenne, et trois étoiles très bon whisky.
> 3. *En étoile* : très, beaucoup. Il fait froid *en étoile*.

ÉTRANGE n. et adj.
> Étranger, quelqu'un qui n'est pas originaire de la paroisse, des endroits que l'on connaît. Cet *étrange*, personne ici ne le connaît ; il doit venir d'une paroisse *étrange*. Syn., voir : **rapporté**.

ÉTRANGLE n. f. ; **ÉTRANGLON** n. m.
> Variété de cerises indigènes qui épaissit la langue.

ÉTRÉCI n. m. [#]
> Voir : **rétréci**.

ÉTRÉCIR v. intr. [#]
> Fig. Rétrécir. Un lavage à l'eau chaude fait *étrécir* un lainage.

ÉTRETTE n. m. [#]
> Endroit où le lit d'un cours d'eau devient plus *étroit* (prononcé *étrette* dans la langue populaire) et où le courant est plus rapide. Voir : **rétréci**.

ÉTRIVANT, ANTE adj.
> Taquin, qui aime taquiner. Lui, il est aussi *étrivant* que son père. [+++]

ÉTRIVATION n. f.
> Taquinerie. Ne pas aimer les *étrivations* de telle personne.

ÉTRIVER, FAIRE ÉTRIVER v. tr. et pron.
Taquiner. On l'*étrive* chaque fois
qu'on le rencontre. Il n'aime pas se
faire étriver. [+++]
Syn., voir : **attiner**.

ÉTROLER v. tr.
Ébrancher, couper les branches d'un
arbre qu'on a abattu. (acad.)

ÉTRON n. m.
Fig. Vx en fr. Terme de mépris à
l'endroit d'une personne incapable,
impuissante, indécise.

ÉTURGEON n. m. [#]
Esturgeon.

EUCHRE, YOUKEUR n. m. (angl.
euchre) ◌
1. Jeu de cartes. Jouer au *euchre*.
2. Soirée paroissiale dont les profits
allaient à la fabrique d'une
paroisse. Aller à un *euchre*.

ÉVAPORATEUR n. m.
Bouilloire moderne installée dans les
cabanes à sucre et servant à
transformer la sève sucrée de
l'érable en sirop. Les six marques
principales d'évaporateur sont les
suivantes : *Champion, Dominion,
Grimm, Jutras, Small, Waterloo*.
[+++]

ÉVAPORÉ, ÉE adj.
Lait évaporé (angl. evaporated
milk) ◌ : lait concentré.

ÉVENTÉ, ÉE adj. et n.
Qui a perdu ses qualités originales
de résistance, en parlant d'un tissu,
du cuir, du caoutchouc. La tétine de
ce biberon est *éventée*, elle sent
l'*éventé*.

ÉVENTER v. tr. et pron.
1. *Éventer les cris* : pousser les hauts
cris. Les passants ont *éventé les*

cris en voyant l'auto heurter un
piéton.
2. S'altérer à l'air.

ÉVENTILATEUR n. m.
Trou d'aération pratiqué dans une
fenêtre et que peut fermer une
planchette coulissante ou pivotante.
[++]
Syn. : **tire-pet, tire-vesse,
ventilateur**.

EX n. m. ou f.
Selon les circonstances, ex-mari, ex-
épouse, ex-amant, ex-maîtresse.

EXCÉDAGE, EXCÉDANT n. m.
Avant-toit d'une construction.

EXCEPTIONNEL, ELLE adj. (angl.
exceptional) ◌
Voir : **difficulté**.

EXCÈS n. m.
Aux excès, d'excès : à l'excès, trop. Il
mange toujours *aux excès*.

EXPRÈS adv.
Par exprès : exprès,
intentionnellement. Il a été
désagréable, *par exprès*.

EXPRESS n. f. (angl. express) ◌
1. Voiture hippomobile à quatre
roues pour le transport des
marchandises. [+++]
2. Voiture-jouet à quatre roues pour
enfant. Nom commercial. [+++]
Syn. : **quatre-roues**.

EXTENSION n. f. (angl. extension) ◌
1. Rallonge. Pour utiliser le grille-
pain, il faudra acheter une
extension.
2. *Table extension* : table à rallonge.

EXTRA n. m.
Supplément de travaux, de coût, de
marchandises. Payer un *extra* pour
utiliser un stationnement intérieur.

FACE n. f.
1. Fig. *Face de bœuf, face de bœu* : air abruti, hébété, ahuri. As-tu vu la *face de bœuf* qu'il a ?
2. Fig. *Face de mi-carême* : visage triste, pâle, inexpressif.
3. Fig. *Face à claques* : personne particulièrement antipathique qu'on giflerait volontiers.

FACÉ, ÉE adj.
Mur facé : mur avant ou arrière d'une maison par opposition à ceux des pignons.

FAÇON n. f.
1. Quantité de sucre d'érable, de *tire*, de savon que l'on fait en une seule fois ; chaudronnée, fournée. Faire deux *façons* de sucre. (E 27-116) Syn. : **batch**, **battée**, **brassée**, **brassin**, **cuite**.
2. Vx en fr. Air, allure, tournure. Jacques a la *façon* de son père.

3. *Faire de la façon* :
   a) Faire bonne mine (à quelqu'un).
   b) Faire des façons, dire des choses agréables.
4. *Avoir de la façon* : être poli, avoir des manières agréables, dire des gentillesses.

FADE adj.
Se sentir le cœur fade : ne pas se sentir bien, être sur le point de perdre connaissance.

FAFOUIN, OUINE n. et adj.
Tête folle, écervelé, qui agit sans réfléchir.
Syn. : **foin**.

FAIBLESSE n. f.
1. Personne qui n'a pas une grande force physique. Untel, mais c'est une *faiblesse* !
2. Vx en fr. Inclination, penchant pour quelqu'un.

3. Vx en fr. *Tomber en faiblesse* :
s'évanouir.
Syn., voir : **faillette**.

FAILLETTE n. f.
Évanouissement, syncope. Quand il
a appris cet accident, il a eu une
faillette.
Syn. : **faiblesse, toile**.

FAILLI, IE adj.
Malade. Le pauvre Gédéon, il est
bien *failli*. (acad.)

FAILLIR v. intr.
Vx en fr. Faire faillite. C'est la
deuxième fois qu'il *faillit*.

FAIM n. f.
1. *Faim d'ours* : très grande faim, en
parlant des personnes.
2. *Faim de chien* : très grande faim,
en parlant des personnes.

FAÎNE n. f.
En faîne :
a) Dans les revêtements de murs à
clins, se dit d'une planche dont
un côté, celui du haut, est plus
mince que l'autre.
b) En forme de V majuscule. Faire
une auge ou une gouttière avec
des madriers cloués *en faîne*.

FAIR adj. (angl. fair) ⊘
Gentil, loyal. Ce n'est pas *fair* de
toujours taquiner sa petite sœur.

FAIRE v. intr.
Aller, en parlant d'un vêtement,
d'une couleur. Cette robe lui *fait*
bien. Le bleu ne lui *fait* pas bien.

FAISEUR DE VEUVES n. m.
Se dit d'un arbre mort mais encore
debout et dont les branches en
tombant risquent de tuer bûcherons
et chasseurs, donc de faire des
veuves.
Syn. : **matelot**.

FAÎT n. m. [#]
Faîte, sommet. Le *faît* d'un arbre,
d'un édifice. (acad.)

FAKER, FÉKER v. intr. (angl. to fake) ⊘
Simuler, feindre, faire semblant.

FAKEUR, FÉKEUR, EUSE n. (angl.
faker) ⊘
Simulateur.

FALAISE n. f.
Amas de neige entassée par le vent,
congère. Le chemin est impraticable,
il y a des *falaises* partout.
(Charsalac, [+] ailleurs)
Syn., voir : **banc de neige**.

FALBANA, FARBANA n. m. [#]
Falbala, ornement de toilette.

FALE n. f.
1. Jabot d'un oiseau, d'une poule.
[+++]
2. Fig. *Avoir la fale au vent* : avoir
la poitrine découverte. [+++]
Syn., voir : **effalé**.
3. Fig. *Avoir la fale basse* : avoir
très faim, en parlant des
personnes ; avoir le moral bas.
[+++]
4. Fig. Avoir le moral bas, être
découragé.

FAMEUSE n. f.
Variété de pommes à couteau. [+++]

FAMILLE n. f.
1. *Être en famille* : être enceinte.
[+++]
2. *Partir pour la famille* : devenir
enceinte. [+++]
3. Rég. en fr. *Grande famille* :
famille nombreuse.

FANAL n. m.
1. Fig. *Attendre quelqu'un avec une
brique et un fanal* : attendre
quelqu'un de pied ferme, avec des
intentions hostiles. [+++]

2. Fig. *Fanal, grand fanal* : homme grand et maigre. Quand ce *grand fanal* est entré, les enfants ont eu peur. [+]
Syn. : **élingué**, **jack**, **lingard**.

FANAU n. m.
Lanterne des anciennes voitures hippomobiles. [+]

FANI n. m. [#]
Fenil, grenier à foin. (surt. E 34-91)

FANTISEUX, EUSE n. et adj.
Capricieux, qui aime satisfaire ses envies, ses fantaisies ; qui aime être bien mis, à tirer du grand.

FANTÔME adj.
1. *Auto fantôme, voiture fantôme* (angl. phantom) ⊘ : auto banalisée utilisée pour patrouiller les routes.
2. *Cabinet fantôme* (angl. phantom) ⊘ : groupe de députés du parti de l'opposition dont chacun se spécialise dans les dossiers relevant de chacun des ministres en poste du parti au pouvoir.
3. Voir : **épeure-corneilles**.

FAR, FARS n. m.
Rég. en fr. Farce, hachis de viande servant à farcir. Servir une aile avec un peu de *far*.

FARAUD n. et adj.
1. Jeune homme qui fait la cour à une jeune fille, amoureux. Martine est allée au cinéma avec son *faraud*.
Syn., voir : **cavalier**.
2. Vx en fr. *Faire le faraud* : se comporter d'une façon ridicule et prétentieuse. [+++]
Syn. : **farauder**.

FARAUDER v. tr. et intr.
1. Faire la cour à une jeune fille.

2. Se comporter d'une façon ridicule et affectée.
Syn. : Faire le **faraud**.

FARCE n. f.
1. *Farce plate* : plaisanterie déplacée, de mauvais goût. Chaque fois qu'il nous rencontre, c'est pour faire des grosses *farces plates*.
2. *Pas de farce !* : sérieusement, sans blague !
3. *C'est pas des farces* : mais c'est vrai, ce n'est pas une blague.

FARCER v. intr.
Vx ou rég. en fr. Ne pas parler sérieusement, plaisanter, raconter des histoires pour mystifier. Arrête donc de *farcer*.

FARCIN n. m.
Crasse épaisse qui s'amasse sur la peau des personnes malpropres (mains, plis du cou, tête, oreilles).

FARDE n. f. [#]
Fard. Les filles du peuple se barbouillent de *farde*.

FARDÉ adj.
Hardé, sans coquille, en parlant d'un œuf. Pour que les poules ne pondent pas des œufs *fardés*, il faut leur donner des écailles d'huîtres écrasées. [+++]

FARDOCHER v. tr.
Débroussailler, essarter le long des fossés, des clôtures, couper des *fardoches*.
Syn., voir : **effardocher**.

FARDOCHES n. f. pl.
1. Rég. en fr. Broussailles poussant le long des fossés et des clôtures. [+++]
Syn., voir : **branchages**.

2. Jeunes arbres dans une forêt de haute futaie.
Syn., voir: **branchages**.

FARFINAGE n. m.
Action de *farfiner*, de manger du bout des lèvres.

FARFINER v. intr.
À table, faire le difficile, manger du bout des lèvres. Une mère dira à un enfant: si tu n'arrêtes pas de *farfiner*, tu vas monter te coucher.

FARFINEUX, EUSE n. et adj.
Qui fait l'action de *farfiner*.

FARINIER n. m.
Grand coffre placé dans le grenier de la maison à la campagne et où l'on garde la farine.

FARS n. m. [#]
Voir: **far**.

FAUCHEUSE-LIEUSE n. f.
Moissonneuse-lieuse.

FAUCILLER v. tr.
Rare en fr. Couper à la faucille.

FAUSSER v. intr.
Vx en fr. Détonner, chanter faux.

FAUSSET n. m. (angl. faucet) ⊘
Robinet d'évier.
Syn., voir: **champlure**.

FAUSSE-TOMBE n. f.
Boîte de bois teinte en noir dans laquelle on place le cercueil pour le mettre en terre.

FAUX n. f.
1. *Faux à bras*: faux à manche, par opposition à la faux mécanique de la faucheuse.
2. *Faux à branches*: faux à broussailles, serpe.

FAUX-MANCHE n. m.
Manche de la faux. (acad.)

FAX n. m. (angl. telefacsimile devenant telefax puis fax) ⊘
Télécopieur. N'oubliez pas d'indiquer votre numéro de *fax*.

FAXMANIE n. f. (angl. telefacsimile)
Passion, mode du télécopieur. La *faxmanie* a déjà envahi les PME.

FAYOT n. m.
Fam. en fr. Haricot blanc. (acad.)

FÉDÉRAL n. m.
Le gouvernement fédéral du Canada, par opposition au gouvernement provincial du Québec appelé le *provincial*.

FÉDÉRALISME n. m.
Doctrine politique favorisant, au sein de la confédération canadienne, un gouvernement central fort.

FÉDÉRALISTE n. et adj.
Partisan du *fédéralisme*; relatif au *fédéralisme*.

FÉDÉRASTE n. et adj.
Appellation péjorative des partisans du *fédéralisme*; relatif au *fédéralisme*.

FEED, FIDE n. f. (angl. feed) ⊘
Nourriture qu'on donne aux animaux. (acad.)

FEEDER, FIDER v. tr. (angl. to feed) ⊘
1. Nourrir, donner de la *feed*, de la nourriture. *Feeder* des vaches, des cochons. (acad.)
2. Servir, engrener la batteuse. (acad.)
Syn., voir: **entonner** (sens 3).

FEEDEUR, FIDEUR n. m. (angl. feeder) ⊘
Homme qui sert la batteuse, engreneur.
Syn., voir: **entonneur**.

FEELER, FILER v. intr. (angl. to feel) ⊘
Se sentir, se porter. Il *feele* mal depuis deux jours.

FÉKER v. intr. (angl. to fake) ◙
Voir : **faker**.

FÉKEUR, EUSE n. (angl. faker) ◙
Voir : **fakeur**.

FÊLÉ, ÉE n. et adj.
Fig. Dont l'esprit est dérangé. Il est aussi *fêlé* que son père, c'est un *fêlé*. Syn., voir : **écarté**.

FÉLIX n. m.
Variété d'oscar, de césar. Prix, trophée offert aux gagnants de l'ADISQ (*A*ssociation du *d*isque, de l'*i*ndustrie du *s*pectacle *q*uébécois et de la vidéo) en l'honneur du pionnier de la chanson Félix Leclerc.

FELQUISTE n. m.
Membre du *F.L.Q.* (Front de libération du Québec) dont les activités ont abouti à la *crise d'Octobre*, en 1970.

FELUETTE adj. [#]
Fluet. Un homme *feluette*.

FEMELLE n. f.
Femme, le plus souvent avec un sens péjoratif.
Syn. : **créature**.

FEMME n. f.
1. *Être aux femmes* :
   a) Péjor. En parlant d'une femme, être homosexuelle, lesbienne.
   b) En parlant d'un homme, être hétérosexuel, aimer les femmes.
2. Péjor. *Femme aux femmes* : femme homosexuelle, lesbienne.
   Syn. : **fifine**.

FENDANT, ANTE adj. et n.
1. Qui se fend facilement, en parlant du bois. L'érable est beaucoup plus *fendant* que l'orme.

2. Vx ou rég. en fr. Prétentieux, rempli de soi-même, arrogant. Il doit être difficile de vivre avec un *fendant* comme lui.

FENDRE v. tr.
Fig. et vulg. *Se fendre le cul en quatre* : se donner beaucoup de mal, travailler fort.

FER n. m.
1. *Magasin de fer* : quincaillerie.
2. *Marchand de fer* : quincaillier.
3. *Mettre les fers* : castrer un animal au moyen de serres en fer.
   Syn., voir : **affranchir**.

FERLOUCHE, FARLOUCHE n. f.
Garniture de tarte à base de mélasse, de farine et de raisins secs. D'où *tarte à la ferlouche*. [+++]
Syn. : **bise**, **pichoune**.

FERMÉ, ÉE adj.
Gelée profondément, en parlant de la terre. Ici, la terre reste *fermée* pendant cinq mois.
Syn. : **barré**, **condamné**.

FERMER v. tr.
Fermer maison : cesser de tenir maison.
Syn., voir : **casser maison**.

FERMIER n. m. (angl. farmer) ◙
Cultivateur propriétaire. (acad.)

FERMOIR n. m.
Fermeture à glissière d'un vêtement, glissière.
Syn. : **zip**, **zipper**.

FERRÉE n. f.
Bêche faite d'un fer plat, large et tranchant, adapté à un manche. [+]

FERRER v. tr.
1. Anneler un porc pour l'empêcher de fouir. (surt. Charsalac)
   Syn., voir : **alêner**.

2. Garnir d'une lame de fer ou d'acier les patins d'un traîneau.
Syn.: **lisser**.

FERRURE n. f.
1. Lame de fer ou d'acier fixée sous les patins d'un traîneau.
Syn.: **lisse** (sens 2).
2. Bandage métallique entourant la jante d'une roue.

FESSE n. f.
1. Vulg. *Jouer aux fesses*: faire l'amour.
Syn., voir: **peau** (sens 5).
2. Vulg. *Histoire de fesses*: histoire égrillarde.
3. Voir: **jouer fesse**.

FESSE DE PAIN n. f.
1. Le moule à pain traditionnel pouvant contenir deux, trois, voire quatre pains, ces pains à la cuisson se soudaient ensemble à leur partie supérieure, d'où l'appellation plaisante de *fesse*.
Syn.: **fesse française, fesse de sœur, pain à deux fesses, pain à quatre fesses, pain de fesses, pain en fesses**.
2. *Fesse de sœur*.
Voir: **fesse de pain**.
3. *Fesse française*.
Voir: **fesse de pain**.

FESSIER n. m.
1. Siège d'une chaise.
2. Croupière du harnais pour cheval. (E 22-123)
3. Voir: **jouer fessier**.

FÊTAILLER v. intr.
Faire la noce, s'enivrer.
Syn.: **fêter**.

FÊTE À LA TIRE n. f.
Voir: **tire**.

FÊTER v. intr.
Faire la noce, boire, se griser. Il

passe son temps à *fêter* au lieu de travailler.
Syn.: **fêtailler**.

FETON n. m.
Atteloire pénétrant dans les trous du brancard d'une voiture à cheval. Atteler un cheval aux *fetons* et non aux traits. (O 34-91)
Syn.: **cheville, pine, pissette, tapon, tenon**.

FEU n. m.
1. *À grand feu*: sur un feu à l'extérieur, au grand air. Faire cuire les aliments *à grand feu*.
2. *Brique à feu* (angl. fire brick) ⊘ : brique réfractaire, qui résiste à de très hautes températures.
3. *Feu de Saint-Elme*: météorite. Dans la croyance populaire, le *feu de Saint-Elme* est associé à l'idée de mortalité, de malheur. [+]
4. *Feu sauvage*: herpès, feu volage. Avoir un *feu sauvage* sur la lèvre supérieure. [+++]
5. *Passer au feu*: être incendié, être victime d'un incendie, en parlant d'une maison, d'un bâtiment ou du propriétaire de ce qui a été incendié. La maison de notre voisin a *passé au feu*; c'est la deuxième fois que notre voisin *passe au feu*. [+++]
6. Fig. *Tiens, tu as passé au feu!*: remarque lancée à la cantonade à quelqu'un qui sort d'une boutique de coiffeur avec des cheveux très courts.
7. Fig. *Prendre le feu*: se fâcher, se mettre en colère, s'emporter, prendre feu. Chaque fois qu'on aborde la politique, il *prend le feu*.
8. *Vente de feu* (angl. fire sale) ⊘ : vente de liquidation de marchandises à la suite d'un incendie.

FEU-FOLLET n. m.
Espèce de lutin qui se manifeste la nuit et à qui la croyance populaire attribue les choses les plus étranges : crinières de chevaux tressées, bruits insolites, etc.

FEUILLE D'ÉRABLE n. f.
Marque blanche sur le front de certaines bêtes à cornes.
Syn., voir : **cœur**.

FEUSEU n. m.
Briquet à essence.
Syn. : **allumeur**, **batte-feu**, **flaubette**, **lighter**, **use-pouce**.

FÈVE n. f.
1. Haricot, *fèves* jaunes, au beurre.
2. *Fève à gousse* : haricot mange-tout.
3. *Fève à palette* : haricot vert.
4. *Fèves au lard* : haricots au lard cuits au four avec de la mélasse ou du sirop d'érable.
5. *Fève en cosse* : haricot mange-tout.
6. *Fève en gousse* : haricot mange-tout.
7. *Fève en palette* : haricot vert.
8. *Fèves rameuses* : fèves ramées.

FIABLE adj.
Vx en fr. Digne de confiance, à qui on peut se fier. C'est un homme *fiable*, on peut compter sur lui. [+++]

FIANCE n. f.
Vx ou rég. en fr. Confiance. Avoir *fiance* en l'avenir. (acad.)
Syn. : **fiat**.

FIAT n. m. ou f.
1. Confiance, foi, sûreté. Avoir de la *fiat* en quelqu'un. Je n'ai pas de *fiat* en lui. [++]
Syn. : **fiance**.

2. Personne en qui on peut avoir confiance. Untel, ce n'est pas un *fiat*.

FICHEUR, FICHOIR n. m. (angl. fish-wire) ◙
Fil de fer flexible terminé par une vrille, actionné par une manivelle et servant à déboucher les tuyaux, furet.

FICHU, UE adj.
Fichu de : très. C'est un *fichu de* bon travailleur.

FICHUMENT adv.
Très. Il fait *fichument* beau depuis dix jours.

FIDE n. f. (angl. feed) ◙
Voir : **feed**.

FIDÉEN, ÉENNE n. et adj.
Natif ou habitant de la ville de Sainte-Foy, en banlieue de Québec ; de Sainte-Foy.

FIDER v. tr. (angl. to feed) ◙
Voir : **feeder**.

FIER, FIÈRE adj.
1. Vx en fr. Vaniteux, arrogant, hautain. [+++]
Syn., voir : **frais**.
2. En parlant de la glace, vive et unie. La glace est *fière*, tu risques de glisser. [+++]

FIER-À-BRAS n. m.
Voir : **fort-à-bras**.

FIER-PET n. et adj.
Fat, vaniteux, fier. C'est un vrai *fier-pet*.
Syn., voir : **frais**.

FIFERLOT n. m.
En fiferlot : en colère. Être *en fiferlot*.

FIFI n. m.
1. Péjor. Petit garçon qui a des goûts

de petites filles.
Syn., voir : **catiche**.

2. Péjor. Homme homosexuel.
Syn. : **bardache, gai, homme
aux hommes, menette,
moumoune, poignet-cassé,
poigneur de cul, serein,
suceux, tantoune**.

FIFINE n. f.
Péjor. Forme féminine de *fifi*
(sens 2). Lesbienne. Un homme dira
à un autre : ne compte surtout pas
sur cette jeune fille, c'est une *fifine*.
Syn. : **femme aux femmes**.

FIGURER v. tr. (angl. to figure) ◙
Calculer, prévoir. Les marchands
doivent *figurer* le prix de vente en
tenant compte de tous les éléments.

FIL À LOUP-MARIN n. m.
Cordage utilisé par les chasseurs de
phoques pour traîner les peaux
jusqu'à leur embarcation.

FILER v. intr. (angl. to feel) ◙
Voir : **feeler**.

FILER, FILER SON ROUET v. tr.
Fig. Faire ronron, ronronner, en
parlant du chat. [+++]
Syn. : **rouetter**.

FILET n. m.
Vestige. Il reste un *filet* de crème sur
ce lait écrémé.
Syn. : **courant**.

FILEUR n. m. ; **FILEUSE** n. f.
Machine agricole servant à faire des
andains, andaineuse.

FILIÈRE n. f.
1. Entretoise ou pièce de bois qui
dans une charpente maintient un
écartement fixe entre deux
poteaux.
Syn. : **ceinture, entremise,
lisse**.

2. Classeur (angl. filing cabinet) ◙ .
Fermer à clef ses *filières* pour
éviter d'être pillé.

FILLE D'ISABELLE n. f.
Pendant féminin du *Chevalier de
Colomb*.

FILLE ENGAGÈRE n. f.
Voir : **engagère**.

FILLETTE adj. et n.
Péjor. Petit garçon qui a des goûts
de petites filles.
Syn., voir : **catiche**.

FILLOL, FILLOT n. m. [#]
Filleul. [+++]

FILLOLE n. f. [#]
Filleule. [+++]

FILLOT n. m. [#]
Voir : **fillol**.

FIN, FINE adj.
1. Docile, intelligent, en parlant
d'un animal (chien, cheval, etc.)
[+++]
2. Aimable, gentil, en parlant des
personnes. [+++]
3. *Beau fin* : par antiphrase, nigaud.

FIN n. f.
Fin de semaine : week-end
comprenant au moins le samedi et le
dimanche. Profiter de la *fin de
semaine* pour faire du ski. [+++]

FINI adv. [#]
Très, tout à fait. Ce tissu est beau
fini.

FINISSANT, ANTE n. et adj.
Élève, collégien ou étudiant qui
termine un cycle d'études, sortant
(NOLF). Tous les *finissants* du
secondaire ont réussi leurs examens.

FIOLE n. f.
1. Bouteille en général.

2. Ironiquement, bouteille de vin ou d'alcool.
3. Argot. Poste, emploi bien rémunéré accordé à quelqu'un pour services rendus en politique.

FION n. m.
Rég. en fr. Pointe, pique, bon mot. En soirée, il ne peut s'empêcher de pousser des *fions*.

FIOUSE n. f.
Vent plus discret que parfumé, *vesse*. [++]
Syn.: **poivrine, vesse**.

FIOUSER v. intr.
Lâcher des vents nauséabonds.
Syn.: **vesser**.

FISCAL, ALE, AUX adj.
Année fiscale (angl. fiscal year) ⊘ : année financière, par opposition à année civile. L'*année fiscale* de cette compagnie commence le premier mars.

FISSELLE n. f. [#]
Récipient percé de trous pour faire égoutter le fromage, faisselle.

FLACATOUNE n. f.
Alcool de fabrication domestique. (acad.)
Syn., voir: **bagosse**.

FLACON n. m.
Vx en fr. Bouteille en verre ou en porcelaine qui peut contenir des liquides ou des solides. Acheter un *flacon* de gin, de whisky. En français, un flacon est toujours une petite bouteille.
Syn.: **flask**.

FLACOSSER, FLACOTER v. intr.
Patauger dans la boue, barboter dans l'eau. [++]
Syn., voir: **pigrasser**.

FLAG, FLAILLE n. m. (angl. flag) ⊘
Drapeau, fanion, pavillon.

FLAGOSSE n. f.
Gaffe, impair, maladresse.

FLAILLE n. m.
1. Voir: **flag** (drapeau).
2. Voir: **flask** (bouteille).
3. Voir: **fly** (braguette).

FLAILLER v. tr. (angl. to fly) ⊘
Voir: **flyer**.

FLAMBANT adv.
Tout à fait, complètement. Les exhibitionnistes aiment se montrer *flambant* nus en public.

FLAMBE n. f. [#]
1. Flamme. [+++]
2. *Flambe roulante*: flamme vive.

FLAMBER v. tr.
Vx en fr. *Flamber son argent*: gaspiller follement, rapidement, son argent.

FLAMMÈCHE n. f.
Étincelle. Les *flammèches* d'une lampe à pétrole. [++]

FLANC-MOU n. et adj.
Personne sans énergie, paresseuse. Untel, mais ne l'engage pas, c'est un *flanc-mou*. [+++]
Syn.: **pâte-molle, poche-molle**.

FLANELLE n. f.
1. *Flanelle d'habitant*: flanelle de confection artisanale tissée à la maison.
Voir: **habitant**.
2. *Flanelle rouge, Sainte-Flanelle*.
Voir: **Canadiens** (équipe de hockey).

FLANNELETTE n. f. (angl. flannelette) ⊘
Finette, flanelle de coton. L'hiver, les draps de *flannelette* remplacent les draps de coton. [+++]

FLASE n. f. (angl. floss) ◙
Filoselle servant à faire de la broderie.

FLASER v. tr. (angl. to floss) ◙
Broder avec de la filoselle, de la soie floche. Les femmes d'autrefois *flasaient* beaucoup plus que celles d'aujourd'hui.

FLASHLIGHT n. f. (angl. flashlight) ◙
Torche, torche électrique. Diriger sa *flashlight* vers une voiture accidentée.

FLASK, FLAILLE n. m. (angl. flask) ◙
Bouteille. Acheter un *flaille* de whisky.
Syn.: **flacon**.

FLAT n. m. (angl. flat) ◙
1. Garçonnière, petit appartement meublé. Dans le Vieux-Québec, il y a plusieurs *flats* à louer.
2. Crevaison. Avec les pneus d'aujourd'hui, on fait rarement des *flats*. [+++]
3. Enduit que l'on étend sur une surface à peindre et qui sert de couche de fond. Acheter un litre de *flat*. [+++]
4. Petite embarcation à rames et à fond plat, utilisée par les pêcheurs côtiers. [+++]

FLÂTRE adj. [#]
Flasque. Il a beaucoup maigri, ses vêtements sont *flâtres*. (acad.)

FLAU n. m.
1. [#] Fléau servant à battre les céréales. [+++]
2. [#] Batte du fléau à céréales.
3. Vulg. Organe de l'étalon.
Syn., voir: **fourreau**.
4. Clenche de loquet de porte.

FLAUBER v. tr.
Battre, accabler de coups un animal ou une personne, donner la fessée à un enfant.
Syn., voir: **ramoner**.

FLAUBETTE n. f.
Briquet à essence.
Syn., voir: **feuseu**.

FLÈCHE n. f.
Girouette représentant une flèche installée sur les bâtiments de ferme.
Syn., voir: **revire-vent**.

FLÉCHÉ, ÉE n. et adj.
1. Procédé de tissage par tressage des fils selon un dessin en forme de flèche. Le *fléché* est revenu à la mode.
2. Se dit du produit fabriqué selon ce procédé. Les ceintures *fléchées* se portent pendant le Carnaval d'hiver de Québec.
Voir: **ceinture fléchée**.

FLEUR n. f.
Farine. De la *fleur* de blé, de sarrasin. [+++]

FLEUR DE LA PASSION n. f.
Plante d'ornement appartenant au genre dicentre.

FLEURDELIS, FLEURDELISÉ n. m.
1. Le drapeau officiel du Québec depuis 1948.
2. Appellation fréquente des *Nordiques*, équipe de hockey de la ville de Québec dont les chandails sont ornés d'une fleur de lis. Le *Fleurdelisé* affrontera le *Canadien* en semi-finale.
3. Un joueur de l'équipe de hockey *Fleurdelis*. L'arbitre vient d'infliger une punition de deux minutes à un *fleurdelis*.

FLEURDELISÉ, ÉE adj.
Orné d'une fleur de lis. Un chandail *fleurdelisé*.

FLEURÉ, ÉE ; FLEURET, ETTE adj.
   À robe tachetée. Une vache *fleurée,*
   fleurette.
   Syn., voir : **caille.**

FLEURETTE n. f. ; **FLEURISSON** n. m.
   1. Très petite quantité. Il est tombé
   une *fleurette* ou un *fleurisson* de
   neige.
   2. Rég. en fr. Vestige de crème sur le
   lait écrémé.
   Syn., voir : **courant.**

FLEURI, IE adj.
   À robe tachetée. Une vache *fleurie.*
   Syn., voir : **caille.**

FLEUVE n. m.
   Le fleuve Saint-Laurent ou, mieux, le
   Saint-Laurent.
   Syn. : **mer.**

FLO n. m. (angl. fellow) ◙
   Garçon d'une dizaine d'années.
   Forme féminine : **flouche.**

FLOCHE n. et adj. (angl. flush) ◙
   Voir : **flush.**

FLOPPER v. tr. (angl. to flop) ◙
   Argot étudiant. Rater. *Flopper* un
   examen.
   Syn. : **bloquer, foirer, pocher.**

FLOTTE n. f.
   Vessie natatoire des poissons.

FLOUCHE n. f. (angl. fellow) ◙
   Fillette d'une dizaine d'années.
   Forme masculine : **flo.**

FLQ. n. m.
   *Sigle. F*ront de *l*ibération du *Q*uébec :
   groupuscule, mouvement
   révolutionnaire dont les activités ont
   abouti à la *crise d'Octobre* en 1970.

FLUSH, FLOCHE n. et adj. (angl. flush) ◙
   Dépensier, prodigue. Seul, il ne
   dépense jamais, mais, avec les filles,
   il est *flush* comme si l'argent lui
   brûlait les doigts.

FLUSHER v. intr. (angl. to flush) ◙
   Flusher les toilettes : faire partir la
   chasse d'eau.

FLÛTE n. f.
   Grive solitaire dont le chant
   ressemble au son de la flûte.

FLUX n. m. [#]
   Diarrhée (chez les êtres humains et
   chez les animaux). [++]
   Syn., voir : **cliche.**

FLY, FLAILLE n. f. (angl. fly) ◙
   Braguette d'un pantalon. [+++]
   Syn., voir : **pagette.**

FLYÉ, ÉE adj. et n. (angl. to fly) ◙
   1. Qui a perdu son équilibre, son bon
   sens. Des *flyés* de cette espèce
   devraient être enfermés.
   2. Drogué. Ce bar-là est un rendez-
   vous de *flyés.*

FLYER v. intr. (angl. to fly) ◙
   Vivre d'une façon originale, peu
   commune. Ça *flye* dans cette
   famille : elle est mannequin à Paris,
   lui chante à New York, et les enfants
   font du théâtre à Montréal.

FOCAILLER v. intr.
   Voir : **foquailler.**

FOIN n. et adj.
   Tête folle, écervelé, qui agit sans
   réfléchir.
   Syn. : **fafouin.**

FOIN n. m.
   1. *Foin à vaches* : pâturin des prés ;
   pâturin des bois.
   2. *Foin bleu* : calamagrostis du
   Canada.
   3. *Foin d'eau, foin de castor* : foin
   qui pousse dans des prairies
   souvent inondées. (O 38, 39)
   4. *Foin de grève* : scirpe d'Amérique.

5. *Foin d'odeur*: flouve odorante; hiérochloé odorante appelée aussi *herbe sainte*. [+++]

6. *Foin follet, foin fou*: agrostis scabre. [+++]

7. *Foin plat*: variété de carex ou laîche.

8. Fig. *Avoir du foin*: avoir de l'argent, être riche. [+++]
Syn., voir: **motton** (sens 3).

9. Fig. *Avoir du foin à vendre*: avoir oublié de fermer sa braguette.
Syn.: **déflaillé, porte** (sens 8).

FOIRA n. m. [#]
Diarrhée, foirade.
Syn., voir: **cliche**.

FOIRE n. f.
Vx et vulg. en fr. Diarrhée. [+++]
Syn., voir: **cliche**.

FOIRER v. tr. et intr.
1. S'amuser, se divertir, prendre un verre. Chaque fin de semaine, il va *foirer* dans la vieille ville.
2. Rater un examen. Il a *foiré* sa chimie.
Syn., voir: **flopper**.

FOIREUX adj.
Bois foireux: érable à épis utilisé en médecine populaire pour les maladies intestinales.

FOL, FOLLE adj.
Dans les couvre-pieds, fait de morceaux cousus tels qu'ils sont taillés. Couvre-pieds à pointes *folles*, en ouvrage fol.

FOLERIE n. f.
Folie, extravagance. Les Québécois en voyage se permettent toutes sortes de *foleries*.

FOLLE AVOINE n. f.
1. Zizanie aquatique appelée aussi *riz sauvage*.

2. Zizanie des marais appelée aussi *riz sauvage*.

3. Avoine sauvage.

FONCÉ, ÉE adj.
1. Garni d'une doublure. Un couvre-pieds *foncé*.
2. Fig. *Être foncé*: avoir des moyens, être riche, avoir des fonds.
Syn.: **motton** (sens 2).

FONCER v. tr.
Garnir le fond d'un siège avec l'un des matériaux suivants: paille, ficelle, cuir, *babiche*, lamelles d'orme.

FONÇURE n. f.
1. Garniture de siège, de chaise, quel qu'en soit le matériau (paille, ficelle, lanières de cuir, *babiche*, etc.). (surt. O 36-86)
Syn.: **fond** (sens 1).
2. Fond d'une boîte, d'une caisse, d'une voiture. (surt. O 36-86)

FOND n. m.
1. Siège d'une chaise, empaillage, garniture.
Syn.: **fonçure** (sens 1).
2. Endroit où poussent des arbres d'une même espèce (ormes, épicéas, sapins, etc.).
Syn., voir: **bouillée**.

FONDS n. m. pl.
Pas de fonds (angl. no funds) ◙: sans provision. C'est grave que de faire des chèques *pas de fonds*.

FONNE n. m. (angl. fun)
Voir: **fun**.

FONTAINE n. f. [#]
Puits pratiqué dans le sol pour atteindre une veine d'eau. Creuser une *fontaine*. (E 22-124)

FONTIF, IVE adj.
Bas, humide, marécageux. Un terrain fontif.
Syn., voir : **savaneux**.

FOOTING n. m. (angl. footing) ⬨
Empattement sur lequel reposent les fondations d'une maison, d'un édifice.
Syn. : **partance**.

FOQUAILLER, FOCAILLER v. intr.
Perdre son temps. *Focailler* dans un moteur une partie de la journée sans trouver le bobo.
Syn., voir : **bretter**.

FOQUÉ, ÉE p. adj. (angl. fucked) ⬨
Fig. Perdu, dérangé, dont le cerveau est quelque peu troublé. Depuis ses expériences de drogue, Paul est tout *foqué*.
Syn., voir : **écarté**.

FOQUER v. tr. (angl. to fuck) ⬨
1. Abîmer, endommager. *Foquer* une auto qu'on vient d'acheter.
2. *Foquer le chien*.
   Voir : **fourrer le chien**.

FORÇAIL n. m.
Au forçail : à la rigueur, au pis aller. *Au forçail*, on pourrait te prêter mille dollars.

FORCE n. f.
1. Cheval-vapeur, cheval. Un moteur diesel de dix *forces*.
2. *En force* (angl. in force) ⬨ : en vigueur. Cette loi entrera *en force* dans une semaine.

FORCÉ, ÉE adj.
Voir : **obligé**.

FORCER v. tr. et pron.
Luxer, déboîter. *Se forcer* une cheville en trébuchant.

FOREMAN n. m. (angl. foreman) ⬨
Contremaître. [++]

FORESTERIE n. f.
Ensemble des sciences et des techniques de l'économie forestière. Une faculté de *foresterie* et de géodésie existe à Québec, à l'Université Laval.

FORGER v. tr. (angl. to forge) ⬨
Contrefaire. *Forger* une signature.

FORMANCE n. f.
Apparence, forme. Dans l'obscurité, le témoin a cru reconnaître une *formance* d'homme et non d'animal.

FORSURE n. f. [#]
Gros viscères d'un animal (cœur, foie, rate, poumons), fressure. [+++]

FORT n. m.
1. À la campagne, agglomération de maisons hors d'un village et où il y a souvent une petite épicerie de dépannage.
2. Fig. *Garder le fort* : assurer la permanence au bureau central d'un parti politique, d'un organisme quelconque, garder les enfants pendant que les adultes sont à la messe ou en visite chez des parents.
3. *Jouer au fort* : l'hiver par temps doux, construire avec de la neige un fort qui sera défendu par une équipe de jeunes enfants contre les assauts répétés d'une autre équipe, les seules armes permises étant les boules de neige.
4. Alcool, spiritueux. Nos grands-pères buvaient du *fort*, jamais de bière. (surt. O 24-117)

FORT-À-BRAS, FIER-À-BRAS n. m.
Homme fort, lutteur, armoire à glace, utilisé autrefois en temps de période électorale par des candidats peu scrupuleux et, plus près de nous, à l'occasion de grèves par des

patrons non moins scrupuleux.
Syn. : **bully**.

FORTILLER v. intr. [#]
Frétiller.

FORUM n. m.
À Montréal, établissement où se
trouve une patinoire à glace
couverte, entourée de gradins et où
ont lieu les matchs de hockey des
Canadiens.
Syn. : **Colisée, aréna**.

FOSSE n. f.
1. *Fosse à saumon* : partie d'un
cours d'eau généralement plus
profonde et moins rapide que les
eaux adjacentes, servant d'aire de
repos au saumon dans sa
montaison vers les frayères
(NOLF).
2. *Fosse du cou* : nuque, derrière du
cou. (E 22-124)
Syn., voir : **chignon**.

FOSSÉ n. m.
1. *Fossé de fronteau* : fossé mitoyen
coïncidant avec la ligne qui
sépare deux terres à leur
extrémité.
2. *Fossé de ligne* : fossé mitoyen,
dans la ligne qui sépare deux
terres sur la longueur.
3. *Fossé de refente* : fossé tracé sur
une terre dans le sens de la
longueur, fossé de refend.
Syn. : **fossé du milieu**.
4. *Fossé de travers* : fossé tracé sur
une terre dans le sens de la
largeur.
5. *Fossé du milieu* : fossé tracé sur
une terre dans le sens de la
longueur, fossé de refend.
Syn. : **fossé de refente**.

FOSSET n. m. ; **FOSSETTE** n. f. [#]
Fossé.

FOSSETTE, FOSSETTE DU COU n. f.
Derrière du cou, nuque.
Syn., voir : **chignon**.

FOU, FOLLE n. et adj.
1. *Fou braque, fou comme braque,
fou raide* : fou, dérangé.
Syn., voir : **écarté**.
2. *Faire un fou de soi* : se rendre
ridicule.
3. *Un fou dans une poche !* : phrase
que lance à la figure de son
interlocuteur celui que l'on semble
prendre pour un imbécile, un
demeuré.

FOUAILLER v. tr.
Vx ou litt. en fr. Frapper, battre avec
un fouaillon, un fouet.
Syn., voir : **ramoner**.

FOUAILLON n. m.
Tout objet flexible (branche, hart,
arbuste) utilisé comme fouet.
Syn. : **hart** (sens 3).

FOUDREILLER v. impers.
Tourbillonner dans le vent, en
parlant de la neige. Il a foudreillé
toute la journée. (acad.)
Syn. : **poudrer**.

FOUET n. m.
1. Vulg. Organe de l'étalon, du
taureau.
Syn., voir : **fourreau**.
2. Fouet de voiture, fouet de boghei :
fouet de parade, fragile, long et
droit dont on ne se sert jamais
pour fouetter.

FOUFOUNÉ, ÉE adj.
En parlant d'un homme ou d'une
femme, pourvu d'un postérieur
imposant, de grosses foufounes.

FOUFOUNES n. f. pl.
Vulg. Fesses, postérieur, souvent en
langage enfantin. (Charsalac)
Syn. : **péteux** (sens 2).

FOUILLE n. f.
Faire ou prendre une fouille : faire un faux pas, tomber.
Syn. : **carpiche**, **débarque**, **sheer**, **planter chêne**, **plonge**.

FOUILLER v. intr.
Tomber, faire un faux pas. En arrivant sur la glace vive, il a fouillé.

FOUILLON n. m.
Groin. Le fouillon d'un cochon. (O 28-101)

FOUINE n. f.
Foène servant à harponner le poisson.
Syn. : **nigog**.

FOUINER v. tr.
Harponner le poisson avec une foène ou fouine.

FOULANGE, REFOULANCE n. f.
Écume de mer gelée et rejetée sur le rivage. (acad.)

FOULON n. m.
Bac en bois rectangulaire qu'on remplissait d'eau chaude pour y tremper le porc abattu, dans le but de faire tomber les soies.

FOURBIR, FORBIR v. tr.
Laver le parquet, le plancher de la cuisine. (acad.)

FOURCAT n. m. [#]
Fourche d'un pantalon. Il est tellement gros que le fourcat de sa culotte est toujours décousu. (Charsalac)
Syn. : **califourchon**.

FOURCHE n. f.
1. Vx en fr. Carrefour où se croisent deux voies.
2. Vx en fr. Endroit où une voie se sépare en deux.
3. Fourche à bêcher constituée de quatre fourchons plats.
4. *Fourche à cheval, grande fourche* : fourche mécanique installée dans la grange et servant au déchargement du foin de la voiture à la tasserie.
5. Fig. *Nourrir au bout de la fourche* : mal nourrir des animaux ou des êtres humains. Son cheval peut bien être maigre, il *est nourri au bout de la fourche*. Elle ne garde pas ses pensionnaires, elle les *nourrit au bout de la fourche*.

FOURCHETÉE n. f. [#]
Quantité que l'on prend en une fois avec une fourche, fourchée. [+++]

FOURCHUSE adj. f. [#]
Fourchue. Une branche fourchuse.

FOURGAILLER v. tr.
Tisonner avec un fourgaillon.
Fourgailler le feu pour l'aviver.
Syn., voir : **pigouiller**.

FOURGAILLON n. m.
Tisonnier.
Syn., voir : **pigou**.

FOURNAISE n. f. (angl. furnace) ◙
1. Poêle à bois ou au charbon utilisé seulement pour chauffer.
2. Chaudière d'un chauffage central. Changer le brûleur d'une *fournaise* au mazout.

FOURNIL n. m.
À la campagne, allonge au corps principal d'une maison utilisée l'été comme cuisine. (entre 38-84 et 20-127)
Syn., voir : **cuisine d'été**.

FOURRAGEUX, EUSE adj.
Fertile, qui produit beaucoup. Une terre *fourrageuse*.
Syn., voir : **pousseux**.

FOURREAU n. m.
  1. Vulg. Organe de l'étalon, du taureau.
     Syn.: **fléau, fouet, fusil.**
  2. Argot des bûcherons.
     Contremaître n'ayant que de cinq à dix hommes sous ses ordres.
     Syn.: **chaudron** (sens 4).

FOURRÉ-PARTOUT n.
  Enfant agité, remuant, qui ne reste pas en place.
  Syn., voir: **vertigo** (sens 2).

FOURRE-QUEUE n. m.
  Culeron de la croupière du harnais de cheval.
  Syn., voir: **porte-queue.**

FOURRER v. tr.
  1. Vulg. en fr. Faire l'amour. [+++]
     Syn., voir: **peau** (sens 5).
  2. Tromper, rouler. Il s'est fait *fourrer* en achetant cette vieille auto. [+]
  3. Enjôler.
     Syn., voir: **emmiauler.**
  4. Donner. *Fourrer* une taloche, un coup de pied à quelqu'un.
  5. *Fourrer dedans*: incarcérer, mettre en prison.
  6. *Fourrer le chien* (angl. to fuck the dog) ⊘ : perdre son temps, travailler sans résultat visible, faire différents petits travaux. Le moteur ne voulait plus partir, la courroie s'est brisée, on a *fourré le chien* toute la matinée.
     Syn., voir: **bretter.**

FOURREUX-DE-CHIEN n. m.
  Argot des bûcherons. Homme à tout faire, sans métier précis.
  Syn.: **trente-six-métiers.**

FOURROLE n. f.
  Bonnet de laine en forme de cône et surmonté d'un pompon. [+]
  Syn.: **tuque.**

FOUTER v. tr.
  Foutre. L'infinitif *fouter* et le participe passé *fouté* sont d'un emploi courant.

FOUTEREAU n. m.
  Vison. (O 36-85 et acad.)
  Syn.: **sautereau.**

FOUTÛMENT adv.
  Extrêmement, foutrement. Il est *foutûment* intelligent.

FRAÎCHE n. f.
  1. Frais, air frais. La *fraîche* arrive dès que le soleil se couche.
  2. *Prendre la fraîche, prendre de la fraîche*: prendre froid.

FRAIS, FRAÎCHE adj. et n.
  1. Vaniteux, arrogant. Tiens, le petit *frais* qui arrive. [+++]
     Syn.: **brouteux, fier, fier-pet, frais-chié, glorieux, jars, péteux de broue, puffeur, frappé.**
  2. *Faire son frais*: faire l'homme important.
  3. *En frais de*: en train de. Il était *en frais de* fumer quand je suis entré.
  4. *À frais virés*: mode d'appel téléphonique interurbain où l'appelé accepte de payer les frais de la communication.

FRAIS-CHIÉ n. et adj.
  Pédant, vantard, prétentieux. Tiens, un autre *frais-chié* de la ville qui croit pouvoir tout nous apprendre. [+]
  Syn., voir: **frais.**

FRAISE n. f.
  1. Vulg. Virginité. Il y a belle lurette qu'elle a perdu sa *fraise*.
     Syn.: **cerise** (sens 9).

2. Vulg. *Se faire péter la fraise* : se faire dépuceler.
Syn., voir : **dévierger**.

FRAISÉ, ÉE adj.
Fig. Un peu, légèrement ivre.
Syn., voir : **chaudaille**.

FRAME, FRÉME n. m. (angl. frame) ⊗
1. Charpente d'une construction.
2. Fût de la raquette à neige.
Syn., voir : **monture**.

FRANC adv.
Parler franc : parler en articulant bien, en détachant bien les syllabes, les mots.

FRANC, FRANCHE adj.
Cheval *franc* : franc du collier, qui tire avec énergie et sans à-coup.

FRANÇAIS, AISE n. et adj.
Voir : **bottes françaises, bottines françaises, châssis français, collier français, comble français, fesses françaises, pain français, pâtisserie française, souliers français.**

FRANCE n. pr. f.
Voir : **cerise de France, banque de France.**

FRANCO, FRANCOTE n. et adj.
Voir : **franco-américain.**

FRANCO-ALBERTAIN, AINE n. et adj.
Francophone habitant l'Alberta ; de l'Alberta et de langue française.

FRANCO-AMÉRICAIN, AINE n. et adj.
Descendant de francophones du Canada qui habite les États de la Nouvelle-Angleterre (États-Unis) et qui parle encore un peu le français ; des États-Unis et parlant le français. Mot souvent abrégé en *franco*.

FRANCO-CANADIEN, IENNE n. et adj.
1. Canadien de langue française ; de langue française et habitant le Canada. Les *Franco-Canadiens* habitent surtout le Québec.
Syn., voir : **canadien-français.**
2. Se dit du français propre aux francophones du Canada, plus particulièrement du Québec.
Syn. : **franco-québécois, québécien, québécois.**

FRANCO-COLOMBIEN, IENNE n. et adj.
Francophone habitant la Colombie-Britannique ; de la Colombie-Britannique et de langue française.

FRANCOGÈNE n. et adj.
Personne de descendance francophone et dont la langue dominante n'est plus le français. Il y aurait près d'un million de *francogènes* hors du Québec selon un sondage CROP tenu en 1983.

FRANCO-MANITOBAIN, AINE n. et adj.
Francophone habitant le Manitoba ; du Manitoba et de langue française.

FRANCONISATION n. f.
Action de franconiser, résultat de l'action de franconiser.

FRANCONISER v. tr.
Rendre une unité administrative apte à fonctionner en français.

FRANCO-ONTARIEN, IENNE n. et adj.
Francophone habitant l'Ontario ; de l'Ontario et de langue française. Cette appellation est maintenant remplacée par *ontarois* et *franco-ontarois*.

FRANCO-ONTAROIS, OISE n. et adj.
Francophone habitant l'Ontario ; de l'Ontario et de langue française.
Syn. : **ontarois.**

FRANCO-QUÉBÉCOIS, OISE n. et adj.
Se dit du français propre au Québec.
Syn., voir : **franco-canadien.**

FRANCO-SASKATCHEWANAIS, AISE
n. et adj.
>Francophone habitant la
>Saskatchewan ; de la Saskatchewan
>et de langue française.
>Syn. : **fransaskois**.

FRANCO-YUKONAIS, AISE n. et adj.
>Francophone habitant le territoire
>du Yukon ; du Yukon et de langue
>française.

FRANSASKOIS, OISE n. et adj.
>Francophone habitant la
>Saskatchewan ; de la Saskatchewan
>et de langue française. Mot créé au
>début des années 1980 pour
>remplacer *franco-saskatchewanais*.

FRAPPÉ, ÉE n. et adj.
>Pédant, vaniteux.
>Syn., voir : **frais**.

FRAPPE-ABORD, FRAPPE-D'ABORD n. m.
>Taon qui s'attaque aux chevaux,
>aux chevreuils. [++]

FRAPPER v. tr., intr. et pron. (angl. to
hit) ⊘
>1. Trouver, rencontrer, avoir de la
>chance. Il cherchait un emploi
>depuis deux mois et il *a frappé* la
>semaine dernière.
>Syn. : **poigner**.
>2. Heurter, se heurter. Sa voiture *a
>frappé* un arbre. Les deux
>véhicules *se sont frappés* de front.
>Syn. : **crocheter**.
>3. Fig. *Frapper un nœud* : se heurter
>à une difficulté, à un obstacle,
>avoir une déception, subir un
>échec. Il va *frapper un nœud* s'il
>se lance en affaires sans aucune
>expérience.

FRASIL n. m.
>Cristaux ou fragments de glace en
>suspension dans l'eau ou flottant à

sa surface. [++]
>Syn. : **lolly**, **magonne**.

FRÉDÉRIC n. m.
>Pinson à gorge blanche. [+]
>Syn., voir : **siffleur** (sens 2).

FRÉDILEUX, FRÉDILLEUX, EUSE adj. [#]
>Frileux. Un homme *frédilleux*.
>Syn., voir : **friloux**.

FRÉDILLOUX, OUSE adj. [#]
>Frileux. Les vieillards sont souvent
>*frédilloux*.
>Syn., voir : **friloux**.

FRÉME n. m. (angl. frame) ⊘
>Voir : **frame**.

FRÉMILLE n. f. [#]
>Fourmi. [+++]

FRÉMILLÈRE n. f. [#]
>Fourmilière.

FRENCHER v. tr. et intr. (angl. French
kiss) ⊘
>Donner un *French kiss*, s'adonner
>au *French kiss*.

FRENCHIE n. m. (angl. Frenchie,
Frenchy) ⊘
>Canadien francophone. On retrouve
>des *Frenchies* dans tous les clubs de
>hockey du Canada et des États-
>Unis.

FRENCH KISS n. m. (angl. French
kiss) ⊘
>Baiser où la langue joue un rôle
>actif, baiser profond.

FRENCH PEA SOUP n. (angl. French Pea
Soup) ⊘
>Voir : **Cannuck**.

FRENCH POWER n. m. (angl. French
Power)
>Terme utilisé par les journalistes
>anglo-canadiens, voire américains,
>pour désigner le pseudo-pouvoir à
>Ottawa de la brochette de ministres

et de députés francophones du Québec, depuis l'arrivée au pouvoir de P.E. Trudeau, jusqu'en 1984.

FRENCH-TOAST n. f. (angl. French toast) ⊘

Voir : **pain doré**.

FRÊNIÈRE n. f.

Terrain où poussent des frênes, frênaie.

FRÈRE ANDRÉ n. pr.

Ne pas être le Frère André : ne pas faire de miracles. Le *frère André* (1845-1937) à qui on attribue de nombreux miracles est à l'origine de la construction de l'oratoire Saint-Joseph, célèbre lieu de pèlerinage, sur le mont Royal, à Montréal.

FRÉROT n. m.

Nom que portent les cousins germains issus de deux frères mariés aux deux sœurs ou d'un frère et d'une sœur mariés à la sœur et au frère. Pendant féminin : **sœurette**.

FRESAIE n. f.

Engoulevent. (acad.)

FRICHE n. m.

Friche (n. f.). Faire pacager les animaux dans le *friche* d'en haut.

FRICHER v. tr.

Faire pacager les bêtes dans un champ qui ne doit pas être labouré.

FRICOT n. m.

Festin, repas de famille extraordinaire. Il y a eu tout un *fricot* lors du cinquantième anniversaire de mariage de nos grands-parents.
Syn. : **snack**.

FRILOUX, OUSE adj. [#]

Frileux. Quand on relève de maladie, on est souvent *friloux*.

Syn. : **frédileux, frédilleux, frédilloux**.

FRIMASSER v. impers. et pron.

1. Produire du frimas, du givre. Il *a frimassé* cette nuit.
2. Se couvrir de givre, de frimas, se givrer. Les carreaux des fenêtres *se sont frimassés* la nuit dernière.

FRINGANT, ANTE adj.

Se dit de quelqu'un qui aime s'amuser, boire.

FRINGUE n. f.

1. Soûlerie, beuverie. Il y a eu toute une *fringue* chez nos voisins.
2. *Être en fringue* : s'amuser bruyamment, batifoler, courir çà et là ; être ivre.
Syn., voir : **chaud**.

FRINGUER v. intr.

1. Vx en fr. S'amuser bruyamment, courir çà et là. Les jeunes d'aujourd'hui aiment *fringuer*.
Syn. : **froliquer**.
2. Boire exagérément, s'enivrer.
Syn., voir : **brosser**.

FRIPE n. f.

1. *Partir rien que sur une fripe*.
Voir : **pinouche**.
2. Cuite. Prendre une *fripe*.
Syn., voir : **brosse**.

FRIPÉ, ÉE adj. ou p. adj.

Fig. Fatigué, avoir la mine fatiguée. Je me suis levé *fripé* : je n'ai pas assez dormi.

FRIPÉE n. f.

Argot. Dollar canadien. Peux-tu me passer une *fripée* ?
Syn., voir : **douille**.

FRIPER v. tr. et intr.

1. Vx en fr. Gaspiller. Il a *fripé* cent dollars dans la soirée.

2. Fig. Fatiguer. Passer une nuit blanche, ça *fripe*.

FRIQUE n. f. [#]
Prairie naturelle où poussent les fraises, les bleuets, friche (n. f.).

FRISER, REFRISER v. intr.
Gicler. Le tuyau était percé ici, c'est par là que l'eau *frisait*.
Syn. : **revoler** (sens 1).

FRISETTE n. f.
Papillote à friser, bigoudis.

FRISEUR n. m.
Ustensile de cuisine servant à réduire les pommes de terre en riz, à faire des *patates* rizées, frisées.

FRISON n. m.
Volant. Cette robe, avec ses *frisons*, est très seyante.

FRISSONNEUX, EUSE adj.
Frissonnant, qui a le frisson. Se sentir *frissonneux*.

FRIT n. m. [#]
Donner du frit à un mur de pierre : lui donner du fruit, c'est-à-dire construire ce mur en diminuant son épaisseur côté extérieur, à mesure qu'on le monte.

FROC n. m.
Vx en fr. À la campagne, blouse de travail faite de toile solide de denim, vareuse. [+++]
Syn. : **chiarde**.

FROG n. m. (angl. Frog) ◙
Péjor. Sobriquet donné aux Canadiens français, aux Québécois, par les Canadiens anglophones.
Syn., voir : **Cannuck**.

FROID adj.
Faire très froid se dit : *faire froid à tout casser, comme le diable, en torrieu, en chien, à craquer les clous, à pèter des clous, à geler les chiens,* *à couper les chiens en deux, à ne pas mettre les chiens dehors, à fendre les pierres...*

FROLIC n. f. (angl. frolic) ◙
Réunion joyeuse où l'on danse et où l'on boit. (acad.)

FROLIQUER v. intr. (angl. to frolic) ◙
S'amuser, boire et danser. (acad.)
Syn. : **fringuer**.

FROMAGÈRE n. f.
Plante. Mauve négligée.

FRONDE, FRONTE n. f. [#]
Furoncle, clou. Avoir une *fronde* dans le cou. [+++]

FRONDER v. tr.
Vx en fr. Lancer à la main ou avec un lance-pierre. *Fronder* des boules de neige, des noyaux de cerises sur les passants. [++]
Syn., voir : **garrocher**.

FRONT n. m.
1. Vx ou litt. en fr. *Avoir du front* : être effronté. [+++]
2. *Avoir du front tout le tour de la tête, avoir un front de bœuf maigre* : être très effronté. [+++]
Syn., voir : **bœuf maigre**.

FRONTEAU n. m.
Ligne qui marque l'extrémité, le bout d'une terre. (E 36-86)
Syn., voir : **trait-carré**.

FRONTIÈRE n. f. [#]
1. Limite d'une terre donnant sur un chemin.
2. Frontal de la bride du cheval. [+++]

FROTTEUR, FROTTEUX DE PIERRE n. m.
Batte-feu ou morceau de métal avec lequel on tire du feu en le frottant contre un caillou.
Syn., voir : **batte-feu** (sens 1).

FROTTOIR n. m.
Planche à laver à surface ondulée sur laquelle on frotte le linge.
Syn., voir : **laveuse** (sens 1).

FROUFROU adj. inv.
Se dit d'un enfant agité qui bouge sans arrêt.
Syn., voir : **vertigo** (sens 2).

FROUSSE n. f.
Pop. en fr. Peur. Au milieu de la passerelle, il a eu une *frousse* bleue.

FRUITAGES n. m. pl.
Aller aux fruitages : aller à la cueillette des fruits sauvages, des baies comestibles. [+++]
Syn. : **grainages**, **graines**.

FULL, FULL TOP adj. et adv. (angl. full) ◙
1. Bondé, rempli, comble. Salle *full, full* de monde.
2. Au maximum, complètement. Remplir un réservoir *full*.

FULL DRESS n. m. (angl. full dress) ◙
Habit, habit de cérémonie.
Syn., voir : **arrache-clou**.

FUMER v. intr.
1. Fig. Se reposer, continuer à bavarder. *Fumez* encore un peu, vous n'êtes pas en retard.
Syn. : **allumer**.
2. Fig. En parlant d'un prétentieux, d'un vantard, d'un frais-chié, on marquera la forme superlative par le verbe fumer. Il est tellement *frais-chié* qu'il *fume* (allusion aux défécations d'animaux qui, par temps frais ou froid, dégagent de la vapeur).

FUMETTE n. f.
Bout de racine de frêne ou de jonc utilisé comme succédané du tabac.

FUMEUSE n. f.
Machine à faire de la fumée pour protéger contre la gelée les récoltes encore sur le champ (tomates, tabac) ou pour éloigner les moustiques.
Syn. : **chaudière à boucane** (sens 2), **boucaneuse**.

FUN, FONNE n. m. (angl. fun)
1. Plaisir, amusement. Avoir du *fun*. [+++]
2. *Être le fun* : être amusant, distrayant, drôle. Aller danser *c'est le fun*.

FUNÉRARIUM n. m.
Établissement spécialisé où l'on expose les morts, aussi bien à la campagne qu'en ville, thanaté.
Syn. : **maison funéraire**, **maison mortuaire**, **résidence funéraire**, **salon funéraire**, **salon mortuaire**.

FUSIL n. m.
1. Vulg. Organe du taureau.
Syn., voir : **fourreau**.
2. Voir : **partir en coup de fusil.**

G

GABARE n. f.
1. Espèce de petit chaland divisé en parcs dans lesquels on conserve vivants les poissons qu'on a capturés.
2. Vieille auto, guimbarde.
Syn., voir : **bazou**.
3. Traîneau servant au transport de provisions.
Syn., voir : **bacagnole** (sens 1).

GABAREAU, GABAROT n. m.
Lever le gabareau : lever le cul, en parlant du cheval. (O 28-101)

GABION n. m.
1. Abri de chasse en branches, en roseaux ou en neige. (E 20-127)
Syn., voir : **cache**.
2. Embarcation camouflée pour la chasse au canard.
Syn. : **boléro, caboche, chasseuse**.

GABIONNER v. tr. et pron.
1. Se mettre à l'affût dans un abri de chasse appelé *gabion*.
(E 20-127)
2. Emmitoufler. Par temps très froid, il faut bien *gabionner* les enfants qui vont jouer dehors.
Syn., voir : **emmitonner**.

GABOTER v. intr.
1. Courir la prétentaine. (surt. acad.)
Syn., voir : **galipote**.
2. Perdre son temps, travailler sans résultat visible. (Beauce)
Syn., voir : **bretter**.

GABOTEUR n. m.
Vaurien, propre à rien, coureur de femmes. [+]
Syn., voir : **galopeur**.

GABOTTE n. f.
Contenant d'environ deux litres à anse ou à queue et servant à transvaser des liquides.
Syn., voir : **grande tasse à eau**.

GABOURAGE n. m. (entre 46-79 et 37-85)
Voir : **gaudriole**.

GADELIER n. m.
Groseillier à grappes. [+++]

GADELLE n. f.
Fruit du groseillier, groseille.
Gadelle blanche ou rouge. [+++]

GADELLE NOIRE n. f.
Cassis ou groseille noire. [+++]

GAFFE n. f.
Argot. *Faire la gaffe* : surtout en parlant des jeunes, vivre de vol, de vente de drogue, de prostitution.

GAFFE DE DRAVE, DE DRAVEUR n. f.
Gaffe utilisée par le flotteur de bois, ou *draveur*, pour déplacer et dériver le bois de flottage, dérivotte.
Syn. : **peavy**, **pickaroon**, **pickpole**, **pole**.

GAGER v. tr.
Vx en fr. Parier, faire un pari.
Gager cent dollars que tel candidat sera vainqueur. [+++]

GAGEURE n. f. (doit être prononcé gajure)
Vx en fr. Pari. Faire une *gageure* que tel candidat sera élu. [+++]

GAGNÉ, VIEUX-GAGNÉ n. m.
Économies, épargnes. En période de chômage, il faut vivre sur le *vieux-gagné*. [+++]

GAGNER v. tr.
1. *Gagner gros* : gagner beaucoup, toucher un gros salaire.
2. *Ne pas gagner son sel* : se dit d'un travailleur paresseux, dont le rendement est presque nul.

GAGOUET n. m.
Voir : **cagouet**.

GAI, GAIE n. et adj. (angl. gay)
Homosexuel, elle.
Syn., voir : **fifi**, **fifine**.

GAILLAR n. m.
Poêle rudimentaire utilisé dans les chantiers forestiers.
Syn., voir : **truie**.

GAILLARD, ARDE adj.
Légèrement ivre.
Syn., voir : **chaudaille**.

GAITERS n. f. pl. (angl. gaiters) ⊘
1. Bottines à élastiques. [+]
2. Vieilles chaussures, savates.
Syn. : **galoches**.
3. Guêtres de tissu ou de cuir.
4. Fig. *Se mouver les gaiters* : se hâter, se dépêcher.

GALANCE n. f. (acad.)
Voir : **balançoire**.

GALANCER v. tr. et pron.
Balancer, se balancer sur une balançoire. (acad.)
Syn., voir : **balancigner**.

GALANCINE n. f. (acad.)
Voir : **balançoire**.

GALANCINER v. tr. et pron.
Balancer, se balancer dans une balançoire. (acad.)
Syn., voir : **balancigner**.

GALANT n. m.
Vx en fr. Amoureux, qui fréquente une jeune fille. [+]
Syn., voir : **cavalier**.

GALANTER v. tr. (angl. to gallant) ⊘
Faire la cour à. Les femmes aiment se faire *galanter*.

GALARNEAU n. pr. m.
Le soleil. Tiens, *Galarneau* est levé !

GALE n. f.
1. [#] Escarre, croûte qui se forme sur une plaie en voie de guérison.

Enlever une *gale* risque de laisser une cicatrice. [+++]

2. Voir: **pauvre comme la gale.**

GALENDART n. m.

Voir: **godendart.**

GALER v. intr. [#]

Croûter, se recouvrir d'une *gale* ou croûte. Sa plaie a commencé à *galer*. [+++]

GALÈRE n. f.

1. Très longue varlope souvent munie de deux poignées et servant à dresser planches, madriers, pièces de bois. [++]
2. Petite pile de morues sur les vigneaux pendant le séchage.

GALERIE n. f.

Long balcon généralement couvert qui longe la façade des maisons, à la campagne.

GALET n. m.

Être au galet: être à sec, tari, en parlant d'un puits, d'un cours d'eau. Syn., voir: **séché.**

GALETTAGE n. m.

Pâtisserie. Avant Noël, les femmes font beaucoup de *galettages*. Finir le repas avec des *galettages*. (O 38-84) Syn.: **galetterie, tortasserie.**

GALETTE n. f.

1. *Galette à cuire*: carré de levain de fabrication industrielle et utilisé lors de la fabrication du pain, de gâteaux, etc. Syn., voir: **lève-vite.**
2. Rég. en fr. *Galette de sarrasin*: crêpe de farine de sarrasin. [+++] Syn.: **crêpe à Séraphin, pitoune, plug, séraphin, tarteau, tireliche.**

GALETTERIE n. f.

Voir: **galettage.**

GALFAT n. m. [#]

Étoupe servant à calfater.

GALFATER v. tr. [#]

Calfater.

GALFEUTRER v. tr. [#]

Calfeutrer (une fenêtre, etc.).

GALIMAFRÉE n. f.

Gourmandise. Manger par *galimafrée*.

GALIPOTE n. f.

Courir la galipote: courir la prétentaine. [+++] Syn.: **gaboter, galvauder, ravauder, courir le loup-garou.**

GALIPOTEUX n. m.

Celui qui est coureur, qui court la *galipote*. Ne se dit que des hommes. Syn., voir: **galopeur.**

GALOCHER v. intr.

Locher. Cheval avec un fer qui *galoche*. Syn.: **clocher.**

GALOCHES n. f. pl.

Vieilles chaussures, savates. Ne va pas à la messe avec tes *galoches*. [++] Syn.: **gaiters** (sens 2).

GALON n. m. [#]

Ruban à mesurer gradué en pieds, en pouces et en lignes. [+++] Syn.: **tape.**

GALOPER v. tr.

1. Vx en fr. À la chasse, suivre la piste de, courir après. *Galoper* un chevreuil.
2. Fréquenter les lieux où l'on s'amuse. *Galoper* les salles de danse. (acad.)
3. *Galoper les filles*: courir après les filles. (acad.)

GALOPEUR n. m.

Vx en fr. Coureur. C'est un *galopeur* de femmes. (acad.)

Syn.: **courailleur**, **galipoteux**, **galvaudeux**, **gaboteur**.

GALOPIN n. m.
Instrument servant à mesurer l'épaisseur d'une pièce de bois.

GALOT n. m.
Motte de terre gelée, dans les chemins de terre d'autrefois. (O 36-86)
Syn., voir: **bourdignon**.

GALVAUDER v. intr.
1. Vx en fr. Flâner, traîner. À son âge, il devrait travailler au lieu de *galvauder*.
2. Courir la prétentaine, avoir des aventures galantes. Il est sage maintenant, mais il a longtemps *galvaudé*. (O 25-117)
Syn., voir: **courir la galipote**.

GALVAUDEUX n. et adj.
Vx en fr. Qui a l'habitude de *galvauder*, de courir la prétentaine.
Syn., voir: **galopeur**.

GAMELLE n. f.
1. Boîte à cendre placée sous le feu du poêle à bois, cendrier.
Syn., voir: **cendrière**.
2. Voir: **bol de l'écrémeuse**.

GAMIQUE n. f. (angl. gimmick) ⊘
Voir: **gimmick**.

GANG n. f. (angl. gang) ⊘
Bande, troupe, bon nombre, équipe. Il y a une *gang* d'enfants qui jouent dans la rue. [+++]

GANGWAY, GANOUÉ n. m. (angl. gangway) ⊘
Plan incliné par où les fourragères chargées entrent dans le fenil de la grange. (pass. O 20-127)
Syn.: **pont de grange**.

GANSE n. f. [#]
Voir: **tenir par la ganse**.

GANT DE LA VIERGE n. m.
Ancolie du Canada, ancolie vulgaire, gant de Notre-Dame. [+]

GARAGE n. m.
1. Fig. Hôpital en général. Aller au *garage* pour y subir une opération.
2. Fig. Dans les communautés religieuses, maison où l'on prend soin des religieux ou religieuses âgés ou malades. Chaque communauté religieuse a son propre *garage*.
3. Voir: **vente de garage**.

GARCE, PETITE GARCE n. f.
Terme affectif qu'emploient les adultes en s'adressant à une petite fille ou en parlant d'elle.
Syn., voir: **toutoune** (sens 2).

GARCETTE n. f.
Matraque utilisée autrefois par les agents de police, bâton plombé.

GARÇONNETTE n. f.
Péjor. Petit garçon qui aime jouer à la poupée.
Syn., voir: **catiche**.

GARDE-FEU n. m.
Garde forestier chargé de surveiller, de prévenir et de combattre les incendies de forêt. Son subalterne est un sous-garde-feu. C'est du haut de miradors que les *garde-feux* peuvent le mieux surveiller la forêt.

GARDE-FOIN n. m.
Voir: **range-foin**.

GARDE-GRAIN n. m.
Petit mur entre l'aire de la grange et la tasserie qui empêchait le grain de se perdre à l'époque où le battage se faisait au fléau sur l'aire de la grange.

GARDER v. tr. (angl. to keep) ⊘
Tenir éloigné, se protéger contre.
Mettre des moustiquaires pour
garder les maringouins.

GARDE-VASE n. m.
Garde-boue d'une voiture de
promenade hippomobile, d'une auto,
d'un camion. (E 27-116)

GARDE-VENT n. m.
Gueule-de-loup au sommet d'une
cheminée pour en faciliter le tirage.
Syn., voir: **dos-de-cheval**.

GARDE-YEUX, GARDE-Z-YEUX n. m.
Œillères de la bride du cheval. [++]

GARETTE n. f.
Machine servant au débusquage
dans les chantiers forestiers,
débusqueuse.
Syn., voir: **bombardier** (sens 2).

GARGOTER v. intr. et pron.
1. Vx en fr. Faire du bruit en
   mangeant ou en buvant.
2. Faire du bruit, en parlant de l'eau
   qui bout. [+]
3. Se gargariser. *Se gargoter* avec de
   l'eau salée.

GARGOTON n. m.
Voir: **gorgoton**.

GARGOUCHE n. f.
1. Cuiller de dépannage pour boire,
   puiser de l'eau, constituée d'un
   cornet d'écorce de bouleau fixé au
   bout d'un bâton.
   Syn., voir: **micouenne** (sens 1).
2. Cône de sucre d'érable qui a été
   moulé dans un cornet d'écorce de
   bouleau.
   Syn., voir: **meule de sucre**.

GARCHOUCHET, GARGOUSSET n. m.
Armoire de rangement construite
sous le toit, au-dessus d'un mur;
armoire pratiquée sous un escalier.

GARGOUSSER v. intr.
1. Gazouiller, piailler. Les oiseaux
   gargoussent tôt le matin.
   Syn., voir: **piaquer**.
2. Caqueter, en parlant des poules.
   Syn., voir: **cacailler**.

GARGOUSSET n. m.
Voir: **gargouchet**.

GARIBALDI n. m.
Blouse blanche serrée à la taille et
portée par les femmes.

GARROCHABLE adj.
Qui peut être garroché, lancé. Cette
balle n'est pas *garrochable* par cet
enfant, elle est trop grosse.

GARROCHAGE n. m.
Action de garrocher, de lancer. Hé!
les enfants, pas de *garrochage* de
balle près de la maison! [+++]

GARROCHER v. tr., intr. et pron.
1. Lancer. *Garrocher* des cailloux.
   [+++]
   Syn.: **fronder, tirer**.
2. En parlant d'un cheval, projeter
   de la boue, de la neige en trottant.
   Méfie-toi, c'est un cheval qui
   garroche. [+++]
3. Se lancer, se précipiter, se jeter
   sur. Il *s'est garroché* sur son
   adversaire et l'a saisi à la gorge.
   [+++]

GARROCHEUR, EUSE n.
1. Cheval qui en trottant projette de
   la boue, de la neige.
2. Personne, enfant le plus souvent,
   qui a l'habitude de lancer des
   cailloux, des objets divers.

GARS DE BOIS, GARS DE CHANTIER
n. m. [#]
Travailleur forestier. [+++]
Syn., voir: **voyageur**.

GASOLINE n. f. ; **GAS, GAZ** n. m. (angl.
gas, gasoline) ⊘
  1. Essence. Le prix du *gas* ne
     cesse de monter. Un moteur à
     gasoline. [+++]
  2. *Peser sur le gas* : appuyer sur
     l'accélérateur, accélérer. [+++]
     Syn. : **suce**.

GASPARD n.
  Voir : **Jonas**.

GASPAREAU n. m.
  Faux hareng utilisé le plus souvent
  comme boëte ou appât.

GASPÉSIEN, IENNE n. et adj.
  Natif ou habitant de Gaspé ou de la
  Gaspésie ; de Gaspé, de la Gaspésie.

GASPÉSIENNE n. f.
  Bateau de pêche propre à la
  Gaspésie.

GASPIL n. m. [#]
  Gaspillage. Il se fait beaucoup de
  gaspil dans cette famille.

GASPILLARD, ARDE n. et adj. [#]
  Gaspilleur ; qui gaspille.

GASPILLER v. tr.
  Gâter ; rendre indocile, vicieux.
  Gaspiller un enfant, un cheval.

GASPIN n. m.
  Chaussure de peau verte taillée dans
  le jarret d'un bœuf, d'un caribou ou
  d'un orignal. (acad.)
  Syn. : **caristeau**.

GÂTEAU DES ANGES n. m. (angl. angel
cake) ⊘
  Variété de gâteau de Savoie.

GÂTEAU D'HABITANT n. m.
  Gâteau de fabrication domestique.
  Voir : **habitant**.

GATINOIS, OISE n. et adj.
  Natif ou habitant de Gatineau, dans
  l'Outaouais ; de Gatineau.

GATON n. m.
  1. Bâton passant dans les anneaux
     du brancard et dans ceux du
     traîneau de façon à les coupler.
  2. Garrot servant à bander un câble,
     une chaîne.
     Syn. : **bindeur**.

GATONNER v. tr.
  Bander un câble, une chaîne, au
  moyen d'un garrot appelé *gaton*.
  Syn. : **binder**.

GATTE n. f.
  Bourbier, terrain humide ou
  marécageux. Rester pris dans une
  gatte avec un camion. Dérivés :
  engatter, dégatter.
  Syn., voir : **savane**.

GAU n. m.
  1. Estomac de la morue. *Gaux* farcis
     de foie de morue. (E 9-132)
  2. Gosier de l'être humain.
     Syn., voir : **gavion**.
  3. Fig. *Se mouiller le gau, se rincer
     le gau* : boire à l'excès, s'enivrer.
     Syn., voir : **dalle** (sens 5).

GAUDRIOLE n. f.
  Mélange d'avoine, de pois, de
  luzerne qu'on donne en vert aux
  animaux lorsque l'herbe se fait plus
  rare. (E 38-87)
  Syn. : **gabourage**.

GAUFRERIE n. f.
  Établissement de restauration où
  l'on fabrique et vend des gaufres, à
  consommer sur place ou à emporter
  (ROLF).

GAULER v. tr., intr. et pron.
  1. Vulg. Masturber, se masturber.
     Syn., voir : **crosser**.
  2. Passer très vite. Oui, je l'ai vu, il
     gaulait vers le village.
     Syn. : **ramer**.

GAVION n. m.
Vx en fr. Gosier de l'être humain. Une bouchée trop grosse peut bloquer le *gavion* et amener l'étouffement.
Syn.: **gargoton, gau, gorgoton.**

GAZ n. m. (angl. gas, gasoline) ⊘
Essence utilisée dans les moteurs.

GAZÉ, ÉE adj.
1. Ivre. Après deux verres de whisky, il est *gazé*.
Syn., voir: **chaud.**
2. Drogué.
Syn., voir: **gelé.**

GAZER v. tr. (angl. to gas) ⊘
Faire le plein d'essence.

GAZETTE n. f.
Vx et rég. en fr. Journal, papier journal. Lire la *gazette* tous les jours.

GAZON DE GLACE, GAZON n. m.
Glace flottante, glaçon. À la débâcle, la rivière charrie des *gazons*. [+]

GAZONNIÈRE n. f.
Exploitation agricole spécialisée dans la culture du gazon qui, deux ans après l'ensemencement, peut être livré aux clients sur palettes en plaques ou en rouleaux comme du tapis (ROLF).

GEAR n. f. (angl. gear) ⊘
Roue d'engrenage.

GEE! interj. (angl. gee) ⊘
Cri pour faire aller un cheval à droite seulement. (surt. O 28-101 et acad.)
Syn.: **hue!**

GELASSER v. intr. et impers.
Geler légèrement. Il fait froid la nuit, l'eau commence à *gelasser*.
Syn.: **gelauder, geloter.**

GÉLATINE n. f.
Partie brune de la graisse de rôti.
Syn., voir: **branlant.**

GELAUDER v. intr. et impers.
Voir: **gelasser.**

GELÉ, ÉE n. et adj.
Drogué, abruti par la drogue. Dans la vieille ville, on rencontre des paquets de *gelés*.
Syn.: **gazé, stone.**

GELÉE NOIRE n. f.
Gelée blanche qui se produit lorsque la récolte n'est pas toute rentrée: ce qui a été gelé devient foncé, voire noir.

GELER v. intr. et pron.
1. *Geler comme une crotte, comme un rat*: avoir très froid.
2. Se droguer. Il est beaucoup plus facile de *se geler* maintenant qu'il y a quelques années.

GÉLIVÉ, ÉE adj. [#]
Fendu, fendillé sous l'effet du froid, en parlant du bois, gélif. Un arbre *gélivé*.

GELOTER v. intr. et impers.
Voir: **gelasser.**

GEMME n. f.
Poix, résine dont se servent les cordonniers pour gemmer, résiner leur ligneul.
Syn.: **arcanson, rosine.**

GEMMER v. tr.
Enduire de gemme ou résine un fil pour le rendre solide et imputrescible, résiner.
Syn.: **rosiner.**

GENDARMERIE ROYALE n. f.
Corps de police à cheval (d'où *police montée*) relevant du gouvernement d'Ottawa.
Syn.: **police montée.**

GÊNE n. f. [#]
Timidité. Il n'est pas venu, par *gêne*.

GÊNÉ, ÉE n. et adj. [#]
Timide. Il faut l'excuser, c'est un enfant *gêné*.

GENÈVE n. m. [#]
Genévrier commun. (acad.)
Syn.: **genièvre**.

GÉNIE n. m.
Intelligence, usage de son intelligence. D'une personne âgée qui est tombée en enfance, on dira qu'elle n'a plus tout son *génie*.

GENIÈVRE n. m. [#]
Genévrier commun.
Syn.: **genève**.

GENOU n. m.
Argot. Tête chauve. L'as-tu vu, avec son *genou* ?
Syn.: **naveau**.

GENOUILLÉ, ÉE ; GENOUILLU, UE adj.
Qui a des jarrets solides, d'acier.

GÉRANT, ANTE adj. et n.
Se dit d'un enfant qui dans les jeux aime diriger, qui a de l'initiative, qui manifeste des qualités de chef.

GÉRANT, E DE BANQUE n.
Directeur(trice) de banque.

GERCE n. f.
Fente, fissure, crevasse dans la glace.
Syn.: **craque**.

GERGAUD, AUDE n. et adj.
1. Sans jugement.
2. Déluré, surtout en parlant d'une femme.

GERMON n. m.
Germe de pomme de terre. (acad.)

GESTE n. m.
Voir: **poser un geste**.

GESTER v. intr.
Faire beaucoup de gestes, gesticuler.
Il ne peut parler sans *gester*.
Syn.: **gibarter**.

GESTEUR, GESTEUX, EUSE n. et adj.
1. [#] Personne qui gesticule, qui fait des gestes, des parades en parlant, gesticulateur. [++]
   Syn.: **gesticuleur, gibarteux**.
2. Affecté, maniéré, cérémonieux.
3. Ombrageux, en parlant d'un cheval.

GESTICULEUR, EUSE n. et adj. [#]
Personne qui fait beaucoup de gestes en parlant, gesticulateur.
Syn., voir: **gesteur**.

GET UP! interj. (angl. get up) ⊗
Cri pour faire partir un cheval.
Syn.: **marche!**

GIBAR n. m.
1. Variété de dauphin des eaux froides, épaulard.
2. Au pl. Gestes ridicules, exagérés ; contorsions. Il ne peut parler sans faire toutes sortes de *gibars*. (acad.)
   Syn.: **escare, sparage**.

GIBARTER v. intr.
Faire des *gibars*, des gestes, des mouvements désordonnés ou exagérés. (acad.)
Syn.: **gester**.

GIBARTEUX, EUSE n. et adj.
Personne qui fait beaucoup de gestes en parlant, qui a l'habitude de *gibarter*. (acad.)
Syn., voir: **gesteur**.

GIBELOTTE n. f.
1. Plat peu réussi ou raté.
2. Plat des îles de Sorel à base de barbottes.

GIBOIRE n. f.
Perche enlevante avec collet utilisée par le trappeur, piège à levier. (E 28-101)
Syn.: **brimbale, regiboire, ripousse**.

GIDDY adj. (angl. giddy) ⊘
Légèrement ivre.
Syn., voir: **chaudaille**.

GIG n. f. (angl. gig) ⊘
Voiture légère à deux roues et à un siège, tirée par un cheval. [+]

GIGIER n. m. [#]
Gésier.

GIGNAC n.
Voir: **Jonas**.

GIGNOLER v. intr.
Branler. Quand une table gignole, il faut la consolider.
Syn.: **écriancher**.

GIGOGNE n. f.
Espèce de petit travois à mains servant l'hiver à transporter du bois de poêle, du hangar à bois à la maison. (Lanaudière)

GIGUELLE n. f.
Voir: **véloneige traditionnel**.

GIGUER v. tr. et intr.
Vx en fr. Danser la gigue. [+++]

GIGUEUR, EUSE n.
Danseur de gigue.

GIMMICK, GAMIQUE n. f. (angl. gimmick) ⊘
1. Combine, affaire douteuse.
2. Fig. *Connaître la gimmick*: connaître la musique.

GIN, GROS GIN n. m.
Eau-de-vie de grains appelée genièvre.

GINGEMBRE SAUVAGE n. m.
Asaret du Canada, plante très utilisée en médecine populaire.
Syn.: **racine de rat musqué**.

GINGER ALE n. m. (angl. ginger ale) ⊘
Voir: **soda au gingembre**.

GIOLE n. f.
Maison peu confortable, masure.
Syn.: **coqueron, shack**.

GIOLER v. intr.
Dire ou faire des choses qui relèvent de la bêtise, de la niaiserie.

GIOLEUX, EUSE n. et adj.
Niais, benêt, nigaud.
Syn., voir: **épais**.

GIRAFE n. f.
Grande échelle des pompiers.

GIROUETTE n. f.
Jouet formé d'une hélice de papier ou de plastique fixée au bout d'un bâton et qu'agitent les enfants.

GLACE n. f.
1. *Aller aux glaces*: aller à la chasse aux phoques. (E 7-142)
2. *Fausse glace*: sur un lac, une rivière, une patinoire, glace dangereuse comportant des défauts (fissures, loupes...)
3. Fig. *Mettre sur la glace*: en parlant d'un projet, le reporter à plus tard.
Syn.: **mettre au frigidaire, tabletter** (sens 2).
4. Plante d'intérieur que l'on suspend au plafond, à longues tiges pendantes et qui a besoin d'être souvent bassinée, pothos (Scindapsus aureus).

GLACIÈRE n. f.
À la campagne, cabanon isolé au bran de scie, qui abrite un trou plus ou moins profond, qu'on remplit de glace l'hiver et qui sert ensuite à

conserver les aliments pendant la saison chaude.

GLAÇON n. m.
Stalactite de glace qui pend des toits l'hiver.
Syn. : **chandelle**.

GLADSTONE n. m.
Voiture à quatre roues et à deux sièges, qui servait au transport des personnes à l'époque des chevaux. Marque de fabrique.

GLAGNE n. f.
Vulg. Testicule de certains animaux (étalon, taureau, etc.).
Syn., voir : **gosse**.

GLAI n. m.
Iris versicolore. (acad.)
Syn., voir : **clajeux**.

GLAINE n. f.
Voir : **glane**.

GLAINER v. tr.
Voir : **glaner**.

GLANDE n. f.
Vulg. Testicule de certains animaux (étalon, taureau, etc.).
Syn., voir : **gosse**.

GLANE, GLAINE, GLÈNE n. f.
1. Bois de flottage échoué. Quand le niveau de l'eau commence à baisser, on remet la *glane* à l'eau. [++]
Syn. : **sweep**.
2. *Faire la glane, glaine, glène* :
   a) Ramasser le bois de flottage échoué et le remettre à l'eau.
   b) Cueillir des fruits sauvages là où une première cueillette a déjà été faite.

GLANER, GLAINER, GLÈNER v. tr.
1. Ramasser le bois de flottage échoué sur la grève ou dans les anses à la suite de la baisse des

eaux et le remettre à l'eau.
Syn. : **sweep**.
2. Cueillir des fruits sauvages là où une première cueillette a déjà été faite.

GLÈNE n. f.
Voir : **glane**.

GLÈNER v. tr.
Voir : **glaner**.

GLISSADE n. f.
1. Glissoire horizontale ou en pente sur laquelle les enfants s'amusent à glisser l'hiver.
2. Trace laissée sur la neige par la loutre ou le vison.
Syn. : **glissée**.
3. Diarrhée causée par le fait d'avoir mangé de la viande d'orignal non faisandée.
Syn., voir : **cliche**.

GLISSANTE n. f.
Pâte à la cuiller cuite dans un liquide (sirop, jus de viande) en ébullition. (O 54-165)

GLISSÉE n. f.
Trace laissée sur la neige par la loutre ou le vison.
Syn. : **glissade** (sens 2).

GLISSETTE n. f.
1. Glissade. Il a fait une *glissette* sur la glace et il s'est fait mal au genou.
2. Fig. Fausse-couche. C'est la deuxième fois que sa femme fait une *glissette*.
Syn., voir : **perte**.

GLISSOIRE n. f.
1. *Glissoire pour le flottage du bois.*
Voir : **sluice**.
2. *Glissoire à poissons, à saumons.*
Voir : **passe migratoire**.

GLOBE n. m. [#]
Ampoule électrique. Le *globe* de la cuisine était brûlé, on a dû le remplacer.
Syn., voir: **pochette**.

GLOIRE n. f.
Partir pour la gloire: s'enivrer.
Syn., voir: **brosser**.

GLOIRE DU MATIN n. f.
Grand liseron. [++]

GLORIEUX, EUSE adj.
Vx en fr. Vaniteux, fier, orgueilleux. (acad.)
Syn., voir: **frais**.

GLORIEUX n. m. pl.
Voir: **Canadien** (club de hockey).

GLOUTON n. m.
Bardane, plante et capitules.
Syn., voir: **grakia**.

GLUANT n. m.
Poisson. Nom vulgaire du bec-de-lièvre.

GNOCHON, ONNE n. et adj.
Voir: **niochon**.

GNOLE, NIOLE n. f.
1. Excroissance ligneuse qui se développe sur les arbres, loupe. Une *gnole*, c'est infendable.
2. Taloche, tape.

GO! Exclamation (angl. go!) ⊘
1. Partez! S'adressant à des coureurs: attention! un, deux, trois, *go*!
2. *Partir sur la go* (angl. on the go) ⊘: s'amuser, prendre un verre.

GOBELET n. m.
Voir: **grand gobelet**.

GOBE-MOUCHES n. m.
Boîte-piège pour capturer les mouches.
Syn., voir: **attrape à mouches**.

GOBERGE n. f.
Merlan noir. (acad.)

GODÉ, ÉE adj.
À godets. Une jupe *godée*.

GODENDART, GADENDART, GOLENDART n. m.
Longue scie munie de deux poignées amovibles et servant à abattre les arbres, à tronçonner, passe-partout. [+++]
Syn.: **truie**.

GO-DEVIL n. m. (angl. go-devil) ⊘
Avant-train du *bobsleigh* utilisé comme *travois* ou traîneau à débusquer les billes de bois.
Syn., voir: **bob** (sens 2).

GODIN n. m.
1. Monture en bois ou cadre tubulaire métallique de la scie à bûches.
2. *Scie à godin*: scie à bûches à cadre de bois ou à cadre tubulaire métallique.
Syn., voir: **sciotte**.

GOÉLICHE n. m.
Jeune goéland.

GOGLU n. m.
Oiseau de la famille des Ictéridés. [+++]
Syn.: **ortolan de riz**.

GOGO-BOY n. m. (angl. gogo-boy)
Jeune garçon qui, en tenue très légère, danse dans les bars, les cabarets ou les discothèques.

GOGO-GIRL n. f. (angl. gogo-girl)
Jeune fille qui, vêtue très légèrement, danse dans les bars, les cabarets ou les discothèques.
Syn.: **danseuse à gogo, danseuse topless, topless**.

GOISELLIER n. m. [#]
Groseillier à grappes.

GOLDENTHREAD n. m. (angl.
goldenthread) ◌
Coptide du Groenland.
Syn., voir: **savoyane**.

GOLENDART n. m.
Voir: **godendart**.

GOLFER v. intr.
Jouer au golf. Il n'y a pas d'âge pour
apprendre à *golfer*.

GOMME n. f.
1. Résine de conifères. *Gomme* de
   sapin, de pin, d'épicéa. [+++]
   Syn., voir: **encens**.
2. *Gomme de sapin*: produit
   odoriférant appelé baume du
   Canada et constituant l'un des
   articles essentiels de la médecine
   populaire.
3. *Gomme à mâcher, gomme*:
   appellation usuelle du chewing-
   gum. La *gomme* est interdite à
   l'école.
4. *Gomme baloune* (angl. balloon) ◌:
   variété de chewing-gum offrant la
   possibilité de faire des bulles.
5. *Aller à la gomme*:
   a) Aller en forêt récolter la
      gomme ou résine de certains
      conifères.
   b) Fig. Aller chez le diable. *Va à
      la gomme* si tu n'es pas
      content.
6. Fig. *Haute gomme*: personnes
   importantes.

GOMMÉ, ÉE adj.
Gris, ivre. Chaque fois qu'il va au
village, il en revient *gommé*.
Syn., voir: **chaud**.

GOMMER v. intr.
Récolter la *gomme* ou résine de
certains conifères. (surt. Beauce)

GOMMEUR n. m.
Celui qui récolte la *gomme* ou résine
de certains conifères.
Syn., voir: **piqueur de gomme**.

GOMMIÈRE n. f.
Blessure à un conifère d'où coule de
la *gomme* ou résine.

GOOF, GOUFE n. f. (angl. goof) ◌
Alcool de fabrication domestique.
Syn., voir: **bagosse**.

GOOF BALL, GOOF n. f. (angl. goof
ball) ◌
Variété de barbituriques.
Syn.: **peanut** (sens 3).

GOOF-BALLEUR n. (angl. goof baller) ◌
Personne qui absorbe des *goof balls*.

GORDOUNE n. f.
Tabac à pipe de mauvaise qualité.
Syn., voir: **vérine**.

GORGE n. f.
Être en gorge, faire sa gorge: se dit
du blé, de l'avoine montant en épi.

GORGETTE n. f.
1. Sous-gorge de la bride du cheval.
   [+++]
   Syn.: **gorgière**.
2. Gorgère, bride qui attache un
   chapeau d'enfant, de femme.

GORGIÈRE n. f.
Sous-gorge de la bride du cheval.
Syn.: **gorgette** (sens 1).

GORGOTON, GARGOTON n. m.
1. Œsophage de certains animaux.
   [+++]
   Syn.: **herbière**.
2. Gorge, gosier, pomme d'Adam.
   Avoir le *gargoton* saillant. [+++]
   Syn., voir: **gavion**.
3. Fig. *Se mouiller, se rincer le
   gorgoton*: boire, s'enivrer.
   Syn., voir: **dalle** (sens 5).

GORLÈZE n. f.
1. Femme de mauvaise vie, putain. (acad.)
   Syn., voir: **guedoune**.
2. Terme affectif à l'endroit d'une petite fille. Viens te faire embrasser, petite *gorlèze*. (acad.)
   Syn., voir: **toutoune** (sens 2).

GORLICHE n. f.
Voir: **gourliche**.

GORLOT n. m. [#]
Voir: **grelot**.

GORNOTTE n. f.
Voir: **grenotte**.

GORNOUILLES n. f. pl. [#]
Voir: **grenouilles**.

GORTONS n. m. pl. [#]
Voir: **cretons**.

GOSSE n. f.
1. Vulg. Testicule de l'être humain et des animaux. [+++]
   Syn.: **amourette**, **balle**, **boule**, **chenolle**, **glagne**, **glande**, **marbre**, **noix**, **parties**, **poire**.
2. *Partir rien que sur une gosse*: partir rapidement, à toute allure.
   Syn., voir: **pinouche**.

GOSSER v. tr.
1. Tailler un morceau de bois avec un canif ou un couteau; quelquefois, dégrossir à la hache. [+++]
   Syn.: **chacoter**, **doler** (sens 2).
2. Fig. Courtiser une jeune fille, flirter. Il *gosse* la petite Martine. [+++]

GOSSEUR, GOSSEUX, EUSE n. et adj.
1. Qui aime tailler un morceau de bois avec un canif. [+++]
2. Fig. Qui aime flirter, en parlant des jeunes. [+++]

3. Fig. Se dit d'un travailleur qui travaille mal, qui bousille.
   Syn., voir: **broucheteur**.

GOSSURE n. f.
Éclat, copeau, fait avec un canif, un couteau. [+++]

GOTON n. m.
Jambier servant à maintenir écartées les jambes d'un animal de boucherie abattu.
Syn., voir: **janvier**.

GOUDRELLE n. f.
Gouttière de bois ou de métal conduisant la sève de l'érable au contenant destiné à la recueillir. (O 25-116)
Syn., voir: **chalumeau**.

GOUDRIER n. m.
Cuir de très bonne qualité utilisé pour ressemeler les chaussures.

GOUDRILLE n. f.
Voir: **chalumeau**.

GOUDRON n. m. [#]
Goulot. Bouteille à *goudron* étroit. [++]
Syn., voir: **gouleron**.

GOUFE n. m. (angl. goof) ⊠
Voir: **goof**.

GOUFFE, GOULFE adj.
1. Émoussé, non aiguisé. Un couteau dont la lame est *gouffe*. (acad.)
   Syn.: **mousse**.
2. Se dit d'un bateau dont la quille n'est pas effilée, qui a une quille ballonnée.

GOUGE n. f.
1. Variété d'herminette à tranchant incurvé.
   Syn., voir: **herminette**.
2. Espèce de ciseau en métal à bout tranchant utilisé pour entailler

les érables : c'est dans l'entaille faite par cette gouge qu'on introduisait une *goudrelle*, une *goudrille*, une *gouge* ou une *coulisse*, lesquelles étaient en bois ou en fer-blanc.

3. Voir : **chalumeau**.
4. Joug à épaules servant à transporter deux seaux, gorge. Syn., voir : **jouque** (sens 2).

GOUGOUNE n. f.

1. Bas de feutre épais épousant la forme de la botte de caoutchouc qui le recouvrira.
2. Botte de caoutchouc qui recouvre un bas de feutre épais.
3. Chaussure de plage constituée d'une semelle de caoutchouc ou de plastique maintenue en place par un cordon passant entre le gros orteil et l'orteil voisin. Syn., voir : **sloune**.
4. Arg. scol. Au secondaire, jeune fille rangée dont le pendant mâle est le *piton*.

GOUINE n. f.

1. Terme affectif utilisé par les adultes à l'endroit des petites filles. Syn., voir : **toutoune** (sens 2).
2. Vx en fr. Femme légère, prostituée. Quand il travaillait en ville, il était toujours avec des *gouines*. Syn., voir : **guedoune**.

GOUJON n. m.

Autrefois, dans les clôtures de perches, chevilles de bois réunissant deux piquets et sur lesquelles reposaient les perches. Syn. : **gournable**.

GOULE n. f.

1. Rég. en fr. Terme général pour bouche, gueule.

2. *Goules noires* : camarine noire. (acad.) Syn. : **graines à, de corbigeaux, graines noires**.

GOULERON n. m. [#]

Goulot. Casser le *gouleron* d'une bouteille. (surt. O 36-86) Syn. : **goudron, goulon**.

GOULFE adj.

Voir : **gouffe**.

GOULON n. m. [#]

Goulot. Remplir une bouteille jusqu'au *goulon*. Syn., voir : **gouleron**.

GOULUPIAU n. m.

Gourmand, glouton. (acad.) Syn. : **safre**.

GOUPILLE n. f.

Esse d'essieu destinée à maintenir une roue en place.

GOURDINER v. tr.

Frapper avec une *hart*. Quand on suit un troupeau de vaches, on *gourdine* les paresseuses qui traînent à l'arrière. Syn., voir : **agoner**.

GOURET n. m.

Voir : **hockey**.

GOURGANE n. f.

1. Rég. en fr. Fève des marais servant surtout à faire une soupe qui est une spécialité de Charlevoix. Syn., voir : **orteil de prêtre**.
2. Bajoue de porc. (O 37-85)

GOURLICHE, GORLICHE n. f.

Aux cartes, partie sans aucun point. Faire une *gorliche* ou faire *gorliche*.

GOURNABLE, GORNAILLE, GOURNAILLE n. f.

Cheville de bois utilisée dans les

anciennes clôtures de perches.
Syn.: **goujon**.

GOUSSET n. m.
Lien d'angle reliant obliquement
deux parties d'un assemblage
(poutre et poteau).
Syn.: **braçage**, **brace**, **courbe**,
guette.

GOÛT DE TINETTE n. m.
Voir: **tinette**.

GOÛTER v. tr. et intr.
1. Rég. en fr. Avoir le goût de. Ces
   confitures *goûtent* le brûlé. [+++]
2. *Goûter bon* : avoir bon goût.

GRABU n. m.
Calme après une période
d'énervement.

GRADEUR, GRÉDEUR n. m. (angl.
grader) ⊘
Engin de terrassement automoteur
muni d'une lame orientable et
servant à profiler la surface du sol,
d'une route, niveleuse.

GRADUATION n. f. (angl. graduation) ⊘
1. En milieu urbain, cérémonie de
   remise des diplômes aux jeunes
   filles qui terminaient leurs études
   après quatre années d'études
   secondaires. Avant les années
   soixante, rares étaient les jeunes
   filles qui terminaient leurs études
   secondaires.
2. *Bal de graduation* : bal qui
   soulignait l'entrée dans le monde
   des jeunes filles qui avaient
   terminé leur quatrième année
   d'études secondaires.

GRAFIGNE n. f.
Égratignure, éraflure, griffure. [+++]
Syn.: **grafignure**.

GRAFIGNER v. tr.
Rég. en fr. Égratigner, érafler,

griffer. Se faire *grafigner* par un
chat. [+++]

GRAFIGNEUSE n. f.
Appellation humoristique de la sage-
femme.
Syn., voir: **matrone**.

GRAFIGNURE n. f.
Égratignure, éraflure, griffure. [+++]
Syn.: **grafigne**.

GRAIN n. m.
1. *Grain de blé d'Inde* : nombril, en
   langage enfantin.
   Syn., voir: **nambouri**.
2. Fig. *Avoir le grain fin* : être dans
   ses petits souliers.

GRAINAGE n. m.
Aller aux grainages : aller à la
cueillette des fruits sauvages. (acad.)
Syn.: **fruitages**, **graines**.

GRAINE n. f.
1. [#] Miette. Tiens, on va ramasser
   les *graines* de pain et les donner
   aux petits oiseaux. [+++]
   Syn.: **grémille**.
2. Pépin de pomme.
3. Vulg. Organe de la copulation
   chez l'homme et les animaux.
   Syn., voir: **pine** (sens 5).
4. *Graines à, de corbigeaux* :
   camarine noire.
   Syn., voir: **goules noires**.
5. *Graines de perdrix* :
   a) Cornouiller du Canada.
      Syn.: **pain de perdrix**.
   b) Airelle vigne d'Ida. (O 34-91)
      Syn., voir: **graines rouges**.
6. *Graines noires* : camarine noire.
   Syn., voir: **goules noires**.
7. *Graines rouges* : airelle vigne
   d'Ida.
   Syn.: **berri**, **graines de perdrix**,
   pommes de terre.

8. *Aller aux graines* : aller à la cueillette des fruits sauvages. (acad.)
Syn. : **fruitages**, **grainages**.

GRAINÉ, ÉE adj.
Bien fourni en grains, en parlant des céréales, grenu.

GRAINER v. tr.
Semer du *mil* ou du trèfle en même temps qu'on sème de l'avoine pour y récolter du *mil* ou du trèfle l'année suivante.

GRAISSAGES, GRAISSAILLES n. m. pl.
Déchets de corps gras entrant dans la fabrication du savon domestique.

GRAISSER v. tr. et pron.
1. [#] Recouvrir une tranche de pain de beurre, de confiture, de mélasse, de n'importe quoi.
Syn. : **beurrer**.
2. Se couvrir, en parlant du ciel. [++]
Syn., voir : **se chagriner**.

GRAKIA n. m.
Bardane, plante et capitules. (O 36-91)
Syn. : **amoureux**, **artichaut**, **artichou**, **glouton**, **grappe**, **gratteau**, **piquant**, **rapace**, **rhubarbe du diable**, **tabac du diable**, **teigne**, **toque**.

GRALER v. tr.
Vx en fr. Griller, rôtir. Faire *graler* de l'orge ou du pain pour se faire du café.

GRAMMY n. m. (angl. Grammy award)
Appellation spécifique des oscars de l'industrie du disque. En 1984, le chanteur Michael Jackson a reçu huit *grammys*.

GRAMOPHONE, GRAPHOPHONE n. m.
Vx en fr. Phonographe, tourne-disques.

GRAND, GRANDE adj.
1. *Grand comme ma, la main* : de petite surface (terrain, champ).
2. *Grand comme ma, la gueule* : de petit volume, de petite contenance (habitation, pièce d'habitation).

GRAND adj.
En grand : très, beaucoup. Il fait froid *en grand*, il y a du monde *en grand*.

GRAND BROCHET n. m.
Brochet (NOLF).

GRAND-CHAMBRE n. f.
Voir : **chambre** (sens 2).

GRANDE n. f.
1. Troisième ou quatrième vitesse d'une automobile. Rouler sur la *grande*.
2. *En grande* : en troisième ou quatrième vitesse. Monter une côte *en grande*.
3. *En grande* (loc. adv.) : rapidement, à la course. Partir *en grande*.
4. Fig. *Comme une grande* : très bien. Après tous ces tests, cette montre continue à marcher *comme une grande*.

GRANDE-GUEULE, GRANDE-LANGUE n. f.
Bavard, qui a la manie de tout dire. Ne t'y fie pas, c'est une *grande-gueule*.

GRANDEMENT adv.
À l'aise, avec l'espace voulu. À deux, ils seront *grandement* dans cet appartement de quatre pièces.

GRANDET, ETTE adj.
Vx et rég. en fr. Qui commence à devenir grand, grandelet. Son fils, maintenant *grandet*, aide beaucoup aux travaux de la ferme. [+++]

GRANDE TASSE À EAU n. f.
Contenant de fer-blanc, à anse ou à queue, d'une contenance d'environ deux litres, et servant à transvaser des liquides. (E 38-87)
Syn.: **dippeur, gabotte, grand gobelet, pinte à eau, tasse à eau.**

GRANDEUR n. f.
1. [#] Taille. La *grandeur* d'un veston.
2. [#] Pointure. Chaussures de *grandeur* huit.
3. *Parler à la grandeur* (acad.) Voir: parler en **termes**.

GRAND-GOBELET n. m.
Contenant de fer-blanc, à anse ou à queue, d'une contenance d'environ deux litres, et servant à transvaser des liquides. (O 36-86)
Syn., voir: **grande tasse à eau.**

GRAND MONDE n. m.
Grandes personnes, adultes. On dira à un enfant: va jouer et laisse le *grand monde* tranquille.

GRAND-PÈRE n. m.
1. Au pl. Pâte à la cuiller cuite dans un liquide (sirop, jus de viande) en ébullition. [+++]
2. Voir: **horloge grand-père.**

GRANITE n. m. (angl. granite) ⊠
Fer émaillé. Tasse, plat, casserole en *granite*. [++]

GRANOLA n. et adj.
Personne qui suit un régime alimentaire à base de céréales et de légumes naturels. Amateur de l'alimentation naturelle.

GRAPPE n. f.
Bardane, plante et capitules.
Syn., voir: **grakia.**

GRAPPIN n. m.
1. Appareil constitué de deux gros crochets pointus, fixé à une chèvre et servant à essoucher.
Syn.: **grippe.**
2. [#] Au pl. Crampons fixés aux chaussures et qui empêchent de glisser sur la glace.

GRAS, GRASSE adj.
1. *Gras comme un voleur*: très gras, en parlant des hommes seulement.
2. *Grasse comme une loutre*: très grasse, en parlant des femmes seulement.

GRAS-CUIT adj.
Peu cuit, insuffisamment cuit. Ce pain est raté, il est *gras-cuit*. [+++]
Syn., voir: **alis.**

GRAS-DE-JAMBE n. m.
Mollet, gras de la jambe. Avoir de l'eau jusqu'à la hauteur du *gras-de-jambe*.

GRAS-DUR adj. inv.
1. Très gras, en parlant d'une personne ou d'un animal.
2. Fig. Se dit de quelqu'un qui est très bien payé, qui n'a pas de soucis financiers. Certains hauts fonctionnaires sont *gras-dur*.

GRASSET, ETTE adj.
Vx en fr. Un peu gras. Cette femme est très jolie, mais on la trouve un peu *grassette*.

GRATIN, GRATIN DE CHAUDRON n. m.
1. Ce qui reste attaché au fond d'une casserole, d'une poêle, d'un chaudron.
2. Fig. Dernier-né d'une famille.
Syn., voir: **chienculot.**

GRATTE n. f. [#]
1. Grattoir constitué d'une large planche à laquelle on avait fixé des limons et qui servait à gratter les chemins l'hiver; grattoir à

neige. [+++]
Syn.: **gratteux**.

2. Grattoir pour les chemins d'été, constitué d'un cadre de bois muni de lames d'acier qui râpaient et égalisaient la surface de gravier ou de terre. [+++]
Syn.: **gratteux**.

3. Binette, houe dont le fer fait un angle légèrement aigu avec le manche. (surt. O 25-117)

4. *Gratte à ciment*: binette dont le fer est percé d'un trou de trois à quatre centimètres de diamètre et qui sert à remuer le ciment qu'on prépare.

5. Fig. Verte semonce. Donner une *gratte* à quelqu'un.
Syn., voir: **call-down**.

GRATTEAU n. m.
Bardane, plante et capitules.
Syn., voir: **grakia**.

GRATTELLE n. f.
Vx en fr. Maladie de la peau qui provoque de vives démangeaisons, gale légère.

GRATTE-PIEDS n. m.
Lame de métal fixée à l'extérieur de la maison, où l'on gratte ses chaussures avant d'entrer, grattoir. [+++]

GRATTERIE n. f.
Appellation du jeu de loterie instantané consistant à gratter les cases du billet qu'on vient d'acheter pour savoir sur-le-champ si on a été chanceux ou pas.
Syn.: **grattouille**.

GRATTEUX, n.
1. Voir: **gratte** (pour chemins d'été ou d'hiver) (sens 1 et 2).
2. Voir: **gratterie**.

GRATTEUX, EUSE adj. et n.
Avare, mesquin. [++]
Syn., voir: **avaricieux**.

GRATTIN, INE n. et adj.
Avare, mesquin. (E 25-117)
Syn., voir: **avaricieux**.

GRATTOIR n. m.
Pelle pouvant avoir jusqu'à 75 centimètres de largeur et servant à pousser la neige des entrées de garage, des patinoires à glace.
Syn.: **banneau**.

GRATTOUILLE n. f.
Voir: **gratterie**.

GRAVAILLE n. f. [#]
Gravier. (acad.)
Syn., voir: **gravelle**.

GRAVAILLER (SE) v. pron.
Se rouler dans le sable, le gravier, pour faire sa toilette, en parlant des oiseaux, des poules.
Syn., voir: **s'épivarder** (sens 1).

GRAVE n. f. [#]
1. Gravier. (E 9-133)
Syn., voir: **gravelle**.
2. Rivage, grève où se trouve du gravier.

GRAVE adj.
Argot. *Être grave*: ne pas s'en faire, être prêt à toute éventualité.

GRAVELLE n. f.
Vx en fr. Gravier. Les chemins de *gravelle* ont commencé à remplacer les chemins de terre après la Grande Guerre. [+++]
Syn.: **gravaille**, **grave**, **gravois**.

GRAVENSTEIN n. f.
Variété de pommes à couteau.

GRAVIER n.
Personne (homme ou femme) chargée de retourner la morue sur les vigneaux ou sur la *grave* ou

gravier au bord de la mer pour la faire sécher.

GRAVOILLEUX, EUSE adj.
Où le gravier ou *gravois* est en abondance. Une terre *gravoilleuse*. (O 36-85)
Syn.: **gravouilleux**.

GRAVOIS n. m. [#]
Gravier. Une carrière de *gravois*. (O 36-85)
Syn., voir: **gravelle**.

GRAVOUILLER v. tr. et intr.
Gratter. Les poules en liberté aiment *gravouiller* dans la terre.

GRAVOUILLEUX, GRAVOUTEUX, EUSE adj.
Où le gravier, les pierres, se trouvent en abondance. Terrain *gravouilleux*.
Syn.: **gravoilleux**.

GRAVY, GRÉVÉ n. m. (angl. gravy) ⊘
Sauce. Manger de la viande avec du *gravy*.

GRÉBICHE n. f.
Voir: **gribiche**.

GRÉDEUR n. m. (angl. grader) ⊘
Voir: **gradeur**.

GREDUCHE n. f.
Jeune fille un tantinet prétentieuse et ridicule, donzelle.
Syn.: **gudule**.

GRÉÉ, GRÉYÉ, ÉE p. adj.
Être bien gréé:
1. Ayant tout le mobilier nécessaire. [+++]
2. Possédant un bon matériel d'exploitation, en parlant d'un cultivateur, un bon équipement, en parlant d'un entrepreneur. [+++]
3. Vulg. En parlant d'une femme, ayant une poitrine avantageuse.

4. Vulg. En parlant d'un homme, armé d'un organe imposant.

GRÉEMENT n. m.
1. Équipement de chasse, de pêche, de ski.
   Syn.: **agrès**.
2. Mobilier d'une maison.
   Syn., voir: **ménage** (sens 1).
3. Instruments aratoires. [+++]
   Syn., voir: **agrès**.
4. Accessoires de l'*érablière*.
5. Baluchon et son contenu.
6. Équipement d'un entrepreneur. [+++]
7. Fig. Un des conjoints dans un couple mal assorti.
   Syn., voir: **amanchure** (sens 2).
8. Tout procédé ingénieux qui facilite le travail.
   Syn., voir: *patente* (sens 1).

GRÉER, GREYER v. tr. et pron.
1. Préparer, habiller. *Gréer* les enfants pour partir. *Gréer* la table pour le repas. [+++]
   Syn.: **appareiller**.
2. S'habiller, préparer. *Greye-toi* et *greye* les enfants, on part dans dix minutes. [+++]
   Syn.: **appareiller, arrimer, trimer**.

GRÊLASSER v. impers.
Grêler un peu. Heureusement qu'il n'a que *grêlassé* car toute la récolte eût été perdue.

GRELOT, GORLOT n. m.
1. Motte de terre ou de neige gelée, morceau de glace dans les chemins. Du temps des chemins de terre, on passait l'automne sur les *grelots*. (entre 54-76 et 27-101)
   Syn., voir: **bourdignon**.
2. Pomme de terre trop petite pour la consommation. [+++]

3. Au pl. Bande de grelots fixée au harnais ou au brancard des voitures l'hiver, grelottière.
Syn. : **grelotterie**.
4. Vulg. Testicule d'animal.
Syn., voir : **gosse**.
5. Bouche. *Se fermer le grelot* : se taire.
Syn. : **boîte** (sens 2), **trappe**.

GRELOTTERIE n. f. [#]
Bande de grelots fixée au harnais ou au brancard des voitures, grelottière.
Syn. : **grelots**.

GRÉMENTER v. tr.
Inventer, bricoler, construire. Il a réussi à *grémenter* un monte-balles qui lui épargne beaucoup de travail.
Syn. : **chef-d'œuvrer** (sens 1), **patenter** (sens 2).

GRÉMILLANT, ANTE adj.
Qui s'émiette facilement. Une brioche *grémillante*.
Syn., voir : **grémilleux**.

GRÉMILLE n. f.
Miette de pain. Quand le pain est sec, il fait des *grémilles*.
(O 34-86)
Syn. : **graine**.

GRÉMILLER v. tr. et pron.
Réduire en miettes, en poudre, écraser, s'émietter. *Grémiller* du mortier, du pain.
Syn., voir : **égrainer**.

GRÉMILLEUX, EUSE adj.
Qui s'émiette facilement. Le pain sec est toujours *grémilleux*.
Syn. : **égrémillant**, **égrémilleux**, **grémillant**.

GRÉMILLON n. m.
1. Grumeau dans une sauce.
Syn., voir : **motton**.

2. Motte de terre gelée sur une route de terre à la campagne.
Syn., voir : **bourdignon**.

GRÉMIR v. tr. et intr.
1. Écraser, émietter. *Grémir* du mortier qu'on donnera aux pondeuses.
Syn., voir : **égrainer**.
2. Fig. Corriger, battre un enfant. Cet enfant m'exaspère tellement que je pourrais le *grémir*.
3. Grincer des dents. Il a *grémi* une partie de la nuit.
Syn., voir : **gricher**.

GRENASSER v. impers.
Pleuvoir légèrement.
Syn., voir : **mouillasser**.

GRENOTTE, GORNOTTE n. f.
1. Gravier, petits cailloux.
2. Pierre concassée qui entre dans la fabrication des revêtements bitumineux des routes.

GRENOUILLÈRE n. f.
Rare en fr. Terrain bas, humide, marécageux.
Syn., voir : **savane**.

GRENOUILLES n. f. pl. [#]
Oreillons, maladie des êtres humains et aussi de certains animaux dont les cochons. [++]
Syn. : **auripiaux**.

GRENU, GORNU, UE adj.
Nombreux, abondant. Pommes de terre *grenues*.

GRETONS, GORTONS n. m. pl. [#]
Voir : **cretons**.

GRÉVÉ n. m. (angl. gravy) ⊠
Voir : **gravy**.

GREYER v. tr. et pron. [#]
Voir : **gréer**.

GRIBICHE, GRÉBICHE n. f.
1. Personne aigre, acariâtre,

querelleuse, en parlant surtout d'une vieille fille.
2. Lampion à l'huile.

GRIBOUILLE n. f.
Désaccord, querelle, dispute. Quand ces deux-là sont ensemble, ils sont toujours en *gribouille*.

GRICHÉ, ÉE adj.
Ébouriffé. Avoir les cheveux *grichés*. (O 30-100 et acad.)
Syn.: **grichoux**, **regriché**.

GRICHEPETTE n. m. et f.
Voir: **grippette**.

GRICHER v. intr. [#]
1. Grincer des dents.
   Syn.: **grémir**, **grincher**.
2. Crisser. Par temps très froid, la neige *griche* sous les pas.
   Syn., voir: **craler**.

GRICHIGNEBAGNE n. m. (angl. grishing-bang, grishing back) ⊘
Bourrelet qui fait bouffer la jupe autour des hanches, vertugadin. (O 36-86)
Syn.: **bustle**.

GRICHONNER v. intr.
Bougonner, rechigner. [+]
Syn., voir: **pétouner**.

GRICHOUX, GRICHU, UE adj. et n.
1. [#] Grincheux, bourru, grognon, de mauvaise humeur. Un enfant *grichu*, *grichoux*. (surt. O 25-117)
   Syn., voir: **grinchoux**.
2. Hérissé, hirsute. Des cheveux *grichus*.
   Voir: **griché**.

GRIGNAUDE n. f.
1. Motte de terre ou de neige gelée, morceau de glace dans les chemins. Du temps des chemins de terre, on passait l'automne sur les *grignaudes*. [++]
   Syn., voir: **bourdignon**.
2. [#] Crotte prise au poil des bêtes mal entretenues, gringuenaude.
   Syn.: **griguenaude**.

GRIGNE n. f.
1. Pâte qui a débordé du moule à pain.
   Syn.: **grignon**.
2. Croûton, extrémité d'un pain.
   Syn.: **grignon**.

GRIGNON n. m.
1. Motte de terre ou de neige gelée, morceau de glace dans les chemins. Du temps des chemins de terre, on passait l'automne sur les *grignons*. (entre 40-83 et 7-141)
   Syn., voir: **bourdignon**.
2. [#] Quignon, gros morceau de pain.
   Syn.: **grigne**.
3. Vx en fr. Pâte qui a débordé du moule à pain.
   Syn.: **grigne**.

GRIGUENAUDE n. f. [#]
Gringuenaude ou crotte prise au poil des bêtes mal entretenues. [++]
Syn.: **grignaude**.

GRIL n. m.
1. Pièces de bois posées sur des fondations et sur lesquelles repose une construction.
   Syn.: **sill**.
2. *Gril à mouches*: toile métallique, moustiquaire. Une porte de ou à *gril* pour empêcher mouches et moustiques d'entrer.
   Syn.: **grillage**, **net**, **passe**, **sas**, **screen**.

GRILLER v. intr. [#]
Bronzer, brunir, hâler. S'exposer au soleil pour *griller*. [+++]

GRIMACHER (SE) v. pron.
Se chicaner. Ces deux-là passent leur temps à se *grimacher*. (acad.)

GRIMM n. m.
Évaporateur installé dans une cabane à sucre. Marque de fabrique.

GRIMONER v. tr. et pron.
Voir : **dégrimoner**.

GRIMPER v. tr.
1. Monter, ranger dans un endroit élevé. *Grimper* les vieux meubles au grenier.
2. *Grimper dans les rideaux.* **Voir : rideau**.

GRIMPIGNER v. intr.
Monter. Cet enfant *grimpigne* partout.
Syn. : **grucher**.

GRINCHER v. intr. [#]
Grincer des dents.
Syn., voir : **gricher**.

GRINCHOUX n. m. et adj. [#]
Grincheux, bourru, grognon.
Syn. : **grichoux**.

GRIPPE n. f.
1. [#] Appareil constitué de deux gros crochets et servant à essoucher.
Syn. : **grappin**.
2. Crochet muni d'une poignée et servant à déplacer les balles de foin.
3. *Vivre de grippe et de grappe* : vivre de peine et de misère, péniblement.

GRIPPER v. tr. et pron.
1. Vx en fr. Attraper, saisir rapidement et solidement, agripper.
2. Vx en fr. S'agripper. Quelqu'un en passe de se noyer *se grippe* à son sauveteur.

GRIPPETTE, GRICHEPETTE n. m. ou f.
1. Diable, diablesse. Quand un enfant ne dort pas, le *grippette* vient le chercher.
2. Enfant coléreux.
3. Boule de mailles de fer fixée à un manche et servant à nettoyer les chaudrons. Les pommes de terre ayant attaché au fond du chaudron, il faut utiliser la *grippette*.

GROBER v. tr. (angl. to grub) ⊘
Voir : **grubber**.

GROBEUR n. m. (angl. grubber) ⊘
Voir : **grubbeur**.

GROCERY, GROCERIE n. f. (angl. grocery) ⊘
Ce qu'on achète dans une épicerie. Aller faire sa *grocery*, faire livrer sa *grocery*.
Syn. : **épicerie**.

GROGNARD, ARDE n. m. et adj.
Vx en fr. Grognon, individu qui bougonne.
Syn., voir : **grinchoux**.

GRONDIN n. m.
Nom vulgaire du malachigan (famille des Sciaenidés).

GROS, GROSSE adj. et n.
1. *Gros comme le poing* : se dit de quelqu'un qui est nettement en-dessous de la grosseur normale. Je n'ai pas confiance en lui pour faire ce travail pénible : il est *gros comme le poing* !
2. *Gros gin.*
Voir : **gin**.
3. Avoir, être sur le *gros nerf* : être très nerveux, être un paquet de nerfs.
Syn. : **branché sur le 220**.
4. *Gros sirop.*
Voir : **sirop**.

5. Fig. *Faire le gros, son gros* : faire l'homme d'importance.
6. Fig. *À gros-grain* :
   a) Plus ou moins pratiquant ou croyant, en parlant d'un catholique.
   b) Qui fait mal son métier, qui est incompétent, en parlant d'un tanneur, d'un couvreur, d'un mécanicien, etc.

GROSSE n. f.
Bouteille de bière de soixante-quinze centilitres. Nous sommes allés à la brasserie, et chacun de nous a bu deux *grosses*.

GROSSE-GORGE n. f. [#]
Goitre. Se faire opérer pour la *grosse-gorge*. [+++]

GROUÉE, GUEROUÉE n. f.
1. Bande, troupe, ribambelle. Une *grouée* d'enfants.
   Syn., voir : **tralée**.
2. Couvée de poussins.

GROUILLANT n. m.
Partie brune de la graisse de rôti.
Syn., voir : **branlant**.

GROUILLER v. tr. et pron.
Vx et rég. en fr. Bouger, se remuer. Cet enfant-là, une fois au lit, ne *grouille* pas de la nuit. Ne pas réussir à *grouiller* une pierre. [+++]

GRU n. m.
Sous-produit du blé (*gru blanc, gru rouge*) destiné à la nourriture des animaux.

GRUAU n. m.
Bouillie plus ou moins épaisse de flocons d'avoine servie le matin, au petit déjeuner, porridge. Tous ceux qui ont été pensionnaires pendant leurs études se souviennent du *gruau* épais et collant qu'on leur servait le matin.
Syn. : **bargou, soupane**.

GRUBBER, GROBER v. tr. (angl. to grub) ◙
1. Piocher en utilisant la pioche.
2. Herser avec un *grubbeur* ou herse.

GRUBBEUR, GROBEUR n. m. (angl. grubber) ◙
1. Pioche.
2. Appellation générique : herse à disques, herse à dents, cultivateur...
3. Sarcleur tiré par un cheval ou par un tracteur.

GRUBEC n. m.
Variété de fromage, de type gruyère, fabriqué au Québec.

GRUCHER (SE) v. pron.
Monter, grimper. Cet enfant-là aime aller *se grucher* aux endroits les plus imprévus. (acad.)
Syn. : **grimpigner**.

GUDULE n. f.
Voir : **greduche**.

GUEDI, GUÉDI n. m. (angl. chickadee) ◙
Voir : **chickadee**.

GUEDILLE n. f.
1. Roupie. Avoir la *guedille* au nez.
2. Pain à *hot dog* fourré d'une salade aux œufs ou au poulet.

GUEDINE n. f.
Ne pas valoir une guedine : ne rien valoir du tout.
Syn. : **cenne** (sens 2).

GUEDOUNE, GUIDOUNE n. f.
1. Femme de mœurs légères, coureuse, débauchée. Les *guedounes* fréquentent les bars. [+++]
   Syn. : **bonne-à-rien, gorlèze, gouine, peau**.

2. Débusqueuse mécanique utilisée en forêt.

3. *Sentir la guedoune* : sentir mauvais.

GUEDOUNER, GUIDOUNER v. intr.
Se conduire comme une *guedoune* (sens 1).

GUENICHE n. f. [#]
Génisse. (Charsalac)

GUENILLE n. f.
1. Voir : **chiquer la guenille**.
2. *Être de la guenille* : être de mauvaise qualité, en parlant d'un tissu, d'un vêtement. Syn., voir : **cull**.
3. *Guenille brûlée* : jeu du cache-tampon.

GUENILLOUX, OUSE ; GUENILLEUX, EUSE n. et adj.
1. Chiffonnier. Syn., voir : **marchand de guenilles**.
2. Personne mal habillée, portant des vêtements en lambeaux. [+++]

GUÊPE À CHEVAL n. f.
Taon qui s'attaque au cheval.

GUERNSEY ; GUERNESEY n. (angl. Guernsey)
1. Race de vache laitière.
2. Chandail de pêcheur fait de laine venant de Guernesey.

GUEROUÉE n. f. [#]
Voir : **grouée**.

GUERRE DES POTEAUX n. f.
Voir : **poteau**.

GUETTE n. f.
Lien d'angle reliant obliquement deux parties d'un assemblage en charpenterie. [+]
Syn., voir : **gousset**.

GUETTER LES OURS loc. verb.
Voir : **ours**.

GUEULE n. f.
1. *Avoir la gueule fendue jusqu'aux oreilles* : se dit de quelqu'un qui rit facilement et de bon cœur.
2. *Faire la grosse gueule* : faire la moue.
3. *Gueule-de-chien* : gueule-de-loup installée au sommet d'une cheminée pour en faciliter le tirage. Syn., voir : **dos-de-cheval**.
4. *Gueule-de-loup* : variété de *queue-d'aronde* utilisée en charpenterie et en menuiserie. (surt. O 34-91) Syn. : **tête-de-chat**.

GUEULES NOIRES n. f. pl.
Aronia noir. L'arbuste et le fruit portent la même dénomination. (O 25-117)

GUEUSE n. f.
Petite gueuse : se dit d'une petite fille insupportable.

GUIBES n. f. pl.
Entrailles de la morue et quelquefois des autres poissons. (acad.)
Syn. : **équibes**.

GUIBOU n. m.
1. [#] Voir : **hibou** (sens 1, 2, 3).
2. Argot. Jukebox. Machine à musique dans laquelle on introduit une pièce de monnaie pour faire jouer un disque ; cette machine exhibe un hibou stylisé.

GUIDOUNE n. f.
Voir : **guedoune**.

GUIDOUNER v. intr.
Voir : **guedouner**.

GUIGNOLÉE n. f.
Quête que l'on fait pendant la période des fêtes à l'intention des personnes et des familles dans le besoin ; une bande de joyeux lurons passe de maison en maison en

chantant : *La Guignolée, la guignoloche, mettez du lard dedans ma poche...* [+++]

GUIMBARDE n. f.
Brancard formé de deux perches parallèles et servant à transporter du foin à bras d'hommes. (acad.)

GUINDEAU n. m.
1. Treuil d'un puits.
   Syn., voir : **dévidoir**.
2. Treuil servant à ouvrir les vannes d'une écluse.

GUIPON n. m.
Serpillière, wassingue servant à laver les planchers. (O 37-85 et acad.)
Syn., voir : **vadrouille**.

GUMBO n. m. (angl. gumbo)
Terre argileuse qui colle aux pieds et que l'on rencontre dans l'Ouest canadien, dans le nord de l'Ontario ainsi qu'en Abitibi et au Témiscamingue au Québec.

GYPROC n. m. (angl. Gyproc) ⊘
Panneau de plâtre renforcé de chaque côté d'un papier et employé dans la construction, plaque de plâtre. Marque de fabrique.

GYPSY n. m. ou f. (angl. gypsy) ⊘
1. Bohémien. [+++]
2. Péjor. Femme couverte de bijoux de peu de valeur et d'un goût douteux. [+++]

H

HABIT n. m.
1. *Habit de bain* : maillot de bain, maillot.
   Syn. : **brayet**.
2. *Habit de neige* (angl. snowsuit)  : ensemble d'hiver pour jeunes enfants, esquimau.
   Syn. : **culotton, suit d'hiver**.
3. *Habit de skidoo* : combinaison de *motoneigiste*.

HABITANT, ANTE n. et adj.
1. Cultivateur, paysan propriétaire. Mot en perte de vitesse.
2. Fig. et péjor. Qui a des manières frustres, maladroites.
   Syn., voir : **épais**.
3. *Parler habitant, parler en habitant* : parler comme les personnes peu instruites.
4. *D'habitant* : domestique, du pays, artisanal, fait ou fabriqué à la ferme. Cerises *d'habitant*, chemin *d'habitant*, flanelle *d'habitant*, gâteau *d'habitant*, pain *d'habitant*, saucisse *d'habitant*, savon *d'habitant*, sirop *d'habitant*, sleigh *d'habitant*, toile *d'habitant*, vin *d'habitant*.

HABS n. m. pl.
   Voir : **Canadien** (club de hockey).

HACHE n. f.
1. *Hache à tabac* : hachette formée d'un fer très mince avec laquelle on coupe les pieds de tabac qu'on laisse faner avant de les *enlatter* pour ensuite les faire sécher dans les séchoirs à tabac.
2. *Hache américaine* : hache à deux tranchants, bipenne. [++]
   Syn. : hache à deux **taillants**.
3. *Hache avec un pic, hache à pic* : hache à sape dont la tête est munie d'un pic.
   Syn. : **pulaski**.

4. *Hache canadienne*: hache à un tranchant, par opposition à la *hache américaine* qui en a deux. [++]

5. Fig. *À la hache*: maigre, surtout en parlant d'un cheval.

6. Fig. Spécialité, point fort. Au collège, le grec, c'était sa *hache*.

HACHEUR, HACHEUX n. m. [#]
Hachoir servant à hacher le tabac à pipe.
Syn.: **tranche à tabac**.

HACMATAC n. m. (amér.)
Mélèze laricin.
Syn., voir: **épinette rouge**.

HADECQUE n. m. (angl. haddock) ⊠
Églefin (fumé ou non fumé).

HAIE n. f.
1. Andain de foin. [+]
Syn., voir: **ondain**.
2. *Haie de roches*.
Voir: **clôture de pierres**.
3. *Haie de souches*: clôture faite en entassant des souches.
Syn., voir: **clôture de souches**.

HAIM n. m.
Vx en fr. Hameçon. (E 36-86)
Syn.: **apçon, croc**.

HALAGE n. m.
1. Débusquage des billes de bois depuis l'endroit où on les a coupées jusqu'à celui où on les empile, action de *haler* (sens 1).
2. Action de transporter du bois en traîneaux, de la forêt à la maison.

HALE n. m.
1. Tirage. Cheminée qui a un bon *hale*. (E 37-85)
Syn.: **tire**.
2. *Bœuf de hale*: bœuf de trait.

HALER v. tr. et intr.
1. Traîner les billes de bois depuis l'endroit où on les a coupées jusqu'à celui où on les empile, débusquer. [+]
Syn.: **bober, chaîner, chienner, chienneter, skider, swamper, twitcher, yarder**.
2. Puiser, tirer de l'eau d'un puits. (E 38-84)
3. Tirer, en parlant d'une cheminée. (E 37-85)
4. Tirer, en parlant d'un cheval.
5. *Haler au renard*.
Voir: **renard**.

HALLIER n. m.
Abri sous l'avant-toit d'une grange où l'on range les instruments aratoires, le fourrage des bêtes. (O 38, 39)
Syn., voir: **appent**.

HALLOWEEN n. m. ou f. (angl. Hallowe'en)
Soir qui précède le 1er novembre, que fêtent les enfants en se costumant pour faire la quête de friandises et que soulignent grands enfants et jeunes adultes en jouant des tours et en faisant peur aux gens. [+++]

HALTE n. f.
1. *Halte côtière*: espace aménagé sur un promontoire en bordure du Saint-Laurent et du golfe afin de permettre aux visiteurs d'observer les oiseaux marins, les *bélugas*, les mouvements de l'eau.
2. *Halte routière*: espace aménagé en bordure des routes et surtout des autoroutes afin de permettre aux automobilistes de prendre du repos sans gêner l'écoulement de la circulation, aire de repos (NOLF).

HANCHU, UE adj.
Litt. en fr. Pourvu de fortes hanches,

en parlant de quelqu'un, surtout des femmes.

HANDCAR n. m. (angl. handcar) ⊗
Wagonnet pour la surveillance de la voie ferrée, draisine.
Syn. : **pompeur**.

HANGARAGE n. m.
Remisage, mise sous abri d'une machine aratoire, d'une barque de pêche.

HANGARER v. tr.
Mettre dans un hangar, sous abri.

HARAGE n. m.
Race d'animaux, surtout en parlant des vaches.

HARDES n. f. pl.
1. Vx en fr. Vêtements en général. [++]
2. *Hardes cirées* : vêtements imperméables de pêcheur faits de tissu huilé.
3. *Hardes d'enfant* : vêtements d'enfant.
4. *Hardes de dessous* : sous-vêtements.
Syn. : **butin de corps**.
5. *Hardes faites* : confections, vêtements de confection par opposition aux vêtements faits sur mesure.
6. Voir : **armoire à hardes**.
7. Ensemble de ce qui appartient à une famille ou à une personne : vêtements, mais aussi ameublement.
Syn. : **butin**.

HARENG DE LAC n. m.
Nom vulgaire du cisco de lac.

HARICOT n. m. [#]
1. Tsuga du Canada. (acad.)
Syn., voir : **pruche**.
2. Mélèze laricin. (acad.)
Syn., voir : **épinette rouge**.

HARNACHEMENT n. m. (angl. to harness) ⊗
Action de *harnacher* un cours d'eau.

HARNACHER v. tr. (angl. to harness) ⊗
Construire un barrage sur un cours d'eau en vue d'en exploiter la force hydraulique.
Syn. : **damer**.

HARRER, OUARER v. tr.
Maltraiter, rudoyer, frapper avec une hart, une *ouart*.
Syn., voir : **agoner**.

HARRIER n. m.
Endroit où poussent des *harts* ou arbustes dont la grande flexibilité permet leur utilisation comme liens.

HARRIÈRE n. f.
Petit câble ou hart tordue reliant deux à deux les bâtons d'un *suisse*, d'un *traîne* ou dun *traîneau à bâtons*.
Syn., voir : **amblette**.

HARRIETTE, HARRIOTTE n. f.
Petite *hart* utilisée comme lien. (acad.)

HART, OUART n. f.
1. Tout arbuste (noisetier, coudrier, aune, etc.) dont la grande flexibilité permet leur utilisation comme lien.
2. Vx et dial. en fr. Lien de bois flexible pour attacher les barrières, lier les gerbes.
3. Fouet fait d'une branche, d'un arbuste.
Syn. : **fouaillon**.
4. *Hart de coudre* : noisetier, coudrier.
5. *Hart rouge* : cornouiller stolonifère. La *hart rouge* pousse le long des fossés.

HARTINER v. tr.
Rudoyer, maltraiter un animal,

surtout en parlant d'un cheval, le
battre avec une *hart*.
Syn., voir : **agoner**.

HÂTE n. f.
Avoir hâte : être impatient. *Avoir
hâte* que le printemps finisse par
arriver.

HAUSSE n. f. (angl. hose) ⊘
Tige d'une bottine, d'une botte. [+++]

HAUT n. m.
1. Partie d'une terre la plus éloignée
de la maison.
2. Étage d'une maison, par
opposition au *bas* ou rez-de-
chaussée. Quand il n'y a pas
d'ascenseur, les personnes âgées
n'aiment pas habiter un *haut*.
3. Voir : **plancher d'haut,
plancher d'en haut, plancher
du haut**.
4. Au pl.
a) Vx ou rég. en fr. Région élevée,
en altitude, en amont.
Travailler dans les *hauts*.
b) Fig. Dans une circonscription
électorale, régions éloignées du
centre géographique
(indépendamment de
l'altitude). Le soir d'une
élection, il faut attendre les
résultats des *hauts* pour savoir
qui sera élu.

HAUT-CÔTÉ n. m.
Bâtiment pris à la maison, auquel
on accède en montant quelques
marches et qu'on peut habiter l'été.
Syn., voir : **cuisine d'été**.

HAW ! Exclam. (angl. haw) ⊘
Cri pour faire aller un cheval à
gauche.

HÉ ? interj. interrogative
S'emploie lorsque le sujet parlant
vouvoie son interlocuteur et l'invite

à répéter ce qu'il vient de dire. On
n'emploie jamais *hein ?* avec une
personne qu'on vouvoie, mais *hé ?*

HEAD BLOCK n. m. (angl. head block) ⊘
Sommier placé sous le bout des
longerons d'une pile de bois afin de
les soulever, facilitant ainsi le
chargement des billes de bois sur les
traîneaux.

HEADWORK n. m. (angl. headwork) ⊘
Treuil monté sur un radeau et
servant à haler une estacade
flottante.

HEATEUR n. m. (angl. heater) ⊘
Bouilloire d'appoint pour réchauffer
la sève d'érable dans les *cabanes à
sucre*.

HEIN ? interj. interrogative
S'emploie lorsque le sujet parlant
tutoie son interlocuteur et l'invite à
répéter ce qu'il vient de dire. Pour le
vouvoiement, il emploiera *hé ?*

HÉLICOPTÈRE n. m.
Disamare de certains arbres.
Syn., voir : **avion**.

HELLÉBORE n. m.
Vérâtre vert, ellébore, de la famille
des Liliacées. (Estrie)
Syn. : **tabac du diable**.

HELPEUR n. m. (angl. helper) ⊘
Manœuvre, ouvrier non qualifié,
surtout sur les chantiers de
construction.

HERBAGES n. m. pl.
Herbes ou racines médicinales.
Autrefois, on gardait en réserve une
bonne provision d'*herbages*. [+++]
Syn., voir : **racinages**.

HERBE n. f.
1. *Herbe à bernaches* : zostère
marine servant de nourriture
aux *bernaches* ou outardes.

(E 20-127)
Syn., voir : **herbe à outardes**.
2. *Herbe à chats, herbe à chattes* :
népète chataire, herbe aux chats.
3. *Herbe à cheval* : armoracia à
feuilles de patience.
Syn., voir : **raifort**.
4. *Herbe à crapaud* : sarracénie
pourpre. (O 37-85)
Syn. : **cochons, herbe-
crapaud, petits-cochons**.
5. *Herbe à dindes* : nom vulgaire de
l'achillée millefeuille. [+++]
Syn. : **herbe à dindons**.
6. *Herbe à dindons* : nom vulgaire
de l'achillée millefeuille. (acad.)
Syn. : **herbe à dindes**.
7. *Herbe à liens* : spartine pectinée,
plante jadis très employée pour
lier les gerbes et pour les toits de
chaume.
8. *Herbe à Moreau* : cicutaire
maculée, poison.
Syn., voir : **carotte à Moreau**.
9. *Herbe à outardes* : zostère
marine dont se nourrissent les
outardes. [++]
Syn. : **herbe à bernaches,
herbe-outardes, mousse de
mer**.
10. *Herbe à poux* : ambroisie trifide
ou ambroisie à feuilles d'armoise
qui toutes deux seraient la cause
de la fièvre des foins.
11. *Herbe à puce, herbe à la puce* :
sumac vénéneux ou grimpant.
12. *Herbe à verrues, herbe aux
verrues* : chélidoine majeure qui
aurait la propriété de faire
disparaître les verrues.
Syn. : **éclaire**.
13. *Herbe-crapaud* : sarracénie
pourpre.
Syn., voir : **herbe à crapaud**.
14. *Herbe grasse* : chénopode blanc.

Syn., voir : **chou gras**.
15. *Herbe jaune* : coptide du
Groenland. (acad.)
Syn., voir : **savoyane**.
16. *Herbe-outardes* : zostère marine.
Syn., voir : **herbe à outardes**.
17. *Herbe sainte* :
a) Absinthe.
b) Hiérochloé odorante.
Syn. : **foin d'odeur**.
18. *Herbe Saint-Jacques* :
millepertuis.
19. *Herbe Saint-Jean* : armoise
vulgaire, herbe de Saint-Jean.
[+++]

HERBIÈRE n. f.
Œsophage de certains herbivores.
[++]
Syn. : **gorgoton**.

HÈRE adj. et n.
1. Malade, indisposé. Se sentir *hère*.
2. Paresseux. Être trop *hère* pour
travailler.
3. Hargneux, en colère.
4. Pauvre, mesquin.

HÉRISSON n. m.
Goret plus petit que les autres de la
même portée. (O 38-84)
Syn., voir : **ragot**.

HERMINETTE n. f.
Outil de charpentier, du genre
pioche à tranchant presque plat
contrairement à la *tille*, et servant
surtout à aplanir une pièce de bois,
un plancher de bois,
occasionnellement à creuser des
auges.
Syn. : **gouge, tille**.

HERMINETTER v. tr.
Aplanir avec une *herminette*.

HÉRODE n. pr. m.
Voir : **vieux comme Hérode**.

HERSE n. f.
1. *En herse* : en triangle. Les oiseaux volent *en herse* vers le sud.
2. *Herse à finir* : herse à dents servant à émotter.
3. *Herse à ressorts* : herse à pointes courbes et souples, herse canadienne. (O 38-84)
Syn. : **herse à springs**.
4. *Herse à roulettes* : herse à disques. (O 27-116)
5. *Herse à springs* (angl. spring) ⊘. (O 30-100)
Voir : **herse à ressorts**.
6. *Herse d'abattis* : herse traînée, triangulaire et étroite.
7. *Herse ronde* : herse constituée d'une roue couchée munie de dents et qui tourne sur elle-même lorsqu'elle est traînée.
8. *Herse à damier* : herse traînée de forme rectangulaire.

HERSIS n. m.
Terrain qui a été hersé. (acad.)

HEURE n. f.
1. *Heure avancée* (angl. advanced time) ⊘ : heure d'été.
2. *Heure des travaillants* : heure d'affluence, période de pointe pendant laquelle les transports en commun sont surchargés.

HIBOU, GUIBOU n. m.
1. *Hibou à cornes, hibou à tête de chat* : grand-duc de Virginie. [+++]
Syn., voir : **chat-huant**.
2. *Hibou blanc* : harfang des neiges.
3. Argot. Coussin sur lequel s'assied un travailleur de forêt qui conduit une charge de bois.

HIER À SOIR adv. [#]
Hier soir, hier au soir.

HILAIREMONTOIS, OISE n. et adj.
Habitant de Mont-Saint-Hilaire, en Montérégie ; de Mont-Saint-Hilaire.

HIRONDELLE, HIRONDELLE DE CHEMINÉES n. f.
Martinet ramoneur.

HISTOIRE DE COUCHETTE n. f.
Voir : **couchette**.

HISTOIREUX, EUSE n. et adj.
Qui aime conter des histoires, conteur d'histoires surtout grivoises.

HIVER n. m.
1. *Hiver des corneilles* : tempête de neige tardive alors que les corneilles sont déjà de retour.
2. *Hiver des Irlandais*.
Voir : **Irlandais**.

HIVÉRISER, HIVERNISER v. tr. (angl. to winterise)
Préparer pour l'hiver. *Hivériser* une auto avant l'arrivée du froid.

HIVERNANT adj.
Truie hivernante : truie que l'on garde l'hiver pour la mise bas au printemps.

HIVERNEMENT n. m.
Séjour des bêtes dans l'étable pendant l'hiver, hivernage. Ici, l'*hivernement* dure près de six mois.

HIVERNISER v. tr. (angl. to winterize)
Voir : **hivériser**.

HOBO n. m. (angl. hobo) ⊘
Vagabond, chemineau, clochard.
Syn. : **robineux**.

HOCKEY n. m.
1. *Bâton de hockey* : crosse aplatie dans sa partie courbe et avec laquelle les hockeyeurs jouent au hockey.
Syn. : **gouret**.
2. *Hockey à pied, hockey-bottines* : jeu de hockey qui se joue sur glace

sans patins, et où le palet ou *rondelle* peut être remplacé par une balle de caoutchouc.

3. *Hockey-cossom* : jeu apparenté au jeu de hockey sur glace mais qui se joue en gymnase avec une rondelle légère et des bâtons en plastique dont les palettes bleues ou rouges permettent de distinguer les équipes.

HOE n. f. (angl. hoe) ◙
Voir : **horsehoe**.

HOLSTEIN n. f.
Race de vache laitière.

HOMEMADE n. f. (angl. homemade) ◙
Voir : **rouleuse**.

HOMME n. m.
1. *Homme aux boîtes* : lors du battage des céréales, homme préposé aux boîtes dans lesquelles tombe le grain.
2. *Homme aux poches* : lors du battage des céréales, homme préposé aux *poches*, c'est-à-dire aux sacs dans lesquels tombe le grain.
Syn. : **empocheur**.
3. *Homme de bois*, *homme de chantier* : bûcheron qui travaille dans les *chantiers* forestiers, travailleur forestier.
Syn., voir : **voyageur**.
4. *Homme engagé.*
Voir : **engagé**.
5. Péjor. *Homme aux hommes* : homosexuel, d'où *être aux hommes* : être homosexuel.
Syn., voir : **fifi**.

HOMO n. m.
Homo quebecensis : type d'être humain du Québec façonné par le climat, la géographie, l'histoire politique et religieuse, le mode de vie traditionnel.

HONNEURS n. m. pl.
Être dans les honneurs : être parrain ou marraine. [+]

HOPSCOTCH n. m. (angl. hopscotch) ◙
Marelle. Jouer au *hopscotch*.
Syn., voir : **carré**.

HORACE n. m.
Trophée annuel (variété d'oscar) remis par le Club d'administration de Granby, en Estrie, aux entreprises les plus dynamiques de cette ville. Du prénom d'un ancien maire de Granby, Horace Boivin.

HORLOGE n. f.
1. Vx en fr. Pendule. L'*horloge* de la cuisine s'est arrêtée, il faudrait la remonter.
2. *Horloge grand-père* (angl. grandfather's clock) ◙ : horloge de parquet d'une hauteur d'environ deux mètres.
3. *Horloge grand'mère* : horloge de parquet d'une hauteur d'environ deux mètres.

HORMIS QUE loc. conj.
Litt. en fr. À moins que. Il va venir aux noces, *hormis qu*'il ait un très gros empêchement.

HORSE, ORSE n. m. (angl. horse) ◙
Étendoir sur lequel les pêcheurs étendent leurs filets pour les faire sécher.
Syn. : **éparoir**.

HORSEHOE, HOE n. m. (angl. horsehoe) ◙
Variété de butoir constitué de deux versoirs ouverts à l'avant et qui se referment partiellement à l'arrière.

HORSEPOWER, OSPOR, OUASPOR, SPOR n. m. (angl. horsepower) ◙

Trépigneuse à pavé incliné et roulant, actionnée par des chevaux ou des bœufs pour communiquer le mouvement à une batteuse ou à un banc de scie. [+++]
Syn.: **piloteur, pilotis, roue penchée, trampeur.**

HORSERADISH n. m. (angl. horseradish) ⊘
Armoracia à feuilles de patience.
Syn., voir: **raifort.**

HOSE n. f. (angl. hose) ⊘
Tuyau d'arrosage. Sortir la *hose* pour laver l'auto. [+++]

HOT CHICKEN n. m. (angl. hot chicken) ⊘
Sandwich au poulet chaud.

HÔTESSE n. f.
Femme chargée de placer les spectateurs dans une salle de spectacle; elle ne reçoit pas de pourboire puisqu'elle touche un salaire, ce qui la différencie de l'ouvreuse.

HOULE n. f.
Amas de neige entassée par le vent, congère.
Syn., voir: **banc de neige.**

HOULEUX, EUSE adj.
Accidenté, montueux. Terrain *houleux.*
Syn., voir: **côteux.**

HUART, HUART À COLLIER n. m.
Nom du plongeon, oiseau palmipède. [+++]
Syn.: **richepeaume.**

HUCHER v. tr.
Vx en fr. Appeler en criant. *Huche* ton père qui travaille là-bas. (acad.)

HUDSONIEN, IENNE adj.
Relatif à la baie d'Hudson.

HUE! interj.
Mot dont on se sert pour faire tourner un cheval à droite, mais jamais pour le faire avancer.
Syn.: **gee!**

HUILE n. f.
1. *Huile à, de chauffage* (angl. heating oil) ⊘: mazout (NOLF).
2. *Huile à, de fournaise* (angl. furnace oil) ⊘: mazout (NOLF).
3. [#] *Huile à lampe*: pétrole lampant servant à alimenter une lampe à flamme.
4. *Huile de bras*: énergie physique, huile de coude, huile de poignet. Il en a fallu de l'*huile de bras* pour épierrer cette terre.
Syn.: **jus de bras.**
5. *Huile de castor* (angl. castor oil) ⊘: huile de ricin.
6. *Huile de charbon* (angl. coal oil) ⊘: huile minérale.
7. *Huile électrique* (angl. eclectric oil) ⊘: élixir considéré dans le peuple comme une véritable panacée.
Syn.: **painkiller.**

HUILEUX, EUSE n. et adj.
Voir: **tondreux.**

HUILIER n. m.
1. Croupion d'une volaille.
Syn., voir: **croupignon.**
2. Burette munie d'un long bec quelquefois flexible et contenant l'huile à graisser les machines.
Syn.: **biberette, biberon.**

HUMEUR n. f.
En humeur: en rut, en parlant d'une jument ou d'une vache.

HUPPÉ n. m.
Jaseur des cèdres.

HURLE n. m. [#]
Hurlement d'un chien.

HURON, ONNE n. et adj.
Amérindien d'une nation autochtone du Québec comptant 1 250 personnes dont les deux tiers habitent le Village-des-Hurons, près de la ville de Québec ; relatif aux Amérindiens de cette nation.

HURONNES n. f. pl.
Raquettes à neige ayant la forme d'une grosse goutte d'eau et qu'on utilise sur des pistes à raquettes ou dans des bois dégagés.

HUSH-PUPPIES n. m. pl. (angl. Hush Puppies)
Souliers ou bottillons sport, en suède ou imitation de suède, et à semelles de crêpe. Marque de fabrique.

HUSKY n. m. (angl. husky)
Chien des Inuit que l'on attelle aux traîneaux.

HYDRANT n. m. (angl. fire hydrant) ⊠
Borne d'incendie.
Syn. : **borne-fontaine**.

HYDRO, HYDRO-QUÉBEC n. f.
Société d'État créée en 1944, restructurée en 1963 et chargée d'assurer la production et la distribution de l'électricité sur le territoire du Québec.

HYDRODOLLAR n. m.
Mot formé sur eurodollar. Au pl. Dollars américains provenant de la vente aux États-Unis des surplus d'électricité d'*Hydro-Québec*.

HYDRO-QUÉBÉCOIS, OISE n. et adj.
Employé d'*Hydro-Québec* : relatif à *Hydro-Québec*.

HYPOCRITE n. f.
Carré de tissu brodé, empesé, attaché aux poteaux de la tête du lit et destiné à cacher les oreillers, à finir la toilette du lit.

Syn. : **menteuse, toilette, trompeuse.**

ICI adv.
1. [#] Ci. Cette région-*ici* est très fertile ; cette région-ci.
2. Vx en fr. *Ici dedans* : ici, à l'intérieur. C'est moins froid *ici dedans* qu'à l'extérieur.

ICITE adv.
Rég. en fr. Ici. Que fais-tu *icite* par un temps pareil ?

IMMORTELLE, MORTELLE n. f.
1. Anaphale marguerite, plante utilisée contre les brûlures en médecine populaire. [+++]
2. Antennaire pétaloïde et antennaire néodioïde.

IMPORTÉ, ÉE n. et adj.
1. Immigrant. Depuis la dernière guerre, il nous est arrivé beaucoup d'*importés*.
2. Personne qui n'est pas née là où elle habite. Un Trifluvien habitant Montréal est un *importé* pour les Montréalais.
   Syn., voir : **rapporté**.

IMPÔT n. m.
Abcès. Il a un gros *impôt* à l'endroit où il a été heurté. (E 27-116)

INCOMMODE adj.
Vx en fr. Insupportable, désagréable, odieux, en parlant de quelqu'un.
Syn., voir : **insécrable**.

INCOMPARABLE adv.
Extrêmement, très, incomparablement. Le temps est beau *incomparable*.

INCONTRÔLABLE adj.
Circonstances incontrôlables (angl. uncontrollable circumstances) ⊘ : circonstances contre lesquelles on ne peut rien, indépendantes de notre volonté.

INDIGO n. m.
Bleu de lessive.
Syn., voir : **bleu à laver**.

INDU, UE adj.
Influence indue (angl. undue influence) ⊘ : ingérence cléricale dans le domaine politique.

INFÂME adj.
Espiègle, insupportable.
Syn., voir : **insécrable**.

INGÉNIEUR, EURE n. (angl. engineer) ⊘
Mécanicien, machiniste.

INGOT n. m.
Cornet d'écorce de bouleau rempli de sucre d'érable. (Charlevoix)
Syn., voir : **meule de sucre**.

INSÉCRABLE adj.
Insupportable. Un chien *insécrable*.
Syn. : **incommode**, **infâme**, **malcommode**.

INTER n. m.
Billet de loterie qui se situe entre le *mini* et le *super*.

INTERBOLISER v. tr.
Interloquer, troubler. Cette affreuse nouvelle l'a *interbolisé*.

INTER-CAISSES n. m.
Réseau automatique qui relie entre elles les succursales des *caisses populaires Desjardins*, ce qui permet de faire des dépôts ou des retraits dans n'importe quelle succursale.

INTERCOM n. m. (angl. intercom) ⊘
Système qui permet aux habitants d'un immeuble de communiquer avec le portier ou avec celui qui se présente à l'entrée, interphone, parlophone.

INUIT n. pl. et adj. inv.
Membre d'une nation autochtone du Canada, comptant au Québec 5 650 personnes qui habitent 14 villages tous situés au nord du 55e parallèle et au bord de la mer. Cette appellation remplace depuis peu *esquimau*. Au singulier : un ou une Inuk.

INUKTITUT n. m.
Langue des *Inuit*.

INUKTITUTISME n. m.
Mot emprunté à l'*inuktitut* ou langue des Inuit. Le mot *cométique* est un *inuktitutisme*.

IRLANDAIS n. m.
Tempête des Irlandais : dernière grosse tempête de neige de l'hiver, coïncidant avec la Saint-Patrice.
Syn. : **bordée des Irlandais**, **hiver des Irlandais**.

IROQUOIEN, IENNE adj.
Relatif aux *Iroquois*. Langue de la famille linguistique *iroquoienne*.

IROQUOIS, OISE n. et adj.
Membre d'une grande famille amérindienne qui occupait le sud du Saint-Laurent et du lac Ontario à l'ouest du Richelieu, ennemie des Hurons et des Français ; de cette famille amérindienne. *Mohawk* a remplacé cette appellation.

IRRITANT n. m.
Ce qui ne plaît pas, ce qui irrite dans une loi, dans un climat social, dans une situation socio-économique. La Charte de la langue française comporterait des *irritants* pour les anglophones du Québec.

ISSE n. f. (angl. yeast) ⊘
Voir : **yeast**.

ISTERLET, ISTORLET n. m.
Voir : **esterlet**.

ITOU adv.
Vx et fam. en fr. Aussi, également.

JABOT n. m.
>Argot. Poitrine féminine
>plantureuse.
>Syn., voir : **magasin**.

JACASSE n. f.
>Vx en fr. Femme qui jacasse,
>commère.

JACASSER v. intr.
>Gazouiller, piailler. Les oiseaux
>*jacassent*.
>Syn., voir : **piaquer**.

JACK n. m. (angl. jack)
>1. Appareil permettant de soulever
>   des fardeaux, une voiture
>   automobile, cric (prononcé KRIK).
>2. Traîneau d'érablière pour le
>   transport de la sève d'érable.
>   (E 127,126)
>   Syn., voir : **bacagnole** (sens 2).
>3. Valet dans un jeu de cartes.
>4. Homme grand et maigre.
>   Syn., voir : **fanal** (sens 2).

JACKER v. tr. (angl. to jack)
>Soulever avec un *jack*, un cric.

JACKET n. m. (angl. jacket)
>Veston de complet.
>Syn., voir : **coat**.

JACKPOT n. m. (angl. jackpot)
>1. Gros lot. Gagner le *jackpot*.
>2. Arbres coupés qui, au lieu de
>   tomber sur le sol, restent
>   accrochés aux arbres encore
>   debout.

JACOBIN n. m.
>Variété de pain. (entre 47-77 et
>26-116)

JACQUELINE n. f.
>Pot de chambre d'une bonne
>contenance avec couvercle et anse.
>Syn., voir : **catherine** (sens 2).

JALOUSERIE n. f. [#]
>1. Défaut de quelqu'un qui est
>   jaloux, jalousie. Exciter la

jalouserie des voisins.

2. Jalousie d'une fenêtre. Fermer les *jalouseries* avant la nuit.

JALOUX, OUSE adj.

1. *Jaloux comme un pigeon* : très jaloux, en parlant d'une personne, jaloux comme un tigre.

2. *Boutonner en jaloux* : fermer un vêtement en ne faisant pas coïncider chaque bouton avec la boutonnière qui lui est destinée, boutonner de travers.

JAM n. f. (angl. jam) ▣

1. Amoncellement de billes de bois de flottage formant barrage sur un cours d'eau, embâcle. Quand l'amoncellement se fait au centre d'un cours d'eau, c'est une *center-jam*, et sur un côté une *side-jam*. [+++]
   Syn., voir : **digue** (sens 2).

2. Embâcle de glaces sur un cours d'eau.
   Syn., voir : **digue** (sens 3).

JAMAÏQUE n. m.

Alcool, rhum provenant de la Jamaïque. Acheter une bouteille de *Jamaïque*.

JAMAIS adv.

Jamais dans cent ans ; *jamais, au grand jamais* : façon fréquente de renforcer le mot jamais.

JAMBE n. f.

Fig. *Se casser la jambe* : devenir enceinte, en parlant d'une jeune fille.
Syn., voir : **attraper**.

JAMBETTE n. f.

1. Vx en fr. Croc-en-jambe. C'est une *jambette* qui l'a fait tomber. [+++]

2. *Tirer à la jambette* : dans un jeu de force où deux joueurs sont couchés sur le dos, côte à côte et tête-bêche, s'accrocher par une jambe et essayer de se renverser.

3. Voir : **clôture à jambette**.

JAMBONNER v. tr.

Fumer. Faire *jambonner* une cuisse de porc.

JAMBONNIÈRE n. f.

Local où l'on fume la viande de porc pour en faire du jambon.
Syn., voir : **boucanière**.

JAMBU, UE adj.

Qui a des jambes longues et solides. Dans cette famille, tous les hommes sont *jambus*.

JAMER v. intr. et pron. (angl. to jam) ▣

Former un embâcle, se former en embâcle sur un cours d'eau, en parlant des glaces ou du bois flotté. [+++]
Syn. : **diguer**.

JANVIER n. m. [#]

Jambier ou bâton servant à maintenir écartées les jambes postérieures d'une bête abattue et pendue. [++]
Syn. : **bacul, goton**.

JAQUETTE n. f. (angl. jacket) ▣

Chemise de nuit. Il y a belle lurette que le pyjama a supplanté la *jaquette* chez les hommes. [+++]

JARDINAGE n. m.

1. *Faire son jardinage* : faire son jardin, s'occuper de l'entretien du jardin.

2. Vx en fr. Légumes, produits du jardin. Vendre des *jardinages* au marché. [++]

JARGEAU n. m.

Vesce jargeau. Le *jargeau* pousse dans le foin. [+++]

JARNIGOINE n. f.
1. Habileté, talent. Il a de la *jarnigoine* celui-là !
2. Intelligence, jugement. Ne pas avoir assez de *jarnigoine* pour conduire sa besogne tout seul.

JARNOTTE n. f.
Médéole de Virginie.
Syn. : **concombre sauvage**.

JARRE n. f.
1. Petit contenant de verre ou de grès dans lequel on conserve le beurre, les confitures.
2. *Jarre à beans* : pot de grès, de terre, avec couvercle et oreilles dans lequel on fait cuire au four les *beans* ou haricots au lard.

JARRETIÈRE n. f.
Fixe-chaussette constitué d'un ruban caoutchouté qui se place autour du mollet et qui est muni d'une bande verticale terminée par une pince.

JARS n. et adj.
Fig. Vaniteux, fanfaron, homme qui fait son important. Faire son *jars*, faire le *jars*.
Syn., voir : **frais**.

JASANT, ANTE n. et adj.
Qui aime parler, causer, causant.

JASE, JASETTE n. f.
1. Faconde, loquacité. Jacqueline a la *jase* de sa mère. [+++]
2. Causerie, entretien familier. Avoir, faire une *jase* avec un ami qu'on n'a pas vu depuis longtemps. [+++]

JASER v. intr. et pron.
Parler, causer entre amis. Pierre a rencontré Paul à l'aéroport : ils ont *jasé* beaucoup ; ils ont *jasé* près d'une heure. [+++]

JASETTE n. f.
Voir : **jase**.

JASPINER v. intr.
Pop. en fr. Parler beaucoup, bavarder. (O 27-117)

JASPINEUX, EUSE adj. et n.
Pop. en fr. Bavard, personne qui parle sans arrêt. (O 27-117)

JAUNE n. m. et f.
1. Essence ordinaire, par opposition à *rouge*.
2. Se dit d'un journal à sensation qui pratique le *jaunisme*.

JAUNISME n. m.
Journalisme à sensation. Pour augmenter le tirage de leur journal, ils font du *jaunisme*.

JAVELEUSE n. f.
Faux à râteaux, faux armée. [+++]
Syn., voir : **javelier**.

JAVELIER n. m. ; **JAVELIÈRE** n. f.
Faux à râteaux, faux armée.
Syn. : **cradle**, **javeleuse**, **râtelier**.

JAVELLE n. f.
Dans les champs, amas de neige déposée par le vent et dont la forme fait penser aux javelles.
Syn., voir : **banc de neige**.

JEAN-FILLETTE n. m.
Péjor. Garçon qui a des goûts de petite fille.
Syn., voir : **catiche**.

JEAN-LÉVÊQUE n. m.
Faire son petit Jean-Lévêque : faire l'important.

JEANNE D'ARC n. f.
Membre d'un *cercle Jeanne d'Arc* regroupant des abstèmes féminines ; chaque membre porte un bouton attestant son appartenance à ce cercle ; s'il lui arrive de manquer à sa promesse de ne plus boire de

boissons alcooliques, on dit qu'elle *a cassé* ou *mangé son bouton*. Voir : **bouton**.

JEANNOIS, OISE n. et adj.
Natif ou habitant du Lac-Saint-Jean ; du Lac-Saint-Jean.

JELLO n. m. (angl. Jell-O)
Dessert constitué d'une espèce de gélatine ou gelée à différentes saveurs et couleurs. Marque déposée. Syn. : **branlant** (sens 2).

JERSEY n. m. ou f.
Race de vache laitière.

JET D'EAU n. m.
Planchette inclinée posée horizontalement sur le haut d'un lambris de planches verticales du côté des pignons dans les bâtiments de ferme, ce qui empêche les infiltrations d'eau. (surt. O 27-116)

JETÉE n. f.
1. Pile de billes de bois à flotter entassées sur les berges d'un cours d'eau ou sur un lac l'hiver en attendant le dégel. [++] Syn. : **landing**.
2. Voie latérale qui, dans certains chemins d'hiver, permettait à une voiture de croiser ou de doubler une autre voiture. (O 30-100) Syn., voir : **rencontre**.

JETON n. m. [#]
Rejet qui pousse sur une souche ; drageon de tabac, de tomate, rejeton. Syn., voir : **repousse**.

JEUDI n. m.
Semaine des trois jeudis : semaine des quatre jeudis, jamais.

JEUNESSE n. f.
Jeune personne de quinze à vingt ans. Les *jeunesses* n'ont pas d'endroit où se rencontrer. [+++]

JIGGEUR n. m. (angl. jigger) ⊘
Faux ou poisson de plomb garni d'hameçons que le pêcheur utilise pour la pêche à la morue. Le *jiggeur* permet d'attraper un poisson par n'importe quelle partie du corps. Syn. : **bob, crocheton**.

JIGUEDI n. m. (angl. chickadee) ⊘
Voir : **chickadee**.

JIM-ROBERT n. m.
Alcool de fabrication domestique. (pass. O 36-86) Syn., voir : **bagosse**.

JOB n. f. (angl. job) ⊘
Emploi, travail, tâche. Quand on a une *job* permanente, on la garde. [+++]

JOBBER v. tr. (angl. to job) ⊘
Entreprendre un travail à forfait. [+++]

JOBBEUR n. m. (angl. jobber) ⊘
Celui qui entreprend un travail à forfait, entrepreneur à forfait. [+++]

JOBETTE n. f. (angl. job) ⊘
Voir : **jobine**.

JOBINE, JOBINETTE n. f. (angl. job) ⊘
Petit boulot, emploi précaire, menu travail de courte durée que l'on fait pour arrondir ses fins de mois ou parce que l'on ne trouve pas de travail permanent. [+++] Syn. : **jobette**.

JOBINEUR, JOBINEUX n. m. (angl. job) ⊘
Personne qui gagne sa vie ou qui arrondit ses fins de mois en faisant des *jobines*, des petits boulots.

JOBOUR n. m.
Variété de tabac à pipe.

JOE-BLOE, JOE-BLOW, JOS.-BLEAU n. (angl. Joe Blow) ⊘
Monsieur Untel, n'importe qui,

monsieur Tout-le-Monde. La disparition de cette plante ne changera rien dans la vie de *Joe-Bloe*.
Syn. : **Baptiste-Beaufouette**.

JOHANNAIS, AISE n. et adj.
Natif ou habitant de Saint-Jean-sur-le-Richelieu, en Montérégie ; de Saint-Jean-sur-le-Richelieu.

JOINT n. m. (angl. joint) ⊘
Cigarette de marihuana.

JOINTER v. tr.
Couvrir les joints entre les bardeaux d'un toit pour en assurer l'étanchéité.

JOLIETTAIN, AINE n. et adj.
Natif ou habitant de Joliette, dans Lanaudière ; de Joliette.

JOLIMENT adv.
1. Beaucoup, très. Il est *joliment* grand ton fils aîné !
2. Passablement. Il y avait *joliment* de monde aux funérailles.

JONAS n.
Nom du personnage qu'on aperçoit dans la lune et qui est condamné à scier du bois sans arrêt pour avoir travaillé le dimanche. Ce personnage porte aussi les noms suivants : *Chouinard*, *Gaspard*, *Gignac*, *Junior*.

JONC n. m.
Alliance, le plus souvent en or, que portent les hommes mariés, depuis la fin de la Deuxième Guerre mondiale.

JONGLER v. intr.
Songer, rêver. Depuis la mort de sa femme, il passe son temps à *jongler*.

JONGLEUR n. m.
Potence de cheminée.

JONGLEUR, JONGLEUX, EUSE adj. et n.
Qui fait l'action de *jongler*, songeur.

JONQUIÉROIS, OISE n. et adj.
Natif ou habitant de Jonquière, au Saguenay ; de Jonquière.

JOS-CONNAISSANT, PETIT-JOS-CONNAISSANT, TI-JOS-CONNAISSANT n. m.
Appellation ironique donnée à quelqu'un qui prétend tout savoir.

JOS. LOUIS n. f.
Variété de pâtisserie individuelle vendue sous plastique. Entre 1923 et 1985, on a fabriqué plus de dix milliards de *Jos. Louis* à Sainte-Marie-de-Beauce.

JOTTE n. f.
Grosse joue. As-tu vu les *jottes* de ce bébé ? (surt. Charsalac)
Syn. : **bajotte**, **bajoue**.

JOTTÉ, ÉE ; JOTTU, UE adj.
Qui a de grosses joues, joufflu. Un gros homme *jotté*.

JOUAL n. m.
1. Mot devenu très populaire dans les années soixante pour désigner le parler populaire des ouvriers francophones du Québec, soit pour stigmatiser leur parler, soit pour conscientiser les Québécois au sujet de leur état d'infériorité économique.
2. Fig. *Passer du joual au cheval* : passer d'une langue pauvre et méprisable à un français plus correct, d'un niveau supérieur.

JOUAL, JOUALE adj.
Populaire, modeste. Elle a beau avoir des moyens, son manque de goût trahit son origine *jouale*.

JOUALERIE n. f.
Vulgarité de langage. La *joualerie*

sévit dans certaines émissions de télévision.

JOUALIN, INE adj.
Qui relève du *joual*. Des mots *joualins*, des expressions *joualines*.

JOUALISANT, ANTE n. et adj.
Qui parle le *joual*.

JOUALISER v. intr. et pron.
Parler *joual*, devenir *joual*. La jeunesse *s'est joualisée* dans le passé ; aujourd'hui elle *joualise* moins, elle se *déjoualise* petit à petit.

JOUALISME n. m.
Mot propre au *joual*.

JOUALITE n. f.
Maladie contagieuse mais curable qui amène certaines personnes à utiliser le *joual*.

JOUCHOIR n. m. [#]
Juchoir, perchoir pour les poules.
Syn. : **jouquoir, juquoir.**

JOUER v. tr. et intr.
1. Ils *jousent* : ils jouent.
2. Fig. *Jouer dans les cheveux* : jouer un sale tour à quelqu'un, le rouler. Syn. : **jouer une patte.**
3. *Jouer fesse, jouer fessier* : au poker, jouer très serré de crainte de perdre de l'argent.
4. *Jouer une patte* : jouer un vilain tour à quelqu'un, le rouler. Syn. : **jouer dans les cheveux.**

JOUEUR n. m.
1. Fig. *Joueur de violon* : don Juan qui fait la cour aux femmes. Syn. : **chanteur de pomme, effaré.**
2. Fig. *Joueur de piano*. Voir : **pelleteur de nuages.**

JOUJOUTHÈQUE n. f.
Établissement de prêt de jouets, ludothèque.

JOUQUE, JOUC n. m.
1. Joug pour atteler les bœufs.
2. Gorge pour transporter deux seaux d'eau. Syn. : **courge** (sens 3), **gouge** (sens 4).

JOUQUÉE n. f.
Charge de deux seaux transportée au joug.
Syn. : **courgée, seillée.**

JOUQUELER, JOUQUER (SE) v. pron. [#]
Se jucher. Les poules vont se *jouqueler* ou *se jouquer* pour la nuit. [+++]

JOUQUOIR n. m. [#]
Juchoir, perchoir pour les poules. [+++]
Syn., voir : **jouchoir.**

JOURNALIER, IÈRE adj.
Vx en fr. D'humeur changeante. La vie avec lui n'est pas facile, il est tellement *journalier* !

JOURNAUX n. m. pl.
Les douze jours après Noël qui, dans la croyance populaire, préfigurent le temps qu'il fera au cours de chacun des douze mois de la nouvelle année. Avoir confiance aux *journaux*. (E 28-101)
Syn. : **ajets** (sens 1).

JOURNÉE LONGUE n. f.
Voir : **longue.**

JOURS GRAS n. m. pl.
Voir : **bordée des jours gras, tempête des jours gras.**

JOYEUX, EUSE adj.
Légèrement ivre.
Syn., voir : **chaudaille.**

JUBÉ n. m.
Galerie arrière ou latérale d'une église. L'orgue est placé dans le *jubé*

arrière de cette église. Aucune église
d'ici n'a de *jubé*. [+++]

JUBILAIRE n.
Toute personne que l'on fête et qui
n'a pas nécessairement accompli 50
années d'activité, de fonction ou
d'exercice, héros.

JUIF, JUIVE n. et adj.
1. Vx et péjor. en fr. Avare,
   mesquin.
   Syn., voir : **avaricieux**.
2. *Riche comme un juif* : très riche.
3. Voir : **clou de juif**.

JUJUBE n. m.
Pâte de fruit de couleur et de goût
variables. [+++]

JUMPER v. tr. et intr. (angl. to jump) ⊘
1. S'enfuir, disparaître. Après deux
   semaines au pensionnat, il a
   jumpé.
   Syn. : **se pousser**.
2. Quitter son emploi. Je ne suis pas
   surpris que Paul ait *jumpé*, c'est
   un instable. [+++]
3. *Jumper le train* : voyager dans,
   sur ou sous un train de
   marchandises comme passager
   clandestin. Les clochards de l'Est
   du Canada *jumpent le train* pour
   aller passer quelques mois sur la
   côte du Pacifique.
4. *Jumper* ou *sauter le manche à
   balai* : devenir enceinte, en
   parlant d'une jeune fille.
   Syn., voir : **attraper**.

JUMPEUR n. m. (angl. jumper) ⊘
1. Traîneau d'érablière pour le
   transport de la sève d'érable.
   (O 38-84)
   Syn. : **bacagnole** (sens 1 et 2).
2. Traîneau rudimentaire servant au
   transport des provisions en forêt.
   [+]

3. Voir : **véloneige traditionnel**.
4. Homme qui quitte son emploi
   avant la fin de son engagement,
   de son contrat. [+]

JUNIOR n.
Voir : **Jonas**.

JUQUOIR n. m.
Juchoir, perchoir pour les poules.
Syn., voir : **jouchoir**.

JUS DE BRAS n. m.
Voir : **huile de bras**.

JUSTESSE n. f.
De justesse : de peu. On peut réussir
de justesse, mais on rate de peu,
jamais *de justesse*.

JUTEL n. m.
Mélange de lait écrémé et de jus de
fruits. Marque de fabrique.
Le *Jutel* semble concurrencer très
sérieusement les boissons gazeuses.

JUTRAS n. m.
Marque de fabrique d'*évaporateur*.
Voir : **évaporateur**.

KAKAWI n. m. (amér.)
   Voir : **cacaoui**.

KAYAKABLE adj.
   Où l'on peut pratiquer le sport du
   kayak, en parlant d'un cours d'eau,
   d'un lac.

KAYAKISME n. m.
   Sport du kayak.

KAYAKISTE n.
   Personne qui pratique le sport du
   kayak.

KAZOO n. m. (angl. kazoo) ▣
   Mirliton. Jouer du *kazoo*.

KÉNOGAMIEN, IENNE n. et adj.
   Natif ou habitant de Kénogami, au
   Saguenay ; de Kénogami.

KÉTAINE adj. et n.
   Voir : **quétaine**.

KÉTAINERIE n. f.
   Voir : **quétainerie**.

KETCHUP adj. inv.
   Fig. Bien, réussi, à point, tout à fait
   juste. La réponse du premier
   ministre à la question du chef de
   l'opposition était *ketchup*.

KID n. m. (angl. kid) ▣
   Peau de chevreau. Porter des gants
   de *kid*. [+++]

KILDI, KILDIR n. m. (angl. killdeer) ▣
   Oiseau. Pluvier kildir.

KISSER v. tr. (angl. to kiss) ▣
   Exciter (un chien).

KIWANIEN, IENNE n. et adj.
   Membre du club Kiwanis ; relatif au
   club Kiwanis.

KLEENEX n. m.
   Mouchoir en papier qui se vend en
   boîtes de cent, deux cents mouchoirs.
   Marque déposée. [+++]

KLONDIKE, KLONDYKE n. m.
1. Bonbon à la mélasse enveloppé dans un papier, papillote.
2. Fig. Se dit d'un emploi, d'une occupation, d'un commerce qui rapporte gros. La construction des barrages sur la Grande Rivière a été un vrai *klondike* pour beaucoup de travailleurs.

KODIAK n. f.
Solide bottine de travail souvent portée par les jeunes gens (cégépiens, étudiants) comme chaussure usuelle d'hiver. Marque de fabrique.

KOTEX n. m.
Serviette hygiénique. Marque de fabrique.

KRAFT n. m.
Marque de fabrique dont on se sert souvent pour désigner divers fromages.

KRI v. tr. [#]
Voir : **queri**.

KRIMMEUR, CRÉMEUR n. m. (angl. krimmer) ◎
1. Fourrure de mouton de Perse. Un manteau de *krimmer*.
2. Toque de fourrure de mouton de Perse. Il fait froid, mets ton *krimmeur*. (E 30-99)

LABOUR n. m.
  1. *Labour Richard* : façon de
     labourer qui consiste à faire des
     planches larges et arrondies.
     L'abbé Maurice Proulx, cinéaste,
     a fait un film sur le *labour
     Richard* en 1938.
  2. Fig. *Avoir fait des labours
     d'automne* : se dit d'une jeune fille
     enceinte.
     Syn. : **Pâques** (sens 3).

LABRADOR n. pr. m.
  Passer un Labrador.
  Voir : **passer un Québec**.

LABRADORIEN, IENNE n. et adj.
  Natif ou habitant du Labrador ; du
  Labrador.

LAC-À-L'ÉPAULE n. m.
  Réunion à huis clos d'un parti
  politique où se prennent des
  décisions importantes. Le premier
  lac-à-l'Épaule eut lieu en 1962 au lac

du même nom. Le cabinet Lesage y
décida de faire une élection sur la
nationalisation de ce qui à l'époque
ne faisait pas encore partie d'*Hydro-
Québec*.

LACET DE BOTTINE n. m.
  Argot. *Passer au lacet de bottine* : en
  milieu carcéral, étrangler (souvent
  avec un lacet de bottine) un co-
  détenu qui serait un dénonciateur.

LÂCHER v. tr.
  1. *Lâcher de tenir maison* : cesser de
     tenir maison.
     Syn., voir : **casser maison**.
  2. *Lâcher son fou* : se défouler
     bruyamment, faire le fou,
     s'amuser follement.
  3. *Lâcher de l'eau* : euphémisme
     pour uriner.
     Syn. : **changer d'eau, changer
     son poisson d'eau, tomber de
     l'eau**.

LACHET n. m. [#]
Voir : **achet**.

LACHINOIS, OISE n. et adj.
Natif ou habitant de Lachine, près de Montréal ; de Lachine.

LACHUTOIS, OISE n. et adj.
Natif ou habitant de Lachute, dans les Laurentides ; de Lachute.

LACORDAIRE n. m.
Membre d'un *cercle Lacordaire* regroupant des abstèmes masculins ; chaque membre porte un bouton attestant son appartenance à ce cercle ; s'il lui arrive de manquer à sa promesse de ne plus boire, on dit qu'il *a cassé* ou *mangé son bouton*. Voir : **bouton** (sens 2).

LADINO n. m.
Variété de trèfle cultivé pour le foin.

LAICHE n. m. [#]
Èche, esche, *aiche* devenant *laiche* avec agglutination de l'article : appât, lombric ou ver de terre utilisé comme appât. (acad.)
Syn., voir : **achet**.

LAID, LAIDE adj.
De quelqu'un de très laid, on dit volontiers : *laid comme un coing, laid comme un cul, laide comme une suce* (tétine).

LAINE n. f.
1. *Laine d'acier* (angl. steel wool) ◙ : paille de fer. Passer un parquet à la *laine d'acier*.
2. *Laine du pays.*
   Voir : **pays**.
3. Fig. *Pure laine* : de vieille souche, bien acculturé, authentique. Longtemps, les Québécois francophones se disaient *Canadiens pure laine*, et aujourd'hui ils se disent *Québécois pure laine*.

LAITERIE n. f.
Fig. Poitrine féminine plantureuse.
Syn., voir : **magasin**.

LAIT VERIOU n. m.
Premier lait d'une vache qui vient de vêler, colostrum. Le *lait veriou* est souvent utilisé pour faire une espèce de flan. (acad.)

LAIZE n. f.
Bande plus ou moins large de tissu. Une *laize* de tapis de deux mètres de longueur. [+++]

LALAIT n. m. [#]
Lait, en langage enfantin.

LAMBINE n. f. [#] (Beauce)
Voir : **amblette**.

LAMBINEUR, LAMBINEUX, EUSE n. et adj. [#]
Lambin, qui agit avec lenteur et mollesse.

LAMBOURBE, LAMBOURNE n. f. [#]
Lambourde.

LAMBOURI n. m. [#]
Nombril. Se promener le *lambouri* à l'air. (acad.)
Syn., voir : **nambouri**.

LAMBRER v. intr. [#]
Ambler, aller l'amble. [+++]

LAMBREUR, RAMBREUR, EUSE n. m. et adj. [#]
Ambleur, qui va l'amble. Cheval *lambreur*. [+++]

LAMBRIS, RAMBRIS n. m.
Revêtement extérieur d'un pan de bâtiment. Un *lambris* de planche.
Syn., voir : **rentourage**.

LAMBRISSAGE, RAMBRISSAGE n. m.
Revêtement extérieur d'un mur, d'un pan de bâtiment.
Syn., voir : **rentourage**.

LAMBRISSER, RAMBRISSER v. tr.
1. Revêtir de planches la partie extérieure d'un mur, d'un pan d'une construction.
Syn.: **rentourer**.
2. En parlant d'un puits circulaire, le maçonner; en parlant d'un puits carré, lui faire des parois en bois. D'où *lambrisser* un puits en bois (*épinette* ou *cèdre*), en pierres ou en roches.

LAME n. f.
Lame de neige: dans les champs, amas de neige entassée par le vent et dont l'aspect fait penser aux lames de la mer qui se seraient figées. [+]
Syn., voir: **banc de neige**.

LAMEUX, EUSE; LAMU, UE adj.
Se dit d'un endroit où la neige déposée par le vent donne l'impression d'une surface d'eau *houleuse* qui se serait figée. Une route *lameuse*. [+]

LAMPE n. f.
1. *Lampe à gas, à gasoline* (angl. gasoline) ◙, *lampe à manteau*: lampe à manchons fonctionnant à l'essence sous pression. [+++]
2. *Lampe Aladin*: lampe à manchons fonctionnant à l'huile. Marque de fabrique.
3. *Lampe Rhéo*: variété de lampe à huile. Marque de fabrique.

LAMPRON n. m. [#]
Nom vulgaire de la grande lamproie marine.

LAMU, UE adj.
Voir: **lameux**.

LANCE n. f.
1. Aiguillon, dard d'une abeille, d'une guêpe, langue d'une couleuvre. [+]
Syn.: **lancette**.
2. Fer pointu que l'on met au bout d'une latte pour *lancer, enfiler, latter, enlatter* les pieds de tabac à pipe en vue du séchage.

LANCER v. tr.
Voir: **enlatter**.

LANCES n. f. pl.
Aurore boréale. Tiens, il y a des *lances* dans le ciel ce soir, c'est un spectacle à voir! (acad.)
Syn., voir: **marionnettes**.

LANCETTE n. f.
Aiguillon, dard d'une abeille, d'une guêpe, langue d'une couleuvre. [++]
Syn.: **lance** (sens 1).

LANCEUR n. m.
Voir: **enlatteur** (de tabac).

LANCHET n. m. [#]
Voir: **achet**.

LANDING, LANDAINE n. f. (angl. landing) ◙
Pile de billes de bois à flotter entassées sur les berges d'un cours d'eau ou sur un lac l'hiver en attendant le dégel. [++]
Syn.: **jetée** (sens 1).

LANGUE n. f.
1. *Langue, langue de fer*. [+]
Voir: **cuiller à chaussures**.
2. *Langue-de-chat*: spatule à curer les plats formée d'un manche terminé par un caoutchouc aplati.

LANGUI, IE adj.
Mal levé. Le pain *langui* a mis trop de temps à cuire, le four n'étant pas assez chaud. [+++]
Syn.: **massé, massif**.

LANTENNE n. f. [#]
Antenne. Installer une *lantenne* de télévision. [+++]

LAPIN n. m.
1. Nom courant du lièvre. (acad.)
2. *En criant lapin* : en peu de temps, rapidement. Faire une course *en criant lapin*.
Syn. : en criant **ciseau**.

LAQUAICHE, LAQUÈCHE n. f. (amér.)
Poisson d'eau douce de la famille des Hiodontidés et qui comprend la *laquaiche argentée* et la *laquaiche aux yeux d'or*, cette dernière étant renommée pour la finesse de sa chair. [+]

LAQUET n. m. (angl. locket) ◙
Voir : **locket**.

LARD n. m. [#]
1. Porc, cochon vivant. Élever des *lards*, tuer un *lard*. (E 27-116)
Syn., voir : **porc frais**.
2. Viande de porc non salée. Faire cuire un rôti de *lard*. (E 28-100)

LARGE n. m.
Être au large : être loin de la maison mais sur la terre ferme. Réparer la clôture *au large*, près du *trait-carré*. Les vaches ont leur pacage *au large*.

LARGUER v. tr. et intr.
1. Faire tomber involontairement. Il n'a pas fait attention : il a *largué* la plante verte. (E 25-115)
Syn. : **échapper**.
2. Laisser s'échapper. *Larguer* son cheval.
3. Cesser. *Larguer* de parler pour ne rien dire.
4. Se défaire. Les coutures de ma chemise *larguent*.

LASTIQUE n. m. [#]
Élastique. Bretelles en *lastique*.

LATTEUR n. m.
Voir : **enlatteur**.

LAURENTIEN, IENNE adj. et n.
Relatif aux montagnes appelées Laurentides ; natif ou habitant de la région des Laurentides.

LAVABO n. m.
Table de toilette d'autrefois comportant un emplacement pour cuvette, pot à eau et porte-savon. (O 26, 27 et acad.)
Syn. : **lave-mains**, **lavier**.

LAVAL-19 n. m.
Variété de blé de printemps adapté aux conditions climatiques du Québec en particulier.

LAVALLOIS, OISE n. et adj.
1. Habitant de Laval (île Jésus), près de Montréal ; relatif à Laval.
2. Étudiant de l'Université Laval, de Québec, fondée en 1852 ; relatif à l'Université Laval.

LAVE-AUTO n. m.
Établissement où se fait le lavage automatique des automobiles. Un *lave-auto* vient d'ouvrir ses portes.

LAVE-MAINS n. m.
Table de toilette d'autrefois comportant un emplacement pour cuvette, pot à eau et porte-savon.
Syn., voir : **lavabo**.

LAVERIE n. f.
1. Lavage du linge. Le jour de *laverie*, c'est le lundi.
2. Linge et vêtements qu'on a lavés. Mettre la *laverie* sur la corde à linge.

LAVETTE n. f.
Être en lavette : être trempé, être en eau.

LAVEUSE n. f.
1. Planche à laver à surface ondulée. [+++]
Syn. : **frottoir**, **lavoir**.

2. Machine à laver le linge. [+++]
Syn.: **moulin à laver** (sens 8).

3. Fig. Chemin de gravier raboteux, dont la surface est ondulée. La route est mauvaise, il y a de la *laveuse*. [++]
Syn.: **planche à laver**.

LAVIER n. m. [#]

1. Table de toilette avec cuvette, pot à eau et porte-savon.
Syn., voir: **lavabo**.

2. Évier. Acheter un *lavier* blanc émaillé. (surt. O 34-91)
Syn.: **sink**.

LAVOIR n. m.

Planche à laver à surface ondulée.
Syn., voir: **laveuse** (sens 1).

LÈCHEFRITE n. f.

1. Moule à pain. (O 30-100)
Syn., voir: **tôle à pain**.

2. *Lèchefrite à cendre*: boîte à cendre placée sous le feu du poêle à bois, cendrier.
Syn., voir: **cendrière**.

3. Grande bouilloire pour la sève d'érable à la *cabane à sucre*.

LÉCHER, LICHER v. tr.

Lécher la micouenne, la mouvette, la palette: déguster la *tire* d'érable en utilisant une spatule de bois.
Voir: **lécher la palette**.

LÉGEARTE adj. f. [#]

Légère. De la terre *légearte*. [+]

LEMOYNITE n. f.

Nom d'un nouveau minéral découvert au mont Saint-Hilaire.

LENT, LENTE adj.

De quelqu'un qui est particulièrement lent, on dit qu'il est *lent comme l'ombre du midi, lent comme la mort*.

LENTINE n. f. [#]

Lentille, vesce jargeau. (O 28-101)
Syn.: **varveau**.

LESSI n. m. [#]

1. Lessive obtenue lors de la fabrication du savon domestique et qui, dans le chaudron, se trouve entre le savon formant la partie supérieure et la potasse déposée au fond du chaudron. La lessive peut aussi être obtenue à partir de la cendre de *bois franc*. (O 22-124 et acad.)

2. Essieu. Le *lessi* du tombereau s'est cassé. (acad.)

LESSIVER v. tr.

Faire bouillir dans la lessive. Autrefois on *lessivait* le maïs et on le mettait dans la soupe aux pois.

LETTRAGE n. m.

Action de *lettrer*, le résultat de cette action.

LETTRER v. tr.

Peindre des lettres sur les enseignes, sur les camions, etc.

LETTREUR n. m.

Graphiste spécialisé dans l'écriture sur les enseignes, les panneaux, les camions.

LÈVE-CUL n. m. ou f.

1. Maubèche branle-queue.

2. Cheval rueur. Méfie-toi de ce cheval, c'est un *lève-cul*.

3. Larve de *maringouin*.
Syn.: **culbuton**.

LEVÉE n. f.

1. [#] Lever. La *levée* du soleil était belle ce matin. [+]

2. Remblai de terre de chaque côté d'un fossé.
Syn.: **relève**, **relevée**, **slope**.

3. Fig. *Levée du corps*: le fait de se lever le matin. Quand on s'est

couché à trois heures, la *levée du corps* est pénible.

LEVER v. tr. et pron.
1. *Lever une grange* : dresser la charpente d'une grange, dont les pièces sont déjà prétaillées.
2. *Lever une prairie* : labourer une pièce de terre qu'on a laissée au repos pendant quelques années.
3. Fig. *Se lever le gros bout le premier* : se lever de mauvaise humeur, se lever du pied gauche.

LÈVE-VITE n. m.
Levain. Quand le *lève-vite* n'est pas bon, le pain ne lève pas.
Syn. : **galette à cuire, yeast**.

LÉVIER, LAVIER n. m. [#]
Évier. S'acheter un nouveau *lévier*.
Syn. : **sink**.

LI p. passé [#]
Lu. Il a *li* tout son livre.

LIARD n. m.
Rég. en fr. Nom usuel du peuplier à feuilles deltoïdes. (O 22-124)

LIBARBE, LUBARBE n. f. [#]
Rhubarbe.

LIBÈCHE, RIBÈCHE n. f.
Lanière, bande étroite. Une *libèche* de tissu, de viande, de papier.

LIBÉRAL, ALE, AUX n. et adj.
1. Membre du *Parti libéral*.
Syn. : **rouge**.
2. *Parti libéral* : parti politique ayant une aile fédérale à Ottawa, le *PLC*, et une aile provinciale dans chacune des provinces canadiennes, dont le *PLQ* au Québec.
Syn. : **rouge**.

LIBRE-SERVICE n. m.
Établissement (magasin, restaurant, poste d'essence) où le client se sert lui-même. Mot plus employé ici qu'en France où l'on préfère *self* ou *self-service*.

LICENCE n. f.
1. (Angl. licence) ◙ . Plaque d'immatriculation d'une auto, plaque. *Licence* au sens de plaque est en voie d'élimination.
2. Permis de vente d'alcool. Épicerie qui a une *licence*.

LICENCIÉ adj. et n. (angl. licenced)
Titulaire d'un permis de vente de bière et de vin appelé *licence*. Un épicier *licencié*, une épicerie *licenciée*.

LICHER v. tr. [#]
Voir : **lécher**.

LIEN n. m.
Regain, herbe qui repousse dans une prairie après la fauchaison.
Syn. : deuxième **pousse, repousse, repoussis**.

LIEUX n. m. pl.
Vx ou rég. Toilettes, lieux d'aisances. Demander où sont les *lieux*.
Syn., voir : **bécosses**.

LIFT n. m. (angl. lift) ◙
Transport gratuit. Trouver un *lift* pour se rendre à Vancouver.
Syn., voir : **pouce** (sens 5).

LIGHTEUR n. m. (angl. lighter) ◙
Briquet à essence ou à gaz. [+++]
Syn., voir : **feuseu**.

LIGNE n. f.
1. Mesure de longueur, seizième partie du *pouce*, soit 1,587 mm.
2. *Ligne à linge, ligne à butin* : corde à linge.
3. *Ligne blazée, blézée* (angl. to blaze) ◙ .
Voir : **ligne plaquée**.

4. *Ligne Borden* : frontière économique de la politique énergétique du gouvernement fédéral en vertu de laquelle, à partir de 1961, les puits de pétrole de l'Ouest canadien devaient alimenter le marché à l'ouest de la rivière des Outaouais, l'Est (le Québec et les Maritimes) devant importer son pétrole de l'extérieur.
5. *Ligne plaquée* : en forêt, séparation marquée par des blanchis sur les arbres.
Syn. : **ligne blazée**.
6. *Grande ligne* : chemin séparant deux *comtés* ou deux *rangs* d'une certaine importance.

LIGNÉ, ÉE adj.
Réglé. Acheter du papier *ligné*.

LIGNES n. f. pl. (angl. line) ⊗
Frontière entre le Canada et les États-Unis. Les travailleurs frontaliers traversent les *lignes* deux fois par jour.

LIGNETTE n. f.
Filet auquel sont attachés des crins en nœud coulant pour prendre des oiseaux. [+++]

LIGNEU n. m. [#]
Ligneul. Le *ligneu* dont se servent les cordonniers est enduit de poix.

LIMANDE n. f.
Perche horizontale à laquelle on attachait les chevaux attelés près de l'église ou dans les cours des *magasins généraux*.

LIMER v. intr.
Pleurnicher, en parlant d'un enfant. (surt. Beauce)
Syn., voir : **lyrer**.

LIMITE À BOIS, LIMITE n. f. (angl. timber limit) ⊗
Concession forestière, étendue de forêt concédée à une compagnie à des fins d'exploitation.

LIMON n. m.
Végétation mousseuse qui semble en suspension dans l'eau, surtout dans les eaux quasi stagnantes.

LIMONER v. intr.
1. Pleurnicher, en parlant d'un enfant. (surtout Beauce)
Syn., voir : **lyrer**.
2. Fig. Hésiter, tergiverser, en parlant des adultes.
Syn., voir : **berlander**.

LIMONEUR, LIMONEUX, EUSE n. et adj.
1. Enfant pleurnicheur, boudeur. (surtout Beauce)
Syn., voir : **lyreux**.
2. Personne qui hésite, qui tergiverse.
Syn., voir : **berlandeur**.

LINGARD n. et adj.
De taille élevée et mince, grand et maigre. Un grand *lingard*.
Syn., voir : **fanal** (sens 2).

LINGE n. m.
Linge à plancher : serpillière, wassingue servant à laver les planchers.
Syn. : **torchon** (sens 2).

LINGUE n. f.
Poisson. Nom vulgaire de la merluche blanche.

LIPPE, NIPPE n. f.
Faire, prendre la nippe : pleurnicher, en parlant d'un enfant, *lipper*.
Syn., voir : **lyrer**.

LIPPER, NIPPER v. intr.
Pleurnicher. Un enfant qui *lippe* pour un rien. [++]
Syn., voir : **lyrer**.

LIQUEUR, LIQUEUR DOUCE, LIQUEUR GAZEUSE n. f. (angl. liquor, soft liquor) ⊘

Boisson gazeuse, limonade, sodas (NOLF). C'est dans les épiceries que nous achetons nos *liqueurs*. [+++]

LIS n. m.
1. *Lis d'eau* : nymphéa tubéreux ; nymphéa odorant. (surt. O 27-116) Syn., voir : **nénuphar blanc**.
2. *Lis sauvage* : lis tigré.

LISON n. m. ; **LISONNE** n. f.
Rayure sur la robe d'un animal. Vache à *lisons* ou à *lisonnes*. (acad.)

LISONNÉ, ÉE adj.
À pelage rayé. Une vache *lisonnée* (acad.)
Syn. : **barré**.

LISSE n. f.
1. Entretoise ou pièce de bois horizontale qui, dans une charpente, maintient un écartement fixe entre deux poteaux.
Syn., voir : **filière** (sens 1).
2. Lame de fer ou d'acier fixée sous les patins d'un traîneau. [+++]
Syn. : **ferrure** (sens 1).
3. Trace laissée sur la neige par les patins des traîneaux. [+++]
Syn., voir : **reile**.
4. Cep de la charrue.
5. Perche horizontale de clôture de perches. (acad.)
Syn., voir : **boulin**.
6. Voir : **yeast**.

LISSER v. tr.
Garnir d'une lame de fer ou d'acier les patins d'un traîneau. [+++]
Syn. : **ferrer** (sens 2).

LISSI n. m. [#]
Voir : **lessi**.

LIT n. m.
1. Cerne ou cercle de croissance d'un arbre. Compter les *lits* d'un arbre qu'on vient d'abattre.
2. *Lit d'arrêt* : dans les descentes abruptes, voie d'évitement terminée par une sorte de bassin rempli de petits cailloux vers lequel le conducteur d'un véhicule automobile en folie le dirigera pour l'y enliser ; arrêt de détresse.

LITTÉRATURE n. f. (angl. literature) ⊘
Dépliants, brochures, documentation. Au bureau du tourisme, vous pourrez trouver de la *littérature* sur la Gaspésie.
Syn. : **pamphlet**.

LITTORINE n. f.
Bigorneau (NOLF).

LIVRE n. f.
Unité de poids valant seize *onces*, soit 0,453 kg.

LIVRET n. m.
Pochette. Un *livret* d'allumettes.
Syn. : **carton d'allumettes**.

LNI n. f.
Sigle. *Ligue nationale d'improvisation*. Sorte de *commedia dell'arte* créée en 1977 et mettant en compétition, sur le modèle du jeu de hockey, des équipes d'improvisateurs.

LOADEUR n. m. (angl. loader) ⊘
1. Machine agricole servant à monter dans la fourragère le foin déjà en andain ou en balles, chargeur.
2. Mécanisme fixé à un camion et servant à son chargement (billes de bois, palettes diverses, etc.), chargeur.

LOBER v. intr.
Somnoler, s'assoupir, dormir debout.

LOBO n. f.
Variété de pommes à couteau.

LOCHE n. f.
1. Têtard de la grenouille. (O 34-91)
   Syn., voir : **queue-de-poêlon**.
2. Nom vulgaire de la lotte.
3. Voir : **poulamon**.

LOCKET, LAQUET, LOQUET n. m. (angl. locket) ⊘
Médaillon de forme ronde ou ovale enfermant un portrait ou des cheveux et qui se porte suspendu au cou.

LOCK-OUT n. m. inv. (angl. lockout)
Fermeture d'une usine par l'employeur en vue de forcer les ouvriers à accepter certaines conditions de travail. Décréter un *lock-out*.

LOCK-OUTÉ, ÉE n. (angl. lockout) ⊘
Travailleur victime d'un *lock-out*.

LOCRE n. m. [#]
Ocre. Acheter du *locre* pour ocrer les portes d'une grange. [+++]

LOCRER v. tr. [#]
Ocrer, recouvrir d'ocre. *Locrer* une grange. [+++]

LOG n. f. (angl. log) ⊘
1. Bille de bois d'une certaine longueur, grume. [++]
   Syn. : **billot**.
2. Tronc d'arbre servant au pavage d'un chemin en terrain marécageux.

LOGE n. f.
Loge à moutons : bergerie.
Syn. : **tet à brebis**.

LOGEABLE adj.
Qui fournit de l'espace. Ce camion est plus *logeable* que l'autre.

LOGER v. tr.
Construire. Paul veut *loger* sa maison et sa grange avant de se marier. (E 124, 125)

LOI LACOMBE n. f.
Loi du gouvernement du Québec votée au début de la crise de 1929, vulgairement appelée *loi Lacombe*, du nom du député qui avait présenté le projet de loi à l'Assemblée législative. Cette loi permettait à un homme pourri de dettes de les rembourser à tempérament, sans risques de faire saisir ses biens par les créanciers. Par exemple : les créanciers étaient obligés d'accepter qu'une somme de 500 $ leur soit remboursée à raison de 10 $ par mois pendant 50 mois.

LOLLY n. m. (angl. lolly) ⊘
Cristaux ou fragments de glace en suspension dans l'eau ou flottant à sa surface. (Gaspésie)
Syn., voir : **frasil**.

LOMBRIL n. m. [#]
Nombril.
Syn., voir : **nambouri**.

LOMPE n. f.
Nom vulgaire de la grosse poule de mer.

LONGIS adj. inv.
Lent, lambin. (acad.)

LONGUE adj. f.
À l'année longue, à la semaine longue, à la journée longue : à longueur d'année, de semaine, de journée.

LONGUE DISTANCE n. m. (angl. long distance) ⊘
1. Appel téléphonique interurbain, interurbain. Faire un *longue distance*.
2. Déménagement *longue distance* : déménagement interurbain.

LONGUE-POINTE, SAINT-JEAN-DE-DIEU n. pr.
1. Hôpital psychiatrique créé à Montréal en 1843 et qui est devenu l'hôpital Hippolyte-Lafontaine en 1976.
2. *Un évadé de Longue-Pointe* : un fou qui devrait être interné.

LOOSE, LOUSSE n. et adj. (angl. loose) ⊘
1. Jeu, défaut de serrage. Serrer un écrou qui a du *loose*. [+++]
Syn. : **slack**.
2. Mou. Bander un câble qui est trop *loose*. [+++]
Syn. : **slack**.
3. En vrac. Autrefois on engrangeait le foin *loose* et non en balles. [+++]
4. En liberté, non attaché. Laisser un cheval *loose* dans un parc de l'écurie. [+++]

LOQUET n. m. (angl. locket) ⊘
Voir : **locket**.

LORETTAIN, AINE n. et adj.
Natif ou habitant de Loretteville, près de Québec ; de Loretteville.

LOT n. m. (angl. lot)
Terrain boisé concédé à un particulier qui devait le défricher et le mettre en culture. Après 1763, on a concédé des lots à défricher dans les *townships* ou *cantons*, en dehors des anciennes seigneuries.

LOT DE SURPLUS n. m.
Voir : **surplus**.

LOTO n. f.
Loterie, loto (n. m.). Acheter un billet de *loto*. Gagner le gros lot à la *loto*.

LOTTE n. f.
Baudroie (NOLF).
Syn. : **crapaud de mer**.

LOUIS n. m.
Pièce de monnaie valant quatre dollars et ayant encore cours au Canada au début du XXe siècle.

LOUISE n. f.
1. Mouche artificielle pour la pêche au lancer.
2. Mot péjoratif qui en 1982 a concurrencé le mot *Yvette* dans le domaine du sexisme.

LOUISEVILLIEN, IENNE ou
LOUISEVILLOIS, OISE n. et adj.
Natif ou habitant de Louiseville, en Mauricie ; de Louiseville.

LOUP n. m.
Voir : **noir comme**.

LOUPERIVOIS, OISE n. et adj.
Natif ou habitant de Rivière-du-Loup, dans le Bas-Saint-Laurent ; de Rivière-du-Loup.

LOUP-GAROU n. m.
Courir le loup-garou : courir la prétentaine.
Syn., voir : **galipote**.

LOUP MARIN n. m.
1. Phoque. C'est à la fin de l'hiver et au début du printemps que la chasse au *loup marin* est permise. (E 22-124)
Syn. : **seal**.
2. *Loup marin d'esprit* : phoque dont l'odorat serait particulièrement développé.
3. *Loup marin, loup de mer* : poisson, loup de l'Atlantique (Anarhichas lupus) (NOLF).

LOUSSE n. et adj. (angl. loose) ⊘
Voir : **loose**.

LOYER n. m.
1. [#] Logement. Laisser son *loyer*, se chercher un *loyer* plus grand.
2. *Être à loyer* : être locataire.

LUBARBE, LIBARBE n. f. [#]
Rhubarbe.

LUETTE n. f.
Fig. *Se mouiller, se rincer la luette* :
boire à l'excès, s'enivrer.
Syn., voir : **dalle** (sens 5).

LUMBERJACK n. m. (angl. lumberjack) ▣
Travailleur forestier. [++]
Syn. voir : **voyageur**.

LUMELLE n. f.
Voir : **alumelle**.

LUMIÈRE n. f.
1. [#] Ampoule électrique.
   Syn., voir : **pochette** (sens 2).
2. (Angl. traffic light) ▣ Feu de
   circulation. Installer une *lumière*
   à un croisement ; brûler une
   lumière coûte maintenant très
   cher.
3. Fig. *Perdre lumière* : perdre son
   sang-froid dans une discussion.

LUNCH n. m. (angl. lunch) ▣
1. Repas, casse-croûte. Apporter son
   lunch.
   Syn. : **manger**.
2. Voir : **boîte à lunch**.

LUNE n. f.
Marque blanche sur le front de bêtes
à cornes.
Syn., voir : **cœur**.

LUNE-DE-MIEL n. f. (angl. honeymoon)
Friandise faite d'une pâte sucrée au
miel, recouverte de chocolat et ayant
la forme d'une grosse pièce de
monnaie ou d'une lune.

LUNETTE n. f.
Dans une clôture de perches,
planche percée de deux trous et qui
coiffe deux piquets jumeaux pour les
empêcher de s'écarter l'un de l'autre.
(O 40-79)

LUTTER v. tr. et pron. (angl. to hit) ▣
Heurter, se heurter. En avançant
sans regarder, il a *lutté* un arbre, il
s'est *lutté* contre un arbre. (O 35-85)

LYRE n. f.
Rengaine. Chaque fois qu'il ouvre la
bouche, on entend toujours la même
lyre.

LYRER v. intr.
Pleurnicher, en parlant d'un enfant.
(surt. O 25-117)
Syn. : **chignasser**, **chigner**,
chignoler, **limer**, **limoner**, faire la
lippe, **lipper**, faire la **nippe**,
nipper, **pote**, **poter**, **rechigner**,
siroter.

LYREUX, EUSE n. et adj.
Pleurnicheur, boudeur.
(surt. O 25-117)
Syn. : **chigneur**, **limoneur**.

MACABLE adj.

Lourd, pesant. Le chariot à foin d'autrefois était *macable*.

MACHECOUÈCHE, MACHEKOUÈCHE n. m. (amér.)

Raton laveur. (acad.)
Syn., voir : **chat sauvage**.

MACHECOUI n. m. (amér.)

Écorce de bouleau servant à l'isolation des toits, des murs, en plus de servir à la construction des canots d'écorce. (acad.)

MACHECOUITER v. tr. (amér.)

Couvrir, isoler avec du *machecoui*. (acad.)

MACHINE n. f.

Automobile, auto, voiture. As-tu vu la belle *machine* qu'il s'est achetée ? Syn. : **char**.

MÂCHOIRES DE VIE, DE SURVIE n. f. pl. (angl. life jaw)

Instrument de désincarcération tenant à la fois des pinces coupantes, de la presse et du vérin d'écartement, utilisé pour dégager les accidentés de la route restés emprisonnés dans la ferraille.

MÂCHOUILLER v. tr.

Fam. en fr. Mâchonner, mâchiller. *Mâchouiller* son crayon.

MACKINAW n. m. (amér.)

1. Tissu de laine à carreaux servant à la confection d'une veste-chemise portant le même nom et où s'opposent le rouge et le noir. [+]
2. Veste-chemise de bûcheron ou de chasseur confectionnée dans un tissu de laine à carreaux qui porte le même nom et où s'opposent le rouge et le noir. [+]

MAÇONNE, MAÇOUNE n. f. [#]

Maçonnerie. Faire les fondations d'une maison en *maçonne*. [+++]

MAÇONNER v. tr.
Faire les parois d'un puits en bois. *Maçonner* un puits de bois (le plus souvent de thuya), le puits étant alors carré au lieu d'être rond.

MACOUCHAME n. m.
Voir : **mokouchan**.

MADAME n. f.
Jouer à la madame, jouer de la madame : jouer à la poupée (jeu de petites filles).
Syn. : **jouer à la maman**.

MADELEINEAU, MADELINEAU n. m.
Nom vulgaire du saumon mâle âgé de moins de cinq ans.

MADELINOT, OTE ; MADELINIEN, IENNE n. et adj.
Natif ou habitant des Îles-de-la-Madeleine ; des Îles-de-la-Madeleine. La forme féminine *madelinote* est loin d'être prisée par la gent féminine des Îles.

MADOUESSE n. m. (amér.)
Porc-épic. (acad.)

MAE WEST n. f. et m.
Variété de pâtisserie au chocolat vendue sous plastique en portion individuelle. Nom commercial.

MAFIEUX, EUSE adj.
Qui provient des activités de la mafia. Certaines grandes fortunes sont d'origine *mafieuse*.

MAGANÉ, ÉE adj.
Fatigué, exténué, affaibli. Il est rentré de l'hôpital très *magané*. [+++]
Syn., voir : **resté**.

MAGANER v. tr.
1. Fatiguer, affaiblir. Cette opération a bien *magané* son père. [+++]

2. Détériorer, endommager. Les enfants ont *magané* les fauteuils. [+++]
3. Maltraiter, rudoyer. Un vrai charretier ne *magane* jamais son cheval. [+++]
Syn., voir : **agoner**.

MAGASIN n. m.
1. Fig. Poitrine féminine plantureuse.
Syn. : **corniche, devanture, estomac, jabot, laiterie, paire de clochettes, tétonnière**.
2. *De magasin* : manufacturé, qui s'achète dans un magasin ; artificiel. Balai *de magasin*, dents *de magasin*.
3. *Magasin général* (angl. general store) : à la campagne, magasin où l'on peut trouver tout ce qui répond aux besoins courants. [+++]
4. *Magasin à rayons* (angl. department store) ◙ : grand magasin.

MAGASINAGE n. m.
Action de *magasiner*. Faire son, du *magasinage*.

MAGASINER v. intr.
1. Faire des courses, courir les magasins pour se renseigner avant d'acheter. *Magasiner* plusieurs heures sans acheter. [+++]
2. Fig. Faire l'amour. On dit que les jeunes d'aujourd'hui *magasinent* beaucoup mais *achètent* peu.

MAGASINEUR, MAGASINEUX, EUSE n.
Qui *magasine*, qui aime *magasiner* (sens 1 et 2).

MAGNYMONTOIS, OISE n. et adj.
Natif ou habitant de Montmagny, près de Québec ; de Montmagny.

MAGONNE n. f. (amér.)
1. Cristaux ou fragments de glace en suspension dans l'eau ou flottant à sa surface. (E 7-141)
Syn., voir : **frasil**.
2. Neige détrempée, souvent mêlée de sable et de sel, qui recouvre les trottoirs et les chaussées, névasse. (E 7-141)
Syn., voir : **slush**.
3. Boue détrempée, gluante. (E 7-141)
Syn., voir : **pigras**.
4. Varech et goémon utilisés comme engrais et que l'on ramasse avec une *pêche-magonne*. (acad.)

MAI n. m.
1. Mât fixé devant une maison, sur une place publique, et au sommet duquel on hisse un drapeau.
2. Petit sapin qu'on cloue au faîte d'une nouvelle construction.
Syn. : **bouquet** (sens 2).

MAIGRE adj.
D'une personne très maigre, on dira : maigre comme un *casseau*, un *charcois*, un *chicot*, un *coing*, un *épissoir*, un *foin*, un *hareng boucané*, un *manche à balai*, un *pic*, un *piquoir*, etc.

MAIGRECHINE, MAIGRICHINE n. et adj.
Maigrelet, un peu maigre. [+++]
Syn., voir : **maigrelin**.

MAIGRELIN, INE adj. [#]
Maigrelet, un peu maigre.
Syn. : **maigrechine, maigrichine**.

MAIGRETÉ n. f. [#]
Maigreur. Il était d'une *maigreté* inimaginable lorsqu'il est mort.

MAIGROUX n. et adj. [#]
Maigre. Enfant *maigroux*.

MAILLÉ n. m.
Jeune esturgeon noir de moins de cinq kilos. (O 30-100)
Syn. : **escargot**.

MAILLER (SE) v. pron.
Rester accrochées l'une à l'autre par les pare-chocs, en parlant d'autos qui se sont heurtées. (Gaspésie)

MAILLET n. m.
Macreuse à bec jaune.

MAIN n. f.
1. Gros pinceau ou brosse à blanchir au lait de chaux, queue de morue.
Syn. : **blanchissoir**.
2. *À la main, à main* : docile, surtout en parlant d'un cheval. [+++]
3. *Avoir les mains pleines de pouces* : être maladroit, manquer d'habileté pour prendre ou attraper quelque chose.
4. *Main chaude* : jeu de garçon où deux joueurs frappent à main ouverte et à tour de rôle la main de l'adversaire tendue vers lui. Le gagnant est celui qui a le plus d'endurance. [+++]
5. *Main de charrue* : plaque de fer percée de plusieurs trous et accrochée horizontalement à la *tête de chas* de la charrue pour permettre de régler la largeur du labour.
6. *Main de fer* : gros crochet fermé par un ressort auquel on accroche le seau à puiser de l'eau.
7. *Main de tabac* : petite botte de feuilles de tabac, manoque.
Syn. : **menoque, menotte, quenouillon**.
8. *Mains de beurre, mains de laine* : mains molles qui laissent tout tomber. [+++]

MAINETTE n. f.
Se dit d'un homme qui aide beaucoup sa femme pour le travail d'intérieur, le travail de maison.

MAINTIEN n. m.
Manche du fléau à battre les céréales.

MAISON n. f.
1. *Grande maison* : maison que l'on habite l'hiver, par opposition à *cuisine d'été, cuisinette, fournil,* habités l'été.
2. *Maison funéraire.*
Voir : **funérarium**.
3. *Maison mortuaire.*
Voir : **funérarium**.
4. *De maison.*
Voir : **vin de maison**.

MAIS QUE loc. conj. [#]
Quand, lorsque, dès que. *Mais que* tu viennes en ville, viens nous voir. [+++]

MAITE n. f. [#]
Pétrin, maie. Les *maites* sont de plus en plus recherchées par les marchands d'antiquités. (acad.)

MAÎTRE DE CÉRÉMONIE n. m.
Animateur d'un music-hall, d'un spectacle, d'une soirée.

MAKE'EM n. f. (angl. make'em) ◙
Voir : **rouleuse**.

MAL n. m.
1. Vx en fr. Le *haut mal* : l'épilepsie. [+++]
2. *Tomber d'un mal, tomber dans les mals* : avoir une crise d'épilepsie.
3. *Mal à main.*
Voir : **désamain**.
4. *Mal de bloc.*
Voir : **bloc**.
5. Au pl. *Mals de tête* : maux de tête. De temps à autre, il a des *mals de tête* !

MALADE adj.
1. *Être malade* : par euphémisme, avoir ses règles. [+++]
2. Fig. *La lune est malade* : il y a un halo autour de la lune, elle est cernée.
3. *Être malade pour* : avoir envie de. Son fils *est malade pour* aller travailler en ville.

MALADIE n. f.
1. Accouchement. La *maladie* de la voisine s'est très bien passée. [+++]
2. *Maladie des bûcherons, des doigts blancs* : maladie affectant les bûcherons qui utilisent la tronçonneuse mécanique ou *scie à chaîne* mais qui, connue sous le nom de *phénomène de Raynaud*, affecte tout ouvrier qui travaille avec des outils vibrants.
3. *Maladie du caisson* : maladie propre aux ouvriers qui travaillent sous l'eau dans les caissons où l'air est comprimé et qui se manifeste par des malaises et des évanouissements lorsque la décompression est trop rapide.

MALAPPRIS, ISE n. et adj.
Vx en fr. Mal élevé, sans éducation.

MALARD n. m.
Variété de canards sauvages que l'on rencontre dans les îles de Sorel et dans le bas du Saint-Laurent.

MALAVENANT, ANTE n. et adj.
Désagréable dans ses manières, hargneux, peu serviable. Un enfant *malavenant*.

MALAVENTURE n. f.
Vx en fr. Incident désagréable, mésaventure.

MALCOMMODE n. et adj.
1. Tapageur, dissipé, en parlant d'un enfant. [+++]
Syn., voir : **insécrable**.

2. Rare en fr. Acariâtre, qui manque de patience, en parlant d'un adulte.

MALCONTENT, ENTE adj. et n.
Vx, litt. ou rég. en fr. Mécontent, grincheux. Ils sont *malcontents* que leur fils soit allé travailler en ville.
Syn.: **marabout**.

MALÉCITE n. et adj.
Amérindien d'une tribu établie le long de la rivière Saint-Jean, dans le Nouveau-Brunswick et le Maine; relatif à ces Amérindiens.

MALEMUTE n. m. (mot inuit)
Race de chien utilisée par les Inuit.

MALENDURANT, ANTE adj.
Vx en fr. Grincheux, impatient, bourru, hargneux.

MAL-EN-TRAIN adj.
Souffrant, indisposé. Il ne sort pas, il est *mal-en-train*.

MALFAIT, AITE n. et adj.
Fig. Personne qui s'inquiète inutilement, qui entrevoit toujours le pire.

MALGRÉ QUE loc. conj.
Discuté en fr. Bien que, quoique. *Malgré qu*'il ait plu beaucoup, les rivières n'ont pas débordé.

MALICE n. f.
Vx en fr. Méchanceté, propension à faire du mal.

MALICIEUX, EUSE adj.
Vx en fr. Méchant, mauvais. Ne t'approche pas de cette maison, il y a là un chien *malicieux*.
Syn.: **malin** (sens 1).

MALIN, INE adj.
1. Vx en fr. Méchant, vicieux. Attention à ce chien, il est *malin*. [+++]
Syn.: **malicieux**.

2. Vx en fr. Irascible. Ne taquine pas grand-père, il est *malin*. [+++]

MALLE n. f. (angl. mail) ⊘
1. Poste, bureau de poste. Acheter des timbres à la *malle*.
2. Lettres, courrier. Dépouiller sa *malle*.
3. Facteur. La *malle* est-elle passée?

MALLER v. tr. (angl. to mail) ⊘
Poster, mettre à la poste. *Maller* une lettre, un colis.

MALOUINE n. f.
Voir: **bottes malouines**.

MALPATIENT, IENTE adj.
Impatient, mécontent. Depuis sa maladie, il est toujours *malpatient*.

MALPÈQUE n. f.
Variété d'huîtres provenant des huîtrières ou des bancs d'huîtres de Malpèque (Île-du-Prince-Édouard).

MAL-POGNÉ, ÉE n. et adj.
Mal pris, paumé, dans de mauvais draps.

MAMAN n. f.
Jouer à la maman, jouer de la maman: jouer à la poupée (jeu de petites filles).
Syn.: **jouer à la madame**.

MAMMEQUAI n. m.
Terrain bas et humide, marécage. (acad.)
Syn., voir: **savane**.

MANCHE n. m.
1. Tuyau de pipe. Remplacer le *manche* d'une pipe.
2. Fig. *Branler dans le manche*: être hésitant. Il n'est pas sûr qu'Untel vote pour nous, il *branle dans le manche*.
3. Fig. *Ne pas être un manche d'alêne*: être très compétent.

4. *Manche de ligne*: bâton de la canne à pêche. Aller se couper un *manche de ligne* dans l'érablière. (O 27-116)

MANCHON n. m.
1. [#] Mancheron. Les *manchons* d'une charrue. [+++]
2. Cylindre, corps d'une pompe à eau, à piston.

MANGE-CANADIEN, MANGE-CANAYEN n.
À l'époque où *Canadien* était synonyme de *Canadien français*, appellation péjorative donnée à ceux des *Canadiens français* qui abandonnaient langue et quelquefois religion et qui, pour se donner bonne conscience, critiquaient les *Canadiens* qui conservaient leur langue et leur religion.
Syn.: **mange-Québécois**.

MANGE-FLEURS n. m.
Colibri à gorge rubis, oiseau-mouche.

MANGE-MARINGOUINS n. m.
Engoulevent commun.
(surt. O 27-116)
Syn., voir: **chie-maringouins**.

MANGE-MERDE n. m.
Pétrel cul-blanc.

MANGE-QUÉBÉCOIS n.
Appellation péjorative que le Québécois francophone donne à ses compatriotes francophones qui critiquent sans arrêt les efforts faits au Québec dans les domaines linguistique, social ou économique. Cette appellation a pris la relève de *mange-Canadien*.
Syn.: **mange-Canadien**.

MANGER n. m.
Vx en fr. Nourriture, repas. Apporter son *manger* à son travail. [+++]
Syn.: **lunch**.

MANGER v. tr.
1. Recevoir, attraper. *Manger* un coup de poing en pleine figure.
2. *Manger de l'avoine, faire manger de l'avoine.*
Voir: **avoine**.
3. *Manger de la misère.*
Voir: **misère**.
4. *Manger des bêtises.*
Voir: **bêtise**.
5. Fig. *Manger le mastic*: en parlant d'un jeune garçon, regarder longuement par la fenêtre dans l'espoir de voir passer des jeunes filles.
Syn., voir: **châssis** (sens 4).
6. Fig. *Manger son bouton.*
Voir: **jeanne d'Arc** ou **lacordaire**.
7. *Manger une gratte.*
Voir: **gratte**.
8. *Manger une ronde.*
Voir: **ronde**.

MANGEUR, EUSE; MANGEUX, EUSE DE BALLE, DE BALLON, DE RONDELLE... n.
1. Fig. Dans les sports d'équipe, tout joueur qui ne passe pas la balle, le ballon, la *rondelle* à ses coéquipiers.
2. Fig. *Mangeur de balustre*: bigot, tartufe, individu qui feint la piété. [+++]
Syn.: **rongeur de balustre**.
3. *Mangeur-d'abeilles*: tyran tritri.
4. *Mangeur-de-cerises*: jaseur des cèdres.
5. *Mangeur-de-gadelles*: troglodyte familier.
6. *Mangeur-de-maringouins*: engoulevent commun.
Syn., voir: **chie-maringouins**.

MANIÈRE n. f.
Litt. en fr. *Une manière de* : une sorte de. *Une manière de* couteau, de penture, de sas.

MANIGANCEUX, EUSE n. et adj.
Qui fait des manigances, des combines, combinard.

MANIGAU n. m.
Bande de cuir ou de tissu qu'utilisent surtout les pêcheurs en eau salée pour se protéger les mains lorsqu'ils halent leurs lignes.

MANITOBAIN, AINE n. et adj.
Habitant ou natif du Manitoba ; du Manitoba.

MANIVOLLE n. f.
Poussière de farine dans les meuneries.

MANNE n. f.
Papillon de nuit. La nuit, les *mannes* s'écrasent contre les phares et les pare-brises des autos. (O 27-101)

MANQUE adv.
Ben manque, *pas manque* : beaucoup. Des *bleuets*, il y en a *ben manque* cette année. (Charsalac)

MANQUÉ, ÉE adj.
1. Fatigué, exténué, rendu au bout. Tous les soirs, il revient chez lui *manqué*. (E 127, 126) Syn., voir : **resté**.
2. Tari, en parlant d'un puits. (E 127, 126) Syn., voir : **séché**.

MANQUER v. tr. (angl. to miss) ◙
Faire cruellement défaut. Lorsqu'il est en voyage, il *manque* sa femme et ses enfants : sa femme et ses enfants lui font cruellement défaut, lui manquent. Au sens de « faire défaut », *manquer* n'est pas un verbe transitif.

MANTEAU n. m.
Petit sac de tissu incombustible qui entourait la flamme de certaines lampes d'autrefois et en augmentait l'éclat, manchon à incandescence. Syn. : **pochette**.

MARABOUT n. et adj.
Mécontent, grincheux, boudeur, irritable. Un homme *marabout*, une femme *marabout*. [+++] Syn. : **malcontent**.

MARACHE n. f. [#]
Maraîche, variété de requin qui fréquente le golfe du Saint-Laurent et les côtes de l'Atlantique. (E 7-141)

MARANDER (SE) v. pron.
1. Se pavaner, marcher avec affectation, pour se faire remarquer.
2. En parlant d'un cheval, avoir l'encolure rouée, arrondie.

MARÂTRE n. et adj.
Se dit d'un homme qui maltraite les animaux, plus particulièrement les chevaux. (E 28-101)

MARÂTRER, MARÂTER v. tr.
Maltraiter, rudoyer un animal. *Marâtrer* un cheval. (E 28-101) Syn., voir : **agoner**.

MARBRE n. m. (angl. marble) ◙
1. Bille à jouer. Le printemps, les enfants jouent aux *marbres*. [+++] Syn. : **marle**.
2. Péjor. Testicule, chez l'homme et les animaux. Syn., voir : **gosse**.

MARBRÉ, ÉE adj.
À robe tachetée. Une vache *marbrée*. Syn., voir : **caille** (sens 1).

MARC n. m. (prononcé ici mor)
Lie, particules solides qui se déposent au fond d'un liquide au repos, dépôt. On trouve souvent du *marc* au fond d'une bouteille de sirop. (O 28-100)
Syn., voir : **râche**.

MARCASSIN n. m.
Goret plus petit que les autres de la même portée.
Syn., voir : **ragot**.

MARCHAILLER v. intr.
1. Marcher ici et là, sans but précis, errer.
2. Marcher un peu. Après son accident, il n'a pas pu marcher pendant un mois, mais maintenant il *marchaille*.

MARCHAND, E n.
1. *Marchand de guenilles* : chiffonnier qui autrefois passait de porte en porte en criant : des guenilles à vendre ? [++]
Syn. : **ramasseur de guenilles**, **guenilloux** (sens 1).
2. *Marchand de tabac* : personne qui exploite un magasin de tabac, une *tabagie* (ROLF).
Syn. : **tabagiste**.
3. *Marchand général* : à la campagne, personne qui exploite un *magasin général*. [+++]

MARCHANT, ANTE adj.
Favorable à la marche, où il n'est pas fatigant de marcher. Chemin bien *marchant* ; route mal *marchante* parce qu'elle est enneigée.

MARCHE n. f.
Prendre une marche (angl. to take a walk) ⊘ : faire un tour, faire une promenade.

MARCHE ! interj.
Cri pour faire partir un cheval.
Syn. : **get up !**

MARCHE-DONC, MARCHEDON n. m.
Chaussure sans semelle faite de cuir ou de peau non tannée à la façon amérindienne. (Charsalac)
Syn., voir : **souliers de bœuf**.

MARCHEPIED n. m.
Pédale du rouet.
Syn., voir : **pédalier**.

MARCHER n. m.
Vx en fr. Manière de marcher, démarche. Notre voisin a un *marcher* de vieux.

MARCHER v. tr.
1. Parcourir, explorer à pied pour bien voir. Le géographe Raoul Blanchard *a marché* le Québec dans la décennie qui a précédé la guerre de 1939-1945.
2. Faire. Tous les jours, il *marche* cinq kilomètres pour aller à son bureau.

MARCHETTE n. f.
1. Bielle de la faucheuse mécanique qui communique le mouvement à la faux. (E 26-115)
Syn., voir : **tournebroche**.
2. Pédale, marche du métier à tisser, du rouet. [+++]
Syn., voir : **pédalier**.
3. Appareil roulant qui soutient les enfants qui apprennent à marcher, trotteur.
Syn., voir : **trotteuse**.
4. Support de métal permettant à des personnes âgées ou convalescentes de marcher sans risque de tomber.

MARCHEUSE n. f.
1. Sage-femme.
Syn., voir : **matrone**.

2. Appareil roulant qui soutient les enfants qui apprennent à marcher, trotteur.
Syn., voir : **trotteuse**.

MARCOU n. m.
1. Matou, chat mâle, entier. (O 27-116)
2. Fig. Homme très porté sur la chose.
Syn. : **matou**.

MARDI-GRAS n. m.
Personne masquée, déguisée, qui fête le mardi gras. [+++]

MARÉCHAL n. m.
Médecin vétérinaire, vétérinaire. La jument serait morte si le *maréchal* n'avait pas pu venir la soigner. [+++]
Syn. : **soigneur**.

MARÉE n. f.
1. Voir : **bois de marée**.
2. Fig. *La marée est haute* : remarque faite à la cantonnade à l'endroit de quelqu'un qui porte un pantalon trop court.
Syn. : **talons hauts, eau dans la cave, eau est haute**.
3. Fig. *Manquer la marée* : demeurer vieille fille, rester sur le carreau ; rater une belle occasion.
Syn. : manquer le **bateau**, manquer le **train**.
4. Fig. Grand nombre de personnes. Il y avait une *marée* de monde à cette assemblée politique.
Syn., voir : **tralée**.

MARET n. m. (diminutif de *marc*)
Lie, particules solides qui se déposent au fond d'un liquide au repos, dépôt, marc. Il y a du *maret* au fond de cette bouteille de sirop.
Syn., voir : **râche**.

MARGAU, MARGAULT n. m.
Fou de bassan. Les *margaults* sont nombreux à l'île Bonaventure. (E 18-132)

MARGELLE n. f.
Muret construit devant un soupirail et délimitant un enfoncement qui descend au-dessous du niveau du sol.

MARGOT n. f.
Ronce petit-mûrier. (acad.)
Syn., voir : **chicouté**.

MARGOUILLÈRE n. f.
Terrain bas et humide, marécage.
Syn., voir : **savane**.

MARGOUILLIS n. m.
Terrain bas et humide, marécage.
Syn., voir : **savane**.

MARGOULETTE n. f.
1. Gosier, pomme d'Adam. Il lui a serré la *margoulette*, et Pierre a cru qu'il l'étoufferait.
2. Mâchoire inférieure du cheval.

MARGUERITE n. f.
Espèce de panier de métal monté sur pieds, qui s'ouvre comme une fleur et qui est destiné à soutenir les légumes dans une casserole et à permettre une cuisson à la vapeur.

MARI n. f.
Marihuana.

MARIAGE n. m.
Mariage d'oiseaux : volée, bande d'oiseaux.
Syn. : **noce, voilier, volier**.

MARIE-CATAU n. f.
Femme mal habillée. (E 30-100)
Syn., voir : **Marie-quatre-poches**.

MARIE-QUATRE-POCHES n. f.
Femme mal habillée. [+++]
Syn. : **catau, Marie-catau, Marie-salope**.

MARIER v. tr.
Rég. en fr. Épouser, se marier à.

Mon père *a marié* maman il y a trente ans.

MARIE-SALOPE n. f.
Femme mal habillée.
Syn., voir : **Marie-quatre-poches**.

MARIGOT n. m.
Rég. en fr. Le long d'un cours d'eau, endroit bas sujet aux inondations et où pousse de l'*herbe à liens*, ou spartine pectinée. Ce régionalisme des régions tropicales vit aussi au Québec, région non tropicale.

MARINADES, MARINAGES n. f. pl.
Conserves végétales au vinaigre (cornichons, oignons, bettes, betteraves, etc.). [+++]
Syn. : **amarinades**.

MARINGOUIN n. m. (amér.)
Insecte piqueur (Culuidés) des pays chauds, et aussi des pays froids dont le Canada, et qui se reproduit dans les eaux stagnantes. [+++]

MARIONNETTES n. f. pl.
Aurore boréale. Les *marionnettes* sont visibles la nuit. (E 34-91)
Syn. : **clairons**, **lances**, **signaux**, **tirants**.

MARLE n. m. (angl. marble) ◙
1. Bille à jouer. Jouer aux *marles*.
   Syn. : **marbre**.
2. Voir : **merlot**.

MARLEAU n. m.
Bonbon à la menthe rond et strié de différentes couleurs.
Syn. : **picochine**.

MARLO n. m.
Alcool de fabrication domestique.
Syn., voir : **bagosse**.

MARLOUNE n. f.
Jeune fille d'un embonpoint remarquable.
Syn., voir : **toutoune**.

MARNOUCHE n. f.
Levier pour soulever les rondelles du poêle.
Syn., voir : **clef**.

MARQUER v. tr.
À la campagne et dans les quartiers populaires des villes, entrer, inscrire au compte d'un client. En principe, les clients qui font *marquer* règlent leur compte à la fin de chaque mois. [+++]

MARQUETTE n. f.
Voiture d'hiver à patins ajourés, à deux sièges et munie d'une caisse à deux *pieds* du sol. (Lanaudière)

MARQUEUR n. m.
Sorte de râteau servant à indiquer sur le terrain l'endroit où passeront les rangs.

MARRAINE DE BOIS n. f.
Contrairement à la marraine, la *marraine de bois* n'a pas de filleul au sens propre mais un filleul qu'elle choisit parmi ses neveux et nièces et vis-à-vis duquel elle se comporte comme une marraine véritable : cadeaux d'anniversaire, de Noël, etc.

MARSOUIN n. m.
1. *Blason pop.* Habitant de l'Île-aux-Coudres, dans Charlevoix.
2. Personne qui manque de sérieux, dont il faut se méfier.

MARTAGON, MATAGON n. m.
Lis tigré. (surt. Charsalac)

MARTYRE adv. [#]
Très, beaucoup. C'est beau *martyre* dans cette région ; la terre est riche *martyre* !

MARUCHE n. f.
Petite mare. (acad.)

MASCOU, MASCOUABINA n. m. (amér.)
Sorbier d'Amérique ; fruit du

sorbier. (E 25-117)
Voir : **cormier**, **maska**, **masko**,
maskouabina.

MASKA n. m. (amér.)
Voir : **mascou**.

MASKINONGÉ n. m. (amér.)
Poisson d'eau douce de la famille du
brochet, qui peut atteindre jusqu'à
deux mètres. [+++]

MASKO, MASKOUABINA n. m. (amér.)
Voir : **mascou**.

MASKOUTAIN, AINE n. et adj.
Natif ou habitant de Saint-
Hyacinthe, en Montérégie ; de Saint-
Hyacinthe. (D'après l'ancien nom de
cette ville : Maska.)

MASONITE n. m.
Matériau de construction vendu en
panneau ou en planche, à base de
fibres de bois mou ou dur reliées par
des résines. Marque de fabrique.

MASSE n. f.
1. Fam. en fr. *En masse* : beaucoup,
   très. Il y a des cerises *en masse*
   cette année.
2. Suffisamment, autant qu'il faut.
   De la nourriture, on en a *en
   masse* pour trente personnes.

MASSÉ, ÉE adj.
Compact, mal levé. Ce pain est
difficile à digérer, il est trop *massé*.
(O 27-116)
Syn., voir : **langui**.

MASSETTE n. f.
Typha à feuilles étroites ou à feuilles
larges.
Syn., voir : **quenouille**.

MASSIF, IVE adj.
Compact, mal levé. Ce pain n'est pas
mangeable, il est trop *massif*. [++]
Syn., voir : **langui**.

MATACHÉ, ÉE adj. (amér.)
À robe tachetée. Une vache
matachée. (acad.)
Syn., voir : **caille**.

MATACHIAS n. m. (amér.)
Broderies, rassades dont les
Amérindiens ornent leurs habits.

MATACHIER v. tr. et pron. (amér.)
Peindre des tissus, se peindre la
figure, le corps, en parlant des
Amérindiens.

MATANAIS, AISE n. et adj.
Natif ou habitant de Matane, en
Gaspésie ; de Matane.

MATANTE n. f.
Tante, en langage enfantin. Sa
matante Hélène est venue hier.

MATAPÉDIEN, IENNE n. et adj.
Natif ou habitant de la vallée de la
Matapédia, en Gaspésie ; de la
Matapédia.

MATELAS n. m.
Typha à feuilles étroites ou à feuilles
larges. (Beauce et acad.)
Syn., voir : **quenouille**.

MATELOT n. m.
1. Espèce de chemise portée par les
   écoliers d'autrefois, fermée à la
   taille par un élastique et cachant
   les bretelles.
2. Branche cassée qui est restée
   accrochée aux arbres, risquant
   ainsi de tomber sur quelqu'un.
   Syn. : **faiseur de veuves**.
3. Voir : **biscuit matelot**.

MÂTER v. tr. et pron.
1. Dresser. *Mâter* une échelle contre
   un mur. [+++]
2. Se cabrer. Le cheval *s'est mâté* et
   a désarçonné son cavalier. [+++]

3. Fig. Se fâcher, s'emporter.
Chaque fois qu'on parle de
politique avec lui, il *se mâte*. [+++]

MÂTEREAU, MONTEREAU n. m.
1. Appareil de levage, palan servant
à monter les matériaux de
construction.
2. Treuil constitué d'une bille de bois
horizontale que l'on fait tourner
pour soulever et pendre l'animal
de boucherie abattu.
3. Treuil d'un puits.
Syn., voir : **dévidoir** (sens 1).

MATIÉRER v. intr.
Laisser écouler du pus, de la matière,
produire du pus, suppurer. Une plaie
qui continue à *matiérer*.

MATIÉREUX, EUSE adj.
Qui produit de la matière, du pus.
Un clou *matiéreux*.

MATIN adj. inv. [#]
Matinal. Tiens, tu es *matin*
aujourd'hui !

MATINÉE n. f.
Vx en fr. Déshabillé féminin du
matin.

MATINEUX, EUSE adj. et n.
Vx en fr. Qui a l'habitude de se lever
tôt, matinal. [++]

MATOU n. m.
Pop. en fr. Homme très porté sur la
chose.
Syn. : **marcou** (sens 2).

MATRONE n. f.
1. Vx en fr. Sage-femme.
Syn. : **bonnefemme, capuche,
chasse-femme, chassepinte,
grafigneuse, marcheuse,
pelle-à-feu, scie de travers,
scie ronde, soigneuse.**

2. Femme qui porte l'enfant
présenté au baptême.
Syn. : **baboche, porteuse.**
3. Dans les prisons de femmes,
surveillante.

MAUDIT adv. [#]
1. Très. On a eu un *maudit* beau
sermon.
2. *En maudit* :
a) Beaucoup, très. Il y avait du
monde *en maudit* dans
l'église ; il fait froid *en maudit*.
b) En colère. Il était *en maudit*
contre tout le monde.

MAUDITEMENT adv.
Très, beaucoup. Il est *mauditement*
fou de quitter femme et enfants.

MAURICE-RICHARD n. pr. m.
Centre sportif dans l'est de
Montréal. La rénovation de *Maurice-
Richard* est terminée.

MAURICIANA n. m. pl.
Documents relatifs à la Mauricie,
région dont la ville principale est
Trois-Rivières.

MAURICIEN, IENNE n. et adj.
Natif ou habitant de la Mauricie ; de
la Mauricie.

MAUVE n. f.
Goéland à bec cerclé. [+++]

MAXI n. f.
Billet de maxi loto. As-tu ta *maxi* ?

MCINTOSH n. f.
Variété de pommes à couteau. [+++]

MÉCHANT n. m.
Pus. Il faut presser la bosse pour
faire sortir le *méchant*.

MÉCHANT adj.
1. *Méchant goût* : goût mauvais,
désagréable. [+++]
2. *Méchant numéro* : mauvais
numéro (de téléphone). [+++]

3. *Méchant temps* : mauvais temps. [+++]
4. *Faire méchant* : faire mauvais temps. [+++]

MÈCHE n. f.
1. *Une mèche* : longtemps. Ça fait *une mèche* qu'on l'attend. [+++]
2. *À une mèche* : loin, à une grande distance. Sept-Îles, c'est *à une mèche* de Québec. [+++]
Syn. : **pipe**.

MÉCHINOIS, OISE n. et adj.
Natif ou habitant des Méchins, en Gaspésie ; des Méchins.

MÉDÉ n. m. (angl. middy) ⊘
Voir : **middy**.

MÉDECINE n. f.
Vx et rég. en fr. Médicament, remède. Il ne part jamais sans apporter ses *médecines*.

MÉGAILLÈRE, MIGAILLÈRE n. f.
Ouverture d'une jupe. (acad.)

MÉLAMINE n. f.
Matériau à base de particules de bois recouvertes d'une matière plastique. Armoires de cuisine, bibliothèque en *mélamine*.

MÊLANT, ANTE adj.
1. Compliqué, confondant, où l'on se perd. Circuler en ville en auto, c'est *mêlant* à cause des sens uniques.
2. *C'est pas mêlant* : c'est clair, c'est facile, c'est certain.

MÉLASSE n. f.
Fig. *Être dans la mélasse* : être dans une situation inconfortable, en parlant d'un parti politique, d'un individu.

MELBA n. f.
Variété de pommes à couteau.

MÊLÉ, ÉE p. adj.
Être mêlé, être mêlé dans ses papiers : se tromper, être embrouillé, être perdu dans ses idées.

MEMBRE n. m.
Patin d'un traîneau. Réparer l'un des deux *membres* d'un traîneau. [+++]
Syn. : **runneur**.

MÊME adj. [#]
1. *De même* : de cette façon, ainsi, alors. *De même*, tu restes avec nous !
2. *De même* : semblable, pareil, tel. Qui pourrait croire une histoire *de même* ?

MÊMEMENT adv.
Vx en fr. De même, pareillement, aussi. (acad.)

MÉMÉRAGE n. m.
Action de *mémérer*.
Syn., voir : **placotage**.

MÉMÈRE n. f.
Pop. en fr. Grand-mère, grand-maman. [+++]

MÉMÉRER v. intr.
Commérer, bavarder, faire des racontars. Les personnes désœuvrées occupent souvent une partie de leur temps à *mémérer*.
Syn. : **placoter**.

MÉNAGE n. m.
1. Vx en fr. Meubles nécessaires à la vie domestique. Vendre son *ménage* pour en acheter un neuf. Syn. : **butin** (sens 1), **gréement** (sens 2).
2. *Faire le ménage* : soigner les animaux de la ferme. (Charsalac) Syn. : **train**.

MÉNAGER, ÈRE adj. et n.
Vx en fr. Économe, qui économise. Il

peut bien être riche, il est *ménager*, il ne dépense jamais un sou. [+++]

MÉNAGÈRE n. f.
Servante de curé. Tiens, le curé qui part en ballade avec sa *ménagère*! Syn.: **engagère, fille engagère**.

MENASSE n. f. [#]
Mélasse.

MÉNÉ n. m. (angl. minnow) ◙
1. Nom vulgaire des cyprins utilisés comme appât pour la pêche. [+++] Syn., voir: **blanchaille**.
2. *Méné de vase*: nom vulgaire de l'umbre de vase.

MENETTE n. f.
1. Péjor. Petit garçon qui aime jouer à la poupée. (E 28-101) Syn., voir: **catiche**.
2. Péjor. Homme qui a des manières efféminées. [+] Syn., voir: **fifi**.
3. Main d'enfant, menotte. [++] Syn., voir: **menouche**.

MENICHE n. f.
Main d'enfant, menotte. Syn., voir: **menouche**.

MENIQUE n. m.
Individu ivrogne, sans éducation.

MENOCHE n. f.
Voir: **menouche**.

MENOIRES n. f. pl.
1. Brancard formé de deux prolonges entre lesquelles est attelé un cheval. (E 36-86) Syn.: **travail**.
2. *Menoires traînantes*: brancard fait de deux fortes prolonges souvent ferrées, recourbées et réunies par une traverse ou sommier qui porte le pied de la grume à débusquer, ou qui sert à transporter des provisions en forêt. Syn., voir: **bacagnole**.
3. Fig. *Ruer dans les menoires*: ruer dans les brancards, protester, regimber. (E 27-116) Syn.: **bacul** (sens 6).

MENOTTE n. f.
1. Mitaine, c'est-à-dire gant qui laisse à découvert les deux dernières phalanges des doigts et que portent les campagnardes pour le travail au grand air, au soleil. [+++]
2. *Menotte, menoque* de tabac. Voir: **main de tabac**.

MENOUCHE n. f.
Main d'enfant, menotte. Syn.: **menette, meniche, menoche**.

MENTERIE n. f.
1. Vx et rég. en fr. Mensonge. Le menteur est celui qui conte des *menteries*. [+++]
2. Fig. Boule de papier sur laquelle on commence une pelote de laine.

MENTEUSE n. f.
1. Carré de tissu brodé, empesé, attaché aux poteaux de la tête du lit et destiné à cacher les oreillers. Syn.: **hypocrite, toilette, trompeuse**.
2. Pâtisserie formée d'une pâte enveloppant complètement le fruit ou la confiture qu'elle contient.

MENUTÉE n. f.
Bonbon, friandise. Les grands-parents donnent souvent des *menutées* à leurs petits-enfants. (Lanaudière)

MER n. f. [#]
1. Appellation usuelle du Saint-Laurent par les riverains, là où se

fait sentir la marée, c'est-à-dire en aval de Trois-Rivières.
Syn. : **fleuve**.

2. Vagues. Pour la traversée du golfe du Saint-Laurent et de l'Atlantique, nous avons eu beaucoup de *mer*.

MERCURE n. m.
Récompense accordée à la suite des *Mercuriades*.

MERCURIADES n. f. pl.
Grand concours créé en 1981 par la Chambre de commerce du Québec et destiné à souligner le succès d'une entreprise dans le monde des affaires en lui décernant le *mercure* de l'année. Il existe aussi des *mercures* sectoriels.

MÈRE-CANARD n. f. [#]
Cane, femelle du canard.

MÈRE-COCHON, MÈRE-COCHONNE n. f. [#]
Voir : **cochonne**.

MÈRE-DINDE n. f. et m. [#]
Femelle du dindon, dinde.

MÈRE-LAPINE n. f. [#]
Femelle du lapin, lapine.

MÈRE-LIÈVRE n. f. [#]
Femelle du lièvre, hase.

MÈRE-MOUTON, MÈRE-MOUTONNE n. f. [#]
Femelle du bélier, brebis.
Syn. : **moutonne**.

MÈRE-ORIGNAL n. f. [#]
Orignal femelle, élan du Canada femelle. [+++]
Syn. : **vache-orignal**.

MÈRE-OURS n. f. [#]
Ours femelle, ourse.

MÈRE-TRUIE n. f. [#]
Voir : **cochonne**.

MERISE n. f.
Fruit du cerisier de Pennsylvanie, appelé ici *petit merisier*. [+++]

MERISIER n. m.
1. Bouleau des Alléghanys, bouleau jaune. [+++]
2. *Merisier rouge* : bouleau flexible.

MERISIÈRE n. f.
Endroit où poussent des *merisiers* ou bouleaux des Alléghanys.

MÉRITER (SE) v. pron. [#]
Mériter. *Se mériter* une récompense, un prix (langue de la radio et de la télévision).

MERLAN n. m. [#]
Merluche ; merlu argenté (NOLF).

MERLE, MERLE-CHAT n. m.
Moqueur-chat qui imite à la perfection le miaulement du chat.

MERLÈCHE, MERLÈSE n. f. [#]
Femelle du merle, merlette. (acad.)
Syn. : **merluche**.

MERLOT, MARLOT n. m.
Vaurien. Celui-là, c'est un beau *merlot*, méfie-toi de lui !
Voir : **marle** (sens 2).

MERLUCHE n. f.
1. *Oiseau*. Femelle du merle, merlette.
Syn. : **merlèche**.
2. *Poisson*. Merlu argenté (NOLF).

MERLUCHON n. m.
Merluche (NOLF).

MERRY-GO-ROUND n. m. (angl. merry-go-round) ◙
En forêt, piste tracée autour d'une étendue d'arbres à abattre et qu'on utilisera pour le débusquage, virée.
Syn., voir : **revirée**.

MESSE n. f.
1. *De messe* : du dimanche. Pour

aller aux noces, il a mis ses habits de *messe*.
Syn. : **propre**.
2. *Il y a du monde à la messe* : façon amusante, ironique, de dire qu'il y a affluence de personnes (à une assemblée politique, à une partie de hockey, à l'inauguration d'un centre commercial, etc.)

MESSIE n. m.
Vulg. *Attendre le Messie* : être enceinte, attendre un enfant. [+++]

MÉTHODE n. f.
Troisième année d'études de l'ancien *cours classique* ou cours secondaire d'une durée de huit ans. Quelques rares collèges de la région de Montréal offraient un cours de sept ans, sans la *méthode*.

MÉTIVER v. tr.
Moissonner à la faucille ou à la faux ; faire la moisson. (acad.)

MÉTIVES n. f. pl.
Moisson, temps de la moisson. Les *métives* sont enfin finies. (acad.)

METS-TA-MAIN n. m.
Péjor. Sobriquet donné aux frères.
Syn., voir : **corbeau** (sens 3).

METTE GERMAIN loc. adj.
Voir : **remué de germain**.

METTRE v. tr.
1. Vulg. Posséder sexuellement.
Syn., voir : **peau** (sens 5).
2. *Mettre à pied* : licencier. Quand un employeur a des ouvriers en surnombre, il lui faut les *mettre à pied*.
3. *Mettre la pédale douce*.
Voir : **pédale**.

MEULE DE SUCRE n. f.
Gros pain de sucre d'érable ayant la forme d'un cône, d'une meule de foin.
Syn. : **gargouche**, **ingot**, **pinoche**.

MEUNIER NOIR n. m.
Nom vulgaire du catostome noir.

MEURLING n. m.
Ancien refuge de nuit pour les *robineux* ou clochards à Montréal.

MIAULE n. m. [#]
Miaulement du chat.

MI-CARÊME n.
Personne masquée, déguisée, qui passe de porte en porte pour fêter la mi-carême. [+++]

MICHEL n. m.
Voir : **saint-michel**.

MICMAC, MICMAQUE n. et adj.
1. Amérindien d'une nation autochtone du Québec comptant 2 650 personnes dont 80 % habitent trois villages de la Gaspésie ; relatif aux Amérindiens de cette nation.
2. Appellation péjorative du parler populaire des Franco-Américains de la Nouvelle-Angleterre.
3. Mélange confus et désordonné, méli-mélo. Dans le grenier, on ne trouve rien, c'est un vrai *micmac*.

MICOUENNE n. f. (amér.)
1. Louche en bois utilisée surtout à la *cabane à sucre* comme écumoire ou pour mouler le sucre d'érable. (O 25-117)
Syn. : **braoule**, **gargouche**, **mouvette**, **palette** (sens 1).
2. *Lécher la micouenne*.
Voir : **lécher**.

MICOUENNÉE n. f. (amér.)
Contenu d'une *micouenne* ou louche. Une *micouennée* de soupe.
(O 25-117)

MIDDLING n. m. (angl. middling) ⊘
Mélange de sous-produits du blé destiné à la nourriture des animaux.

MIDDY, MÉDÉ n. m. (angl. middy) ⊘
Vêtement de jeu, genre de chemise, fermé à la taille par un cordon et porté autrefois par les petits garçons.

MIETTON n. m. (O 36-86)
Voir : **trempette**.

MIGAILLÈRE n. f.
Voir : **mégaillère**.

MIGNONNETTE n. f.
Réséda odorant. [+++]

MIKADO n. m.
Voiture hippomobile élégante, à quatre roues et à deux sièges.

MIL n. m.
Vx en fr. Nom vulgaire de la fléole ou phléole des prés, graminée très cultivée, souvent avec le trèfle rouge. [+++]

MILIEU n. m.
1. Clôture ou fossé qui sépare une terre sur la longueur en deux parties égales.
Syn. : **refente**.
2. *Milieu de barge, de canot* : rameur d'une embarcation, par opposition au *devant* (commandant) et à l'*arrière* (aide du commandant).

MILL, MILLIN n. m. (angl. mill) ⊘
La millième partie du dollar canadien. Il arrive encore aux conseillers municipaux de n'augmenter les taxes que de quelques *mills* ou *millins*.

MILLAGE n. m.
Nombre de *milles* terrestres parcourus, nombre de *milles*

indiqués par l'odomètre d'une auto. [+++]

MILLE n. m.
Mesure de longueur valant 5 280 *pieds*, soit 1 609 mètres ; mesure de surface.

MILLER, ÉMILLER, EMMILLER v. tr.
Semer du *mil*, fléole ou phléole des prés.

MILLEUSE n. f.
Semoir manuel à *mil*, fléole ou phléole des prés. [+++]

MILLIN n. m. (angl. mill) ⊘
Voir : **mill**.

MINE n. m. [#]
Minet, petit chat, minou.

MINE n. f.
Mine de plomb dont on se sert pour polir les poêles, les fourneaux et leur refaire une beauté. [+++]

MINER v. tr.
Polir avec de la mine de plomb un poêle, un fourneau, une cuisinière. [+++]

MINI n. f.
Billet de mini loto. As-tu ta *mini* cette semaine ?

MINISTRE n. m.
Fouet pour bœufs ou chevaux.

MINNOW n. m. (angl. minnow) ⊘
Voir : **mené**.

MINOT n. m.
Mesure de capacité pour les grains, les matières sèches, valant 34 *livres*, soit 15,4 kilos.

MINOTER v. intr.
Rendre bien, être abondant. Les pommes de terre *minotent* cette année. [+++]

MINOU n. m.
1. *Minou, petit minou* : saule

discolore ou saule de Bebb, dont
les bourgeons éclatent fin mars ;
les bourgeons eux-mêmes. [+++]
2. Chenille. Le pommier est plein de
minous. (Beauce)
3. Chat adulte. [+++]
4. Au pl. Minous.
Voir : **nounour**.

MINOUCHE n. f.
Caresse avec la main. On dira à un
petit enfant, viens me faire une
minouche. [+++]

MINOUCHER v. tr. et pron.
1. Caresser, prodiguer des caresses.
Minoucher un enfant, un chat.
2. Fig. Flatter quelqu'un pour
obtenir une faveur.
3. Se passer la main sur la figure.
Lorsqu'il a à répondre à une
question difficile, il *se minouche*
la joue gauche pendant plusieurs
secondes avant d'ouvrir la
bouche.

MINOUNE n. f.
1. Chatte, femelle du chat. [+++]
2. Partie brune de la graisse de rôti.
Syn., voir : **branlant**.
3. Vieille auto tout juste bonne pour
la casse. S'il y avait moins de
minounes sur les routes, il y
aurait moins d'accidents. [+++]
Syn., voir : **bazou**.

MINUIT n. f.
La messe de minuit à Noël. Être trop
malade pour aller à la *minuit*.

MIQUELON n. m.
1. Alcool de contrebande ayant
transité par les îles françaises de
Saint-Pierre et Miquelon. Boire du
miquelon.
2. Alcool de fabrication domestique.
Syn., voir : **bagosse**.

MISE n. f.
Mèche d'un fouet. [+++]

MISÈRE n. f.
1. *Avoir de la misère* : avoir de la
difficulté. *Avoir de la misère* à
finir un travail, à marcher. [+++]
2. *Manger de la misère* : être dans le
malheur, dans la gêne, dans des
difficultés extrêmes.
3. *Faire de la misère* : faire des
misères, des ennuis à quelqu'un.

MISSISSIPI n. m.
Jeu qui se joue sur une longue table
rectangulaire avec des rondelles de
bois. Le *mississipi* est encore
populaire.

MITAINE n. f.
1. Vx et rég. en fr. Moufle couvrant
entièrement la main, sans
séparation pour les doigts sauf
pour le pouce. Mettre des *mitaines*
pour travailler au froid. [+++]
Syn. : **mitasse**.
2. Sports. Au hockey, gant que porte
le gardien de but à la main
gauche pour attraper la *rondelle*
au vol.
3. *Aller comme une mitaine* :
convenir, aller comme un gant.
Habillé en père Noël, ça lui *allait
comme une mitaine*.
4. *À la mitaine* : à la main. Faire du
beurre *à la mitaine*. [++]
5. Fig. Se dit de quelqu'un qui
change facilement d'idée, dont les
convictions ne sont pas solides. Il
y a eu beaucoup de *mitaines* lors
de la dernière élection. [+++]
Syn., voir : **vire-capot**.
6. Temple protestant (angl. meeting
house) ◙ . [+++]

MITAN n. m.
Vx et rég. Milieu. Le *mitan* d'un

chemin, de la journée, de la nuit, de la cuisine.

MITASSE n. f. (amér.)
1. Moufles que l'on met pour se protéger les mains contre le froid. Syn.: **mitaine**.
2. Jambière de toile.

MITON n. m.
1. Chausson de laine tricotée que porte un bébé avant ses premiers pas.
Syn., voir: **patte**.
2. Pain émietté, tranche de pain dans du lait.
Syn., voir: **trempette** (sens 1).

MITONNER v. intr.
Mettre des morceaux de pain dans la soupe.

MIUF n. f.
Sigle. *M*ousse *i*solante d'*u*rée-*f*ormol utilisée pour l'isolation des maisons et qui dégageait des vapeurs très nocives. La *miuf* a obligé des centaines de familles à abandonner leur maison.

MOCASSIN n. m. (amér.)
Chaussure en peau d'orignal, de chevreuil, non tannée, qui se porte pour faire de la raquette sur la neige. Syn.: **pichou** (sens 2).

MOCASSIN-SLEIGH n. m.
Voir: **bobsleigh**.

MOCAUQUE n. m. (amér.)
1. Terrain bas, humide, marécageux. (acad.)
Syn., voir: **savane**.
2. Partie de forêt incendiée, brûlis où poussent des *mocauques* ou airelles canneberges. (acad.)
Syn.: **brûlé**.
3. Airelle canneberge qui pousse dans les *mocauques*. (acad.)
Syn.: **atoca**.

MODISTE n. f. [#]
Couturière. Madame X gagne sa vie comme *modiste*.

MOGUE n. f. (angl. mug) ◙
Voir: **mug**.

MOHAWK n. et adj.
Amérindien, appelé autrefois *Iroquois*, membre d'une nation autochtone du Québec comptant 10 500 personnes dont plus de 90 % habitent trois villages de la région de Montréal; relatif aux Amérindiens de cette nation. On dit: une Mohawk, des projets mohawks, des écoles mohawks.

MOINDREMENT adv.
Le moindrement: un tant soit peu, quelque peu. S'il avait travaillé *le moindrement*, il aurait réussi.

MOINE n. m.
1. Toupie en bois plein, de fabrication domestique. Le *moine* était un jouet de printemps. [+++]
2. Machine servant à creuser une tranchée où seront enfouis des tuyaux de drainage.
3. Vulg. Organe de copulation chez l'homme et les animaux.
Syn., voir: **pine** (sens 5).

MOINEAU n. m.
Sorte de petite auge qui se place sur l'épaule et qui, dans les chantiers de construction, sert à transporter des briques, du mortier; oiseau (de maçon).

MOKOUCHAN, MACOUCHAME n. m. (amér.)
1. Chez les *Montagnais*, fête rituelle, festin à l'ours accompagné de danses.
2. Chez les hommes de bois et les trappeurs, mélange de toutes les

viandes disponibles pour en faire une sorte de ragoût.

MOLETTE n. f.
Molette du genou : rotule.
Syn. : **boulette**, **palette**.

MOLLASSE n. f.
Terrain humide, marécageux. (acad.)
Syn., voir : **savane**.

MOLLE n. f. (angl. Molson)
Bière fabriquée par la compagnie Molson. Le nom du fabricant s'abrégeant, on boit de la *molle*, on commande une grosse ou une petite *molle*.

MOLLIÈRE n. f.
Endroit humide, fondrière. (E 36-86)

MOLSON, MOSSEUL n. m. (angl. muscle) ⬚
Voir : **muscle**.

MONDE n. m.
1. *Grand monde* : grandes personnes. On habitue les enfants à ne pas déranger le *grand monde*. [+++]
2. *Pas en monde* : beaucoup. Untel boit *pas en monde*.

MONNAIE n. f.
Fig. *Prendre toute sa petite monnaie* : devoir utiliser toutes ses forces. Ça va lui *prendre toute sa petite monnaie* pour transporter cette armoire.
Voir : **change**.

MONONCLE n. m.
Oncle, en langage enfantin. Mon *mononcle* est venu hier.

MONSIEUR n. m.
1. Homme franc, loyal, honnête. Untel, c'est un *monsieur*.
2. Porc qu'on engraisse et qu'on tue pour les besoins domestiques.

Notre *monsieur* est presque à point pour l'abattage.
3. Taureau ou verrat. Conduire une vache ou une truie au *monsieur*.
Syn., voir : **banal**.
4. *En monsieur* : facilement, très bien. Il a ouvert un garage au village et il gagne sa vie *en monsieur*.

MONTAGNAIS, AISE n. et adj.
Amérindien d'une nation autochtone du Québec comptant 8 090 personnes dont plus de 90 % habitent neuf villages : un près de Schefferville, un près de Roberval et sept sur la Côte-Nord à l'est du Tadoussac ; relatif aux Amérindiens de cette nation.

MONTAGNAISES n. f. pl.
Raquettes à neige de forme ovale, utilisées dans les endroits boisés et sur la neige épaisse.

MONTAGNE n. f.
Fig. Difficulté insurmontable. Dans son état dépressif, passer une semaine tout seul lui paraît une *montagne*.

MONTAGNE-VERTE n. f.
Variété de pomme de terre hâtive.

MONTANT n. m.
1. Fût de la raquette à neige.
Syn., voir : **monture**.
2. Vx en fr. Flux de la marée. Le *montant* de la marée s'oppose au *baissant*.
3. Croissant. Le *montant* de la lune.
4. *En montant* : plus de, et plus. Cela devrait coûter dix dollars *en montant*.

MONTÉE n. f.
1. À la campagne, chemin public faisant communiquer deux *rangs*. (O 36-85)
Syn. : **route**.

2. Chemin privé qui va du chemin public à la maison et même jusqu'au bout de la terre.

MONTER v. intr.
1. *Monter au bois, monter aux chantiers*: aller travailler en forêt comme bûcheron.
2. *Monter dans les rideaux*.
   Voir: **rideau**.

MONTEREAU n. m. [#]
Voir: **mâtereau**.

MONTÉRÉGIANITE n. f.
Nom d'un minéral découvert au mont Belœil, l'un des monts *montérégiens* de la région de Montréal.

MONTÉRÉGIEN, IENNE adj.
Relatif aux huit monts de la plaine de Montréal: Royal, Saint-Bruno, Belœil, Rougemont, Yamaska, Shefford, Brome et Saint-Grégoire.

MONTRE n. f.
Voir: **salle de montre**.

MONTURE n. f.
Fût de la raquette à neige.
Syn.: **frame**, **montant**, **tour**, **tourage**.

MOONSHINE n. m. (angl. moonshine) ◙
Alcool de fabrication domestique. (O 25-117 et acad.)
Syn., voir: **bagosse**.

MOP n. f. (angl. mop) ◙
1. Balai à franges pour enlever la poussière. [+++]
2. Balai à franges longues pour laver le plancher. [+++]
   Syn., voir: **vadrouille**.

MOPE n. f. (angl. mope) ◙
Avoir la mope: être de mauvaise humeur, être contrarié, bouder. [+++]

MOPÉ, ÉE adj. (angl. to mope) ◙
De mauvaise humeur, maussade.

MOPER v. tr. (angl. to mop) ◙
1. Laver à la *mop*, c'est-à-dire au balai à franges longues. [+++]
2. Enlever la poussière à la *mop*, c'est-à-dire au balai à franges.

MORCEAU n. m.
1. Argot de la pègre. Arme (couteau, pistolet, fusil).
2. *Morceau des dames*: croupion d'une volaille, morceau particulièrement délicat que l'on offre aux dames.
   Syn., voir: **troufignon**.

MORDÉE n. f. [#]
1. Morsure, lésion faite avec les dents. Le chien lui a pris une *mordée* au mollet. [+++]
2. Bouchée. Louis a pris une *mordée* dans la pomme.

MORDEUR n. m. (angl. murder) ◙
Crier mordeur: dans des jeux, dans les batailles entre garçons, demander grâce à son adversaire en disant d'une voix forte *mordeur*!

MORDURE n. f. [#]
Morsure.

MORFILER v. tr.
Aiguiser, affûter, affiler. *Morfiler une faux*. (Beauce)
Syn., voir: **enfiler**.

MORFONDRE v. tr. et pron.
Épuiser, ruiner la santé en dépassant la limite raisonnable. Ce cheval ne vaut plus rien, on l'a *morfondu* dans les chantiers forestiers. Paul *s'est morfondu* dans sa jeunesse.

MORFONDU, UE p. adj.
Épuisé, à bout de force, brûlé. Quand il est rentré de sa journée de travail, il était *morfondu*.
Syn., voir: **resté**.

MORFONDURE n. f.
Épuisement physique dû à un excès de travail. Celui qui a eu la *morfondure* une fois a perdu la moitié de sa capacité.

MORNE n. m.
Montagne isolée de forme arrondie aux Antilles, à la Réunion, à Saint-Pierre-et-Miquelon et aussi au Québec.

MORON n. m.
Voir : **mouron**.

MORPIONNER (SE) v. pron.
Se couvrir, en parlant du ciel. [++]
Syn., voir : **chagriner**.

MORTEL adv.
Très, beaucoup. On a eu une *mortel* belle journée pour le pique-nique.

MORTELLE n. f. [#]
Voir : **immortelle**.

MORTOISE n. f. [#]
Mortaise.

MORTOISER v. tr. [#]
Mortaiser, faire une mortaise. *Mortoiser* une pièce de bois.

MORUE BARBUE n. f.
Merluche (NOLF).

MORVIAT n. m. [#]
Gros crachat, morveau. [+++]

MOSSEUL, MOLSON n. m. (angl. muscle) Ⓢ
Voir : **muscle**.

MOTELIER, IÈRE n. et adj.
1. Personne qui tient un motel. Les *moteliers* du Québec ont tenu leur congrès à Montréal.
2. Relatif aux motels. L'industrie *motelière* est très prospère en Amérique du Nord.

MOTONEIGE n. f.
Véhicule à une ou deux places avec skis à l'avant et chenille à l'arrière. Les *motoneiges* sont un peu moins populaires qu'il y a quelques années. [+++]
Syn. : **Ski-Doo** (marque déposée).

MOTONEIGISTE n.
Personne qui pratique la *motoneige*. Un club de *motoneigistes*. [+++]

MOTTANT, ANTE adj.
Se dit d'une neige molle qui se met facilement en boule. De la neige *mottante*.
Syn., voir : **pelotant**.

MOTTE n. f.
Boule de neige. Les enfants aiment lancer des *mottes* de neige.
Syn., voir : **balle**.

MOTTELON n. m.
Grumeau dans une sauce.
Syn., voir : **motton** (sens 1).

MOTTER v. tr. et pron.
Lancer des *mottes*, c'est-à-dire des boules de neige. Les enfants aiment *se motter* lorsque la neige est molle. (Région de Québec)
Syn. : **peloter**.

MOTTON n. m.
1. Vx et rég. en fr. Grumeau dans une sauce. [+++]
   Syn. : **bosse, grémillon, mottelon, tapon**.
2. Fig. *Faire, avoir le motton* : gagner, posséder beaucoup d'argent. Pendant les cinq ans qu'il a travaillé à La Grande, il a *fait le motton* ; aujourd'hui, il *a le motton*.
   Syn. : **bacon, bidoux, collé, foin, palette, piastre, steak**.
3. Fig. *Avoir le motton* : avoir la gorge serrée, être au bord des larmes. À l'enterrement de son fils, il *avait le motton*.

MOU, MOLLE adj.

Se dit d'une neige qui se met facilement en boule, le thermomètre étant autour de zéro. La neige est *molle*.

Syn., voir : **pelotant**.

MOUCHE n. f.

1. *Mouche à cheval, mouche à chevreuil* : taon qui s'attaque au cheval et au chevreuil et dont les larves se développent en eaux stagnantes. [+++]
2. *Mouche à feu* : luciole, ver luisant. [+++]
3. *Mouche à merde* :
   a) Mouche qui se nourrit d'excréments. [+++]
   b) Fig. Personne importune qui en suit une autre à la trace. [+++]
   Syn., voir : **tache**.
4. Rég. en fr. *Mouche à miel* : abeille. [+++]
5. *Mouche à patates* : doryphore qui dévore les fanes de pomme de terre. [+++]
   Syn., voir : **bébite à patates**.
6. *Mouche à vers* : grosse mouche verdâtre qui se pose sur la viande et les ordures.
7. *Mouche noire* : minuscule insecte piqueur noir qui peuple les régions septentrionales de l'Amérique du Nord, qui se développe dans les eaux courantes et dont les piqûres incommodent les pêcheurs et les chasseurs. [+++]
8. *Mouche, mouche de moutarde, de gingembre, mouche noire* : sinapisme à base d'un mélange de farine et de moutarde ou de farine et de gingembre ; variété d'emplâtre utilisé comme révulsif, vésicatoire. [+++]

MOUCHETTES n. f. pl.

Serre-nez servant à serrer le nez d'un cheval pour le rendre docile. (E 30-100)

Syn. : **casse-gueule, tord-babine, tord-gueule, tourniquet, twisteur**.

MOUCHIÈRE n. f.

Boîte-piège pour capturer les mouches.

Syn., voir : **attrape à mouches**.

MOUCHOIR n. m.

Jouer au mouchoir : jouer à cache-tampon.

MOUCHOLOGUE n. m.

Spécialiste des mouches artificielles utilisées pour la pêche au lancer.

MOUCLE n. f.

Voir : **mouque**.

MOUDRE v. tr.

Ce verbe fait *moulu* et non *moudu* au participe passé, et *moulait* et non *moudait* à l'imparfait.

MOUILLASSAGE n. m.

Action de *mouillasser*, de pleuvoir légèrement.

Syn., voir : **mouillasserie**.

MOUILLASSER v. impers.

Tomber lentement, en parlant d'une pluie fine, pleuvoir légèrement et par intermittence. [+++]

Syn. : **brumasser, grenasser, plutasser, rosiner**.

MOUILLASSERIE n. f.

Action de pleuvoir légèrement.

Syn : **brumassage, brume, mouillassage**.

MOUILLER v. impers.

1. Rég. en fr. Pleuvoir. Il va *mouiller*, les poules rentrent au poulailler. [+++]
   Syn. : **pluter**.

2. *Mouiller à siaux* : pleuvoir beaucoup. [+++]
3. *Mouiller à boire debout* : pleuvoir beaucoup, à boire debout. [+++]
4. *Mouiller ça* : prendre un verre pour fêter quelque chose. [+++]
5. *Se mouiller le canadien, le dalot, le gau, le gorgoton, la luette, les pieds* : boire à l'excès, s'enivrer. [+++]
   Syn., voir : se mouiller la **dalle** (sens 5).
6. *En mouiller* : y en avoir un grand nombre. Des chômeurs prêts à travailler, il *en mouille*. [+++]

MOUILLEUX, EUSE adj.
1. Pluvieux. Avoir un été *mouilleux*, une année *mouilleuse*. [+++]
2. Humide, boueux, en parlant d'un terrain. [+++]
   Syn. : **pisseux**.

MOULAC n. f.
Variété de truite mouchetée créée ici au début de la décennie de 1940, truite *mouchetée de lac*.

MOULANGE n. f.
1. Meule à moudre. Ribler une *moulange*. [+++]
2. Meunerie. Profiter du mauvais temps pour aller à la *moulange*. [+++]
3. *Moulange à marteaux* : cylindres d'acier tenant lieu de meules à moudre et produisant une mouture haute.

MOULE, MOULE À PEAUX n. m.
Forme en bois qui sert à tendre les peaux d'animaux à fourrure non fendues (vison, loutre, etc.) pour les faire sécher.

MOULÉE n. f.
1. Grain moulu destiné à l'alimentation des animaux. [+++]
2. [#] *Moulée, moulée de scie* : sciure de bois, bran de scie. [++]
   Syn. : **sawdust**, **son de scie**.
3. [#] *Moulée de vers* : poussière de bois laissée par les vers qui creusent des galeries dans du bois vermoulu.

MOULIN n. m.
1. *Moulin à battre* : batteuse servant à l'égrenage des céréales. [+++]
2. *Moulin à beurre* : baratte de bois montée sur pieds et munie en son intérieur d'un jeu de quatre ailettes mues par une manivelle ou baril fermé culbutant sur lui-même par l'effet d'un bras ou d'une pédale. [+++]
3. *Moulin à carde* : carderie.
4. *Moulin à coudre* : machine à coudre. [+++]
5. *Moulin à farine* : meunerie. [+++]
6. *Moulin à faucher, moulin à foin* : faucheuse mécanique, faucheuse. [+++]
7. *Moulin à gazon* : tondeuse.
8. *Moulin à laver* : machine à laver. Les machines à laver antérieures à l'arrivée de l'électricité étaient mues par un bras ou une roue et l'essoreuse par une manivelle. [+++]
   Syn. : **laveuse** (sens 2).
9. Vx en fr. *Moulin à papier* : papeterie. Les premiers *moulins à papier* du Québec remontent à la fin du XIXe siècle. [+++]
10. Vx en fr. *Moulin à scie* : scierie. [+++]
11. *Moulin à semer* : semoir manuel.
12. *Moulin à vent* : éolienne, formée d'une roue métallique à pales, montée sur un pylône et servant à élever l'eau. [+++]
    Syn. : **roue à vent**.

13. *Moulin à viande* : hache-viande.
[+++]

MOULINETTE n. f.
Filet à seiner le poisson avec lequel on inscrit au large un demi-cercle et que l'on ferme en le ramenant à la côte.

MOULINEUX, EUSE adj.
Qui se met facilement en boule, en parlant de la neige fondante. Neige *moulineuse*. (O 27-116)
Syn., voir : **pelotant, boulant**.

MOUMOUNE n. m.
Péjor. Homme homosexuel.
Syn., voir : **fifi** (sens 4).

MOUNIAC n. m. et f.
Voir : **moyac**.

MOUNICHON n. m.
Petit poteau monté sur une croix et sur lequel on pose le sabot du cheval dont on veut tailler la corne ou finir le ferrage. (acad.)
Syn., voir : **pied-de-fer**.

MOUQUE, MOUCLE n. f.
Mollusque. Moule (NOLF).

MOURON, MORON n. m.
Triton, espèce de petit lézard.

MOUSSAILLON n. m.
Enfant de quatre ou cinq ans.
Syn. : **mousse, mox, petit mousse**.

MOUSSE n. f.
1. *Mousse de mer* : zostère marine, qui a déjà fait l'objet d'un commerce intéressant.
Syn., voir : **herbe à outardes**.
2. *Mousse-de-roche* : polypode de Virginie, plante très connue en médecine populaire. (O 30-100)
Syn. : **tripe-de-roche**.

MOUSSE n. m.
1. Enfant de quatre ou cinq ans.
Syn., voir : **moussaillon**.

2. Mauve musquée dont l'infusion est utilisée comme calmant en médecine populaire.

MOUSSE adj.
Vx en fr. Qui n'est plus tranchant. Une lame *mousse* doit être affûtée, aiguisée.
Syn. : **gouffe**.

MOUSSER v. tr.
Boucher les interstices d'une construction en bois rond avec de la mousse, calfeutrer avec de la mousse. D'où le verbe *démousser*.

MOUSTACHÉ, ÉE adj.
À robe tachetée. Une vache *moustachée*. [++]
Syn., voir : **caille**.

MOUSTIQUAIRE n. f.
Châssis garni de gaze, de mousseline ou de toile métallique, placé aux fenêtres et aux portes pour empêcher mouches et moustiques d'entrer. À la fin de l'été, on enlève les *moustiquaires* pour les remplacer par des fenêtres ou des portes doubles.

MOUTARDE, MOUTARDE D'ÉTÉ n. f.
Moutarde sauvage, mauvaise herbe qui pousse dans les champs d'avoine.

MOUTON n. m.
1. *Mouton blanc* : vague à crête blanche.
2. *Mouton noir* :
a) Nuages noirs qui annoncent la pluie et l'orage.
Syn., voir : **tapon noir**.
b) Fig. Brebis galeuse dans une famille. Le cadet de cette famille, c'est le *mouton noir*.
3. *Mettre en mouton* : mettre les morues en tas sur les vigneaux

pour la nuit ou pour la durée du mauvais temps.

MOUTONNE n. f.
1. Femelle du bélier, brebis. [+++] Syn. : **mère-mouton**, **mère-moutonne**.
2. Dans les chantiers forestiers, trou à déchets, dépotoir.

MOUTONNER v. intr.
Agneler. La brebis a *moutonné* ce matin.
Syn. : **aléner**.

MOUTURE n. f.
Rare en fr. Part du meunier en nature (environ dix pour cent) comme prix de son travail. Il n'avait pas d'argent, il a dit au meunier de prendre la *mouture*. [+++]

MOUVÉE n. f.
Banc de poissons. Repérer les *mouvées* de harengs au radar. (E 19-128)
Syn., voir : **ramée**.

MOUVER v. tr., intr. et pron.
1. Mouvoir, déplacer, transporter d'un lieu à un autre. *Mouver* une grange pour élargir une route. [+++]
2. Déménager, changer de logement. En ville autrefois, on *mouvait* le premier mai. [+++]
3. Se hâter. *Mouve-toi* si tu veux attraper ton autobus. [+++]
4. Fig. *Mouver ses gaiters* : se hâter, se dépêcher.

MOUVETTE n. f.
1. Vx en fr. Palette de bois dont on se sert lorsqu'on surveille la cuisson du sirop ou du sucre d'érable ou lorsqu'on fabrique le savon domestique ; palette à mélanger. (surt. E 34-91)
2. Louche en bois servant à transvaser. (E 7-141)
Syn., voir : **micouenne**.
3. *Lécher la mouvette*.
Voir : **lécher**.

MOX n. m.
Enfant de quatre ou cinq ans.
Syn., voir : **moussaillon**.

MOYAC, MOUNIAC n. m. et f. (amér.)
Eider commun dont le duvet entre dans la fabrication des édredons. (E 19-128)

MOYEN n. m.
Avoir le moyen, être en moyen : être riche, avoir des moyens.

MOYEN, ENNE adj.
Très fort, très grand. Il passe un *moyen* courant d'air entre les deux granges.

MOZZARELLA n. m.
Variété de fromage cuit à pâte molle et élastique.

MUCRE adj.
Humide, froid et humide. Temps *mucre*, linge *mucre*.

MUCRIR v. intr.
Devenir *mucre*, humide. Quand on n'aère pas une maison inhabitée, tout finit par *mucrir* à l'intérieur.

MUÉ DE GERMAIN loc. adj.
Voir : **remué de germain**.

MUG, MOGUE n. f. (angl. mug) ◙
1. Tasse à barbe. (acad.)
Syn. : **bol** (sens 6), **pot à barbe**.
2. Tasse en terre, moque. (O 38 et acad.)

MUKLUK n. f. (mot inuit)
Botte inuit fabriquée avec de la peau de phoque, d'orignal ou de caribou.

MULE n. f. [#]
Meule. Une *mule* de foin. (E 37-85)
Syn.: **barge**, **mulon**.

MULERON n. m.
Veillotte de foin. (acad.)

MULON n. m.
Rég. en fr. Meule. Un *mulon* de foin.
(O 30-100)
Syn., voir: **mule**.

MUR n. m.
1. *Tapis mur à mur* (angl. wall to
wall carpet) ◙: moquette qui
couvre entièrement un parquet.
2. Fig. *Mur à mur*: très, beaucoup.
Lui, il est fédéraliste et
antiféministe *mur à mur*.

MUR DE ROCHES n. m. [#]
Voir: **clôture de roches**.

MÛRE, MÛRE NOIRE n. f.
1. Ronce occidentale.
2. Voir: **noir comme une mûre**.
3. *Mûre blanche*: ronce petit-mûrier.
Syn., voir: **chicouté**.

MÛRETTE n. f.
Petite *mûre*, fruit de la ronce
occidentale et de la ronce
alléghanienne appelées ici *mûriers*.

MÛRIER n. m.
1. Ronce occidentale. [+++]
2. Ronce alléghanienne. [+++]

MUSCLE, MOLSON, MOSSEUL n. m.
(angl. muscle) ◙
Biceps. Les haltérophiles ont de gros
muscles.

MUSEAU n. m.
1. Muselière qu'on met à un chien.
2. Argot. Masque que portent les
travailleurs pour se protéger
contre la poussière.

MUSIQUE À BOUCHE n. f.
Harmonica.
Syn.: **ruine-babines**.

MUSKEG n. m. (amér.)
1. Terrain humide, marécageux.
(O 26, 27)
Syn., voir: **savane**.
2. Tracteur de débusquage, à
chenilles. Marque de fabrique.
Syn., voir: **bombardier** (sens 2).

MUSK-OX n. m. (angl. musk-ox) ◙
Bœuf musqué dont la peau, comme
celle du bison, servait de couverture
de voyage.

MUSSE n. m.
Petit veau. (acad.)

MYE n. f.
Palourde américaine, équivalent
français de *clam* (NOLF).

NAGANE n. f. (amér.)
Porte-bébé dans lequel les Amérindiennes transportent leur nourrisson.
Syn., voir : **porte-papoose**.

NAGER v. intr.
Mar. Ramer. Les pêcheurs côtiers doivent savoir *nager* en cas de panne de moteur.
Syn. : **paletter**.

NAGEUR, EUSE n.
Mar. Rameur. Les voyageurs du Nord-Ouest étaient d'excellents *nageurs*.

NAMBOURI n. m. [#]
Nombril. Cacher son *nambouri*. (acad.)
Syn. : **ambouri, bourrique, grain de blé d'Inde, lambouri, lombril, pansicot**.

NANANE n. m.
1. Bonbon, en langage enfantin, nanan. [+++]
2. Voir : **rose nanane**.

NAPHTA n. m. (angl. naphta) ⊠
Naphte.

NAPPE n. f.
Toile roulante horizontale de la moissonneuse-lieuse.
Syn. : **table, tablier**.

NARCODOLLAR n. m.
Au pl. Dollars, sommes fabuleuses provenant du marché noir des narcotiques, de la drogue. Mot formé sur le modèle d'eurodollar.

NASKAPI, IE n. et adj.
Amérindien d'une nation autochtone du Québec comptant plus de 400 personnes et habitant un village près de Schefferville ; relatif aux Amérindiens de cette nation.

NATIF, IVE adj.
Pop. en fr. *Né natif de* : natif de, originaire de. Il est *né natif de* Montréal.

NATIONALEUX, EUSE n. et adj.
Péjor. Nationaliste idéaliste dont les idées sont nettement dépassées et qui rêve d'*agriculturisme*, de *bon-ententisme*. Un discours *nationaleux*.

NAULET n. m.
Pâtisserie de forme humaine offerte par la marraine à ses filleuls ou filleules à Noël. (acad.)
Syn. : **cousin**.

NAVEAU n. m.
1. [#] Navet. Semer des *naveaux*. [+++]
2. Fig. Tête chauve. Avoir une rangée de *naveaux* devant soi au cinéma.
   Syn. : **genou**.
3. Argot des anciens collèges. Nouvel élève, bleu.
   Syn. : **vert**.
4. Nigaud, benêt, non déluré. Ce *naveau*-là, on se demande ce qu'il pourra bien faire dans la vie.
   Syn., voir : **épais**.

NAVETTE n. f. [#]
Morceau de linge ou pinceau de fil fixé à un manche et servant à laver la vaisselle, lavette. (E 38-84)

NAVIGUER v. intr.
Fig. *Avoir déjà navigué* : ne pas être naïf, ne pas être né de la dernière pluie.
Syn., voir : **Champ de Mars**.

NAVRER v. tr.
Vx en fr. Couper le souffle, faire suffoquer. Nous ne marchions pas vite, mais un fort vent de face nous *navrait*. (E 20-127)

NECKER v. tr. et pron. (angl. to neck) ⊘
Vulg. Peloter, se peloter.

NECKING n. m. (angl. necking) ⊘
Vulg. Pelotage. L'automobile a beaucoup favorisé le développement du *necking*.
Syn. : **parking**.

NECKYOKE n. m. (angl. neckyoke) ⊘
Porte-timon accroché aux colliers de deux chevaux attelés côte à côte et qui porte le timon. [+++]
Syn. : **courge**.

NÈGRE BLANC n. m.
Appellation péjorative que certains anglophones du Canada donnent à leurs compatriotes francophones.

NEICHE n. f.
Allège d'une fenêtre.
Syn. : **tablette**.

NEIGE n. f.
Neige à bonhomme : neige molle avec laquelle il est facile de faire un bonhomme de neige.

NEIGEAILLER v. impers.
Neiger légèrement, neigeoter. Hier, il a *neigeaillé* toute la journée. [++]
Syn. : **neigeasser**.

NEIGEASSER v. impers.
Neiger légèrement, neigeoter. Il *neigeasse* depuis ce matin. [+++]
Syn. : **neigeailler**.

NEIGÈRE n. f.
Petite construction à proximité d'un quai au bord de la mer, à murs isolés, que l'on remplit de neige bien tassée l'hiver et qui, l'été, sert de glacière pour le poisson.

NEMROD n. m.
Vx en fr. Personne qui pratique la chasse au fusil. Vocabulaire des journalistes.

NÉNUPHAR BLANC n. m.
Nymphéa tubéreux ; nymphéa odorant.
Syn. : **lis d'eau**, **pégogie**.

NÉO n. et adj.
Voir : **néo-canadien**, **néo-québécois**.

NÉO-BRUNSWICKOIS, OISE n. et adj.
Habitant du Nouveau-Brunswick ; du Nouveau-Brunswick.

NÉO-CANADIEN, IENNE n. et adj.
Habitant du Canada arrivé comme immigrant après 1945.
Syn. : **néo**.

NÉO-ÉCOSSAIS, AISE n. et adj.
Habitant de la Nouvelle-Écosse ; de la Nouvelle-Écosse.

NÉO-QUÉBÉCOIS, OISE n. et adj.
Habitant du Québec arrivé comme immigrant après 1945.
Syn. : **néo**.

NET n. m. (angl. net) ⬚
1. Filet de pêche.
   Syn. : **rets**.
2. Résille. Un *net* à cheveux. [+++]
   Syn. : **seine**.
3. Gaze, mousseline ou toile métallique montée sur des châssis placés aux fenêtres et à la porte pour empêcher les mouches ou les moustiques de pénétrer à l'intérieur, moustiquaire. [+++]
   Syn., voir : **gril à mouches**.

NEUILLASSE n. m.
Veau, génisse. (acad.)

NEUTRE n. m. (angl. neutral) ⬚
Au neutre : débrayé, non embrayé. Mettre l'embrayage d'une auto *au neutre* pour faire tourner le moteur.
Syn. : **déclutcher**.

NEUVAINE n. f.
1. Période. Avoir une *neuvaine* de mauvais temps lors des grandes marées.
2. Dans la tradition religieuse d'ici, on connaissait les neuvaines au *Sacré-Cœur*, aux *croix de chemin*, à *sainte Anne*, à *saint Joseph*, etc.

NEWFIE n. et adj. (angl. Newfoundlander)
1. Habitant de Terre-Neuve, Newfoundland en anglais.
2. Niais, imbécile, lourdaud. Ne fais pas ton *newfie*.
   Syn., voir : **épais**.
3. Personne à charge de l'État. Pour les économistes, on ne naît pas *newfie*, on le devient ; à preuve le sous-développement économique des provinces maritimes autres que Terre-Neuve, les quartiers défavorisés de Montréal, etc.

NEZ DE BUTOR n. m.
Nez long. Avoir un *nez de butor*.

NIAISAGE n. m.
Perte de temps, lambinage. Avec ce contremaître, quand on travaille, pas de *niaisage*, on travaille.

NIAISER v. intr.
1. Travailler sans résultat visible, perdre son temps. [+++]
   Syn., voir : **bretter**.
2. Attendre pendant une période de temps anormalement longue. J'avais rendez-vous chez le médecin et on m'a fait *niaiser* pendant trois heures dans la salle d'attente. [+++]

NIAISEUX, EUSE n. et adj.
Imbécile, benêt. Il est trop *niaiseux* pour comprendre qu'il ne doit pas se présenter aux élections. [+++]
Syn., voir : **épais**.

NIC n. m. [#]
Nid. Un *nic* d'oiseau, de guêpes. [+++]

NICHET n.
Dernier-né d'une famille nombreuse.
Syn., voir : **chienculot**.

NICHETÉE n. f. [#]
Nichée. Une *nichetée* de mésanges.
Syn. : **nigée**.

NICHOIR n. m. [#]
Nichet, œuf de pierre qu'on met dans
le nid des poules. [++]

NICHOUET n. m.
Dernier-né d'une famille nombreuse.
Syn., voir : **chienculot**.

NIGÉE n. f. [#]
1. Nichée d'oiseaux. (acad.)
   Syn. : **nichetée**.
2. Portée de cochons, de chats.

NIGOG n. m. (amér.)
Variété de harpon utilisé pour la
capture des anguilles ou de gros
poissons en général, constitué d'un
manche muni d'une pointe de fer et
garni de deux mâchoires flexibles
qui retiennent le poisson qui a été
piqué. (E 35-86)
Syn. : **fouine**.

NIGOGUER v. tr. (amér.)
Capturer l'anguille ou le gros
poisson à l'aide d'un *nigog*.

NIGOGUEUR n. m. (amér.)
Pêcheur qui capture anguilles ou
poissons à l'aide d'un *nigog*.

NIJAGAN n. m. (amér.)
Bordigue installée au bord de la mer
pour capturer le poisson. (acad.)
Syn., voir : **bourne**.

NIOCHON, GNOCHON, ONNE n. et adj.
1. Dernier-né d'une famille
   nombreuse.
   Syn., voir : **chienculot**.

2. Nigaud, niais. Celui-là, il est trop
   niochon pour se marier.
   Syn., voir : **épais**.

NIOLE, GNOLE n. f.
1. Excroissance ligneuse qui se
   développe sur les arbres, loupe.
   Syn., voir : **nouasse**.
2. Taloche, tape.

NIP n. m.
Sigle. *N*uméro d'*i*dentification
*p*ersonnel. Il faut avoir son *nip* pour
utiliser le guichet automatique des
caisses populaires ou des banques.

NIPPE, LIPPE n. f.
Faire la nippe, pendre la nippe :
pleurnicher, en parlant d'un enfant.
(surt. O 36-91)
Syn., voir : **lyrer**.

NIPPER, LIPPER v. intr.
Pleurnicher, en parlant d'un enfant.
Syn., voir : **lyrer**.

NIVEAUTER v. tr. [#]
Mettre de niveau, rendre horizontal,
niveler.

NIVELASSAGE n. m.
Action de *nivelasser*.

NIVELASSER v. intr.
Faire de menues besognes ; perdre
son temps.
Syn., voir : **bretter**.

NOCE n. f.
Noce d'oiseaux : volée, bande
d'oiseaux.
Syn., voir : **mariage**.

NŒUD n. m.
Voir : **frapper un nœud**.

NOIR n. m.
Noir à chaussures, à souliers : cirage
noir servant à cirer les chaussures.
Syn. : **Nugget**.

NOIR, NOIRE adj.
  1. *Froid noir* : très grand froid.
  2. Comparaisons : *noir comme une mûre, comme du jais ; faire noir comme chez, sur le loup, chez le diable, dans le derrière d'un bœuf, dans le trou d'une jument.*

NOIRCEUR n. f.
  Vx et rég. en fr. Obscurité. En novembre, la *noirceur* arrive tôt. [+++]

NOISELIER n. m. [#]
  Noisetier, coudrier dont les tiges très flexibles peuvent servir de liens. (acad.)
  Syn. : **noisette**.

NOISETTE n. f. [#]
  Noisetier. Aller couper des *noisettes* pour faire des liens. [+]
  Syn. : **noiselier**.

NOIX n. f. (angl. nut) ⊠
  1. Vulg. Testicule de l'homme et de certains animaux. [++]
     Syn., voir : **gosse**.
  2. Écrou. Serrer la *noix* d'un boulon. [++]
     Syn., voir : **écro**.

NOM n. m.
  1. Sobriquet, surnom familier et souvent moqueur. Dans cette famille, ils ont tous des *noms*. [+++]
  2. Injure. Nos deux voisins se sont crié des *noms* publiquement, et ça s'est terminé par un procès. [+++]

NOMBRER v. intr.
  Être inutile, en parlant d'une personne, ne pas fournir le travail qu'on attend d'elle. Un patron dira : Un employé qui est là seulement pour *nombrer*, je le renvoie.

NOMBRIL-DE-SŒUR n. m.
  Pâtisserie appelée pet-de-nonne.

  Syn. : **pet-de-religieuse, pet-de-sœur, trou-de-sœur**.

NONANTE adj. num.
  Vx et rég. Quatre-vingt-dix. Il aura *nonante* ans demain. (acad.)

NONO n. et adj. m.
  Niais, imbécile, qui n'est pas fûté.
  Syn., voir : **épais**.

NONOTE n. et adj. f.
  Forme féminine de *nono*.

NORANDIEN, IENNE n. et adj.
  Natif ou habitant de Noranda, en Abitibi ; de Noranda.

NORD n. m.
  Perdre le nord : devenir fou, déraisonner.
  Syn., voir : perdre la **carte**.

NORD-CÔTIER, IÈRE n. et adj.
  Habitant de la Côte-Nord (du Saint-Laurent), qui s'étend de Tadoussac à Blanc-Sablon ; de la Côte-Nord. La population *nord-côtière* est peu nombreuse et très dispersée.

NORDET n. m.
  Rég. en fr. Nord-est, vent du nord-est. Le *nordet* s'est levé vers cinq heures.

NORDICITÉ n. f.
  État vraiment nordique, perçu ou non, d'un lieu, d'un objet, d'un caractère ou d'une population.

NORDIQUES n. pr. m. pl.
  Club de hockey de la ville de Québec.
  Syn. : **fleurdelysé**.

NOROIS, NOROÎT n. m.
  Nord-ouest, vent du nord-ouest. Appellations courantes chez les campagnards et chez les pêcheurs.

NOROLLE, NOUROLLE n. f.
  Espèce de galette, de brioche. (O 36-86)

NOTCH n. f. (angl. notch) ⊘
Entaille faite à une pièce de bois qu'on veut marier à une autre pièce ; entaille de direction faite à un arbre qu'on veut abattre. [+++]
Syn. : **coche**.

NOTCHER v. tr. (angl. to notch) ⊘
Faire une entaille de direction à un arbre à abattre ; faire des entailles à deux pièces de bois qu'on veut marier. [+++]

NOUASSE n. f.
Excroissance ligneuse qui se développe sur les arbres, loupe. Une *nouasse*, c'est infendable.
Syn. : **cabochon**, **niole**, **verrue**.

NOUASSÉ, ÉE ; NOUASSEUX, EUSE adj.
Se dit du bois qui a des *nouasses* ou loupes. Une bûche *nouassée* ou *nouasseuse*.

NOUC, NOUCLE n. m. [#]
1. Nœud dans le bois. Un madrier plein de *noucs*. (acad.)
2. Nœud d'une ficelle, d'un câble. (acad.)

NOUCLER v. tr. [#]
Nouer, faire un nœud. *Noucler* les lacets de ses souliers. (acad.)
Syn. : **amarrer**.

NOUCLEUX, NOUKEUX, EUSE adj.
Qui a des *noucs* ou *noucles*, c'est-à-dire des nœuds. Un madrier *noucleux*. (acad.)

NOUES n. f. pl. [#]
Noves de morue (vessie natatoire et enveloppe des intestins).

NOUNE n. f.
Vulg. Sexe féminin.
Syn. : **pelote**.

NOUNE, NOUNOUNE adj. et n.
Niais, naïf, peu intelligent. Elle ou il est *noune*, *nounoune*, ça passe l'imagination ; une *noune* avec un *nono*, ça fait la paire.
Syn., voir : **épais**.

NOUNOUNERIE n. f.
Ce que fait ou dit un ou une *noune* ou *nounoune*.

NOUNOUR, NOUNOUSSE n. m.
Rouleaux de poussière qui se forment surtout sous les lits quand on a oublié ou négligé de passer le balai ou l'aspirateur, moutons, chatons.
Syn. : **minou** (sens 4).

NOUVELLES n. f. pl.
Journal radio-diffusé, journal télévisé, journal, bulletin d'informations, actualités. Écouter les *nouvelles* tous les soirs.

NOXZÉMA n. m.
Crème adoucissante pour la peau. Un pot de *Noxzéma*. Marque de commerce.

NOYER v. intr.
Inonder. Ces terrains bas *noyent* tous les printemps.

NOYEUX, EUSE adj.
Qui inonde facilement. Les îles du Saint-Laurent à l'embouchure du Richelieu étaient *noyeuses* avant qu'on utilise les brise-glace pour maintenir le chenal du Saint-Laurent ouvert.

NU, NUE adj.
Planche *nue* : non peinte, non recouverte de peinture.

NUAGE n. m. (angl. cloud)
Cache-nez en laine tricotée très lâchement. Mettre un *nuage* à un enfant qui va dehors l'hiver. [+++]
Syn., voir : **crémone**.

NUÉE n. f.

Litt. en fr. Nuage. Tiens, une *nuée*
va nous cacher le soleil. [+++]

NUGGET n. m.

Cirage à chaussures. Acheter du
Nugget noir ou brun. Marque de
commerce.
Syn., voir : **boîte à chaussure**, **noir
à chaussures**.

NUISANCE n. f.

Vx en fr. Chose nuisible,
incommodité, embarras. Des écuries
en ville, c'est une *nuisance*.

NUISANT n. m.

Envie qui se détache de la peau
autour des ongles.
Syn., voir : **envieux**.

NUIT DES LONGS COUTEAUX n. f.

Réunion politique à huis clos qui
dure toute une nuit et où on lave le
linge sale en famille.

NUT n. f. (angl. nut) ◙

Écrou. Serrer la *nut* d'un boulon.
Syn., voir : **écro**.

NUVITE n. m.

Exhibitionniste qui se met tout nu
dans la rue, dans un parc, et qui
décampe à toute vitesse, le plus
souvent sans se faire rattraper par
les agents de police. Mot diffusé par
les journalistes d'ici comme
équivalent de *striker*.

NUVITISME n. m.

Maladie contemporaine identifiée
dans les années soixante-dix chez
certains jeunes qui, pour réagir
contre le formalisme de la société, se
mettaient en tenue d'Adam dans un
endroit public pour ensuite
décamper à toute vitesse.

OBLIGÉ, ÉE adj.

    1. *Se marier obligé* : se marier parce
    que la jeune fille est enceinte.
    Claudine n'a pas pu se marier en
    blanc parce qu'elle s'est mariée
    obligée et que ça paraissait !

    2. *Un mariage obligé* : mariage qui
    se fait alors que la mariée est déjà
    enceinte.

OBSTINATION, OSTINATION n. f.
    Querelle, dispute. Ils ont des
    obstinations chaque fois qu'ils se
    rencontrent.

OBSTINER, OSTINER v. tr. et pron.
    Contredire, se contredire, discuter
    avec acharnement. Il ne rate jamais
    une occasion d'*obstiner* son beau-
    frère.

OBSTINEUR, OBSTINEUX, EUSE n. et adj.
    Qui se plaît à contredire son
    interlocuteur, qui cherche à le
    provoquer. Certains hommes
politiques se font un malin plaisir à
être *obstineux* avec les journalistes
lors de conférences de presse.

OCCASION n. f.

    1. Transport gratuit. Trouver une
    occasion pour se rendre à Gaspé.
    Syn., voir : **pouce** (sens 5).

    2. Vx en fr. *D'occasion* : en solde, en
    parlant d'objets neufs.

    3. *Par occasion* : à l'occasion, quand
    l'occasion se présente, le cas
    échéant. La plupart des trappeurs
    d'aujourd'hui le sont *par*
    occasion.

ODEUR n. f. [#]
    Parfum. Acheter une bouteille
    d'*odeur*.

ŒIL n. m.

    1. *Œil à vis* : anneau ouvert ou
    fermé avec une queue à vis, piton
    à vis (ouvert ou fermé). Fixer un
    œil à vis au plafond pour y

accrocher une plante d'intérieur.
Syn. : **œillet à vis**.

2. *Œil-de-bouc* : halo autour de la lune ou du soleil.

3. Fig. *Tomber dans l'œil* (de quelqu'un) : plaire, taper dans l'œil. La première fois qu'il a vu Mireille, elle lui est *tombée dans l'œil*.

ŒILLET À VIS n. m.
Voir : **œil à vis**.

OFFICIER RAPPORTEUR n. m. (angl. returning officer) ⊘
Directeur du scrutin dans une circonscription électorale.

OIGNON n. m.

1. Être habillé *comme un oignon* : très chaudement.

2. *Oignon doux* : érythrone d'Amérique.
Syn. : **ail doux**.

3. *Oignon sauvage* :
   a) Ail civette.
   b) Ariséma rouge foncé.
   Syn. : **petit pêcheur**.

OISEAU n. m.

1. *Être aux oiseaux, aux petits oiseaux* : être content, heureux, satisfait.

2. *Oiseau-à-mouches* : oiseau-mouche ou colibri à gorge rubis.

3. *Oiseau blanc* : plectrophane des neiges. [+++]
Syn. : **bénéri, bonéri, oiseau de neige**.

4. *Oiseau bleu* : merle bleu à poitrine rouge.

5. *Oiseau-chat* : moqueur-chat qui imite à la perfection le miaulement du chat.

6. *Oiseau de misère* : mergule nain.

7. *Oiseau de neige*. [+++]
Voir : **oiseau blanc**.

8. *Oiseau jaune* : chardonneret jaune ; fauvette jaune.

9. *Bordée des oiseaux*.
Voir : **bordée** (sens 5).

OJIBWÉS n. f. pl. (amér.)
Raquettes à neige longues et étroites, à l'avant pointu et relevé, utilisées en terrain découvert et appelées communément *raquettes-skis* car elles glissent comme des skis sur les surfaces dures.
Syn. : **raquettes-skis**.

OKA n. m.
Variété de fromage fabriqué par les trappistes d'Oka.

OLD CHUM n. m. (angl. Old Chum)
Tabac à pipe vendu en petits paquets. Marque de fabrique.

OLD DUTCH n. m. (angl. Old Dutch)
Sorte d'abrasif en poudre pour éviers, baignoires et cuvettes de toilette. Marque de fabrique.

OMBLE n. m.

1. *Omble de l'Arctique* : omble chevalier (NOLF).

2. *Omble gris* : nom vulgaire du *touladi*.

ONCE n. f.
Unité de poids valant la seizième partie d'une *livre*, soit 28,349 grammes.

ONDAIN n. m. [#]
Andain. Mettre le foin en *ondains* avec une andaineuse. [+++]
Syn. : **haie, rang, rante**.

ONGLE n. f.
Onglée. Avoir l'*ongle* aux doigts.
Syn. : **bébite** (sens 2).

ONTARIEN, IENNE n. et adj.
Habitant de l'Ontario ; de l'Ontario.

ONTAROIS, OISE n. et adj.
Francophone habitant la province

de l'Ontario ; de l'Ontario et francophone. Ce néologisme créé peu avant 1980 est destiné à remplacer le traditionnel *franco-ontarien* dont les jeunes ne semblent plus vouloir. Syn. : **franco-ontarois**.

OOKPIK n. f. (mot inuit)
Poupée recouverte de peau de phoque. Les *ookpiks* sont apparues dans les boutiques d'artisanat au début des années soixante.

OPÉRATION n. f.
Opération générale, grande opération, grosse opération : ablation de l'utérus, hystérectomie. Avant la popularisation des contraceptifs, beaucoup de Québécoises subissaient la *grande opération*, façon radicale de ne plus avoir d'enfants.

OPÉRER v. tr.
Castrer un animal.
Syn., voir : **affranchir**.

ORATOIRE n. pr. m.
Appellation usuelle de l'oratoire Saint-Joseph construit sur le mont Royal à Montréal et qui est un centre de pèlerinage très connu.

ORD adj.
Vx en fr. Sale, malpropre. C'est *ord* dans cette maison-là !

ORDILLEUX n. m. [#]
Voir : **orgueilleux**.

ORDILLEUX, EUSE adj. [#]
Orgueilleux, vaniteux.

ORDINAIRE n. m.
Faire l'ordinaire : faire la cuisine. C'est quelqu'un qui sait *faire l'ordinaire*. [+++]

ORDRE n. m.
1. *Ordre de Jacques-Cartier*. Société secrète fondée en 1926 par des fonctionnaires fédéraux francophones pour promouvoir leur avancement dans la bureaucratie d'Ottawa ; elle s'étendit rapidement à toutes les communautés francophones de l'Amérique du Nord. Assurée de l'appui du clergé, cette société se voulait efficace pour la promotion des intérêts canadiens-français et a été surnommée « La Patente » par ses détracteurs. Cette société cessa d'exister en 1965.
Syn. : **Patente**.
2. *En ordre* (angl. in order) ⊘ :
   a) Ni maigre, ni trop gras, en parlant d'une personne, d'un animal. Un cheval de travail doit être *en ordre*.
   b) En bon état de fonctionnement. Un moteur, un ascenseur *en ordre*.

OREILLE n. f.
1. [#] Rabat d'une coiffure (casquette, chapska) protégeant les oreilles contre le froid, oreillette. Une casquette à *oreilles*. [+++]
2. Fig. *Avoir la gueule fendue jusqu'aux oreilles*.
Voir : **gueule**.
3. Fig. *Avoir les oreilles dans le crin* : être de mauvaise humeur, en parlant d'une personne.
4. Fig. *Oreille-de-charrue* : dans les cours d'eau rapides, lame d'eau qui se fait à la rencontre d'un obstacle dissimulé sous l'eau. Les *oreilles-de-charrue* d'un rapide.
Syn. : **ailes-de-charrue**.
5. Fig. *Oreilles-de-Christ* :
   a) Grillades de lard salé ou tranches de *bacon* rôties. [+++]
   Syn. : **oreilles-de-lard**.
   b) Pommes de terre cuites, puis

tranchées et rôties dans la graisse.

6. *Oreilles de cochons* : sarracénie pourpre.
7. *Oreilles-de-lard.*
Voir : **oreilles-de-Christ**.

OREILLÉE n. f.
Tranche de labour renversée par l'oreille ou le versoir de la charrue.

ORGANEAU n. m.
Anneau en général (du harnais, du bœuf, de la trappe de la cave, etc.). (E 20-127)

ORGANISER v. tr.
Fig. *Organiser quelqu'un* : mettre quelqu'un en état de ne pas nuire, lui tendre un piège, le compromettre.

ORGUEIL n. m.
1. *Pousser, monter, venir en orgueil* : en parlant d'une plante, des herbacées surtout, pousser trop haut, avoir des feuilles trop abondantes, au détriment des fruits. Des tomates qui *poussent en orgueil.*
2. *Orgueil* : cale, point d'appui d'un levier.
Syn. : **bloc**.

ORGUEILLEUX, ORDILLEUX n. m.
Vx en fr. Orgelet, compère-loriot. [+++]
Syn. : **bibe**.

ORIGNAL n. m.
1. Élan du Canada, élan. La chasse à l'*orignal* est sévèrement contrôlée.
2. Voir : **carotte d'orignal**.
3. Voir : **pied-d'orignal**.

ORLÉROSE n. f. (angl. early rose)
Voir : **early rose**.

ORME n. m.
1. *Orme blanc* : orme d'Amérique. [+++]
2. *Orme gras* : orme rouge.

ORMIÈRE n. f.
Endroit où poussent les ormes, ormaie. [+++]
Syn., voir : **bouillée**.

ORNIÈRE n. f.
Trace laissée sur la neige par les patins d'un traîneau.
Syn., voir : **reile**.

ORSE n. m. (angl. horse) ◙
Voir : **horse**.

ORTEIL DE PRÊTRE n. m.
Appellation ironique de la fève des marais.
Syn. : **gourgane**.

ORTOLAN n. m.
1. Alouette cornue.
2. *Ortolan de riz.*
Voir : **goglu**.

OS n. m.
Os mignon, os de la queue : coccyx. (O 25-117)

OSEILLE n. f.
Rumex petite-oseille. (E 40-84)
Syn. : **surette, vignette**.

OSPOR n. m. (angl. horsepower) ◙
Voir : **horsepower**.

OSSAILLES n. f. pl. [#]
Os à soupe.

OSTINATION n. f. [#]
Voir : **obstination**.

OSTINER v. tr. et pron. [#]
Voir : **obstiner**.

OSTINEUR, OSTINEUX, EUSE n. et adj. [#]
Voir : **obstineur**.

OUAC n. m. et interj.
Cri de surprise. Crier *ouac*, lâcher un *ouac*.

OUACHE n. f. (amér.)
1. Abri du castor, de la marmotte ou du rat musqué pour l'hiver ; conduit donnant accès à cet abri.
2. Gîte de l'ours pour l'hiver : arbre creux, chablis, caverne. [+++] Syn. : **cabane**.
3. Abri de chasseur en branches, en roseaux ou en neige. Le chasseur de bernaches attend dans sa *ouache*. Syn., voir : **cache**.

OUACHER (SE) v. pron.
1. Entrer dans sa *ouache* ou gîte pour l'hiver, en parlant d'un animal sauvage, entrer en état d'hibernation. [+++] Syn. : **cabaner** (sens 2).
2. En parlant du chasseur, se cacher dans un abri de chasse appelé *ouache*.
3. Fig. Rentrer chez soi pour la nuit. [+++]

OUAGUINE n. f. (angl. wagon) ⊘
Voir : **wagon**.

OUANANICHE n. f. (amér.)
Variété de saumon d'eau douce propre au nord du Québec et de l'Ontario (OLF). (E 34)

OUAOUARON, WAWARON n. m. (amér.)
Grenouille géante dont le coassement ressemble au beuglement du taureau. [+++]

OUAPITI n. m.
Voir : **wapiti**.

OUAPON n. m.
Voir : **wampum**.

OUARER, HARRER v. tr.
Frapper avec une *ouart* ou *hart*. Syn., voir : **agoner**.

OUART n. f. [#] (Lanaudière)
Voir : **hart**.

OUASPAR n. m. (angl. horsepower) ⊘
Voir : **horsepower**.

OUATAP n. m. ou f.
Voir : **watap**.

OUEST n. m.
Cheval sauvage originaire de l'ouest du Canada. (O 18-132) Syn., voir : **bronco**.

OUESTRIEN, IENNE n. et adj.
Habitant de l'ouest du Canada ; propre à l'ouest du Canada. Les livres publiés à Saint-Boniface (Manitoba) ont un cachet *ouestrien*.

OUÊTRER (SE) v. pron.
Voir : **voitrer**.

OUÏES n. f. pl.
Fig. *Serrer les ouïes à quelqu'un* : lui frotter les oreilles, le battre. [+++]

OUIGNE n. m.
Faire ouigne : hennir, en parlant d'un cheval en colère.

OUIGNER v. intr.
Hennir, en parlant d'un cheval en colère. [+++]

OUILLANT, ANTE adj.
Se dit de tout aliment, surtout sucré, qui procure vite la satiété. La *tire* d'érable est *ouillante*. (Lanaudière) Syn. : **toquant**.

OUILLÉ, ÉE adj.
Gavé. Les enfants ne voulaient plus de votre tarte, ils étaient *ouillés*. (Lanaudière)

OUILLER v. tr. et intr.
Repaître, rassasier. *Ouiller* des

enfants avec de la tire d'érable. (Lanaudière)

OUIPETTE, WHIPPET n. m.
Variété de biscuits au chocolat fabriqués par la biscuiterie Viau a Montréal. Marque de fabrique.

OUITOUCHE n. f. (amér.)
Poisson argenté de la famille des Cyprinidés et dont raffole la *ouananiche*. (Charsalac)

OURS n. m.
1. Dans les chantiers forestiers ou de construction, contenant d'une capacité de quatre à cinq seaux utilisé comme pot de chambre collectif.
Syn., voir : **catherine** (sens 2).
2. *Être d'une paresse d'ours* : en parlant d'un être humain, être très paresseux.
3. Fig. *Avoir mangé de l'ours* (Lanaudière) :
   a) Se dit d'une femme enceinte et dont la grossesse est visible.
   b) Être de mauvaise humeur.
4. Fig. *Guetter les ours* : à l'époque où l'accouchement avait lieu à domicile, se disait du médecin qui attendait le moment propice pour aider la parturiente à mettre son enfant au monde. (Lanaudière)

OUTAOUAIS, AISE n. et adj.
Amérindien d'une tribu qui fut la première à entrer en contact avec les Français au début du XVIIe siècle ; relatif à la tribu des Outaouais.

OUTARDE n. f.
Bernache du Canada. [+++]

OUVERRE v. tr. [#]
Ouvrir. Ne pas réussir à *ouverre* la porte.

OUVRIER n. m.
À la campagne, menuisier-charpentier exécutant des travaux de construction. C'est un *ouvrier* d'expérience qui a construit cette maison.

OUVRIR v. tr.
Ouvrir un chemin : l'hiver, après une chute de neige, fouler la neige, la battre, la rouler pour rendre un chemin praticable.

OVERALL n. m. (angl. overall) ⊘
1. Denim. Culotte d'*overall*. [+++]
Syn. : **bagosse** (sens 1).
2. Au pl. Salopette, vêtement de travail que portent les hommes. [+++]
Syn. : **bagosse** (sens 2).

OVERSHOES n. m. pl. (angl. overshoes) ⊘
Voir : **couvre-chaussures**.

P n. m.

Mettre un P sur quelque chose: y renoncer. Ma fille, à l'avenir tu peux *mettre un P* sur les sorties!

PABLUM n. m.

Variété de nourriture pour bébé vendue sous forme de céréales. Marque déposée.

PAD n. m. (angl. pad, shoulder pad) ⊠
Épaulette ou pièce rembourrée cousue à l'intérieur d'un vêtement, pour rehausser ou élargir les épaules ou pour les protéger dans les sports.

PAGE n. m.

Voir: **bouquetière**.

PAGÉE n. f.

Section d'une clôture entre deux pieux ou deux paires de pieux consécutifs. [+++]

PAGETTE n. f.

1. Braguette de pantalon d'homme.

(O 36-86)
Syn.: **fly**, **pattelette**, **souricière**.

2. (Angl. Pagette, marque déposée) ⊠ . Télé-récepteur que porte une personne (médecin, ouvrier dépanneur) qui doit entrer en communication avec son patron ou son bureau dès que l'appareil fait bip, bip.

PAGODE, PAGOTE n. f. (angl. pagoda) ⊠
1. Crispin, ou manchette, cousu à des gants ou à des moufles pour protéger le poignet. Des moufles à *pagodes*.
2. Repli d'un pantalon, revers. Syn.: **cuff**.

PAILLASSE n. f.

Fig. Personne crédule, qui gobe tout. Syn.: **valise**.

PAILLE-EN-QUEUE n. m.

Canard pilet.

PAIN n. m.

1. *Quand on est né pour un petit pain, on n'est pas né pour un gros* : dicton qui signifie que le pauvre ne peut s'enrichir.
2. *Pain à fesses, à deux fesses, à quatre fesses.*
   Voir : **fesse de pain.**
3. *Pain béni.*
   Voir : **ambitionner sur le pain béni.**
4. *Pain d'habitant* : pain de fabrication domestique. [+++]
   Syn. : **pain de famille, pain de femme, pain de maison, pain de pays, pain du pays.**
5. *Pain de cimetière* : dans les camps forestiers, pain cuit sur la braise et dans le sable chaud.
6. *Pain de corneilles* :
   a) Fruit du sorbier d'Amérique.
   b) Fruit du cornouiller du Canada.
   Syn., voir : **pain de perdrix.**
7. *Pain de famille* : pain de fabrication domestique.
   Syn., voir : **pain d'habitant.**
8. *Pain de femme* : pain de fabrication domestique.
   Syn., voir : **pain d'habitant.**
9. *Pain de fesse.*
   Voir : **fesse de pain.**
10. *Pain de maison* : pain de ménage, de fabrication domestique.
    Syn., voir : **pain d'habitant.**
11. *Pain de moineau* : crottin de cheval.
    Syn. : **pommes de cheval, de route.**
12. *Pain de pays, pain du pays* : pain de fabrication domestique.
    Syn., voir : **pain d'habitant.**
13. *Pain de perdrix* : cornouiller du Canada, fruits de ce cornouiller.

Syn. : **graines de perdrix, pain de corneilles** (sens b), **pain d'oiseaux.**
14. *Pain de sucre* :
    a) Appellation s'appliquant à des monts ayant la forme d'un cône, fréquente dans la toponymie du Québec.
    b) Énorme cône de glace qui se forme tous les hivers au pied de la chute Montmorency près de Québec et qui constitue une attraction touristique.
15. *Pain de Sainte-Geneviève* : pain béni dans l'église Notre-Dame-des-Victoires à Québec le 3 janvier de chaque année et qui aurait le pouvoir de protéger contre la disette et contre le manque d'argent.
16. Fig. *Pain-de-suif* : lambin, lourdaud, propre à rien.
17. *Pain d'oiseaux* :
    a) Oxalide dressée.
    Syn. : **surette.**
    b) Cornouiller du Canada, fruits de ce cornouiller.
    Syn., voir : **pain de perdrix.**
18. *Pain doré* : tranche de pain trempée dans un mélange d'œufs et de lait battus et sucrés puis rôtie dans la poêle à feu vif.
    Syn. : **toast dorée, tranche dorée.**
19. *Pain en fesses, pain en deux fesses.*
    Voir : **fesse de pain.**
20. *Pain français* : par opposition au pain d'ici, pain à la française du genre baguette, flûte.
21. *Pain-cigare, pain en cigare* : petit pain à hors-d'œuvre ayant à peu près la forme et la longueur d'un cigare.

22. *Pain-fesses*.
Voir : **fesse de pain**.

PAINKILLER n. m. (angl. Painkiller)
Liniment-panacée utilisé pour les
êtres humains et pour les animaux.
Marque de fabrique. [++]
Syn. : **huile électrique**.

PAIR (de vache) n. m.
Voir : **per**.

PAIRE n. f.
1. *Une paire de pantalons, de
   culottes, de chaussures* : **un
   pantalon, une culotte, des
   chaussures**.
2. Fig. *Paire de clochettes* : poitrine
   féminine plantureuse.
   Syn., voir : **magasin**.
3. Argot étudiant. *Paire de culottes* :
   une heure libre entre deux heures
   de cours.
4. Fig. *Paire de fesses*.
   Voir : **fesse de pain**.

PALAIS n. m.
Dentier pour la machoire supérieure
ou inférieure. [+++]
Syn. : **râtelier** (sens 4).

PALANTER v. tr. [#]
1. Hisser ou descendre avec un
   palan, palanquer. *Palanter* un
   porc abattu pour ensuite le
   débiter. (E 36-86)
2. Remorquer, enlever. *Palanter* une
   voiture accidentée ou en panne.
   (E 36-86)

PALERON n. m.
Paleron de l'épaule : omoplate (du
corps humain).
Syn. : **palette** (sens 3).

PALETTE n. f.
1. Cuiller en bois utilisée pour la
   cuisine, pour la cuisson du sirop
   d'érable, pour la fabrication du
   savon domestique. [++]
   Syn., voir : **micouenne** (sens 1).
2. Voir : **lécher la palette**.
3. Omoplate. *Palette* (de l'épaule
   des êtres humains). [+++]
   Syn. : **paleron**.
4. Tablette. Acheter une *palette* de
   tabac à chiquer.
   Syn. : **plug**.
5. Ailette de l'agitateur de la
   baratte à manivelle.
6. Gros flocons de neige qui
   tombent par temps doux. Le
   printemps, la neige tombe
   souvent en *palettes*.
   Syn., voir : **peaux-de-lièvre**.
7. Cosse, enveloppe de haricots.
8. Visière d'une casquette. [+++]
   Syn. : **pèque**.
9. Clenche ou levier de loquet que
   l'on soulève en appuyant sur le
   poucier.
10. *Palette à chaussures* : chausse-
    pied.
    Syn., voir : **cuiller à
    chaussures**.
11. *Palette à mouches* : tapette à
    mouches.
12. *Palette de l'estomac* : sternum.
13. *Palette du genou* : rotule. [+++]
    Syn. : **boulette, molette**.
14. Fig. *Avoir, faire la palette* : avoir
    des sous, avoir du liquide sur soi,
    de la galette ; gagner beaucoup
    d'argent, faire la galette.
    Syn., voir : **motton** (sens 2).

PALETTER v. intr.
Ramer. Pour devenir rameur, il faut
commencer jeune à *paletter*.
Syn. : **nager**.

PALOTTE adj.
Lourd, gauche, qui manque de
souplesse et d'agilité. Il a vieilli et
est devenu *palotte*.
Syn., voir : **paourd**.

PALOURD n. et adj.
Voir : **paourd**.

PALOURDE n. f.
1. Mye (NOLF).
2. *Palourde de mer* : quahog (n. m.)
nordique (NOLF).

PÂMANT, ANTE adj.
Beau, gentil, amusant, drôle. Ne
manque pas ce film, il est *pâmant*.

PÂMER (SE) v. pron.
Vx en fr. Perdre connaissance. [++]

PAMPHLET n. m. (angl. pamphlet) ⊘
Imprimé publicitaire, documentaire,
prospectus, dépliant. Le Québec
distribue des *pamphlets* sur les
sports d'hiver pour attirer les
touristes. En français, un pamphlet
est un écrit satirique.
Syn. : **littérature**.

PAN, PANNE n. f. (angl. pan) ⊘
1. Grande bouilloire pour la sève
d'érable. [+]
2. Boîte à cendre placée sous le feu
du poêle à bois, cendrier. [+]
Syn., voir : **cendrière**.

PANACHE, PANADE n. f.
Croûtons imbibés de lait sucré que
l'on donne à sucer aux bébés.

PANAGE n. m.
Bois des cervidés. [++]

PANIER n. m.
Passer le panier : faire la quête, à
l'église.
Syn., voir : **assiette**.

PANIER-PERCÉ n.
Fig. Personne qui ne peut garder un
secret, rapporteur, mouchard,
surtout à l'école. [++]
Syn., voir : **porte-panier**.

PANIS n. (amér.)
Esclave d'origine amérindienne. Au
XVIIIe siècle, nos ancêtres ont été
propriétaires de plusieurs centaines
de *panis*.

PANNE n. f.
1. Vx en fr. Graisse dont la peau du
cochon est garnie et que l'on fait
fondre pour obtenir le saindoux.
[+++]
Syn. : **coiffe**.
2. Voir : **pan**.

PANNEAU n. m.
1. Section d'une herse. Herse à deux
panneaux.
Syn. : **volet**.
2. Pont de culotte, de pantalon.
Porter des culottes à *panneau*.
(E 28-101)
Syn., voir : **bavaloise**.

PANSE n. f.
1. *Avoir la panse par-dessus le dos* :
se dit d'un animal qui a trop
mangé, qui est *soûl*.
2. *Panse-de-bœuf*. (entre 37-85 et
22-123)
Voir : **ventre-de-bœuf**.
3. *Panse-de-vache*. (E 22-124)
Voir : **ventre-de-bœuf**.

PANSICOT, PANSICOTTE n. m.
1. Petite panse du veau, qui sert à
faire de la présure. (pass. O 34-91)
2. Nombril. On dira à un enfant :
cache ton *pansicot*, tu vas
t'enrhumer !
Syn., voir : **nambouri**.

PANTALON n. m.
Au XXe siècle, ce mot s'emploie au
singulier, à moins qu'il s'agisse bien
de deux pantalons ou plus. On enfile
son *pantalon*.

PANTOUTE loc. adv. [#]
Voir : **pas en tout**.

PANTRY n. m. ou f. (angl. pantry) ⊘
Ensemble des comptoirs et des

armoires fixes dans les cuisines modernes. [+++]

PAOUA, PAWA, POW-WOW n. m. (amér.)
Fête chez les Amérindiens. Toute fête publique. [+++]

PAOURD, PALOURD adj.
Lourd, gauche, qui se déplace difficilement. En vieillissant, il est devenu *paourd*. (Lanaudière)
Syn. : **palotte**, **platrame**.

PAPARMANE n. f. (angl. peppermint) ⊘
Voir : **peppermint**.

PAPATTE n. f.
Terme affectueux. Pied d'enfant.
Syn. : **pattoche**, **pattouche**, **peton**.

PAPE n. m.
1. Personnage important. Pourquoi aller lui serrer la main ? C'est pas le *pape* !
2. *Orgueilleux comme un pape* : se dit de quelqu'un qui est très orgueilleux.
3. *Rare comme de la merde de pape* : se dit d'une chose très rare. [+++]
4. *Sérieux comme un pape* : se dit de quelqu'un qui, dans une situation cocasse, garde son sérieux. [+++]
5. *Soûl comme un pape* : très ivre.

PAPIER n. m.
1. *Papier à mouches* : papier tue-mouches spiralé enduit de colle.
Syn., voir : **collant à mouches**.
2. *Papier de poison* : papier-poison à détremper dans de l'eau sucrée pour attirer et empoisonner les mouches.
3. *Papier de toilette* (angl. toilet paper) ⊘ : papier hygiénique.
4. *Papier sablé* (angl. sand-paper) ⊘ : papier de verre.
5. *Papier-brique* : variété de bardeau d'asphalte imitant la brique, dont on se sert pour recouvrir les maisons.
6. *En passer un papier* (employé au présent et à la première personne) : assurer. Je t'en *passe un papier* qu'il va se faire attraper : je t'en assure ! [+++]

PAPINEAU n. pr.
Ne pas être la tête à Papineau : ne pas être fûté, être d'intelligence très moyenne. [+++]

PAPINOIS, OISE n. et adj.
Natif ou habitant de Papineauville, dans l'Outaouais ; de Papineauville.

PAPOIS n. m.
Tabac à pipe de mauvaise qualité.
Syn., voir : **vérine**.

PAPOOSE n. m. (amér.)
1. Bébé amérindien.
2. Voir : **porte-papoose**.

PÂQUES n. f. pl.
1. *Eau de Pâques* : eau courante que l'on puise le matin de Pâques, avant le lever du soleil, et à laquelle la foi populaire prête des vertus bénéfiques. [+++]
2. Fig. *Faire des Pâques de renard* : faire ses Pâques après le temps fixé par la loi ecclésiastique. [+++]
3. Fig. *Fêter Pâques avant Carême, fêter Pâques avant le jour de l'An, faire Pâques avant Rameaux* : devenir enceinte, en parlant d'une jeune fille, prendre une avance sur le mariage. [+++]
Syn. : avoir fait des **labours** d'automne.

PAQUET n. m. [#]
Colis. L'expédition d'un *paquet* par la poste coûte maintenant les yeux de la tête.

PAQUETAGE n. m. (angl. to pack) ⊘
1. Garniture d'un piston, d'une valve, d'un joint.
2. Truquage. Le *paquetage* des assemblées politiques chargées d'élire les représentants qui, eux, éliront un chef de parti est assez fréquent.

PAQUETÉ, ÉE adj. (angl. packed) ⊘
1. Bondé, rempli. Le train était *paqueté*, j'ai dû voyager debout. [+++]
2. Ivre. À la fin de la soirée, il était *paqueté*. [+++]
Syn., voir : **chaud**.

PAQUETER 1 v. tr.
1. Vx en fr. Empaqueter, envelopper, emballer. *Paqueter* la vaisselle pour un déménagement.
2. Paqueter ses petits.
Voir : **petits**.

PAQUETER 2 v. tr. et pron. (angl. to pack) ⊘
1. Boucher un trou, une fente.
2. Remplir, combler. *Paqueter* une valise.
3. Se mettre en boule, se coller ensemble, devenir compact. La terre glaise *se paquete* facilement.
4. *Se paqueter, se paqueter la fraise* : s'enivrer.
Syn., voir : se rincer la **dalle**.
5. *Paqueter une assemblée, une élection* : truquer, arranger.

PAQUETON n. m.
Paquet, balle contenant vêtements et effets à emporter pour un séjour de quelques mois hors de chez soi. Les bûcherons partaient pour l'hiver, leur *paqueton* sur le dos.

PAR prép. [#]
Sur. Une table qui mesure deux cents centimètres *par* quatre-vingt-dix.

PARADE n. f. [#]
Défilé. La *parade* de la Saint-Jean-Baptiste, du carnaval, de la mode d'hiver.

PARADIS n. m.
Marelle. Jouer au *paradis*.
Syn., voir : **carré**.

PARAPEL n. m.
Trottoir le long d'une route.

PARATINE n. f.
Cache-nez en laine tricotée.
Syn., voir : **crémone**.

PARC, POR n. m.
Terrain clôturé et servant de pâturage, de pacage. Mettre les vaches dans le *por*.

PARDESSUS n. m.
Au pl. Chaussures montantes, portées par-dessus les chaussures de ville pour les protéger de la pluie, de la boue ou de la neige. [+++]
Syn. : **couvre-chaussures**, **overshoes**.

PARÉ n. m.
1. Stalle dans l'étable ou l'écurie. (Beauce)
Syn., voir : **entredeux**.
2. Cloison entre deux stalles dans l'écurie ou l'étable. (Beauce)
Syn., voir : **entredeux**.

PARÉ, ÉE adj.
Mar. Prêt. Il était *paré* à partir quand on est venu me chercher. [+++]

PAREIL adv.
1. [#] Quand même. Cette auto n'est pas parfaite mais j'en suis satisfait *pareil*.
2. Pop. en fr. Également, pareillement. Alterner les pneus

d'une auto pour qu'il s'usent *pareil*.

3. [#] *Pareil comme* : pareil à, tout comme. La maison paternelle est *pareille comme* quand nous étions petits.

PARENTAGE n. m.

Lien de parenté entre deux conjoints. Il n'a pas été facile de découvrir le *parentage* qu'il y a entre les nouveaux mariés.

PARER (SE) v. pron. [#]

Se préparer. *Pare-toi* à partir.

PARESSEUSE n. f.

Jetée ou bande d'étoffe qu'on étend sur un meuble, un canapé, en guise d'ornement.

PARFAIT n. m.

Vx en fr. *Au parfait* (loc. adv.) : d'une manière parfaite, parfaitement, très bien. Cette femme reprise et repasse *au parfait*.

PARKA n. m. (amér.)

Veste de sport avec ou sans capuchon, imperméable, plus ou moins épaisse et fermée à l'avant par une glissière. [++]

PARKING n. m. (angl. parking) ▣

Fig. *Faire du parking* : se peloter dans une automobile en stationnement dans un endroit isolé. Syn. : **necking**.

PARLANT, ANTE adj.

Fam. en fr. Se dit de quelqu'un qui parle facilement, qui aime parler, causant. Jacques n'est pas *parlant* comme son père, il semble un peu timide.

PARLE-PARLE-JASE-JASE n. m.

Le fait de parler. Ce n'est pas le *parle-parle-jase-jase* qui va finir notre travail.

PARLER v. tr. et intr.

1. *Parler franc* : parler en articulant bien.

2. *Parler gascon* : parler un français difficilement compréhensible.

3. *Parler à travers son chapeau* (angl. to speak through one's hat) ▣ : parler à l'étourdi, sans connaissance de cause. [+++]

PARLURE n. f.

Vx ou litt. en fr. Manière de parler, langage. Pour des Québécois, certains Français ont une drôle de *parlure*.

PAROISSE n. f.

Municipalité rurale administrée par un conseil municipal et dont les limites lors de sa création coïncidaient avec celles de la paroisse religieuse.

PAROLE n. f.

Avoir la parole en bouche : avoir de la faconde, parler avec facilité.

PAROLI n. m.

Cancan, commérage. Quand des *communes* se sont installées dans certaines paroisses rurales, cela a fait beaucoup de *paroli*.
Syn., voir : **placotage**.

PARTANCE n. f.

1. Départ, le fait de partir. Quand on a des jeunes enfants, la *partance* pour une promenade est quelquefois épique.

2. *Partance d'une maison* : empattement, fondations d'une maison.
Syn. : **footing**.

PARTENARIAT n. m.

Participation des employés à la propriété (par des actions) et aux bénéfices des compagnies pour lesquelles ils travaillent.

PARTICULIER, IÈRE adj. (angl. particular) ⊘

Minutieux, soigneux, propre. Il a bien réparé sa *galerie* : il est tellement *particulier* dans tout ce qu'il fait !

PARTIE n. f.

1. *Partie de cabane.*
   Voir : **cabane**.
2. *Partie de sucre.*
   Voir : **sucre**.
3. *Partie de tire.*
   Voir : **tire**.
4. Vulg. Au pl. Bourse et testicules, chez l'homme et chez les animaux.
   Syn., voir : **gosse** et **sacoche**.

PARTIR v. tr.

1. Fonder, lancer (angl. to start) ⊘ . *Partir* un journal, une entreprise.
2. *Partir pour la famille* : devenir enceinte. [+++]
3. *Partir sur une brosse.*
   Voir : **brosse**.

PARTISANNERIE n. f.

Rare en fr. Attitude de celui qui, à cause de ses opinions préconçues, vote toujours pour le même parti politique ; esprit de parti, préjugés de partisan.

PAS adv. [#]

Sans. Il est resté avec le gros orteil *pas* d'ongle.

PAS EN TOUT, PANTOUTE loc. adv. [#]

Pas du tout. De l'argent, il ne lui en a pas prêté *pantoute*. [+++]

PASPÉBIACIEN, IENNE n. et adj.

Natif ou habitant de Pasbébiac, en Gaspésie ; de Paspébiac.

PASSABLE adj.

Praticable, carrossable. Chemin *passable*. [+++]
Syn. : **passant**, **roulant**, **routant**.

PASSANT, ANTE adj.

Praticable, carrossable. Le chemin est *passant* depuis qu'il a été réparé. Syn., voir : **passable**.

PASSE n. f.

1. Vx en fr. Permis de circulation gratuite en chemin de fer. Untel a une *passe* qui lui permet de voyager d'un bout à l'autre du Canada.
2. Grand entonnoir muni de toile métallique servant à couler le lait. Syn. : **couloir** (sens 2).
3. Gaze, mousseline ou toile métallique que l'on fixe à une porte ou à une fenêtre pour empêcher les mouches et les moustiques d'entrer, moustiquaire. Une porte de ou en *passe*.
   Syn., voir : **gril à mouches**.
4. Fig. *Faire la passe* : réussir un bon coup dans un marché, à la bourse, en changeant d'emploi, etc.
5. *Passe à saumons.*
   Voir : **passe migratoire**.
6. *Passe migratoire* : série de bassins étagés en escalier et permettant aux poissons de remonter un cours d'eau là où a été construit un barrage.
   Syn. : **échelle à saumons, escalier à poissons, glissoire à saumons, passe à saumons**.

PASSE-CARREAU n. m.

Petite planche à repasser très étroite dont on se sert pour repasser les manches, jeannette. Il y a des *passe-carreaux* dans toutes nos familles.

PASSE-PARTOUT n. m.

Scie à guichet utilisée pour le découpage.

PASSE-PIERRE n. f.
Salicorne herbacée comestible.

PASSE-QUEUE n. m.
Culeron du harnais de cheval.
Syn., voir : **porte-queue**.

PASSE-ROSE n. f.
Rég. en fr. Rose trémière. [+++]

PASSÉ DÛ loc. adj. (angl. past due) ⊘
Échu, en retard, en souffrance (en
parlant d'un compte, d'un billet).

PASSÉE n. f.
Court espace de temps. Ce mauvais
temps, ce n'est qu'une *passée*.

PASSER v. tr., intr. et pron.
1. Tanner. *Passer* une peau
   d'orignal.
   Syn. : **repasser**.
2. *Passer à l'eau*.
   Voir : **eau**.
3. *Passer au feu*.
   Voir : **feu**.
4. *Passer les beignes*.
   Voir : **beigne**.
5. *Passer un Labrador*.
   Voir : **passer un Québec**.
6. *Passer un papier*.
   Voir : **papier**.
7. *Passer un Québec* à quelqu'un :
   rouler quelqu'un.
   Syn. : **passer une épinette**,
   passer un Labrador, **passer
   un sapin**.
8. *Passer un sapin*.
   Voir : **passer un Québec**.
9. *Passer une épinette*.
   Voir : **passer un Québec**.
10. *Passer tout droit* :
    a) Se réveiller après l'heure
       prévue.
    b) Dépasser par inadvertance
       son point de destination.
11. Vulg. *Se passer un poignet*.
    Voir : **poignet**.

PASSOIRE n. f.
Grand entonnoir dont on se servait
pour remplir de paille l'enveloppe
d'une paillasse.

PATARAFE n. f.
Affront, injure. Elle lui a lancé une
patarafe en public.
Syn. : **blé d'Inde** (sens 7).

PATATE 1, PÉTAQUE, PÉTATE n. f.
1. Pomme de terre. [+++]
2. *Patates en riz, patates rizées* :
   pommes de terre cuites passées
   dans une presse percée de
   multiples petits trous, ce qui
   donne l'apparence de spaghettis
   torsadés ou de riz.
3. *Patates chips* (angl. potatoe
   chips) ⊘ . [+++]
   Voir : **croustilles**.
4. *Patates en chapelet* : apios
   d'Amérique.
   Syn. : **pénac**.
5. Fig. *Patate chaude* (angl. hot
   potato) ⊘ : problème épineux,
   question épineuse. Les sables
   bitumineux de l'Alberta ont été
   une *patate chaude* pour le
   gouvernement fédéral.

PATATE 2 n. f.
1. Toute machine qui fonctionne
   mal, qui est détraquée, patraque.
2. Grosse montre de poche. Sortir sa
   patate pour voir l'heure.
3. Argot. Cœur. Monter les escaliers,
   c'est dur pour la *patate*. [+++]
4. Fig. *Faire patate, virer en patate* :
   échouer. Lui, il ne réussira pas
   dans son entreprise, il va faire
   patate. [+++]
5. Fig. *Être dans les patates* : être
   dans l'erreur, se tromper,
   divaguer. [+++]
   Syn., voir : **coche** (sens 4).

6. Fig. *Pas lâcher la patate* : ne pas se décourager, tenir bon. *Ne lâche pas la patate*, lance-t-on à un joggeur qui approche de la ligne d'arrivée.

PATATIA n. m.
Alcool de fabrication domestique.
Syn., voir : **bagosse**.

PATAUGEUSE n. f.
Piscine peu profonde pour tout-petits.
Syn. : **barboteuse**.

PÂTE À DENTS n. f. (angl. tooth paste) ⊘
Pâte dentifrice.

PÂTÉ CHINOIS n. m.
Sorte de pâté dans lequel entrent des pommes de terre, du maïs et de la viande hachée.

PÂTE-MOLLE n. f.
Personne sans énergie, paresseuse. Cet homme, c'est une *pâte-molle*.
Syn. : **flanc-mou**.

PATENT, PATENTE adj. (angl. patented) ⊘
1. *Cuir patent*, *cuir à patente*, *cuir en patente* : cuir verni.
2. Breveté. Des remèdes *patents*, *patentes*.

PATENTE n. f.
1. Invention, procédé nouveau et ingénieux pour faciliter le travail.
   Syn. : **estèque** (sens 1), **gréement** (sens 8).
2. *La Patente*.
   Voir : **Ordre de Jacques-Cartier**.

PATENTÉ, ÉE adj. (angl. patented) ⊘
Terre *patentée* : terre pour laquelle le cultivateur possède les titres de propriété, par opposition à terre *non*

patentée, faisant partie des *terres de la Couronne*.

PATENTER v. tr.
1. (Angl. to patent) ⊘ Breveter, protéger par un brevet. Faire *patenter* un nouveau four à micro-ondes.
2. Inventer, bricoler. S'il avait eu l'intelligence de faire breveter tout ce qu'il a *patenté*, il serait millionnaire.
   Syn, voir : **grémenter**.
3. (Angl. to patent) ⊘ *Faire patenter une terre* : faire les démarches pour obtenir les titres de propriété.

PATENTEUR, PATENTEUX n. et adj.
Inventif, débrouillard. [+++]
Syn., voir : **estéqueux**.

PATIN n. m.
1. Fig. *Être vite sur ses patins* : être expéditif, être rapide à faire un travail, à prendre une décision.
2. Voir : **accrocher ses patins**.

PATINAGE n. m.
Fig. *Faire du patinage, du patinage de fantaisie* : répondre à côté de la question, tourner autour du pot, louvoyer. Les politiciens sont champions dans le *patinage de fantaisie*.
Syn. : **enfirouapette**.

PATINER v. intr.
Fig. *Savoir patiner* : être habile dans une discussion en ne disant que ce que l'on veut bien dire, savoir louvoyer. [+++]

PATINEUR n. m.
Araignée d'eau qui se déplace sur la surface de l'eau comme un patineur sur la glace, hydromètre.
Syn. : **culteux**.

PATIO n. m.
Coin de jardin aménagé avec table et chaises de jardin.

PÂTIR v. intr.
Vx en fr. Éprouver des douleurs physiques. Il souffrait d'un cancer qui l'a fait *pâtir* pendant près de deux ans.

PÂTISSERIE FRANÇAISE n. f.
Variété de pâtisserie fine faite à la française, par opposition à la pâtisserie indigène ou traditionnelle.

PATOIS n. m.
Mot qu'on ne comprend pas et qui est senti comme appartenant à une autre région. « Foufounes », c'est un *patois* que personne ne connaît ici ; ça viendrait du Lac-Saint-Jean !

PATRONAGE n. m. (angl. patronage) ⬭
Favoritisme politique, népotisme. [+++]

PATRONEUX, EUSE n. et adj. (angl. patronage) ⬭
Personne qui pratique le *patronage*, le favoritisme politique, le népotisme. [+++]

PATTE n. f.
1. [#] Pied. Les *pattes* d'une chaise, d'une table.
2. Voir : **verre à patte**.
3. Chausson de bébé, de laine tricotée, le plus souvent coulissé à la cheville.
   Syn. : **chaussette**, **miton**, **patton**, **pichou**.
4. Fig. *Patte de cochon*, *patte* : mauvais tour. Il s'est fait jouer une de ces *pattes* dont il se souviendra longtemps.
   Syn. : **cocu**.
5. Fig. *Avoir du poil aux pattes*.
   Voir : **poil**.
6. *Partir rien que sur une patte*.
   Voir : **pinouche**.
7. Fig. *Lever les pattes* : mourir. Quand le père *a levé les pattes*, la chicane a pris entre ses enfants.
8. *Pattes-d'oie* : pinces à grumes dont se servent les bûcherons pour soulever et transporter une bille de bois.
   Syn., voir : **chienne**.
9. *Pattes d'ours* : raquettes à neige de forme ronde, utilisées dans les régions boisées par les trappeurs. Quand on les utilise dans les érablières pour le ramassage de la sève d'érable, le laçage fait place à un fond de bois.
   Syn. : **pieds d'ours**, **chausson**.
10. Grosse main.
11. *Patte-de-cheval* : nénuphar à fleurs panachées.
12. *Patte-de-lièvre* : patte de lièvre recouverte de sa fourrure utilisée en guise de plumeau pour épousseter.

PATTELETTE n. f.
Braguette de pantalon d'homme. (O 38-84)
Syn., voir : **pagette**.

PATTOCHE, PATTOUCHE, PATTOUNE n. f.
Voir : **papatte**.

PATTON n. m.
Chausson de bébé de laine tricotée que porte un bébé avant ses premiers pas.
Syn., voir : **patte**.

PATURON n. m.
Voir : **pinturon**.

PAUL JONES n. m. (angl. Paul Jones)
Ronde alternée de valses où les

danseurs, lorsque la musique s'arrête, doivent changer de partenaire, ce qui a comme résultat que personne n'est laissé sur le carreau, pas même les habituelles laissées-pour-compte dont la spécialité est de faire tapisserie.

PAUVRE adj.
De quelqu'un qui est très pauvre, on dit qu'il est pauvre comme *du sel, la gale, la terre, un rat d'église.*

PAVAGE n. m.
Chaussée recouverte d'asphalte. Refaire le *pavage* d'une rue.

PAVÉ, n. m.
Plancher en bois, mais aujourd'hui en ciment, de l'étable, de l'écurie, de l'aire de la grange. (O 30-100)
Syn. : **pontage**.

PAVÉ, ÉE p. adj.
Fig. Couvert. Le ciel était *pavé* d'étoiles hier soir.
Syn. : **ponté**.

PAVER v. tr.
1. Faire un plancher en bois (aujourd'hui en ciment) à l'étable, à l'écurie, à l'aire de la grange. (O 30-100)
Syn. : **ponter** (sens 2).
2. Asphalter, recouvrir d'asphalte. *Paver* une rue.

PAVURE n. f.
Recouvrement en bois d'un plancher. Faire la *pavure* en madriers.

PAWA n. m.
Voir : **paoua**.

PAYANT, ANTE adj.
1. À péage. Les autoroutes *payantes* n'existent plus au Québec depuis 1985.

2. *Téléphone payant* : téléphone public.

PAYEUR, EUSE n. m.
Payeur de taxes (angl. taxpayer) ⊘ : contribuable. Les *payeurs de taxes* étaient nombreux à la réunion du conseil municipal.

PAYS n. m.
1. *Vieux pays* : pays d'Europe. Aller en vacances dans les *vieux pays*. [+++]
2. *Du pays* : domestique, indigène, fait ou fabriqué au pays, par opposition à tout ce qui vient de l'étranger ou qui est fabriqué industriellement. Les mots suivants peuvent être suivis de ce complément : *châle, chandelle, culotte, étoffe, laine, pain, savon, serin, sirop, sucre, tabac, toile.*

PCC, PCQ n. m.
Sigles. Voir : **conservateur** (sens 1).

PEANUT, PINOTTE n. f. (angl. peanut) ⊘
1. Arachide, cacahuète. Du beurre de *peanut* ; manger des *peanuts*. [+++]
2. Rien, poussière, bagatelle. Se chicaner, travailler pour *des peanuts*, pour une *pinotte*. [+++]
Syn., voir : **pet**.
3. Drogue. Hallucinogène sous forme de pilule, de comprimé.
Syn. : **goof ball**.
4. Fig. *Partir sur une peanut, rien que sur une peanut* : partir rapidement, à toute allure. [+++]
Syn., voir : **pinouche**.

PEA SOUP, PISSOU n. (angl. pea soup)
Sobriquet péjoratif donné par les Canadiens anglais aux Canadiens francophones, grands amateurs de soupe aux pois, de *pea soup*.
Syn., voir : **Cannuck**.

PEAU n. f.
1. [#] Pellicule. Avoir des *peaux* dans les cheveux.
2. Fig. *Ne pas savoir quoi faire de sa peau*: être désœuvré, n'avoir absolument rien à faire.
3. Fig. *Avoir une peau sur l'œil*: avoir sommeil, sentir le besoin de dormir.
4. Péjor. Femme de mauvaise vie, légère.
   Syn., voir: **guidoune**.
5. Fig. *Prendre sa peau, aller à la peau*: faire l'amour.
   Syn.: **fesses, fourrer, mettre, pinardelle, poussière, taper**.
6. Fig. *Avoir la peau courte*: être à court de moyens, être dans la gêne.
7. Fig. *Par la peau des dents*: difficilement, de justesse. C'est *par la peau des dents* que notre équipe a battu l'équipe adverse.
8. Fig. *Peaux-de-lièvre*: gros flocons de neige qui tombent par temps doux. (Charsalac)
   Syn.: **palette, placard, tapon, torchon**.
9. *Peau de carriole*.
   Voir: **robe de carriole**.

PEAVY, PIVÉ n. m. (angl. peavy) ◙
1. Levier à mains muni d'un crochet pointu mobile et qui sert à tourner et à déplacer les billes de bois, sapi.
   Syn., voir: **cant-dog, cant-hook**.
2. Voir: **gaffe de drave**.

PÊCHE n. f.
1. Bordigue ou enceinte en clayonnages installée là où se fait sentir la marée et qui sert à capturer le poisson. Il y a encore des *pêches* à anguilles dans la région de Québec.
   Syn., voir: **bourne**.
2. Espace où il est permis d'établir une bordigue. Hériter d'une *pêche*, acheter une *pêche*.
   Syn.: **tenture**.

PÉCHÉ n. m.
1. *Péché mouillé*: intempérance.
2. *Péché poilu*: luxure.
3. *Péché sec*: blasphème.

PÊCHE-COQUES n. m.
Espèce de croc à trois dents utilisé pour sortir les coques du sable. (acad.)

PÊCHE-MAGONNE n. f.
Espèce de fourche à quatre fourchons utilisée pour ramasser la *magonne* (varech et goémon) qui servira d'engrais. (acad.)

PÊCHE-MARTIN n. m.
Martin-pêcheur.
Syn.: **pêcheur**.

PÊCHER v. tr. [#]
1. Servir. *Pêcher* la soupe pendant qu'elle est chaude.
2. Puiser. *Pêcher* de l'eau d'un puits. (acad.)
   Syn., voir: **haler** (sens 2).

PÊCHEUR n. m.
Martin-pêcheur.
Syn.: **pêche-martin**.

PÉDALE n. f.
1. *Mettre la pédale douce*: y aller doucement, ne pas s'emballer. *Mettre la pédale douce* dans ses dépenses.
2. *Conduire la pédale au plancher*: conduire une auto très vite, le pied sur l'accélérateur.

PÉDALIER n. m.
Pédale du rouet.
Syn.: **marchepied, marchette**.

PEDDLER v. tr. (angl. to peddle) ⊘
Faire du colportage, faire du porte à porte.

PEDDLEUR n. m. (angl. peddler) ⊘
Colporteur, marchand ambulant. Autrefois, les *peddleurs* parcouraient les campagnes.

PÉDÉGÈRE n. f.
Forme féminine de PDG, fréquente dans les journaux.

PEEWEE n. m. (angl. peewee)
1. Joueur de hockey de onze ou douze ans. Les *peewees* ont leur tournoi annuel international à Québec depuis 1960.
2. *Hockey-peewee* : hockey pour jeunes garçons de onze et douze ans.

PEGGY n. m.
Jeu où les joueurs assis en cercle entourent le frappeur qui, placé au centre du cercle, doit frapper un bâtonnet avec son bâton. Le frappeur est éliminé s'il rate son coup, si un joueur attrape le bâtonnet au vol ou si un joueur lance le bâtonnet sur le bâton posé sur le sol.

PÉGOGIE n. f.
Nymphéa tubéreux, nymphéa odorant. (acad.)
Syn., voir : **nénuphar blanc**.

PÉGREUX, EUSE n. et adj.
Membre de la pègre, relatif à la pègre.

PÉGRILLON n. [#]
Membre de la petite pègre, amateur dans la pègre, pégriot.

PEIGNE, PEIGNE FIN, PEIGNE DE CORNE n. et adj.
1. [#] Pingre, avare, mesquin. [+++]
Syn., voir : **avaricieux**.

2. *Allumettes en peigne, peigne d'allumettes* : pochette d'allumettes.
Syn. : **carton d'allumettes**.

PEIGNURE n. f. [#]
Coiffure, façon dont les cheveux d'une personne sont arrangés. Cette femme a de beaux cheveux, mais elle a une drôle de *peignure*.

PEINE n. f.
Pour la peine : moyennement, passablement. À cette assemblée, il y avait du monde *pour la peine*.

PEINTURE n. f.
1. *En peinture* : parfaitement ressemblant. Cet enfant, c'est son père *en peinture*.
Syn., voir : **recopié**.
2. *Peinture du pauvre* : appellation ironique de la chaux encore utilisée pour chauler les maisons au milieu du XXᵉ siècle.

PEINTURER v. tr. [#]
1. Recouvrir de peinture, peindre. Il faut *peinturer* les maisons de bois tous les quatre ou cinq ans. [+++]
2. Passer à l'eau forte. *Peinturer* le châssis d'un lit pour tuer les punaises.

PEINTURON n. m.
Peintre en bâtiments.

PÉKAN n. m. (amér.)
Martre du Canada dont la fourrure est très appréciée.

PELÉ, ÉE n. et adj.
Endroit dépourvu d'arbres. Ce mot se rencontre souvent dans la toponymie du Québec et des Maritimes.
Syn. : **plée**.

PÉLÉQUISTE n. et adj.
Membre du PLQ (Parti libéral du Québec) ; relatif au PLQ.

PELLE n. f.
1. [#] Levier sur lequel se pose le pouce pour soulever la clenche du loquet de porte, poucier.
Syn. : **pouce**.
2. *Pelle à neige* : pelle généralement en bois ne servant qu'à pelleter de la neige.
3. *Pelle ronde* : bêche en forme de cuiller et dont le manche se termine par une poignée.
4. Fig. *Pelle-à-feu* : sage-femme. [+++]
Syn., voir : **matrone**.
5. Fig. *Donner la pelle* : éconduire, en parlant d'une jeune fille qui renvoie un prétendant.
Syn., voir : donner le **capot**.
6. Fig. *Recevoir la pelle* : être éconduit, en parlant du jeune homme éconduit par une jeune fille.
Syn., voir : manger sa **portion**.
7. *À la pelle, à pleine pelle* : beaucoup, en grande quantité. Gagner de l'argent *à pleine pelle*, créer des emplois *à la pelle*.

PELLETÉE n. f.
À la pelletée : beaucoup. Il neige *à la pelletée* ; il y avait du monde *à la pelletée*.

PELLETER DES NUAGES loc. verb.
Fig. S'adonner à de hautes spéculations qui ne débouchent pas au niveau pratique.

PELLETEUR, PELLETEUX, EUSE n. m.
1. *Pelleteur à rigoles*.
Voir : **rigoleuse**.
2. Fig. *Pelleteur de nuages* : se dit des intellectuels en général, de ceux qui n'ont pas les deux pieds sur terre, qui sont très forts dans les grands principes, mais nuls au point de vue pratique.
Syn. : **joueur de piano**.

PELLEUR n. m. [#]
Pelleteur. (acad.)

PELLEYER v. tr. [#]
Pelleter. *Pelleyer* de la neige. (acad.)

PELOTANT, ANTE adj.
Qui se met facilement en *pelote*, c'est-à-dire en boule, en parlant de la neige. Quand la neige est *pelotante*, c'est facile de faire des bonshommes de neige. [+++]
Syn. : **boulant**, **collant**, **mottant**, **mou**, **moulineux**, **peloteux**.

PELOTE n. f.
1. Balle à jouer. Lancer, frapper, attraper une *pelote*.
Syn. : **boule**.
2. Vx en fr. Boule de neige. Les enfants aiment lancer des *pelotes* de neige. [+++]
Syn., voir : **balle**.
3. Vulg. Sexe féminin. (surt. O 25-117)
Syn. : **noune**.
4. Vulg. Jeune fille, avec un sens le plus souvent péjoratif.

PELOTER v. tr. et pron.
Lancer, se lancer des *pelotes*, c'est-à-dire des boules de neige. Hé ! les enfants, arrêtez de vous *peloter* !
Syn. : **motter**.

PELOTEUX, EUSE adj. [#]
Qui se met facilement en *pelote*, c'est-à-dire en boule, en parlant de la neige. La neige est *peloteuse*, faisons un bonhomme de neige.
Syn., voir : **pelotant**.

PELURE n. f. [#]
Écorce. Faire brûler des *pelures* d'arbres.

PELURER v. tr.
1. Éplucher. *Pelurer* des pommes de terre.
   Syn.: **plumer**.
2. Écorcer. *Pelurer* un bouleau.

PEMBINA n. m.
Voir: **pimbina**.

PEMMICAN, PÉMICAN n. m. (amér.)
1. Viande de bison séchée et mise en poudre qui, mêlée à de la graisse, constituait la base de la nourriture des *voyageurs* au cours des XVIIIe et XIXe siècles.
2. Au XXe siècle, viande d'orignal séchée servant de nourriture aux bûcherons et surtout aux *draveurs*.
   Syn.: **taureau**.

PEN n. m.
Abréviation de pénitencier.

PÉNAC n. m.
Apios d'Amérique.
Syn.: **patates en chapelet**.

PENDANT n. m.
Flanc, versant. Le *pendant* d'une colline, d'un coteau.
Syn., voir: **défaut**.

PEND'OREILLES n. m. pl. [#]
Pendant d'oreilles.

PENDRILLOCHE n. f. [#]
Pendeloque, tout brillant d'un goût douteux que portent certaines femmes.

PENETANG n. f.
Chaussure du genre mocassin faite de cuir souple, lacée et sans semelles. Marque de fabrique.

PÉNILLE n. f.
1. Charpie provenant de tissus qu'on défait pour la filer de nouveau. (O 37-85)
   Syn., voir: **échiffe**.

2. *Être de la pénille*: être de mauvaise qualité, en parlant d'un tissu. (O 37-85)
   Syn., voir: **cull** (sens 2).
3. *Ne pas être de la pénille*: être de très bonne qualité, en parlant d'un vêtement. (O 37-85)

PENSEZ-Y-BIEN n. m.
Chose importante qu'on ne doit pas faire sans d'abord réfléchir très sérieusement. Vendre sa maison pour acheter une copropriété, c'est un *pensez-y-bien*.

PENSION n. f.
Grosse pension: pension de la Sécurité de la vieillesse à laquelle s'ajoute un Supplément de revenu garanti pour les personnes à très faible revenu.

PENSIONNER v. intr.
Loger, être en pension. Depuis que Luc travaille à Montréal, il *pensionne* chez sa tante, sa tante le pensionne.
Syn.: **chambrer** (sens 1).

PENT n. m.
Flanc, versant. Le *pent* d'une colline.
Syn., voir: **défaut**.

PENTE n. f.
Pente latérale dans les chemins d'hiver.

PENTEUX, EUSE adj.
Où il y a beaucoup de pentes latérales, en parlant des chemins d'hiver d'autrefois.

PÉPÈRE n. m.
Rég. en fr. Grand-père. [+++]

PÉPINE n. f.
Chargeuse-pelleteuse ou engin automoteur comportant à l'avant un équipement de chargeuse et à

l'arrière un équipement de pelle rétrocaveuse.

PÉPIQUE n. m.
Voir : **pipique**.

PÉPISSE n. m. [#]
Voir : **pipisse**.

PEPPÉ, ÉE adj. (angl. pep) ⊘
Dynamique, plein d'allant. Il est revenu très *peppé* de cette réunion politique.

PEPPER v. tr. et pron. (angl. to pep) ⊘
Donner de l'entrain, de l'allant, du dynamisme. Une aussi bonne nouvelle, ça *peppe* son homme !

PEPPERMINT, PAPARMANE n. f. (angl. peppermint) ⊘
Menthe à épis, menthe du Canada. (surt. O 34-91)

PEPSI n.
Appellation péjorative que les anglophones du Canada donnent à leurs compatriotes francophones.
Syn., voir : **Cannuck**.

PÈQUE n. m.
Visière d'une casquette. (entre 91 et 117, aussi acad.)
Syn. : **palette**.

PÉQUICISER v. tr.
Rendre péquiste. *Péquiciser* la fête nationale des Québécois : en faire une fête péquiste, partisane.

PÉQUIOU n. m. [#]
Prononciation anglaise de P.Q. (Parti québécois) utilisée par certains francophones adversaires de ce parti quand ils veulent s'en moquer.

PÉQUISTE n. et adj.
Membre ou partisan du *Parti québécois*. Les *péquistes* ont battu les *libéraux* aux élections de 1976 et de 1981.

PÉQUOT n. m.
Vieux cheval, haridelle.
Syn., voir : **piton**.

PER, PAIR n. m.
1. Pis. Cette vache-ci a un gros *per*. (E 36-86)
Syn. : **remeuil**.
2. Fig. *Faire son per* : se décider, cesser d'être hésitant.
Syn., voir : faire son **pis**.

PERCÉEN, ÉENNE n. et adj.
Natif ou habitant de Percé, en Gaspésie ; de Percé.

PERCHE n. f.
1. Mesure de longueur valant 16,5 *pieds*, soit 5,029 mètres.
2. *À pleine perche* :
    a) En grande quantité. Il y a du foin *à pleine perche*.
    b) Profondément. Labourer *à pleine perche*.

PERCHE n. f.
1. *Perche blanche* : nom vulgaire du petit bar ou baret (NOLF).
2. *Perche de mer* : sébaste (n. m.) (NOLF).
3. *Perche-truite* : nom vulgaire de l'omisco, poisson de la famille des Percopsidés.

PERCHOT n. m.
Entrait reliant deux chevrons se faisant face et sur lequel on range du bois, les contre-fenêtres, etc.

PERDRE v. tr.
1. *Perdre la carte*.
Voir : **carte**.
2. *Perdre lumière*.
Voir : **lumière**.

PERDRIX n. f.
1. *Perdrix blanche* : lagopède des saules.
2. *Perdrix de bois francs*, *perdrix grise* : gélinotte huppée dont la

chair est excellente. [+++]
Syn. : **boularière**.

3. *Perdrix de sapinière, des savanes* : tétras des savanes dont la chair n'est pas comestible. [+++]
Syn. : **sapinière**.

4. Argot. Tronçonneuse mécanique et portative. Aujourd'hui les bûcherons abattent les arbres à la *perdrix*. (Lanaudière)
Syn. : **chain-saw**, **scie à chaîne**.

5. Voir : **pain de perdrix**.

PÈRE n. m.
Tout prêtre, séculier ou régulier. (acad.)

PERGÉLISOL n. m.
Sol et partie du sous-sol des régions arctiques ou polaires gelés en permanence.

PÉRIBONKOIS, OISE n. et adj.
Natif ou habitant de Péribonka, au Lac-Saint-Jean ; de Péribonka.

PERLASSE n. f. (angl. pearl ash) ⊘
Potasse pure fabriquée à partir de cendre de bois.

PERLASSERIE n. f. (angl. pearl ash) ⊘
Établissement où l'on fabriquait de la *perlasse* à partir de cendre de bois, potasserie.

PERLE n. f.
Prunelle (de l'œil).
Syn. : **pois**.

PERROQUET, PERROQUET DE MER n. m.
Macareux arctique.

PERSONNE-RESSOURCE n. f. (angl. resource person)
Personne compétente dans un domaine particulier et à laquelle on fait appel lors d'un colloque, d'une table ronde, pour toute question relevant de ce domaine (NOLF).

PERTE n. f.
Faire une perte : faire une fausse-couche. [+++]
Syn. : **débouler**, **revirer**, faire une **glissette**.

PESANT n. m.
Avoir le pesant : avoir le cauchemar.

PESANT, ANTE adj.
1. Mal levé, insuffisamment cuit. Pain *pesant*.
Syn., voir : **alis**.

2. Lourd, en parlant du temps. Un temps *pesant* précède la pluie. [+++]

PESAT n. m.
Paille de pois dont on se servait pour frotter les planchers et bouchonner les chevaux, ou utilisée comme litière pour les animaux. [+++]

PESÉE n. f.
Plomb utilisé pour la pêche à la ligne, ou pour le lestage d'un filet.
Syn. : **cale**.

PESER v. intr.
1. *Peser sur le gas*.
Voir : **gas**.
2. *Peser sur la suce*.
Voir : **suce**.

PESTE n. f.
Une peste : beaucoup. Du foin, il y en a *une peste*.

PET n. m.
Fig. Chose facile à faire, bagatelle. Pour une femme d'aujourd'hui, changer un pneu, *c'est un pet*.
Syn. : **peanut**, **pinotte**.

PÉTAGE n. m.
Fig. *Pétage de bretelles* : le fait d'être content de soi, d'être fier de soi d'une façon trop manifeste.

PÉTAQUE n. f. [#]
Voir : **patate 1** (au sens de pomme de terre).

PÉTARD n. m.
1. Nom vulgaire de la silène cucubale ou enflée.
Syn. : **péteux**.
2. Jeune fille aguichante et belle. [++]
Syn. : **pop-eye**.

PÉTASSER v. tr. et intr.
Craqueler, fendiller, gercer, irriter. La glace du lac est *pétassée* ; le froid fait *pétasser* les mains.
Syn., voir : **craquer**.

PÉTASSURE n. f.
Fente, fissure, fêlure, gerçure. Il peut y avoir une *pétassure* dans un mur, dans de la glace, dans une pièce de métal.
Syn., voir : **craque**.

PÉTATE n. f. [#]
Voir : **patate 1** (au sens de pomme de terre).

PET-DE-RELIGIEUSE, PET-DE-SŒUR n. m.
Pâtisserie appelée pet-de-nonne.
Syn. voir : **nombril-de-sœur**.

PÉTENTERIE n. f.
Attitude snob ; rassemblement de snobs. Il y a de la *pétenterie* chez ces jeunes-là ; il y avait de la *pétenterie* au vernissage.

PÉTER v. tr. et pron.
1. Fig. *Péter plus haut que le trou* : péter plus haut que le cul, se vanter, vivre au-dessus de ses moyens, se croire supérieur aux autres. [+++]
2. Fig. *Péter, faire de la broue* : se vanter, s'écouter parler, faire de l'esbroufe. [+++]
Syn. : **brouter**.

3. Fig. *Se péter les bretelles* : être content de soi, manifester une fierté excessive. Avec un déficit de trois milliards, le ministre des Finances n'avait pas à *se péter les bretelles*.
4. Vulg. *Péter la cerise.*
Voir : **cerise** (sens 9b).

PÉTEUSE n. f.
Allumette péteuse : qui fait beaucoup de bruit lorsqu'elle s'allume.

PÉTEUX, EUSE adj. et n.
Péteux de broue, péteux : pédant, prétentieux. [+++]
Syn. : **brouteux**.

PÉTEUX n. m.
1. Nom vulgaire de la silène cucubole ou enflée.
Syn. : **pétard** (sens 1).
2. Vulg. Derrière, fesses. Cet enfant adore se promener le *péteux* à l'air.
Syn. : **foufounes**.

PETIT n. m.
Paqueter ses petits, faire ses petits : ramasser ses outils à la fin de la journée ; se préparer à partir en voyage, faire sa valise.

PETIT BALAI n. m.
Vergette pour épousseter les vêtements.

PETIT BLANC n. m. (O 34-91)
Voir : **blanc**.

PETIT BLEU n. m.
Oiseau. Junco ardoisé.

PETIT COCHON n. m.
1. Goret en pâte de guimauve recouverte de chocolat. Autrefois, les marraines donnaient souvent des *petits cochons* à leur filleul.

2. Au pl. Sarracénie pourpre.
(E 37-85)
Syn., voir : **herbe à crapaud**.

PETITE n. f.
1. Bouteille de bière de petit format.
[+++]
2. *En petite* : lentement, en première
vitesse. Monter une côte abrupte
en petite. [+++]

PETITE LOCHE n. f.
Voir : **poulamon**.

PETITE MORUE n. f.
Voir : **poulamon**.

PETITE-NATION n. f.
Tribu amérindienne de la famille
algique qui occupait la région de
Montebello dans l'Outaouais.

PETITE-VALISE n. f.
Enfant de parents divorcés ou
séparés qui, la semaine de classe
terminée, va passer la *fin de
semaine* chez son père ou chez sa
mère, emportant dans une petite
valise les effets dont il aura besoin.
C'est un peu triste de voir les
petites-valises dans les salles
d'attente des gares routières.

PETIT-HUPPÉ n. m.
Jaseur des cèdres.

PETIT-MANGE-FLEUR n. m.
Colibri à gorge rubis.

PETIT MERISIER n. m.
Cerisier de Pennsylvanie dont le
fruit est appelé *merise*.

PETIT-NOIR n. m.
Macreuse à bec jaune.

PETIT-POÊLON n. m.
Têtard de la grenouille.
Syn., voir : **queue-de-poêlon**.

PETIT PRÊCHEUR n. m.
Ariséma rouge foncé.
Syn. : **oignon sauvage**.

PETIT SIROP n. m.
Voir : **sirop**.

PETON n. m.
Voir : **papatte**.

PÉTOUANE n. f.
Aster à grandes feuilles.

PÉTOUNER v. intr.
Murmurer, maugréer. Ce vieux-là, il
pétoune sans arrêt. (acad.)
Syn. : **grichonner**, **piailler**.

PET-SHOP n. m. (angl. pet shop) ⊘
Voir : **animalerie** (ROLF).

PETUCHE n. f.
1. Chiquenaude, pichenette.
Syn. : **pichenotte** (sens 1).
2. Jeu consistant à projeter, sur une
table, de petites rondelles de bois
à l'aide de *petuches* ou
chiquenaudes.
Syn. : **pichenotte** (sens 2).

PÉTUNER v. intr. (amér.)
Vx en fr. Fumer la pipe. Il a passé sa
vie à *pétuner*.

PEUE n. f.
Dent du *ros* ou peigne du métier à
tisser.

PEUR n. f.
1. *Conter, raconter des peurs* :
raconter des histoires
extraordinaires,
invraisemblables, qui font peur.
[+++]
Syn., voir : **chouenne**.
2. *Avoir des peurs* : avoir peur.
3. *Partir en peur* : prendre peur,
prendre le mors aux dents, en
parlant d'un cheval. [+++]

PEURÉSIE n. f. [#]
Pleurésie.

PEUREUX, PEUREUX À CORNEILLES, PEUREUX DE CORNEILLES n. m.
Voir : **épeure-corneilles**.

PHYSIQUE adj. et adv.
Dur, durement. Les *Canadiens* (club de hockey) ont un jeu plus *physique*, jouent plus *physique* que les *Nordiques* (club de hockey).

PIACASSER, PLACASSER v. intr.
Gazouiller, piailler. Les oiseaux *piacassent*.
Syn., voir : **piaquer**.

PIAILLER v. intr.
Bougonner, rechigner.
Syn., voir : **pétouner**.

PIANO n. m.
1. Sorte d'étendoir mobile supportant des fils de fer horizontaux et auxquels les pêcheurs accrochent, par les hameçons, leurs lignes dormantes pour les faire sécher.
Syn. : **prie-Dieu**.
2. Voir : **joueur de piano**.

PIANO-BOX n. m.
Voiture hippomobile à quatre roues, à un siège, de type boghei ; plus rarement voiture d'hiver basse, du genre *traîne*. (O 27-116)

PIAQUER v. intr. [#]
Gazouiller, piailler. Les oiseaux *piaquent*.
Syn. : **cacasser, gargousser, jacasser, piacasser, placasser, turluter**.

PIASTRE, PIASSE n. f. [#]
1. Appellation populaire et en perte de vitesse du *dollar* canadien.
Syn. : **dollar**.
2. *Faire la piastre* : gagner beaucoup d'argent.
Syn., voir : **motton** (sens 2).

3. *Mot à quarante piastres* : mot savant, grand mot. Tu nous fatigues avec tes *mots à quarante piastres* !
4. *Avoir les yeux grands comme des piastres* : écarquiller les yeux en apprenant une nouvelle surprenante (les piastres d'autrefois étaient rondes et en métal).
Syn. : **cinquante cents** (sens 2).

PIAULE n. f.
Voir : **piole**.

PIC n. m.
À pic (adj.) : hautain, susceptible, irascible.

PIC-À-BOIS, PIC-DE-BOIS n. m. [#]
Voir : **pique-bois**.

PICAOUAC n. m. (Estrie)
Voir : **véloneige traditionnel**.

PICASSE n. f.
Ancre rudimentaire faite d'une pierre retenue dans un cadre de bois et servant à ancrer des filets de pêche.

PICHENOTTE n. f.
1. Chiquenaude, pichenette.
Syn. : **petuche** (sens 1).
2. Jeu consistant à projeter, sur une table, de petites rondelles de bois à l'aide de *pichenottes* ou chiquenaudes.
Syn. : **petuche** (sens 2).

PICHOU n. m. (amér.)
1. Lynx du Canada.
2. Mocassin. On chausse des *pichous* pour faire de la raquette. (E 27-116)
3. Chausson de bébé de laine tricotée.
Syn., voir : **patte**.
4. Chausson, chausson de chalet ou chaussette de grosse laine

renforcée d'une semelle rapportée, gros chausson d'étoffe.

5. Chaussure de plage en caoutchouc constituée d'une semelle maintenue en place par un cordon passant entre le gros orteil et l'orteil voisin.
Syn., voir : **sloune**.

6. *Laid comme un pichou* : très laid, comme un lynx.

7. *Malin comme un pichou* : très *malin*, méchant comme un lynx.

PICHOU-DE-LA-VIERGE n. m.
Cypripède acaule, aussi appelé sabot de la vierge.

PICHOUNE n. f.
Garniture de tarte à base de mélasse, de farine et de raisins secs. Servir une tarte à la *pichoune*.
Syn., voir : **ferlouche**.

PICKAROON n. m. (angl. pickaroon) ⊠
Voir : **gaffe de drave**.

PICKPOLE n. f. (angl. pickpole) ⊠
Voir : **gaffe de drave**.

PICKRELL, PIQUERELLE n. f. (angl. pickrell) ⊠
Traîneau d'enfant.

PICOCHER v. tr.
1. Picoter. Les oiseaux ont *picoché* les pommes.
Syn. : **picosser**.

2. Fig. Taquiner quelqu'un.
Syn., voir : **attiner**.

PICOCHINE n. f.
Bonbon rond à la menthe, strié, de différentes couleurs. (Lanaudière)
Syn. : **marleau**.

PICOSSER v. tr.
1. [#] Picoter. Les oiseaux ont *picossé* les pommes.
Syn. : **picocher**.

2. Fig. Taquiner quelqu'un.
Syn., voir : **attiner**.

PICOT n. m.
1. Maladie de la peau qui provoque de vives démangeaisons.

2. Pois sur un tissu. Mouchoir rouge avec *picots blancs*.

PICOTE n. f.
1. Vx en fr. *Grosse picote* : variole.

2. *Petite picote, picote volante* : varicelle.

3. *Picote noire* : variole hémorragique.

PICOTÉ, ÉE adj.
1. Marqué de petite vérole, de variole. Un visage *picoté* comme un moule à plomb. [+++]

2. Tacheté. Une vache *picotée*. [+]
Syn., voir : **caille**.

PICOUILLE, PIGOUILLE n. f.
Vieux cheval, haridelle. (O 27-116)
Syn., voir : **piton**.

PIE n. f.
Nom du geai bleu et du geai gris. [+++]

PIÈCE n. f.
Pièce sur pièce : procédé de construction consistant à monter un mur à l'aide de billes de bois équarries se chevauchant les unes les autres.

PIED n. m.
1. Mesure de longueur valant douze *pouces*, soit 30,48 centimètres.

2. *Pied-de-fer* : appui constitué d'un croisillon supportant un poteau, sur lequel le forgeron met le sabot du cheval lors du ferrage.
Syn. : **mounichon, trépied**.

3. *En pieds de bas, à pied de bas* : en chaussettes. Aussitôt qu'il rentre de son travail, il enlève

ses chaussures ; il passe ensuite la soirée *en pieds de bas.*

4. *Pied-de-bœuf* : pied-bot.
Syn. : **pied-de-cheval, pied-de-veau.**

5. *Pied-de-cheval* :
   a) Pied-bot. [+]
   Syn., voir : **pied-de-bœuf.**
   b) Nénuphar à fleurs panachées. [+]
   Syn. : **pied-d'orignal.**

6. *Pied-de-roi* : règle pliante graduée en *pieds, pouces* et *lignes,* mesurant deux ou trois *pieds* et que les menuisiers gardent dans une pochette étroite cousue sur la jambe droite de leur salopette de travail. [+++]

7. *Pied-de-veau* : pied-bot.
Syn., voir : **pied-de-bœuf.**

8. *Pied-de-vent* : rayon de soleil qui filtre à travers les nuages ou petits nuages allongés apparaissant surtout au coucher du soleil et qui annoncent du vent. (O 36-86)

9. *Pied-d'orignal.*
Nénuphar à fleurs panachées.
Syn. : **pied-de-cheval** (sens 5b).

10. *Pieds d'ours.*
Voir : **pattes d'ours.**

11. *Avoir les pieds ronds* : être ivre, dans un état d'ébriété avancée.
Syn. : **rond comme un œuf, plein comme un œuf.**

12. *Avoir les deux pieds dans la même bottine.*
Voir : **bottine.**

13. Fig. *Se mouiller les pieds* : boire à l'excès, s'enivrer. [+++]
Syn., voir : se mouiller la **dalle.**

PIÉGEAGE n. m.
Action de piéger les animaux à fourrure.

PIÈGE À OURS n. m.
Fig. Traquenard, piège. Un autre médecin a été victime d'un *piège à ours* : il a délivré un certificat médical à un faux assisté social envoyé par la police.

PIÉNA adj.
Se dit d'une femme casse-pieds, et par surcroît non attirante.

PIERRE n. f.
1. *Pierre de hêtre, pierre en chêne bleu* : plaquette de hêtre ou de chêne utilisée comme pierre à rasoir.
2. *Pierre à yeux* : grain de sable de mer, conservé dans le vinaigre et qui sert à enlever une poussière de l'œil.

PIERROT ET JACQUOT n.
Pierre, Jean, Jacques ; n'importe qui. Ne pas se fier à *Pierrot et Jacquot.*

PIERROTÉ, ÉE adj.
Puits pierroté : puits rond à parois maçonnées, par opposition au puits carré à parois de bois. (O 27-116)

PIÉTER (SE) v. pron.
Fig. en fr. Faire un effort pour réussir, se surpasser. Si tu veux finir à temps, tu dois *te piéter.*
Syn. : se **planter.**

PIÉTONNER v. tr. et intr.
1. Piétiner, fouler aux pieds. La neige est *piétonnée* dans la cour de l'école. [++]
Syn., voir : **piloter.**
2. Fig. Travailler avec une lenteur désespérante.

PIÉTONNEUX, EUSE n. et adj.
1. Qui fait l'action de *piétonner,* de piétiner.
2. Fig. Personne qui travaille très lentement.

PIEU n. m.
1. Perche horizontale de la clôture de perches. (E 25-117)
Syn., voir : **boulin**.
2. Argot. Allumette de bois.

PIGEON, ONNE adj. et n.
Jaloux. Depuis qu'il est marié, il est *pigeon*! Et elle, une vraie *pigeonne*!

PIGEON n. m.
1. *Pigeon de mer* : guillemot noir.
2. *Pigeon voyageur* : tourterelle triste.

PIGER v. tr. [#]
Tirer, puiser. Aller *piger* de l'eau au puits.
Syn., voir : **haler**.

PIGOU n. m.
Tisonnier. (acad.)
Syn. : **crosse, fourgaillon, pokeur**.

PIGOUILLE n. f.
Voir : **picouille**.

PIGOUILLER v. tr.
1. Tisonner à l'aide d'un *pigou*. *Pigouiller* le feu pour l'aviver. (acad.)
Syn. : **achaler, attisonner, brasser, fourgailler**.
2. Fig. Chatouiller. Aimer se faire *pigouiller* dans le cou.
3. Fig. Taquiner. Arrête de *pigouiller* ta petite sœur!
Syn., voir : **attiner**.

PIGOUNE n. f.
Mets de pêcheurs côtiers à base de pommes de terre, d'oignons et de lard salé.

PIGRAS n. m.
Boue détrempée, gluante.
Syn. : **bouette, magonne, vase**.

PIGRASSAGE n. m.
Action de *pigrasser* ; trace de saleté sur un parquet.
Syn. : **pilasse**.

PIGRASSER v. tr. et intr.
1. Patauger dans la boue, le *pigras*.
Syn. : **flacoter, flacosser, placosser, placoter**.
2. Fig. Faire de menues besognes, perdre son temps.
Syn., voir : **bretter**.
3. Fig. Jouer avec la nourriture qui est dans son assiette, en parlant d'un enfant.
4. Salir. *Pigrasser* le plancher avec des chaussures pleines de boue.

PIGRASSEUR, EUSE n.
Personne qui fait l'action de *pigrasser*.

PIGRASSEUX, EUSE adj.
Boueux. Chemin *pigrasseux*.
Syn. : **bouetteux, vaseux**.

PIJOUNE, PIGEOUNE n. f.
1. Tisane faite à partir d'herbes ou de racines médicinales et employée en médecine populaire et en médecine vétérinaire. (acad.)
2. Boisson chaude à base d'alcool, grog qu'on absorbe quand on est grippé ou quand on arrive du froid.
Syn., voir : **ponce**.

PIJOUNER, PIGEOUNER v. tr.
Soigner les humains ou les animaux avec de la *pijoune*. (acad.)

PILASSE n. f.
Trace de pas, empreinte laissée sur un parquet.
Syn. : **pigrassage**.

PILASSER v. tr. et intr.
1. Piétiner, fouler aux pieds. La terre est *pilassée* près de la maison. (E 22-124)
Syn., voir : **piloter**.

2. Fig. Perdre son temps, travailler
sans résultat visible.
Syn., voir : **bretter**.

PILÉ, ÉE p. adj.
En purée, réduit en purée. Manger
des pommes de terre *pilées*.

PILER v. tr. et intr.
1. [#] Empiler. *Piler* des planches
pour les faire sécher.
2. Marcher sur, écraser. *Piler* sur la
robe de la mariée.
3. Fig. Économiser, amasser de
l'argent. Le contraire de *piler* est
dépiler.

PILOT n. m.
1. Tas de terre, de fumier, de foin, de
neige, etc. (acad.)
2. Pile de linge. (Charsalac)

PILOTER v. tr. et intr.
1. Piétiner, fouler aux pieds. *Piloter*
la neige pour établir un sentier.
(O 22-124)
Syn. : **pilasser**, **piétonner**.
2. Fig. Perdre son temps, travailler
sans résultat visible.
Syn., voir : **bretter**.

PILOTEUR, PILOTEUX, PILOTIS n. m.
Trépigneuse d'autrefois actionnée
par des bœufs ou par des chevaux.
(E 20-127)
Syn., voir : **horse-power**.

PILULE n. f.
Fig. *Prendre sa pilule* : supporter un
déplaisir, un affront, sans protester,
avaler la pilule.

PIMBINA, PEMBINA n. f. (amér.)
Viorne comestible et viorne trilobée
dont le fruit, appelé également
pimbina, sert à faire de la gelée. [+++]

PIMER v. tr. (angl. to pimp) ⊘
Entretenir, soutenir ; se faire
entretenir.

PIMP, PIME n. m. (angl. pimp) ⊘
Homme qui vit de la prostitution,
entremetteur.

PIN n. m.
1. *Pin à corneilles* : pin dont la tête a
été cassée par le vent et où les
corneilles font volontiers leurs
nids.
2. *Pin blanc* : pin strobus ou de
Weymouth.
3. *Pin gris* : pin de Banks, pin
divariqué.
4. *Pin jaune* : pin de Banks.
5. *Pin rouge* : pin résineux.

PINAGE n. m.
Fig. Action de *piner*, de lancer des
pointes ironiques à quelqu'un.

PINANT, ANTE adj.
Fâchant. C'est *pinant* de toujours se
faire damer le pion.

PINARDELLE n. f.
Vulg. Acte conjugal. Faire la
pinardelle.
Syn., voir : **peau** (sens 5).

PINCE n. f.
1. *Pinces à broche* : pinces
universelles, utilisées pour
sectionner la *broche* ou fil de fer.
2. *Pinces-grippe* (angl. grip) ⊘ :
pinces-étau à blocage et
verrouillage automatiques.

PINCETTE n. f.
Bec à la pincette, en pincette : baiser
que l'on donne à un enfant tout en
lui pinçant les deux joues. [+++]

PINE n. f.
1. (Angl. pin) ⊘ Esse empêchant
une roue de sortir de l'essieu.
(O 25-117)
2. (Angl. pin) ⊘ Cheville de bois des
anciennes clôtures. [+++]
3. (Angl. pin) ⊘ Dent de herse en fer
ou en bois. [+++]

4. (Angl. pin) ◙ Cheville du joug à bœuf.

5. Vulg. Organe de copulation de l'homme ainsi que de certains animaux.
   Syn. : **bisoune**, **bitte**, **bringueballe**, **carotte**, **graine**, **pinouche**, **pissette**, **pitoune**, **pissou**, **queue**, **souris**.

6. Atteloire pénétrant dans les trous du brancard. Atteler à la *pine*.
   Syn., voir : **feton**.

7. Fig. Pointe, moquerie, taquinerie. Arrête donc de lui lancer des *pines*. [+++]

8. *Pine de drave* : longue et forte chaloupe à fond plat utilisée pour la *drave*.
   Syn. : **barge de drave**, **bonne**, **chienne**, **pointeur**, **têteux**.

9. *À la pine* : au plus vite, le plus rapidement possible. Se rendre sur un lieu d'accident *à la pine*.
   Syn., voir : **pinouche**.

PINER v. tr.
   1. Fam. en fr. Coïter, faire l'amour. [+++]
      Syn., voir : **peau** (sens 5).
   2. Fig. Décocher des pointes ironiques à l'endroit de quelqu'un. *Piner* quelqu'un qu'on n'aime pas. [+++]
      Syn. : **pointer**.

PINEREAU n. m.
   Dans les chantiers forestiers, pièce occupée par le cuisinier et sa femme, les bûcherons étant seuls. (Charsalac)

PINGOUIN ORDINAIRE, PINGOUIN n. m.
   Oiseau de mer de la famille des Alcidés, gode (n. m.).

PINIÈRE n. f.
   1. Rare en fr. Terrain où poussent des pins, pinède.

2. Fig. Travail dur et harassant. Défricher, c'est une vraie *pinière*.
   Syn., voir : **tuasse**.

PINNE n. f.
   Poisson. Nom vulgaire du dard-perche ou fouine.

PINOCHE n. f.
   Pain de sucre d'érable en forme de meule de foin, de cône.
   Syn., voir : **meule de sucre**.

PINOTTE n. f. (angl. peanut) ◙
   Voir : **peanut**.

PINOUCHE n. f.
   1. Petite *pine* ou cheville de fer ou de bois.
   2. Vulg. Organe de copulation de l'homme et de plusieurs animaux.
      Syn., voir : **pine**.
   3. *Partir rien que sur une pinouche* : partir rapidement, à toute allure.
      Syn. : **coup de fusil**, **fripe**, **gosse**, **patte**, **peanut**, **pine**, **runneur**.

PINTE n. f.
   1. Contenant valant un quart de *gallon*, ou deux *chopines*, soit 1,136 litre. [+++]
      Syn. : **quart** (mot anglais prononcé à l'anglaise).
   2. *Pinte à eau*.
      Voir : **grande tasse à eau**.

PINTURON, PATURON n. m.
   Gros champignon qui pousse sur le tronc d'un arbre vieillissant mais encore debout.

PINUNE n. f. [#]
   Pilule.

PIOCHE n. f.
   1. Binette servant à désherber.
   2. Fig. *Tête de pioche* : individu têtu, qui ne comprend rien.

PIOCHÉ n. m.

Essart non encore labouré.

PIOCHER v. intr.

Vx en fr. Travailler, étudier avec ardeur. Il va réussir ses examens s'il continue *à piocher*.

PIOCHON n. m.

1. Houe à dents et à panne. (O 25-117)
2. Épi de maïs mal formé, resté petit.
Syn.: **bougon**, **épiochon**.
3. Vieux cheval, haridelle. (O 25-117)
Syn., voir: **piton**.
4. Individu bon à rien.

PIOLE, PIAULE n. f.

1. Grande quantité. Prendre une *piole* de morues.
2. Moment, heure, époque favorable pour la capture des poissons.

PIPE, PIPÉE n. f.

1. Ancienne mesure de distance des coureurs de bois (quatre à six kilomètres) encore en usage. De tel endroit à tel autre endroit, il y a cinq *pipes*: on s'arrêtera cinq fois, le temps de fumer une pipe et de se reposer.
2. Très longue distance. De Québec à Blanc-Sablon, il y a une *pipe*! [+++]
Syn.: **mèche**.
3. Fig. *Casser sa pipe*: manquer son coup, subir un échec. Il a essayé de traverser le lac à la nage, mais il a *cassé sa pipe*.
4. Fig. *Tirer la pipe à quelqu'un*: taquiner quelqu'un.
Syn., voir: **attiner**.

PIPER v. tr.

Commander un cheval en produisant avec les lèvres un bruit

semblable à celui qu'on fait en aspirant un liquide.

PIPIQUE, PÉPIQUE n. m.

Chardon. (O 27-116)
Syn.: **piquant**, **piqueux**.

PIPISSE, PÉPISSE n. m. [#]

Pipi. En s'adressant à un enfant: As-tu fait ton beau petit *pipisse*?

PIQUANT n. m.

1. Bardane, plante et capitules.
Syn., voir: **grakia**.
2. Chardon.
Syn., voir: **pipique**.

PIQUE n. m. ou f.

1. Bâton muni d'une pointe de fer pour piquer les bœufs, aiguillon.
Syn.: **piquoir**.
2. *Donner plus de pique en labourant*: labourer plus profondément.
3. Fig. *Prendre du pique*: affirmer son caractère, sa personnalité, en parlant d'une jeune personne.
4. Vx en fr. Brouille, chicane, prise de bec. Avoir une *pique* avec quelqu'un.

PIQUÉ n. m.

Alèze piquée, protège-matelas que l'on emploie dans les lits d'enfants. [+++]

PIQUE-BOIS, PIC-À-BOIS, PIQUE-DE-BOIS n. m. [#]

Appellations populaires de trois oiseaux: pic chevelu, pic doré et grand pic. [+++]
Syn., voir: **pivert**.

PIQUER v. tr. et intr.

1. Ouvrir avec un couteau pointu le ventre de la morue à saler ou à faire sécher.
2. Donner plus d'entrure à la charrue en labourant.

3. Fig. Vx en fr. Blesser, irriter quelqu'un par ses propos.
Syn., voir : **piner**.

4. Fig. *Piquer quelqu'un dans le gras* : le blesser à vif par ses propos.

5. *Piquer un somme* : faire un somme.

6. *Piquer au plus court* : prendre le chemin le plus court, en finir au plus tôt, en venir au fait.

7. *Piquer une jase.*
Voir : **jase**.

8. *Piquer une jasette.*
Voir : **jasette**.

PIQUERELLE n. f. (angl. pickrell) ◪
Voir : **pickrell**.

PIQUERON n. m.

1. Élévation, colline. Il y a un *piqueron* là-bas.
Syn., voir : **button**.

2. Butte de neige entre les deux ornières d'un *chemin double*.
Syn. : **relais** (sens 2).

PIQUET n. m.

1. Pieu dont l'un des bouts est pointu et fiché en terre.

2. Poteau fixé aux bouts des sommiers du *bobsleigh*.
Syn., voir : **épée**.

3. Fig. *Planter des piquets.*
Voir : **planter** (sens 2).

PIQUETAGE n. m.
Surveillance exercée par un piquet de grève pour empêcher les briseurs de grève de pénétrer dans les locaux de travail, action de *piqueter*.

PIQUETER v. intr.
Faire du *piquetage*, participer à un piquet de grève.

PIQUETEUR, EUSE n.
Piquet de grève, gréviste qui fait le piquet.

PIQUEUR n. m.

1. Pêcheur dont la fonction est de *piquer* la morue, de l'éviscérer.

2. *Piqueur de gomme* : personne qui récolte la *gomme* ou résine de certains conifères.
Syn. : **gommeur, ramasseur de gomme**.

PIQUEUX n. m.
Chardon vulgaire.
Syn., voir : **pipique**.

PIQUIOU n. m. [#]
Prononciation volontairement anglaise de *PQ*, sigle du *Parti québécois*.
Voir : **québécois** (sens 4).

PIQUOIR n. m.
Bâton muni d'une pointe de fer pour piquer les bœufs, aiguillon.
(E 22-124)
Syn. : **pique**.

PIRE adj. et n. m.

1. [#] Mauvais. Ce gâteau n'est pas *pire*.

2. *Pire que pire* : très mauvais. Le temps est *pire que pire*.

3. *Pas pire, pas trop pire* : assez bien, pas mal. Il a été très malade, mais maintenant il va *pas pire*.

4. Pis. Les affaires vont de mal en *pire*.

5. *Pire-aller* : pis-aller. Le mettre en pension, ce serait un *pire-aller*.

PIROCHE, PIROUCHE n. f.
Oie femelle. (Charsalac)
Syn. : **pironne, piroune**.

PIRON n. m.
Oison, petit de l'oie. (Charsalac et acad.)

PIRONNE, PIROUNE n. f.
Oie femelle.
Syn. : **piroche, pirouche**.

PIS n. m.
Fig. *Faire son pis* : se décider, cesser d'être hésitant.
Syn. : faire son **per**, son **remeuil**.

PISCINIER n. m.
Entrepreneur spécialisé dans l'installation et la maintenance de piscines creusées ou hors terre.

PISSE-AU-LIT n.
Voir : **pissenlit**.

PISSENLIT n.
Vx en fr. Enfant qui mouille son lit. [+++]
Syn. : **pisse-au-lit, pissoux**.

PISSETTE n. f.
1. Atteloire pénétrant dans les trous du brancard. Atteler à la *pissette*. Syn., voir : **feton**.
2. Vulg. Organe de copulation chez l'homme et chez certains animaux. Syn., voir : **pine** (sens 6).

PISSEU, PISSOU n. m.
Sizerin à tête rouge.

PISSEUSE n. f.
Péjor. Sobriquet donné aux religieuses. [+++]
Syn., voir : **corneille, cornette**.

PISSEUX, EUSE ; PISSOU adj.
Humide, qui sèche mal, en parlant d'un terrain.
Syn. : **mouilleux**.

PISSE-VINAIGRE n.
Individu insociable, hargneux, qui rouspète sans arrêt.

PISSOU n. m.
1. Vulg. Organe de copulation chez l'homme et certains animaux. Syn., voir : **pine** (sens 6).
2. Voir : **pisseu**.
3. Voir : **pea-soup**.

PISSOUX adj. et n.
1. Enfant qui mouille son lit. Syn., voir : **pissenlit**.
2. Lâche, poltron, peureux.

PISTOLET n. m.
En pistolet : irrité, fâché, de mauvaise humeur.

PISTOLOIS, OISE n. et adj.
Natif ou habitant de Trois-Pistoles, dans le Bas-Saint-Laurent ; de Trois-Pistoles.

PISTRINE n. f.
Alcool de fabrication domestique, de mauvaise qualité.
Syn., voir : **bagosse**.

PIT n. m. (angl. pit) ▣
1. *Pit de sable* : sablière, carrière ou banc de sable.
2. *Pit de gravier, de gravelle, de gravois* : carrière ou banc de gravier, gravière.

PITBULL n. m. (angl. pitbull) ▣
Chien d'attaque.

PITE n. m.
Voir : **pitou**.

PITMAN n. m. (angl. pitman) ▣
Bielle de la faucheuse mécanique qui communique le mouvement à la faux. (O 38-84)
Syn., voir : **tournebroche**.

PITON n. m.
1. [#] Patte. Chaudron à *pitons*.
2. Bouton d'une sonnette, d'un commutateur, touche d'une calculatrice. [+++]
3. Arg. scol. Jeune garçon rangé, aux études secondaires. Son pendant féminin est *gougoune*.
4. Fig. *Avoir l'esprit de piton* : avoir l'esprit de contradiction (allusion au commutateur électrique à bascule).

5. Fig. *Être sur le piton* : être de bonne humeur, en pleine forme physique. [+++]
6. Vieux cheval, haridelle. [+++]
Syn. : **cheval de quêteux, péquot, picouille, pigouille, piochon.**

PITONNAGE n. m.
Action de *pitonner*, de faire du saute-boutons (cette dernière expression a été suggérée par Radio-Canada).

PITONNER v. tr. et intr.
1. Faire des opérations mathématiques avec une calculatrice. Si les jeunes ne savent plus le calcul mental, ils savent *pitonner*.
2. Mettre sur ordinateur à partir d'une console. Les opérateurs de clavier *pitonnent* un texte en un rien de temps. [+++]
3. Changer de canal à la télévision. On peut *pitonner* par télécommande si un programme ne plaît pas. [+++]
Syn. : **zapper.**

PITONNEUR, PITONNEUX, EUSE n.
Personne qui fait l'action de *pitonner*.
Syn. : **zappeux.**

PITOU, PITE n. m.
Terme affectif utilisé quand on s'adresse à un enfant, à un ami chéri, voire à son mari. Une fiancée dira à son fiancé : Viens que je t'embrasse, mon *pite* (forme abrégée). Un homme dira : Viens, ma *pitoune* chérie !

PITOUNE n. f.
1. Femme grosse, bien en chair. J'ai vu Untel avec sa *pitoune*.
Syn., voir : **toutoune.**
2. Femme facile, aux mœurs légères.

3. Terme affectif à l'endroit d'une petite fille ou d'un homme pour sa femme. Viens que je t'embrasse, ma belle *pitoune*! [+++]
4. Alcool de fabrication domestique.
Syn., voir : **bagosse.**
5. *Pitoune de quatre pieds* : bois à pâte de quatre *pieds* de longueur. Les camions chargés de *pitounes* évitent le centre-ville. [+++]
Syn. : **quatre-pieds.**
6. Crêpe de farine de sarrasin. (Beauce)
Syn., voir : **galette.**
7. Vulg. Organe de copulation de l'homme et des animaux.
Syn., voir : **pine** (sens 6).

PITOUQUE n. m. (mot inuit)
1. Anneau de cordage attaché au *cométique* et auquel sont fixés chacun des brins des chiens attelés.
2. *Chien de pitouque* : chien attelé le plus près du *pitouque*.

PITOUX adj.
Misérable, digne de pitié, triste, piteux. Cet enfant a toujours un air *pitoux* depuis le divorce de ses parents.

PIVÉ n. m. (angl. peavy) ◙
Voir : **peavy.**

PIVELÉ, ÉE adj.
1. Qui a des taches de rousseur. Une figure *pivelée* comme un œuf de dinde. [+++]
Syn., voir : **rouillé.**
2. À robe tachetée. Une vache *pivelée*. [+]
Syn., voir : **caille.**

PIVELOTÉ, ÉE adj.
À robe légèrement tachetée. Une vache *pivelotée*.
Syn., voir : **caille.**

PIVERT n. m.
Pic doré. [++]
Syn. : **pique-bois, poule de bois.**

PLACARD n. m.
Gros flocon de neige qui tombe par
temps doux. Le printemps, la neige
tombe souvent en *placards*.
Syn., voir : **peaux-de-lièvre.**

PLACASSER, PIACASSER v. intr.
1. Gazouiller, piailler. Les oiseaux
   placassent.
   Syn., voir : **piaquer.**
2. Parler à tort et à travers,
   bavarder.
   Syn. : **bavasser** (sens 2).

PLACE n. f.
1. Plancher de la cuisine. Balayer,
   laver la *place*. [+++]
2. (Angl. place) ⊘ Construction
   urbaine comportant au moins une
   tour imposante à laquelle
   s'ajoutent des éléments
   coordonnés, l'ensemble s'appelant
   en français un complexe. *Place*
   Ville-Marie à Montréal et *Place*
   Québec à Québec sont des
   complexes.

PLACIER, IÈRE n. m.
Personne qui, dans une salle de
spectacle, dans les bars, conduit les
gens à la place qu'ils occuperont.

PLACOSSER v. intr.
Patauger dans la boue, barboter
dans l'eau.
Syn., voir : **pigrasser.**

PLACOTAGE n. m.
Potinage, commérage. Quand elles
se rencontrent, elles en font du
placotage ! [+++]
Syn. : **mémérage, placoting.**

PLACOTER v. tr. et intr.
1. Dire, raconter. Qu'est-ce qu'il t'a
   placoté ? [+++]

2. Parler d'abondance, causer sans
   arrêt.
3. Potiner, commérer. Elle passe son
   temps à *placoter*. [+++]
   Syn. : **mémérer.**
4. Faire. Qu'est-ce que tu *placotes* là
   tout seul ?
5. Patauger dans la boue, barboter
   dans l'eau. [+++]
   Syn., voir : **pigrasser.**

PLACOTEUR, PLACOTEUX, EUSE
n. et adj.
Personne qui fait l'action de
placoter.

PLACOTING n. m.
Potinage, commérage.
Syn., voir : **placotage.**

PLACRER v. tr.
Flatter, flagorner. *Placrer* une
cliente.

PLACREUR, EUSE n. et adj.
Celui qui fait des louanges
exagérées, qui flatte, qui flagorne.

PLAIN n. m.
Partie plate du rivage de la mer que
la marée normale n'atteint pas.
Tirer une embarcation sur le *plain*
pour la nuit.

PLAINE n. f.
Terrain plat, uni, tourbière où
poussent des arbustes, des ronces
dont des *chicoutés*. (acad.)

PLAINE, PLÈNE n. f. [#]
1. a) Rég. en fr. Nom générique de
      certaines espèces d'érables,
      plane. [+++]
   b) *Plaine bâtarde* : érable à épis.
   c) *Plaine blanche* : érable
      argenté.
   d) *Plaine rouge* : érable rouge.
2. Instrument servant à dresser une
   pièce de bois, plane.

PLAINT n. m. [#]
  Plainte. Entendre les *plaints* d'un blessé.

PLAIRIE n. f. [#]
  Prairie. (O 27-116)

PLAISE n. f. [#]
  Plie. Autrefois, les pêcheurs de morue rejetaient à la mer les *plaises* qu'ils capturaient.

PLAN n. m.
  1. Projet, idée farfelue. Lui, il est toujours plein de *plans* et ça n'aboutit jamais.
  2. *Plan de nègre* : idée farfelue, projet irréalisable.

PLANCHE n. f.
  1. *Planche à glace* : planche à voile spécialement conçue pour aller sur la glace.
     Syn. : **véliglace**.
  2. *Planche à neige* : planche à voile spécialement conçue pour aller sur la neige dure.
     Syn. : **véliluge**.
  3. Voir : **barouche**.
  4. Fig. *Planche à laver* : chemin de gravier raboteux dont la surface est ondulée. Rouler sur de la *planche à laver* est très dur pour les amortisseurs.
     Syn. : **laveuse** (sens 3).
  5. Argot. *À la planche* :
     a) À vitesse maximale. Conduire une auto *à la planche*.
     b) À fond de train, sans perdre un instant. Travailler *à la planche* en vue d'un examen.
     c) Très bien. Les affaires marchent *à la planche*.

PLANCHE adj.
  Uni, égal. Dans la plaine de Montréal, les terres cultivables sont

planches. [+++]
  Syn. : **plange**.

PLANCHER n. m.
  1. *Plancher d'haut, plancher du haut, plancher d'en haut* : plafond du rez-de-chaussée qui sert de plancher à l'étage, par opposition au plancher du rez-de-chaussée appelé *plancher de bas, plancher d'en bas, plancher du bas*.
  2. *Plancher de bas, plancher d'en bas, plancher du bas* : plancher du rez-de-chaussée, par opposition à *plancher d'haut, plancher du haut, plancher d'en haut* qui désignent le plafond de l'étage.
  3. Étage (angl. floor) ◙ . Vous trouverez le bureau de cet avocat au deuxième *plancher*.
  4. *Avoir, prendre le plancher* (angl. to have, to take the floor) ◙ : avoir, prendre la parole. Chaque fois qu'Untel assiste à une réunion, il *prend le plancher* et les autres ne peuvent placer un mot.

PLANCHER v. tr.
  Recouvrir de planches un mur, un plafond, un plancher. [+++]

PLANGE adj. [#]
  Plat, uni. Un terrain *plange*. (acad.)
  Syn. : **planche**.

PLANT n. m.
  1. [#] Appeau, souvent constitué d'une feuille de papier blanc, pour attirer les oies. Les chasseurs d'oies piquent des *plants* dans les champs.
     Syn. : **appelant**.
  2. Usine (angl. plant) ◙ . Travailler à un *plant* de munitions.

PLANTER v. tr. et pron.
  1. *Planter chêne* : tomber la tête la

première.
Syn., voir : **fouille.**

2. Fig. *Planter des clous, des piquets* : somnoler assis en faisant avec la tête des mouvements de haut en bas et de bas en haut.
Syn. : **cogner des clous.**

3. Faire effort pour réussir, se surpasser.
Syn. : se **piéter.**

PLANTEUR, PLANTEUR DE TABAC n. m.
Cultivateur spécialisé dans la culture industrielle du tabac à pipe, à cigares ou à cigarettes. La région de Joliette compte un grand nombre de *planteurs.*

PLANTEUSE, PLANTEUSE DE TABAC n. f.
Machine servant à repiquer les plants de tabac à intervalles réguliers et comprenant rayonneur, distributeur d'eau automatique et butteur.

PLAQUE n. f.
Blanchis fait à tout arbre à abattre ou à des arbres de part et d'autre d'une ligne qui sépare deux propriétés en forêt. (E 46-79)
Syn. : **blaze.**

PLAQUEBIÈRE n. f.
Ronce petit-mûrier. (acad.)
Syn., voir : **chicouté.**

PLAQUER v. tr.
Faire une *plaque,* un blanchis à des arbres. (E 46-79)
Syn. : **blazer.**

PLASTEUR n. m. (angl. plaster) ⊠
Diachylon, sparadrap.

PLASTRAGE n. m. (angl. plaster) ⊠
Crépi. Un mur en *plastrage.*

PLASTRER v. tr. (angl. to plaster) ⊠
Plâtrer, enduire de plâtre.

PLAT, PLATE adj. (au masculin le T final ne doit pas être prononcé)

1. Mal levé. Pain *plat,* pâtisserie *plate.*
Syn., voir : **alis.**

2. Fig. Ennuyant, triste, monotone. en parlant d'une personne, d'un spectacle, d'un film.

3. Voir : **farce plate.**

PLAT n. m.

1. *Plat à mains, plat aux mains* : bassine placée dans l'évier de la cuisine et dans laquelle on se lavait les mains. (surt. 85 à 123)
Syn., voir : **bassin à mains, bassin aux mains, bassin des mains.**

2. *Plat à cendre* : boîte à cendre placée sous le feu du poêle à bois, cendrier.
Syn., voir : **cendrière.**

3. *Plat à vaisselle* : bassine dans laquelle on lave la vaisselle, bassine à vaisselle.

PLATE-FORME n. f.
Voir : **escabeau.**

PLATIER, PLAQUÉ n. m.
Banc de sable découvert à marée basse. (acad.)

PLATIN n. m.
Vx en fr. Terrain bas cultivé, facilement inondé, baissière.
Syn. : **bas-fond.**

PLATINE n. f.
Registre réglant le tirage du tuyau de poêle.
Syn. : **clef** (d'un tuyau de poêle).

PLATRAME adj.
Gauche, inhabile dans ses mouvements. En vieillissant, il est de plus en plus *platrame.*
Syn., voir : **paourd.**

PLC n. m.
Sigle. Voir : **libéral** (sens 2).

PLEA, PLÉE n. f. (angl. plea) ⊘
Dispute, chicane. Il y a eu toute une *plea* entre eux deux.
Syn. : **chacote**.

PLÉE n. f.
1. [#] Endroit pelé, sans arbres.
Syn. : **pelé**.
2. Voir : **plea**.

PLEIN adv.
À plein : très, beaucoup. Il fait froid *à plein*.

PLEIN, PLEINE adj.
Plein comme un œuf, comme un siau : en état d'ébriété avancée, ivre.
Syn. : **rond** comme un œuf, avoir les pieds **ronds**.

PLÈNE n. f.
Voir : **plaine**.

PLEUMAS n. m. [#]
Voir : **plumas**.

PLEUMER v. tr. [#]
Voir : **plumer**.

PLEUR n. m.
Goutte de résine transparente qui suinte sur l'écorce des conifères.

PLEURABLE adj.
Triste à pleurer. C'est *pleurable* de voir de jeunes enfants dont les parents divorcent.

PLEURAGE n. m.
Pleurs, le fait de pleurer. Des *pleurages* à ton âge, tu devrais avoir honte.
Syn., voir : **braillade**.

PLEURER v. intr.
1. Fig. Suinter, en parlant d'un mur humide.
2. Suinter de la résine, en parlant d'un conifère blessé.

PLI n. m.
Fig. *Ne pas faire un pli* (à quelqu'un) : être égal, laisser indifférent. Ça *ne* lui *fait pas un pli* de perdre cet argent, il est très riche.

PLIE n. f. [#]
Pluie. La *plie* a cessé vers cinq heures. (Beauce)

PLION n. m.
Hart servant d'attache dans les toits de chaume.

PLISSÉ, ÉE adj.
Ridé. Avoir le visage très *plissé*.

PLOGUE n. f. (angl. plug) ⊘
Voir : **plug**.

PLOGUEIL n. m.
Crapaud de mer. (acad.)

PLOGUER v. tr. (angl. to plug) ⊘
Voir : **pluguer**.

PLOMBER v. intr.
Être ardent, brûlant, en parlant du soleil d'été, le midi. Mets-toi à l'ombre, le soleil *plombe*.

PLOMBURE n. f.
Membrane muqueuse à l'intérieur des intestins des animaux de boucherie, du porc surtout.

PLONGE n. f. [#]
Faire ou prendre une plonge : faire un faux pas, tomber (sur la glace, sur le sol).
Syn., voir : **fouille**.

PLORINE n. f.
Crépinette, saucisse plate en coiffe. (E 37-85)

PLOUTASSER v. impers. [#]
Voir : **plutasser**.

PLOUTER v. impers. [#]
Voir : **pluter**.

PLQ n. m.
Sigle.
Voir : **libéral** (sens 2).

PLUG, PLOGUE n. f. (angl. plug) ⊘
1. Prise de courant.
2. Tablette. Acheter une *plug* de tabac à chiquer.
Syn. : **palette**.
3. Crêpe de farine de sarrasin.
Syn., voir : **galette de sarrasin**.
4. Sobriquet des habitants du Madawaska, grand mangeurs de *plugs* de sarrasin.
5. Fig. Personne d'un embonpoint qui ne passe pas inaperçu.
Syn., voir : **toutoune**.
6. Fig. Lourdaud, maladroit.
7. Annonce publicitaire agressive que subissent les téléspectateurs d'un film, d'un programme, matraquage.

PLUGUER, PLOGUER v. tr. (angl. to plug) ⊘
Brancher un appareil électrique. Pour se faire des rôties, il ne faut oublier de *ploguer* le grille-pain.

PLUMAS, PLEUMAS n. m. [#]
Plumeau servant à épousseter. [+++]
Syn. : **époussette**.

PLUME-FONTAINE n. f. (angl. fountain pen) ⊘
Porte-plume à réservoir d'encre, stylo.

PLUMER, PLEUMER v. tr. et intr. [#]
1. Rég. en fr. Éplucher. *Plumer* des pommes de terre, une pomme. (acad.)
Syn. : **pelurer**.
2. [#] Écorcer. *Plumer* un bouleau pour en utiliser l'écorce. [+++]
3. [#] Écorcher. *Plumer* un bœuf, une loutre. [+++]
4. [#] Peler, desquamer. Toute la figure lui *pleume*. [+++]
5. [#] *Plumer son renard*. (O 25-117)
Voir : **renard**.
6. Fig. *Se faire plumer* : aux cartes, se faire laver.

PLUMES DES CHAMPS n. f. pl.
Feuilles de maïs utilisées pour garnir l'enveloppe d'une paillasse.

PLUTASSER, PLOUTASSER v. impers. [#]
Pleuvoir légèrement.
Syn., voir : **mouillasser**.

PLUTER, PLOUTER v. impers. [#]
Pleuvoir. Il va *pluter*.
Syn. : **mouiller**.

POACHER v. intr. (angl. to poach) ⊘
Braconner. [+]
Syn. : **carponner**.

POACHEUR, POACHEUX n. m. (angl. poacher) ⊘
Chasseur ou pêcheur qui *poache*, qui braconne ; braconnier. [+]
Syn. : **carponneur**.

POCHARD D'EAU n. m.
Mare d'eau apparaissant sur la glace lors d'un dégel éventuel l'hiver, mais surtout lors du dégel printanier.

POCHE n. f.
1. Vx en fr. Sac. Une *poche* de blé, de carottes, de sucre. [+++]
2. *Course en poche* : course en sac où les concurrents s'efforcent d'avancer en sautant, les jambes enfermées dans un sac.
3. Vulg. Bourse des testicules de l'homme et des animaux. [+++]
Syn. : **sacoche** (sens 2).
4. *Poche menteuse* : fausse poche d'un vêtement.
5. *À la poche* :
a) *Être à la poche* : être ruiné, sur la paille, réduit à la

mendicité (autrefois, les *quêteux* parcouraient les campagnes une *poche* sur le dos).

b) Beaucoup. Gagner de l'argent *à la poche*. Il y a des pommes *à la poche*.
Syn.: à la **pochetée**.

6. Jute. Essuie-main de *poche*.

7. *Poche de sucre*: tissu de coton provenant d'un sac ayant contenu du sucre. Ce tissu très résistant était passé à la javelle, blanchi et réutilisé pour faire des draps, des taies d'oreiller, des torchons.

8. *Au plus fort la poche*: dicton signifiant que les puissants l'emportent toujours sur les faibles. [+++]

9. Tout ce qui est de mauvaise qualité (tissu, vêtements, outil). Je n'achète pas ça, c'est de la *poche*.
Syn., voir: **cull**.

10. *Connaître comme le fond de sa poche*: très bien connaître, en parlant d'une personne ou d'un lieu.

POCHÉE n. f.
Vx ou rég. Contenu d'une *poche*, d'un sac; sac. Une *pochée* d'avoine, de sucre.
Syn.: **pochetée**.

POCHE-MOLLE n. f.
Fig. Personne sans énergie, paresseuse. Untel, mais c'est une *poche-molle*, ne l'engage pas.
Syn., voir: **flanc-mou**.

POCHER v. tr. (angl. to poach) ⊘
Argot étudiant. Rater. C'est la première fois qu'il *poche* un examen.
Syn.,voir: **flopper**.

POCHETÉE n. f.
1. Contenu d'une *poche*, d'un sac; sac. Une *pochetée* d'avoine.
Syn.: **pochée**.

2. *Pochetée de, à pochetée, à la pochetée*: beaucoup. Il neige *à pochetée*; il y a des pommes *à la pochetée*; il y a une *pochetée de* monde.
Syn.: à la **poche**.

POCHETTE n. f.
1. Petit sac de tissu incombustible entourant la flamme de certaines lampes d'autrefois et qui en augmentait l'éclat.
Syn.: **manteau**.

2. Ampoule électrique. (Lanaudière)
Syn.: **globe**, **lumière**.

POÊLE n. m.
1. Appareil de chauffage au bois, occasionnellement au charbon, utilisé comme cuisinière et également pour chauffer un logement, une maison. Dès le début du XVIIe siècle, on fabriquait des *poêles* aux Forges de Trois-Rivières.

2. *Poêle à un pont, poêle à un corps*: poêle à bois, de forme rectangulaire, à un seul étage constituant le foyer.

3. *Poêle à deux ponts, poêle à deux corps*: poêle à bois, de forme rectangulaire, à deux étages et comprenant un foyer et un four.

4. *Poêle à trois ponts, poêle à trois corps*: poêle à bois, de forme rectangulaire, à trois étages comprenant un foyer et deux fours superposés.

5. *Poêle à fourneau*: poêle-fourneau, cuisinière.

6. *Poêle à gaz*: fourneau à gaz, cuisinière à gaz.

7. *Poêle combiné* : poêle-cuisinière dont le foyer est au charbon ou au bois et dont un ou deux ronds sont au gaz ou à l'électricité.

8. *Poêle électrique* : cuisinière électrique.

POÊLON n. m.
Petite poêle à manche court.

POÊLONNE n. f.
Poêle à frire généralement plus épaisse et plus grande que la poêle ordinaire.

POFFEUR, EUSE adj. et n. (angl. puffer) ⊘
Voir : **puffeur**.

POGNASSER v. tr. et pron. [#]
Voir : **poignasser**.

POGNÉ, ÉE n. et adj. [#]
Voir : **poigné**.

POGNER v. tr., intr. et pron.
Voir : **poigner**.

POIGNASSER, POGNASSER v. tr. et pron.
1. Saisir, manier maladroitement, sans précaution.
2. Se livrer à des familiarités, à des attouchements que répudient les bonnes mœurs, peloter.
Syn., voir : **taponner** (sens 3).

POIGNASSEUX, POGNASSEUX, EUSE adj. et n.
Qui se livre à des familiarités, à des attouchements inconvenants, peloteur.
Syn. : **poigneux**.

POIGNÉ, POGNÉ, ÉE p. adj. et n.
Fig. Personne complexée, aux prises avec des problèmes psychologiques ; qui est complexé.
Syn. : **coincé**.

POIGNÉE n. f.
Levier pour soulever les rondelles du *poêle*.
Syn., voir : **clef**.

POIGNER, POGNER v. tr., intr et pron.
1. Empoigner, saisir, prendre, attraper, décrocher. *Poigner* la balle. *Poigner* son adversaire au collet. *Poigner* du poisson. *Poigner* la grippe. *Poigner* un emploi. *Poigner* froid, du froid. [+++]
2. Se prendre, se cramponner. Il *s'est poigné* au canot pour ne pas se noyer. [+++]
3. Fig. *Se faire poigner* :
   a) Devenir enceinte involontairement, en parlant d'une jeune fille. [+++]
      Syn., voir : **attraper**.
   b) Se faire arrêter par la police à la suite d'un vol, d'une infraction au code de la route.
4. Naître, débuter. La chicane *a poigné* dans le ménage et ils se sont séparés. [+++]
5. Fig. *Se poigner le cul* : ne pas travailler, n'avoir rien à faire. [+++]
   Syn., voir : **bretter**.
6. *Poigner les nerfs* : s'énerver, se fâcher noir. [+++]
7. Voir : **taponner** (sens 3).

POIGNET n. m.
1. Vulg. *Passer* ou *se passer un poignet* : masturber, se masturber.
   Syn., voir : **crosser**.
2. Vulg. *Poignet-cassé* : homosexuel.
   Syn., voir : **fifi**.
3. Voir : **tirer au poignet**.

POIGNEUR, POGNEUX, EUSE n.
1. *Poigneur de poules* : celui dont le travail consiste à attraper, la nuit, les poules que l'on met en cage pour les conduire à l'abattoir.

2. Péjor. *Poigneux de cul* :
homosexuel.
Syn., voir : **fifi**.

3. Voir : **poignasseux**.

POIL n. m.

1. [#] Fourrure. Un manteau de *poil*,
une couverture de *poil*.

2. Fig. *Avoir du poil aux pattes* :
avoir de la vigueur, du courage.

3. Fig. *Avoir du poil jusqu'après les
dents* : être effronté.

4. Fig. *Donner du poil, mettre du
poil* : faire un effort
supplémentaire. Tu vas le
soulever ce fardeau, *donne du
poil* !

POINT n. m. [#]

Pointure. Le *point* de mes souliers,
c'est huit.

POINT adv.

Rég. en fr. Négation habituellement
précédée de *ne*. Je ne l'ai *point* vu
depuis deux jours.

POINTAGE n. m.

Dans les sports, score. La partie de
hockey s'est terminée par un
pointage de 7 à 5.

POINTE n. f.

Soc de charrue.

POINTER v. tr.

Fig. Décocher des pointes ironiques
à quelqu'un. Untel s'est fait *pointer*
toute la soirée.
Syn. : **piner** (sens 2).

POINTEUR n. m.

1. Dans les sports, joueur qui fait,
qui marque des buts, marqueur.
En français, le pointeur
enregistre les points, les buts des
joueurs.
Syn. : **compteur**.

2. Chaloupe de *drave* utilisée
pour le ramassage des billes de

bois échouées.
Syn., voir : **pine de drave**.

POINTEUR, POINTEUX, EUSE adj.

Taquin, moqueur, qui aime décocher
des pointes à quelqu'un.

POINTU n. m.

Nom vulgaire du grand corégone
ainsi dénommé par les pêcheurs des
lacs Témiscouata et Matapédia.
Syn. : **corégone de lac, poisson
blanc**.

POINTU, UE adj.

Vx en fr. Susceptible, qui prend
facilement la mouche.

POIRE n. f.

1. *Petite poire* : fruit de quelques
variétés d'amélanchier.

2. *Poire sauvage* : fruit de
l'amélanchier.

3. Fig. et vulg. Testicule.
Syn., voir : **gosse**.

POIRIER n. m.

Nom de quelques variétés
d'amélanchier.

POIROT n. pr. m.

Super-robot utilisé par la Sûreté du
Québec, commandé à distance et
capable de diriger un fusil,
désamorcer une bombe et même
dialoguer avec un bandit embusqué.
Pour ouvrir un *paquet* suspect, on
fait venir *Poirot*.

POIS n. m.

Prunelle de l'œil.
Syn. : **perle**.

POISON n. m.

1. *Poison de brebis, poison de
moutons* : kalmia à feuilles
étroites.

2. *Poison en feuille* : papier-poison à
détremper avec eau et sucre pour

attirer et empoisonner les mouches.

POISSON n. m.
1. *Poisson à couette* : nom vulgaire de la couette.
2. *Poisson armé* : nom vulgaire du lépisosté osseux.
3. *Poisson blanc* : nom vulgaire du corégone (NOLF).
   Syn., voir : **pointu**.
4. *Poisson-castor* : nom vulgaire de l'amie.
5. *Poisson-chat* : loup tacheté (NOLF).
6. *Poisson d'automne* : nom vulgaire du cisco de lac, de la famille des Salmonidés.
   Syn. : **ciscaouet, ciscaouette**.
7. *Poisson-de-Noël*.
   Voir : **poulamon**.
8. *Poisson de Saint-Pierre* : nom vulgaire de l'églefin.
9. *Poisson des chenaux* : nom vulgaire du *poulamon* qui doit ce nom au fait qu'il remontait autrefois le Saint-Maurice par les trois chenaux de son embouchure. Aujourd'hui ce poisson remonte plutôt les rivières Sainte-Anne et Batiscan pour aller frayer (NOLF).
   Syn., voir : **poulamon**.
10. *Poisson des Trois-Rivières*.
    Voir : **poulamon**.
11. *Poisson-pêcheur* : nom vulgaire de la baudroie d'Amérique.
12. Fig. *Changer son poisson d'eau*.
    Voir : **lâcher de l'eau**.
13. Fig. Poire, dupe, gogo (angl. fish) ⊘ . Ta voiture est finie, mais tu vas sûrement trouver un *poisson* pour l'acheter.

POIVRINE n. f.
Vent plus discret que parfumé,

vesse.
Syn. : **fiouse**.

POKEUR n. m. (angl. poker) ⊘
Tisonnier. (acad.)
Syn., voir : **pigou**.

POLE n. f. (angl. pole) ⊘
1. Perche, gaffe. [+++]
2. Timon d'une voiture hippomobile. [++]
   Syn. : **aiguille, tongue**.
3. Tringle à rideaux. [+++]
4. *Prendre la pole* (angl. to take the pole position) ⊘ : dans les courses attelées, prendre la tête à un moment de la course.
5. Voir : **gaffe de drave**.

POLER v. tr. (angl. to pole) ⊘
Manœuvrer une embarcation à l'aide d'une *pole*, perche, gaffe.

POLE-STRAP n. f. (angl. pole strap) ⊘
Courroie ou chaîne fixée aux deux côtés du collier et supportant l'une des extrémités du porte-timon dans les attelages doubles.

POLICE n. f.
Solides bretelles que portent les travailleurs. Marque de fabrique.
Syn. : **bricole**.

POLICE MONTÉE n. f. (angl. mounted police) ⊘
Gendarmerie royale du Canada qui pendant longtemps était à cheval.

POLITAINE n. f.
Grand nombre, beaucoup. Il y a une *politaine* d'enfants dans cette famille.
Syn., voir : **tralée**.

POLL n. m. (angl. poll) ⊘
Bureau de vote. Les *polls* ouvrent à neuf heures et ferment à vingt heures.

POLOQUE n. f.
1. Argot. Cigarette roulée à la main. Fumer des *poloques*.
Syn., voir : **rouleuse**.
2. Péjor. Immigré polonais ou immigré dont on ignore l'origine.

POLYVALENTE, ÉCOLE POLYVALENTE n. f.
École secondaire régionale offrant différentes options : générale, technique, professionnelle, etc.

POMME n. f.
1. *Pomme de pré* : airelle-canneberge à gros fruit. (acad.)
2. *Pommes de terre* :
   a) Gaulthérie couchée. (acad.)
   b) Airelle vigne d'Ida. (E 22-124)
      Syn. : **graines rouges, berri**.
3. *Pomme-pourrie* : engoulevent bois-pourri.
4. *Pommes-de-cheval, pommes-de-route* : crottin de cheval.
   Syn. : **pain de moineau**.
5. Voir : **chanter la pomme**.
6. Voir : **chanteur de pomme**.

POMMETTE n. f.
Fruit du *pommettier* ou aubépine ponctuée servant à faire de la compote, de la gelée. [+++]

POMMETTIER n. m.
1. *Pommettier blanc* : aubépine ponctuée, arbre fruitier produisant des *pommettes*. [+++]
2. *Pommetier rouge* : aubépine écarlate.

POMPE n. f. [#]
Au pl. Service des incendies ; pompiers. Autrefois, il n'y avait pas de *pompes* dans les villages.

POMPEUR, POMPEUX n. m.
1. Draisine utilisée par les ouvriers chargés de l'entretien de la voie ferrée.
   Syn. : **handcar**.
2. Frère ou père d'une communauté religieuse qui avec un zèle remarquable parcourait les paroisses dans le but de rencontrer les jeunes garçons de 12 à 15 ans et de les attirer vers la vie religieuse. Certains prédicateurs de retraite de vocation se voyaient aussi décerner cette appellation.
   Syn. : **recruteur**.

POMPIER n. m.
1. *Se coucher en pompier* : se coucher tout habillé. (O 36-85)
   Syn. : se coucher tout **rond**.
2. Argot. Dollar canadien.
   Syn., voir : **douille**.

PONCE n. f. (angl. punch) ◻
Boisson chaude à base d'alcool, grog qu'on absorbe quand on est grippé ou quand on arrive du froid. [+++]
Syn. : **coup chaud, pijoune, sangris**.

PONCER v. tr. et pron. (angl. to punch) ◻
Servir une *ponce*, un grog à quelqu'un, prendre un grog.

PONCHE n. f. (angl. punch) ◻ (acad.)
Voir : **ponce**.

PONDIÈRE, PONDOIRE n. f.
Orifice de ponte d'une poule.
Syn. : **ponnoire**.

PONNER v. tr. [#]
Pondre. Ces poules-là peuvent *ponner* même l'hiver. (surt. E 30-100)

PONNEUSE n. et adj. [#]
Pondeuse, poule pondeuse.

PONNOIRE n. f.
Orifice de ponte d'une poule.

(E 27-116)
Syn.: **pondière**.

PONQUE n. f. (angl. punk) ◙
Voir: **punk**.

PONTAGE n. m.
1. Plancher en bois (aujourd'hui en ciment) de l'étable, de l'écurie, de l'aire de la grange. (O 25-117)
Syn.: **pavé**.
2. Tablier d'un pont.
3. Pavage d'un chemin en terrain marécageux à l'aide de billes de bois, de rondins. [+++]
Syn.: **corduroy**.

PONT DE GLACE n. m.
Chemin balisé passant sur la glace qui recouvre un lac ou un cours d'eau et sur lequel on peut passer comme sur un pont.

PONT DE GRANGE, PONT DE FANIL n. m.
Plan incliné par où les fourragères chargées entrent dans le fenil de la grange.
Syn.: **gangway**.

PONTÉ, ÉE p. adj. et n.
1. Fig. Couvert. Hier soir, le ciel était *ponté* d'étoiles.
Syn.: **pavé**.
2. En chirurgie, personne à qui on a fait un pontage en réunissant, par greffage, deux veines ou deux artères.

PONTER v. tr.
1. Rare en fr. Construire un pont pour franchir un cours d'eau, un fossé. *Ponter* un ruisseau.
2. Autrefois, faire un plancher en bois à l'étable, à l'écurie, à l'aire de la grange; aujourd'hui, faire un plancher en ciment. (O 25-117)
Syn.: **paver**.

3. Paver un chemin en terrain marécageux à l'aide de rondins, de billes de bois, de pierres.

PONT-ROUGEOIS, OISE n. et adj.
Natif ou habitant de Pont-Rouge, dans Portneuf; de Pont-Rouge.

POOL n. m. (angl. pool) ◙
1. Billard. Jouer au *pool*.
2. *Salle de pool*: salle de billard.
Syn.: **poolroom**.

POOLROOM n. m. (angl. poolroom) ◙
Salle de billard.
Syn.: salle de **pool**.

POP-EYE, POPAILLE n. f. (angl. pop-eye) ◙
Jeune fille aguichante et belle.
Syn.: **pétard**.

POPOUNE n. f.
1. Tétine qu'on donne à un enfant pour l'empêcher de pleurer, de sucer son pouce, sucette.
Syn., voir: **suce d'amusette**.
2. Voir: **poupoune**.

POPSICLE n. m. (angl. Popsicle)
Variété de sucette glacée et colorée au bout d'un bâton. Marque de commerce.

POQUE n. f.
Marque laissée par un coup, un heurt. Avoir une *poque* sur le front, faire une *poque* à une table. [+++]

POQUÉ, ÉE adj.
1. Bosselé. La poubelle de fer-blanc est déjà toute *poquée*. [+++]
2. Marqué de coups, meurtri. Table, pomme *poquée*. [+++]

POQUER v. tr.
Donner un coup, marquer de coups. *Poquer* un meuble lors d'un déménagement, *poquer* sa voiture, *poquer* un œil à quelqu'un lors d'une dispute. [+++]

POR n. m. (prononciation locale de *parc*) (entre 38-84 et 20-127)

1. Parc, enclos. Le *por* à vaches, à cochons.
2. Stalle. Le *por* du cheval dans l'écurie.
3. Compartiment du grenier, de la cave où l'on emmagasine les grains, les légumes. Le *por* au blé (au grenier), le *por* aux pommes de terre (à la cave).

PORC n. m.

Porc frais [#]:

a) Jeune porc que l'on engraisse pour le vendre ou pour l'abattre à la ferme. Vendre un *porc frais*. Syn.: **engrais**, **lard**.
b) Viande de porc, par opposition au lard salé. Recevoir des invités avec un rôti de *porc frais*.

PORCHE n. m.

Bâtiment adossé à une grange et servant de hangar, de remise. Syn., voir: **appent**.

PORNURE n. f. [#]

Voir: **prenure**.

PORTAGE n. m.

1. À l'époque où l'on voyageait par voie d'eau, le *portage* était un sentier permettant d'éviter un obstacle (chute, rapide) ou de réunir deux lacs, deux rivières.
2. Plus tard, sentier en forêt servant de voie de ravitaillement pour les chantiers forestiers et où pouvaient se hasarder des voitures à lisses rudimentaires mais solides, du genre *travois*. Syn.: **tote-road**, **towpath**.
3. Action de porter une embarcation, des approvisionnements, des marchandises d'un cours d'eau à un autre, d'un lac à un autre, du pied d'une chute au sommet de cette chute ou inversement.
4. *Chemin du portage, portage*: raccourci suivant sensiblement la piste d'un ancien portage et traversant un territoire peu ou pas habité.

PORTAGER v. intr.

Faire du *portage* à dos d'homme. Syn.: **porter**.

PORTAGEUR n. m.

Homme qui fait du *portage*, qui fait l'action de *portager*.

PORTE n. f.

1. *Porte à mouches*: porte munie d'une toile métallique pour empêcher mouches et moustiques d'entrer, moustiquaire. Syn.: **porte de passe**, **porte de screen**.
2. *Porte à roulettes*: porte de grange ou de hangar suspendue à un rail par des roulettes ou roues à gorge permettant ainsi d'ouvrir et de fermer cette porte sans effort.
3. *Porte battante*: dans les anciennes porcheries, porte suspendue permettant aux cochons d'aller dehors et de réintégrer la porcherie.
4. *Porte d'église*. Voir: **chaise de barbier**.
5. *Porte d'hiver*. Voir: **contre-porte**.
6. *Porte de cave*: trappe de la cave.
7. Fig. *Porte de grange*: grande oreille. As-tu vu leur neveu avec ses *portes de grange*?
8. Fig. *Avoir la porte de grange ouverte*: avoir oublié de fermer sa braguette. Syn., voir: **foin** (sens 9).

9. *Porte de passe.*
   Voir: **porte à mouches.**
10. *Porte de screen.*
    Voir: **porte à mouches.**
11. *Porte des fournisseurs*: porte de service. La *porte des fournisseurs* est habituellement à l'arrière d'un immeuble, d'une habitation.
12. *Porte double.*
    Voir: **contre-porte.**

PORTE-BOTTINES n. f.
Voir: **porte-gerbes.**

PORTE-BOURRIER n. m.
Pelle à poussière.
Syn., voir: **porte-poussière.**

PORTEFAIX n. m.
Porte-brancard, courroie de la sellette du harnais soutenant le brancard. [+++]
Syn.: **porte-menoires, porte-travail.**

PORTE-GERBES n. m.
Râtelier de la moissonneuse-lieuse.
Syn.: **porte-bottines, porte-javelles.**

PORTE-JAVELLES n. m.
Voir: **porte-gerbes.**

PORTE-MENOIRES n. m. (E 36-86)
Porte-brancard.
Syn., voir: **porte-faix.**

PORTE-ORDURES n. m.
Pelle à poussière. (E 27-116)
Syn., voir: **porte-poussière.**

PORTE-PANIER n. m.
Fig. Rapporteur, mouchard, à l'école surtout. [++]
Syn.: **panier-percé, porte-paquet, porteur de paquets.**

PORTE-PAPOOSE n. m. (amér.)
Porte-bébé ressemblant à un sac à dos et permettant de transporter un bébé sur le dos ou sur la poitrine, à la façon des Amérindiens.
Syn., voir: **nagane.**

PORTE-PAQUET n. m.
Fig. Rapporteur, mouchard, à l'école surtout. [++]
Syn., voir: **porte-panier.**

PORTE-PATIO n. f.
Porte-fenêtre donnant accès à un *patio.*

PORTE-POUSSIÈRE n. m. ou f.
Pelle à poussière. (O 25-117)
Syn.: **dustpan, porte-bourrier, porte-ordures, ramasse-poussière.**

PORTE-QUEUE n. f.
Culeron du harnais de cheval. [+++]
Syn.: **fourre-queue, passe-queue.**

PORTER v. tr. et intr.
1. [#] Conduire. *Porter* son auto au garage pour une révision.
2. [#] *Porter l'alcool*: bien supporter l'alcool.
3. Vx en fr. *Porter la parole*: prendre la parole, parler au nom d'un groupe.
4. Voir: **portager.**

PORTE-TRAVAIL n. m. (O 27-116)
Porte-brancard.
Syn., voir: **porte-faix.**

PORTEUR n.
1. Lors d'un enterrement, un des six hommes dont le métier est de porter le cercueil.
2. *Porteur d'eau*: appellation péjorative donnée autrefois aux francophones d'ici, travailleurs sans spécialité, hommes à tout faire.
   Syn.: **scieur de bois.**
3. Fig. *Porteur de paquets*: rapporteur qui dénonce quelqu'un en rapportant ce qu'il a dit ou ce

qu'il a fait.
Syn., voir : **porte-panier**.

PORTEUSE n. f.
Femme qui porte l'enfant présenté
au baptême.
Syn., voir : **matrone** (sens 2).

PORTIÈRE n. f.
1. Matrice d'une femelle (vache,
brebis, truie).
2. *Montrer la portière* : se dit surtout
d'une vache qui commence à vêler
et dont la matrice ou *portière* est
déjà visible.

PORTION n. f.
1. Picotin. Donner sa *portion* à un
cheval. [+++]
2. Fig. *Manger sa portion* : être
supplanté par ses rivaux auprès
d'une jeune fille.
Syn. : **avoine**, **biscuit**, **pelle**.
3. Fig. *Donner sa portion à* :
renvoyer, congédier, en parlant
d'une jeune fille qui congédie un
prétendant.
Syn., voir : donner le **capot**.

PORTIQUE n. m.
Bâtiment adossé à une grange et
servant de hangar, de remise.
Syn., voir : **appent**.

PORTNEUVIEN, IENNE n. et adj.
Natif ou habitant de Portneuf ; de
Portneuf.

PORTUGAISE n. f.
Pièce de monnaie valant huit dollars
et qui était encore connue au début
du XXe siècle.

PORTUNA n. m.
Trousse de médecin. (Gaspésie)

POSER v. tr.
1. [#] Photographier. À la dernière
réunion de famille, un
photographe est venu nous *poser*.

2. Rég. en fr. *Poser un geste* :
accomplir une action, réagir, faire
quelque chose qui a une certaine
portée. À la suite de ce grave
accident, le syndicat va sûrement
poser un geste.

POSITION n. f.
Poste, emploi. Il y a deux *positions* à
combler d'ici quelques mois.

POSTILLON n. m.
À la campagne, facteur qui distribue
et ramasse le courrier.

POSTUME n. f.
Pus. Il y avait de la *postume* sous le
bandage. [++]

POSTUMER v. intr.
Suppurer, produire de la *postume*,
c'est-à-dire du pus. Sa blessure
postume encore. [++]

POT 1 n. m.
1. Contenant équivalant à un *demi-
gallon*, ou deux *pintes*, soit 2,272
litres. [+++]
2. *Pot à barbe* : tasse à barbe.
Syn., voir : **mug**.
3. Fam. en fr. *Pot-de-colle* : personne
qui s'attache à une autre, qui ne
la quitte pas d'une semelle.
Syn., voir : **tache**.

POT 2 n. m. (angl. pot)
Nom familier de la marihuana.
Fumer du *pot*.

POTASSE n. f.
Lors de la fabrication du savon de
ménage, espèce de gelée brune et
consistante qui se dépose au fond du
chaudron, sous le savon, et qu'on
utilise pour les gros travaux de
ménage.

POTASSERIE n. f.
Établissement où l'on fabriquait de

la potasse à partir de cendres de bois.

POTASSIER n. m.
Fabricant de potasse à partir de cendre de bois.

POTE n. m.
Faire son pote : pleurnicher.
(O 36-91)
Syn., voir : **lyrer**.

POTEAU n. m.
1. Pieu fiché en terre et haubanné au début d'une clôture de fil de fer barbelé ou à carreaux.
2. Poteau fixe à chaque coin des sommiers du *bobsleigh* ou de la fourragère.
   Syn., voir : **épée**.
3. Fig. À l'occasion d'une élection, candidat qui n'a aucune chance d'être élu mais qu'un parti politique a intérêt à voir se présenter et à qui on promet une récompense.
4. *Guerre des poteaux* : guerre des affiches en période électorale, les candidats cherchant à placer leurs affiches sur les poteaux où l'électeur aura le plus de chances de les remarquer.

POTÉE n. f.
Fam. et vx en fr. Bande, troupe, ribambelle. Il y a une *potée* d'enfants dans cette famille.
Syn., voir : **tralée**.

POTER v. intr.
Pleurnicher, faire son *pote*. (O 36-91)
Syn., voir : **lyrer**.

POUCE n. m.
1. Mesure de longueur. Douzième partie du *pied*, soit 2,54 centimètres.
2. [#] Levier sur lequel se pose le pouce pour soulever la clenche d'un loquet, poucier.
   Syn. : **pelle**.
3. Fig. *Avoir les mains pleines de pouces* : ne pas réussir à attraper ce qu'on nous passe.
4. Fig. *Faire du pouce, voyager sur le pouce* : faire de l'auto-stop, voyager en auto-stop.
   Syn. : **poucer**.
5. Fig. *Donner un pouce* : prendre quelqu'un en auto-stop.
   Syn. : **lift, occasion**.
6. Voir : **poucier**.

POUCER v. intr.
Voyager sur le *pouce*, c'est-à-dire en auto-stop.
Syn. : **pouce** (sens 4).

POUCEUR, EUSE n. m.
Auto-stoppeur.

POUCIER n. m.
Gros bout de la hart qui sert à lier une gerbe et que l'on passe sous la partie tordue de cette même hart pour empêcher la liure de se défaire.
Syn. : **pouce** (sens 6).

POUDE, POURDE n. f. [#]
Poutre.

POUDRAILLER v. impers.
Tourbillonner dans le vent, en parlant de la neige. Il *poudraille* depuis ce matin. (acad.)
Syn. : **poudrasser, poudrer**.

POUDRASSER v. impers.
Tourbillonner un peu sous l'effet du vent, en parlant de la neige, *poudrer* légèrement. Il *poudrasse* beaucoup dans cette vallée.
Syn., voir : **poudrailler**.

POUDRE À PÂTE n. f. (angl. baking powder) ◎
Levure chimique en poudre servant à faire lever la pâte.

POUDRER v. impers. et pron.
1. Voler, tourbillonner dans le vent, en parlant de la neige, de l'eau. La neige commence à *poudrer*. L'eau *poudrait* sur le lac. [+++] Syn., voir : **poudrailler**.
2. Se rouler dans le sable pour faire sa toilette, en parlant des oiseaux, des poules. Syn., voir : **s'épivarder** (sens 1).

POUDRERIE n. f.
1. Neige sèche et fine déjà au sol et que le vent soulève en tourbillons. Si le vent s'élève, il va y avoir de la *poudrerie*. [+++]
2. Tourmente de neige ; neige qui tombe accompagnée de vents. Avec le vent qu'il y a, s'il commence à neiger, ce sera une grosse *poudrerie*. [+++]

POUDRETTE n. f.
Houppette servant aux femmes pour se poudrer.

POUDRIN n. m.
Poudrerie légère. (acad.)

POUILLEUX n. m.
Jeune castor, castor de l'année.

POULAMON n. m.
Poisson qui ressemble à la morue mais qui est un gade nain et que l'on capture tous les hivers à travers la glace sur le Saint-Laurent (NOLF). Syn. : **loche, petite loche, petite morue, poisson-de-Noël, poisson des chenaux, poisson des Trois-Rivières**.

POULE D'EAU n. f.
a) *Poisson.* Lompe (n. f.) (NOLF). Syn. : **poule de mer**.
b) *Oiseau.* Grèbe à bec bigarré.

POULE DE BOIS, POULE DES BOIS n. f.
Appellations du pic doré. [+++] Syn., voir : **pivert**.

POULE DE MER n. f.
Poisson. Lompe (n. f.) (NOLF). Syn. : **poule d'eau**.

POULE GRASSE n. f.
Chénopode blanc. Syn., voir : **chou gras**.

POULET n. m.
Partir comme un poulet : mourir tout doucement sans que les personnes présentes s'en rendent compte.

POULETTE n. f.
1. Jeune fille. Sais-tu que sa femme n'est plus une *poulette* !
2. *Poulette grasse* : chénopode blanc. (E 27-116) Syn., voir : **chou gras**.

POULINE n. f.
Vx en fr. Pouliche, jument non encore adulte.

POUPOUNE n. f.
Terme affectif pour une petite fille. Oh ! la belle *poupoune* !

POURCIE n. f.
Marsouin commun. La *pourcie* est comestible.

POURDE n. f. [#]
Voir : **poude**.

POURGINÉE n. f.
Bande, troupe, ribambelle. Une *pourginée* d'enfants. (acad.) Syn., voir : **tralée**.

POUR PAS QUE loc. prép.
Pop en fr. Pour ne pas, afin que ne pas. Il a quitté le pays *pour pas que* la police le prenne.

POURRI, IE p. adj.
Fam. en fr. *Pourri de* : rempli de. Cet enfant est *pourri de* talent.

POURRILLON n. m.
Tronc d'arbre renversé ou abattu et

qui pourrit sur place.
Syn.: **corps-mort**.

POURRIR v. tr.
Fondre, se désagréger, en parlant de
la glace. Le lac est dangereux, la
glace a commencé à *pourrir*.

POURRITE adj. f. [#]
Pourrie. Une pomme *pourrite*.

POUR UN, POUR UNE (angl. for one) ⊘
De mon côté, de son côté, quant à
moi, à lui, à elle. Le maire, *pour un*,
n'a pas accepté ma suggestion.

POURVOIRIE n. f.
Entreprise qui, contre rémunération,
offre l'hébergement, les services et
l'équipement pour la pratique, à des
fins récréatives, des activités de
chasse, de pêche ou de piégeage.

POURVOYEUR, EUSE n.
Personne qui dans les camps de
chasse et de pêche fournit, contre
rétribution, aux chasseurs et aux
pêcheurs sportifs ce dont ces
derniers ont besoin pendant la durée
de leur séjour : abri, cuisine,
chaloupes, guides ; propriétaire
d'une *pourvoirie*.

POUSSAILLER v. tr. et pron.
Pousser, se pousser. Arrête donc de
le *poussailler*.

POUSSE n. m.
Regain après la fauchaison.
Syn., voir : **lien**.

POUSSER (SE) v. pron.
S'enfuir, disparaître, déserter. Après
deux jours au pensionnat, il s'est
poussé.
Syn.: **jumper** (sens 1).

POUSSEUX, EUSE adj.
1. Fertile, qui produit beaucoup. Une
terre pousseuse.
Syn.: **fourrageux, rendeux**.

2. Qui pousse bien en parlant d'une
plante. Cette nouvelle variété
d'avoine est *pousseuse*.
Syn.: **rendeux**.

POUSSIÈRE n. f.
Aller à la poussière : aller aux
femmes.
Syn., voir : **peau** (sens 5).

POUSSIN n. m.
Sizerin à tête rouge.

POUSSINIÈRE n. f.
Les Pléiades, groupe de six étoiles
dans la constellation du Taureau.

POUTINE, PUDDING n. m. et f. (angl.
pudding) ⊘
1. Terme générique s'appliquant à
une grande variété de desserts.
[+++]
2. Pommes de terre frites
recouvertes de fromage en grains
et arrosées de sauce à *hot
chicken*. (O 36-85)
3. Poutine râpée : plat fait de
boulettes de pommes de terre
râpées farcies de viande. (acad.)
4. Fig. Femme grosse. On a
rarement vu une *poutine* comme
celle-là.
Syn., voir : **toutoune**.
5. (Angl. poteen) ⊘ . Alcool de
fabrication domestique.
Syn., voir : **bagosse**.

POUVOIR, POUVOIR D'EAU n. m. (angl.
water power) ⊘
1. Courant électrique, électricité.
Couper le *pouvoir* lorsqu'il y a un
orage.
2. Chute, cascade. À partir de 1867,
le Québec a vendu des *pouvoirs
d'eau* à des compagnies ou à des
particuliers qui utilisaient la force
hydraulique pour faire

fonctionner des meuneries et des scieries.

3. Barrage hydroélectrique. Construire un *pouvoir d'eau* sur une rivière.

POW-WOW n. m.
Voir : **paoua**.

PQ n. m.
Sigle. Voir : **québécois** (sens 4).

PRAILLE n. f. (angl. pry) Ⓞ
Voir : **pry**.

PRAILLER v. tr. (angl. to pry) Ⓞ
Voir : **pryer**.

PRAIRIE, PLAIRIE n. f.
Prairie de castor : terrain bas près d'un cours d'eau ou d'un lac et où poussent de la rouche, des joncs et qu'aiment fréquenter les castors. (E 38, 39)

PRATIQUE n. f.
1. Vx en fr. Client, clientèle. Cet épicier a plusieurs grosses *pratiques*. Soigner la *pratique* du quartier. [+++]
2. (Angl. practice) Ⓞ Exercice, entraînement à un jeu. Il y a une *pratique* du club de hockey ce soir.
3. (Angl. practice) Ⓞ Répétition. La chorale fait des *pratiques* trois fois par semaine.

PRÉALABLE n. m. (NOLF)
Mot français remplaçant *prérequis*.

PRÉCAUTION n. f.
De précaution : prévoyant, précautionneux. Quand on part en voyage, il faut être *de précaution* pour ne rien oublier.

PRÊCHE n. f.
Sermon prononcé par un prêtre catholique, prêche (n. m.).

PRÊCHER v. tr.
Se faire prêcher : se faire faire des remontrances du haut de la chaire.

PRÊCHEUR n. m.
Petit prêcheur : ariséma rouge foncé. Syn. : **oignon sauvage**.

PRÉE n. f.
Vx ou litt en fr. Pré situé au bord d'un cours d'eau et souvent gardé comme prairie permanente. (acad.)

PRÉFET DE COMTÉ n. m.
Maire que l'ensemble des maires d'un *comté* ou d'une circonscription électorale élisent pour présider le conseil de *comté*.

PRÉLART n. m.
Linoléum recouvrant le plancher de certaines pièces de la maison, surtout celui de la cuisine et celui de la salle de bain. [+++]

PRÊLE DES TOURNEURS n. f.
Prêle d'hiver.

PREMIÈRE CLASSE n. f.
De première classe : très bien. Nous sommes allés passer deux jours chez notre oncle qui nous a reçus *de première classe*.

PRENDRE v. tr.
1. *Prendre en élève.*
   Voir : **élève**.
2. *Prendre le clos.*
   Voir : **clos** (sens 5).
3. *Prendre le champ.*
   Voir : **clos** (sens 5).
4. *Prendre le fossé.*
   Voir : **clos** (sens 5).
5. Fig. *Prendre son trou* : reprendre sa place. Il a essayé de discuter, mais très vite il a dû *prendre son trou*.
6. *Prendre sur soi* : se calmer. Ne te fâche pas, *prends sur toi*.

7. *Prendre tout son petit change.*
Voir: **change.**
8. *Prendre toute sa petite monnaie.*
Voir: **monnaie.**
9. *Prendre une bouchée.*
Voir: **bouchée.**
10. *Prendre une fouille.*
Voir: **fouille.**

PRENURE, PORNURE n. f. [#]
Présure obtenue en faisant macérer l'estomac des jeunes bovins et qui sert à faire cailler le lait.

PRÉREQUIS n. m. (angl. prerequisite) ⊘
Cours qui doit en précéder un autre dans le programme d'études d'un étudiant, préalable (NOLF).

PRESBYTÈRE n. m.
Maison très grande. Ce n'est pas une maison qu'il a achetée, c'est un *presbytère.*
Syn., voir: **arche.**

PRÉSENTEMENT adv.
Vx et rég. en fr. Actuellement.

PRESSE n. f.
Vx en fr. Urgence. Prends ton temps, il n'y a pas de *presse.*

PRESTO n. m.
Cocotte minute, autocuiseur sous pression. Marque de fabrique.

PRESTONE n. m.
Antigel que l'on met dans les radiateurs des voitures. Marque de fabrique.

PRÉTENDRE (SE) v. pron.
Avoir de la prétention, de l'estime trop grande pour soi. Depuis qu'il s'est acheté une voiture, il se *prétend.*

PRÉTENDU, UE n.
Rég. en fr. Promis, fiancé. J'ai vu Jacqueline avec son prétendu.
Syn., voir: **cavalier.**

PRÊTILLON n. m.
Servant de messe portant soutane et surplis. (acad.)

PRIE-DIEU n. m.
Voir: **piano.**

PRIME adj.
1. Qui prend feu facilement. De la tondre bien sèche, c'est *prime.* [+++]
2. Affilé, aiguisé. Une hache *prime.* [+++]
3. En parlant d'une personne, qui s'emporte facilement. [+++]
4. Vif, fougueux, à propos d'un cheval. On ne laisse pas des enfants conduire un cheval aussi *prime.* [+++]

PRINCE-ALBERT n. m.
Habit de cérémonie, redingote qui se portait encore beaucoup au début du XXe siècle.
Syn., voir: **arrache-clou.**

PRINCE-ÉDOUARDIEN, IENNE n. et adj.
Habitant de l'Île-du-Prince-Édouard; de l'Île-du-Prince-Édouard.

PRIS, PRISE; BIEN PRIS, PRISE p. adj.
Grand, gros et fort. Être bien *pris* pour son âge.

PRIVÉ, ÉE adj.
(Angl. private) ⊘ Particulier. Secrétaire *privé,* donner des cours *privés.*

PRIVÉS n. m. pl.
Les toilettes. Demander où sont les *privés.*
Syn., voir: **chiardes.**

PRIX n. m.
Au prix de: en comparaison de, auprès de. Cet été, on a eu du beau temps *au prix de* l'été passé.

PROFITER v. intr.
Vx et rég. en fr. Grandir, grossir, se

développer physiquement (en parlant d'un enfant, d'un animal, d'une plante). Un bébé au sein *profite* plus qu'au biberon. [+++]

PROGRAMME n. m.
Émission de radio, de télévision. Les personnes désœuvrées ont leurs *programmes* qu'elles écoutent ou regardent religieusement.

PROGRESSIF adj.
Se dit d'un cocktail ou d'un repas où les invités se rendent successivement chez plusieurs amis, ici pour un premier apéritif ou plat, là pour un deuxième apéritif ou plat et ainsi de suite.

PRO-MAIRE n. m. (angl. pro-mayor) ◙
Maire suppléant.

PROPRE adj.
1. Du dimanche. Habits, souliers, gants *propres*. [+++]
   Syn.: de **messe**.
2. *Cousin, cousine propre*; *propre cousin, cousine*: cousin germain, cousine germaine. [+++]

PROTECTEUR DU CITOYEN n. m.
Au Québec, depuis 1969, personne chargée de défendre les droits des citoyens face au pouvoir public; on dit quelquefois ombudsman.

PROVINCIAL n. m.
Le gouvernement de la province de Québec, ou mieux du Québec, par opposition au gouvernement fédéral du Canada. Le *provincial* et le *fédéral* s'opposent souvent.

PRUCHE n. f.
Tsuga du Canada. [+++]
Syn.: **haricot**, **violon**.

PRUCHÉ, ÉE ; PRUCHEUX, EUSE adj.
Qui a poussé plus ou moins tordu, non droit. Du bois *pruché*.

PRUCHIÈRE, PRUCHINIÈRE n. f. [+++]
Terrain où poussent des *pruches* ou tsugas.

PRUNEAU n. m. [#]
Prune. Acheter des *pruneaux* bien mûrs. (région de Québec)

PRUNIER DE L'ISLET n. m.
Prunier domestique.

PRUNIER SAUVAGE n. m.
Prunier noir.

PRUSSE n. f. [#]
1. Épicéa. (acad.)
   Syn.: **épinette**.
2. *Prusse blanc*: épicéa glauque. (acad.)
3. *Prusse noir*: épicéa marial. (acad.)

PRUSSIÈRE n. f.
Terrain où poussent des *prusses* ou épicéas. (acad.)
Syn.: **épinettière**.

PRY, PRAILLE n. f. (angl. pry) ◙
Levier. Utiliser une *pry* pour soulever un fardeau. [++]
Syn., voir: **rance**.

PRYER, PRAILLER v. tr. (angl. to pry) ◙
Soulever à l'aide d'une *pry*, d'un levier.
Syn.: **rancer**.

PUCK n. m. ou f. (angl. puck) ◙
Voir: **rondelle** (de hockey).

PUDDING n. f. (angl. pudding) ◙
1. Voir: **poutine** (sens 1).
2. *Pudding-chômeur*: entremets composé d'une pâte à gâteau qu'on dépose sur un sirop fait de cassonade, d'eau et de beurre et qu'on fait cuire au four.

PUFFEUR, POFFEUR, EUSE adj. et n. (angl. puffer) ◙
Vaniteux, rempli de soi-même.
Syn., voir: **frais**.

PUISE, PUISETTE n. f. [#]
Épuisette utilisée pour sortir de l'eau le poisson capturé. (O 27-116)
Syn. : **salebarde, vésigot**.

PUITS À CANON n. m.
Puits rond maçonné, par opposition au puits carré lambrissé de bois.

PULASKI n. f.
Variété de hache utilisée pour combattre les incendies de forêt et dont la tête est munie d'un pic.
Syn. : **hache** (sens 3).

PULPE n. f. (angl. pulp) ⊘
Pâte à papier. Usine où se prépare la *pulpe*.

PUNCH n. m. (angl. punch) ⊘
Bâtiment adossé à une grange et servant de hangar, de remise. (surt. Beauce)
Syn., voir : **appent**.

PUNK, PONQUE n. m.
1. (Angl. punk) ⊘ Amadou, bois pourri.
   Syn. : **tondre**.
2. (Angl. punk) Jeune qui rejette les valeurs de la société et qui manifeste son rejet en se rasant les cheveux, en se les teignant ou en se les coiffant d'une façon inimaginable.

PURÉSIE n. f. [#]
Pleurésie.

PURON n. m.
Bouton. Avoir la figure couverte de *purons*. (acad.)

PURONNÉ, ÉE adj.
Boutonneux, couvert de *purons* ou boutons. Un visage *puronné*. (acad.)
Syn. : **boutonnu**.

PUSHER n. m. (angl. pusher) ⊘
Revendeur de drogue.

PUTAIN n. f.
Vache taurelière, toujours en chaleur.

PVA n. m.
Sigle. *P*arcours à *v*itesse *a*ccélérée, en parlant d'un autobus. La grande agglomération de Québec est desservie par certains autobus *PVA* qu'on aurait très bien pu appeler autobus express.

PYRAMIDE n. f. [#]
Vente pyramidale. Des assistés sociaux ont été condamnés à de fortes amendes pour avoir participé à une *pyramide*.

QUADRUPLEX n. m.
Habitation comportant quatre
logements ou appartements.

QUAND ET loc. prép.
Vx et rég. en fr. Avec, en même
temps que. Il est arrivé au magasin
quand et moi.

QUANTIÈME n. m.
Litt. en fr. Le combien du mois, le
jour du mois (du premier au trente et
un). Quel est le *quantième*
aujourd'hui ?

QUAQUICHE n. f.
Dent de lait, quenotte, en langage
enfantin.
Syn., voir : **crique**.

QUARANTE adj. num.
1. Se mettre sur son *quarante et un,
   quarante-cinq, quarante-six* :
   revêtir ses plus beaux habits,
   s'habiller chic, se mettre sur son
   trente et un.
   Syn. : **trente-six**.
2. *Vieux comme l'an quarante* : très
   vieux, très ancien, en parlant
   d'une chose (outil, meuble, etc.)
   Syn., voir : **vieux**.

QUARANTE-ONCES n. m. inv.
Bouteille d'alcool de quarante *onces*,
soit 1,139 litre. Mot masculin parce
que *flacon* est sous-entendu. Des
vieux *quarante-onces*.

QUART 1 n. m.
Variété de tonneau en bois ou en
métal utilisé comme contenant de
liquides (eau, mélasse) ou de solides
(pommes, clous). [+++]

QUART 2 n. f. (angl. quart) ▣
Contenant valant le quart d'un
gallon impérial.
Syn. : **pinte** (sens 1).

QUARTEL n. m.

Quartier de bois de chauffage. Pour la nuit, on met un gros *quartel* d'érable dans le poêle.

QUARTELLE n. f.

Partie de la grange où l'on tasse le foin, les gerbes. (O 36-86)
Syn.: **carré, tasserie**.

QUARTERON n. m.

Vx en fr. Unité de poids valant quatre *onces* ou le quart d'une *livre*, soit 0,113 kg. [+++]

QUASI, QUASIMENT adv.

Vx et rég. en fr. Presque. Il a beaucoup vieilli, il ne peut *quasiment* plus marcher.

QUATRE-CHEMINS n. m. inv.

Carrefour, endroit où se croisent deux voies.
Syn.: **croisée, croix**.

QUATRE-ÉPAULES n. m. inv.

Bouteille de forme carrée servant de contenant pour le *gin* ou genièvre. Mot masculin parce que *flacon* est sous-entendu.

QUATRE-ŒILLETS n. m. inv.

Bottines d'enfants ou d'adultes en caoutchouc et ayant quatre œillets.

QUATRE-OREILLES n. m. inv.

Bonnet d'hiver à quatre rabats que portent les agents de la *Gendarmerie royale* du Canada.

QUATRE-PAR-QUATRE n. m. inv. (angl. four by four)

Véhicule automobile avec traction sur les quatre roues, quatre-sur-quatre, quatre-quatre.

QUATRE-PIEDS n. m. inv.

Bois pour pâte à papier de quatre *pieds* de longueur. Charger du *quatre-pieds* dans un camion. [+++]
Syn.: **pitoune**.

QUATRE-ROUES n. m. inv.

1. Voiture de ferme hippomobile à quatre roues, chariot, fourragère. Un *quatre-roues* à foin. (entre 38-84 et 22-124)
   Syn., voir: **truck**.
2. Voiture hippomobile à quatre roues pour le transport des personnes ou des marchandises. (E 22-124)
   Syn.: **wagon**.
3. Voiture-jouet à quatre roues pour enfants.
   Syn.: **express**.
4. Véhicule automobile tout terrain monté par une seule personne et dont les roues basses et larges permettent de monter des pentes abruptes.

QUATRE-SAISONS n. f. inv.

1. Cornouiller du Canada.
   Syn., voir: **quatre-temps**.
2. Hortensia.

QUATRE-SEPT n. m. inv.

Jeu de cartes où les quatre sept dans une même main ont priorité et valent la partie, soit 31 points.

QUATRE-TEMPS n. m. inv.

Cornouiller du Canada. Fruit du cornouiller. [+++]
Syn.: **quatre-saisons, rougets**.

QUE pron. rel. [#]

1. Dont. Ce *que* le conférencier va vous parler est important. L'emploi de *que* au lieu de *dont* est une faute très très fréquente.
2. Où. Un endroit *qu*'on se doit d'arrêter. Faute très fréquente.

QUÉBEC n. m.

Voir: **passer un Québec**.

QUEBECENSIA n. m. pl.

Documents, manuscrits,

publications concernant l'histoire globale du Québec.

QUEBECENSIS adj.
Voir : **homo quebecensis**.

QUÉBÉCIEN, IENNE n. et adj.
Se dit du français propre aux francophones du Québec.
Syn., voir : **franco-canadien**.

QUÉBÉCISANT, ANTE n. et adj.
Personne qui *québécise*.

QUÉBÉCISATION n. f.
Action de *québéciser* ; résultat de cette action.

QUÉBÉCISER, QUÉBÉCOISER v. tr.
Souligner, marquer l'identité ou la spécificité de ce qui est propre au Québec, par opposition à ce qui est canadien. *Québéciser* le titre d'une revue.

QUÉBÉCISME n. m.
Fait de langue propre à la langue française du Québec.
Syn. : **canadianisme**.

QUÉBÉCITÉ n. f.
Ensemble des caractères, des manières de penser, de sentir propres aux habitants du Québec.
Syn. : **québécitude**.

QUÉBÉCITUDE n. f.
Voir : **québécité**.

QUÉBÉCOIS, OISE n. et adj.
1. Habitant ou natif de la ville de Québec ; de la ville de Québec.
2. Habitant ou natif du Québec ; du Québec. Les Montréalais se disent *Québécois* tout comme les Gaspésiens. L'extension de sens de ce gentilé remonte aux années soixante.
3. Se dit du français propre aux francophones du Québec.
Syn., voir : **franco-canadien**.

4. *Parti québécois* : parti politique du Québec prônant l'indépendance du Québec et qui eut le pouvoir de 1976 à 1985.
5. Voir : **mange-Québécois**.

QUÉBÉCOISER v. tr.
Voir : **québéciser**.

QUÉBÉCOISERIE n. f.
Mot, expression figurée, attitude, comportement sentis comme étant propres aux Québécois. Mot employé péjorativement, la plupart du temps.

QUEDETTE n. f.
Cône des conifères. (Charsalac)
Syn., voir : **cocotte**.

QUEDUC n. m. [#]
Voir : **aqueduc**.

QUENOCHE n. f.
1. Sein, mamelle de la femme.
Syn. : **amusards**, **djo**, **quetoche**, **quetouche**, **tette**.
2. Tétée. Bébé prend sa *quenoche* aux quatre heures.
Syn. : **quetouche**.

QUENŒIL n. m. [#]
Œil, en s'adressant aux enfants. Ferme tes *quenœils* et tu vas dormir.

QUENOTTE n. f.
Fam. en fr. Dent de lait.
Syn., voir : **crique**.

QUENOUILLE n. f.
1. Typha à feuilles étroites ou à feuilles larges. [+++]
Syn. : **massette**, **matelas**.
2. Fig. Jambe longue et maigre.

QUENOUILLÈRE n. f.
Endroit où poussent des *quenouilles* ou typhas.

QUENOUILLON n. m.
Manoque de tabac. On conserve les *quenouillons* de tabac dans la cave

pour qu'ils ne sèchent pas. (acad.)
Syn., voir : **main de tabac.**

QUERI, KRI v. tr.
Litt. et dial. en fr. Quérir. Aller *queri*
(prononcé KRI) de l'eau.

QUESNEL n. m.
Variété de tabac à pipe cultivé au
Québec.

QUESTION n. f.
C'est pas une question : c'est évident,
il n'y a pas de doute.

QUÉTAINE, KÉTAINE adj. et n. (La
graphie *ké.* est à proscrire)
1. De mauvais goût, artificiel,
   clinquant. Porter une robe
   quétaine.
2. En parlant de quelqu'un, grossier,
   balourd, béotien, sans manières.
   Syn., voir : **épais.**

QUÉTAINERIE, KÉTAINERIE n. f. (La
graphie *ké.* est à proscrire)
Objet, chose, action *quétaines.*

QUÉTAINISME n. m.
Vulgarité, mauvais goût. La
télévision privée donne trop souvent
dans le *quétainisme.*

QUÊTE n. f.
1. *Passer la quête* : faire la quête à
   l'église.
   Syn., voir : **assiette.**
2. *Quête grasse, quête silencieuse* : à
   l'église, quête extraordinaire où
   les billets de banque devaient
   remplacer les traditionnelles
   pièces de monnaie, surtout les
   cennes noires.

QUÊTEU n. m.
Morceau de bois ou de fer servant à
bloquer la clenche de la porte d'une
maison, à la campagne.

QUÊTEUR, QUÊTEUX, EUSE n. et adj.
1. Mendiant. Les lois sociales de

l'après-guerre ont fait disparaître
les *quêteux.* [+++]
2. Voir : **cheval de quêteux.**
3. *Quêteux monté à cheval* :
   personne qui vit au-dessus de ses
   moyens. [+++]

QUETOUCHE, QUETOCHE n. f.
1. Vulg. Sein, mamelle de la femme.
   (O 36-91)
   Syn., voir : **quenoche.**
2. Tétée. Bébé prend sa *quetouche*
   aux quatre heures. (O 36-91)
   Syn. : **quenoche.**

QUEUE n. f.
1. Levier pour soulever les
   rondelles du poêle.
   Syn., voir : **clef.**
2. Vulg. Organe de copulation de
   l'homme et des animaux.
   Syn., voir : **pine.**
3. *Queue-d'égoïne* : habit de
   cérémonie, queue-de-morue.
   Syn., voir : **arrache-clou.**
4. *Queues-d'hirondelles* : raquettes
   à neige effilées et relevées à
   l'avant pour la marche rapide en
   pays plat.
5. *Queue-de-cheval* : prêle des
   champs. [++]
   Syn. : **queue-de-renard.**
6. Vx en fr. *Queue-de-morue* : habit
   de cérémonie.
   Syn., voir : **arrache-clou.**
7. *Queue-de-perdrix* :
   a) Variété d'assemblage de
      charpente ou de menuiserie.
   b) Variété de hache à tranchant
      large et convexe.
8. *Queue-de-poêlon, queue-de-
   poêlonne* : têtard de la grenouille.
   (E 36-86)
   Syn. : **barbote, loche, petit-
   poêlon, vire-cul.**

9. *Queue-de-renard.* [+++]:
   a) Prêle des champs.
      Syn.: **queue-de-cheval**.
   b) Assemblage de charpente
      plus rudimentaire que
      l'assemblage en queue
      d'aronde.
10. *Queue-de-veau.*
    Voir: **veau**.
11. *Queue-du-chat.*
    Voir: **chat**.
12. *Queue-rouge*: fauvette
    flamboyante.
13. *Queues-de-castor*: raquettes à
    neige de forme oblongue pour
    pays découverts, lacs, pistes.
14. *Queues-de-morue*: raquettes à
    neige de forme ovale, utilisées
    par les trappeurs et les
    travailleurs en forêt.
15. *Queues-de-vaches*: nuages
    échevelés qui annoncent la pluie.

QUI-ES-TU n. m.
Mésange à tête noire. Appellation
donnée d'après son chant. [+++]
Syn.: **chickadee**, **tétu**.

QUILLEUR, EUSE n.
Joueur de quilles.

QUINTAL n. m.
Poids utilisé dans le commerce du
poisson, équivalant à cent douze
livres. Un *quintal* de morue séchée.

QUINTEAU n. m.
Moyette de quatre à six gerbes de
céréales. (O 36-85 et E 22-124)
Syn.: **bizeau**, **cabane**, **dizeau**,
stook.

QUINZE-CENNES n. m.
Magasin, bazar où l'on vendait
toutes sortes d'objets d'utilité
courante et à prix populaires.
Syn.: **cinq-dix-quinze**.

QUIOQUE n. m.
1. Variété de petit oiseau comestible.
2. Jeune pousse de framboisier.
   (Charsalac)

QUITTER v. tr. [#]
Laisser. *Quitter* sécher le linge sur la
corde.

QUOTA n. m.
Fig. *Avoir son quota*: en avoir assez,
en avoir ras le bol, en avoir plein les
bottes.

RABASKA n. m. (amér.)
Canot d'écorce d'une dizaine de
mètres de longueur et de cent vingt-
cinq centimètres de largeur que l'on
fabriquait autrefois à Trois-Rivières.
Syn. : **canot de maître**.

RABÂTER v. tr. [#]
Rabâcher, répéter continuellement.
Rabâter toujours la même chose.
Syn. : **raguenasser, renoter**.

RABÂTEUR, RABÂTEUX, EUSE n.
Rabâcheur, personne qui répète
toujours la même chose.
Syn. : **renoteur**.

RABATTANT n. m.
Produit que l'on mettait dans la
nourriture et qui était destiné à
calmer les ardeurs sexuelles des
collégiens, des travailleurs en forêt
et des jeunes militaires.

RABETTE n. f.
Vulg. *En rabette* : en rut, surtout en

parlant des chiennes, des chattes et
des vaches. (O 27-116)
Syn. : en **ravaud**.

RABIOLE n. f.
Rég. en fr. Navet blanc. [+++]

RABOTU, UE adj. [#]
Raboteux, inégal, en parlant d'un
terrain, d'un chemin.
Syn., voir : **cahoteux, côteux**.

RABOUDINAGE n. m.
Action de *raboudiner*. [+++]

RABOUDINER v. tr. et pron.
1. Faire, réparer à la diable. Il
t'avait demandé de raccommoder
son gilet, pas de le *raboudiner*.
Syn., voir : **broucheter**.
2. Fig. Bafouiller, dire quelque chose
de manière incompréhensible. Tu
n'as pas réussi à comprendre ce
qu'il *raboudinait*.

3. Fig. Se ratatiner, se recroqueviller. En vieillissant, notre voisin se *raboudine*.

RABOUDINEUR, EUSE n.
Personne qui travaille à la diable, dont le travail est mal fait.
Syn., voir : **broucheteur**.

RABOUR n. m. [#]
Labour. (O 36-86)

RABOURER v. tr. [#]
Labourer. (O 36-86)

RABRIER v. tr. [#]
Voir : **abrier**.

RACCORDEUR n. m. [#]
Accordeur (de piano).

RACCROC n. m.
1. Vx en fr. Au jeu (billard, golf, etc.), coup heureux dû au hasard. C'est un *raccroc* qu'il ait réussi à blouser une bille aussi difficile. Il a réussi *par raccroc*.
2. Aile de la bordigue qui fait coude et empêche le poisson de reprendre le large.

RACCROCHER v. intr.
Retourner aux études, en parlant des *décrocheurs* (ROLF).

RACCROCHEUR, EUSE n.
Appellation du *décrocheur* qui retourne aux études. Depuis quelques années, on crée des classes spéciales pour des *raccrocheurs* (ROLF).

RACCULOIRE n. m. et f. [#]
Avaloire du harnais de cheval.
Syn., voir : **acculoire**.

RACE n. f.
De race : amérindien. Épouser une femme ou un homme *de race*.

RACHE n. f. [#]
Vx en fr. Lie, particules solides qui se déposent au fond d'un liquide au repos, dépôt. Il y a de la *rache* au fond de cette bouteille de sirop. (E 34-91)
Syn. : **drâche**, **marc**, **maret**.

RACHEUX, EUSE adj. [#]
Sédimenteux ; ayant un goût de lie, de *rache*. Sirop *racheux*. (E 34-91)

RACHEVER v. tr. [#]
Achever. On va *rachever* ce travail d'ici deux jours.

RACINAGES n. m. pl. [#]
Racines ou herbes médicinales utilisées en médecine populaire. (surt. O 25-117)
Syn. : **herbages**, **racines**.

RACINE n. f.
1. *Racine jaune* : coptide du Groenland.
   Syn., voir : **savoyane**.
2. *Racine de rat musqué* : asaret du Canada, plante très utilisée en médecine populaire.
   Syn. : **gingembre sauvage**.
3. *Instruit jusque dans la racine des ongles* : très instruit.
4. Au pl. Voir : **racinages**.

RACINETTE, SODA RACINETTE n. m.
Boisson gazéifiée jadis à base d'arômes de sassafras et aujourd'hui à base d'épices (NOLF). Mots remplaçant *root beer*.

RACK, RACK À FOIN n. m. (angl. rack) ◙
Plate-forme du chariot à foin, de la fourragère. [+++]

RÂCLAGE n. m. [#]
Râtelage, action de râteler.

RÂCLER v. tr. [#]
Râteler à l'aide d'un râteau. [+++]

RÂCLURES n. f. pl. [#]
Râtelures, glanures, restes de foin.

RACOIN n. m. [#]
Recoin.

RACOUNE n. m. (angl. raccoon) ◙
Raton laveur.
Syn., voir : **chat sauvage**.

RADET n. m.
Goret plus petit que les autres de la
même portée, avorton. (entre 34-91 et
46-79)
Syn., voir : **ragot**.

RADIO n. m. [#]
Appareil, poste de radio, poste.
S'acheter un *radio* à ondes courtes.

RADIOROMAN n. m.
Feuilleton radiophonique qui a été
supplanté par les *téléromans* lors de
l'avènement de la télévision.

RADIOTHON n. m.
Émission de radio pouvant durer
plusieurs heures consécutives, avec
participation gratuite de vedettes du
monde du spectacle, ayant pour
objet de recueillir des fonds dans un
but spécifique comme par exemple la
lutte contre le cancer. Le *téléthon* a
remplacé le *radiothon*.

RADOUAGE n. m. [#]
Action de *radouer*.

RADOUB n. m.
Mar. Réparation à une auto, à une
maison, à n'importe quoi. Il a eu
pour 500 $ de *radoubs* à son auto.

RADOUBER v. tr.
Mar. Réparer n'importe quoi
(chaussures, moteur, harnais, toit,
etc.).
Syn. : **radouer**.

RADOUER v. tr. [#]
Syn. : **radouber**.

RAFALER v. intr.
Souffler en rafales, en parlant du

vent qui s'engouffre par
intermittence dans une cheminée.

RAFLE n. f.
Loterie sous forme de tirage au
profit des églises paroissiales, des
œuvres de bienfaisance. Les *rafles*
d'autrefois ont été remplacées par
les *bingos*.

RAFLER v. tr.
Mettre en loterie des objets au profit
d'une église ou d'une œuvre de
bienfaisance.

RAFT n. m. (angl. raft)
1. Radeau de billes de bois liées
   ensemble pour le flottage, et
   devant faire partie d'un train de
   bois, brelle.
   Syn., voir : **cage** (sens 1).
2. Petit radeau de grumes ou de bois
   équarri.
   Syn. : **crib**.

RAFTER v. tr. (angl. to raft)
Mettre en radeau ; entourer du bois
de flottage d'une estacade flottante
ou pour le déplacer ou pour éviter
que les billes de bois ne partent à la
dérive.
Syn. : **boomer**.

RAFTING n. m. (angl. rafting)
Nouveau sport consistant à faire la
descente de rapides en canot
pneumatique.

RAFTSMAN n. m. (angl. raftsman)
Homme qui conduisait les trains de
bois sur l'eau, flotteur.
Syn., voir : **draveur**.

RAGONER v. tr. [#]
Voir : **agoner**.

RAGOT, RAGOTON n. m.
Goret plus petit que les autres de la
même portée, avorton. (E 37-85)
Syn. : **hérisson, marcassin, radet**.

RAGOT adj.
Vx et fam. en fr. Petit, court et gros, en parlant de quelqu'un.

RAGOTON n. m.
Voir: **ragot**.

RAGOUILLER (SE) v. pron.
Se gargariser. Se *ragouiller* avec de l'eau salée. (acad.)

RAGOÛT DE PATTES, DE PATTES DE LARD n. m.
Ragoût de pieds de porc. [++]

RAGRANDIR v. tr. [#]
Agrandir: *ragrandir* une maison.

RAGUENASSER v. intr.
Radoter. (acad.)
Syn., voir: **rabâter**.

RAIDE adv.
Très, beaucoup. Il est *raide* maigre, *raide* pauvre; il est pauvre *raide*, maigre *raide*.

RAIDEMENT adv.
Beaucoup, très. Ce travail est *raidement* difficile.

RAIDEUR n. f.
D'une raideur: d'un seul élan, d'un seul coup, rapidement. En entendant un cri d'enfant, il est parti *d'une raideur*.

RAIE n. f.
1. Sillon ou terre retournée par le versoir de la charrue.
2. [#] Rayon d'une roue de charrette, de tombereau, de bicyclette.
3. Dérayure séparant deux planches de terre et servant à l'écoulement des eaux de surface.
4. Versoir. Charrue à une *raie*, à deux *raies*.

RAIFORT n. m.
Armoracia à feuilles de patience.
Syn.: **herbe à cheval**, **horseradish**.

RAIN-DE-VENT n. m.
1. Coup de vent, saute de vent. (acad.)
Syn.: **rumb-de-vent**.
2. Direction. Marcher pendant deux heures dans le même *rain-de-vent*.

RAINETTES n. f. pl.
Couvre-souliers en caoutchouc pour dames.

RAINIÈRE, RAINURE n. f.
Voir: **roulière**.

RAISIN n. m.
Chique (de tabac). Les hommes qui travaillent dans la poussière mâchent leur *raisin* sans arrêt.

RAISON n. f.
Comme de raison: il va sans dire, il va de soi. *Comme de raison*, tu es encore en retard!

RAKEUR, RÉKEUR n. m. (angl. raker) ⊘
Dent dégorgeante de certaines scies dont le *godendart*. [+]

RALLE n. f.
Branche maîtresse d'un arbre, grosse branche. [+++]

RALLONGE n. f.
Bâtiment adossé à une grange et servant de hangar, de remise.
Syn., voir: **appent**.

RALLU, UE adj.
Se dit d'un arbre qui a quelques très grosses branches ou *ralles*.

RAMANCHER v. tr. [#]
1. Rebouter, réduire une fracture, exercer le métier de *ramancheur*.
2. Fig. Dire, raconter, inventer. Il m'a *ramanché* toute une histoire pour me dire pourquoi il avait fait ça.
3. Réparer, remettre en état. *Ramancher* une chaise.

RAMANCHEUR n. m. [#]
Rebouteur, guérisseur qui remet les membres démis, réduit les luxations, les fractures, etc. [+++]

RAMANCHURE n. f. [#]
Réduction d'une fracture, d'une luxation.

RAMASSE n. f. [#]
1. *Faire la ramasse* : passer d'un érable à un autre pour recueillir la sève sucrée amassée dans les chaudières. [+]
   Syn., voir : **tournée**.
2. Récolte. La *ramasse* des pommes de terre.
3. Ramassage. La *ramasse* des écoliers.

RAMASSE-POUSSIÈRE n. m.
Rég. en fr. Pelle à poussière.
Syn., voir : **porte-poussière**.

RAMASSEUR n. m.
1. *Ramasseur de gomme* : individu qui récolte la *gomme* ou résine de certains conifères.
   Syn., voir : **piqueur de gomme**.
2. *Ramasseur de guenilles*.
   Voir : **marchand de guenilles**.

RAMBLEUR, LAMBREUR n. m. [#]
Ambleur.

RAMBRIS n. m.
Voir : **lambris**.

RAMBRISSAGE n. m.
Syn., voir : **lambrissage**.

RAMBRISSER v. tr.
Voir : **lambrisser**.

RAMÉE n. f.
Banc de poissons. Repérer les *ramées* de poissons au radar.
(E 19-128)
Syn. : **bouillée, mouvée, school, volier**.

RAMENELLE n. f.
Voir : **ravenelle**.

RAMENER v. intr.
Vêler, en parlant d'une vache qui n'en est pas à son premier veau.

RAMEQUIN n. m.
Bonbon fait à partir de la mélasse. (acad.)
Voir : **tire** (sens 6).

RAMER v. intr.
Marcher très vite en balançant les bras. Paul se dirige vers le village, il semble pressé, il *rame*.
Syn. : **gauler** (sens 2).

RAMONER v. tr.
Corriger un enfant, lui donner la fessée en utilisant une *hart* (sens 3).
Syn. : **agoner, flauber, fouailler, sourlinguer, tapocher**.

RAMONEUR, RAMONEUR DE CHEMINÉES n. m.
Martinet ramoneur. [+++]

RANCE n. f.
1. *Mar.* Barre de bois ou de métal servant à soulever les fardeaux, levier. [++]
   Syn. : **bonhomme, pry**.
2. Longeron placé sous une pile de billes de bois. [++]
   Syn. : **skid** (sens 1).

RANCER v. tr.
Soulever avec une *rance* ou levier.
Syn. : **pryer**.

RANCUNEUX, EUSE n. et adj.
Vx, litt., rég. en fr. Rancunier, porté à la rancune.

RANG n. m.
1. Type de peuplement rural constitué par un alignement d'exploitations qui ont la forme de bandes parallèles disposées perpendiculairement à un même

chemin qui les dessert et en bordure duquel sont construites les maisons et les granges des exploitations agricoles. Si elles sont construites sur un seul côté, c'est un *rang simple*, si elles le sont sur les deux côtés, c'est un *rang double*.

2. Ensemble des gens vivant dans un *rang* (sens 1). Le *rang* au complet assistait aux funérailles.
3. *Venir des rangs, du fond des rangs* : dans la bouche des villageois, être mal dégrossi, avoir des manières frustes. Syn., voir : **épais**.
4. Andain de foin. Syn., voir : **ondain**.

RANGE-FOIN n. m.
Planchette fixée au bout de la faux de la faucheuse mécanique et qui, en rangeant le foin coupé, libère la voie au patin de la faux pour le tour suivant. Syn. : **garde-foin**.

RANTE n. f.
Andain de foin. (acad.) Syn., voir : **ondain**.

RAPACE n. m.
Bardane, plante et capitules. (Beauce) Syn., voir : **grakia**.

RAPAILLAGES n. m. pl.
1. Glanures, restes de foin. (O 37-85)
2. Restes de la table.

RAPAILLER v. tr.
Ramasser des objets éparpillés. *Rapailler* ses outils quand le travail est fini.

RÂPE n. f.
Colonne vertébrale de l'être humain. Syn. : **râteau** (sens 5).

RAPIDEUX, EUSE adj.
Qui a des rapides. La rivière Chaudière est *rapideuse*.

RAPIDON n. m.
Petit rapide dans un cours d'eau.

RAPIÉTER v. tr.
Voir : **rentrayer**.

RAPILOTER v. tr. [#]
Voir : **apiloter**.

RAPLOMBER v. tr. et pron.
1. Remettre d'aplomb, caler. *Raplomber* un meuble en le calant.
2. Fig. Retrouver son équilibre physique ou moral. Il *s'est raplombé* au cours de la croisière qu'il a faite.

RAPPORT n. m.
1. Pop. en fr. *Rapport à* : à cause de. Ne pas pouvoir marcher *rapport à* ses rhumatismes.
2. [#] *Par rapport que* : parce que, rapport que.

RAPPORTÉ, ÉE n. et adj.
Étranger, nouveau venu dans une localité. Untel ne peut pas être maire, c'est un *rapporté*. Syn. : **étrange**, **importé** (sens 2).

RAPPORTER v. intr. et pron.
1. Mettre bas. La truie est à la veille de *rapporter*. Syn., voir : **amener**.
2. Se présenter à (angl. to report) ⊘ . Il doit *se rapporter* au poste de police toutes les semaines.

RAQUER v. intr. (angl. to wreck) ⊘
1. Faire naufrage. Son bateau a *raqué* pendant la tempête.
2. Fig. *Être raqué* : être fatigué, avoir des courbatures.

RAQUETTE, RAQUETTE À NEIGE n. f.
1. Cadre de bois garni de lanières de peau crue ou de cuir et qu'on attache aux chaussures pour marcher sur la neige sans enfoncer. Variétés de raquettes : *alaskas, huronnes, montagnaises, morues, ojibwés, pattes-d'ours, queues-de-castor, queues-de-morue, queues-de-perdrix, raquettes-skis, snowmobiles.*
2. *Raquettes-skis.*
   Voir : **ojibwés.**
3. Fig. *Avec des raquettes* : façon de marquer le superlatif. Se mettre les pieds dans les plats et *avec des raquettes* par-dessus le marché.

RARE adv.
1. Très. Il est grand *rare* pour son âge.
2. *Un peu rare* : beaucoup. L'été, on a de l'ouvrage *un peu rare.*

RAS, RASE adj.
Fig. À court d'argent, démuni, sans le sou.
Syn. : **cassé.**

RASÉ n. m.
Partie de forêt où l'on a abattu tous les arbres dans l'intention de défricher, de construire une route ou une ligne de transmission.
Syn. : **rasis.**

RASER, RASER DE v. intr.
Venir près de, faillir. Il a *rasé* se faire tuer, de se faire tuer.

RASIS n. m.
Voir : **rasé.**

RAT n. m.
1. Argot du monde syndical. Ouvrier qui refuse de prendre part à une grève, briseur de grève, jaune.
   Syn. : **scab.**

2. *Rat d'eau* : ondatra.
   Syn. : **rat musqué.**
3. *Rat d'église.*
   Voir : **pauvre.**
4. *Rat musqué* : nom vulgaire de l'ondatra.
   Syn. : **rat d'eau.**

RATATOUILLE n. f.
Fig. Vaurien, canaille. Méfie-toi de lui, c'est une *ratatouille.*

RÂTEAU n. m.
1. Abat-grain de la moissonneuse-lieuse.
   Syn., voir : **râtelier.**
2. *Grand râteau, râteau à cheval.*
   Voir : **râteleuse.**
3. *Râteau de côté, râteau de travers* : andaineuse.
4. *Râteau-fileur, râteau-fileuse* (n. f.) : andaineuse.
5. *Râteau, râteau de l'échine* : colonne vertébrale de l'être humain.
   Syn. : **râpe.**

RÂTELEUSE n. f.
Machine hippomobile servant à râteler le foin et à le mettre en andains.
Syn. : **grand râteau, râteau à cheval.**

RÂTELIER n. m.
1. Abat-grain de la moissonneuse-lieuse.
   Syn. : **dévidoir, râteau.**
2. Faux à râteaux, faux armée.
   Syn., voir : **javelier.**
3. Porte d'étable à claire-voie dans sa partie supérieure.
   Syn. : **clayon.**
4. Fig. Dents artificielles, dentier. (surt. Charsalac)
   Syn. : **palais.**

RATELLE n. f. (angl. rat-tail) ⊘
Mèche à mine.

RATOUREUR, RATOUREUX, EUSE
n. et adj.
1. Rusé en affaires, en parlant d'un adulte. C'est un vieux *ratoureur*.
Syn. : **détoureur**.
2. Espiègle, joueur de tours, en parlant d'un enfant.
Syn. : **détoureur**.

RAVAGE n. m.
1. Lieu de rassemblement hivernal d'un groupe plus ou moins important de *chevreuils* et d'*orignaux* qui y trouvent nourriture et abri contre les intempéries. [+++]
2. Erre, piste, traces du passage d'animaux de forte taille (orignal, chevreuil,...) signalées par des bris d'arbustes ou de branches, ainsi que par des piétinements. [+++]
Syn. : **battue**.

RAVALEMENTS n. m. pl.
Espace souvent clos, situé entre le toit et le haut des murs d'une maison et qui sert de lieu de rangement. [+++]
Syn. : **coqueron** (sens 1).

RAVAUD n. m.
1. Bruit, tapage. Faire du *ravaud*. (O 28-101)
Syn., voir : **cabas**.
2. Vulg. *En ravaud* : en rut, en parlant surtout des chattes et des vaches.
Syn. : en **rabette**.

RAVAUDAGE n. m.
Action de *ravauder*.

RAVAUDER v. intr.
1. Faire du bruit, du tapage. Il n'a pas dormi car on l'a entendu *ravauder* toute la nuit.

(surt. O 25-117)
Syn., voir : **cabasser**.
2. Courir la prétentaine, être en quête d'aventures galantes. [+]
Syn., voir : **galipote**.

RAVE n. f.
Ponte des œufs par la femelle des poissons ; fécondation de ces œufs par le mâle, frai. (E 9-133)

RAVELINE n. f. [#]
Petit ravin, ravine.

RAVENELLE n. f.
Variété de radis sauvage (Raphanus raphanistrum). (acad.)
Syn. : **ramenelle**.

RAVER v. intr.
Frayer, en parlant de la femelle du poisson qui dépose ses œufs et du mâle qui les féconde. (E 9-133)

RAVESTAN n. m.
1. Refrain d'une chanson. (acad.)
2. Comptine. (acad.)

RAVIGOTON n. m.
1. Chanson légère chantée sur un air vif et endiablé.
2. Verre d'alcool que l'on boit pour se ravigoter.

RÉA n. m.
Mar. Roulette, galet. Des *réas* de chariot de fourche à foin, de portes suspendues, de lits.

RÉA, RÉAQ n. m.
Sigles. *R*égime d'*é*pargne-actions du *Q*uébec permettant des réductions d'impôts sur le revenu aux contribuables qui achètent des actions de certaines compagnies ayant leur siège social au Québec.

REACH n. m. (angl. reach) ⊘
Flèche permettant d'éloigner ou de rapprocher les deux trains du chariot à foin, de la fourragère.

RÉACTIONNAIRE n. et adj.
Révolutionnaire, de gauche.

REBICHER, REBICHETER (SE) v. pron.
Se rebiffer, se rébéquer, regimber. Se *rebicher* au début et finir par obéir.

RECEVANT, ANTE adj.
Accueillant, hospitalier. Ces gens-là sont très *recevants*.

RÉCHAPPER v. tr.
Réchapper sa vie : réussir à gagner sa vie. C'est en diversifiant ses cultures que ce cultivateur réussit à *réchapper sa vie*.
Syn. : s'**arracher** (sens 2).

RECHARGE n. f.
Ruisseau qui alimente un lac, par opposition à la *décharge* d'un lac.
Syn. : **charge**.

RÉCHAUFFÉ, ÉE adj.
Légèrement ivre.
Syn., voir : **chaudaille**.

RECHERCHISTE n.
Personne qui fait des recherches pour une autre personne en vue de la réalisation d'une émission de radio, de télévision, ou d'un documentaire sur un sujet précis.

RECHIGNER v. intr.
Vx en fr.
Voir : **lyrer**.

RÉCOLLET n. m.
1. Jaseur des cèdres.
2. Gueule-de-loup installée au sommet d'une cheminée pour en faciliter le tirage.
   Syn., voir : **dos-de-cheval**.

RECONDITIONNER v. tr. (angl. to recondition) ⊘
Remettre en état, réusiner un moteur, un démarreur d'auto.

RECOPIÉ, ÉE adj.
Parfaitement ressemblant. Cet enfant, c'est son père tout *recopié*.
Syn. : **chié, copié**, en **peinture**.

RECORD n. m. (angl. record) ⊘
Disque. Collectionner les *records* des années trente.

RECRUTEUR n. m.
Frère ou père d'une communauté religieuse parcourant les paroisses dans le but de rencontrer les jeunes garçons de 12 à 15 ans et de les attirer vers la vie religieuse.
Syn. : **pompeur**.

RECULON n. m.
Envie qui se détache de la peau autour des ongles. [+++]
Syn., voir : **envieux**.

REDOUBLE n. m. [#]
Double. Payer une auto usagée le *redouble* de sa valeur.

REDOUTEUX, EUSE adj. et n.
Craintif, méfiant. Plus il vieillit, plus il est *redouteux*.

RÉDUIT n. m.
Sève d'érable réduite, épaissie par l'évaporation.
Syn. : **bouillon, petit sirop**.

REEL n. m. (angl. reel)
1. Musique de violon d'origine écossaise et d'un rythme très vif, devenue traditionnelle chez les francophones du Canada. Demander à un *violoneux* de jouer le « *reel* du pendu ».
2. Danse à quatre ou à huit danseurs exécutée sur l'air d'un *reel*.

REÉR n. m.
Sigle. *Régime enregistré d'épargne-retraite* permettant des reports

d'impôts sur le revenu tant au *fédéral* qu'au *provincial*.

REFENTE n. f.

[#] *De refente* : de refend, en parlant d'une clôture, d'un fossé qui sépare une terre sur sa longueur, d'un mur à l'intérieur d'un bâtiment.
Syn. : **milieu**.

REFRISER v. intr.
Syn. : **friser**.

RÉGALADE n. f.

Forme de corruption électorale consistant à offrir à boire ou à manger à des électeurs pour les inciter à voter pour tel candidat ou éventuellement à s'abstenir de voter (NOLF).

REGARDANT, ANTE adj.

Exigeant, tâtillon. Ce patron-là, il paye bien mais il est *regardant*.

REGIBOIRE n. f.

1. Perche enlevante avec collet utilisée par les trappeurs et les chasseurs, piège à levier. (E 27-116)
   Syn., voir : **giboire**.
2. Cigogne ou perche à bascule chargée d'un contrepoids et servant à puiser de l'eau d'un puits.
   Syn. : **brimbale**, **bringueballe**.

RÉGIONALE n. f.

École d'enseignement secondaire desservant toute une région.

REGIS n. m.

Rejet ou pousse qui naît sur une souche.
Syn., voir : **repousse**.

RÈGNE n. m.

1. Vie. Passer son *règne* avec la misère sur le dos.

2. Fig. *Faire son règne* : faire son temps. Ses souliers ont *fait leur règne*, il faut les jeter.

RÉGRICHÉ, ÉE adj.
Voir : **griché**.

REILE n. f.

Trace laissée par les roues sur le sol ou trace laissée par les patins d'un traîneau sur la neige. (O 116, 115)
Syn. : **lisse**, **ornière**, **rainière**, **rainure**, **reillage**, **roulière**, **track**.

REILLAGE n. m.
Voir : **reile**.

REINQUIER n. m. [#]

Région lombaire, reins, reintier.
Avoir mal au *reinquier*. [+++]

REJETER v. intr.

Vomir pour avoir trop bu.
Syn. : **remettre**, **renvoyer**, **restituer**.

RÉKEUR n. m. (angl. raker) ◙
Voir : **raker**.

RELAIS n. m.

1. Entassements de neige laissés de chaque côté de la route par le chasse-neige. (Charsalac)
   Syn., voir : **remparts** (sens 2).
2. Butte de neige entre les deux ornières d'un *chemin double*.
   Syn. : **piqueron** (sens 2).
3. *De relais* : de rechange, de surplus, disponible, de trop. Un manche de hache *de relais*. (O 34-91)
   Syn. : **spare**.

RELATIONNISTE n.

Spécialiste des relations publiques dans une société commerciale.

RELÈVE n. f. [#]
Voir : **levée** (d'un fossé).

RELEVÉE n. f.

1. [#] Voir : **levée** (d'un fossé).

2. Après-midi. Cela est arrivé au milieu de la *relevée*, vers trois heures. (E 28-100)

RELEVER v. tr. et pron.
1. Aider une accouchée pendant une certaine période de temps. Cette femme va *relever* toutes les femmes du voisinage.
2. *Se relever* : se remettre d'un accouchement de façon à pouvoir reprendre sa besogne.

REMBOURREUR n. m.
Tapissier qui capitonne, rembourre, recouvre meubles et sièges.

REMEILLER v. intr. [#]
Vêler, mettre bas, amouiller.
Syn., voir : **amener**.

REMETTE GERMAIN loc. adj.
Voir : **remué de germain**.

REMETTRE v. intr.
Vomir pour avoir trop bu.
Syn., voir : **rejeter**.

REMEUIL n. m.
Pis. La Brune a un gros *remeuil*, elle est à la veille de vêler. (acad.)
Syn. : **per**.

REMEUILLER v. intr. [#]
Vêler, mettre bas, amouiller. La Blanche est à la veille de *remeuiller*. (acad.)
Syn., voir : **amener**.

REMOUQUE n. f.
À la remouque : à contre-cœur. Étudier *à la remouque*.

REMPARTS n. m. pl.
1. Glaces côtières des cours d'eau, des lacs. Les *remparts* de la rivière sont pris.
Syn. : **bordages** (sens 1).
2. Entassements de neige laissés de chaque côté d'une route par le chasse-neige. On dirait une tranchée, tellement les *remparts* de la route sont hauts. [+++]
Syn. : **bordages**, **relais** (sens 1).

REMPIÉCER, REMPIÉCETER v. tr. [#]
Rapiécer, rapiéceter, raccommoder un vêtement.

REMPIÉTER v. tr.
Refaire des pieds de bas.
Syn., voir : **rentrayer**.

REMPIRE n. m. [#]
Aggravation, complication d'une maladie. Elle semblait aller mieux, mais elle a eu un *rempire* hier.

REMPIRER, REMPIRONNER v. intr. [#]
Empirer. Depuis son entrée à l'hôpital, il a *rempiré*. [+++]

REMPLIR, EMPLIR v. tr.
Fig. *Se faire remplir* : croire aveuglément tout ce qu'on nous raconte.

REMUÉ, ÉE DE GERMAIN, DE GERMINE loc. adj.
Issu de germain (cousin, cousine).
Syn. : **mette germain, mué de germain, remette germain**.

RENARD n. m.
1. Tige de fer reliant deux murs d'une construction pour les empêcher de s'écarter.
2. Fig. Personne qui fait ses Pâques en retard. [+++]
Voir : **Pâques**.
3. *Cheval à renard, viande à renard* : se dit d'un vieux cheval à abattre et dont la viande servira à nourrir des renards d'élevage. [+++]
4. Fig. *Être un renard à la patte coupée* : être le plus rusé des rusés.
5. Fig. *Plumer son renard, plumer un renard* : vomir pour avoir trop bu, écorcher le renard. (O 25-117)

Syn.: **caller l'orignal**, plumer son **veau**, **vêler**.

6. *Tirer au renard, haler au renard* : tirer sur sa longe pour la casser et pour s'échapper, en parlant d'un cheval. [+++]

7. Argot. Facture impayée. Ne lui fais pas crédit, il a des *renards* chez tous les commerçants.

RENARDIÈRE n. f.
Établissement d'élevage du renard pour la fourrure.

RENCHAUSSAGE n. m. [#]
Action de *renchausser*.

RENCHAUSSER v. tr. [#]
1. Chausser, enchausser, rechausser les fondations d'une maison par différents apports afin de les protéger contre les grands froids de l'hiver. L'automne, on *renchausse* avec de la paille, du bran de scie, de la terre, qu'on enlève le printemps ; l'hiver, on *renchausse* avec de la neige. Syn.: **terrasser**.
2. Butter. *Renchausser* des pommes de terre.
3. Côcher, couvrir la poule, en parlant du coq. Syn.: **chausser**.

RENCHAUSSEUR n. m. [#]
Machine servant à butter, buttoir.

RENCLOS n. m. [#]
Terrain clôturé servant de pâturage, de pacage, enclos. Mettre les vaches dans le *renclos*.

RENCONTRE n. f.
1. Voie latérale qui, dans les chemins d'hiver, permet à une voiture de croiser ou de doubler une autre voiture. [+++] Syn.: **croisée**, **jetée**.

2. Voie ferrée latérale qui permet à un train de croiser ou de doubler un autre train.

RENDEUX, EUSE adj.
1. Fourni, grenu, abondant. L'avoine est *rendeuse* cette année.
2. Fertile. Cette terre est *rendeuse*. Syn., voir: **pousseux**.

RENDU, UE p. passé [#]
Devenu. La fille du voisin est *rendue* maîtresse d'école.

RENDU QUE loc. conj. [#]
Attendu que, étant donné que, pourvu que.

RÈNECHE n. m. (angl. wrench) ⊘
Voir: **wrench**.

RÈNECHOU n. m. (angl. running shoe) ⊘
Voir: **running shoe**.

RENFONCER v. tr. [#]
Enfoncer. Quand la terre est humide, on *renfonce* en marchant dessus.

RENFORCIR v. tr.
Vx en fr. Fortifier, donner plus de force physique, renforcer. La marche *renforcit* les jambes.

RENFORT n. m.
Contrefort d'une chaussure.

RENFROIDIR, RENFRÉDIR v. intr. et pron. [#]
Refroidir. Avec septembre, les nuits commencent à *renfroidir*, à se *renfroidir*.

RENIPPER v. tr. et pron.
1. Vx en fr. Refaire sa garde-robe, s'acheter de nouveaux vêtements. Syn.: se **stocker**, se **toiletter**.
2. Fig. Embellir. De la chaux et un peu d'ocre, ça *renippe* une grange.

RENOTER v. tr. et intr.
Rebattre, rabâcher, répéter
inutilement. Il vieillit : il *renote*
toujours la même chose.
Syn., voir : **rabâter**.

RENOTEUR, RENOTEUX, EUSE n.
Rabâcheur, personne qui *renote*.
Syn. : **rabâteur**.

RENOUVEAU n. m. [#]
1. Renouvellement de la lune.
   Demain, c'est le *renouveau* de la
   lune.
2. Nouvelle lune. Le *renouveau* est
   favorable à certains travaux.

RENOUVELER v. intr.
Vêler, en parlant d'une vache qui
n'en est pas à son premier veau. [++]
Syn., voir : **amener**.

RENTOURAGE n. m. [#]
1. Clôture qui empêche les humains
   ou les bêtes de s'approcher trop
   près d'un puits, d'un précipice.
2. Voir : **lambrissage**.

RENTOURER v. tr. [#]
1. Entourer d'une clôture, d'un
   garde-fou.
2. Voir : **lambrisser**.

RENTRAYER v. tr.
Refaire. *Rentrayer* des pieds de bas.
(acad.)
Syn. : **rapiéter**, **rempiéter**.

RENTRER v. tr. et intr.
1. [#] Installer. *Rentrer* l'eau
   courante dans la maison de
   campagne.
2. Fig. *Rentrer dans le corps* :
   supplanter, supprimer, faire la vie
   dure à. Le nouveau centre
   commercial *rentre dans le corps*
   des petits commerçants ; déjà
   quelques-uns ont fermé leur porte.

RENVERSANT, ANTE adj.
Voir : **versant**.

RENVERSE n. f. (angl. reverse) ◨
En renverse : en marche arrière.
Pour pouvoir se garer
convenablement, il faut savoir se
mettre *en renverse*.

RENVERSIS n. m.
1. Arbre renversé par le vent et dont
   les racines sont à nu, chablis.
   Syn. : **arrachis**, **cul-levé**.
2. Ensemble des arbres renversés
   par le vent à la suite du passage
   d'un cyclone, chablis. Quelle
   tristesse que cette érablière
   devenue un vrai *renversis* !

RENVOI D'EAU n. m.
1. Jet d'eau ou dispositif permettant
   l'écoulement de l'eau, au bas
   d'une fenêtre, d'une porte ou
   encore à la jointure des planches
   verticales recouvrant un mur.
   (E 26-116)
2. Avant-toit dépassant largement
   la ligne de façade d'une
   construction, larmier.

RENVOYER v. intr.
Vomir, rejeter, rendre.
Syn., voir : **rejeter**.

REPARER v. tr. et pron.
1. [#] Éviter, détourner, parer. S'il
   n'avait pas *reparé* le coup de
   poing de son agresseur, il le
   recevait en pleine figure.
2. En parlant du temps, remettre au
   beau, se remettre au beau. La
   dernière ondée a *reparé* le temps ;
   déjà le temps se *repare*. [++]

REPAS-BÉNÉFICE n. m.
Voir : **bénéfice**.

REPASSER v. tr.
Tanner. *Repasser* une peau de veau

pour se faire des moufles.
Syn. : **passer**.

REPÊCHAGE n. m.
Action de *repêcher*.

REPÊCHER v. tr.
Pour les différents clubs de hockey
majeur, choisir et engager un
hockeyeur parmi les joueurs de
hockey laissés pour compte dans une
sorte de cagnotte et cela en se
conformant à des règlements
préétablis et très stricts.

REPENTIGNOIS, OISE n. et adj.
Natif ou habitant de Repentigny,
dans Lanaudière ; de Repentigny.

REPEPPER v. tr. (angl. pep) ⊘
Redonner du *pep*, de l'enthousiasme,
de l'élan à quelqu'un, *pepper* de
nouveau. Son voyage en Floride l'a
repeppé.

REPLACER v. tr.
Reconnaître. Il lui a fallu quelques
secondes pour le *replacer* : il a été
vingt ans absent !

REPOUSSE n. f.
1. Rejet qui pousse sur souche.
   Syn. : **jeton**, **regis**, **repoussis**,
   repousson, **retige**, **tige**.
2. Regain après la fauchaison.
   Syn., voir : **lien**.

REPOUSSIS n. m.
1. Rejet qui pousse sur une souche.
   [+++]
   Syn., voir : **repousse**.
2. Regain après la fauchaison. [+++]
   Syn., voir : **lien**.

REPOUSSON n. m.
1. Envie qui se détache de la peau
   autour des ongles.
   Syn., voir : **envieux**.
2. Rejet qui pousse sur une souche.
   Syn., voir : **repousse**.

RÉQUIPER v. tr. [#]
Réparer, faire des réparations.
Réquiper une maison pour la rendre
plus confortable, plus attrayante.

RESCAPER v. tr.
Sauver d'un danger. On a réussi à
rescaper tous les mineurs emmurés
lors d'un coup de grisou.

RÉSERVE, RÉSERVE INDIENNE n. f.
Territoire réservé aux plus anciens
habitants du Canada dans le but de
les maintenir dans un état de
dépendance et de disposer de leurs
terres. Il y a plus de 2 000 *réserves*
au Canada.

RÉSIDENCE FUNÉRAIRE n. f. (angl.
funeral home) ⊘
Voir : **funérarium**.

RÉSOLU, UE adj.
Gros et gras, bien bâti, en parlant
d'un être humain.

RÉSOUS p. passé de *résoudre*. [#]
Résolu. Il a *résous* ce problème.

RESPECT n. m.
Porter respect à : vouvoyer. *Porter
respect* aux adultes au lieu de les
tutoyer. *Ne pas porter respect à* :
tutoyer.

RESPIR n. m.
Vx ou rég. en fr. Respiration, souffle,
haleine. Arrêter pour reprendre son
respir.

RESSORER v. tr., intr. et pron.
1. [#] Sécher. Quand il vente, la terre
   ressore vite.
2. [#] Faire sécher. Étendre le linge
   dehors pour le *ressorer*.
3. Fig. Se mettre au beau. Le temps
   se ressore.

RESSOUDRE, RESSOURDRE v. intr.
défectif [#]
1. Sourdre, en parlant de l'eau,

d'une source. L'eau *ressourd* à
deux pas d'ici.

2. Fig. Arriver à l'improviste, en
parlant d'une personne.
Syn. : **retontir** (sens 1).

3. Rebondir. Lancer une balle avec
force sur le ciment pour la faire
ressourdre.
Syn. : **retontir** (sens 2).

RESSOUDU, UE p. passé de *ressourdre* [#]
Syn. : **ressous**.

RESSOURCE n. f. [#]
Source. De l'eau de *ressource*. [+++]
Syn. : **spring**.

RESSOURCEUX, EUSE adj. [#]
Plein de sources. Terrain
ressourceux. [+++]
Syn. : **sourceux**.

RESSOUS p. passé [#]
1. P. passé de *ressourdre*.
Syn. : **ressoudu**.

2. Arrivé, survenu. Il a *ressous* avec
sa femme et ses enfants une heure
après nous.

3. Rebondi. Cette nouvelle balle a
ressous deux fois·plus haut que la
précédente.

RESTANT n. m.
1. [#] Au pl. Vestiges de crème sur le
lait écrémé.
Syn., voir : **courant**.

2. [#] Au pl. Restes de la table.
Donner les *restants* aux poules.

3. *C'est le restant, le restant des
écus* : c'est le bouquet, c'est le
comble. Gérard Laflaque a été
nommé sénateur : *c'est le restant
des écus* !

RESTÉ, ÉE adj.
Fatigué, exténué, rendu au bout. Il a
travaillé douze heures d'affilée, il est
rentré *resté*.
Syn. : **chagagnac, coton, désâmé,**

échiné, effiellé, éralé, **magané,
manqué, morfondu.**

RESTER v. tr., intr. et pron.
1. Fatiguer, exténuer ; se fatiguer,
s'exténuer. Il a *resté* son cheval.
[+++]
Syn., voir : **effieller**.

2. Rég. en fr. Habiter, résider,
demeurer. Il travaille à Montréal
mais il *reste* à Laval. [+++]

RESTITUER v. intr.
Vx et fam. en fr. Vomir.
Syn., voir : **rejeter.**

RETAPER v. tr.
Se faire retaper : faire un mauvais
marché, se faire avoir. En
échangeant son cheval, Jacques
s'est fait retaper.

RETARDER v. intr. [#]
Tarder. Le soleil ne *retardera* pas à
paraître.

RETENIR v. intr.
Retenir de : avoir les traits de,
ressembler à. Cet enfant *retient* de
son père et non de sa mère.

RETIENDRE v. tr. [#]
Retenir.

RETIGE n. f. [#]
Rejet qui pousse sur une souche,
tige. (surt. O 22-124)
Syn., voir : **repousse.**

RETIGER v. intr.
1. Pousser, en parlant d'un rejet de
souche.

2. Taller, en parlant de l'avoine, de
l'orge.

RETIRANCE D'ÉTÉ n. f.
Allonge au corps principal d'une
maison, utilisée seulement l'été.
Syn., voir : **cuisine d'été.**

RETONTIR v. intr.
1. Arriver à l'improviste. On ne

serait pas surpris de le voir
retontir au milieu de la nuit.
Syn.: **ressoudre** (sens 2).
2. [#] Rebondir. Une balle de
caoutchouc qui *retontit* bien.
Syn.: **ressoudre** (sens 3).
3. Retentir, se répercuter. À l'époque
de la chasse, les coups de fusil
retontissent jusqu'ici.

RETORDEUR n. m.; **RETORDEUSE** n. f. [#]
Voir: **tordeur**.

RÉTRÉCI n. m.
1. Endroit où le lit d'un cours d'eau
devient plus étroit et où le courant
est plus rapide. (O 28-100)
Syn.: **ciré**, **étréci**, **étrette**.
2. Action de rétrécir, dans le
domaine du tricot. Faire un
rétréci au bout des manches.

RETS n. f.
Vx ou litt. Filet de pêche. Une *poule
d'eau* est restée prise dans la *rets*.
Rets est m. en français actuel et ne
s'emploie qu'au pluriel.
Syn.: **net**.

REVANCHER (SE) v. pron.
Vx ou rég. en fr. Prendre sa
revanche.
Syn.: se **revanger**.

REVANGE n. f. [#]
Revanche. Prendre sa *revange*.

REVANGER (SE) v. pron. [#]
Prendre sa revanche.
Syn.: se **revancher**.

REVANNES n. f. pl. [#]
Criblures, vannures, grains de rebut
qu'on donne aux volailles.
(E 124, 125)
Syn., voir: **agrains**.

RÉVEILLE-MATIN n. m.
Euphorbe hélioscopique dont le latex
irrite la peau.

REVIRÉ, REVIRÉ PROTESTANT n. m.
Francophone catholique devenu
protestant. [+++]
Syn.: **chiniquy**, **suisse**.

REVIRÉE n. f. [#]
En forêt, piste tracée autour d'une
étendue d'arbres à abattre et qu'on
utilisera pour le débusquage.
Syn.: **dévire**, **merry-go-round**,
round-turn, **trail**, **turn-over**,
virée.

REVIRER v. tr. et intr.
1. [#] Voir: **virer**.
2. Fig. Faire une fausse couche.
(O 27-116)
Syn.: **débouler**, faire une **perte**.
3. Fig. Avorter, en parlant surtout
de la vache et de la jument.
4. Fig. *Revirer, virer son capot*:
changer d'opinion, de parti
politique, de religion. [+++]

REVIRETTE n. f.
Gueule-de-loup installée au sommet
d'une cheminée pour en faciliter le
tirage.
Syn., voir: **dos-de-cheval**.

REVIRE-VENT n. m.
Girouette placée sur les bâtiments de
ferme pour indiquer la direction du
vent.
Syn., voir: **vire-vent**.

REVOLER v. tr. et intr.
1. Projeter, lancer à distance, faire
voler; rejaillir, gicler. L'explosion
de la conduite de gaz a fait
revoler les carreaux des maisons
voisines; l'eau *revolait* de tous
côtés. [+++]
Syn.: **friser**.
2. Fig. Dépenser sans compter.
Quand il est en vacances et qu'il a
pris un verre, il fait *revoler* son
argent.

REVOLIN n. m.
Poussière d'eau salée sur la crête de vagues qui se brisent, embruns.

RÉVOLUTION TRANQUILLE n. f.
Période d'une dizaine d'années qui a suivi la chute du *duplessisme* en 1960 et au cours de laquelle le Québec a connu des changements majeurs dans le domaine de l'éducation, de l'économie et des idées.

REVOYURE n. f.
Pop. en fr. *À la revoyure* : au revoir. [+++]

REYER v. tr.
Barrer un cours d'eau au moyen d'un filet appelé *rets*. *Reyer* une rivière pour capturer du poisson.

RHINOCÉROS n. m.
Parti rhinocéros : parti politique contestataire fondé en 1963 par l'écrivain humoriste Jacques Ferron et qui obtint 100 000 voix aux élections fédérales de 1984.

RHUBARBE DU DIABLE n. f.
Bardane, plante et capitules. Syn., voir : **grakia**.

RHUMATIME n. m. [#]
Rhumatisme.

RIBÈCHE n. f. [#]
Voir : **libèche**.

RIBOTE n. f.
Baratte à beurre de forme conique dans laquelle le pilon est actionné à la main. (acad.)

RIBOTER v. tr.
Battre la crème dans une *ribote* pour en faire du beurre. (acad.)

RIBOTOIR n. m. [#]
Pilon de l'ancienne *ribote* ou baratte conique, ribot. (acad.) Syn., voir : **baratteur**.

RICHARD n. pr.
Voir : **labour Richard**.

RICHELOIS, OISE n. et adj.
Habitant de la vallée du Richelieu ; du Richelieu.

RICHEMENT adv.
Beaucoup, très. Être *richement* intelligent, pauvre ou niais.

RICHEPEAUME, RICHEPOMME n. m.
Plongeon du Nord. (acad.)

RIDEAU n. m.
Fig. *Grimper, monter dans les rideaux* : s'énerver, devenir fort agité, en parlant de quelqu'un.

RIDELLE n. f.
Échelette avant ou arrière de la charrette à foin, de la fourragère. Syn., voir : **échelle**.

RIFLE n. m.
Vx en fr. Eczéma des enfants. Avoir le *rifle*. [+++]

RIGANEAU n. m.
Petite rigole d'écoulement. Syn., voir : **rigolet**.

RIGANIÈRE n. f.
Ligne médiane du périnée. Il a eu tellement chaud que l'eau lui coulait dans la *riganière*.

RIGAUDIEN, IENNE n. et adj.
Natif ou habitant de Rigaud, en Montérégie ; de Rigaud.

RIGGING, RIGUINE n. f. (angl. rigging) ⊘
1. Ensemble des instruments aratoires nécessaires à l'exploitation d'une ferme. Syn., voir : **roulant**.
2. Affaire, entreprise. Administrer une grosse *rigging*.
3. Fig. Personne usée, vieillie, malade. Comment peut-on vivre avec une *rigging* comme ça ? Syn. : **séguine**.

RIGNER v. tr. (angl. to ring) ⊘
 Voir: **ringner**.

RIGOLET n. m.
 Petite rigole, petit fossé servant à
 évacuer l'eau.
 Syn.: **riganeau, saignée**.

RIGOLEUSE n. f.
 Espèce de charrue pourvue de
 mancherons servant à rigoler
 (creuser ou entretenir les rigoles) et
 dont les deux ailes latérales
 nivellent obliquement les deux côtés
 de la rigole.
 Syn.: **diable à rigoles, pelleteur à
 rigoles, traîneau à rigoles**.

RIGUINE n. f. (angl. rigging) ⊘
 Voir: **rigging**.

RIMEUR, RUMEUR n. m. (angl. rim) ⊘
 Rondelle amovible du poêle à bois.
 (Estrie et E 9-132)
 Syn.: **rond**.

RINCE, RINCÉE n. f.
 Vx en fr. Volée de coup. Attraper
 une *rincée*.

RINCE-BOUCHE n. m.
 Eau dentifrice servant de
 gargarisme.

RINCER v. tr.
 *Se rincer le canadien, le dalot, le
 gau, le gorgoton, la luette*: boire à
 l'excès, s'enivrer, se rincer le gosier,
 la dalle.
 Syn., voir: **dalle** (sens 5).

RINCHE n. m. [#]
 Voir: **ronge**.

RINCHER v. intr. [#]
 Voir: **ronger**.

RIN DE PÊCHE n. m.
 Petit port naturel utilisé par les
 pêcheurs et où ils faisaient sécher la
 morue.

RING n. f. (angl. ring) ⊘
 Boucle de fil de fer qu'on passe dans
 le groin d'un porc pour l'empêcher de
 fouir.
 Syn., voir: **anneau** (sens 1).

RINGBONE n. m. (angl. ring bone) ⊘
 Tumeur au paturon du cheval,
 forme.

RINGE n. m. [#]
 Perdre le ringe, le rinche: perdre
 l'appétit, en parlant d'une vache,
 cesser de ruminer. (E 30-100)
 Syn., voir: **ronge**.

RINGER v. tr. [#]
 Ruminer. Les vaches *ringent* toute
 la nuit. (E 30-100)
 Syn., voir: **ronger**.

RINGNER, RIGNER v. tr. (angl. to
ring) ⊘
 1. Enlever un anneau d'écorce à un
 arbre qui sera abattu, afin d'y
 appliquer un acide qui en
 facilitera l'écorçage, anneler un
 arbre.
 2. Anneler un porc pour l'empêcher
 de fouir.
 Syn., voir: **aléner**.

RINGUETTE n. f.
 1. Sport d'équipes pour femmes
 ressemblant étrangement au
 hockey mais en moins rude, créé
 en 1963 et dont les joueuses
 chaussées de patins à glace et
 munies de bâtons droits essaient
 de pousser dans le but un anneau
 de caoutchouc ou *ringuette*.
 2. Anneau de caoutchouc souple
 ayant 30 cm de diamètre sur 3 cm
 d'épaisseur et utilisé par les
 joueuses de *ringuette*.

RIPE n. f. (angl. rip) ⊘
 1. Copeau mince et étroit, planure.
 2. *Balai de ripe*: balai d'éclisses.

RIPOUSSE n. f.
1. Perche enlevante avec collet utilisée par les trappeurs et les chasseurs, piège à levier. Tendre une *ripousse* ou *à la ripousse*. (O 27-116)
Syn., voir : **giboire**.
2. Fig. Coup de vent. Il est arrivé une *ripousse* qui a défait les veillottes de foin et soulevé la poussière. (O 27-116)
3. Fig. *En ripousse, à la ripousse* : à toute vitesse, rapidement. Je l'ai vu passer *en ripousse*. (O 27-116)
Syn. : **balle**.

RIRE v. intr.
1. *Entendre à rire* : bien prendre la plaisanterie, la raillerie.
2. *En pas pour rire* : beaucoup, très. À l'assemblée, il y avait du monde *en pas pour rire* ; être riche *en pas pour rire*.

RISÉE n. f.
Vx en fr. Plaisanterie, raillerie. Entendre la *risée*. Pour signifier qu'on prend bien la plaisanterie on dira : si je ne vaux pas une *risée*, je ne vaux pas grand-chose.

RIZ SAUVAGE n. m.
1. Zizanie aquatique appelée aussi *folle avoine*.
2. Zizanie des marais appelée aussi *folle avoine*.

ROBE n. f.
1. *Robe de buffalo* (angl. buffalo) ⊘ : peau de bison dont on se servait l'hiver, comme couverture de voyage. [+++]
2. *Robe de carriole, robe de poil, robe de voiture* : fourrure dont on se servait l'hiver comme couverture de voyage. [+++]

3. *Prendre la robe* : entrer au grand séminaire ou au scolasticat pour devenir prêtre séculier ou régulier.

ROBEUR n. m. (angl. rubber) ⊘
Voir : **rubber**.

ROBIN n. m. [#]
Robinet. Ouvrir le *robin*.
Syn., voir : **champlure**.

ROBINE n. f. (angl. rubbing alcohol)
Alcool frelaté ou dénaturé que boivent nos clochards ou *robineux*. [+++]

ROBINER v. intr. (angl. rubbing alcohol)
Consommer de la *robine*, vivre une vie de clochard.

ROBINET n. m. ou f.
Tout supplément de mesure pour les grains, les matières sèches.
Syn. : **trait**.

ROBINETTE n. f. (angl. rubbing alcohol)
Sobriquet donné à une femme qui aime boire de la *robine*, à une *robineuse*. Tiens, c'est *Robinette* qui passe !

ROBINEUX, EUSE n. (angl. rubbing alcohol)
Personne qui s'adonne à la *robine*, clochard. [+++]
Syn. : **hobo**.

ROCHAILLE n. f.
Gros gravier, pierres. Un terrain plein de *rochaille*.

ROCHE n. f.
Caillou, pierre. Lancer des *roches*.

ROCHER v. intr. (angl. to rush) ⊘
Voir : **rush**.

ROCHIÈRE n. f.
Endroit où il y a des pierres en abondance.

ROCHU, UE adj.
Rocheux, couvert de roches. Une

rivière à fond *rochu* est une rivière à truites. (surt. E 20-127)

ROCKEUR n. m. (angl. rocker) ⬚
1. Individu de moins de trente ans, vêtu de cuir (blouson et pantalon collant), conducteur de grosses motos ou de voitures puissantes, quelque peu asocial et aimant les émotions fortes. Au féminin, on dit une rockeuse.
2. Sommier pivotant du train avant du *bobsleigh*.

ROCKFELLER n. m.
Homme extrêmement riche, Crésus. Au Québec, les *Rockfeller* ne sont pas nombreux.

RÔDEUX, EUSE adj.
Rôdeux de : très, beaucoup. C'est une *rôdeuse de* belle femme.

ROFFE n. et adj. (angl. rough) ⬚
Voir : **rough**.

ROGNE n. f.
Canaille. Méfie-toi de lui, c'est une *rogne*.

ROGNON n. m.
1. Vx ou rég. en fr. Rein de l'être humain. Paul a mal aux *rognons*.
2. *Rognon huileux, rognon tondreux*. Voir : **tondreux**.
3. *Rognons-de-coq* : streptope rose. Les fruits des *rognons-de-coq* sont comestibles.

ROI-DE-MONTAGNE n. m.
Gros-bec des pins.

ROI-DES-CHAMPS n. m.
Séneçon faux-arnica.

ROJO n. m.
Feuillard épais dont on recouvre l'étrave et la quille des bateaux de pêche pour les protéger contre les coups. (acad.)

ROLL n. m. (angl. roll) ⬚
Voir : **rollway**. [++]

ROLLON n. m.
Tronc d'arbre, rondin servant au pavage d'un chemin en terrain marécageux. (acad.)

ROLLWAY n. m. (angl. rollway) ⬚
Pile de billes de bois. Débusquer le bois qu'on vient d'abattre et le traîner jusqu'au *rollway*. [++]
Syn. : **roll**, **roule**.

ROMAN-SAVON n. m. (angl. soap opera)
Série d'émissions mélo-dramatiques commanditées par des fabricants de savon et qui passe par tranche de 15 ou 30 minutes sur les ondes de la radio ou de la télévision.

ROMÉ n. m. (angl. rummy)
Voir : **rummy**.

ROMPIS n. m.
1. Terre qui a été labourée pour la première fois.
2. Large banc de glace qui reste sur la grève à marée basse et qui se brise peu à peu. (acad.)

RONCHE n. m. [#]
Voir : **ronge**.

RONCHER v. intr. [#]
Voir : **ronger**.

ROND n. m.
1. Tapis natté de forme circulaire. Syn. : **rosette**, **roulette**.
2. Rondelle du poêle à bois. [+++] Syn. : **rimeur**.
3. Touffe d'arbres. Un *rond* de pins. [+++] Syn., voir : **bouillée**.
4. *Rond, rond à patiner* (angl. skating rink) ⬚ : patinoire à glace extérieure. Mot en perte de vitesse.
5. *Rond de course* : hippodrome.

6. *Rond-de-fesse* : rocher nu à fleur
de terre, nunatak. (Lanaudière)
Syn., voir : **cran**.

ROND, RONDE adj.
1. Fam. en fr. Ivre. Il a été *rond*
pendant toute la noce. D'où *rond
comme un œuf* et *avoir les pieds
ronds* : ivre.
Syn., voir : **chaud**.
2. Entier, non castré, en parlant
d'un étalon, d'un taureau.
3. *Se coucher tout rond* : se coucher
tout habillé.
Syn. : **pompier**.

RONDE n. f.
Réprimande, semonce. Recevoir,
donner une *ronde*.
Syn., voir : **call-down**.

RONDELLE n. f.
Au hockey, palet de caoutchouc dur,
rond et plein (9 cm de diamètre et
2 cm d'épaisseur) que se disputent
deux équipes.
Syn. : **caoutchouc, disque, puck**.

RONGE n. m. [#]
Perdre le ronge : perdre l'appétit, en
parlant d'un ruminant. [++]
Syn. : **rinche, ringe, ronche**.

RONGER v. intr. [#]
Ruminer. Les vaches *rongent* toute
la nuit. [++]
Syn. : **rincher, ringer, roncher**.

RONGEUR DE BALUSTRE n. m.
Bigot, tartufe, personne qui feint la
piété. [+++]
Syn. : **mangeur de balustre**.

RONNE n. f. (angl. run) ⊠
Voir : **run**.

RONNEUR n. m. (angl. runner) ⊠
Voir : **runneur**.

ROOT BEER n. f. (angl. root beer) ⊠
Voir : **racinette**.

ROQUILLE n. f.
Vx en fr. Contenant pour liquide
équivalant à la moitié d'un *demiard*,
soit 0,142 litre.

ROS n. m.
Vx et tech. en fr. Peigne du métier à
tisser.

ROSANAC n. m. (Gaspésie)
Voir : **véloneige traditionnel**.

ROSE n. f.
Marque blanche sur le front de bêtes
à cornes.
Syn., voir : **cœur**.

ROSE NANANE adj. et n. m.
Rose bonbon.

ROSETTE n. f.
1. Marque blanche sur le front de
bêtes à cornes.
Syn., voir : **cœur**.
2. Tapis natté de forme circulaire.
Syn., voir : **rond** (n. m.) (sens 1).
3. Tourbillon du vortex.
Syn. : **roupie**.
4. Branches de conifères que l'on
mêle à de la terre dans la
construction d'un barrage. C'est
la *rosette* qui assure la solidité du
barrage.

ROSINE n. f. (angl. rosin) ⊠
Résine des conifères.
Syn., voir : **encens**.

ROSINER v. impers. ou tr.
1. Tomber lentement, en parlant
d'une pluie fine.
Syn., voir : **mouillasser**.
2. (Angl. rosin) ⊠ Résiner, enduire
de résine.

ROSSIGNOL n. m.
1. Pinson chanteur. [+++]
2. *Rossignol des champs* : pinson
vespéral.
3. *Rossignol français* : pinson fauve.

RÔTIE n. f.

Vx et rég. en fr. Tranche de pain grillée que l'on mange surtout le matin au déjeuner.
Syn. : **toast**.

ROUANNETTE n. f.

Outil utilisé par les bûcherons dans les chantiers forestiers et servant à marquer les billes de bois destinées au flottage, petite rouanne.

ROUAPE n. m. [#]

Rouable pour tirer la cendre du poêle.

ROUARD n. m.

Nom vulgaire du phoque.

ROUCHE n. f.

Terme générique appliqué aux Cypéracées (carex, laiches). [+++]

ROUCHIÈRE n. f.

Terrain bas où pousse de la *rouche*.

ROUE n. f.

1. Volant (angl. steering wheel ◙) d'une automobile. Il ne faut jamais prendre la *roue* lorsqu'on a pris un coup.
2. Amas de neige entassée par le vent, *banc de neige*, congère. Une *roue* de neige barre le chemin. (acad.)
   Syn., voir : **banc de neige**.
3. *En roue* : arrondi, roué. Cheval qui a le cou *en roue*.
4. *Roue à vent* : éolienne.
   Syn. : **moulin à vent**.
5. *Roue d'erre* : volant servant à régulariser l'allure d'une machine.
6. Fig. *Roue-de-calèche*.
   Voir : **biscuit matelot**.
7. Fig. *Roue-de-char*.
   Voir : **biscuit matelot**.
8. *Roue de fortune* : jeu de hasard, roulette.

9. *Roue penchée*, *roue plate* : variété de trépigneuse constituée d'une immense roue couchée et inclinée sur laquelle montaient des chevaux ou des bœufs.
   Syn., voir : **horsepower**.

ROUELLE n. f.

1. Petite roue.
2. Avant-train de l'ancienne charrue. Charrue à *rouelles*.

ROUETTER v. intr.

Faire ronron, ronronner, en parlant d'un chat.
Syn. : **filer, filer son rouet**.

ROUGE n. et adj.

1. Membre ou partisan du Parti *libéral* (fédéral ou provincial). [+++]
2. Relatif au Parti *libéral* (fédéral ou provincial). [+++]
3. Essence à indice d'octane élevé, supercarburant, super, par opposition à *jaune*. Faire le plein à une station d'essence avec du *rouge* ou de la *rouge* (*gas* n. m. ou *gasoline* n. f.) [+++]
4. *Grand rouge*, *petit rouge* : variétés de tabac à pipe cultivées au Québec.
5. *Être dans le rouge*, *en rouge*, marcher dans le *rouge* : être à découvert (à la banque), fonctionner, produire à perte (en parlant d'un commerce, d'une fabrique).
6. *Voir rouge* : se fâcher.

ROUGE-GORGE n. m.

Merle bleu à poitrine rouge. [+++]

ROUGETS n. m. pl.

Cornouiller du Canada (arbuste et fruits). (E 20-127)
Syn., voir : **quatre-temps**.

ROUGH, ROFFE n. et adj. (angl.
rough) ◙
1. Individu brutal, tapageur.
2. Brutal, grossier, bourru. Un homme *rough*.
3. Raboteux, pierreux, accidenté. Un chemin *rough*.
4. Pénible, difficile. Un travail *rough*.
5. Non plané, non blanchi. Une planche *rough*.

ROUGH, ROUGHMENT adv. (angl.
rough) ◙
Rudement. Jouer *rough* (au hockey).

ROUILLE n. f.
Rousseur. Tache de *rouille* sur la figure. [+++]
Syn.: **basane, rousselure.**

ROUILLÉ, ÉE adj.
Qui a des taches de rousseur sur la peau. Avoir un visage *rouillé*.
Syn.: **basané, pivelé, rousselé.**

ROUILLER v. intr.
Se couvrir de taches de rousseur, de *rouille*. Les blonds commencent à *rouiller* dès qu'ils vont un peu au soleil.
Syn.: **rousseler.**

ROULANT n. m.
1. Mode de vie, règle, pratique. Le *roulant* des jeunes n'est plus celui d'autrefois. (acad.)
Syn.: **roule** (sens 2).
2. Dans une exploitation agricole, instruments aratoires, tout ce qu'il faut pour cultiver.
Syn.: **agrès, gréement, rigging.**

ROULANT, ANTE adj.
1. En parlant d'un chemin, praticable, carrossable.
Syn., voir: **passable.**
2. Voir: **chaise roulante.**

ROULATHÈQUE n. f.
Piste intérieure de patinage à roulettes.

ROULE n. m.
1. (Angl. rollway) ◙ Pile de billes de bois. Transporter des grumes jusqu'au *roule*.
Syn., voir: **rollway.**
2. Mode de vie, règle, pratique. Le *roule* des jeunes d'aujourd'hui ne ressemble pas à celui de notre jeunesse.
Syn.: **roulant** (sens 1).

ROULEAU n. m.
1. Treuil d'un puits.
Syn., voir: **dévidoir.**
2. Essuie-mains formé d'une touaille sans fin suspendue à un rouleau, essuie-mains roulant. [+++]
3. Amas de neige entassée par le vent, congère. Les *rouleaux* de neige ont arrêté la circulation. (acad.)
Syn., voir: **banc de neige.**
4. *Balai à rouleaux*: balai mécanique.
Syn.: **balai à roulettes.**

ROULER v. tr.
Moudre grossièrement. Donner de l'avoine roulée à un vieux cheval dont les dents sont usées.
Syn.: **casser, écraser.**

ROULETTE n. f.
1. Tapis natté de forme circulaire.
Syn., voir: **rond** (sens 1).
2. Disque tranchant remplaçant le coutre d'une charrue.
3. *Balai à roulettes*: balai mécanique.
Syn.: **balai à rouleaux.**
4. Voir: **porte à roulettes.**
5. Voir: **herse à roulettes.**

ROULETTER v. tr.
Herser avec la *herse à roulettes* ou herse à disques.
Syn.: **disquer**.

ROULEUR n. m.
Homme qui en forêt met les billes de bois en *roules* ou piles, empileur.

ROULEUSE n. f.
Argot. Cigarette roulée à la main, roulée. Fumer des *rouleuses*, acheter du tabac à *rouleuses*. [+++]
Syn.: **boucane, homemade, make'em, poloque, tapocheuse, taponneuse, zigoune**.

ROULIÈRE n. f.
Ornière, trace laissée par le passage des roues sur la terre, ou par des patins de traîneau sur la neige. [+++]
Syn., voir: **reile**.

ROULI-ROULANT n. m.
Planche à roulettes ou en anglais *skating board*.
Syn.: **skating board**.

ROULI-ROULEUR n. m.
Adepte du *rouli-roulant*.

ROULOIRE n. f.
Arceau du siège à bascule. (acad.)
Syn., voir: **berce**.

ROUND TURN n. m. (angl. round turn) ⊠
En forêt, piste tracée autour d'une étendue d'arbres à abattre.
Syn., voir: **revirée**.

ROUPIE n. f.
Tourbillon du vortex.
Syn.: **rosette**.

ROUSSELÉ, ÉE adj. et n.
Vx ou rég. en fr. Qui a des taches de rousseur sur la peau. Un visage *rousselé*.
Syn., voir: **rouillé**.

ROUSSELER v. tr. et intr.
Se couvrir de taches de rousseur.

Tiens, tu commences à *rousseler* depuis que le soleil est revenu.
Syn.: **rouiller**.

ROUSSELURE n. f.
Tache de rousseur. Une figure couverte de *rousselures*.
Syn., voir: **rouille**.

ROUTANT, ANTE adj.
Praticable, carrossable. Chemin *routant*.
Syn., voir: **passable**.

ROUTE n. f.
1. À la campagne, chemin public faisant communiquer deux *rangs*. La *route* de l'Église à Sainte-Foy fait communiquer le chemin Sainte-Foy et le chemin Saint-Louis. (E 37-81)
   Syn.: **montée**.
2. *Route de barrière: route à péage d'autrefois.*
   Syn.: **chemin** (sens 4).

ROUVRIR v. tr. [#]
Ouvrir.

ROUYNOIS, OISE n. et adj.
Natif ou habitant de Rouyn, en Abitibi; de Rouyn.

ROWLOCK n. f. (angl. rowlock) ⊠
Tolet d'une embarcation.

RUBANBELLE À MOUCHES n. f.
Papier tue-mouches spiralé.
Syn., voir: **collant à mouches**.

RUBBER, ROBEUR n. m. (angl. rubber) ⊠
1. Caoutchouc. Du *rubber* synthétique.
2. Voir: **claque** (sens 1 et 2).

RUER DANS LE BACUL v. intr.
Voir: **bacul**.

RUINE-BABINES n. m.
1. Harmonica.
2. Guimbarde.

RUINE-FER n. et adj.
Voir : **brise-fer**.

RUMB-DE-VENT n. m.
Coup de vent, saute de vent.
Syn. : **rain-de-vent**.

RUMMY, ROMÉ n. m. (angl. rummy) ◙
Variété de jeu de cartes très en
vogue autrefois dans les soirées
paroissiales, rami.

RUN, RONNE n. f. (angl. run) ◙
1. Séjour dans les chantiers
   forestiers. Le vieux Léon, il a fait
   vingt-deux *runs* dans les
   chantiers.
2. Tournée. La *run* du facteur, du
   laitier, d'un camion de livraison,
   d'un autobus scolaire.
3. *Run du jour de l'An*.
   Voir : **tournée**.

RUNNER v. tr. (angl. to run) ◙
Conduire, diriger. À quatre-vingts
ans, il *runne* encore son commerce, il
runne son auto.

RUNNEUR, RONNEUR n. m. (angl.
runner) ◙
1. Patin d'un traîneau.
   Syn. : **membre**.
2. *Partir rien que sur un runneur*.
   Voir : **pinouche**.
3. Conducteur d'automobile.

RUNNING SHOE, RÈNECHOU n. m. (angl.
running shoe) ◙
Espadrille, soulier de gymnastique,
tennis. (O 29-101)
Syn. : **shoe-claque**, **sneaker**.

RUSHER, ROCHER v. intr. (angl. to
rush) ◙
Argot étudiant. Étudier très fort,
avec acharnement. *Rusher* pendant
la semaine des examens.
Syn. : **chauffer** (sens 2), **clencher**
(sens 5).

RUSSEAU n. m. [#]
Ruisseau.

RUSSET n. f.
Variété de pommes à couteau.

RYE n. m.
Variété de whisky canadien à base
de seigle. Acheter une bouteille de
rye, acheter un *rye* (le mot flacon est
sous-entendu).

SABOT n. m.
1. Sorte de charrue rudimentaire formée d'une bille de bois affilée, munie de deux mancherons et servant à tirer des rangs pour y semer du maïs, des pommes de terre, des légumes... (acad.)
2. Entrave qu'on attache au pied d'un cheval, abot.

SABOT DE LA VIERGE n. m. (angl. Lady's slipper)
1. Cypripède acaule. [+++]
2. Cypripède soulier.

SABOTEUX, EUSE adj. [#]
Raboteux. Le printemps, les chemins sont souvent *saboteux*.
Syn, voir : **cahoteux**.

SABRE n. m.
Lame de la faux à manche.

SACCACOMI, SAC-À-COMMIS, SAKAKOMI n. m. (amér.)
Arctostaphyle raisin-d'ours dont le fruit est comestible et dont les feuilles peuvent servir de succédané au tabac.

SACCAGE n. m.
Un saccage : beaucoup, grande quantité. Il y a *un saccage* de pommes cette année.

SACOCHE n. f.
1. Rég. en fr. Sac à main. Marie s'est acheté une *sacoche* pour aller au bal de la Reine du carnaval. [+++]
2. Vulg. Bourse des testicules de l'homme et des animaux.
Syn. : **poche**.

SACRANT adv.
Au plus sacrant : au plus vite. Il veut retourner chez lui *au plus sacrant*. [+++]
Syn., voir : **coupant**.

SACRE n. m.
1. Jurement, juron. Les objets sacrés

sont le réservoir des *sacres* québécois.

2. *Être en sacre* : être en colère.

SACRÉMENT adv.
Fam. en fr. Très. Un remède *sacrément* bon contre la grippe.

SACRER v. tr. et pron.
1. Vx et rég. en fr. Jurer, proférer des jurons, des *sacres*.
2. Ficher, flanquer, balancer, se débarrasser de. *Sacrer* quelqu'un à la porte, *sacrer* un objet à la poubelle, *sacrer* une volée.
3. *Sacrer le camp* : foutre le camp, décamper, partir.
4. *Sacrer dehors* : mettre à la porte, expulser.
5. *Sacrer dedans* : mettre en prison, incarcérer.
6. *Se sacrer de* : se moquer de quelqu'un ou de quelque chose.

SACREUR, EUSE n.
Jureur, blasphémateur. Les bûcherons ont la réputation d'être des *sacreurs*.

SACRIFICE n. m.
Vendre à sacrifice (angl. to sell at a sacrifice) ⊘ : vendre à profit minime ou sans profit, voire à perte.

SACRURE n. f.
Blasphème ou *sacre*, l'un des trois péchés traditionnels rimant avec *champlure* (intempérance) et *créature* (luxure).

SAFETY n. m. (angl. safety razor) ⊘
Rasoir de sûreté à lame amovible. [+++]

SAFRE adj.
Vx en fr. Glouton, goulu. Ces enfants-là sont *safres*, on croirait qu'ils n'ont pas mangé depuis une éternité. [+++]
Syn. : **goulupiau**.

SAFREMENT adv.
D'une manière *safre*, goulûment. Manger *safrement*.

SAFRETÉ n. f.
Gourmandise, gloutonnerie. Cet enfant est d'une *safreté* inimaginable.

SAGAMITÉ n. f. (amér.)
Didact. en fr. Bouillie à base de farine de maïs. (O 27-116)

SAGAMO n. m. (amér.)
Chef chez les Amérindiens, capitaine.

SAGANÉE n. f.
Une saganée : beaucoup, grande quantité. Du monde, il y en avait *une saganée*.
Syn., voir : **tralée**.

SAGANT, ANTE ; SAGON, ONNE ; SAILLON, ONNE n. et adj.
Malpropre, en parlant d'une personne, déguenillé, sagouin. (acad.)
Syn., voir : **souillon**.

SAGUENAYEN, ENNE ; SAGUENÉEN, ÉENNE n. et adj.
Natif ou habitant du Saguenay ; du Saguenay.

SAGUINE 1 n. m. [#]
Crayon rouge fait de sanguine. Acheter un *saguine*.

SAGUINE 2, SÉGUINE n. f.
1. Instrument usé, hors d'usage. Quand on veut scier une planche proprement, il ne faut pas utiliser une *séguine* comme ça !
2. Fig. Personne usée, âgée, qui ne peut plus travailler.
Syn. : **rigging** (sens 3).

SAIGNÉE n. f.
1. Petite rigole servant à évacuer les

flaques d'eau d'une route.
Syn., voir : **rigolet**.

2. L'hiver, dans le Saint-Laurent où il y a marée, endroit entre les glaces où peuvent passer les *traversiers*.

SAILLON, ONNE n. et adj. [#]
Voir : **souillon**.

SAINTE-CATHERINE 1, SLEIGH SAINTE-CATHERINE, CATHERINE n. f.
Voiture de promenade très chic, très haute sur patins et qu'utilisaient les garçons pour aller voir leur bien-aimée. (O 27-116)

SAINTE-CATHERINE 2 n. f.
Voir : **tire** (sens 5).

SAINTE-FLANELLE n. f.
Voir : **Canadien** (équipe de hockey).

SAINT-ELME n.
Voir : **feu de saint-Elme**.

SAINT-JEAN-DE-DIEU ou **LONGUE-POINTE** n.

1. Hôpital psychiatrique de la région de Montréal situé à Longue-Pointe, fondé en 1845 et devenu en 1976 l'hôpital Hippolyte-Lafontaine.
2. *Un évadé de Saint-Jean-de-Dieu* ou *de Longue-Pointe* : un fou.
Syn. : **Beauport, Saint-Michel-Archange**.

SAINT-JOSEPH n. m.

1. Scie à bûches à cadre de bois et quelquefois à cadre tubulaire métallique. [++]
Syn., voir : **sciotte**.
2. Pétunia.

SAINT-MICHEL, PETIT SAINT-MICHEL n. m.
Se dit de tout jeune conifère. Cette montagne bûchée il y a dix ans est couverte de *saint-michel*. On écrit des *saint-michel* et des *petits saint-michel*. [+++]
Syn. : **sapinage** (sens 2).

SAINT-MICHEL-ARCHANGE n. pr.
Voir : **Beauport**.

SAINT-PIERRE n. m.

1. Alcool de contrebande ayant transité par les îles françaises Saint-Pierre et Miquelon.
2. Alcool de fabrication domestique.
Syn., voir : **bagosse**.

SAISON n. f.
En saison : en rut, surtout en parlant d'une jument, souvent en parlant d'une vache et plus rarement en parlant d'une chienne, d'une brebis ou d'une truie.

SAKAKOMI n. m.
Voir : **saccacomi**.

SALADE n. f. [#]

1. Laitue. Les maraîchers vendent plusieurs variétés de *salades* au marché.
2. *Salade frisée* : laitue frisée ; *salade Boston* : laitue Boston ; *salade Iceberg* : laitue Iceberg.

SALANGE n. f.

1. Écume de mer gelée. (acad.)
2. Embruns. (acad.)
3. Saumure, eau salée. (acad.)

SALAUD n. et adj. m. ; **SALOPE** n. et adj. f.

1. Malpropre, en parlant d'une personne.
Syn., voir : **souillon**.
2. Mauvais, pluvieux, affreux, en parlant du temps. Il vaut mieux ne pas rouler en auto par un temps aussi *salaud*.
3. Malpropre, qui salit, en parlant d'un travail. Vider un grenier, c'est un travail *salaud*.

SALEBARDE n. f.

Nom de l'épuisette chez les pêcheurs du golfe du Saint-Laurent.
Syn., voir : **puise**.

SALER v. intr.

Fig. Rendre difficile. Notre professeur a *salé* notre dernier examen.

SALIÈRE, SALEUSE n. f.

Dans les villes où la neige est toujours au rendez-vous, machine qui épand du sel pour faire fondre la neige et même la glace, épandeuse de sel. Il y a des *salières* pour les grandes artères et aussi pour les trottoirs.

SALINE n. f.

1. Abri rudimentaire où l'on entrepose le sel et où les pêcheurs salent le poisson. (E 8-135)
2. [#] Saumure. (E 27-116)
3. Pierre à lécher destinée au bétail et utilisée par les braconniers pour attirer le *chevreuil* et l'*orignal*.
Syn. : **brique de sel**.

SALIR (SE) v. pron.

Se couvrir, en parlant du ciel, s'ennuager.
Syn., voir : **chagriner**.

SALLE n. f.

1. Vx en fr. À la campagne, vaste pièce de réception, généralement fermée et que l'on ouvre dans les grandes occasions : Noël, le jour de l'An, noces, visite du curé, etc. [+++]
2. *Salle à dîner* (angl. dining room) ◙ :
   a) Salle à manger.
   b) Ameublement de salle à manger. S'acheter une *salle à dîner*.
3. *Salle d'été* : allonge au corps principal d'une maison utilisée seulement l'été.
Syn., voir : **cuisine d'été**.
4. Vx en fr. *Salle de montre* : salle d'exposition de marchandises pour attirer les clients.
5. *Salle de repos* (angl. rest room) ◙ : toilettes.

SALOIR n. m.

Baril en bois dans lequel on conservait le lard salé.

SALON n. m.

1. *Salon double* : dans les quartiers populaires des villes où les maisons sont en rangées, longue pièce rectangulaire séparée par un semblant de séparation et éclairée d'un seul côté. Untel a transformé son *salon double* en épicerie.
2. *Salon funéraire*.
Voir : **funérarium**.
3. *Salon mortuaire*.
Voir : **funérarium**.

SALOPE n. et adj. f.

Forme féminine de *salaud*. [+++]

SALOPERIE n. f.

Grain de poussière, poussière de charbon, moucheron. Enlever une *saloperie* de l'œil en glissant une graine de lin sous la paupière.
Syn., voir : **cochonnerie** (sens 1).

SALUTAS exclam. (prononcé : *salutasse*)

Salutation lancée à la cantonade par quelqu'un qui aborde un groupe d'amis.

SALUTISTE n.

Membre de l'*Armée du Salut* qui, dans les grandes villes, s'occupe des gens les plus démunis et leur fournit gîte et couvert.

SAMEDI n. m.
Faire le samedi : faire le ménage du samedi, qui est un peu plus important que celui des autres jours.

SAMSON n. pr. m.
Ne pas être Samson : être faible, sans force, en parlant de quelqu'un qui relève d'une maladie, qui vient d'être opéré.

SANG-DRAGON, SANG-DE-DRAGON n. m.
Sanguinaire du Canada, plante très employée en médecine populaire. [+++]

SANGLE n. f.
Sous-ventrière du harnais d'un cheval.

SANGRIS n. m.
Voir : **ponce**.

SANS-ALLURE n. et adj. inv.
Personne dénuée de bon sens, demeurée, sans manières. [+++]
Syn., voir : **épais**.

SANS-DESSEIN n. et adj. inv.
Personne peu brillante, qui n'a pas inventé le bouton à quatre trous, qui est sans initiative. [+++]
Syn., voir : **épais**.

SANS-GÉNIE n. inv.
Demeuré, simplet. C'est une calamité d'avoir un *sans-génie* dans une famille.

SANS-PLOMB n. m. et f. inv.
Essence sans plomb, par opposition aux essences avec plomb. *Sans-plomb* est masculin si on sous-entend *gas* (angl. gas) et féminin si l'on sous-entend *gasoline* (angl. gasoline) ou essence.

SANTÉ n. f.
Boisson à base d'alcool que l'on offre à des visiteurs, à des amis. Est-ce que je pourrais vous offrir une petite *santé* ?

SAOUEST n. m. (angl. southwester) ◨
Suroît des pêcheurs, chapeau de pluie à larges bords.

SAPER v. intr.
Faire du bruit avec la langue en mangeant ou en buvant.

SAPIN n. m.
1. *Passer un sapin.*
   Voir : **passer un Québec**.
2. *Sapin traînard* : if du Canada. (acad.)
   Syn. : **buis**.

SAPINAGE n. m.
1. Branches de conifères. Aller couper du *sapinage* pour faire un lit dans les chantiers forestiers.
2. Au pl. Jeunes conifères. Il y a beaucoup de *sapinages* dans cette forêt. [+++]
   Syn. : **saint-michel**.

SAPINIÈRE, PERDRIX DE SAPINIÈRE n. f.
Tétras des savanes à chair foncée qui vit dans les conifères.
Syn. : **perdrix des savanes**.

SAPRER v. tr. [#]
Voir : **sacrer**.

SAQUÉE n. f. [#]
Contenu d'un sac, sachée, sac. (acad.)

SAQUET n. m.
Dans les chemins d'hiver, inégalités qui impriment des secousses aux occupants des traîneaux qui se déplacent rapidement. (E 18-132)
Syn. : **cahot**.

SARABANDE n. f.
Réprimande, semonce. Recevoir une *sarabande*.
Syn., voir : **call-down**.

SARCLEUR n. m.; **SARCLEUSE** n. f.
1. Machine aratoire, cultivateur.
2. Buttoir employé dans les cultures maraîchères.

SARDINE n. f.
1. *Poisson*. Nom vulgaire de la chatte.
2. *Sardine canadienne*: nom sous lequel se vendent les jeunes harengs en conserve, la véritable sardine n'existant pas au Canada.

SARGAILLON, ONNE n.
Enfant d'une dizaine d'années, souvent sale et turbulent. (acad.)

SAS n. m.
Toile métallique. Une porte de *sas* empêche mouches et moustiques d'entrer.
Syn., voir: **gril** (à mouches).

SASKATCHEWANAIS, AISE n. et adj.
Habitant de la Saskatchewan; de la Saskatchewan.

SASSER v. tr.
Sasser les cendres: actionner par un mouvement de va-et-vient la grille du poêle à bois ou à charbon pour faire tomber les cendres.

SASSOIRE n. f.
Bâton servant à remuer le contenu des paillasses.

SASSURES n. f. pl.
Cendres qui tombent lorsqu'on actionne la grille coulissante du poêle à bois ou à charbon.

**SAUCEPAN, CHASSEPANNE,
CHASSEPINTE** (angl. saucepan) ▣
1. Casserole de cuisine à manche ou à anse. Acheter une *saucepan* en inoxydable. [+++]

2. La Grande Ourse (à cause de sa ressemblance avec la casserole à manche).

SAUCER v. tr. et pron.
1. Vx en fr. Tremper. Ici, il n'est pas poli de *saucer* son pain dans le café.
2. Se baigner rapidement.

SAUCETTE n. f.
1. Baignade rapide.
2. Fig. Visite rapide. Cette visite ne compte pas, ce n'est qu'une *saucette*.

SAUCISSE D'HABITANT n. f.
Saucisse de fabrication domestique.
Voir: **habitant**.

SAUCISSE EN COIFFE n. f.
Voir: **coiffe**.

SAULE n. f.
Saule (mot masculin en français).

SAULOIS, OISE n. et adj.
Natif ou habitant des Saules; des Saules. Les *Saulois* habitent Les Saules, près de Québec.

SAUMONERIE, SAUMONIÈRE n. f.
Établissement piscicole, où se font la production et l'élevage des saumons. (Charsalac)

SAUMONEUX, EUSE adj.
Où abonde les saumons. Depuis que ce cours d'eau a été dépollué, il est redevenu *saumoneux*.

SAUMONIER n. m.
Pêcheur sportif de saumons.

SAUT n. m.
Fig. *Dormir par sauts et par buttes*: dormir par intermittence, irrégulièrement, par accès.

SAUTÉ, ÉE n. et adj.
Détraqué, dérangé, dont le cerveau est troublé. Il faut être *sauté* pour

foncer sur des grévistes avec un camion.
Syn., voir: **écarté**.

SAUTEREAU n. m.
Vison. [+]
Syn.: **foutereau**.

SAUTERELLE n. f.
Criquet. Nos *sauterelles* sont des criquets et nos *criquets* sont des grillons.

SAUTER LA CLÔTURE loc. verb.
Vulg. Devenir enceinte, en parlant d'une jeune fille. [++]
Syn., voir: **attraper**.

SAUVAGE n. m. et adj.
1. Péjor. Amérindien.
2. Nouveau-né. Notre voisine a eu un petit *sauvage*.
3. Personnage qui dans la tradition populaire joue le rôle de la cigogne et apporte les bébés aux mamans. [+++]
4. *Attendre les Sauvages*: attendre un bébé, être enceinte, en parlant d'une femme mariée. [+++]
5. *Les Sauvages sont passés*: il y a un nouveau-né chez Untel.
6. *Croire aux Sauvages*: être naïf. [+++]
7. *Ne plus croire aux Sauvages*: ne pas être naïf et crédule, savoir comment les enfants naissent. [+++]
8. *S'asseoir en sauvage, à la sauvage*: s'asseoir à cul plat dans un canot.
9. *Se mettre sauvage*: adopter les habitudes, le mode de vie des Amérindiens.
10. *Marcher en sauvage*: marcher à la file indienne en mettant les pieds sur les pistes de celui qui précède.
11. Vx en fr. *Partir en sauvage, comme un sauvage, s'en aller comme un sauvage*: partir sans saluer, sans dire au revoir. [+++]
12. *Boire comme un sauvage*: boire comme un Polonais.
13. Voir: **bottes sauvages**.
14. Voir: **chat sauvage**.
15. Voir: **concombre sauvage**.
16. Voir: **été des Sauvages**.
17. Voir: **gingembre sauvage**.
18. Voir: **poire sauvage**.
19. Voir: **souliers sauvages**.
20. Voir: **traîne sauvage**.
21. Voir: **viande sauvage**.

SAUVAGESSE n. f.
Vx en fr. Femme amérindienne. [+++]

SAUVER v. tr.
1. Recueillir. *Sauver* de l'eau de pluie.
2. Économiser (angl. to save) ⊘ . *Sauver* cent dollars par mois en cessant de fumer. [+++]
3. Rattraper. *Sauver* une mayonnaise. [+++]
4. Ramasser. *Sauver* des vêtements mis à la poubelle.

SAUVETAGE n. m.
Escalier de sauvetage: escalier de secours. Les *escaliers de sauvetage* sont obligatoires.

SAVANAIS, AISE n. et adj.
Natif ou habitant de Saint-Luc (comté de Saint-Jean), en Montérégie; de Saint-Luc. Gentilé dérivé de *Savane*, ancien nom de cette localité.

SAVANE n. f. (amér.)
Terrain bas, humide, marécageux. [+++]
Syn.: **barbassière, barbotière, bourbière, gatte, grenouillère, mammequai, margouillère,**

margouillis, **mocauque,**
mollasse, muskeg, swamp.

SAVANEUX, EUSE adj.
Bas, humide, marécageux, en
parlant d'un endroit, d'un terrain.
[++]
Syn.: **fontif, swampeux.**

SAVATE n. f.
Réglisse. (région de Québec)
Syn.: **tiriac.**

SAVATER v. tr.
Gâter, froisser, friper. Elle a *savaté*
sa robe neuve.

SAVEUR n. f.
Parfum naturel ou artificiel ajouté à
certains aliments. Préférer les
sorbets à *saveur* d'orange.

SAVON n. m.
1. *Savon d'habitant*: savon de
   ménage, de fabrication
   domestique.
   Syn.: **savon du pays.**
2. *Savon d'odeur*: savon de toilette
   parfumé, par opposition au savon
   courant utilisé pour le
   dégraissage et le lavage.
3. *Savon de drâche*. (acad.)
   Voir: **drâche.**

SAVON DU PAYS n. m.
Savon de ménage, de fabrication
domestique.
Syn.: **savon d'habitant.**

SAVONNETTE n. f.
Blaireau pour la barbe. [+++]
Syn.: **blairet, brosse.**

SAVONNIER n. m.
1. Porte-savon souvent fixé au mur.
   (O 30-100)
2. Petite boîte grillagée fixée au bout
   d'un manche, contenant un savon
   et qu'on agite dans l'eau

bouillante de la bassine à
vaisselle.

SAVONNURE n. f.
Mousse de savon, eau très
savonneuse.

SAVOYANE n. f.
Coptide du Groenland dont le
rhizome est très employé en
médecine populaire. [+++]
Syn.: **goldenthread, herbe jaune,**
racine jaune.

SAWDUST n. m. (angl. sawdust) ◙
Sciure de bois, bran de scie.
Syn., voir: **moulée de scie.**

SCAB n. (angl. scab) ◙
Briseur(euse) de grève, jaune.
Syn.: **rat.**

SCANTLING, SKINTLÈNE n. m. (angl.
scantling) ◙
Voir: **colombage.**

SCARF n. f. (angl. scarf) ◙
Cache-nez.
Syn., voir: **crémone.**

SCARFER v. tr. (angl. to scarf) ◙
Assembler deux pièces de bois, enter,
marier.

SCHOOL n. m. (angl. school) ◙
Banc de poissons.
Syn., voir: **ramée.**

SCIE n. f.
1. *Scie à chaîne* (angl. chain saw) ◙ :
   tronçonneuse mécanique et
   portative actionnée par un moteur
   à essence et utilisée par les
   bûcherons depuis le début des
   années quarante.
   Syn.: **chain-saw, perdrix.**
2. *Scie à châsse.*
   Voir: **châsse.**
3. *Scie à godin.*
   Voir: **sciotte.**

4. Fig. *Scie de travers* : appellation ironique de la sage-femme. (acad.) Syn., voir : **matrone**.
5. *Scie ronde* :
   a) Scie circulaire qui tourne à grande vitesse.
   b) Appellation ironique de la sage-femme. (acad.) Syn., voir : **matrone**.

SCIEUR DE BOIS n. m.
Appellation péjorative donnée autrefois aux francophones d'ici, travailleurs souvent sans spécialité, hommes à tout faire.
Syn. : **porteur d'eau**.

SCIOTTE n. m. ou f.
Scie à bûches manuelle à cadre tubulaire métallique ou à cadre de bois. [+++]
Syn. : **bucksaw**, **saint-joseph**, **scie à godin**, **scie à châsse**.

SCRAP n. f. (angl. scrap) ⊘
1. Terme générique donné à tout ce qui est de mauvaise qualité. [+++] Syn., voir : **cull**.
2. Casse. Envoyer une auto à la *scrap*.

SCRAPER v. tr. (angl. to scrap) ⊘
Bousiller, abîmer. *Scraper* son auto lors d'un accident.

SCRAPEUR, SCRÉPEUR n. m. (angl. scraper) ⊘
1. Ravale tirée par des chevaux et servant autrefois à creuser ou à aplanir un terrain.
2. Petit instrument, outil servant à gratter, grattoir.
3. Grattoir pour les chemins d'été ou d'hiver.

SCREEN, SCRIGNE n. m. (angl. screen) ⊘
1. Gaze, mousseline ou toile métallique que l'on fixe à un cadre de porte ou de fenêtre pour empêcher les mouches et les moustiques d'entrer, moustiquaire. Une porte de *screen*. [+++] Syn., voir : **gril à mouches**.
2. Pare-étincelles que l'on place devant un foyer pour empêcher les étincelles de s'échapper.
3. Pare-étincelles de toile métallique dont on coiffe le sommet de certaines cheminées qui crachent des étincelles.

SCREENER v. tr. (angl. to screen) ⊘
Garnir de *screen* ou toile métallique une porte, une fenêtre, une cheminée.

SCRÉPEUR n. m. (angl. scraper) ⊘
Voir : **scrapeur**.

SCRIGNE n. m. (angl. screen) ⊘
Voir : **screen**.

SCROTCH n. f. (angl. scrotch) ⊘
Traîneau rudimentaire servant au débusquage du bois.
Syn., voir : **bob**.

SEAL n. m. (angl. seal) ⊘
Fourrure de phoque. Nos pêcheurs capturent des *loup-marins* ou phoques, mais leurs femmes portent des manteaux de *seal*. [+++]
Syn. : **loup marin**.

SEAM n. f. (angl. seam) ⊘
Fente plus ou moins profonde se produisant dans les troncs d'arbres ou dans la glace lors des grands froids.
Syn., voir : **craque**.

SEAMÉ, ÉE adj. (angl. seamed) ⊘
Fendillé, fendu sous l'action du froid, en parlant d'un arbre ou de la glace.

SEA-PIE, CIPAILLE, SIPAILLE, SIPARE, SIX-PÂTES n. m. (angl. sea-pie)

Pâté du pêcheur. À l'origine, il s'agit d'un pâté à base de poisson et de légumes enveloppé dans une pâte, précuit à l'étuvée, que le pêcheur côtier qui partait très tôt le matin emportait avec lui et qu'il n'avait qu'à faire réchauffer pour son repas du midi. La recette du *sea-pie* a changé depuis. [++]

SÉBAGO n. f.

Variété de pommes de terre.

SEC, SÈCHE adj. ou adv.

1. Tarie, qui ne donne plus de lait. Vache *sec* ou *sèche*.
2. Fig. *Faire sec* : en parlant de quelqu'un, dire ou faire des sottises, être mal habillé. Syn. : faire **dur**.

SÉCHÉ, ÉE adj.

À sec, tari. Un puits *séché*. Syn. : **aneillère**, **asséché**, au **galet**, **manqué**.

SECOURS DIRECT n. m.

1. Aide sociale instaurée pendant la crise financière (1929-1939) et destinée à venir en aide aux chômeurs, à une époque où l'assurance-chômage n'existait pas.
2. *Être sur le secours direct* : recevoir une aide financière distribuée aux chômeurs et aux personnes nécessiteuses pendant la crise (1929-1939).

SECOUSSE, ESCOUSSE n. f.

Espace de temps, quelque temps. Il l'a attendu une *secousse*, au moins une heure, et il est parti. [+++]

SECRET n. m.

Soigner, guérir en secret, du secret : soigner, guérir sans remèdes, par des touchers, des formules ou des incantations.

SÉGUINE n. f.

Voir : **saguine 2**.

SEILLÉE n. f.

1. Contenu d'un seau, seau. (acad.) Syn. : **siautée**.
2. Charge de deux seaux transportée au joug. (acad.) Syn., voir : **jouquée**.

SEINE n. f.

Filet à cheveux pour maintenir un chignon, une mise en plis, résille. Syn. : **net**.

SEINER v. tr.

Fig. Épier quelqu'un, se montrer indiscret. Syn., voir : **écornifler**.

SEINEUX, EUSE n. et adj.

Fig. Indiscret qui essaie de voir et d'entendre sans se faire remarquer. Syn., voir : **écornifleur**.

SEIZE n. m.

Fusil de chasse de calibre 16.

SEL n. m.

1. *Sel, gros sel* : forme que prend la neige près du sol sous l'effet combiné des rayons du soleil printanier et de la chaleur dégagée au niveau du sol.
2. *Ne pas gagner son sel* : se dit d'un employé qui travaille peu ou mal et que l'employeur doit congédier.
3. Voir : **pauvre comme du sel**.

SELF-SERVICE n. m. (angl. self service) ⊘

Fig. et vulg. Automasturbation. Syn., voir : **crosser**.

SELON prép.

Vx en fr. *C'est selon* : ça dépend, peut-être.

SEMAINE n. f.
1. *Clous de la semaine* : à la campagne, ensemble des clous ou des crochets réservés aux vêtements de semaine, aux vêtements de travail.
2. *Semaine longue.*
Voir : **longue.**

SEMENCES, SUMENCES n. f. pl. [#]
Semailles. Les *semences* ne sont pas encore commencées. [+++]

SEMEUSE n. f. [#]
Semoir manuel constitué d'un sac de toile ou d'une boîte allongée que le semeur suspend à son cou et où il puise à la main le grain à semer.

SENT-BON n. m.
Voir : **bois sent-bon.**

SENTEUR, SENTEUX, EUSE n. et adj.
Fig. Indiscret qui se glisse partout pour voir et entendre ce que font et ce que disent les gens. [+++]
Syn., voir : **écornifleur.**

SENTIR v. tr. et intr.
1. Voir : **écornifler.**
2. *Sentir le fond de tonne, la robine, la tonne* : empester l'alcool.

SÉPARATEUR n. m. (angl. separator) ⊘
Écrémeuse, machine servant à séparer la matière grasse du lait pour obtenir la crème.
(O 47, 48, Estrie, acad.)
Syn. : **centrifuge.**

SÉPARATION n. f.
Cloison entre deux stalles dans l'écurie.
Syn., voir : **entredeux** (sens 2).

SÉPARATISME n. m.
Doctrine politique voulant que le Québec se sépare du reste du Canada ; née pendant la crise (1929-1939), elle sembla disparaître, mais refit surface avec vigueur au début des années soixante.

SÉPARATISTE n. et adj.
Partisan du *séparatisme*, relatif au *séparatisme.*

SÉPARURE n. f.
Raie. La *séparure* de ses cheveux zigzague.

SEPT-ÎLIEN, IENNE n. et adj.
Habitant de Sept-Îles, sur la Côte-Nord ; de Sept-Îles.

SÉRAPHIN n.
1. Avare, harpagon. Il est plus *séraphin* que *Séraphin* (nom de l'avare dans le roman de Claude-Henri Grignon : *Un homme et son péché.*) [+++]
Syn., voir : **avaricieux.**
2. Crêpe de farine de sarrasin. Manger des *séraphins.*
Syn., voir : **galette.**

SERAPHINO n.
Surnom donné aux Québécois francophones par les Mexicains, allusion évidente à leur pingrerie lorsqu'il s'agit de donner quelques pesos comme pourboire. Nous nous déconfessionnalisons : nous étions des *tabarnacos*, nous devenons des *seraphinos.*
Syn., voir : **avaricieux.**

SEREIN n. m.
Litt. ou rég. en fr. Fraîcheur, rosée qui tombe avec le soir après une belle journée. Il y a le *serein* du soir mais aussi quelquefois le *serein* du matin. [+++]

SERIN n. m. ; **SERINETTE** n. f.
1. Chardonneret des pins.
Syn. : **sirène.**
2. *Serin du pays* : pinson du pays.
3. *Serin sauvage* : fauvette jaune.

4. Fig. et péjor. Homosexuel.
Syn., voir : **fifi**.

SERPE n. f.
Faux à broussailles dont la lame courte et robuste est montée à un manche solide.

SERPER v. tr.
Faucher les broussailles avec une *serpe*, débroussailler à la *serpe*.
Syn., voir : **effardocher**.

SERRE n. f.
Mettre les serres : castrer un étalon ou un taureau au moyen de serres.
Syn., voir : **affranchir**.

SERRÉE n. f.
Quantité de foin engrangée en une journée. (Charsalac)

SERRE-LA-PIASTRE n.
Avare, mesquin. C'est un vieux *serre-la-piastre*. [+++]
Syn., voir : **avaricieux**.

SERRE-LA-POIGNE n.
Avare, mesquin. C'est un *serre-la-poigne*. (O 36-86)
Syn., voir : **avaricieux**.

SERRER v. tr.
Rég. en fr. Ranger. *Serrer* les vêtements d'hiver quand le printemps arrive. [+++]

SERVANTE n. f.
Vx et rég. en fr. Femme employée comme domestique, femme de ménage.

SERVICE n. m.
De service :
a) Serviable, prêt à rendre service, en parlant d'une personne.
b) Utile, utilisable, en parlant d'une chose. Une hache qui ne coupe pas n'est pas *de service*.

SERVIETTE n. f.
1. *Serviette à vaisselle* : torchon, torchon à vaisselle (servant à essuyer).
Syn. : **essuie-mains**.
2. Fig. *Lancer la serviette* (angl. to throw in the towel) ◙ : renoncer à quelque chose, jeter l'éponge. Cette compagnie ferme deux magasins mais cela ne veut pas dire qu'elle *lance la serviette* puisqu'elle en ouvre de nouveaux ailleurs.

SET n. m. (angl. set) ◙ [+++]
1. Danse, figure de quadrille. Danser le dernier *set* de la soirée.
2. *Set américain* : quadrille américain, par opposition au *set canadien*.
3. *Set canadien* : quadrille particulier au Canada, par opposition au *set américain*.
4. *Set carré* (angl. square dance) ◙ : danse traditionnelle où les figures à danser sont annoncées par un meneur de danse.
5. *Set à dîner* (angl. dinner set) ◙ :
a) Mobilier de salle à manger, salle à manger.
b) Service à déjeuner.
6. *Set à l'eau* : ensemble comprenant cuvette, pot à eau et porte-savon qu'on plaçait sur la table de toilette d'autrefois.
Syn., voir : **set de toilette**.
7. *Set de chambre* :
a) Ensemble comprenant cuvette, pot à eau et porte-savon qu'on plaçait sur la table de toilette d'autrefois.
Syn., voir : **set de toilette**.
b) Mobilier de chambre à coucher, chambre à coucher.
8. *Set de salon* : mobilier de salon.
9. *Set de table* : service de table.
10. *Set de toilette* : ensemble comprenant cuvette, pot à eau et

porte-savon qu'on plaçait sur la table de toilette d'autrefois.
Syn.: **set à l'eau**, **set de chambre** (sens 7a).

11. *Set de vaisselle*: service de vaisselle.

SETTLER v. tr. (angl. to settle) ⊘
Faire le réglage, l'ajustage d'une machine.

SEUILLET, SEUILLON n. m.
Seuil de la porte d'une maison. (acad.)
Syn.: **soleil**.

SEUL, SEULE adj.
Tout seul comme un clou: fin seul. Sa femme décédée, ses enfants partis, maintenant il est *tout seul comme un clou*.

SEULEMENT adv.
[#] *Seulement que*: seulement. Avoir *seulement que* dix dollars en poche.

SÈVE, EAU DE SÈVE n. f.
Sève d'érable de fin de printemps un peu jaunâtre, très sucrée et qui sert à la fabrication du *sucre de sève*.

SEWER, SOUR n. m. (angl. sewer) ⊘
Égout, tuyau d'égout. Le *sour* a été bouché par des racines.

SHACK n. m. (angl. shack) ⊘
Masure, cabane, maison sans aucun confort. [+++]
Syn., voir: **giole**.

SHEBANG, CHIBAGNE n. f. (angl. shebang) ⊘
1. Bande de gens, maisonnée. La police a amené toute la *shebang* au poste.
2. Attirail, équipement. Il vient nous aider à déménager avec toute sa *chibagne*.

SHED n. f. (angl. shed) ⊘
1. Bâtiment adossé à une grange et servant de hangar, de remise. [+++]
Syn., voir: **appent**.
2. *Shed à fumier*: à la ferme, abri à fumier construit sur une fosse à purin. [+++]

SHEER, CHIRE n. f. (angl. sheer) ⊘
Faux pas, chute, embardée. Faire ou prendre une *sheer* sur la glace vive. [+++]
Syn., voir: **fouille**.

SHEERER, CHIRER v. intr. (angl. to sheer) ⊘
Glisser, déraper, faire une embardée. La chaussée était glacée, sa voiture a *sheeré*. [+++]
Syn., voir: **barauder**.

SHEEROUETTE n. f. (angl. sheer) ⊘
Pirouette. Téléscopage des mots *sheer* et *pirouette*.

SHELLAC n. m. (angl. shellac) ⊘
Laque. Recouvrir un meuble de *shellac*.

SHELLACQUER v. tr. (angl. to shellac) ⊘
Recouvrir de laque, laquer.

SHIFT, CHIFFE, CHIFFRE n. m. (angl. shift) ⊘
Équipe, quart, poste. Pour hâter les travaux, il y a trois *shifts*. [+++]

SHOE-CLAQUE n. m. (angl. shoe) ⊘
Espadrille, soulier de gymnastique, tennis. (E 34-91)
Syn.: **running-shoe**, **sneaker**.

SHOO, CHOU interj. et n. m. (angl. shoo)
Cri de réprobation poussé dans une assemblée, huée. La voix de l'orateur a été couverte par les *shoos* de l'assemblée.

SHOOT n. f. (angl. shoot) ⊘
Au hockey, tir, lancer de la *rondelle*.

SHOOTER v. tr. et intr. (angl. to shoot) ⊘

Au hockey, faire un lancer, un tir de la *rondelle*, lancer.

SHORT CUT, CHARCOTTE n. m. ou f. (angl. short cut) ⊘
Raccourci, sentier de portage. Il y a encore des *charcottes* à Sillery qui permettent de passer du haut de la falaise au chemin du Foulon.

SHOW-BOY n. m. (angl. choreboy) ⊘
Voir : **choreboy**.

SHYLOCK n. m. (angl. Shylock)
Dans les milieux de la pègre, usurier qui prête à des taux inimaginables.

SIAU n. m.
Seau le plus souvent en bois, mais aussi en papier mâché, en fer-blanc, en tôle ou en grès.

SIAUTÉE n. f.
Contenu d'un seau, seau.
Syn. : **seillée**.

SIDEBOARD n. m. (angl. sideboard) ⊘
Buffet, dressoir, plutôt massif. [+++]

SIDE-JAM n. f. (angl. side-jam) ⊘
Voir : **jam**.

SIFFLE n. m. [#]
Sifflement, sifflet. Un coup de *siffle* et son chien revient.

SIFFLEUR, SIFFLEUX n. m.
1. Marmotte du Canada. [+++]
   Syn. : **bonhomme-cavèche**.
2. Pinson à gorge blanche.
   Syn., voir : **frédéric**.
3. Fig. Dans les chantiers forestiers, ouvrier chargé de l'entretien des chemins d'hiver et dont l'une des fonctions est de sabler les descentes ; l'ouvrier doit, allusion à la marmotte ou *siffleux*, creuser des trous dans les sablières pour se procurer du sable.
   Syn., voir : **chickadee**.
4. Voir : **bacagnole**.

SIGNAL n. m.
Petit instrument formé de deux planchettes réunies par une charnière et dont les maîtres et les maîtresses d'école se servaient pour donner un signal (debout, assis, silence, à genoux, etc.), claquette.

SIGNAUX, SINAUX n. m. pl. [#]
Aurore boréale. La nuit on voit des *signaux* dans le ciel. (O 37-85)
Syn., voir : **marionnettes**.

SIGNE n. m. (angl. sink) ⊘
Voir : **sink**.

SIGOUINE n. f.
Poisson de la Côte-Nord, de la famille des Pholidés, dont on connaît deux variétés : la *sigouine rubannée* et la *sigouine de roche*.

SIKSER v. tr.
Exciter un chien.
Syn., voir : **chouler**.

SILER v. tr. et intr.
1. Respirer difficilement, en sifflant. Dormir en *silant*.
2. Faire entendre un son aigu. Le vent a *silé* toute la nuit. [+++]
3. Exciter un chien.
   Syn., voir : **chouler**.

SILL n. f. (angl. sill) ⊘
Pièce de bois posée sur des fondations et sur laquelle repose une maison, une grange.
Syn. : **gril**.

SILLON n. m.
Rang de légumes, plus spécialement de pommes de terre.

SILON n. m.
Organe rotatif de la batteuse à grain, batteur.

SILVIFRANC, ANCHE n. et adj.
Natif ou habitant des Bois-Francs ; des Bois-Francs.

S'IL VOUS PLAÎT n.
En s'il vous plaît : très, beaucoup. Il faisait chaud *en s'il vous plaît* dans cette pièce.

SIMONAQUE juron et superlatif
En simonaque : très, beaucoup. Du whisky en esprit, c'est fort *en simonaque*.

SIMPLE adj.
1. S'applique à toute voiture d'été ou d'hiver, à toute machine aratoire à laquelle on attelle un seul cheval par opposition à *double* à laquelle on attelle deux chevaux. Un traîneau *simple*, une charrue *simple*. [+++]
2. Atteler, être *simple, en simple* : utiliser un seul cheval pour faire un travail. [+++]
3. Fig. *Faire simple* : avoir l'air imbécile. Ah ! ce qu'elle peut *faire simple* celle-là.

SINAUX n. m. pl.
Voir : **signaux**.

SINCE n. f.
Serpillière, torchon de grosse toile servant à laver les sols, les planchers. (acad.)

SINGLET n. m. (angl. singlet) ▣
Variété de débardeur unisexe, porté par les adeptes du jogging et dont le haut n'est pas en tricot.

SINK, SIGNE n. m. (angl. sink) ▣
Évier de la cuisine ou meuble-évier dont l'évier est prolongé par un comptoir fermé avec tablettes de rangement.
Syn. : **lavier**, **lévier**.

SIPAILLE, SIPARE n. m. (angl. sea-pie)
Voir : **sea-pie**.

SIPHON n. m.
Débouchoir à ventouse utilisé pour déboucher les éviers, les cuves de toilette.

SIQUER v. tr.
Exciter un chien.
Syn., voir : **chouler**.

SIREAU BLANC n. m. [#]
Sureau blanc servant à faire des fuseaux de navette pour le métier à tisser.

SIRÈNE n. f.
Chardonneret des pins.
Syn. : **serin**.

SIROP n. m.
1. *Sirop du pays, sirop de pays* : sirop d'érable.
2. *Gros sirop* : sirop d'érable en cours de fabrication et dont la concentration est très avancée.
3. *Petit sirop* : sirop d'érable en cours de fabrication et dont la concentration est peu avancée. Syn. : **bouillon**, **réduit**.
4. *Sirop d'habitant* : sirop d'érable.
5. *Sirop de poteau* : sirop d'érable de mauvaise qualité ou succédané du sirop d'érable. [+++]
6. *Sirop de sève* : sirop d'érable de fin de printemps de qualité médiocre et de conservation quasi impossible.
7. *Sirop de Barbade, sirop de mélasse, sirop de tonne, sirop des pauvres, sirop noir* : autant d'appellations de la mélasse. Syn. : **barbade**, **Black Strap**.
8. *Sirop de blé d'Inde, sirop doré* : sirop de maïs. [+++]

SIROTER v. intr.
Pleurnicher. Un enfant qui *sirote* toute une nuit, ce n'est pas normal.
Syn., voir : **lyrer**.

SIROTIER n. m.
Contenant à sirop d'érable dans la *cabane à sucre*. (E 36-86)

SIX n. m.
Mèche de cheveux en croc, accroche-cœur. [+++]

SIX-PÂTES n. m. (angl. sea-pie)
Voir : **sea-pie**.

SKATING BOARD n. f. (angl. skating board) ◻
Planche à roulettes.
Syn. : **rouli-roulant**.

SKI n. m.
1. *Skis à roulettes* : skis montés sur roulettes et qu'utilisent les skieurs de fond sur l'asphalte en plein été pour se maintenir en forme.
2. *Ski-bob* n. m. (angl. bob) ◻
Voir : **véloneige moderne**.
3. *Ski-bottines* :
a) Jeu dangereux pratiqué l'hiver par de jeunes citadins d'une dizaine d'années et consistant à s'accrocher au pare-chocs arrière des autobus et à se laisser glisser sur ses chaussures, entre les arrêts.
b) Jeune citadin qui pratique le jeu dangereux du *ski-bottines*.

SKIBUS n. m.
Autobus qui fait la ramasse de skieurs pour les conduire aux pentes de ski et les ramener chez eux.

SKID n. m. (angl. skid) ◻
1. Longeron qu'on place sous une pile de billes de bois pour la tenir soulevée de terre. Voici deux *skids* pour la nouvelle pile de billes. [+++]
Syn. : **rance** (sens 2).
2. Fig. *Être sur, partir pour le skid* : boire sans arrêt.

SKIDDER v. tr. (angl. to skid) ◻
Traîner les billes de bois de l'endroit où on les a coupées jusqu'à celui où on les empile, débusquer. [+++]
Syn., voir : **haler**.

SKIDDEUR n. m. (angl. skidder) ◻
Ouvrier qui travaille au débusquage des billes de bois.

SKIDDEUSE n. f. (angl. skidder) ◻
Débusqueuse mécanique utilisée en forêt.

SKI-DOO n. m.
Motoneige. Marque déposée.
S'acheter un *Ski-Doo*.
Syn. : **motoneige**.

SKIDWAY n. m. (angl. skidway) ◻
Pile de billes de bois sur le bord d'une route. Traîner les grumes jusqu'au *skidway*.
Syn., voir : **rollway**.

SKINCLÈNE n. m. (angl. scantling) ◻
Voir : **scantling**.

SKI-TANDEM n. m.
Variété de skis plus longs que les skis ordinaires et sur lesquels peuvent monter deux skieurs de fond à condition de coordonner leurs mouvements.

SLAB n. f. (angl. slab) ◻
Voir : **croûte** (sens 1).

SLACK, SLACQUE adj. et n. (angl. slack) ◻
Qui a du jeu, du mou. Un écrou qui a du *slack* doit être serré. Raidir un câble qui a trop de *slack*. [+++]
Syn. : **loose**.

SLACKER, SLAQUER v. tr. (angl. to slack) ◻
1. Donner du mou à un câble, desserrer un boulon. [+++]
Syn. : **déslacker**.

2. Fig. Mettre à pied. Quand les affaires vont au ralenti, on *slacke* des ouvriers. [+++]

SLAILLE n. f. (angl. slide et sly) ⊘
1. Voir: **slide**.
2. Voir: **sly**.

SLAILLER v. intr. (angl. to slide) ⊘
Voir: **slider**.

SLEIGH n. m. ou f. (angl. sleigh) ⊘
1. Solide traîneau à patins hauts et ajourés servant au transport de provisions. Ce mot est en très forte concurrence avec *traîne* et *traîneau* et s'emploie dans les mêmes syntagmes.
2. Traîneau à débusquer les billes de bois, formé de deux patins réunis par un sommier.
   Syn., voir: **bob**.
3. Traîneau-jouet pour les enfants.
4. *Sleigh à barreaux*.
   Voir: **traîneau à bâtons**.
5. *Sleigh à bâtons*.
   Voir: **traîneau à bâtons**.
6. *Sleigh à patins*, *sleigh de promenade*, *sleigh de culler*, *sleigh haute*, *sleigh fine*: voitures de promenade légères sur patins hauts et ajourés.
7. *Sleigh d'habitant*: traîneau à patins ajourés utilisé par les *habitants* ou cultivateurs.
8. *Sleigh de cabane*: traîneau d'érablière pour le transport de la sève d'érable.
   Syn.: **sleigh de sucrerie**, **sleigh de tournée**, **sloop**, **stoneboat**, **suisse**, **traîne**.
9. *Sleigh de portage*.
   Voir: **bacagnole**.
10. *Sleigh-mocassin* (angl. mocassin-sleigh) ⊘ : variété de *bobsleigh* dont les lisses sont plus étroites que les patins.

SLIDE, SLAILLE n. f. (angl. slide) ⊘
1. Voir: **véloneige traditionnel**.
2. Voiture à quatre roues pour le transport des marchandises.
3. Voiture à quatre roues, le plus souvent à un seul siège fixé sur des planches minces et flexibles posées directement sur les essieux.
   Voir: **barouche**.

SLIDER, SLAILLER v. intr. (angl. to slide) ⊘
Voir: **barauder**.

SLING n. f. (angl. sling) ⊘
Ceinture qui remplace les bretelles et retient le pantalon.

SLIP n. m.
Combinaison-jupon, sous-vêtement féminin.

SLOCHE n. f. (angl. slush) ⊘
Voir: **slush**.

SLOOP n. f. (angl. sloop) ⊘
Traîneau servant au débusquage du bois en forêt.
Syn., voir: **bob**.

SLOPE n. f. (angl. slope) ⊘
Remblai de terre de chaque côté d'un fossé.
Syn., voir: **levée**.

SLOUCE n. f. (angl. sluice) ⊘
Voir: **sluice**.

SLOUNE n. f.
Chaussure de plage constituée d'une semelle de caoutchouc ou de plastique maintenue en place par un cordon de même matière passant entre le gros orteil et l'orteil voisin.
Syn.: **babouche**, **gougoune**, **pichou**.

SLUICE, SLOUCE n. f. (angl. sluice) ⊘
Dalle pourvue d'un courant d'eau et servant au transport de billes de

bois au-dessus d'une route ou d'une vallée, le long d'un rapide, à côté d'une chute ou d'un barrage. [++]
Syn.: **glissoire**.

SLUICER, SLOUCER v. tr. (angl. to sluice) ⊘
Faire descendre les billes de bois dans une dalle humide ou dans le pertuis d'un barrage.

SLUSH, SLOCHE, SLUDGE n. f. (angl. slush, sludge) ⊘
Neige détrempée, souvent mêlée de sable et de sel, qui recouvre les trottoirs et les chaussées, névasse. [++]
Syn.: **bouette**, **magonne**.

SLY, SLAILLE n. f. (angl. sly) ⊘
Sur la sly: en contrebande, au noir. Vendre de l'alcool *sur la sly*, travailler *sur la sly*.

SMALL n. m.
Évaporateur, marque de fabrique.

SMART, SMATTE adj. (angl. smart) ⊘
1. Gentil, affable, distingué.
2. En bonne santé, encore alerte. Malgré ses quatre-vingts ans, il est encore *smart*.

SMOCK n. m. (angl. smock) ⊘
Blouse de ménagère, d'artiste, de laboratoire.
Syn.: **couvre-tout**.

SMOKE n. f. (angl. smoke) ⊘
Bille de jeu en verre fumé, utilisée par les enfants.

SMOKED MEAT n. m. (angl. smoked meat) ⊘
Bœuf mariné. Un sandwich au *smoke meat*.

SNACK n. m. (angl. snack) ⊘
Repas de famille où se retrouvent grands-parents, parents, enfants, voire arrière-petits-enfants.
Syn.: **fricot**.

SNAKEROOT, SNICROUTE n. f. (angl. snakeroot) ⊘
Dentaire à deux feuilles dont les rhizomes sont comestibles.
Syn.: **carcajou** (sens 2).

SNAP n. m. et f. (angl. snap) ⊘
1. Mousqueton de harnais pour chevaux.
   Syn.: **boucle** (sens 1).
2. Variété de savon en pâte utilisé pour enlever le cambouis, la gomme, etc. Marque de fabrique. Se laver les mains avec du *Snap*.

SNEAKER, SNIKER v. intr. (angl. sneaker) ⊘
Chercher à voir et à entendre ce qui se passe et ce qui se dit.
Syn., voir: **écornifler**.

SNEAKEUR, SNIKE n. m. (angl. sneaker) ⊘
Espadrille, soulier de gymnastique. (O 38-84, Estrie, Gaspésie et Maritimes)
Syn.: **running shoe**, **shoe-claque**.

SNEAKEUR, SNIKEUX, EUSE adj. et n. (angl. sneaker) ⊘
Indiscret qui se glisse partout pour voir ce que font et entendre ce que disent les gens.
Syn., voir: **écornifleur**.

SNETTE n. f.
Vulg. *En snette*: en rut, surtout en parlant des vaches, des chattes et des chiennes.

SNICROUTE n. f. (angl. snakeroot) ⊘
Voir: **snakeroot**.

SNIKE n. m. (angl. sneaker) ⊘
Voir: **sneakeur** (n. m.).

SNOB n. m. (angl. snub) ⊘
Voir: **snub**.

SNOREAU n. m. et adj.
1. Bougre, espiègle, en parlant des petits garçons.
2. *Vieux snoreau*: homme âgé aux prises avec le démon du midi.

SNOWMOBILE, SNOW n. m. (angl. snowmobile) ⊘
1. Voir: **autoneige**.
2. Au pl. Raquettes à neige de forme allongée imitant la piste d'une loutre. Ce sont des raquettes de dépannage utilisées surtout par les *motoneigistes* en panne.

SNOWPLOW, SNOW n. m. (angl. snowplow) ⊘
Chasse-neige.
Syn.: **charrue à neige**.

SNUB, SNOB n. m. (angl. snub) ⊘
Dans les chantiers forestiers, câble d'ancrage qui retient une charge en descente.
Syn., voir: **chèvre**.

SOC n. f.
Échinée de porc.

SOCIAL, ALE adj.
Buveur social (angl. social drinker) ⊘ : buveur mondain qui ne boit qu'en société, à l'occasion de la rencontre d'amis.

SOCIÉTÉ DE LA COURONNE n. f. (angl. Crown corporation) ⊘
Société d'État établie par lettres patentes. La *Société des alcools* et *Hydro-Québec* sont deux *sociétés de la Couronne*.

SODA n. m.
1. *Soda à pâte* (angl. baking soda) ⊘ : bicarbonate de soude utilisé en pâtisserie et contre les maux d'estomac.
2. *Soda à l'épinette*, *soda épinette*: variété de boisson gazeuse, aromatisée à l'*épinette noire* ou épicéa (NOLF).
3. *Soda au gingembre*: boisson gazeuse à base de gingembre (NOLF).
4. *Soda mousse*: boisson gazeuse à base de soda (NOLF).
5. *En soda, en beau soda*:
   a) En colère. Être *en beau soda* d'avoir raté son avion.
   b) Beaucoup, très. Faire froid *en soda*.

SŒURETTE n. f.
Nom que portent les cousines germaines issues de deux frères mariés à deux sœurs ou d'un frère et d'une sœur mariés à la sœur et au frère. *Sœurette* a comme pendant masculin *frérot*.

SOIE n. f.
1. Soies de porc fixées au bout d'un fil de ligneul enduit de brai et tenant lieu d'aiguille. Les cordonniers d'autrefois avaient des provisions de *soies*.
2. Au pl. Maladie du cochon: touffe de soies poussant à l'intérieur de la gorge du cochon.

SOIF n. f.
Faire soif: faire une chaleur écrasante, étouffante. Il *fait soif* aujourd'hui.

SOIGNER v. tr. et intr.
Servir la batteuse, engrener.
Syn., voir: **entonner**.

SOIGNEUR n. m.
1. Médecin vétérinaire, vétérinaire.
Syn.: **maréchal**.
2. Homme qui sert la batteuse, engreneur. (Estrie et O 38-84)
Syn., voir: **entonneur**.

SOIGNEUSE n. f.
Sage-femme.
Syn., voir : **matrone**.

SOIR n. m.
1. *Bons soirs* : dans les fréquentations d'autrefois, les mardi, jeudi, samedi et dimanche soirs par opposition aux *soirs des jaloux* (lundi, mercredi et vendredi).
2. *Soir des jaloux* : dans les fréquentations d'autrefois, les lundi, mercredi et vendredi soirs par opposition aux *bons soirs* (mardi, jeudi, samedi et dimanche).
3. *Soir des tours* : la veille du jour des Morts où les jeunes se permettent de jouer les tours les plus invraisemblables.
   Syn. : **soirée des tours**.

SOIRÉE n. f.
1. *Soirée canadienne* : soirée télédiffusée du Bon Vieux Temps organisée à la campagne et où, au son du violon, se succèdent danses et chansons sous les regards satisfaits du maire et l'œil humide du curé.
2. *Soirée des tours*.
   Voir : **soir des tours**.
3. *Soirée-bénéfice*.
   Voir : **bénéfice**.

SOLAGE n. m.
Fondations d'une maison, en maçonnerie, en béton, plus rarement en bois, quelquefois en terre sèche. [+++]

SOLE n. f.
Terme générique dont les équivalents spécifiques sont les suivants :
1. Limande à queue jaune (Limanda ferruginea) (NOLF).

2. Plie canadienne (Hyppoglossoides platessoides) (NOLF).
3. Plie grise (Glyptocephalus cynoglossus) (NOLF).
4. Plie rouge (Pseudopleuronectes americanus) (NOLF).

SOLEIL n. m. [#]
Seuil de la porte d'une maison.
Syn. : **seuillet, seuillon**.

SOLIDE adv. [#]
Solidement. Clouer une planche *solide*.

SOLIDER, SOLIDIFIER v. tr. [#]
Consolider, rendre plus solide. Mettre des étais supplémentaires pour *solider* la charpente d'une grange, *solidifier* un mur.

SOLUTIONNAIRE n. m.
Livre du maître, corrigé d'un cahier d'exercices.

SOMBRIR v. impers. [#]
S'assombrir, en parlant du jour. Il a commencé à *sombrir* vers cinq heures.

SOME adj. (angl. some) ◙
Mot à valeur superlative et toujours employé dans une phrase exclamative. *Some* travailleur ! : tout un travailleur !

SON DE SCIE n. m. [#]
Sciure de bois, bran de scie.
Syn., voir : **moulée de scie**.

SONNER v. intr.
Jouer. Apprendre à *sonner* du violon.

SOPHIE n. f.
Variété d'avoine créée au début des années quatre-vingt et bien adaptée au climat d'ici.

SORCIER n. m.
En sorcier : en colère, irrité. Il était

en sorcier contre son fils qui avait pris son auto sans sa permission.

SORCIÈRE n. f.
1. Tourbillon de vent de peu de durée qui selon les saisons soulève poussière, foin, neige. Les *sorcières* ont défait plusieurs veillottes de foin. [+++]
Syn. : **tourniquet** (sens 4).
2. Voir : **banc-de-sorcière**.

SORTANT, ANTE n. et adj.
Élève qui termine ou a terminé un programme d'études, mot destiné à remplacer *finissant* (NOLF).

SORTEUR, SORTEUX, EUSE n. et adj.
Rare en fr. Qui sort souvent, qui aime sortir. Nos voisins sont *sorteux* : ils sont très rarement chez eux.
Syn. : **trotteur** (sens 1).

SORTIR APRÈS NEUF HEURES loc. verb.
En parlant d'une jeune fille, être facile, avoir déjà connu l'amour. Ne crains rien avec elle, elle est déjà *sortie après neuf heures*.
Syn. : connaître le **tabac**.

SOTTILLE n. f.
Sabot. Les *sottilles* d'une vache. (acad.)

SOU n. m.
1. [#] Appellation fréquente du *cent* ou centième partie du dollar. Le prix de ceci ? Vingt *sous*.
Syn., voir : **cenne**.
2. Voir : **trente sous**.

SOUAMPE n. f. (angl. swamp) ◙
Voir : **swamp**.

SOUBASSEMENT n. m.
Sous-sol d'un édifice public. Beaucoup d'églises ont un *soubassement* aménagé, ce qui permet de célébrer en même temps deux offices, l'un dans la nef, l'autre dans le *soubassement*.

SOUCHON n. m.
Rare en fr. Petite souche.

SOUCI, SOUCILLE n. f.
Taie d'oreiller de lit.
Syn. : **tête d'oreiller**.

SOUCOUPE n. f.
1. Vulg. Bout de l'organe de l'étalon. [++]
Syn., voir : **assiette**.
2. *Soucoupe volante* : jouet en aluminium en forme de soucoupe sur lequel les enfants dévalent les pentes enneigées en glissant. [+++]

SOUE n. f.
1. Vx et rég. en fr. Porcherie. On construit les *soues* à une certaine distance des habitations. [+++]
Syn., voir : **engrais**.
2. Fig. *Soue, soue à cochons, soue des cochons* : maison sale, malpropre.

SOUFFÈRE v. tr. [#]
Souffrir. Tu vas *souffère* le martyr si tu vas là.

SOUFFLE n. m.
Maladie du cheval caractérisée par l'essoufflement, pousse. [+++]

SOUFFLER v. tr. [#]
Gonfler. Avant de partir en voyage, il faut *souffler* ses pneus sans oublier le pneu de rechange.

SOUFFLEUR n. m. ; **SOUFFLEUSE** n. f.
Chasse-neige muni d'un dispositif hélicoïdal qui projette la neige à distance. [+++]

SOUFFRANCE n. f.
Argot. Sellette du harnais de cheval.

SOUHAIT n. m. [#]
Sort, maléfice. Jeter, donner un *souhait*, à quelqu'un.

SOUHAITER v. tr. [#]
Souhaiter un sort : jeter un sort.

SOUIGNER v. tr. (angl. to swing) ⊠
Voir : **swingner**.

SOUILLON, ONNE adj. et n.
Vx en fr. Malpropre, surtout en parlant des femmes. ⌐
Syn. : **catau** (sens 1), **cendrillon**, **chienne** (sens 10), **sagant**, **sagon**, **saillon**, **salaud**, **torchon**.

SOUKSER v. tr.
Exciter un chien.
Syn., voir : **chouler**.

SOÛL, SOÛLE adj.
1. Qui a mangé et bu à satiété, en parlant d'un cheval ou d'une vache. On ne fait pas travailler un cheval de trait quand il est *soûl*, on le laisse *dessoûler*.
2. *Soûl comme la botte* : ivre.
3. *Soûl comme un pape* : ivre.
4. *Soûl comme un sauvage* : ivre.

SOULER v. tr.
Exciter un chien.
Syn., voir : **chouler**.

SOULEUR n. f.
Vx et litt. en fr. *Avoir souleur* : avoir peur, appréhender une mauvaise nouvelle. [+++]

SOULEUREUX, EUSE adj.
Peureux, craintif, en parlant d'une personne, d'un animal, surtout du cheval. (Charsalac)

SOULIER n. m.
1. *Souliers de bœuf, de bœu* : chaussures sans semelle que les paysans se fabriquaient avec du cuir de bœuf à la façon amérindienne.
Syn. : **marche-donc**, **souliers mous**, **souliers sauvages**.

2. *Souliers français* : souliers avec semelle, fabriqués par les cordonniers ou les fabricants de chaussures, par opposition à ceux que l'on fabriquait chez soi.
3. *Souliers sauvages*.
Voir : **souliers de bœuf**.

SOÛLON, ONNE n. et adj.
Ivrogne, soûlard. [+++]

SOUPANE n. f. (amér.)
Bouillie plus ou moins épaisse faite à partir de gruau et qui se mange surtout le matin au déjeuner, porridge. (O 25-117)
Syn., voir : **gruau**.

SOUPE n. f.
Soupe de jardin, soupe verte : soupe faite à partir de légumes frais. (Acad).

SOUPER n. m.
Vx et rég. en fr. Repas du soir, dîner.

SOUPIÈRE n. f.
Casserole dans laquelle on fait cuire la soupe. [+++]

SOUQUE À LA CORDE n. f.
Jeu où deux équipes tirent un câble chacune de son côté de façon à entraîner l'autre pour sortir vainqueur.

SOUQUER v. tr.
Exciter un chien.
Syn., voir : **chouler**.

SOUR n. m. (angl. sewer) ⊠
Voir : **sewer**.

SOURANNÉ, ÉE adj.
Truie sourannée :
a) Truie qui n'a pas eu de petits mais qui aurait dû en avoir. (E 30-99)
b) Truie d'élevage. (E 30-99)

SOURANNER v. tr.
Souranner une truie : la garder en vue de l'élevage.

SOURCEUX, EUSE adj.
Plein de sources. Terrain *sourceux*.
Syn. : **ressourceux**.

SOURGE adj.
1. Meuble. De la terre *sourge*. (acad.)
2. Bien levé. Du pain *sourge*. (acad.)

SOURICIÈRE n. f.
Fig. Braguette d'un pantalon d'homme qui garde la *souris* prisonnière.
Syn., voir : **pagette**.

SOURIS n. f.
Vulg. Organe génital, verge, pénis.
Syn., voir : **pine**.

SOURIS-CHAUDE, SOURIS VOLANTE n. f.
Chauve-souris. [+++]

SOURLINGUER v. tr.
Battre, corriger un enfant, un animal.
Syn., voir : **ramoner**.

SOUS-CONTRACTEUR n. m. (angl. subcontractor) ◙
Sous-traitant.

SOUS-GARDE-FEU n.
Subalterne du *garde-feu*, du garde forestier.

SOUS-MINISTRE n.
Ministre adjoint.

SOUS-VERRE n. m.
Dessous de verre servant à protéger la table sur laquelle on dépose un verre.

SOUS-VESTE n. f.
Gilet de complet.
Syn. : **veste**.

SOUTANE n. f.
Élève des anciens collèges classiques qui en terminant ses études secondaires optait pour l'état ecclésiastique. Cette année-là, sur quarante *finissants* à Nicolet, il y a eu trente *soutanes*.

SOUTENANT, ANTE adj.
Nourrissant. Quand on travaille fort, il faut prendre de la nourriture *soutenante*.

SOUVENANCE n. f.
Vx en fr. Mémoire, souvenir. Avoir *souvenance* de tel fait.

SOUVENTES FOIS loc. adv.
Vx et rég. en fr. Souvent, maintes fois. Mon père m'a dit cela *souventes fois*. (E 124, 125)

SOUVIENDRE (SE) v. pron. [#]
Se souvenir. Il n'arrive plus à se *souviendre* de son âge.

SPAGATE, SPAGUETTE n. m. [#]
Spaghetti. Manger un bon *spagate*.

SPAN n. m. (angl. span) ◙
Paire de chevaux attelés côte à côte. Quel beau *span* de chevaux !
(O 27-117)
Syn. : **double**, **team**.

SPANER v. tr. (angl. to span) ◙
Atteler ensemble, côte à côte. *Spaner* deux chevaux de même poids et de même force.

SPARAGE n. m. (angl. to spar) ◙
Gestes, parades, sauts. Faire toutes sortes de *sparages* en racontant des histoires. [+++]
Syn., voir : **gibar** (sens 2).

SPARE, SPÈRE n. m. (angl. spare) ◙
1. Pneu de rechange, rechange. Faire gonfler son *spare*.
2. *De spare* : de rechange, de surplus, disponible.
Syn. : de **relais**.

SPARE RIBS n. m. pl. (angl. spare ribs) ⊠
Côtes levées, côtes plates (de porc).

SPEED n. m. (angl. speed) ⊠
Variété de drogue sous forme de comprimés, de pilules.

SPEEDEUR n. m. (angl. speeder) ⊠
Voiture d'hiver de promenade, légère, à deux places. (entre 40-82 et 27-116)
Syn.: **cutteur**.

SPÈRE n. m. (angl. spare) ⊠
Voir: **spare**.

SPIKE n. m. (angl. spike) ⊠
Tire-fond servant à fixer les rails aux traverses.
Syn.: **carvelle**.

SPITTOON n. m. (angl. spittoon) ⊠
Crachoir. À la belle époque, le *spittoon* se rencontrait partout dans les endroits publics, dans les cuisines, et trônait même dans les salons des bourgeois.

SPLIT-LEVEL n. m. (angl. split-level) ⊠
Maison à paliers, à ressauts.

SPOKE-SHAVE n. f. (angl. spokeshave) ⊠
Vastringue, outil de menuisier ressemblant à une plane. [+++]

SPOR n. m. (angl. horsepower) ⊠
Voir: **horsepower**.

SPORT, SPOTE n. et adj. (angl. sport) ⊠
Chic, bien mis, élégant. Ma fille, ne t'en laisse pas imposer par les *sports* de la ville.

SPOTTEUR n. m. (angl. spotter) ⊠
Agent de police en moto.

SPRING n. m. (angl. spring) ⊠
1. Sommier élastique.
2. Source, eau qui sort de terre.
Syn.: **ressource**.

SPRUCE BEER n. f. (angl. spruce beer) ⊠
Voir: **soda à l'épinette**.

SPUD n. m. (angl. spud) ⊠
Outil de bûcheron fait d'une lame incurvée fixée au bout d'un manche et servant à écorcer.

SQUALL, SQUARE n. m. (angl. squall) ⊠
Coup de vent accompagné de pluie, de grêle ou de neige. (E 22-124)

SQUATTEUR n. m. (angl. squatter)
Individu, qui, sans titre de propriété, s'installe quelque part (terre de l'État, maison abandonnée).

SQUAW n. f. (amér.)
Femme amérindienne.

SQUID n. m. (angl. squid) ⊠
Encornet; encornet nordique. (E 18-132)

STALLER v. intr. et tr. (angl. to stall) ⊠
Caler, arrêter, rester en panne. Par le froid qu'il fait, ton auto risque de *staller*.

STAND, STAND À LAIT n. f. (angl. stand) ⊠
Plate-forme pour bidons à lait ou à crème installée au bord de la route à hauteur du plateau du véhicule de ramassage. [++]
Syn., voir: **escabeau**.

STATION n. f.
1. Gare de chemin de fer. Dans plusieurs de nos villages et de nos petites villes, la rue qui conduit à la gare s'appelle rue de la *station*.
2. *Station de police*: poste de police, poste. Les voleurs ont commis leur méfait à deux pas de la *station de police*.

STEADY adj. (angl. steady) ⊠
Régulier. Avoir un emploi, un ami *steady*. [+++]

STEADY adv. (angl. steady) ⊘
Régulièrement. Travailler *steady* en période de crise économique, c'est une chance.

STEAK n. m. (angl. steak) ⊘
1. Fig. Magot, pécule. Il a travaillé cinq ans à La Grande : il a ramassé tout un *steak*.
Syn., voir : **motton**.
2. *S'asseoir sur son steak* : ne pas faire fructifier son argent, le garder en liquide.
3. Postérieur, derrière. Passer la journée assis sur son *steak*.

STEAM, STIME n. f. (angl. steam) ⊘
Vapeur qui entre dans la maison l'hiver lorsqu'on ouvre la porte ou qui s'échappe de l'eau en ébullition.

STEP-INS n. f. pl. (angl. step-ins) ⊘
Culotte de femme.
Syn. : **bobette** (sens 2).

STEPPER v. intr. (angl. to step) ⊘
Danser, giguer, sautiller, sauter en dansant.

STEPPETTE n. f. (angl. step) ⊘
Danse, pas de danse qu'on effectue seul. Tout le groupe s'est tu pour le voir faire ses *steppettes*.

STERLET n. m.
Voir : **esterlet**.

STEW n. m. (angl. stew) ⊘
Ragoût.

STIME n. f. (angl. steam) ⊘
Voir : **steam**.

STOCK n. m. (angl. stock) ⊘
Troupeau. Untel, il a un *stock* de cinquante vaches laitières et de vingt veaux. [+++]

STOCK CAR n. m. (angl. stock car) ⊘
Automobile standard dont le moteur a été modifié pour les compétitions sportives. Les compétitions de *stock cars* attirent de nombreux spectateurs.

STOCKER, STOKER (SE) v. pron. (angl. to stock) ⊘
Refaire sa garde-robe, s'acheter de nouveaux vêtements. Il était tout nu, il fallait bien qu'il se *stoke*.
Syn., voir : **renipper**.

STONE adj. (angl. stone) ⊘
Drogué. Dans le temps du Carnaval, plusieurs jeunes deviennent *stones* et se réveillent le lendemain matin au poste de police.
Syn., voir : **gelé**.

STONEBOAT n. m. (angl. stoneboat) ⊘
1. Traîneau à pierres. (surt. O 30-100)
Syn., voir : **traîne à roches**.
2. Traîneau d'érablière pour le transport de la sève d'érable.
Syn., voir : **sleigh de cabane**.

STOOK n. m. (angl. stook) ⊘
1. Botte de céréales.
Syn., voir : **botteau**.
2. Moyette formée de quatre à six bottes de céréales.
Syn., voir : **quinteau**.

STOOKER v. tr. (angl. to stook) ⊘
Faire des moyettes de quatre à six gerbes ou *stooks*.
Syn. : **cabaner**.

STORE n. m. (angl. store) ⊘
Local où l'on range le bois à brûler.

STRAIGHT, STRÉTE adj. et n. (angl. straight) ⊘
1. Conformiste, conforme aux habitudes, traditionnaliste. Pour les homosexuels, les hétérosexuels sont des gens *strétes*.
2. Sévère, rigoriste. Les prêtres d'autrefois étaient beaucoup plus *straights* que ceux d'aujourd'hui.

STRAP n. f. (angl. strap) ⊠
1. Partie femelle de la charnière à gond, penture.
2. Courroie de transmission.
3. Sangle du harnais.
4. Voir : **strop**.

STRAPER v. tr. (angl. to strap) ⊠
Renforcer de bandes métalliques ou de courroies. *Straper* une malle.

STROP n. f. (angl. strop) ⊠
1. Cuir à rasoir. [+++]
Syn. : **doucine**.
2. Instrument de correction des enfants utilisé parfois à la maison, en l'occurrence le cuir à rasoir. Recevoir la *strop*.

STUCKER v. intr. (angl. to stuck) ⊠
Rester pris dans la neige, dans une fondrière, en parlant d'une voiture. Syn., voir : **embourber**.

STUD n. m. (angl. stud) ⊠
1. Étalon. (O 27-116 et acad.)
2. Bouton de manchettes.

STUDDING n. m. (angl. studding) ⊠
Voir : **colombage**.

STUDIO n. m. (angl. studio couch) ⊠
Divan-lit.

STUFF n. m. (angl. stuff) ⊠
Tissu, étoffe. Recouvrir un divan avec un *stuff* de qualité.

SU, CHU prép. ou forme verbale [#]
1. Chez. J'habite *su* ou *chu* mon frère.
2. Je suis. *Chu*-t-en dernière année à l'université et je ne sais pas encore conjuguer le verbe être.

SUBLER v. tr.
Siffler. *Subler* l'air d'une complainte. (acad.)

SUBLET n. m.
Sifflet. Se faire un *sublet* avec une branche de saule. (acad.)

SUBPOENA n. m. (angl. subpoena) ⊠
Assignation. Recevoir un *subpoena* pour comparaître en justice.

SUCE n. f.
1. Tétine de biberon de nourrisson. [+++]
2. *Suce d'amusette* : tétine que l'on donne à un bébé pour l'occuper et l'empêcher de pleurer. Cette tétine est entourée d'une rondelle qui empêche l'enfant de l'avaler. Syn. : **popoune**.
3. Argot. Accélérateur. Il a fait l'aller-retour le pied sur la *suce*. [+++]
Syn. : **gas**.

SUCET n. m.
Tige de maïs dégarnie de ses épis. Botteler les *sucets* de maïs pour les donner en nourriture aux vaches. (O 34-91)
Syn. : **coton** (sens 4).

SUCEUR, SUCEUX, EUSE adj.
1. Se dit d'une automobile qui consomme beaucoup d'essence. Les voitures américaines antérieures à 1980 se revendaient très mal : elles étaient trop *suceuses*.
2. Voir : **fifi**.
3. Voir : **blanchaille**.

SUÇON n. m.
Bonbon fixé au bout d'un bâtonnet, sucette. [+++]

SUCRAGE n. m. [#]
Friandise à base de sucre, sucrerie. Cet enfant adore le *sucrage* ou les *sucrages*.

SUCRE n. m.
1. *Sucre à la crème* : variété de bonbon mou fabriqué avec du sirop, du sucre ou de la

cassonade qu'on fait bouillir avec de la crème.

2. *Sucre brun* : cassonade.

3. *Sucre d'habitant* : sucre d'érable fabriqué par les gens d'ici.
Syn. : **sucre du pays**.

4. *Sucre de sève* : sucre d'érable de fin de printemps, fait à partir du *sirop de sève*, de qualité médiocre et de conservation quasi impossible.
Syn. : **sucre mou**.

5. *Sucre du pays*, *sucre de pays* : sucre d'érable.
Syn. : **sucre d'habitant**.

6. *Sucre mou*.
Voir : **sucre de sève**.

7. *Aller aux sucres* : aller à la *cabane à sucre* de l'érablière pour s'amuser.

8. *Faire les sucres* : travailler à l'exploitation de l'érablière.

9. *Partie de sucres* : partie de plaisir qui se tient à l'érablière le printemps et où l'on déguste *tire* et *sucre d'érable*. [+++]

10. Voir : **bordée des sucres**.

11. Voir : **tempête des sucres**.

SUCRERIE n. f.

Peuplement d'érables exploité pour la fabrication des produits de l'érable : sirop, *tire*, sucre. Exploiter une *sucrerie* de trois mille érables. Autrefois, on conservait les produits de l'érable surtout sous forme de sucre, d'où l'appellation *sucrerie*. [+++]
Syn. : **érablière**.

SUCRIER, IÈRE n.

Exploitant d'une *érablière* ou *sucrerie*. [+++]

SUI p. passé [#]

Participe passé du verbe suivre, suivi. On l'a *sui* pendant une heure.

SUIR v. tr. [#]

Suivre. Impossible de le *suir*, il marche trop vite.

SUISSE n. m.

1. Tamias rayé. [+++]

2. Francophone canadien non catholique.
Syn. : **chiniquy, reviré**.

3. Uniforme (de collégien ou de petit séménariste) à passepoil blanc avant 1950 ; appellation donnée à ceux qui portaient cet uniforme à passepoil blanc.

4. a) Traîneau léger construit à la cheville de bois, ayant trois ou quatre sommiers supportant une plate-forme amovible et destinée à recevoir une boîte sans fond de façon à transporter de la marchandise (sacs de farine, d'avoine, etc.) en semaine et, en mettant jusqu'à trois ou quatre planches servant de sièges sans dossier, constituait la voiture idéale des familles nombreuses pour aller à la messe ou aux repas de famille. (O 27-116)

b) Solide traîneau à deux patins ferrés, construit également à la cheville de bois, ayant deux ou trois sommiers et servant à transporter du bois en longueur. (O 27-116)

c) Traîneau d'érablière ou à fumier : dernière utilisation des modèles précédents. (O 27-116)
Syn., voir : **bacagnole** (sens 2), **sleigh de cabane**.

d) Traîneau-jouet pour enfants construit à la cheville de bois exactement comme les deux modèles qui précèdent. (O 27-116)

SUIT, SUIT D'HIVER n. m. ou f. (angl. snowsuit) ⊘
Esquimau ou ensemble d'hiver pour jeunes enfants.
Syn., voir : **habit de neige**.

SUITCASE n. m. (angl. suitcase) ⊘
Valise, mallette.

SUITE n. f.
Vx en fr. Placenta expulsé par la vache après le vêlage, arrière-faix.
Syn. : **délivre**.

SUIVANT n. m. ; **SUIVANTE** n. f.
Garçon ou fille d'honneur escortant les nouveaux mariés.

SUMENCES n. f. pl. [#]
Voir : **semences**.

SUMER v. tr. [#]
Semer.

SUNDAE n. m. (angl. sundae) ⊘
1. Glace servie avec une garniture spéciale (noix, sirop, caramel, chocolat, fruits, etc.) souvent surmontée d'une cerise ; glace garnie, coupe glacée.
2. Voir : **cerise sur le sundae**.

SUPER n. f.
Billet de loterie de la Super-Loto.

SUPERBOWL n. m. (angl. Superbowl)
Fête à l'occasion de l'événement sportif américain qu'est le match final de la ligue nationale de football.

SUPPORT n. m.
Cintre. Un vêtement qu'on ne met pas sur un *support* se déforme et se chiffonne.

SUPPOSITION n. f.
Fam. en fr. *Supposition que, une suppostion que* : dans le cas où, en admettant que, à supposer que.

SUR prép. (angl. on) ⊘
1. En. Faire du ski *sur* semaine, téléphoner seulement *sur* semaine.
2. Être *sur* un comité (angl. to be on a committee) ⊘ : être membre de, faire partie de, être d'un comité.

SURENCHÉRER v. intr.
Surenchérir, exagérer.

SURET, ETTE adj.
Rég. en fr. Qui a un goût légèrement sur. Des pommes surettes.

SURETTE n. f.
1. Rumex petite-oseille. (O 37-85)
Syn., voir : **oseille**.
2. Oxalide dressée.
Syn. : **pain d'oiseaux**.

SURPLUS n. m.
Terrain en dehors des limites normales d'une terre, qu'un cultivateur achète pour agrandir son exploitation agricole.
Syn. : **lot de surplus**.

SURREY n. m. (angl. surrey)
Voiture hippomobile à quatre roues et à deux sièges pour le transport des personnes. (entre 28-101 et 7-141)

SURTEMPS n. m. (angl. overtime) ⊘
1. Temps de travail en sus, supplémentaire. La semaine dernière, il a fait cinq heures de *surtemps*.
2. Dans les sports, prolongation d'une partie, d'un match.

SURTOUT n. m.
Vx en fr. Habit, habit de cérémonie.

SURVENANT, ANTE n.
Rég. en fr. Personne inconnue qui arrive à l'improviste et dont on ignore la provenance.

SUZANNE n. f. (angl. lazy Suzan) ⊘
Armoire de cuisine tournante

occupant une encoignure et dont l'accès est rendu facile du fait que les plateaux circulaires tournent. Se faire installer une *suzanne*.

SWAMP, SOUAMPE n. f. (angl. swamp) ⊘

Terrain bas et humide, marécage. [+++]
Syn., voir: **savane**.

SWAMPER v. tr. (angl. to swamp) ⊘

1. Traîner les billes de bois depuis l'endroit où on les a coupées jusqu'à celui où on les empile, débusquer.
   Syn., voir: **haler**.
2. Faire du défrichement pour le passage d'un chemin.

SWAMPEUR n. m. (angl. swamper) ⊘
Layeur ou celui qui déboise le tracé des futurs chemins forestiers.
Syn.: **claireur**, **coupeur de chemin**.

SWAMPEUX, EUSE adj. (angl. swampy) ⊘

Bas, humide, en parlant d'un terrain. [+++]
Syn., voir: **savaneux**.

SWEEP n. f. (angl. sweep) ⊘

1. Bois de flottage échoué. Quand l'eau baisse, on remet la *sweep* à l'eau. [+]
   Syn.: **glane**.
2. *Faire la sweep*: ramasser le bois de flottage échoué et le remettre à l'eau. [+]
   Syn.: **faire la glane** (sens 2).

SWELL adj. (angl. swell) ⊘
Chic, bien mis. Tu es *swell* aujourd'hui!

SWINGNER, SOUIGNER v. tr. et intr. (angl. to swing) ⊘
S'amuser, danser, faire tourner.

SWIVEL n. m. et f. (angl. swivel) ⊘

1. Émérillon empêchant une chaîne de se tortiller, touret.
   Syn., voir: **tourniquet**.
2. Palonnier de débusquage muni d'un *swivel* ou émérillon.

SYLLABUS n. m. (angl. syllabus) ⊘
Plan de cours. Ce plan comprend: contenu, objectifs, méthodologie, bibliographie, évaluation, etc. (ROLF).

SYMPATHIES n. f. pl. (angl. sympathy) ⊘

Condoléances. À l'occasion de la mort de quelqu'un qu'on connaît, il est d'usage de rendre visite au corps et d'offrir ses *sympathies* aux proches.

SYNDIC n. m.

1. Quand, dans une municipalité, une minorité professe une religion différente de celle de la majorité et se déclare dissidente, elle élit ses représentants qui s'appellent *syndics d'écoles*.
2. Quand une église est incendiée, les marguilliers élus continuent à s'occuper des affaires courantes de la fabrique mais les francs-tenanciers élisent alors des *syndics* mandatés pour faire exécuter les travaux de construction de la nouvelle église.

T ou **T DE SAINTE-THÉRÈSE** n. m.
Constellation dont la disposition des étoiles rappelle un T majuscule.

TABAC n. m.
1. Fig. *Connaître le tabac*:
   a) Être rusé, fin renard.
   b) En parlant d'une jeune fille, connaître l'amour.
      Syn.: **sortir après neuf heures**.
2. *Tabac canadien*: variété de tabac à pipe cultivée au Québec.
3. *Tabac de curé*: mélange de tabac à pipe et de tabac à cigarettes dont raffolaient les curés.
4. *Tabac du diable*:
   a) Symplocarpe fétide.
   b) Vérâtre vert.
      Syn: **hellébore**.
   c) Modène vulgaire.
   d) Bardane, plante et capitules.
      Syn., voir: **grakia**.

5. *Tabac du pays*: tabac à pipe traditionnellement cultivé ici, par opposition au tabac blond ou à cigarettes d'introduction plus récente.

TABAGANE, TOBOGANE, TOBOGGAN n. f. (amér.)
1. Traîneau étroit et long (40 cm sur 200) sans patins, fait de planches recourbées à l'avant et qui glisse facilement sur la neige. On l'utilise surtout pour glisser sur les pentes recouvertes de neige.
2. Voir: **véloneige traditionnel**.
3. Jouet d'enfant ayant la même forme que la *tabagane* pour adultes.

TABAGIE n. f.
Bureau de tabac, d'articles de fumeurs, de journaux et de revues (NOLF).

TABAGISTE n. m.

Personne qui exploite une *tabagie*.
Syn.: **marchand de tabac**.

TABARNACO n. m.

Surnom donné aux Québécois francophones par les Mexicains, dans lequel on reconnaît le juron *tabernacle* prononcé *tabarnac*.

TABLE n. f.

1. *Table à lait, table à bidons, table de la beurrerie*: plate-forme pour bidons à lait ou à crème, installée au bord de la route, à hauteur de plateau du véhicule de ramassage.
   Syn., voir: **escabeau**.
2. Toile roulante horizontale de la moissonneuse-lieuse.
   Syn., voir: **nappe**.
3. Fig. *Passer en dessous de la table*: rater un repas.
4. *Table tournante* (angl. turntable) ⊘ : plateau d'un tourne-disque.

TABLETTAGE n. m.

Action de *tabletter*, résultat de cette opération.

TABLETTE n. f.

1. Fig. Salarié, fonctionnaire qui a été victime du *tablettage*.
   Syn.: **tabletté**.
2. Fig. *Mettre sur une tablette, sur la tablette*.
   Voir: **tabletter** (sens 2).
3. Allège. La *tablette* d'une fenêtre.
   Syn.: **neiche**.

TABLETTÉ, ÉE n.

Fig. Employé victime du *tablettage*, mis à l'écart.
Syn.: **tablette**.

TABLETTER v. tr.

1. Empêcher un employé, un fonctionnaire d'exercer ses fonctions surtout pour des motifs d'ordre politique, en l'affectant à des tâches d'importance moindre ou en ne lui donnant rien à faire et cela sans le priver de son traitement et des avantages liés à son statut.
2. Mettre un document, un rapport d'enquête de côté parce qu'on ne veut pas l'utiliser ou le rendre public. D'où mettre sur la *tablette*, une *tablette*.
   Syn., voir: **glace** (sens 3).

TABLIER n. m.

1. Toile roulante horizontale de la moissonneuse-lieuse.
   Syn., voir: **nappe**.
2. Tablier de prévention qu'on met au bélier pour l'empêcher de saillir les brebis.

TACHE n. et adj.

Fig. *Tache, tache de graisse, tache d'huile*: importun, ennuyeux, raseur qui suit à la trace.
Syn.: **achalant**, **chien de poche**, **collant**, **mouche à merde**, **pot-de-colle**, **teigne**.

TACHÉ, ÉE adj.

Tacheté. Une vache *tachée*.
Syn., voir: **caille**.

TADOUSSACIEN, IENNE n. et adj.

Natif ou habitant de Tadoussac, à l'embouchure du Saguenay; de Tadoussac.

TAG, TAILLE n. f. (angl. tag) ⊘

Jeu du chat. Jouer à la *tag*. Ce jeu comporte plusieurs variantes: *tag malade* (garder la main sur l'endroit touché), *tag baissée* (s'accroupir pour ne pas être touché), *tag gelée* (s'immobiliser pour devenir intouchable), *tag barrée* (un troisième joueur passe entre le poursuivant et le poursuivi, devenant ainsi le poursuivi). [+++]

TAG-DAY n. m. (angl. tag day) ◙
Papillon, macaron que l'on vend dans les endroits publics au profit de certaines œuvres.

TAILLANT n. m.
1. Rare et tech. en fr. Tranchant. Le *taillant* d'une hache, d'un rasoir.
2. *Hache à deux taillants* : bipenne, hache à deux tranchants.
Syn. : **hache américaine**.

TAILLE n. f.
1. Tranche de pain. (acad.)
2. Vx en fr. Corsage d'une robe.
3. Voir : **tag** (jeu du chat).
4. Voir : **tie** (traverse).

TAISER (SE) v. pron. [#]
Se taire. Toi, *taise-toi*. (acad.)

TALBOT n. m.
Entrave constituée d'une pièce de bois suspendue au cou d'un animal, d'une bête à cornes, d'un mouton, etc. (acad.)
Syn. : **carcan**.

TALBOTER v. tr.
Mettre un *talbot* c'est-à-dire une entrave à un animal. (acad.)
Syn. : **encarcaner**.

TALLE n. f.
1. Concentration de plantes de la même espèce dans la nature. Une *talle* d'ormes, de *bleuets*, de fraisiers. [+++]
Syn., voir : **bouillée**.
2. Fig. Ce qui appartient à quelqu'un, ce que quelqu'un croit être sien. « Sors de la talle ! » dira un amoureux à quelqu'un qui tourne autour de sa bien-aimée.

TALON n. m.
Il a mis ses talons hauts : remarque faite à la cantonnade à l'endroit de quelqu'un qui porte un pantalon trop court.
Syn., voir : la **marée** est haute (sens 2).

TALONNETTE n. f.
Voir : **cuiller** (sens 1).

TALONNIÈRE n. f.
1. Partie d'un bas, d'une chaussette qui enveloppe le talon.
2. Chausse-pied servant à faciliter l'entrée du pied dans la chaussure. (E 123,122)
Syn., voir : **cuiller** (sens 1).

TAMARAC n. m. (amér.)
Mélèze laricin.
Syn., voir : **épinette rouge**.

TAMARIN n. m.
Bonbon fait avec du sirop d'érable, *tire* d'érable. (acad.)
Voir : **tire** (sens 6).

TAMBANE n. f.
1. Eau sucrée dans laquelle on trempait son pain pendant le carême.
2. Tranche de pain rôtie trempée dans de l'eau sucrée renforcée de *brandy* que l'on donnait aux nouvelles accouchées. (Charsalac)

TAMBOUR n. m.
Petite construction en bois, souvent démontable, placée à l'extérieur de la porte d'entrée d'une maison et servant à protéger contre le vent, le froid, la neige.

TAMPOUNE, TAMPONNE n. f.
Femme grosse, corpulente, forte en chair.
Syn., voir : **toutoune**.

TANGON n. m.
1. Bouée signalant l'endroit où a été mouillé un filet. (acad.)

2. *Les Tangons* : partie d'une zone côtière dont la profondeur est de sept ou huit brasses et où les pêcheurs vont tendre leurs filets à harengs, le hareng servant de *bouette* pour la morue.

TANK, TINQUE n. f. (angl. tank) ⊘
1. Tout réservoir en métal. *Tank* à eau chaude, à essence, à mazout.
2. Véhicule transportant un réservoir d'eau servant à arroser certains chemins forestiers pour qu'ils deviennent glacés.

TANKER, TINQUER v. tr. (angl. to tank) ⊘
1. Arroser les chemins forestiers l'hiver à l'aide d'une arroseuse appelée *tank* afin de les glacer.
2. Faire le plein d'essence du réservoir d'une auto.
3. Fig. Boire d'une façon exagérée.

TANKEUR, TINKEUR , EUSE n. (angl. tanker) ⊘
1. Ouvrier chargé de glacer les chemins forestiers en les arrosant.
2. Fig. Individu qui boit d'une façon exagérée.

TANNANT, ANTE adj. et n.
1. Espiègle, remuant, surtout en parlant des enfants. [+++]
2. Fatigant, fastidieux, monotone, en parlant d'un travail. [+++]
3. *Tannant de* : très. Un *tannant de* beau bébé. [+++]

TANNÉ, ÉE adj.
Fatigué, accablé. Être *tanné* de ne rien faire. [+++]

TANSY n. m. (angl. tansy) ⊘
Tanaisie, plante très employée en médecine populaire.

TANTÔT adv.
1. Vx en fr. Bientôt, dans un temps prochain. Je suis occupé, je lui téléphonerai *tantôt*. [++]
Syn. : **betôt** (sens 1).
2. Vx en fr. Peu de temps auparavant dans une même journée. Untel, mais il était ici *tantôt*. [++]
Syn. : **betôt** (sens 2).

TANTOUNE n. f.
Péjor. Homosexuel.
Syn., voir : **fifi** (sens 2).

TANT QU'À loc. prép.
Quant à. *Tant qu'à* venir nous voir, restez à souper avec nous.

TAON n. m.
1. Taon, mot qui se prononce comme *paon* ou *faon*, et non comme *ton*, *bonbon*.
2. Fig. Appellation donnée à un jeune dont le comportement agace, énerve.

TAPE, TÉPE n. m. (angl. tape) ⊘
1. Ruban à mesurer.
Syn. : **galon**.
2. Ruban gommé.

TAPÉ, ÉE p. adj.
Damé. De la neige *tapée*.

TAPE-CUL n. m.
1. Maubèche branle-queue.
2. Voiture à deux roues, sans suspension, servant au transport des personnes.
3. Voir : **véloneige traditionnel**.

TAPÉE n. f.
Fam. en fr. *Une tapée* : beaucoup, un grand nombre. Il y avait *une tapée* de jeunes à cette noce.

TAPE-MOUCHES n. m.
Tapette à mouches.
Syn. : **tue-mouches**.

TAPER v. tr.
1. Damer. *Taper* la neige sur les pentes de ski.
2. Vulg. Posséder sexuellement. Syn., voir : **peau** (sens 5).

TAPER v. tr. (to tap)
Brancher à une table d'écoute. *Taper* une ligne téléphonique.

TAPETTAGE n. m.
Chose futile, sans importance.

TAPETTE n. m. ou f.
1. Sorte de taloche ou planche carrée munie d'une poignée dont se servent les couturières pour écraser les coutures des vêtements qu'elles viennent de confectionner.
2. Niais, imbécile, non dégourdi. Syn., voir : **épais**.

TAPINÉ, ÉE adj.
Tacheté. Une vache *tapinée*. (acad.) Syn., voir : **caille**.

TAPIS n. m.
1. *Tapis crocheté* : tapis fait au crochet sur un canevas tendu sur un cadre.
2. *Tapis de cheval* : couverture servant à couvrir les chevaux au repos par temps froid l'hiver ou à les protéger contre la pluie. (entre 36-85 et 27-116)
3. *Tapis de table* : toile cirée dont on recouvre la table de cuisine et qui tient lieu de nappe en semaine. [+++]
4. *Tapis tressé* : tapis de forme ronde ou ovale fait d'une longue tresse obtenue à partir de quatre bandes de vieux tissus.
5. *Tapis de Turquie, turquie* : tapis manufacturé qui dans l'entre-deux-guerres a détrôné petit à petit la *catalogne*. [+++]

6. *Tapis volant* : morceau de plastique sur lequel les enfants s'assoient pour dévaler les pentes couvertes de neige.

TAPISSAGE n. m.
Pose de papier peint.

TAPISSERIE n. f. [#]
Papier peint.

TAPOCHER v. tr. [#]
Talocher, frapper, battre. Il ne faut pas *tapocher* les enfants. Syn., voir : **ramoner**.

TAPOCHEUSE n. f.
Argot. Cigarette roulée à la main. Syn., voir : **rouleuse**.

TAPON n. m.
1. Vx en fr. Boule, paquet. Un *tapon* de laine cardée mais non filée. [+++]
2. Grumeau dans une sauce. Syn., voir : **motton**.
3. Gros flocon de neige qui tombe par temps doux. Le printemps, la neige tombe souvent en *tapons*. Syn., voir : **peaux-de-lièvre**.
4. Atteloire pénétrant dans les trous du brancard. Atteler au *tapon* et non aux traits. (acad.) Syn., voir : **feton**.
5. Quignon, gros morceau de pain. Syn., voir : **chignon de pain**.
6. Amas, amoncellement de glaces sur les cours d'eau lors de la débâcle et qui peuvent former barrage. Syn., voir : **digue** (sens 3).
7. Embâcle de bois flotté sur un cours d'eau. Syn., voir : **digue** (sens 2).
8. *Tapon noir* : nuages noirs qui annoncent la pluie et l'orage. Syn. : **cul-noir, mouton noir**.

TAPONNAGE n. m.
Action de *taponner*.

TAPONNER v. tr. et intr.
1. Manipuler, toucher. Les épiciers n'aiment pas que les clients *taponnent* les fruits ou les légumes. [+++]
2. Mettre un comble à une charge de billes de bois. (Mauricie)
3. Fig. Être un peu trop entreprenant, palper, peloter. Méfie-toi de ce garçon, il aime ça *taponner* les jeunes filles. [+++]
   Syn.: **poignasser**, **poigner**.
4. Fig. Perdre son temps. À force de *taponner*, il finira son travail en retard.
   Syn., voir: **bretter**.
5. Fig. Hésiter à prendre une décision, rester indécis.
   Syn., voir: **berlander**.

TAPONNETTE n. f.
Ironiquement, causeuse où les futurs mariés apprenaient à se connaître.
Voir: **taponner** (sens 3).

TAPONNEUR, TAPONNEUX, EUSE n. et adj.
Personne qui fait l'action de *taponner*.

TAPONNEUSE n. f.
Cigarette roulée à la main. Ne fumer que des *taponneuses*.
Syn., voir: **rouleuse**.

TAQUET n. m.
Fig. Petit garçon, en général.

TAQUINEUR, TAQUINEUX, EUSE adj.
Taquin, qui aime taquiner. [+++]

TARAUD n. m.
Écrou. Visser un *taraud* au bout d'un boulon. [+++]
Syn., voir: **écro**.

TARAUDER v. tr.
Visser, serrer un écrou. *Tarauder* l'écrou d'un boulon, à l'aide d'une clé à molette. [+++]

TARIÈRE n. m.
1. Tarière (n. f. en fr.)
2. *Tarière à gouge*: tarière dont la partie creusante a la forme d'une gouge.

TARLUTTE, TOURLOUTE n. f. [#]
Faux ou poisson de plomb armé d'hameçons dont on se sert pour pêcher la morue ou pour capturer l'encornet, turlutte.

TARTE n. f.
1. *Tarte à la ferlouche*.
   Voir: **ferlouche**.
2. *Tarte à la pichoune*.
   Voir: **pichoune**.
3. *Tarte à la plorine, à la praline*: tarte dont la garniture est faite de sirop d'érable, de raisins secs et de farine.
4. *Tarte carreautée*: tarte dont le contenu est décoré de rubans de pâte croisés.
5. *Tarte double*: tarte à deux abaisses par opposition à la *tarte simple* à une seule abaisse.
6. *Tarte simple*: tarte à une seule abaisse, par opposition à la *tarte double* à deux abaisses.

TARTEAU n. m. [#]
Voir: **torteau**.

TARTINE n. f.
Tartelette.

TARVIA n. m. (angl. Tarvia)
Mélange de goudron et de gravier servant au recouvrement des routes, bitume. Marque de fabrique.

TAS n. m.
Faire son tas: faire ses besoins (dans la nature, comme il se doit).

TASSE n. f.
1. *Tasse à eau.*
   Voir : **grande tasse à eau.**
2. *Passer la tasse* : à l'église, faire la quête. (E 28-100)
   Syn., voir : **assiette.**

TASSERIE n. f.
Rég. en fr. Partie de la grange où l'on tasse le foin, les gerbes.
Syn. : **carré, quartelle.**

TATA adj. et n.
Voir : **tatais.**

TATA n. m.
Faire tata, faire un ou des tatas : saluer avec la main, en parlant aux enfants. Ta maman s'en va, *fais-lui tata, fais des tatas !*

TATAIS, TATA, TÉTAIS adj. et n.
Niais, nigaud, imbécile. As-tu vu le grand *tatais* qui traverse la rue ?
Syn., voir : **épais.**

TATAOUINAGE n. m.
Action de *tataouiner.*

TATAOUINER v. intr.
Discuter sans arrêt au lieu de prendre une décision, tourner autour du pot, hésiter.
Syn., voir : **berlander.**

TATAOUINEUR, TATAOUINEUX, EUSE adj. et n.
Personne qui a l'habitude de *tataouiner.*
Syn., voir : **berlandeur.**

TAURAILLE n. f.
Jeune bête à cornes, mâle ou femelle. [+++]

TAURE n. f.
Rég. en fr. Génisse d'un à deux ans. [+++]

TAUREAU n. m.
1. Nom donné par les navigateurs à un courant très fort qui passe au milieu du chenal du Saint-Laurent de Québec à Tadoussac.
   Syn. : **chariot.**
2. Voir : **pemmican** (sens 2).

TAVELLE n. f.
Vx en fr. Ruban décoratif, passementerie étroite.

TAVERNE n. f.
Établissement réservé aux hommes et où ne se consommait que de la bière. Depuis le 23 novembre 1988, toutes les *tavernes* du Québec accueillent une clientèle féminine.

TEAM n. m. et f. (angl. team) ◙
1. Attelage de chevaux attelés ensemble, côte à côte. Lui, il a le meilleur *team* des environs. [++]
   Syn., voir : **span.**
2. Voiture d'hiver formée de deux trains articulés et servant surtout au transport lourd (bois, grumes, marchandises). (Charsalac)
   Syn., voir : **bobsleigh.**

TEIGNE n. f.
1. Bardane, plante et capitules.
   Syn., voir : **grakia.**
2. Carex noir.
3. Chiendent.
4. Fig. Se dit d'une personne insupportable, qui s'accroche à vous.
   Syn., voir : **tache.**

TEINDRE v. tr.
L'imparfait de l'indicatif du verbe teindre est je teignais..., jamais je *teindais...*

TÉLÉGRAPHE n. m.
Substitution de personne pour voter lors des élections. Untel a été élu député grâce aux *télégraphes.*

TÉLÉPHONE n. m.
Appel téléphonique, coup de

téléphone, coup de fil. Excusez-le, il a deux *téléphones* à faire.

TÉLÉROMAN n. m.
Feuilleton télévisé qui a pris la relève du *radioroman* avec l'avènement de la télévision.

TÉLÉTHON n. m. (angl. telethon)
Émission de télévision pouvant durer plusieurs heures consécutives, avec participation gratuite de vedettes du monde du spectacle et ayant pour objet de recueillir des fonds dans un but spécifique comme par exemple la lutte contre le cancer, la paralysie cérébrale, etc.

TÉLÉVISION n. f. [#]
Poste récepteur de télévision, téléviseur. Acheter une *télévision* couleur.

TEMPÉRANCE n. f.
1. *Société de tempérance* : société fondée par Chiniquy à Beauport en 1840 sur le modèle de sociétés semblables qui existaient depuis une dizaines d'années et dont les membres s'engageaient solennellement et publiquement à ne boire ni alcool, ni vin, ni bière. Les membres obtenaient une carte de tempérance, une médaille et une *Croix de tempérance.*
2. *Croix de tempérance* : croix noire accrochée au mur de la cuisine (quelquefois du salon) là où le maître de la maison avait promis publiquement de ne pas boire de boisson alcoolique et avait adhéré à la *Société de tempérance.*
3. *Bière de tempérance* : boisson non alcoolisée ressemblant par la couleur et le goût à la bière alcoolisée et que pouvaient boire les adeptes de la *Société de*

Tempérance regroupant les abstèmes.

TEMPÉRATURE n. f. [#]
Temps. Pendant notre voyage, nous avons eu une très belle *température* : un froid sec mais du soleil !

TEMPÊTE n. f.
1. *Tempête des corneilles.*
   Voir : **bordée des corneilles.**
2. *Tempête des greniers.*
   Voir : **bordée des sucres.**
3. *Tempête des Irlandais.*
   Voir : **Irlandais.**
4. *Tempête des jours gras.*
   Voir : **bordée des jours gras**.
5. *Tempête des oiseaux, des oiseaux de neige, des oiseaux blancs.*
   Voir : **bordée des oiseaux.**
6. *Tempête des sucres.*
   Voir : **bordée des sucres.**

TEMPÊTEUX, EUSE adj. [#]
Où les tempêtes sont fréquentes, tempétueux. Un endroit, un mois *tempêteux.*

TEMPS n. m.
1. [#] Le ciel, le firmament. Hier soir, le *temps* était étoilé.
2. Voir : **vieux comme le temps.**

TENDRE v. tr. [#]
Étendre. *Tendre* des perches sur un trou pour pouvoir passer.

TENIR v. tr.
Fig. *Tenir par la ganse* : avoir quelqu'un à sa merci.

TENON n. m.
Atteloire pénétrant dans les trous du brancard. Atteler aux *tenons* et non aux traits.
Syn., voir : **feton.**

TENTER v. intr. et pron.
Dresser sa tente (langue des campeurs, chasseurs, arpenteurs,

géologues, etc.). *Tenter* près d'un cours d'eau. *Se tenter* avant la nuit.
Syn. : **cabaner**, **wigwamer**.

TENTURE n. f.
1. Bordigue ou enceinte en clayonnages installée là où se fait sentir la marée et qui sert à capturer le poisson. Installer une *tenture* à saumons, à anguilles.
Syn., voir : **bourne**.
2. Espace où l'on a le droit d'installer une bordigue.
Syn. : **pêche**.

TÉPE n. m. (angl. tape) ◎
Voir : **tape**.

TÉPI, TIPI n. m. (amér.)
Tente amérindienne de forme conique.

TÉRIR, TIRIR v. intr. [#]
Tarir. *Térir* ou *tirir* une vache.

TERME n. m.
1. *Parler en termes, dans les termes* : parler en employant des termes précis, mais avec affectation. [+++]
Syn. : parler à la **grandeur**, parler en **cérémonie**.
2. *Terme d'office, terme* (angl. term of office) ◎ : mandat, durée du mandat d'un député, d'un maire, etc. Il a démissionné au début de son *terme d'office*, au début de son *terme*.

TERRASSE DUFFERIN n. f.
Magnifique promenade du Vieux-Québec surplombant le Saint-Laurent et qui est depuis longtemps un lieu de rencontre privilégié pour les êtres esseulés.

TERRASSER v. tr.
Terrasser une maison. (acad.)
Voir : **renchausser** (sens 1).

TERRAZZO n. m.
Ciment additionné de pierres dures ou de marbre concassé puis poli à la ponceuse, granito. Les allées de notre église sont en *terrazzo*. [+++]

TERRE n. f.
1. *Terre faite* : terre labourable par opposition à celle qui est restée boisée. Untel a acheté une terre de 150 arpents dont 110 de *terre faite*.
2. *Terre neuve* : terre nouvellement défrichée.
3. *Faire de la terre* : défricher en vue de la mise en culture.
4. *Terre patentée* (patented) ◎ .
Voir : **patenté**.
5. *Boire sa terre* : en parlant d'un cultivateur, en arriver, à force de boire, à être obligé de vendre sa terre.
6. *Terre de la Couronne* (angl. Crown land) ◎ .
Voir : **Couronne**.
7. Voir : **pauvre comme la terre**.
8. Voir : **vieux comme la terre**.
9. *À terre* :
a) Fig. Épuisé, fatigué. Tous les soirs, il rentre de son travail fatigué, *à terre*.
b) Fig. Bas. Avoir le moral *à terre*.
c) Fig. À plat. La batterie de la voiture était *à terre*.
d) Fig. Découragé. Il est *à terre* depuis qu'il est veuf, il a le moral *à terre*.

TERRIBLE adv. [#]
Beaucoup, très. Le soleil levant, c'est beau *terrible*.

TERRINÉE n. f.
Rare en fr. Contenu d'une terrine, terrine. Une *terrinée* de lait, de pois, de fraises, d'avoine.

TERRIR v. tr. et intr.
Vx en fr. Accoster, aborder, prendre terre. Le *France a terri* à Québec en 1967 avec Charles de Gaulle à bord.

TET n. m. [#]
1. Toit, abri. (acad.)
2. *Tet à brebis* : bergerie. (acad.)
   Syn. : **loge à moutons**.
3. *Tet à cochons* : porcherie. (acad.)
   Syn., voir : **engrais**.
4. *Tet à poules* : poulailler. (acad.)

TÉTAIS adj. et n.
Voir : **tatais**.

TÊTE n. f.
1. *Tête à fromage, tête en fromage, tête fromagée* : fromage de tête. (O 25-117)
2. *Tête à Papineau.*
   Voir : **Papineau**.
3. *Tête carrée* : sobriquet donné aux anglophones unilingues et obstinés du Canada par leurs compatriotes francophones.
   Syn. : **bloke, crawfish**.
4. *Tête d'oreiller* :
   a) Oreiller de lit.
   b) Taie d'oreiller de lit.
      Syn. : **souci**.
5. *Tête de chas* : plaque de fer perforée de plusieurs trous et fixée verticalement au bout de l'age de la charrue pour permettre de régler la profondeur du labour.
6. *Tête-de-chat* :
   a) Grand-duc de Virginie.
      Syn., voir : **chat-huant**.
   b) Variété d'assemblage de charpente ou de menuiserie.
      Syn. : **gueule-de-loup**.
7. *Tête-de-cheval.*
   Nom vulgaire du phoque.
8. *Tête-de-coq* : gueule-de-loup installée au sommet d'une cheminée pour en faciliter le tirage.
   Syn., voir : **dos-de-cheval**.
9. *Tête-de-femme* : dans les baissières, butte de terre qui se forme par la décomposition de touffes de rouche et sur laquelle continuent de pousser de nouvelles herbes. (O 25-117)
   Syn. : **tête-de-loup**.
10. *Tête-de-loup.*
    Voir : **tête-de-femme**.
11. *Tête-de-pioche* : individu têtu, qui ne comprend rien.
12. *Tête-de-violon* (angl. fiddlehead) ◙ : jeune pousse de fougère que l'on apprête en salade et qui devrait s'appeler *crosse de violon* (OLF).
13. Fig. *Avoir du front tout le tour de la tête.*
    Voir : **front**.

TÉTEUX n. m.
1. Rég. en fr. Jeune veau qui tète encore.
2. Embarcation rudimentaire ou simple radeau servant à la *drave*.
   Syn., voir : **pine de drave**.
3. Goujon (Leucosomus corporalis).
   Syn., voir : **blanchaille**.

TÉTON adj. inv. en genre
Insignifiant, sans intérêt, en parlant d'un film, d'une pièce de théâtre (mot de la famille de *tatais*).

TÉTONNIÈRE n. f.
Vulg. Poitrine féminine plantureuse.
Syn., voir : **magasin**.

TETTE n. m. ou f.
Vulg. Sein, mamelle de la femme.
Syn., voir : **quenoche**.

TÉTU n. m.
Mésange à tête noire, ainsi

surnommée d'après son chant.
Syn., voir : **qui-es-tu**.

TEURDRE v. tr. [#]
Tordre. D'où je *teurs*, tu *teurs*... au
lieu de je tords, tu tords...

TEURS p. passé [#]
Tordu. Tu as *teurs* ton linge.

THÉ n. m.
1. *Thé des bois, thé sauvage, petit
   thé, petit thé des bois* : gaulthérie
   couchée.
2. *Thé du labrador, thé velouté* :
   cotylédon du Groenland.

TICKET n. m. (angl. ticket) ⊘
Contravention, infraction que les
lois punissent d'une amende ; cette
amende elle-même. Recevoir un
ticket pour avoir brûlé un feu de
circulation.

TIC-TAC n. m.
N'avoir que le tic-tac et l'erre d'aller.
Voir : **erre d'aller**.

TIE, TAILLE n. f. (angl. tie) ⊘
Traverse sur laquelle sont fixés les
rails d'une voie ferrée. [+++]
Syn. : **dormant**.

TIENDRE v. tr. [#]
Tenir. Pourrais-tu *tiendre* ceci ? [+++]

TIGE n. f.
Rejet qui pousse sur une souche.
Syn., voir : **repousse**.

TIGER v. intr.
Taller, en parlant de l'avoine, du blé.
Syn. : **djesser**.

TIGUEDI n. m. (angl. chickadee) ⊘
Voir : **chickade**e.

TIGUIDOU adv.
Voir : **diguidou**.

TI-JOS-CONNAISSANT n. m.
Voir : **Jos-Connaissant**.

TILLE n. f.
Variété d'herminette à tranchant
très incurvé et servant surtout à
creuser les auges. (O 22-124)
Syn., voir : **hermiette**.

TILLER v. tr.
Creuser une bille de bois en utilisant
une *tille* ou, quelquefois, une
herminette. [++]

TIMON n. m.
Limon de charrette à foin, de
tombereau. [+++]

TINETTE n. f.
1. Contenant en bois ou en grès,
   avec couvercle destiné à
   conserver le beurre. [+++]
2. Fig. *Ne pas prendre goût de
   tinette* : ne pas traîner en
   longueur, se faire rapidement, en
   parlant d'un travail. [+++]

TINQUE n. f. (angl. tank) ⊘
Voir : **tank**.

TINQUER v. tr. (angl. to tank) ⊘
Voir : **tanker**.

TINTON n. m. [#]
Tintement d'une cloche d'église
sonnant l'angélus ou le glas.

TIOUNE n. f. (angl. tune) ⊘
Voir : **tune**.

TIP n. m. (angl. tip) ⊘
Pourboire. Une partie considérable
des revenus que touchent les
serveurs de restaurant vient des *tips*.

TIPEUR, TIPEUX, EUSE n. et adj.
(angl. to tip) ⊘
Qui donne facilement un pourboire.
Untel n'est pas *tipeux*, l'argent lui
colle aux doigts. Les *Séraphinos* ne
sont pas *tipeux*.

TIPI n. m.
Voir : **tépi**.

TIRAGE DE PIPE n. m.
Taquinerie, action de *tirer la pipe* à quelqu'un.

TIRAILLE n. f. [#]
Nerf, tendon dans la viande de boucherie, tirant. Ceci, ce n'est pas de la viande, c'est de la *tiraille*! (Charsalac)
Syn.: **tirasse**.

TIRAILLER v. tr. et pron.
Rudoyer un cheval en tirant sur le mors.
Syn., voir: **cisailler**.

TIRANT n. m.
1. Trait court reliant la cheville d'attelage au collier, mancelle. (entre 36-86 et 25-117)
Syn., voir: **couplet**.
2. Au pl. Petits nuages allongés apparaissant surtout au coucher du soleil et qui annoncent du vent.
3. Au pl. Aurore boréale.
Syn., voir: **marionnettes**.

TIRANT, ANTE adj.
1. Difficile, dur à tirer, en parlant d'un véhicule chargé. Un tombereau de cailloux, c'est *tirant*.
2. Malaisé, en parlant d'un chemin d'été ou d'hiver. Quand il fait très froid l'hiver, les chemins sont *tirants*.

TIRASSE n. f. [#]
Nerf, tendon dans la viande de boucherie, tirant.
Syn.: **tiraille**.

TIRE n. f.
1. Trait court reliant la cheville d'attelage au collier, mancelle.
Syn., voir: **couplet**.
2. En forêt, longue cordée de bois près d'un chemin.
3. Tirage, en parlant d'une cheminée. (O 8-134)
Syn.: **hale**.
4. Fig. *Avoir la tire longue*: Être lent à se mettre au travail, travailler lentement. Quand on se couche aux petites heures, on *a la tire longue* le matin.
5. *Tire au poignet*. [+++]
Voir: **tirer au poignet**.
6. Substance sucrée ayant la consistance d'un miel très épais et provenant de l'ébullition soit de la mélasse, soit du sirop d'érable. D'où *tire à la mélasse* ou *tire Sainte-Catherine* préparée à l'occasion du 25 novembre; d'où également *tire d'érable* faite dans les *cabanes à sucre* le printemps à partir du sirop d'érable.
Syn.: **ramequin, tamarin**.
7. *Fête à la tire, partie de tire*: partie de plaisir qui se tient à l'érablière le printemps et où l'on déguste *tire* et *sucre d'érable*.
Syn.: partie de **cabane** (sens 1).

TIRE, TAILLEUR n. m. (angl. tire) ⊘
Pneu. S'acheter quatre *tires* d'hiver.

TIRELICHE n. f.
Crêpe faite avec de la farine de sarrasin.
Syn., voir: **galette de sarrasin**.

TIRE-PET n. m.
Trou d'aération pratiqué dans une fenêtre et que peut fermer une planchette coulissante ou pivotante.
Syn., voir: **éventilateur**.

TIRE-POIS n. m. (angl. pea-shooter) ⊘
Tube creux avec lequel les enfants s'amusent à lancer des pois ou autres projectiles par la force du souffle, sarbacane.

TIRER v. tr. et pron.
1. Dial. en fr. Traire. C'est l'heure de *tirer* les vaches. [+++]
   Syn.: **trayer**.
2. [#] Lancer. *Tirer* des boules de neige sur les passants.
   Syn., voir: **garrocher**.
3. [#] Se précipiter, se lancer, se jeter. Il s'est *tiré* sur son adversaire et a tenté de l'étouffer.
4. *Tirer au poignet*: jouer au bras-de-fer, jeu de force, appelé ici *tire au poignet*, où les deux partenaires assis face à face, mains empoignées et coudes appuyés sur une table, essaient de renverser le bras de l'adversaire.
5. *Tirer une chaise, se tirer une chaise*: approcher une chaise pour s'asseoir.
6. *Tirer un puits, une veine d'eau*: en parlant du sourcier, repérer une source à l'aide d'une branche de coudrier ou d'un pendule.
7. Fig. *Tirer la pipe à quelqu'un*: le taquiner.
   Syn., voir: **attiner**.
8. *Tirer quelqu'un aux cartes*: tirer les cartes à quelqu'un.

TIRETTE n. f.
1. Trou pratiqué dans un mur par où passe le tuyau d'échappement d'un moteur à essence.
2. Tiroir de commode. (acad.)
3. Trait court reliant la cheville d'attelage au collier, mancelle. (Charsalac)
   Syn., voir: *couplet*.
4. *Tirette à mouches*: papier tue-mouches spiralé enduit de colle.
   Syn., voir: **collant à mouches**.

TIREUR, TIREUX n. m.
1. Dial. en fr. *Tireur de vache*: trayeur qui trait manuellement une vache. [+++]

2. *Tireur de fontaine, tireur de puits*: sourcier qui découvre les sources à l'aide d'un pendule ou d'une baguette de coudrier.

TIRE-VESSE n. m.
Trou d'aération pratiqué dans une fenêtre et que peut fermer une planchette coulissante ou pivotante.
Syn., voir: **éventilateur**.

TIRE-VIEUX n. m.
Dans les hôpitaux, surtout en physiothérapie, corde qu'utilise un patient alité pour s'asseoir sans aide.

TIRIAC n. f.
Réglisse. (acad.)
Syn.: **savate**.

TIROIR À CENDRE n. m.
Boîte à cendre placée sous le feu du poêle à bois, cendrier.
Syn., voir: **cendrière**.

TITER v. intr.
Avoir des petits, en parlant des animaux domestiques. Chatte qui est à la veille de *titer*.

TITI n.
1. *En titi*: beaucoup, très. Il fait froid *en titi*.
2. *Être en titi*: être en colère. Il était *en titi* de voir partir son amie.

TOAST n. f. (angl. toast) ⊗
1. Tranche de pain grillée que l'on mange surtout le matin au petit déjeuner, *rôtie*. [+++]
   Syn.: **rôtie**.
2. *Toast à la mélasse*: tranche de pain enrobée de mélasse et rôtie dans la poêle.
3. *Toast dorée*.
   Voir: **pain doré**.

TOASTEUR n. m. (angl. toaster) ⊗
Rare en fr. Grille-pain fonctionnant

à l'électricité. [+++]
Syn. : **tossier** (sens 2).

TOBOGGAN, TOBOGANE n. f.
Voir : **tabagane**.

TOCSON, ONNE n. et adj.
Bœuf ou vache dont les cornes n'ont pas poussé. Une vache *tocsonne*, ou *tocson*. (O 27-116)
Syn. : **bocorne, bouscaud**.

TOFFE adj. (angl. tough) ⊘
Voir : **tough**.

TOFFER v. tr. et intr. (angl. to tough) ⊘
Voir : **toughfer**.

TOGNE n. f. (angl. tongue) ⊘
Voir : **tongue**.

TOILE n. f.
1. *Faire la toile, de la toile, sa toile* : perdre connaissance, faire une syncope. [+++]
Syn., voir : **faillette**.
2. *Toile d'habitant* : toile de confection artisanale tissée à la maison.
Syn. : **toile de, du pays**.
3. *Toile de pays, toile du pays*.
Voir : **toile d'habitant**.

TOILETTE n. f.
Carré de tissu brodé, empesé, attaché aux poteaux de la tête du lit et destiné à cacher les oreillers.
Syn. : **hypocrite, menteuse, trompeuse**.

TOILETTER (SE) v. pron.
1. Vx en fr. Faire sa toilette, se laver, se peigner, éventuellement se raser, avant de s'habiller.
Syn. : s'**épivarder**, se **trimer**.
2. Se mettre sur son trente et un.
3. S'acheter des habits neufs, renouveler sa garde-robe.
Syn., voir : se **renipper**.

TOISE n. f.
Vx en fr. Mesure de surface de cent *pieds* carrés utilisée par les couvreurs. [+++]

TOISÉ n. m.
Vx en fr. Étude des mesures de longueur, de surface, de contenu. On a étudié le *toisé* à l'école primaire jusqu'à la fin des années cinquante.

TOISER v. tr.
Vx en fr. Mesurer la surface d'un toit à couvrir. [+++]

TOKEN, TOKINE n. f. (angl. token) ⊘
1. Jeton. Autrefois on achetait des *tokens* pour utiliser les *traversiers* ou les *routes à barrières*, les ponts à péage.
2. Argent en général. Ne pas avoir une *token* : ne pas avoir un sou.
Syn., voir : **cenne**.

TÔLE n. f.
1. Moule à pain.
Syn. : **boîte, casserole, lèchefrite**.
2. Fig. *Avoir, recevoir une tôle* : avoir un pépin, un ennui, recevoir une tuile.
3. *Ne pas avoir une tôle* : ne pas avoir un sou. [+++]
Syn., voir : **cenne**.
4. *Tôle à cendre* : boîte à cendre placée sous le feu du poêle à bois, cendrier.
Syn., voir : **cendrière**.

TÔLER v. tr.
Garnir de tôle. *Tôler* une auge en bois, le toit d'un hangar.

TOMAHAWK n. m. (amér.)
Petite hache, hachette.

TOMATE n. f.
1. Argot. Dollar canadien. Prêter dix *tomates* à un ami. [+++]
Syn., voir : **douille**.

2. Argot. Tête, caboche. Avoir la *tomate* à l'air.
Syn., voir: **caboche**.

TOMBE n. f.
1. [#] Cercueil. Le tilleul est utilisé pour la fabrication des *tombes*.
Syn.: **coffre**.
2. Dans les pièges à ours, pièce de bois maintenue soulevée par un petit poteau auquel est accroché un appât; quand l'animal saisit cet appât, la pièce de bois lui tombe dessus et lui casse les reins.
3. Fig. Personne d'une discrétion absolue. Untel? Une *tombe*!

TOMBER v. tr. et intr.
1. *Tomber dans l'œil*.
Voir: **œil**.
2. *Tomber de l'eau*: uriner. Excusez-le, il va aller *tomber de l'eau*. (Charsalac)
Syn., voir: **lâcher de l'eau**.
3. *Tomber des clous*: pleuvoir beaucoup. Depuis hier, il *tombe des clous*.
4. *Tomber en amour* (angl. to fall in love) ⊘: devenir amoureux. Elle est *tombée en amour* la première fois qu'elle l'a vu.
5. *Tomber en bottes, tomber en douelles*: se dit d'un tonneau qui se défait, dont les douves tombent sous l'effet de la sécheresse.
Syn.: **ébarouir**.

TOMBEREAU n. m.
Voiture d'hiver à deux patins et à boîte basculante servant au transport du fumier, de la neige.
Syn.: **banneau** (sens 2).

TOMBLEUR n. m. (angl. tumbler) ⊘
Voir: **tumbleur**.

TONDRE n. m.
Vx en fr. Tondre (n. f.), c'est-à-dire bois décomposé par l'action des champignons, très sec et très inflammable, amadou. [+++]
Syn.: **punk**.

TONDREUX, EUSE adj.; **TONDREUX** n. m.
1. Pourri, vermoulu, devenu de la tondre. Du bois *tondreux*. [+++]
2. Rognon de castor de texture spongieuse et dont l'odeur de musc est utilisée par les chasseurs pour attirer certains animaux à fourrure.
Syn.: **drogue, huileux, rognon huileux, rognon tondreux**.

TONDRIÈRE n. f.
Endroit où l'on trouve de la *tondre* en abondance.

TONGUE, TOGNE n. f. (angl. tongue) ⊘
Timon d'une voiture hippomobile. (O 27-116)
Syn.: **aiguille, pole**.

TONNE n. f.
1. *Sentir la tonne, sentir le fond de tonne*: empester l'alcool. Le lendemain d'une cuite, on *sent la tonne*.
2. Femme grosse, corpulente, forte en chair. Se dit aussi mais plus rarement d'un homme.
Syn., voir: **toutoune**.

TONNERRE n. m.
Vx ou litt. en fr. Foudre. Le *tonnerre* est tombé sur cet arbre.

TONTURE n. f.
Courbure des patins d'un traîneau, ou des deux prolonges du brancard entre lesquelles est attelé un cheval.

TOP n. m. (angl. top) ⊘
1. Tête d'un arbre.
Syn.: **faît**.

2. Capote de boghei, toit d'une auto. [+++]

3. Mégot. Mettre les *tops* de cigarettes dans un cendrier. [+++]

TOPATTE n. m. (angl. towpath) ▣
Voir : **towpath**.

TOPER v. tr. (angl. to top) ▣
1. Couper. *Toper* la queue d'un cheval, la tête d'un arbre.
2. Fig. Fumer cigarette après cigarette. [+++]

TOPEUR, TOPEUX, EUSE n. (angl. toper) ▣
Fig. Se dit de quelqu'un qui fume cigarette après cigarette.

TOPINE n. f.
Verrue qui pousse sur les légumes (carottes, navets, etc.). (acad.)

TOPLESS n. f. (angl. topless) ▣
Voir : **gogo-girl**.

TOQUANT, ANTE adj.
Qui procure vite la satiété. La *tire* d'érable, c'est *toquant*.
Syn : **ouillant**.

TOQUE n. f.
l. Bardane, plante et capitules. (E 34-91)
Syn., voir : **grakia**.
2. Jeune pousse de framboisier.

TOQUÉ, ÉE adj. et n.
Obstiné, qui ne change pas d'idée facilement.

TOQUER v. tr., intr. et pron.
1. Dial. en fr. Heurter, frapper. Le bélier l'a *toqué* dans le derrière ; les deux béliers *se sont toqués* pendant une heure. (O 27-116)
2. En parlant d'un cheval, tirer par saccades.
3. Dial. en fr. Frapper. On vient de *toquer* à la porte, va donc ouvrir. [+++]

TORCHE n. f.
Fig. Femme grosse, d'un embonpoint excessif, et d'une propreté discutable.
Syn., voir : **toutoune**.

TORCHER v. tr.
Vx en fr. Nettoyer, frotter, essuyer, rendre propre. *Torcher* un plancher, une casserole.

TORCHON adj. et n.
1. Vx en fr. Malpropre, mal habillée, en parlant d'une femme.
Syn., voir : **souillon**.
2. Serpillière, wassingue servant à laver les planchers. [+++]
Syn. : **linge à plancher**.
3. Au pl. Gros flocons de neige qui tombent par temps doux. C'est le printemps que la neige tombe en *torchons*. (O 25-117)
Syn., voir : **peaux-de-lièvre**.

TORDAGE n. m.
Fig. *Tordage de bras* : action de *tordre le bras* à quelqu'un, d'insister fortement pour obtenir son appui, son consentement.

TORD-BABINE n. m.
Tord-nez pour maîtriser un cheval rétif.
Syn., voir : **mouchettes**.

TORDEUR, TORDEUSE n.
Essoreuse manuelle ou électrique à rouleaux. [+++]
Syn. : **retordeur, retordeuse**.

TORD-GUEULE n. m.
Tord-nez pour maîtriser un cheval rétif.
Syn., voir : **mouchettes**.

TORD-LA-MÈCHE n. m. et adj.
Avare.
Syn., voir : **avaricieux**.

TORDRE v. tr.

Fig. *Tordre le bras* à quelqu'un : faire pression, insister fortement auprès de quelqu'un pour obtenir son adhésion, son consentement.

TORQUETTE n. f.

Vx en fr. Feuilles de tabac à fumer ou à chiquer roulées puis pressées pour être le moins encombrantes possible.

TORRIEUX, IEUSE adj.

1. Superlatif. Une *torrieuse* de belle femme : une très belle femme.
2. *En torrieux* :
   a) Beaucoup, très. Il fait froid *en torrieux*.
   b) En colère. Lui, il est toujours *en torrieux*.

TORTASSERIE n. f.

Pâtisserie. Faire de la *tortasserie* pour les fêtes. (acad.)
Syn., voir : **galettage**.

TORTEAU, TARTEAU n. m. [#]

1. Brioche, pâtisserie, tourte. (acad.)
2. Crêpe de farine de sarrasin.
   Syn., voir : **galette**.

TORTUE n. f.

Robuste poêle à bois ayant la forme d'un tonneau et ne servant qu'au chauffage.

TOSSIER n. m. (angl. toast) ◙

1. Grille que l'on posait sur le poêle et sur laquelle on faisait griller le pain, avant l'arrivée du grille-pain électrique.
2. Grille-pain électrique.
   Syn. : **toasteur**.

TOTE-ROAD n. m. (angl. tote road) ◙
Voir : **portage** (sens 1 et 2).

TOUBI n. m. (amér.)
Éclisse de frêne servant à garnir le fond d'un siège ou qu'on attache au bout d'un manche pour faire un balai.
Syn. : **clisse**.

TOUCHE n. f.

1. Fam. en fr. Bouffée qu'un fumeur tire à chaque aspiration. [+++]
2. *Tirer une touche, prendre une touche* : fumer, fumer un peu la pipe ou la cigarette. Ça fait du bien de *tirer une touche* après un bon repas. [+++]

TOUCHERON n. m.
Toucheur, celui qui conduit les bœufs.

TOUELLE n. f. [#]
Voir : **douelle**.

TOUGH, TOFFE adj. et n. (angl. tough) ◙

1. Difficile à faire, en parlant d'un travail.
2. Brutal ou grossier, en parlant d'un homme.
3. Houleux, en parlant de la mer.
4. Difficile à supporter, en parlant d'un malheur.

TOUGHFER, TOFFER v. tr. et intr. (angl. to tough) ◙
Endurer, supporter une épreuve, résister, tenir bon, ne pas lâcher. [+++]

TOUGHFEUR, TOFFEUX, EUSE adj. et n. (angl. tough) ◙
Personne capable de *toughfer*.

TOUJOURS BIEN QUE loc. prép. [#]
Toujours est-il que.

TOULADI n. m. (amér.)
Omble gris, poisson particulier à l'Amérique du Nord. [+++]
Syn. : **truite de lac, truite grise**.

TOUNE, TIOUNE n. f. (angl. tune) ◙
Air de musique, chanson. Jouer une

toune au piano. [+++]
Syn.: **turlute**.

TOUNE, GROSSE TOUNE n. f.
Voir: **toutoune**.

TOUPINE n. f.
Femme grosse, corpulente, bien en chair.
Syn., voir: **toutoune**.

TOUR n. m.
1. Fût de la raquette à neige.
   Syn., voir: **monture**.
2. *Avoir le tour*: avoir la manière, la dextérité. Cette serrure est difficile à ouvrir, il faut *avoir le tour*.
3. *Tour du chapeau* (angl. hat trick) ⊘ : au hockey, exploit d'un joueur qui réussit à marquer trois buts au cours d'un même match.
4. *Tour d'ongle*: panaris au pourtour d'un ongle.
   Syn.: **tournure**.

TOURAGE n. m.
Fût de la raquette à neige.
Syn., voir: **monture**.

TOURBE n. f. (angl. turf) ⊘
Gazon en plaques provenant d'une *gazonnière* et dont on fait les pelouses. Pour avoir une pelouse rapidement, on préfère couvrir un terrain de *tourbe* plutôt que de semer de la graine de gazon.
Voir: **tourber**, **détourbeuse**.

TOURBER v. tr. (angl. to turf) ⊘
Couvrir de gazon en plaques, de *tourbe*, gazonner.

TOURILLON n. m.
Treuil d'un puits permettant de puiser de l'eau sans effort.
Syn., voir: **dévidoir**.

TOURLOUTE n. f.
Voir: **tarlutte**.

TOURMALINE n. f.
Bonnet de laine ayant la forme d'un grand béret et porté par les femmes seulement, encore dans les années trente.

TOURNAILLEUR n. m.
Treuil d'un puits.
Syn., voir: **dévidoir**.

TOURNE-AVISSE n. m. [#]
Tournevis.

TOURNEBROCHE n. m.
Bielle de la faucheuse à foin qui communique le mouvement à la faux. (entre 46-83 et 8-133)
Syn.: **marchette**, **pitman**.

TOURNÉE n. f.
1. *Faire la tournée*: passer d'un érable à un autre pour recueillir la sève sucrée. (O 22-124)
   Syn.: **courir les érables**, faire la **ramasse**.
2. *Tournée du jour de l'An*: coutume consistant pour les jeunes garçons célibataires à aller offrir, en petits groupes, leurs vœux du Nouvel An, surtout là où il y a des jeunes filles, occasion rêvée de les embrasser et de se voir offrir un verre par le maître de la maison.
   Syn.: **run**.

TOURNER v. tr.
1. Castrer un taureau ou un cheval à l'aide de *bois* ou de serres.
   Syn., voir: **affranchir**.
2. Fig. *Tourner capot*: changer d'allégeance politique, tourner casaque, retourner sa veste, changer de religion.
   Syn.: **virer capot**.

TOURNETTE n. f.
Vx en fr. Dévidoir à axe horizontal qu'on emploie pour mettre la laine

en écheveau.
Syn. : **travouil.**

TOURNEUX n. m.
1. Homme qui fait la *tournée* des érables pour recueillir la sève sucrée de chaque érable. (O 22-124)
2. Jeune célibataire qui fait la *tournée du jour de l'An.*

TOURNIQUET n. m.
1. Dans un cours d'eau, remous occasionné par une grosse pierre faisant obstacle au courant.
2. Girouette placée sur les bâtiments de ferme.
   Syn., voir : **vire-vent.**
3. Tord-nez pour maîtriser un cheval.
   Syn., voir : **mouchettes.**
4. Tourbillon de vent de peu de durée qui, selon les saisons, soulève poussière, foin ou neige.
   Syn. : **sorcière.**
5. [#] Émérillon empêchant une chaîne de se tortiller, touret.
   Syn. : **swivel, virevau, verrou, virole.**

TOURNURE n. f.
Panaris au pourtour d'un ongle. Les pêcheurs de métier ont souvent des *tournures.*
Syn. : **tour d'ongle.**

TOURTE n. f.
Nom populaire de la tourterelle triste.

TOURTIÈRE n. f.
1. Tarte à la viande recouverte, tourte à la viande. [++]
2. Pâté à la viande recouvert, appelé « tourtière du Lac-Saint-Jean » dans les restaurants de la ville de Québec. (Lac-Saint-Jean)

TOUT adj. ind.
Tout près de. À la *toute* fin de l'année il est tombé malade.

TOUTOUNE n. f.
1. Femme grosse, corpulente, forte en chair. Regarde la *toutoune* là-bas, ça déborde de partout. [+++]
   Syn. : **marloune, poutine, pitoune, plug, tonne, torche, toune, toupine.**
2. Terme affectif qu'emploient les adultes en s'adressant à une petite fille ou en parlant d'elle. Viens voir ta tante ma petite *toutoune.* [+++]
   Syn. : **bisoune, chouette, garce, gorlèze, gouine.**

TOWNSHIP n. m. (angl. township) ⊘
Voir : **canton.**

TOWPATH, TOPATTE n. m. (angl. towpath) ⊘
Sentier d'approvisionnement en forêt, sentier de portage.
Syn., voir : **portage.**

TRACAS n. m.
1. Au pl. Menues besognes. Passer la journée à faire des *tracas.*
2. Variété de beignets.
   Syn., voir : **beigne.**

TRACASSER v. intr.
Faire de menues besognes ; perdre son temps, musarder. Avec ce mauvais temps, on a passé la journée à *tracasser.* (O 37-85)
Syn., voir : **bretter.**

TRACEL n. m. (angl. trestle) ⊘
Voir : **trestle.**

TRACK, TRAQUE n. f. (angl. track) ⊘
1. Voie ferrée. Il est dangereux de marcher sur la *track.* [+++]
2. Rail de voie ferrée. Quand il fait très froid, les *tracks* raccourcissent. [+++]

3. Trace laissée par les patins d'un traîneau sur la neige ou par les roues sur la terre.
Syn., voir: **reile**.
4. Fig. *Être en dehors, à côté de la track*: être en dehors du sujet.
Syn.: **coche, patate** (sens 4).

TRAHIR (SE) v. pron.
Voir: **traillir**.

TRAIL n. f. (angl. trail) ◙
1. Sentier piétonnier.
2. Chemin permanent mais rudimentaire en forêt, dans l'érablière.
3. En forêt, piste temporaire tracée autour d'une étendue d'arbres à abattre et qu'on utilisera pour le débusquage.
Syn., voir: **revirée**.

TRAILEUR n. m. (angl. trailer) ◙
Remorque qu'on attache derrière un véhicule automobile.

TRAILLIR, TRAHIR (SE) v. pron.
Luxer, déplacer, déboîter. Il s'est *trailli* une cheville.
Syn.: **tressaillir**.

TRAIN n. m.
1. Ménage, travaux domestiques. Tous les jours les femmes font le *train* de la maison appelé aussi *petit train*.
2. Soins donnés aux animaux à l'étable (traite, nourriture, nettoyage, etc.). Faire le *train* deux fois par jour. [+++]
Syn.: **ménage**.
3. Vx en fr. Bruit, tapage, tumulte. Faire du *train* au point d'empêcher les voisins de dormir. [+++]
Syn., voir: **cabas**.
4. Fig. *Manquer le train*:
a) Rester célibataire, sur le carreau, en parlant d'une femme.
Syn., voir: manquer la **marée** (sens 3).
b) Rater une affaire, une bonne occasion.

TRAÎNE n. f.
1. Voiture hippomobile d'hiver basse et servant au transport des personnes, un peu plus chic que le *berlot*.
2. Traîneau à patins bas pour le transport du bois, des marchandises.
3. Traîneau d'érablière pour le transport de la sève d'érable.
Syn.: **sleigh de cabane**.
4. Traîneau-jouet pour les enfants, modèle réduit de la **traîne** (sens 1).
5. *Traîne à barreaux, traîne à bâtons*.
Voir: **traîneau à bâtons**.
6. *Traîne à roches*: traîneau à pierres.
Syn.: **stoneboat, traîne plate**.
7. *Traîne plate*: traîneau à pierres qui peut servir au transport de machines aratoires sur la ferme.
Syn., voir: **traîne à roches**.
8. *Traîne sauvage*. [++]
Voir: **tobagane**.

TRAÎNEAU n. m.
1. Cep de la charrue.
2. Traîneau-jouet pour les enfants. [+++]
3. *Traîneau à barreaux*.
Voir: **traîneau à bâtons**.
4. *Traîneau à bâtons*: traîneau à patins bas dont on se sert pour transporter le bois de chauffage retenu de chaque côté par des bâtons que des *ambines* empêchent de s'écarter.
Syn.: **traîne à barreaux, traîne**

à bâtons, traîneau à barreaux, traîneau bâtonné, sleigh à bâtons, sleigh à barreaux.

5. *Traîneau bâtonné.*
Voir : **traîneau à bâtons.**

6. *Traîneau de portage.*
Voir : **bacagnole** (sens 1).

7. *Traîneau renclos, traîneau rentouré* : traîneau rudimentaire avec caisse et servant au transport des provisions.

8. Fig. *Descendre en traîneau* : se dit d'un camion ou d'une auto dont les pneus ne mordent pas sur la neige ou sur la glace et qui descendent les côtes en glissant dangereusement, comme un traîneau, à droite et à gauche, en slalom.

TRAÎNÉE n. f.
1. Trace laissée sur la neige par la loutre ou le vison.
2. Charge d'une *traîne*. Faire deux *traînées* pour transporter toutes les provisions.

TRAÎNER v. tr.
Fig. *Se traîner les pieds* : être lent à agir, à légiférer, à se décider. Face à la pollution des cours d'eau par les égouts, le gouvernement *s'est traîné les pieds* bien des années.

TRAÎNERIE n. f.
1. Objet laissé à la traîne. Habituer les enfants à ramasser leurs *traîneries* avant de se mettre au lit.
2. *Pas une traînerie* : rapidement, sur-le-champ. Les livres, on va les ranger, ça ne sera *pas une traînerie*.

TRAÎNEUR, TRAÎNEUX, EUSE n. et adj.
Vx en fr. Personne négligente, qui laisse à l'abandon, qui ne range pas, qui laisse tout à la traîne, traînard.

TRAÎNEUX À RIGOLES n. m.
Voir : **rigoleuse.**

TRAIT n. m.
Tout supplément de mesure pour les grains, les matières sèches.
Syn. : **robinet.**

TRAIT-CARRÉ, TRÉCARRÉ n. m.
1. Ligne qui marque l'extrémité d'une terre. [++]
Syn. : **cordon, fronteau.**
2. Partie d'une terre éloignée de la maison, près du *trait-carré*.
3. Tranchée où l'on asseoit les fondations d'une construction.

TRAITE n. f. (angl. treat) ⊘
1. Tournée de boisson alcoolisée. Quand grand-père nous recevait, il n'était pas avare de ses *traites*.
2. *Payer la traite* :
a) Offrir un verre.
b) Fig. Éclabousser. Quand il pleut, certains automobilistes *paient la traite* aux piétons, aux joggeurs.

TRAITER v. tr et pron. (angl. to treat) ⊘
1. Servir à boire une boisson alcoolique ; se servir à boire.
2. Fig. *Se faire traiter* : se faire éclabousser. Quand on fait du jogging dans les rues à la fonte des neiges, on *se fait traiter*.

TRAÎTRE adj.
Pas traître : pas bon, de qualité médiocre. Un whisky *pas traître*.

TRALÉE, TROLÉE n. f.
Bande, groupe, grand nombre, ribambelle. Il y avait une *tralée* de monde à l'assemblée. Une *tralée* d'enfants. [+++]
Syn. : **battée, bourrée, chipotée, grouée, potée, politaine, pourginée, saganée.**

TRAMP, TRIMPE n. et adj. (angl. tramp) ⊘

Chemineau, vaurien, propre à rien. Il est devenu *tramp* depuis qu'il habite la ville. Fréquenter des *tramps*.
Syn.: **ratatouille**.

TRAMPER, TRIMPER v. intr. (angl. to tramp) ⊘

Mener une vie de chemineau, de vaurien, de *tramp*.

TRAMPEUR n. m. (angl. tramper) ⊘
Voir: **horsepower**.

TRANCHE n. f.
1. Ciseau à fer.
2. Binette servant à désherber.
3. *Tranche à glace*: scie passe-partout utilisée par ceux qui l'hiver sciaient des blocs de glace à entreposer dans les glacières où s'approvisionnaient les marchands de glace antérieurement à l'arrivée des réfrigérateurs.
4. *Tranche à foin*.
   Voir: **coupe-foin**.
5. *Tranche à pain*: grand couteau à pain, légèrement denté.
6. *Tranche à tabac*: hachoir pour le tabac à pipe.
   Syn.: **hacheur**, **hacheux**.
7. *Tranche dorée*.
   Voir: **pain doré**.

TRANCHER v. tr.
1. Vx en fr. Couper, séparer à l'aide d'un instrument tranchant. *Trancher* du pain.
2. Enlever la tête et l'épine dorsale de la morue à saler ou à faire sécher.

TRANSCANADIEN, IENNE adj. et n.
Qui traverse le Canada d'un océan à l'autre. La route *transcanadienne* s'appelle communément la *transcanadienne* et a été construite après la Deuxième Guerre mondiale.

TRANSPIGOUSSE n. f.
Lampe à l'huile rudimentaire utilisée dans les chantiers forestiers et que l'on fichait à un poteau.

TRANSQUÉBÉCOISE n. f.
Autoroute qui traverse le Québec habité du sud au nord.

TRAPPAGE n. m.; **TRAPPE** n. f.
Action de *trapper*. Novembre et décembre sont les deux meilleurs mois pour le *trappage*, pour la *trappe*; faire, aller au, monter au *trappage* ou à la *trappe*.

TRAPPE n. f.
1. Piège à prendre les oiseaux.
2. *Nasse à anguilles*.
   Syn., voir: **bourne**.
3. *Trappe à homards*: casier à homards.
   Syn., voir: **attrape** (à homards).
4. *Trappe à mouches*: boîte-piège pour capturer les mouches.
   Syn., voir: **attrape** (sens 3).
5. Fig. Bouche. Se faire aller la *trappe*, se fermer la *trappe*: parler beaucoup, se taire.
   Syn., voir: **grelot** (sens 5).

TRAPPER v. tr. et intr.
Exercer le métier de trappeur, c'est-à-dire de chasseur d'animaux à fourrures. Ce vieux trappeur *trappait* déjà le castor au début du siècle.

TRAPPISTINE n. m.
Chocolat fabriqué par les religieuses trappistines installées à Saint-Romuald au sud de Québec. Acheter du *trappistine* pour sa fiancée.

TRAQUE n. f. (angl. track) ⊘
Voir: **track**.

TRAVAIL n. m.
1. Brancard d'une voiture, formé de deux prolonges entre lesquelles est attelé un cheval. (O 27-116) Syn. : **menoires**.
2. Sorte de travois ou brancard fait de deux fortes prolonges souvent ferrées, recourbées et réunies par une traverse ou sommier qui porte le pied de la grume à débusquer. Syn., voir : **bacagnole** (sens 1).

TRAVAILLANT n. m.
Travailleur, ouvrier. L'heure des *travaillants* est l'heure de pointe de la circulation qui coïncide avec les sorties des usines et des bureaux. [+++]

TRAVAILLANT, ANTE adj.
Qui a du cœur à l'ouvrage, qui aime travailler. Il réussira à se trouver un bon emploi car il est très *travaillant*. [+++]

TRAVERS n. m.
1. Petite bille de bois qui supporte le *boulin* inférieur d'une clôture. Syn., voir : **billochet**.
2. Clôture établie sur la largeur d'une terre.

TRAVERSE n. f.
1. Chemin secondaire reliant deux villages.
2. Endroit où accoste un bateau passeur ou *traversier*. Se rendre à la *traverse* (à Québec) pour aller à Lévis.
3. Ferry-boat, bac. Rater la *traverse* de quelques secondes. Syn. : **traversier**.
4. Chemin balisé tracé sur la glace qui recouvre un cours d'eau ou un lac. Passer par la *traverse* raccourcit le trajet.
5. *Traverse de chemin de fer* (angl. railway crossing) ⊠ : passage à niveau. Comme nos *traverses de chemin de fer* sont nombreuses, les accidents y sont fréquents.
6. Vx ou litt. en fr. Difficulté, obstacle. Il a eu toutes les *traverses* imaginables mais il a toujours gardé le moral.

TRAVERSIER n. m.
1. Bac, ferry-boat, bâtiment qui assure la traversée des véhicules et des personnes d'une rive à l'autre d'un lac, d'un cours d'eau. Syn. : **traverse**.
2. [#] Traversin de lit.

TRAVOIS n. m.
Traîneau rudimentaire consistant en une espèce de brancard fait de deux prolonges sur lesquelles est fixée une plate-forme et qui peut être tiré par un homme, un chien ou un cheval ; originaire des Prairies, le *travois* fut très utilisé dans les chantiers forestiers du Québec. Syn., voir : **bacagnole** (sens 1).

TRAVOUIL n. m.
Vx en fr. Dévidoir à axe horizontal servant à mettre la laine en écheveau. (acad.) Syn. : **tournette**.

TRAVOUILLER v. tr.
Enrouler la laine sur un cadre ou dévidoir appelé *travouil*. *Travouiller* de la laine. (acad.)

TRAYER v. tr. [#]
Traire. C'est l'heure de *trayer* les vaches. Syn. : **tirer**.

TRÉCARRÉ n. m. [#]
Voir : **trait-carré**.

TRÈFLE n. m.
1. *Trèfle alsique* : variété de trèfle à fleurs violettes utilisé comme fourrage, trèfle hybride.

2. *Trèfle blanc* : trèfle rampant.
3. *Trèfle d'odeur* : mélilot blanc.
4. *Trèfle jaune* : trèfle agraire.
5. *Trèfle rouge* : trèfle des prés.

TREMBLE n. m.
Nom courant du peuplier faux-tremble.

TREMBLIÈRE n. f.
Peuplement de peupliers faux-trembles, peupleraie.

TREMPE adj. [#]
Trempé, humide, en parlant des vêtements, du sol. Faire sécher des vêtements *trempes*. [+++]

TREMPER v. intr.
Donner plus d'entrure à la charrue en labourant ; c'est le contraire de *détremper*.

TREMPE-SUCRE n. m.
Cuiller en bois servant à mouler le sucre d'érable. (Beauce)
Syn., voir : **trempoir**.

TREMPETTE n. f.
1. Tranche de pain trempé dans du lait, de la crème ou encore trempé dans du *réduit*. [+++]
   Syn. : **trempine, miton**.
2. Sève d'érable en ébullition, proche de l'état de sirop. [+++]
   Syn. : **trempine**.
3. *Faire trempette, faire une trempette, faire des trempettes* : à la *cabane à sucre*, tremper son pain dans le *réduit* en ébullition.
4. *À la trempette* : très mouillé. Après l'orage, ses vêtements étaient *à la trempette*.

TREMPEUR n. m.
Voir : **trempoir**.

TREMPINE n. f.
Voir : **trempette** (sens 1 et 2).

TREMPOIR n. m.
Cuiller en bois servant à mouler le sucre d'érable.
Syn. : **trempeur, trempe-sucre**.

TRÉMUE n. f. [#]
Trémie.

TRENTE-SIX n. m. inv.
Vx en fr. *Se mettre sur son trente-six* : mettre ses plus beaux habits, se mettre sur son trente et un.
Syn. : **quarante** (sens 1).

TRENTE-SIX-MÉTIERS n. m. inv.
Ouvrier qui fait toutes sortes de travaux, qui est homme à tout faire, sans spécialité. On dira alors : *trente-six métiers, trente-six misères* pour souligner l'inconvénient de ne pas avoir un métier.
Syn. : **fourreux-de-chien**.

TRENTE SOUS n. m. inv.
1. Pièce de monnaie valant vingt-cinq cents. Quatre *trente sous* faisaient un dollar.
2. Fig. *Ne pas valoir trente sous* : être faible, manquer de force. Un citadin comme bûcheron, ça ne vaut pas *trente sous*.
   Syn., voir : **chique**.

TRÉPIED n. m.
Appui sur lequel le forgeron pose le sabot du cheval pour le ferrer.
Syn., voir : **pied-de-fer**.

TRESSAILLIR (SE) v. pron.
Démettre, déplacer (un pied, etc.), léser (un muscle, un tendon). Se *tressaillir* une cheville.
Syn. : **traillir**.

TRESSLE, TRACEL n. m. (angl. trestle) ⊘
1. Viaduc servant au passage d'une voie ferrée, d'une route.
2. Viaduc temporaire constitué d'échafaudages en bois servant à

supporter une dalle mouillée dans laquelle passent des billes de bois au-dessus d'une vallée, d'un cours d'eau, d'une route.

TRIBERT n. m.
Fourche à trois fourchons, éventuellement à quatre fourchons. (acad.)

TRICHER v. tr.
1. *Tricher la Couronne* :
   a) Fig. Faire quelque chose qui est défendu, qu'on ne doit pas faire. Un malade à qui l'alcool est défendu ne doit pas *tricher la Couronne.*
   b) Fig. Tromper sa femme.
      Syn. : **tricher sa vieille.**
2. *Tricher sa vieille* : tromper sa femme.
   Syn. : **tricher la Couronne.**

TRICOLER v. intr.
Tituber, marcher en zigzaguant, chanceler pour avoir trop bu.
Syn. : **chambranler.**

TRICOLORE n. m.
Voir : **Canadien** (club de hockey).

TRICOTAGE n. m. [#]
Tricot. Nos mères prenaient leur *tricotage* chaque fois qu'elles avaient une minute de libre. [+++]
Syn. : **brochure.**

TRICOTER v. tr.
Voir : **connaître quelqu'un comme si on l'avait tricoté.**

TRIC-TRAC n. m.
Voir : **cric-crac.**

TRICYCLE n. m.
Véhicule automobile tout terrain, monté par une seule personne et dont les trois roues très basses sont munies de pneus très larges. L'automne, certains trappeurs font la tournée de leurs pièges en *tricycle.*
Syn. : **trimoto.**

TRIER v. tr.
Cueillir. Aller *trier* des fraises de champs. (Lanaudière)
Syn. : **casser** (sens 4).

TRIFLUVIANA n. m. pl.
Documents relatifs à la région de Trois-Rivières, en Mauricie.

TRIFLUVIEN, IENNE n. et adj.
Natif ou habitant de Trois-Rivières, en Mauricie ; de Trois-Rivières.

TRIMER v. tr. et pron. (angl. to trim) ◙
1. Tondre, tailler, couper, arranger. *Trimer* les crins de la queue d'un cheval, se faire *trimer* les cheveux, *trimer* une haie.
2. Castrer un animal.
   Syn., voir : **affranchir.**
3. Faire sa toilette.
   Syn., voir : se **toiletter** (sens 1).
4. Se préparer. Commence à *te trimer*, tu es déjà en retard.
   Syn., voir : **gréer** (sens 2).

TRIMOTO n. f.
Voir : **tricycle.**

TRIMPE n. m. (angl. tramp) ◙
Voir : **tramp.**

TRIMPER v. intr. (angl. to tramp) ◙
Voir : **tramper.**

TRIOMPHE n. m.
À l'occasion d'une victoire électorale, démonstration tapageuse au cours de laquelle on brûle en effigie le candidat défait.

TRIPANT, ANTE ; TRIPATIF, IVE adj. (angl. to trip)
Amusant, drôle, en parlant d'une personne, d'un film, d'une pièce de théâtre.

TRIPE n. f.
1. Chambre à air d'un pneu.

2. *Avoir une tripe de vide* : être affamé.

TRIPE-DE-ROCHE n. f.
Polypode de Virginie, plante comestible très connue des chasseurs et des trappeurs et aussi en médecine populaire. (O 38-84) Syn. : **mousse-de-roche**.

TRIPÉE n. f.
Entrailles d'un animal de boucherie.

TRIPER v. intr. (angl. to trip)
Absorber des substances hallucinogènes (LSD, hasch, etc.).

TRIPLEX n. m.
Habitation comportant trois logements ou appartements superposés (ROLF).

TRISTE adj.
Triste comme un Vendredi Saint : très triste (en parlant d'un endroit ou d'une personne).

TRITRI, CRICRI n. m.
Tyran tritri, moucherolle de la Caroline.

TRIYON n. m. [#]
Trayon. Une vache à quatre *triyons*.

TROIS-CHEMINS n. m.
Fourche de chemins.

TROLÉE n. f.
Voir : **tralée**.

TROLL n. f. (angl. troll) ◙
Cuiller. Pêcher à la *troll* : pêcher à la cuiller.

TROLLER v. tr. (angl. to troll) ◙
1. Pêcher à la cuiller.
2. Fig. Draguer les femmes, racoler.

TROMPE n. f.
1. Instrument de musique rudimentaire, guimbarde. (acad.)
2. [#] Erreur. Faire une *trompe* dans ses calculs.

TROMPER v. intr.
Jouer de la *trompe* ou guimbarde. (acad.)

TROMPEUR n. m.
Joueur de *trompe* ou guimbarde. (acad.)

TROMPEUSE n. f.
Carré de tissu brodé, empesé, attaché aux poteaux de la tête du lit et destiné à cacher les oreillers. Syn. : **hypocrite**, **menteuse**, **toilette**.

TROSSE n. f.
Bille de bois de chauffage d'environ trente centimètres de longueur. Cet arbre donnera plusieurs dizaines de *trosses*. (acad.)

TROSTER v. tr. (angl. to trust) ◙
Voir : **truster**.

TROTTE n. f.
Être sur la trotte : voyager, passer sa vie sur les routes. Il n'est jamais chez lui, il est toujours *sur la trotte*.

TROTTER v. intr. et pron.
Aller se promener, sortir, ne pas être chez soi. Au lieu de faire son travail, notre voisin *se trotte* sans arrêt ; il *trotte* du matin au soir.

TROTTEUR, TROTTEUX, EUSE adj. et n.
1. Qui sort souvent, qui aime sortir. Syn. : **sorteur**.
2. Fig. Personne de mœurs légères, coureur.

TROTTEUSE n. f.
Appareil roulant pour soutenir les enfants qui apprennent à marcher, trotteur. Syn. : **marchette**, **marcheuse**.

TROU n. m.
1. *Trou à bois*. Syn., voir : **cavreau**.

2. *Fig. Être dans le trou* : être en
faillite, en déficit. Il peut bien *être
dans le trou*, ses dépenses sont
trop élevées.
3. Argot des prisons. Cachot.
4. *Trou chaud, trou d'air, trou
d'araignée* : sur un cours d'eau ou
sur un lac, endroit où la glace
prend à peine ou ne prend pas du
tout. Un cheval sent toujours un
trou chaud et l'évite. Un *trou
chaud* d'où partent des fissures
simulant des pattes d'araignée est
un *trou d'araignée*.
Syn. : **dégelé**, **dégelis**.
5. *Trou d'une jument.*
Voir : **noir comme dans le trou
d'une jument**.

TROUBLE n. m. (angl. trouble) ⊘
1. Peine. Prendre le *trouble* d'aller
visiter un ami malade.
2. *Se donner du trouble* : se donner
du mal, tout faire pour bien
recevoir ses amis, pour bien faire
un travail.
3. *En trouble* (angl. in trouble) ⊘ :
en dérangement, en panne (en
parlant d'un ascenseur, d'un
moteur, etc.).

TROUBLER v. intr.
Perdre la raison. À quelques jours
d'intervalle, elle a perdu son mari et
son fils ; quelques semaines plus
tard, elle *troublait* et on dut la faire
soigner dans un hôpital
psychiatrique.
Syn. : **chavirer**.

TROU DE CUL n. m.
Terme d'injure. Personne incapable,
incompétente, trou du cul. Ce
médecin-là, c'est un *trou de cul*.

TROU-DE-SŒUR n. m.
Pâtisserie appelée pet-de-nonne.
Syn., voir : **nombril-de-sœur**.

TROUFIGNON, TROUFION, TROUPIGNON
n. m.
1. Morceau délicat qu'est le croupion
d'une volaille. (O 27-116)
Syn. : **bouchée des dames**,
croupignon, **huilier**, **morceau
des dames**.
2. Coccyx. Avoir mal au *troufignon*
suite à une chute.

TROUSSE, VIEILLE TROUSSE n. f.
Femme déplaisante, vieille taupe.

TROUSSEAU, TROUSSEAU DE BÉBÉ
n. m. [#]
Layette.

TROUSSE-MÊLEUX n. et adj.
Gâte-sauce, importun.

TRUCK n. m. (angl. truck) ⊘
1. Voiture de ferme hippomobile à
quatre roues, chariot, fourragère.
Un *truck* à foin. (Beauce et
Gaspésie)
Syn., voir : **wagon**.
2. Camion automobile, camion. [+++]
3. Voir : **chariot de la fourche
mécanique**.

TRUCKAGE n. m. (angl. truckage) ⊘
Action de transporter en utilisant un
truck ou camion.

TRUCKÉE n. f. (angl. truck) ⊘
Charge d'un *truck* ou camion.
Acheter une *truckée* de terre noire.

TRUIE n. f.
1. Jeu de garçons qui se joue avec
des bâtons d'environ 130
centimètres de longueur et une
boule de bois appelée *truie*. Un
joueur désigné par le sort essaie
d'amener la *truie* vers un trou
central entouré d'une couronne de
trous occupés par les autres
joueurs. Ceux-ci essaient
d'empêcher la *truie* d'aller
cochonner au centre. Un trou

abandonné peut être occupé par un autre joueur. La *truie* arrivant au trou du centre, tous les joueurs doivent changer de trou au cri de « elle cochonne ». Celui qui n'a pas réussi à occuper un trou devra s'occuper de la *truie*. (O 27-116)

2. Poêle rudimentaire formé d'un bidon d'acier horizontal monté sur quatre pieds et utilisé surtout dans les chantiers forestiers. [+++] Syn. : **baratte**, **chienne**, **gaillard**.

3. Grande scie passe-partout sans dents dégorgeantes. Syn. : **godendart**.

4. *Truie sourannée*. Voir : **souranné**.

TRUITE n. f.
1. *Truite blanche, truite de mer, truite de ruisseau, truite mouchetée, truite rouge, truite saumonée* : noms vulgaires de l'omble de fontaine, la véritable truite n'existant pas ici.

2. *Truite à gueule de brochet* : nom vulgaire du brochet d'Amérique.

3. *Truite grise, truite de lac* : noms vulgaires du *touladi* ou omble gris.

TRUMEAU n. m.
Petite armoire encastrée dans un mur entre deux fenêtres.

TRUSTER, TROSTER v. tr. (angl. to trust) ⊘
Avoir confiance en quelqu'un. Celui-là, je ne le *trusterais* pas !

TUASSE n. f.
Travail, métier dangereux pour les travailleurs. Faire sauter un embâcle à la dynamite, c'était une vraie *tuasse*.
Syn. : **pinière** (sens 2), **tue-monde**.

TUB n. f. (angl. tub) ⊘
Contenant en bois mais le plus souvent en métal, tonneau.
Syn. : **baille**.

TUE-MONDE n. m.
Voir : **tuasse**.

TUE-MOUCHES n. m.
Voir : **tape-mouches**.

TUER v. tr. [#]
Éteindre. *Tuer* le feu, la lampe, la lumière. [+++]
Syn. : **crever**.

TUFEUX adj.
Terrain tufeux : contenant du tuf, où il y a du tuf.

TUILE n. f. (angl. tile) ⊘
1. Tuyau de grès de forme carrée ou ronde placé à l'intérieur d'une cheminée.

2. Tuyau de grès servant au drainage des terres.

3. Carreau de terre cuite, de linoléum ou de vinyle servant au recouvrement des sols, des murs d'une salle de bain et que pose le carreleur. [+++]

TUMBLEUR, TOMBLEUR n. m. (angl. tumbler) ⊘
Verre à boire épais et résistant, parfois muni d'une anse. [++]

TUPEK n. m. (mot inuit)
Tente inuit estivale recouverte de peaux de caribou ou de phoque.

TUQUE n. f.
1. Bonnet de laine en forme de cône et surmonté d'un pompon ou d'un gland que l'on porte l'hiver à l'extérieur. [+++]

2. Bonnet de fourrure. *Tuque* de vison, de mouton.
Syn. : **casque de poil**.

3. Bonnet de nuit en laine.

4. Filtre de tissu de forme conique utilisé pour filtrer le sirop d'érable. Se servir d'une *tuque* de feutre pour couler le sirop.

5. Chape de métal recouvrant la fusée d'un essieu de bois.

6. Friandise en forme de cône et souvent recouverte de chocolat.

7. Huppe de certains oiseaux.

8. Voir: **accrocher sa tuque**.

9. Préservatif masculin, condom.

10. *Si tu as froid aux pieds, mets ta tuque.* Adage illustrant cette vérité que, l'hiver, la tête est une grande source de déperdition de la chaleur.

TUQUON n. m.
Petite **tuque** ou bonnet de laine (sens 1).

TURBOT, TURBOT DU GROENLAND n. m.
Flétan du Groenland (NOLF).

TURLUTE, TURELURE n. f.
Chanson ou air que l'on fredonne souvent, rengaine.
Syn.: **toune**.

TURLUTER v. tr. et intr.
1. Gazouiller, piailler. Les merles *turlutent* tôt le matin.
Syn., voir: **piaquer**.
2. Chantonner, fredonner l'air d'une chanson.

TURN-OVER n. m. (angl. turn-over) ◙
En forêt, piste tracée autour d'une étendue d'arbres à abattre et qu'on utilisera pour le débusquage.
Syn., voir: **revirée**.

TURQUIE n. m.
Voir: **tapis de Turquie**.

TUYAU D'ASSURANCE n. m.
Tuyau d'évacuation de la fumée répondant à certaines normes de qualité et de sécurité exigées par les compagnies d'assurance.

TWISTEUR n. m. (angl. twister) ◙
Serre-nez pour maîtriser un cheval indocile. (O 54, Abitibi, Témiscamingue, Ontario, Acadie)
Syn., voir: **mouchettes**.

TWITCHER v. tr. (angl. to twitch) ◙
Traîner les billes de bois depuis l'endroit où on les a coupées jusqu'à celui où on les empile, débusquer.
Syn., voir: **haler**.

UCC n. f.
Sigle. *Union catholique des cultivateurs* (1924-1972) devenue l'*UPA*.
Voir : **UPA**.

ULO, ULU n. m. (mot inuit)
Couteau dont se servent les Inuit pour dépecer les phoques.

UMIAK n. m. (mot inuit)
Grande embarcation faite de peaux de phoque ou de caribou.

UN n. f.
Sigle.
Voir : **Union nationale**.

UNIFAMILIALE n. et adj.
Maison particulière où habite une seule famille. Préférer une maison *unifamiliale* à un appartement.

UNIFOLIÉ n. m.
1. Drapeau du Canada sur lequel apparaît une seule feuille d'érable et devenu officiel seulement en 1965.
2. Joueur faisant partie d'une équipe sportive canadienne dans les compétitions internationales. Les *Unifoliés* ont vaincu les Russes en finale lors du dernier match de hockey.

UNION n. f.
Union nationale : parti politique du Québec, né de la fusion du *Parti conservateur* et de l'*Action libérale nationale*, qui dirigea le Québec pendant près de vingt ans et dont la mort de Maurice Duplessis (1959) marqua le commencement de la fin.

UNIONISTE n. et adj.
Membre ou partisan du parti de l'*Union nationale*. Relatif au parti de l'Union nationale. Les *unionistes* n'ont fait élire aucun député lors des dernières élections.

UNIQUISTE, UQUISTE n. et adj.
Membre ou partisan du parti
politique *Unité Québec* qui a pris la
succession de l'*Union nationale* pour
une période de temps très courte.

UPA n. f.
Sigle. *Union des producteurs
agricoles* (du Québec). À l'ère de la
déconfessionalisation du Québec, les
cultivateurs ont suivi, abandonnant
l'Union catholique des cultivateurs,
fondée en 1924, pour l'UPA en 1972.

UQUISTE n. et adj.
Voir : **uniquiste**.

USE-CULOTTE n. f.
Glissoire glacée que les jeunes
descendent sur leur fond de culotte.

USE-POUCE n. m.
Briquet à molette.
Syn., voir : **feuseu**.

USSE n. m. ou f.
Sourcil. Il s'est brûlé les *usses* en
allumant son cigare. (acad.)

USURIER, IÈRE adj. et n.
Qui use beaucoup ses vêtements, ses
chaussures. Un enfant *usurier*.
(surt. O 27-117)
Syn. : **brise-fer**.

VACANCE n. f. (angl. vacancy) ⊘
Temps de repos coïncidant souvent
avec les vacances scolaires,
vacances. Prendre la moitié de sa
vacance en hiver pour faire du ski et
l'autre moitié en été pour se faire
bronzer.

VACARME n. m.
Un vacarme : beaucoup, grande
quantité. Il y avait *un vacarme* de
monde à cette assemblée.

VACHE n. f. et adj.
1. Vx et pop. en fr. Paresseux, lâche.
   Être trop *vache* pour travailler.
   (surt. O 27-117)
   Syn. : **chienne, valteux,
   valtreux**.
2. *Vache à thé* : vache qui donne très
   peu de lait, tout juste ce qu'il faut
   pour une tasse de thé !
3. [#] *Vache-orignal* : orignal
   femelle, élan du Canada femelle.
   Syn. : **mère-orignal**.

VACHER v. intr.
Paresser. S'il a raté son année c'est
qu'il a *vaché* pendant les deux
semestres.
Syn. : **chienner** (sens 3).

VADROUILLE n. f.
1. *Mar.* et rég. en fr. Balai à franges
   servant à dépoussiérer les
   parquets. Passer la *vadrouille*
   dans les chambres, sous les lits.
   [+++]
   Syn. : **mop**.
2. Balai à franges longues servant à
   laver les parquets. [+++]
   Syn. : **guipon, mop**.

VAGUE DE NEIGE n. f.
Dans les champs, amas de neige
déposée par le vent et qui ressemble
à des vagues qui se seraient figées.
Syn., voir : **banc de neige**.

VAILLOCHE n. f. [#]
Voir : **veilloche**.

VAISSEAU n. m.
Vx en fr. Récipient de terre ou de fer-
blanc utilisé surtout pour les
liquides. Vache qui donne deux
vaisseaux de lait. Cueillir un
vaisseau de fraises. [+++]

VALDRAGUE n. f.

À la valdrague: à l'abandon, en désordre. Dans cette maison-là, tout est *à la valdrague*. (acad.)

VALENTIN n. m.

Carte postale souvent amusante et anonyme que les garçons ou les jeunes filles s'envoient par la poste le 14 février, jour de la Saint-Valentin. [+++]

VALEUR n. f.

Être de valeur: être dommage. *C'est de valeur* que Jacques n'ait pas pu assister au mariage de sa sœur. [+++]

VALIDEUSE n. f.

Machine servant à rendre valides certains billets de loterie.

VALISE n. f.

1. [#] Malle. La *valise* est un bagage à main, la malle ne l'est pas.
2. [#] *Valise à dessus rond, à dos rond, ronde*: malle à couvercle bombé.
3. [#] Coffre d'une automobile.
4. Fig. Personne crédule, qui gobe tout. Quelqu'un à qui on raconte des choses invraisemblables dira: «Je ne suis pas une *valise*, ajoutant parfois, je n'ai pas de poignée dans le dos.» Syn.: **paillasse**.

VALLONNEUX, EUSE adj. [#]

Vallonné, accidenté, parcouru de vallons. Un terrain *vallonneux*. Syn., voir: **côteux**.

VALTER, VALTRER v. intr.

Vagabonder, courir les chemins, ne rien faire.

VALTEUX, VALTREUX, EUSE adj. et n.

Propre à rien, paresseux. (Beauce) Syn., voir: **vache**.

VANITÉ n. f. (angl. vanity) ▨

Meuble-lavabo de salle de bain avec lavabo encastré sous lequel se trouve un espace de rangement fermé (ROLF).

VANNEAU n. m.

Pluvier à ventre noir.

VANNEUR n. m.; **VANNEUSE** n. f. [#]

Voir: **vannoir**.

VANNOIR n. m. [#]

Ancêtre du tarare constitué d'une espèce de grand panier muni de deux anses, dans lequel on mettait le grain à vanner et qu'un homme secouait là où passait un bon courant d'air, van. Syn.: **crible, vanneur, vanneuse**.

VANTEUR, EUSE n. et adj. [#]

Vantard, personne qui a l'habitude de se vanter. [+++]

VARDIGO n. m.

Enfant agité, remuant. Syn., voir: **batte-feu** (sens 3).

VARNOUCHER, VARNOUSSER v. intr.

Voir: **bretter**.

VARVEAU n. m.

1. Vesce jargeau. [+++] Syn.: **lentine**.
2. [#] Verveux de pêcheur. (O 25-117)

VASE n. f.

Boue, terre détrempée qui se trouve dans les chemins, dans les rues après les pluies. (surt. E 25-117) Syn., voir: **pigras**.

VASEUX, EUSE adj.

Boueux. Chemin, terrain *vaseux*. Syn., voir: **pigrasseux**.

VA-VITE n. m.

Diarrhée. Avoir le *va-vite* parce qu'on a mangé des pommes vertes. [+++] Syn., voir: **cliche**.

VEAU n. m.

1. Petit de l'*orignal*, élan du Canada. [+++]
2. Fig. *Plumer son veau* : vomir pour avoir trop bu, écorcher le renard. (E 27-117)
Syn., voir : plumer son **renard**.
3. Fig. *Ramasser son veau* : nettoyer ce qu'on a vomi.
4. Fig. *Faire un veau* : échouer dans une tentative quelconque, faire une fausse note en chantant ; rater un sillon en labourant. (Charsalac)
5. Fig. *Pleurer son veau* : perdre ses élections.
6. Fig. *Être comme une queue de veau* : être très occupé, très affairé, ne pas tenir en place. [+++]
Syn. : **vertigo** (sens 2).

VÉGÉTINE n. f.
Remède populaire dans lequel entrent plusieurs sortes d'herbes et qui redonne l'appétit.

VEILLÉE n. f.

1. Soirée où l'on danse.
2. *Veillée au corps* : veillée funéraire au cours de laquelle les parents et amis prient pour le disparu et offrent leurs condoléances aux proches.
Voir : **corps** (aller prier ...).

VEILLOCHE, VAILLOCHE n. f. [#]
Veillotte de foin. [+++]

VEINE D'EAU n. f.
Source. C'est le sourcier avec sa baguette de coudrier qui a découvert cette *veine d'eau*.

VÊLER v. intr.

1. Fig. Vomir pour avoir trop bu. (surt. Charsalac)
Syn., voir : **renard** (sens 5).
2. Fig. Abandonner, laisser un travail en plan. Il a *vêlé* alors que le travail était presque fini.

VÉLIGLACE n. f.
Planche à voile spécialement conçue pour aller sur la glace.
Voir : **planche à glace**.

VÉLILUGE n. f.
Planche à voile spécialement conçue pour aller sur la neige. (Mot formé sur le modèle de véliplanchiste, amateur de la planche à voile.)
Syn. : **planche à neige**.

VELIMEUX, EUSE adj.

1. [#] Se dit de tout animal dangereux ou qu'on croit dangereux : reptiles, taureaux, chevaux, chiens, rongeurs, insectes. [+++]
2. *En velimeux* : très, beaucoup. Il est fort *en velimeux*.
3. *Être en velimeux* : être en colère.

VÉLONEIGE n. m.

1. *Véloneige traditionnel* : jouet fait d'un seul patin (douve de tonneau ou ski) équipé en son centre d'un court poteau surmonté d'une planchette servant de siège au descendeur de côtes enneigées.
Syn. : **bob**, **branle-cul**, **cacaouette**, **cogne-cul**, **douellon**, **giguelle**, **jumpeur**, **picaouac**, **rosanac**, **slide**, **tabagane**, **tape-cul**.
2. *Véloneige moderne* : sorte de vélo fait d'un cadre portant à l'avant sur un ski commandé par un guidon et à l'arrière sur un ski fixe.
Syn. : **ski-bob**, **véloski**.

VÉLOSKI n. m.
Voir : **véloneige moderne**.

VELOURS n. m.

Fig. *Faire un velours, un petit velours* : faire plaisir, donner du plaisir. Recevoir une carte à son anniversaire, ça *fait un petit velours*.

VELVEETA n. m.

Variété de fromage à tartiner. Nom commercial.

VENDEUR, EUSE n. (angl. dealer) ⊘

Bon vendeur : qui se vend bien. Cette voiture japonaise, c'est un *bon vendeur* ou une *bonne vendeuse*.

VENDU, UE n.

Voir : **vire-capot**.

VENEER n. m. (angl. veneer) ⊘

Contreplaqué.

VENIR v. intr. [#]

Devenir. En séchant, ça *vient* rouge.

VÉNITIENNE n. f.

Stores vénitiens à lamelles orientables horizontalement ou verticalement.

VENT n. m.

1. Vx en fr. Souffle, haleine, respiration. Prendre son *vent*.
2. *Vent à écorner les bœufs* : vent très fort.

VENTE n. f.

1. Soldes, rabais (angl. sale) ⊘ . Certains jours de l'année, les magasins font des *ventes*, certains articles étant soldés avec des rabais pouvant atteindre 50 %. Syn. : **aubaine**.
2. *Vente de garage* (angl. garage sale) ⊘ : mini marché aux puces qu'un particulier tient dans son garage lorsqu'il veut se défaire de certains objets, meubles, etc.

VENTEUX, EUSE adj.

Rare en fr. Où il y a plus de vent qu'ailleurs, éventé, venté. (La haute-ville de Québec est *venteuse*, le mois d'avril a été *venteux*.)

VENTILATEUR n. m.

Trou d'aération pratiqué dans une fenêtre et que peut fermer une planchette coulissante ou pivotante. Syn., voir : **éventilateur**.

VENTRE n. m.

Avoir le ventre collé aux reins : se dit d'une personne maigre, d'apparence rachitique, souffreteuse.

VENTRE-BLEU n. m.

Blason populaire. Habitant du Saguenay—Lac-Saint-Jean. Syn. : **bleuet**.

VENTRÈCHE n. f.

Ventre du poisson ou d'un animal de boucherie.

VENTRE-DE-BŒUF n. m.

Fondrière dans les routes lors du dégel de la terre à la fin du printemps. (O 22-124) Syn. : **panse-de-bœuf, panse-de-vache, ventre-de-vache**.

VENTRE-DE-VACHE n. m.

Voir : **ventre-de-bœuf**.

VER n. m.

Fig. *Ver à choux* : enfant agité, remuant. Syn., voir : **vertigo** (sens 2).

VERBALISÉ p. adj.

1. *Chemin verbalisé* : à la campagne, chemin public dont l'entretien est à la charge d'une municipalité ou de l'État. Il fut un temps où chaque cultivateur devait entretenir le chemin qui traversait sa terre sur la largeur ; à cette époque, les chemins n'étaient pas *verbalisés*.

2. *Fossé verbalisé* : fossé important
dans lequel se déversent des
fossés secondaires et dont
l'entretien, prévu par le code
municipal, doit être assuré par les
cultivateurs dont les fossés se
déversent dans le *fossé verbalisé*.

VERCHÈRES n. f.
Embarcation à rames et à fond plat
fabriquée à Verchères près de
Montréal et utilisée par les pêcheurs
et les chasseurs.

VERDAUD, AUDE adj. [#]
Verdâtre. L'avoine est trop *verdaude*
pour qu'on la coupe. [+++]

VERDETTE n. f.
Lanière de cuir ou hart dont on se
servait pour corriger les enfants à
l'école ou à la maison.
Syn. : **strop**.

VERGE n. f.
1. Mesure de longueur valant trois
pieds ou trente-six *pouces*, soit
0,914 mètre. Les tissus se vendent
à la *verge*.
2. Dé à coudre sans fond, doigtier.
[+++]

VERGETTE n. f.
Gros fil de fer, presque rigide, pour
les clôtures.

VERGEUX, EUSE adj.
1. Actif, laborieux. Un garçon jeune
mais *vergeux*.
2. Fig. *Pas vergeux* : pas
extraordinaire. La récolte de foin
n'a pas été vergeuse.
Syn. : **chatteux** (sens 2).

VERGLACER v. intr.
En parlant de la pluie, faire du
verglas en touchant le sol.

VERGNE, VERNE n. f.
Rég. en fr. Aune rugueux qui fournit

une teinture jaune et qui peut être
utilisé comme *hart* pour attacher.
(acad.)
Syn. : **aunage**

VÉRINE n. f.
Tabac à pipe de mauvaise qualité.
Syn. : **chenolle, gordoune, papois,
vérole**.

VERIOU adj.
Voir : **lait veriou**.

VERMINE n. f.
Rats, souris. La *vermine* est dans le
hangar à grains. [+++]

VERNAILLER v. intr.
Faire de menus travaux, musarder.
Vernailler autour de la maison.
(O 36-86)
Syn., voir : **bretter**.

VERNAILLEUR, EUSE n.
Personne qui *vernaille*.

VERNE n. f.
Voir : **vergne**.

VERNOCHES n. f. pl.
Peuplement de *vergnes*, d'aunes
rugueux. (acad.)
Syn., voir : **aunage** (sens 3).

VERNOUCHER v. intr.
Voir : **bretter**.

VERNOUCHEUR n. m.
Voir : **vernousseur**.

VERNOUSSAGE n. m.
Action de *vernousser*.

VERNOUSSER, VERNOUCHER v. intr.
Faire de menus travaux, musarder.
Passer une partie de la journée à
vernousser. (E 36-86)
Syn., voir : **bretter**.

VERNOUSSEUR, VERNOUCHEUR n. m.
Personne qui *vernousse*, qui fait de
menus travaux pour tuer le temps.
Syn., voir : **bretteux**.

VÉROLE n. f.

Tabac à pipe très fort ou de mauvaise qualité.
Syn., voir : **vérine**.

VERRAT n. m.

a) Fig. Fripouille, fripon. Méfie-toi de cet homme, c'est un *verrat*.

b) *En verrat* : très, beaucoup. Être intelligent *en verrat*.

c) *En verrat, en beau verrat* : de mauvaise humeur, en colère. Le père était *en verrat* quand il a appris que son fils courtisait cette fille.

VERRE À PATTE n. m.

Vx en fr. Verre à pied. [+++]

VERROU n. m.

Émerillon empêchant une chaîne de se tortiller, touret.
Syn., voir : **tourniquet**.

VERRUE n. f.

Excroissance ligneuse qui se développe sur certains arbres, loupe.
Syn., voir : **nouasse**.

VERRURE n. f. [#]

Verrue. Avoir des *verrures* aux mains.

VERSANT, RENVERSANT, ANTE adj.

1. Qui chavire facilement. Le canot d'écorce est plus *versant* que la *verchères*.

2. En parlant des anciens chemins, où l'on verse facilement. Pour rendre les chemins moins *versants*, il fallait les égaliser avec un grattoir.

3. En parlant des voitures d'hiver surtout, qui se renversent facilement. La *sainte-catherine*, sur patins très hauts, était plus *versante* que le *berlot*, sur patins très bas.

VERT n. (angl. green)

Argot des étudiants. Nouvel étudiant, bleu, nouveau. Bienvenue aux *verts* !
Syn. : **naveau**.

VERTIGO n. m.

1. Maladie de la vache caractérisée par le dessèchement de la queue.

2. Fig. Enfant très agité, qui ne peut rester en place.
Syn. : **batte-feu** (sens 3), **fourré-partout**, **froufrou**, **queue de veau** (sens 6), **ver à choux**.

VERTU n. f.

Force, puissance d'une plante. Ce plant de tabac n'a pas beaucoup de *vertu*, il va sans doute dépérir puis mourir.

VERVEAU, VARVEAU n. m. [#]

Verveux, c'est-à-dire filet de pêche en forme d'entonnoir monté sur des cercles et fermé au fond.

VÉSIGOT, VASIGOT n. m.

Épuisette utilisée pour sortir de l'eau le poisson ferré. (Charlevoix)
Syn., voir : **puise**.

VESSE n. f.

Vx en fr. Vent intestinal silencieux et nauséabond. [+++]
Syn., voir : **fiouse**.

VESSE-DE-LOUP n. f.

Petite pomme de terre cuite au four en robe de chambre.

VESSER v. intr.

Vx en fr. Lâcher une vesse.
Syn. : **fiouser**.

VESSIE n. f.

1. Vésicule de résine du sapin. On dit aussi *vessie de gomme*.
Syn., voir : **bouffie**. (E 27-101)

2. Blague à tabac faite à partir d'une vessie de cochon séchée.

VESTE, PETITE VESTE n. f. [#]
Gilet de complet qui se porte sous le
veston. [+++]
Syn. : **sous-veste**.

VÊTEMENT DE BASE n. m. (angl.
foundation garment) ⊘
Sous-vêtement féminin.

VEUGLAGE n. m. [#]
Vaigrage d'une embarcation.
Syn. : **veuglé**.

VEUGLE adj. [#]
Veule, légère, en parlant de la terre.

VEUGLÉ n. m. [#]
Voir : **veuglage**.

VEUGLER v. tr. [#]
Vaigrer une embarcation.

VEUVE n. et adj. m. [#]
Veuf. Jacques est *veuve* depuis
presque deux ans, c'est un *veuve*.

VEUVE EN VIE n. f.
Avant la reconnaissance légale du
divorce, femme séparée, qui ne
vivait plus avec son mari. Une
veuve en vie ne pouvait pas se
remarier.

VÈZE n. f.
Cornemuse. Jouer de la vèze. (acad.)

VIANDE n. f.
1. Chair vive. S'enfoncer une épine
   dans la *viande*, ça fait un mal de
   chien.
2. *Viande de bois*, *viande des bois*,
   viande sauvage : gibier, viande de
   gibier. Se nourrir de *viande de
   bois*.

**VIANDÉ, ÉE ; VIANDEUX, EUSE ;
VIANDU, UE** adj.
1. Fort en viande, en parlant d'un
   animal de boucherie.
2. Corpulent, bien en chair, en
   parlant d'une personne. Une
   femme *viandeuse*, un homme

viandu.
Syn., voir : **chairant**.

VICTOR n. m.
Piège à ressort. Marque de fabrique.

VIDANGES, DÉVIDANGES n. f. pl. [#]
Ordures ménagères. Dans notre
ville, on ramasse les *vidanges* deux
fois par semaine. [+++]

VIDANGEUR n. m. [#]
Éboueur qui ramasse les ordures
ménagères.

VIDANT n. m.
Contenant.

VIEILLE n. f.
La dame de pique au jeu de cartes.
[+++]

VIEILLEZIR v. intr. [#]
Vieillir. (acad.)

VIEUX adj.
Vieux comme *le chemin, le temps, la
terre, l'an quarante* : très vieux.

VIEUX-GAGNÉ n. m.
Voir : **gagné**.

VIEUX-GARÇON n. m.
Zinnia, plante ornementale. [+++]

VIEUX-PAYS n. m. pl.
L'Europe, les pays de l'Europe, la
France en particulier. Tout Nord-
Américain rêve d'un voyage dans les
Vieux pays. [+++]

VIGNEAU n. m.
Rég. en fr. Table à claire-voie sur
laquelle on fait sécher la morue au
vent et au soleil. (E 7-141)

VIGNETTE, VINETTE n. f.
1. Rumex petite-oseille. (acad.)
   Syn., voir : **oseille**.
2. Oseille cultivée. (acad.)

VILAINE n. f.
Vulg. *Faire la vilaine* : ne pas
devenir enceinte rapidement, en

parlant d'une jeune mariée.
Syn. : faire la **chiotte**, être encore à l'**ancre**.

VILLAGE n. m.
Voir : **biscuit Village**.

VILLE n. f.
1. *Ville fermée* : ville créée par une compagnie forestière ou minière pour y loger ses cadres et employés, qui n'a ni conseil municipal, ni maire élus démocratiquement. Clarke City sur la Côte-Nord et Témiscaming (comté de Témiscamingue) furent longtemps des *villes fermées*.
2. *Ville sèche* : ville où il n'y avait aucun débit d'alcool.
3. Voir : **arriver en ville**.

VIN n. m.
Vin canadien, vin d'habitant, vin de maison : « vins » domestiques fabriqués à partir de cerises, de pissenlit, de blé, de rhubarbe, etc., mais jamais à partir de bon raisin.

VINAIGRIER n. m.
Sumac vinaigrier.

VINETTE n. f. [#]
Voir : **vignette**.

VINGT-DEUX n. m. inv.
Fusil de chasse de calibre 22.

VINGT-SIX-ONCES n. m. inv.
Bouteille d'alcool de vingt-six *onces* soit 75 centilitres (Mot masculin parce que *flacon* est sous-entendu).

VIOLON n. m.
Mélèze laricin. (acad.)
Syn., voir : **épinette rouge**.

VIRAGE n. m.
1. [#] Tournant d'une route.
Syn., voir : **dévirage**.
2. Fig. *Virage de capot* : action de *virer son capot*, de changer

d'allégeance politique, de religion, d'avis.

VIRAILLER v. intr. et pron.
1. Tourner ici et là, tourner en rond. *Virailler* pendant une heure avant de trouver la rue qu'on cherche.
2. Se rouler dans son lit. *Se virailler* longtemps avant de s'endormir.
Syn. : se **voitrer**.

VIRÉ p. adj.
Voir : **frais virés**.

VIRE-AU-VENT n. m.
Girouette placée sur les bâtiments de ferme.
Syn., voir : **vire-vent**.

VIRE-CAPOT n. m.
Personne qui change d'allégeance politique ou de religion.
Syn. : **mitaine** (sens 4), **vendu**.

VIRE-CUL n. m.
Têtard qui deviendra grenouille.
Syn., voir : **queue-de-poêlon**.

VIRÉE n. f.
1. En forêt, piste tracée autour d'une étendue d'arbres à abattre et qu'on utilisera pour le débusquage.
Syn., voir : **revirée**.
2. [#] Tournant d'une route. [+++]
Syn., voir : **dévirage**.

VIRE-LE-VENT n. m.
Girouette placée sur les bâtiments de ferme.
Syn., voir : **vire-vent**.

VIRÉO n. m.
Oiseau insectivore propre à l'Amérique du Nord et dont certaines espèces, comme, par exemple, le *viréo* à tête bleue et le *viréo* de Philadelphie, se retrouvent au Québec.

VIRER, REVIRER v. tr. et intr.
1. Fig. *Virer son capot, revirer son capot, changer son capot*: changer d'allégeance politique, changer de religion, changer d'avis.
Syn.: **tourner capot**.
2. Fig. *Virer, virer à l'envers*: avorter, surtout en parlant d'une vache.

VIREVAU n. m.
1. Cabestan utilisé à la ferme pour soulever l'animal de boucherie qu'on vient d'abattre et le suspendre la tête en bas.
2. Treuil d'un puits.
Syn., voir: **dévidoir**.
3. Émerillon empêchant une chaîne de se tortiller, touret.
Syn., voir: **tourniquet**.
4. Variété de queue-de-rat utilisée pour agrandir un trou percé dans le métal.

VIRE-VENT n. m.
Girouette placée sur les bâtiments de ferme. [+++]
Syn.: **dévire, revire-vent, tourniquet, vire-au-vent, vire-le-vent, virole, virouette**.

VIRGINIE n. m.
Variété de tabac à cigarettes cultivée au Québec.

VIROLE n. f.
1. Girouette placée sur les bâtiments de ferme.
Syn., voir: **vire-vent**.
2. Émerillon empêchant une chaîne de se tortiller, touret. [+++]
Syn., voir: **tourniquet**.
3. Gueule-de-loup formée d'un tuyau coudé monté sur un pivot au sommet d'une cheminée pour en faciliter le tirage.
Syn., voir: **dos-de-cheval**.

VIROUETTE n. f.
Girouette placée sur les bâtiments de ferme. (Téléscopage des mots virer et girouette.)
Syn., voir: **vire-vent**.

VISONNIÈRE n. f.
Établissement d'élevage du vison pour la fourrure.

VISOU n. m.
Avoir du visou: avoir de l'adresse au tir, viser juste. Un bon chasseur doit *avoir du visou*.

VIT n. m.
Chez les pêcheurs, aiguillot servant de pivot au gouvernail. Le *grand vit* est fixé au bas de l'étrave et le *petit vit* au haut du gouvernail.

VITE adj.
Vx en fr. Rapide. Cheval *vite*.

VITESSE n. f.
Fig. *Chercher ses vitesses*: être hésitant, ne pas savoir quoi faire.

VIVE-LA-JOIE n. m. ou f.
Vx en fr. Personne gaie, qui aime chanter, danser, prendre un verre, boute-en-train.

VIVOIR n. m.
Salle de séjour, salon. (Le mot *vivoir* créé au début du siècle pour lutter contre living-room semble de plus en plus un mort-né.)

VIVRE v. intr.
Ne pas vivre: être dans une inquiétude extrême. Souvent, les mères de famille *ne vivent pas* aussi longtemps que les enfants n'ont pas réintégré le bercail.

VOILE n. m.
Pellicule de sirop apparaissant dans le trou de la *palette* qu'on utilise lorsqu'on surveille la cuisson du sirop d'érable.

VOILIER n. m. [#]

Volée. L'automne, des *voiliers* d'oiseaux se dirigent vers le sud.
Syn., voir : **mariage d'oiseaux**.

VOIR v. intr.

Avoir ses règles. Une mère de famille amènera sa fille chez le médecin pour lui dire que cette dernière n'a pas *vu* depuis trois mois.

VOITRER, OUÊTRER (SE) v. pron.

Se rouler sur son lit, faire la sieste. (acad.)
Syn. : **se virailler**.

VOITURE n. f.

1. *Avoir la petite voiture* : avoir la diarrhée.
   Syn., voir : **cliche**.
2. [#] *Voiture à lait* : voiture de laitier.
3. [#] *Voiture à pain* : voiture de boulanger.
4. *Voiture d'eau* : générique désignant toutes sortes d'embarcations. (E 20-127)
5. *Voiture croche* : voiture d'hiver, à un cheval et à brancard décentrable, ce qui permet au cheval de marcher dans l'une des ornières des voitures.
6. *Voiture droite* : voiture d'hiver à un cheval et à brancard non décentrable ou non décentré, par opposition à la *voiture croche*, ce qui oblige le cheval à marcher entre les deux ornières laissées par les patins.
7. *Voiture double* : voiture à deux chevaux par opposition à la *voiture simple*.
8. *Voiture fine, de garçon* : voiture légère, élégante que les garçons utilisaient pour aller voir leur bien-aimée.
9. *Voiture fantôme*.
   Voir : **fantôme**.
10. *Voiture roulante* : voiture à roues par opposition à la *voiture traînante*.
11. *Voiture simple* : voiture à un cheval par opposition à la *voiture double*.
12. *Voiture traînante* : voiture d'hiver, à patins, par opposition à la *voiture roulante*.

VOITURIER n. m.

Carrossier, charron qui fabriquait les voitures à chevaux.

VOLANT, ANTE adj.

Voir : **étoile volante**.

VOLET n. m.

Section d'une herse traînée.
Syn. : **panneau** (sens 1).

VOLIER n. m.

1. Rare ou litt. en fr. Volée d'oiseaux.
   Syn., voir : **mariage d'oiseaux**.
2. Banc de poissons. Il y a un *volier* de truites à la *décharge* de ce lac.
   Syn., voir : **ramée**.

VOTE n. m.

Prendre le vote (angl. to take a vote) ⊘ : dans une assemblée, passer au vote, procéder au scrutin.

VOTEUR n. m.

Rare en fr. Électeur, votant. À la dernière élection, à peine la moitié des *voteurs* se sont présentés aux urnes.

VOÛTE n. f. (angl. vault) ⊘

Chambre forte, salle des coffres. Chaque succursale bancaire a une *voûte*.

VOYAGE n. m.

1. Charge d'une voiture.

2. Fig. *Avoir son voyage* :
   a) En avoir assez, en avoir ras le bol. Ça fait six mois qu'il est cloué au lit, il *a son voyage* ! Syn. : **casque**.
   b) Expression marquant la surprise, l'étonnement. Lui, il a gagné le gros lot, j'*ai mon voyage* !
3. Fig. *Voyage de foin* : se dit de cheveux ébouriffés.

VOYAGEAGE, VOYAGEMENT n. m.
Allées et venues. Habiter en banlieue, ça fait beaucoup de *voyageage*, de *voyagement* surtout quand les enfants vont au *cégep* et à l'université.

VOYAGEUR n. m.
1. Autrefois, homme au caractère aventureux, découvreur et explorateur qui a parcouru en canot ou à pied l'Amérique du Nord, qui a fait la traite avec les Amérindiens et qui était d'une débrouillardise inimaginable.
2. Aujourd'hui, travailleur forestier. Syn. : **gars de bois, gars des bois, gars de chantier, homme de bois, homme de chantier, lumberjack**.
3. Passager d'un avion ou d'un paquebot. Au féminin : voyageuse.

VUE n. f. [#]
1. Film. Il y a une belle *vue* ce soir à la télévision. [+++]
2. *Aller aux vues, aux petites vues* : aller au cinéma. [+++]

W-X-Y-Z

WABANO n. m. (amér.)
1. Jongleur dans certaines tribus amérindiennes.
2. Tente rudimentaire pour laquelle on utilise deux arbres auxquels on fixe une traverse qui sera le sommet de la tente.
3. Toute réunion bruyante.

WAGON, OUAGUINE n. f. (angl. wagon) ◙
1. Ancienne voiture hippomobile à quatre roues servant au transport des personnes ou des marchandises.
   Syn. : **quatre-roues**.
2. Voiture de ferme à quatre roues, chariot, fourragère. Une *ouaguine* à foin. [++]
   Syn. : **quatre-roues**, **truck**.
3. Voiture-jouet à quatre roues pour enfants.
4. *Wagon-sleigh*.
   Voir : **bobsleigh**.

WALKMAN n. m. (angl. Walkman) ◙
Voir : **baladeur**.

WALL n. m. (angl. wall) ◙
1. Fondation (d'une maison). Maison qui repose sur un *wall* de pierres.
2. *Wall de roches*. (Estrie)
   Voir : **clôture de pierres**.

WALLABEE n. f. (angl. Wallabee)
Soulier pour homme à semelle de crêpe, à empeigne de style mocassin et à deux œillets. Marque de fabrique.

WALL-PLATE, PLATE n. f. (angl. wall-plate) ◙
Terme de charpenterie. Sablière. La *wall-plate* sert d'appui aux chevrons. (acad. et Gaspésie)

WALTHAM n. f.
Montre de poche pour hommes. Marque de fabrique.

WAMPUM, WAMPOUM, OUAPON n. m. (amér.)

Coquillage utilisé comme monnaie dans les échanges entre Blancs et Amérindiens aux XVIIe et XVIIIe siècles, le coquillage bleu valant un sou et le blanc deux sous.

WAPITI, OUAPITI n. m. (amér.)

Cerf du Canada.

WASHEUR n. m. (angl. washer) ⊘

Rondelle qui se place sous l'écrou que l'on visse au boulon. [+++]

WASP n. m. (angl. white anglo saxon protestant)

Sigle. Terme péjoratif servant à désigner la bourgeoisie anglaise et protestante de Montréal.

WATAP, OUATAP n. m. ou f. (amér.)

1. Racine *d'épinette blanche* ou épicéa glauque servant à coudre l'écorce de bouleau des canots.
2. Fig. *N'avoir plus que le watap et l'erre d'aller*: être très maigre, très faible.

WATOSSÉ n. m.

Voir: **atosset**.

WEALTHY n. f.

Variété de pommes à couteau.

WENDIGO, WINDIGO n. m. (amér.)

1. Géant fabuleux, esprit très puissant chez les *Algonquins*.
2. Fig. *Partir à la wendigo*: partir très loin, dans la forêt, aux chantiers forestiers.

WESCOTT n. m. (angl. Wescott) ⊘

Clef à molette. Marque de fabrique.

WESTMOUNTAIS, AISE n. et adj.

Natif ou habitant de Westmount, près de Montréal; de Westmount.

WHEY n. f. (angl. whey) ⊘

Petit lait. (O 40-83)

WHIP n. m. (angl. whip)

Député chargé de maintenir le moral et la discipline des députés de son parti.

WHIPPET n. m.

Voir: **ouipette**.

WIGWAM n. m. (amér.)

Passer du wigwam au bungalow: se sédentariser, devenir sédentaire, en parlant des Amérindiens.

WIGWAMER v. intr. et pron.

Monter une tente. *Wigwamer* sur les bords d'un lac.

Syn., voir: **tenter**.

WINCH n. m. (angl. winch) ⊘

Treuil (d'un puits).

Syn., voir: **dévidoir**.

WINDIGO n. m.

Voir: **wendigo**.

WINNIPÉGOIS, OISE n. et adj.

Natif ou habitant de Winnipeg; de Winnipeg.

WIRE, OUÈRE n. m. (angl. wire) ⊘

1. Fil de fer.
2. Câble d'acier.

WOLF-RIVER n. f.

Variété de pommes à couteau.

WOTOSSÉ n. m.

Voir: **atosset**.

WRENCH, RÈNECHE n. m. (angl. wrench) ⊘

1. Clef anglaise (dont l'une des deux mâchoires est mobile). [+++]
2. *Wrench à tuyau, wrench à tube, wrench à pipe*: clef de plombier, à crémaillère. [+++]

Y n. m.
Fourche de chemins (d'après la forme de la majuscule).

YALE n. m.
Verrou de sûreté. Marque de fabrique.

YARD n. f. (angl. yard) ◙
1. Pile de billes de bois près d'une route. Transporter les grumes jusqu'à la *yard*.
2. Billes de bois à flotter entassées sur les berges d'un cours d'eau ou sur un lac l'hiver en attendant le dégel.

YARDER v. tr. (angl. yard) ◙
Traîner les billes de bois depuis l'endroit où on les a coupées jusqu'à la *yard* où on les empile.
Syn., voir : **haler**.

YEAST, ISSE, LISSE n. f. (angl. yeast) ◙
Levain. Quand la *lisse* n'est pas bonne, le pain ne lève pas. [+++]
Syn., voir : **lève-vite**.

YEUX-CROCHES, ZYEUX-CROCHES n. m. ou f.
Loucheur, sobriquet donné fréquemment à quelqu'un qui louche. *Yeux-croches* ne rate jamais une soirée de danse.
Syn., voir : **coq-l'œil**.

YOFORTIERITE n. f.
Nom d'un minéral découvert au mont Saint-Hilaire.

YOKE n. m. (angl. yoke) ◙
Empiècement. Un tablier avec *yoke*.

YOUKE n.
Appellation donnée à des étrangers, citadins le plus souvent, établis dans la région de l'Estrie, et qui essaient de vivre près de la nature, au grand air, loin de la pollution des grandes villes.

YOUKEUR n. m. (angl. euchre) ◙
Voir : **euchre**.

YUKONAIS, AISE n. et adj.
Habitant du Yukon ; du Yukon.

YUPPY n. m. (angl. yuppy, abréviation de young urban professional)
Jeune cadre compétent et à revenus élevés que se disputent l'industrie et le commerce.

YVETTE n. f.
Terme péjoratif servant à désigner les femmes qui ne travaillent pas à l'extérieur mais qui continuent le rôle traditionnel des bonnes ménagères à la maison ; nom tiré des manuels scolaires. Ce mot fut mis en orbite lors de la campagne référendaire en 1980.
Syn. : **Louise**.

ZAC n. f.
Sigle. Zone d'*a*ménagement *c*ontrôlé et de conservation des ressources fauniques.

ZAD n. f.
Sigle. *Z*one *d'a*ménagement *d*ifféré.

ZAPPER v. intr. (angl. to zap) ⊘
Voir : **pitonner** (sens 2).

ZAPPEUX, EUSE n. (angl. zapper) ⊘
Voir : **pitonneur, pitonneux**.

ZARZAIS n.
Benêt, niais. Ce *zarzais*-là ne trouvera jamais à se marier.
Syn., voir : **épais**.

ZEC n. f.
Sigle. *Z*one *d'e*xploitation *c*ontrôlée, c'est-à-dire territoire établi par l'État, en vue de contrôler le niveau d'exploitation des ressources fauniques, et dont la gestion peut être déléguée à un organisme privé.

ZIGAILLER, ZIGONNER v. tr.
Rudoyer un cheval en tirant sur le mors.
Syn., voir : **cisailler**.

ZIGNER v. intr.
1. Perdre son temps, travailler sans résultat apparent.
   Voir : **bretter**.
2. Jouer mal du violon.

ZIGNEUR, EUSE n. et adj.
1. Lambin, lent.
2. Mauvais joueur de violon, bien en-dessous du violoneux.

ZIGOUNE n. f.
Argot. Cigarette roulée à la main. Passe-moi donc une *zigoune*.
Syn., voir : **rouleuse**.

ZIGOUNER v. intr.
Voir : **bretter**.

ZINC BARBELÉ n. m.
Fil de fer barbelé. (acad.)

ZIP, ZIPPEUR n. m. (angl. zipper) ⊘
Fermeture à glissière.
Syn. : **fermoir**.

ZIRABLE adj.
Répugnant, qui inspire du dégoût. Un homme *zirable*, un spectacle *zirable*. (acad.)

ZIRE n. f.
Répugnance, dégoût. Cela lui fait *zire*. Avoir *zire* de quelque chose. (acad.)

ZONAGE n. m.
Action de *zoner*. La loi sur le *zonage* agricole du Québec a été votée en 1978.

ZONER v. tr.
Décider par une loi qu'une région, qu'une partie de territoire sera zone agricole, industrielle ou résidentielle. Le Québec a décidé de *zoner* son territoire et a voté la Loi sur la protection du territoire agricole en 1978.

ZOUNE n. m. ou f.
Sobriquet qui s'applique à un homme ou à une femme. Tit *Zoune*, La *Zoune*.

ZYEUX-CROCHES n. [#]
Voir : **yeux-croches**.

Achevé   Imprimerie
d'imprimer Gagné Ltée
au Canada   Louiseville